杨燕起◎主编
韩兆琦◎特邀顾问

成一家之言

究天人之际
通古今之变

为智者道

读史记 ①

辩而不华

纪传体

善序事理

被列为二十四史之首

北方文艺出版社
哈尔滨

图书在版编目（CIP）数据

读史记 / 杨燕起主编 . -- 哈尔滨 : 北方文艺出版社，2023.5

ISBN 978-7-5317-5809-9

Ⅰ . ①读… Ⅱ . ①杨… Ⅲ . ①《史记》- 历史人物 - 人物研究 Ⅳ . ① K820.2

中国国家版本馆 CIP 数据核字（2023）第 022489 号

读史记

DU SHIJI

主　编 / 杨燕起　　特邀顾问 / 韩兆琦

责任编辑 / 周洪峰　滕　蕾　　封面设计 / 周　正

出版发行：北方文艺出版社
网　址 / www.bfwy.com
邮　编 / 150008
经　销 / 新华书店
发行电话 /（0451）86825533
地　址 / 哈尔滨市南岗区宣庆小区 1 号楼

印　刷 / 艺堂印刷（天津）有限公司
开　本 / 710 mm × 1000 mm　1/16
字　数 / 900 千
印　张 / 66
版　次 / 2023 年 5 月第 1 版
印　次 / 2023 年 5 月第 1 次印刷

书　号 / ISBN 978-7-5317-5809-9
定　价 / 300.00 元（全八册）

前言

历史是前人各种知识、经验、智慧的总汇，今天的中国人要想完成赓续民族精神、传承浩然之气的历史使命，就要先从读史开始。

位居“二十四史”之首的《史记》，被鲁迅先生誉为“史家之绝唱，无韵之《离骚》”。它在史学和文学两个领域都有着无与伦比的重要价值，因而成为中国文化史上一颗璀璨的明珠，自问世以来，备受人们称赞。

司马迁的格局很大，他通过梳理上自传说时代的三皇五帝时期，下至汉武帝太初四年（前101）共计3000多年的史事，著成中国历史上第一部百科全书式纪传体通史。《史记》可谓包罗万象，内容涉及政治、经济、军事、文化、外交、天文、地理、医学等方方面面，几乎涵盖了当时已知的“天下”的全部状况。因而，历史学家翦伯赞评价说：“中国的历史学之成为一种独立的学问，是从西汉起，这种学问之开山祖师是大史学家司马迁。《史记》是中国历史学出发点上一座不朽的纪念碑。”

同样，《史记》在中国文学史上也占有举足轻重的地位。无论是在立传人物及其事迹的选择上，还是对历史场景、人物心态的精练表述上，抑或夹叙夹议的创作手法、准确深邃的评论见解等方面，都体现了司马迁独到的文学艺术创造力，对后代中国文学的发展产生了深远的影响。

一部《史记》，浩瀚千年岁月，英雄人物辈出。有人站在时代的风口浪尖指点江山、纵横捭阖，影响着历史的走向，如以“仁义之师”创业的周文王、周武王父子；“超龄军师”吕尚；拥有终结者和开创者双重身份的秦始皇；最强“复仇者联盟”勾践、范蠡和文种；秦国“第一战神”白起；大汉“后浪”贾谊等。而有人却身处不被世人所注视的角落，坚守心中的信念，与世间的不公和命运的摧残抗争到底，如一声怒吼响彻大泽乡的陈胜、吴广；名利抛一边，四处奔波只为家国安危和百姓生死的鲁仲连；“最强喜剧人”淳于髡、优孟、优旃等等。功成名就，鲜衣怒马，这是世人所崇敬的英雄形象，但也有人即便身处黑暗，他们内心的光也足以照亮人心。所谓英雄不问出处，各有各的伟大，各有各的故事而已。

如此一部史学巨著，可以说是每个中国人成长历程中不可或缺的经典。但《史记》毕竟是两千多年前的古人所著，现代人，尤其是少年儿童要想读懂它并非易事，因此我们需要对《史记》进行“解码”。基于这种需求，我们打破《史记》原有的编纂体例，以一种全新的视角和编排顺序，精心打造出这套符合孩子阅读需求和理解水平的《读史记》，帮助孩子读懂《史记》，领略它所包含的文化精髓和传承的文化精神。

要想打破传统、推陈出新，就一定要做到逻辑周密，既不失原著的精髓，又能发掘出新意。因此，我们特邀杨燕起和韩兆琦两位《史记》研究的泰斗来担任本书的主编和特邀顾问，以保证内容的权威性和准确性。杨燕起先生为中国史记研究会常务理事，韩兆琦先生是中国史记研究会原名誉会长，被学界誉为“中国《史记》研究大家”。同时，我们还邀请到多位年轻的历史老师和历史学博士组成作者团队撰写文稿，以保证内容的准确性、可读性与新颖性。

《读史记》一书脱胎于《史记》，从中遴选出 84 篇经典故事，分 8 卷，以人物为主线，用故事体的形式，通俗晓畅而不失风趣的语言，生动地再现了《史记》中 100 余位先贤英雄的故事。其中，不但有帝王将相“艰苦创业”的经历，还有文人贤士追寻理想的踪迹，更有生活在社会底层的刺客、优伶的传奇人生。

读书本是一件比较枯燥的事情，绝大多数人对此有着切身体会。为何会这样呢？原因无非两点：没有得到你想要的和没有引发你的情感共鸣。因此，我们将深受孩子们喜爱的漫画元素引入《读史记》，把一些情节精彩、人物形象突出的故事以多格漫画的形式展现出来，用幽默诙谐而不违背史实的语言，让原本只存在于史书或人们想象中的历史人物具象化，更贴近现代人的认知习惯，让历史不再是一堆枯燥的文字。就拿标题来说，如“洪水是一场考试”，上古时期的君位禅让正是通过一系列考验才决定的；“舌头在，富贵就在”，张仪之所以能纵横捭阖、尽享富贵不正是全凭一张嘴吗？“主角是青铜，配角是王者”，赵国平原君贤名远扬，但真正厉害的其实是他的门客。

此外，我们为书中的每个英雄人物都绘制了Q版肖像。对于需要孩子们重点了解的历史人物，如“大汉双璧”李广和霍去病、“至圣先师”孔子、“布衣天子”刘邦等，配备了独具动漫风格的大幅手绘像，让英雄人物“活”起来，走出史书，走进孩子们的视野和生活，带着他们身上那些优秀的精神和品质陪孩子们成长。

是的，历史不仅仅存在于史书中，还存在于那些饱经岁月风霜洗礼的遗迹中，存在于博物馆里的每一件国宝上，它们是历史最直接的见证者。因此，我们在书中插配了300多幅珍贵的国宝级文物图片，如最早定义“中国”的何尊，被称为“中华第一剑”的越王勾践剑，史上最早的“冰箱”曾侯乙冰鉴缶……每幅国宝图都配有趣味十足的图文说明，对部分国宝的细节进行详细图解，以求展现历史最真实的面貌，让孩子在相应的历史情境中更好地认识、理解《史记》。这些精美的国宝文物均来自国内外各大著名博物馆，如中国国家博物馆、中国台北“故宫博物院”、大英博物馆、美国大都会艺术博物馆等。其中，有100余幅国宝图片是首次在公开出版物上出现。可以说，这套书不仅仅是一部《史记》入门读物，它更是一座移动的微型博物馆。

为了打造这套独具特色的《读史记》，整个编辑团队花费了两年多的心血。我们不仅仅想让孩子阅读史记故事、了解国宝，还想赋予这套书更多的功能。

我们为每个人物设置了“名片”，并在故事的结尾处加入“史记成语”“典故”“诗词大搜索”等栏目，让孩子在阅读《史记》的同时，能够更好地切近孩子的学习生活。此外，每本书中都设置了专题页面，针对某一类历史主题进行深挖，如“甲骨文的秘密”“古代的战车与车战”“汉朝四大王牌武器”等，进一步帮助孩子扩大知识积累的深度和广度。

读史使人明智，知过往而预见未来。这套《读史记》集故事、漫画、国宝、成语典故等元素于一体，我们希望它带给孩子知识与快乐的同时，也能帮助孩子找到打开历史大门的正确方式，从先贤英雄人物的身上获得启发和鼓舞，真正做到赓续民族精神、传承浩然之气。

虽不及前贤于万一，但我们求索不止。编辑这套书奉献给读者，信青史永恒，愿古墨新香。

在很久以前，国君之位的交替是要经过一番考试才能决定的。不过，考试的形式并不是做试题，而要考察继位者在生活中的表现。尧和舜交接君位时，正是通过一系列有趣的“考试”才完成的。

大禹之所以能接替舜做国君，除了他仁德贤明，更重要的是他率领众人治理好了大洪水，拯救百姓于危难中。大禹治水时，把天下划分成九个区域，即九州，这为他管理天下奠定了基础。

成汤的先祖们非常喜欢搬家，因此影响了商国的发展。成汤当上国君后，他不想再四处漂泊，想找个合适的地方定居下来好好谋发展。于是，他把国都选在亳，商王朝自此逐渐强盛起来。

成汤灭夏建商时，他肯定想不到将来会有一对父子以同样的方式推翻商王朝，并以仁义之名建立周王朝。这对父子，就是周王朝的开创者周文王姬昌和他的儿子周武王姬发。

吕尚精通天文地理，深谙兵法之道，可他从一个意气风发的有志青年等成两鬓斑白的老人，商王朝始终没有给他一个施展抱负的机会。直到遇见西伯姬昌，吕尚这匹千里马才获得了一片能让他尽情驰骋的广阔天地。

舜

接班人大选拔
尧舜禅让的故事

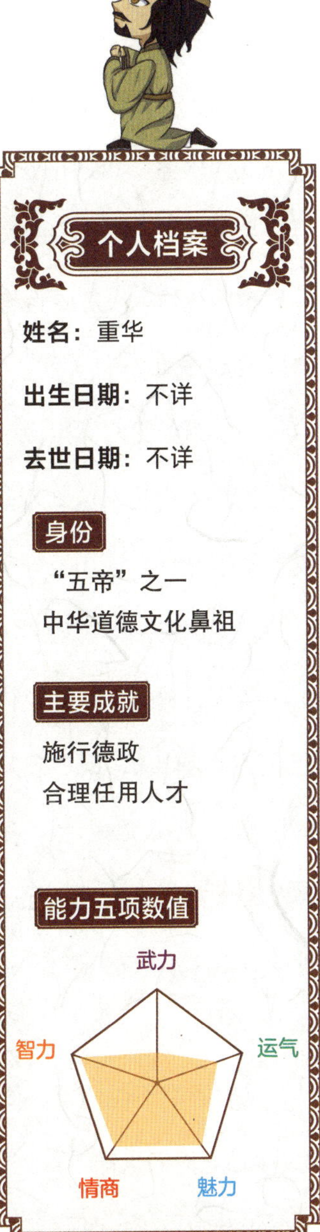

我们在学习生活中，经常要参加各种考试，只有成绩合格了才能进行下一阶段的学习。其实，在很久很久以前，国君之位的交替也是要经过一番考试的。不过，考试的形式并不是做试题，而是要考察接任者在实际生活中各方面的表现。司马迁在《史记》中记载了上古贤君尧和舜的故事，他们之间进行君位交替时的“考试”究竟是什么样的呢？

谁才是理想的接班人

《史记》中记载，上古时期，华夏大地上出现过五个贤明的部族首领，他们是：黄帝、颛顼（zhuān xū）、喾（kù）、尧和舜，被称为“五帝”。

尧是上古五帝之一，他的本名叫放勋。尧有一颗仁德之心，他处世的智慧深不可测，因而他有着很强的人格魅力。跟尧在一起，就像身处阳光中那般温暖，就像沐浴在春风中那样舒服。

尧很富有，但他从不会像凡夫俗子那样高傲，也不会放纵自己的言行举止。出行的时候，尧喜欢戴上黄色的帽子，身穿黑色的衣服，乘坐朱红色的车，由白马拉着。他尊敬老者，善于调和人与人之间的关系。所以，在他治理下的地方，人人安居乐业、和睦相处，各诸侯之间也能友好往来。

尽管尧是一位公认的贤明君主，但他不可能一直治理国家，他的事业需要一位理想的接班人。尧问百官：“你们认为，在我百年之后，谁可以接任我的位置，继续这份事业？”

一位叫放齐的大臣说：“我觉得，你的儿子丹朱通情达理，就是不错的人选。”

尧说：“我不这么看。丹朱也有顽固、凶恶的一面。把君位交给这样的人，我不放心。”

另一位大臣提议说：“共工聚集了不少的民众，还带领他们做出了一些业绩，他应该能胜任吧？”

尧摇了摇头，说：“共工这个人我了解，他很会说话，表面对人**恭敬**，实则心术不正，时常有欺骗上天的言行。这种人怎么能用呢？”

见大家都不说话，尧便说：“唉，你们也都看得见，我今年七十岁了，时间不多

了，一定要尽快找到接替我管理政事的合适人选呀！”

这时，众大臣一致推荐一个叫舜的人，尧说：“我听说过这个人，但不知道他到底是怎样的一个人。”四方的诸侯都很了解舜，就说起了舜的过往。

像太阳一般温暖的人

舜的本名叫重华。他的父亲叫瞽（gǔ）叟，因为眼睛不好，诸事不顺，所以才会脾气暴躁。舜的生母很早就去世了，父亲娶的继母脾气也比较暴躁，对舜的态度很不好。后来，继母生了个男孩，名叫象。父亲很偏爱象，对舜很不好。

象长大后，性格桀骜（ào）不驯，嚣（xiāo）张跋扈（bá hù）。而在舜的眼里，弟弟就是一个还没长大的孩子，舜一直对他都很好，对父亲和母亲也是百般孝顺。可舜在家人的眼里，仿佛是个多余的人，他稍微有什么不顺家人心意的事，家人就对舜大加责罚，总想找机会把舜从这个家里除掉。

舜在二十岁的时候，因为孝敬父母、友爱兄弟而远近闻名。当尧准备选取接班人时，大臣们便把舜推荐给尧。那时候的君主接替制度还是禅让制，什么是禅让制呢？就是君主选择接班人的时候，不是以自己的儿孙为优先考虑对象，而是寻找既有治国理政的才能，又有宽厚的仁德之心的人，把君位让给他。

当然，君位的候选人，不能仅凭一种说法就能确定，还得经过实际的考验。舜在妫（guī）水边居住，尧把自己的两个女儿嫁给舜，以此来观察舜在家庭生活中的表现，看他有没有治理好家庭的能力。同时，尧又让自己的九个儿子与舜共同生活和劳作，以此来观察舜在与人相处过程中，能不能很好地协调

人际关系，做事有没有原则。

一段时间后，尧发现，自己的两个女儿与舜生活在一起时，并没有因为自己是国君的女儿而自认为很高贵。相反，她们恪（kè）守作为妻子的道德，对待舜的亲人都很和善，帮助舜打理好家里的一切事务。尧的九个儿子为人处世也比原来变得更加忠厚、仁德了。

半坡遗址出土的人面鱼纹彩陶盆

在六千多年前，黄河中游一带的人们就已经在使用有色彩的陶器了。他们制作陶器时，在表面用矿物质颜料画上图案，经过烧制后，陶器上就会有颜色不同的图案，因而被称为彩陶。

舜在历山选择了一片地方开垦成田地，精心耕作，日子过得很不错。周围的人被舜的德行所感化，在划分耕地边界的时候，人们彼此礼让，没有谁会因为划分多少的问题而与人产生纠纷。舜在雷泽捕鱼，周围的人受到舜的德行的感化，大家在捕鱼的时候都很礼让，彼此留出充足的水域以方便捕鱼。舜在黄河岸边烧制陶器，周围的人受其德行的感化，都**精心制作**陶器，从此，那里再也没有出现过一件次品陶器。

人们都渴望与有仁德之心的人做邻居。不到一年的光景，舜居住的地方聚集的人越来越多，形成了一个村落。两年后，这里就发展成了一个小城镇，人们安居乐业，非常和睦。又过了三年，小城镇已经发展成一座繁荣的大城市了。这一切，都被尧看在眼里，他对众大臣说："舜的德行深厚，深得人心啊！"

四方诸侯说："那是不是可以确定舜作为您的接班人了呢？"

尧略有所思，说："我想再看看舜的表现，再考验考验他。"

尧赐给舜一件用葛布做成的衣服，还有一架古琴，命人为舜建造了一座仓库，并赐给他一些牛、羊等，以此作为对舜的奖励。

以德报怨

舜的父亲瞽叟知道这件事后，心里很不平衡，他越加嫉妒和憎恨舜。他跟妻子和小儿子象经过一番合计，想出了一条陷害舜的诡计。

这一天，瞽叟招呼舜来帮自己一个忙，他让舜爬上谷仓，去修补一下破损的地方，舜欣然答应。谷仓的顶部是用稻草铺盖的。舜刚爬到谷仓的顶上，瞽叟一把火把谷仓给点燃了，他心想："这下看你还能逃到哪里去！"

舜眼看自己要被大火吞噬，情急之下，他忽然想到鸟儿可以借助翅膀飞行。于是，他用两顶斗笠做"翅膀"，从谷仓顶部"飞"了下来，躲过了一劫。

瞽叟见一计不成，怀恨在心，不久又心生一计。他找来舜，让他帮忙挖一口井，舜欣然答应。不到半天时间，舜已经挖到了很深的地方。不过，舜在挖井的同时，在井底的侧壁上挖了一个通往地面的通道，留作备用。果然，瞽叟见舜挖得很深了，就招呼象过来一起往井里填土，很快就把井给填平了。瞽叟高兴地对象说："上次他能逃走，这次我看他还能从地底下钻出来不成！"

象也很兴奋地说："既然舜已经死了，那他的所有财产和尧的两个女儿，还有那架古琴就都是我的啦！至于牛、羊和仓库，就归你和母亲吧！”于是，象就住到了舜的家里，占有了舜的一切。

一天，象正沉浸在自己的美梦中，忽然，舜回来了，这让象非常惊慌。象平息了一下慌张的神色，赶忙表现出一副闷闷不乐的样子，说：“大哥，不见你回来，我正担心你呢！”舜说：“是吗？但愿你真的是这样想的。”

尽管这次挖井时，父亲和弟弟险些要了舜的命，但舜还是原谅了他们，并仍然像以前一样孝敬父母、友爱弟弟，甚至比以前更加恭敬。

清明德政，自舜开始

尧知道关于舜的一切后，对众大臣说：“舜的德行果然不一般，他温良恭顺，德行深厚，看来是国君的合适人选呀！”

于是，尧把舜招到朝堂之上，让他参与政事的处理，并协调官员之间的关系等，舜都做得很出色。逐渐地，尧的年纪越来越大，他就让舜代自己处理国政。八年来，舜的工作都做得非常出色，尧才放心地把君位禅让给舜。

尧去世后，舜要把君位让给尧的儿子丹朱，但百官不答应，他们认为丹朱无论是德行还是为政能力，都不能胜任国君的位置。于是，舜重新担任起国君的重任。

当时，禹、皋陶、契、后稷、伯夷、彭祖等人，都是在尧执政时被推荐的人才，但一直都没有适合他们的职位。舜根据他们每个人的才能，指派他们担任相应的职责，各司其职，发挥所长。在此期间，天下百业兴旺，国泰民安，人们都说：“天下清明的德政，是从舜执政时期开始的。”

史记成语典故大搜索

如沐春风

词意：就像沐浴在春风中，令人心情舒畅。比喻受到良师益友的诚挚教诲。

造句：周老师亲切诚恳地教导我们，让人有种如沐春风的感觉。

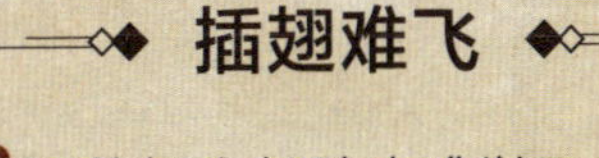

插翅难飞

词意：即使插上翅膀也难以飞走。形容身陷绝境，无法逃脱。

造句：敌军已经被我军团团围住，他们现在插翅难飞。

各司其事

词意：司，主管、管理。各自管好自己需要负责的事情。

造句：三年级（1）班班委会的成员们各司其事，很好地维护班级秩序。

洪水是一场考试

大禹治水的故事

姓名： 姒文命

出生日期： 不详

去世日期： 不详

身份

夏后氏部落首领

夏王朝的建立者

主要成就

治理洪水

建立夏朝

能力五项数值

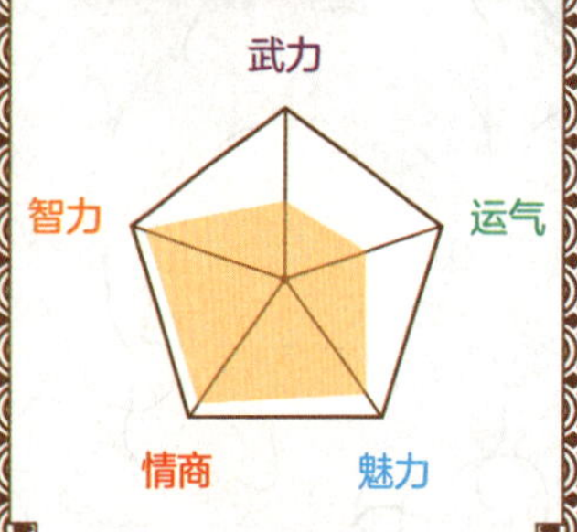

在很久以前，君主之位的交替还不是父传子，或者兄传弟，而是现任君主卸任时让给德才兼备，且对天下百姓做出重大贡献的人，这就是禅让制度。大禹正是通过这一途径登上君主之位的。

国君尧在位时，**洪水泛滥**，百姓的日子苦不堪言。尧任命擅长治水的鲧（gǔn）担任治水总管，主持治水。

转眼九年过去了，鲧不但治水不成功，反而让某些地方的水患更加严重。最后，他本人也因治水无功，被新上任的君主舜给处死了。原来，鲧面对泛滥的洪水，一味地采用筑堤围堵的方式。尽管能解决一时的水患，但随着洪水越积越多，堤坝被冲毁后又会造成更严重的水患。

大禹是鲧的儿子，他跟随父亲治水多年，积累了丰富的经验。于是，舜任命大禹为新一任**治水总管**。大禹继承了父亲的遗志，但并未沿用他的

二里头文化遗址宫殿复原模型

考古学者在河南洛阳发掘出一座古城遗址，经过研究，确认它是夏朝时的城市，并命名为二里头文化遗址。为什么考古学者能确定这是夏朝的遗物呢？那是因为他们通过测定这些遗物中所含的碳 -14 来确定年代数据。

治水方法。在对水患做了充分的勘察和分析后，大禹决定采用疏通引导的方式开挖河道，把洪水引入大海。

在治水的路上，大禹带领部下风里来雨里去，一刻也不敢懈怠。他曾三次路过家门，都顾不上进家门看一眼妻子和孩子。

十三年后，舜赐给大禹一块黑色的玉，以表彰他的治水之功。同时向天下宣布治水成功。

舜在晚年时，决定把君主之位让给大禹。治水有功是一方面，但更重要的是，大禹在治水的同时，把天下分为九个州，更方便管理。这也是九州的来历。

禹去世后，他的儿子启即位，建立了夏王朝，这也是中国历史上第一个朝代。

漫画开讲啦！

尧当国君时，洪水泛滥，民不聊生。
尝尝这个！

快跑啊！
洪水来了！
救命啊！

啊！

尧
洪水猛于虎，
这可咋整啊……
我的房子啊……
抓住了啊！
啊！我要
被冲走啦！

必须得找一个擅长
治水的人，来阻止
这场灾难呀！

臣保举一人，
可力挽狂澜，
他就是鲧！

鲧
治水能手
这造型也太犀利了
吧！我的天哪！

可喜可贺啊！
百姓有救了！
洪水无情
人有情啊！
包您满意！瞧好
吧您！保证效果
杠杠的！
非常好，那治水的
任务就交给你啦！

把所有能用的东西都拿来筑堤坝，
堵死洪水的路，让洪水无路可走！
好嘞！

水越积越多，
我们筑的堤坝
好像不够用了！
啊？！
咋可能？！

不要慌，
继续加固！

爹，你快看，
这里通了，
水在流走呀！
禹

别闹！
快堵上！

九年过去了，洪水不但没有平息，还时常因堤坝被冲毁而更加肆虐。
哈哈哈，
我又回来喽！

不好啦！那座加固了八次的堤坝还是被冲毁了！
啦啦啦~♡
哦……

完了，全完了！
随便啦！

陛下说吉时已到，刽（guì）子手可以开始上班啦！
斩！
舜
亲！我们是五号、六号刽子手！
很高兴为您服务！

招牌算是砸了……
记得给我们五星好评！
托梦给你好评吧……
听说鲧的儿子禹治水比他爹强，就让他担任治水总管吧！

爹，你没完成的事业，就交给我吧！
禹
又换了个新面孔，来了也是白搭！

禹先勘察地形，测量山川大河方位，做好记录。
儿子，听爹的，继续堵就对啦！大堵出奇迹啊！
略略略！
父亲的治水思想是筑堤围堵，禹反其道而行，以疏通引导为主。

这条水道向这个方向挖！
那条水道向那个方向挖！

好！
大人！水道都挖好啦！
掘开那些堤坝，让洪水顺着河道走！

大人！这些堤坝可都是你爹的毕生心血！
怎么能说毁就毁了呢？

你咋又出来啦？！已经没你戏份啦！
是啊！你不心疼吗！那可都是些好东西啊！

堤坝只能解决一时的水患。我要把洪水引入大海，从根本上解决水患！

治水期间，禹吃穿从简，早出晚归，把所有精力都投入到治水工作中。

您这身衣服都快成布片了，
我给您做一身新的吧？

啊！啥时候变
这模样啦？

新衣服穿不了多久又会成布片，
还不如多制两件工具来得实在！

禹曾有三次路过家门口，都没顾得上回家看看。

这都第三次路过
您家门口了，您进
去看看妻儿吧！

我结完婚第四天就
出家门了，现在孩
子都这么大了呀！
等治水成功了，有
的是时间陪妻儿！

禹用了十三年时间，开凿大山，疏通河道，将洪水引向大海，
彻底解决了水患。天下因此划分为九州，百姓安居乐业。
啊！！！
终于完成啦！
好啊！

因禹治水有功，民心所向，舜在晚年时将君位禅让给禹。禹勤政爱民，终成一代圣君。

相传禹是在与诸侯会晤考核功绩时去世的，就葬在了那里，埋葬禹的那座山也被改名为会稽(kuài jī)山。而会稽其实就是会计（汇集考核）的意思。

或言禹会诸侯江南，计功而崩，固葬焉，命曰会稽。会稽者，会计也。

司马迁

一场三千年前的革命
成汤建国的故事

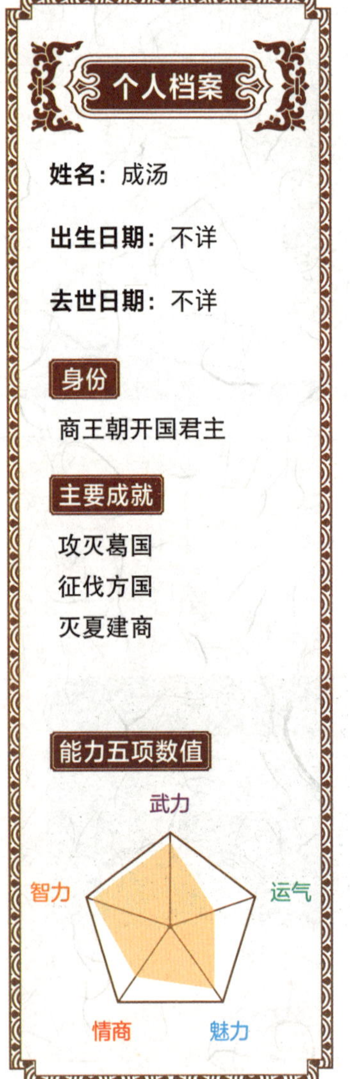

中国有上下五千年的历史，我来考考你，我国历史上的第二个朝代是哪个呢？提示一下，这个朝代有各式各样华美的青铜器，还有我国最早的成系统的文字——甲骨文和金文。没错，它就是商朝。商朝是怎么建立的呢？让我们一起来从《史记》中寻找答案吧！

定居使我变得强大

在尧舜时代，由于洪水泛滥，帝喾的儿子契（qì）帮助大禹一起治理洪水。因为契取得了不错的成绩，得到了舜帝的表扬，被封在了商地，成为一方诸侯。契就是商人的祖先。经过代代相传，数百年后，天乙接任了商国的国君，他就是成汤。

商人的祖先酷爱“搬家”。从契到成汤，殷商的首都迁了八次。在古代，迁都可不是一件说干就干的小事，耗费**巨大**的人力物力不说，搞不好会影响百姓的心态，进而危及国家的安危。

因为谁也不愿意抛弃自己**安逸舒适**的家，更不愿意丢掉肥沃的田地。

定居是为搞发展，也为寻根。

到了成汤时代，他对众人说："我不想再搬家了，是时候该安定下来好好搞发展了！"因为先祖帝喾曾经定都在亳（bó，今河南商丘东南），为了追随先祖，成汤决定也定都于亳。于是，商国有了一个真正意义上的国都。为了纪念这次"定居"，成汤还写了一篇《帝诰》的文章，向先祖帝喾报告定都于亳的事情。

成汤

定都之后，成汤把更多的精力放在治国理政、全面提升综合国力上。不出几年，商国国力得到很大的发展，并因此获得替天子讨伐其他不遵守礼制的诸侯的权力。

当时，有一个叫葛伯的诸侯，他狂妄自大，无视国家礼制。对此，成汤表示愤慨，他说："一个人看水面，从水中的倒影就能知道自己的相貌。同样，对于一个国家，从百姓的精神面貌就能看出这个国家的发展状况。葛伯无道，不能敬顺天命，我要替天子去教训他一番！"于是，成汤奉王命，率军讨伐葛伯。凯旋之后，他写了一篇文章《汤征》，详细记录了讨伐葛伯的过程。

四羊方尊 商

尊是古代人用来盛酒的酒器，在商朝前期就已经出现了。四羊方尊是当时人们举行祭祀活动时用来盛酒的礼器。它造型奇特而精美，尊身四周各有一只栩栩如生的卷角羊，并有多种怪兽花纹装饰在表面，看起来古朴而又神秘。

贤臣伊尹的选择

有一个人叫伊尹，他听到成汤的事迹后感慨连连，说："成汤真是个英明的人啊！中用的话他都能听得进去，所以他的德行才会不断进步。要说治理国家、抚育百姓，那些既有德行，又能为百姓着想的人都应该委以重任！"

伊尹是谁呢？原来他的本名叫阿衡，是一个很有才能的人。伊尹非常仰慕成汤的德行，一心想要见到成汤，辅佐他成就一番事业，可苦于没有拜见的门道。无奈之下，伊尹只得背着煮饭的锅和切菜的砧板讨了一份事做，等待时机。

一次偶然的机会，伊尹见到了成汤，成汤和他说起煮饭做菜的事。伊尹便借这个机会，跟成汤说起以王道作为施政理念的事，这让成汤眼前一亮。随后，两人聊了很久，彼此相见恨晚。

另有人说，伊尹是一个有才能但不肯做官的人。成汤听说伊尹很有才能，就派人带着丰厚的礼物去请他。使者足足跑了五次，伊尹才肯见成汤。见面后，伊尹向成汤讲述了上古帝王和君主的生平故事，成汤从此任命他管理国家。

之后，伊尹也曾离开过成汤，去到夏桀身边做事。夏桀是夏启建立的夏王朝的末代君主，荒淫无道，是个大昏君。逐渐地，伊尹发现夏桀是一个残暴无道的人，失意之下，伊尹又回到了亳，追随成汤。伊尹到达亳时，在北门那里遇到了商国贤臣女鸠和女房，与他们交谈之后，更加看清了夏桀的无道，以及成汤的仁德贤明。于是，伊尹便写下了两篇文章《女鸠》和《女房》，来表达自己“弃暗投明”时的心情。

网开一面的仁慈

有一次，成汤带着人马外出打猎，远远地就发现有一个猎人在那里张开大网，准备把四周的猎物捕个干净。不仅如此，猎人一边布网，一边还念念有词地祈祷说：“但愿，不管是天上飞的，还是地上跑的，或者水里游的，通通都到我的网里来！”

成汤感觉这名猎人做得有点过分了，便上前去阻止他继续布网，并对他说：“哎呀，你这样打猎不好啊，捕捉的猎物太多了！”

猎人说：“打猎，不就是越多越好吗？”

成汤说：“如果一次性把所有猎物都捕捉完了，飞禽走兽们就不能再继续繁衍，那以后还怎么打猎呀？大家拿什么来生活呢？这不是自断后路吗？”

猎人恍然大悟，说：“你说得很对，那我该怎么做才好呢？”

成汤说：“你把网撤去三面，只留一面吧！”

猎人听了成汤的话，一边撤去三面网，一边祈祷说：“想往左去的往左去，想往右逃的往右逃，不听话的，就乖乖地到我的网里来吧！”

这件事一传十、十传百，最后传到诸侯们的耳朵里，竟然传成是成汤撤网捕猎的事。诸侯们纷纷赞叹：“成汤真是太仁慈了，连那些飞禽走兽都得到了他的恩惠。”

代表上天消灭你

当时的天下，一边是成汤仁慈地对待百姓，恩泽惠及飞禽走兽，商国一派安定繁荣的景象。另一边却是夏桀残暴无道、变本加厉的行径，百姓民不聊生，怨声载道。

诸侯昆吾氏追随夏桀，一起祸害百姓，成汤便举起讨伐的大旗，进攻昆吾氏。胜利之后，成汤将征伐的矛头对准了夏桀，他告诉人们说：“大家都听着，不是我成汤犯上作乱，要对天子做出不合礼制的事情，而是夏桀实在是犯下了太多的罪孽，我是奉上天的旨意才这么做。我知道，你们当中肯定会有人问我：夏桀到底犯了什么大罪，要做臣子的去讨伐他！我来告诉你们，夏桀横征暴敛，增加繁重的徭役，置夏朝的百姓于水火之中。他还不停地搜刮百姓的钱财据为己有，这让夏朝的百姓都不愿再跟随他，还把他比作太阳，并说：‘你自比为太阳，你这太阳什么时候陨落，我们愿跟你一同灭亡！’夏桀的德行已经败坏到这种地步，我一定要去讨伐他！但愿你们能和我一起，听从上天的旨意去讨伐他，我会重重奖赏你们。如果你们违背我的誓言，我也会重重惩罚你们！”

成汤的这番话被写在了《汤誓》里流传下来。他曾经说，自己是一个勇武的人，因此被称为“商武王”。

成汤和夏桀的军队在有娀（sōng）的旧地（今山西永济西）展开大战。夏桀的军队人心涣散，不敌成汤的军队，迅速溃败，夏桀逃到了鸣条（今山西运城东北）。成汤趁势进攻追随夏桀的其他诸侯，打败他们后收缴了他们的财宝，并将这些财宝收进国库，因为这是天下百姓共有的财富。

推翻了夏朝之后，成汤打算彻底消灭夏朝的社神。但是，夏朝一直供奉的是远古时代就掌管水土的神明，没有人能比得上他，因此，一直到最后都没有更换。成汤还命令人写下《夏社》，把不能更换社神的原因详细地记录下来。

究竟什么是社神呢？社，指的是社神后土。远古时候的英雄建立了伟大的功劳，就会被尊为社神，享受后人的祭祀。

奴隶玉俑 商

这是一尊商代的玉人奴隶俑，他双腿跪在地上，眼睛朝前看，双手放在膝盖上，像是在乞求什么。商朝时，奴隶主在劳动生产中会大量使用奴隶。奴隶被迫在农田上集体劳作，在手工作坊里做工，过着牛马不如的生活。奴隶没有人身自由，会被奴隶主随意转让、买卖，甚至杀掉用来作为祭祀的祭品，或为死去的奴隶主殉葬。

伊尹向所有的诸侯昭示了讨伐夏桀的全部战绩，诸侯们都表示愿意服从成汤，并奉成汤为新的天子。于是，商王朝诞生了。

对诸侯的告诫

成汤回到亳以后写下了《汤诰》，以此来号令诸侯。同时告诫他们：所有人都必须为百姓**建立功业**，努力地做好自己应该做的事情，不然，就要受到严厉的惩罚。

成汤一再警示其他诸侯，说："过去，大禹、皋陶为了建功立业而四处奔波，百姓们因此过上了安居乐业的日子。他们治理好洪水，并让长江、济河、黄河和淮河这四条重要的河流得到很好的管理，能够造福于百姓，百姓们才安稳地居住了下来。后稷教人们种植粮食，人们才认识了不同的农作物。这些古人立下了伟大的功劳，后人才能传承他们的功绩而建立国家。但有些人却不一样，比如，蚩尤和他的部下作乱，这样的事情也曾经发生过。如果你们之

妇好鸮（xiāo）尊 商

这是从一座商代墓中出土的鸮形酒尊。鸮就是猫头鹰。酒尊上"妇好"，所以人们才知道这座墓的主人叫妇好。妇好是商代君主武丁的妻子，同时她也是一名女将军。妇好鸮尊是一对孪生兄弟，一件藏在中国国家博物馆，另一件则藏在河南博物院。

中有人做出违背道义和礼制的事情，那我绝不放过他，并且不会允许他再享受诸侯的待遇！”

成汤用这些话警示诸侯，伊尹也写下了《咸有一德》，表明不管是国君还是大臣，都应该有高尚的品行和深厚的仁德。大臣咎单写下了《明居》，对人们的生活秩序做了一个明确的规定。

成为天子的成汤修改了历法。过去，人们把夏历中的寅月当成是新年的第一天，成汤把这天改为丑月。不仅如此，他还改革了颜色，把白色作为最尊贵的颜色，并规定在白天举行朝会。

在成汤去世后，他的后人代代相承并维护商朝的统治。直到多年之后，商朝的最后一任国君纣王和当年的夏桀一样残暴无道。正如成汤反抗夏桀推翻夏王朝一样，有人起兵反抗残暴的商纣王，一举推翻了商王朝。

燕子的后代

商人认为自己是玄鸟的后代，为什么呢？因为有一个古老的传说，商的先祖契，他的母亲是帝喾的妃子简狄。有一次，简狄打算去河里洗澡。在路上，简狄看到了一枚鸟蛋，她一时好奇，吞下了鸟蛋，结果怀孕生下了契。《诗经》里有“天命玄鸟，降而生商”的诗句。“玄鸟”是古人对燕子的称呼，因燕子通体黑色，所以叫作“玄鸟”。

甲骨文的秘密

清朝末年，河南安阳有一位农民，他从地下挖出了一些刻有符号的龟甲、兽骨，然后当作“龙骨”卖给中药店作药材。所谓“龙骨”，就是远古时期哺乳类动物的化石，是一种中药药材。

1899年，北京官员王懿（yì）荣在达仁堂买药时，发现龙骨上刻着符号，认为这是古文字，就把药店里所有带符号的龙骨都买了下来。经过学者的研究，最终认定这些符号就是商朝的文字——甲骨文。

甲骨文是中国商周时期刻写在龟甲、羊等兽骨上的文字。1899年，清朝人王懿荣首次发现甲骨文，

大型牛骨刻辞 商

甲骨文自1899年发现至今已有百余年，殷墟共发现甲骨15万片，单字5000多个，其中已被识别的有4000多个。甲骨文的内容涉及商代社会的许多方面，政治方面涉及阶级关系、军队、刑法，经济方面涉及农业、畜牧与田猎、手工业、商业与交通，科学文化方面涉及天文、历法、医学，宗教方面涉及天帝崇拜、自然崇拜、祖先崇拜等。

“王为般卜”龟甲刻辞 商

这是一块完整的卜甲，通过这块卜甲我们可以知道，商代人很喜欢用龟甲刻写文字，而且多数用乌龟腹部的甲，少数用背甲。

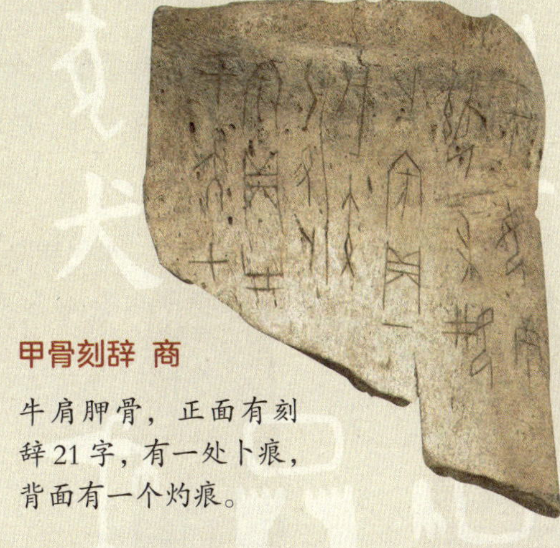

甲骨刻辞 商

牛肩胛骨，正面有刻辞21字，有一处卜痕，背面有一个灼痕。

之后，在河南安阳殷墟、陕西、山东等地出土了大量商周时期的甲骨，其中，商代有字甲骨约15万片，单字共计4400多个。目前，已经被识别的甲骨文字有1500多个。

甲骨文记载的内容十分丰富，涉及祭祀、战争、农牧业、官制、刑法、医药、天文历法等。甲骨文是中国已发现的古代文字中年代最早、体系较为完整的文字，对中国文字

有趣的甲骨文

的形成与发展有深远的影响。目前所知，我国有文字可考的历史从商朝开始。

甲骨文使用象形、指事、会意、形声、假借等多种造字方法。象形是最原始的造字方法，用图形、线条把物体的外形特征勾画出来。甲骨文中约40%是象形字。指事是用一种指示性符号表示某一事物或概念，如“上”字，一横代表水平线，上面一短横表示水平线以上的概念。会意是把两个或两个以上的独体字结合起来表示新的意义，如“从”字，两个人

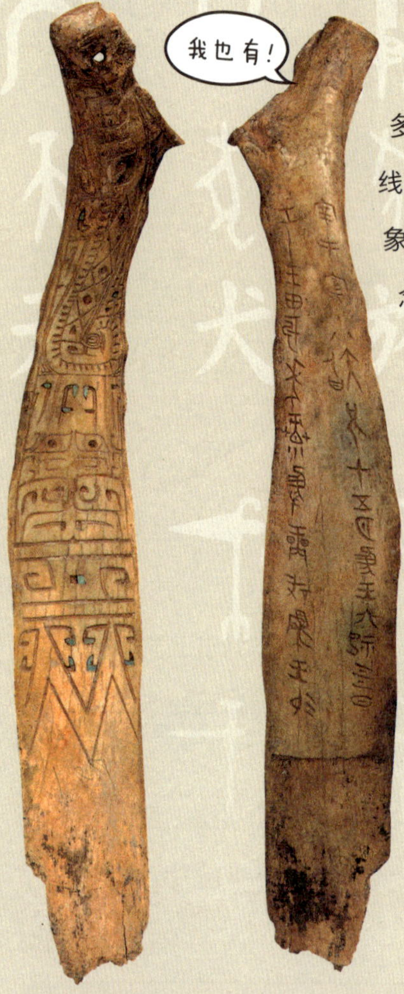

宰丰骨匕刻辞 商

这是一块牛骨，呈匕首形状。一面刻有精美的纹饰。另一面刻有排列规整的甲骨文，记述了一个叫宰丰的人受到商王赏赐的事情。

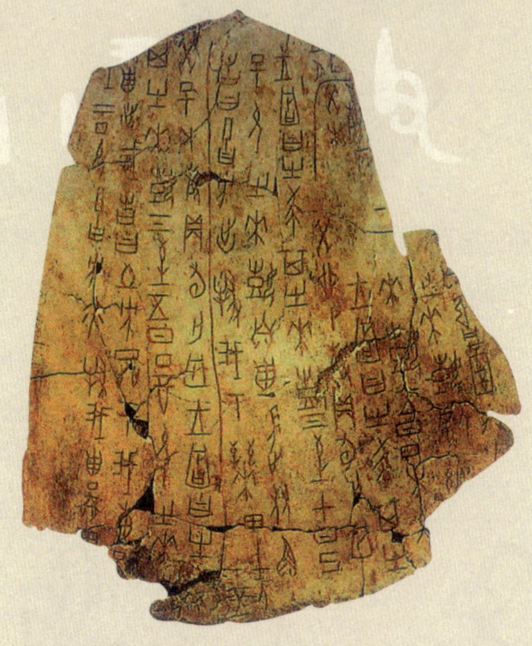

大型涂朱牛骨刻辞 商

这块甲骨上的内容是关于北方部族入侵，王命诸侯、田猎和天象等。

刻干支表牛骨 商

通过对甲骨文的研究，现在可以确知商代有三种纪日法：一、天干纪日法，即用甲、乙、丙、丁、戊、己、庚、辛、壬、癸十天干分别纪日。二、地支纪日法，用子、丑、寅、卯、辰、巳、午、未、申、酉、戌、亥十二地支分别纪日，这种纪日法较少使用。三、干支纪日法，即将十天干与十二地支依次相互搭配，组成甲子、乙丑、丙寅、丁卯等 60 个干支单位以纪日，60 日为一个循环。干支纪日法在商代纪日材料中占绝大多数，而这块刻“干支表”牛骨则是当时使用干支纪日法的物证。

形组合在一起，表示跟从的意思。形声最为进步，用声符来注音，用一个字表示类别，组成新字，能造出大量文字，现代汉字很多都是形声字。

甲骨文已经具备了汉字的基本结构，很多字体至今仍在使用，是汉字形成与发展的重要阶段。

甲骨文、金文和现代汉字对照表

甲骨文	[甲骨文字形]	[甲骨文字形]	[甲骨文字形]	[甲骨文字形]	[甲骨文字形]
金文	[金文字形]	[金文字形]	[金文字形]	[金文字形]	[金文字形]
现代文	何	父	戈	正	鱼

周武王

用仁义打造个王国
周文王、周武王的故事

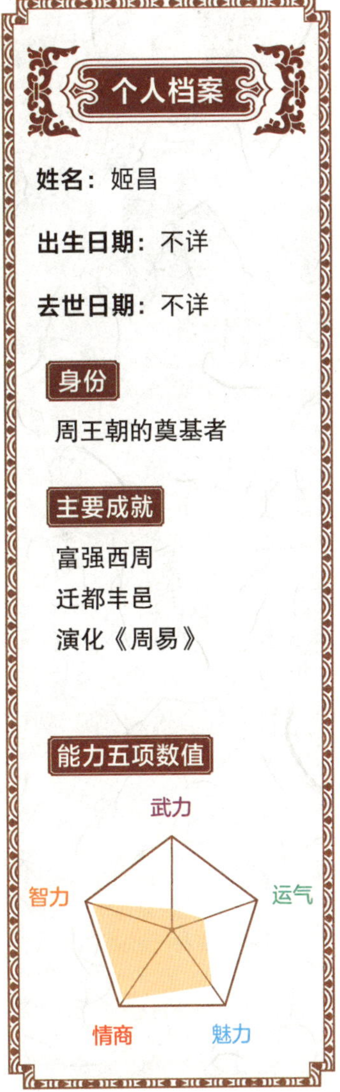

你一定听过一句话：“历史总是惊人的相似。”成汤推翻夏朝的统治，建立商朝的那一刻，他肯定想不到，多年以后，有人会和他一样，杀死残暴的商纣王，建立起周朝。尽管结果相似，但这两个王朝建立的过程却千差万别。下面，我们一起从《史记》的字里行间，去看看周王朝是怎样建立的吧！

受人敬仰的西伯

周的祖先是后稷，他的本名叫作弃。我们都知道，弃的意思是抛弃、丢弃，很不好。那为什么后稷会有这样一个奇怪的名字呢？这就得提起一个很有趣的传说了。

原来，弃的母亲叫姜原，她是帝喾的妃子。有一天，姜原和几个姐妹约好了，要一起去附近的一条河里洗澡。

走到半路上时，姜原忽然惊呼一声：“快看，

康侯簋（guǐ） 西周

簋是古代人举行祭祀活动或日常吃饭时，用来盛食物的器具。这件康侯簋是祭祀仪式专用的礼器，它的底部有铭文 24 字，记述了周武王伐商之后，命令康侯姬封改封到卫地去做卫侯，所以这件簋就叫康侯簋。

前边地上是什么东西？”姐妹们顺着姜原手指的方向看去，发现是一个巨大的脚印。他们很好奇，对着大脚印**指指点点**。姜原则伸脚踩在了大脚印上。

不久，姜原发现自己怀孕了，她左思右想，断定这孩子跟那天踩那个大脚印有关，她觉得这孩子来得太不吉利了。于是，等孩子生下来，姜原打算丢弃他。

一开始，姜原把孩子扔在巷子里，想让路过的牛、马踩死他。可是，那些牛、马见了地上的孩子，都远远地绕着走。姜原只好把孩子捡起来，打算把他扔在水渠的冰面上，在这样的环境里，这孩子肯定要被冻死。可没想到，天空飞来很多鸟儿，伸出翅膀，紧紧地包裹着孩子，将他保护得严严实实。

姜原被这一幕给惊呆了，她心想：看来是上天要这孩子活下去呀！于是，她捡回孩子，打算将他养大，并给他取名叫弃。

弃长大成人，也有了自己的后代，他们代代相传，一直传到姬昌身上，他就是商朝西边的诸侯国周的国君。因为承袭了伯的爵位，姬昌又被人们称为西伯。

西伯在治理周国的理念上，承袭了他父亲“仁义爱民”的思想。他敬奉老人，爱护儿童，优待那些有才能的人，让他们有自己的用武之地，时常因为接见贤者而忘记吃饭。姬昌的这一切努力，让西周国泰民安，百姓富足。

现藏于故宫博物院

师趛（yǐn）鬲（lì） 西周

趛，是西周时期一个家族的族名，师趛是一个人名。鬲，是古代人做饭的锅，形状很像鼎，但它的脚是中空的。这件师趛鬲，是一个叫师趛的人为怀念他去世的父母而制作的。

就这样，其他诸侯国中那些很有才能而得不到重用的人，纷纷来到周求见西伯。当时，孤竹国有两位非常有名的贤人伯夷和叔齐，他们听说了西伯的事情后，决定前往西周拜见西伯。此后，连太颠、闳（hóng）夭、散宜生、鬻（yù）子、辛甲等一大批天下名士前往西周，追随于西伯左右。这让西周的整体国力得到了很大提升。

被囚羑里，因祸得福

当时的天子是商纣王，他是一个性格残暴的家伙，谁要是让他不开心，他就要惩罚谁。

有一天，商纣王身边一名叫崇侯虎的大臣，因嫉妒西伯的美名，害怕他会取代自己在纣王面前的地位，就对纣王说西伯的坏话："西伯通过宣扬自己贤德的美名，笼络了很多人心，甚至连不少诸侯都愿意追随他，这对您来说可不是什么好事啊！"

纣王觉得崇侯虎说得有道理，不分**青红皂白**，命人抓来西伯，囚禁在一个叫羑（yǒu）里的地方。这可急坏了西周上下的人。

闳夭等一群大臣非常担心西伯的安危，他们想了很多办法。最后，他们决定从有莘（shēn）部族找来几名美女，从骊戎部族找来红色鬃毛的良马，还有其他很多**稀世珍宝**，把这些全都交给了商朝大臣费仲，让他帮西伯说说好话。

费仲是商纣王最宠信的大臣，他把一部分美女和宝马献给纣王，纣王高兴坏了，说："看来西周还是很有诚意的，这里面的任何一件东西都足够换回西伯了！"

西周贵族服饰示意图

西周时期，人们日常穿的衣服衣领通用交领右衽，没有纽扣，用带子系起来。衣袖有大小两种式样，有相对较宽的腰带，有时挂玉璧等装饰物。裙或裤的长短也不同，但最短的不能在膝盖以上，最长的可以拖地。布料多以暖色为主，红色、黄色、棕褐色等比较常见，并有很规律的纹饰。

西伯因此被释放。临行前，商纣王还赏赐了西伯弓箭和斧钺，赋予他讨伐那些不遵守礼制的诸侯的权力。

西伯回到周后，马上把洛水西边的土地送给纣王，以此来请求纣王废除炮烙之刑。什么是炮烙？这是商纣王发明的一种残酷的刑罚，在一根巨大的铜柱子上

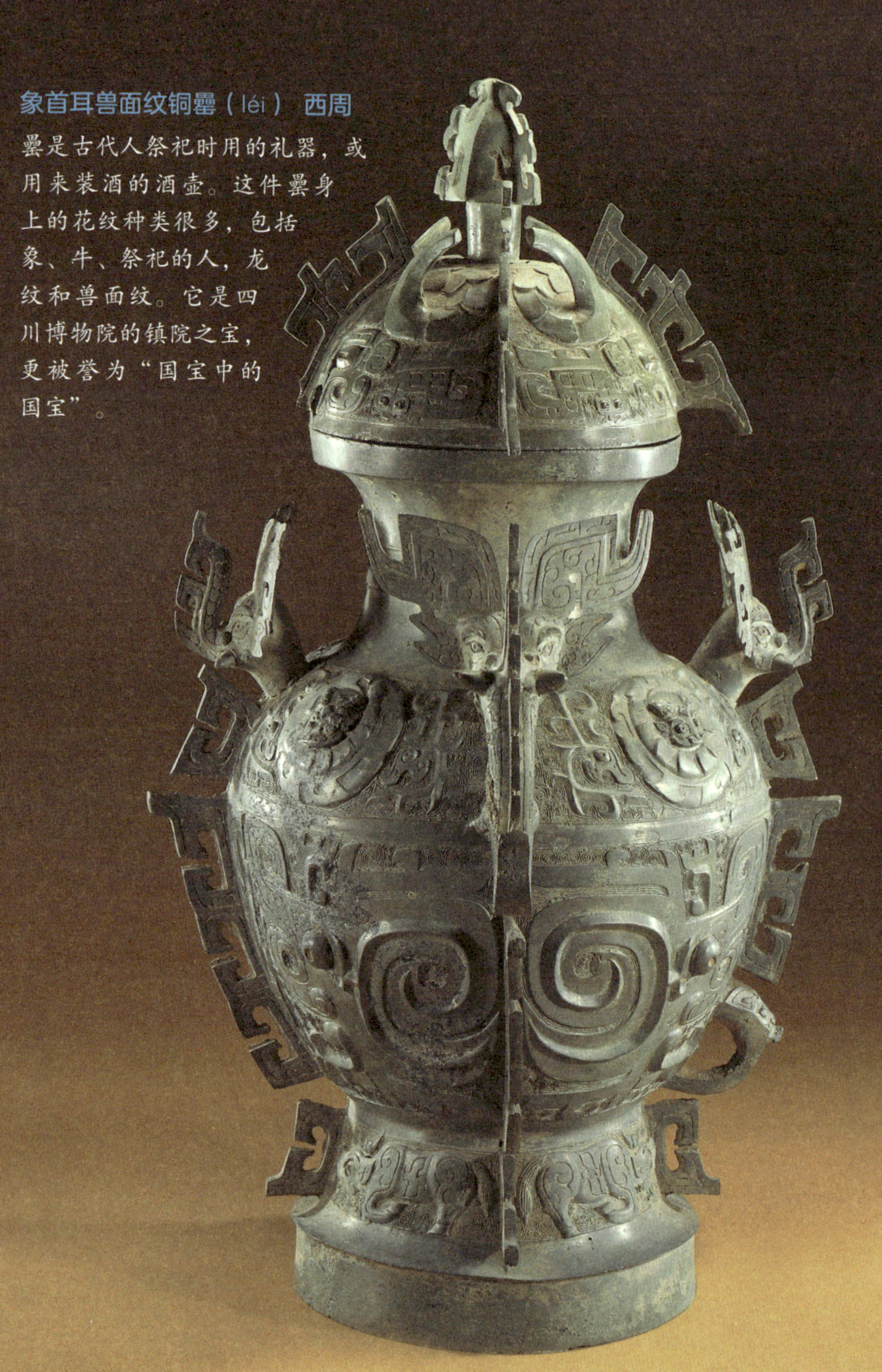

象首耳兽面纹铜罍（léi） 西周

罍是古代人祭祀时用的礼器，或用来装酒的酒壶。这件罍身上的花纹种类很多，包括象、牛、祭祀的人，龙纹和兽面纹。它是四川博物院的镇院之宝，更被誉为“国宝中的国宝”。

涂上油，柱子下面生起大火，然后让犯人从柱子上往过爬。这样一来，犯人的结局无非有两种，要么被烧红的铜柱子烫死，要么翻下大火中烧死，简直惨不忍睹。

纣王得到了大片土地，非常高兴，就答应西伯废除了炮烙之刑。而这一举动，却让天下人都暗暗记住了西伯的仁慈。

天命君王

从羑里出来之后，西伯还是和原来一样，以仁义来治理周国。他仁德的美名传得更远，以至于其他诸侯之间有什么难以调解的矛盾，都会来找西伯评理。

有一次，虞国和芮国产生矛盾，闹了很久都没有解决，无奈之下，两国的国君就一起来找西伯评理。刚到周国的国境，他们发现这里连种田的人都互相礼让，一片祥和的气氛。两国国君感到非常惭愧，说："我们为了一点小事争来争去，西周连百姓都比我们懂得谦和礼让，我们还有什么脸面去找西伯评理啊！"于是，他俩回到了自己领地，矛盾也就此化解了。其他诸侯们听说了这件事情后，都觉得西伯才是真正的天命君王。

第二年，西伯以商纣王的名义，带兵征讨作乱的犬戎、密须两个部族。后来又打败了耆国。这一消息很快传到了商朝的首都朝歌（今河南淇县），大臣祖伊觉得事情不妙，跑到商纣王面前说："很多诸侯都认为西伯是天命君王，他竟然以您的名义去讨伐其他诸侯，扩张领土，这是有不臣之心啊！"

没想到，商纣王看也不看他一眼，骄傲地说："我才是天命君王！西伯啥也不是！"

西伯没有受到任何阻碍，又带兵打败了崇侯虎，并把周的都城从岐（今陕西宝鸡）迁到丰邑（今陕西西安长安区）。可是，在迁都的第二年，西伯就去世了。

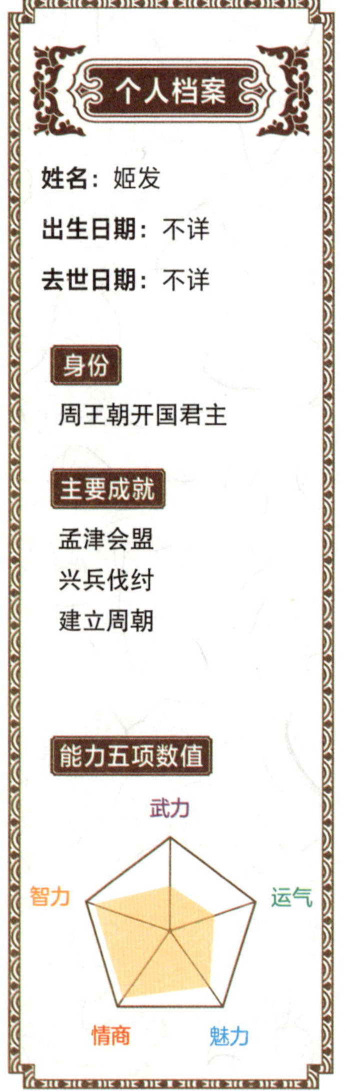

努力实现父亲的遗愿

西伯去世后，太子姬发接任了西周国君的位子，他就是后来的周武王。

武王刚继位，他就宣布要努力实现父亲的遗愿——伐纣。他任命太公望为太师，任命弟弟周公旦为宰相，还把召公、毕公等贤能之人全部收拢在自己身边，帮他**出谋划策**。

在继位后的第九年，武王公开宣布，起兵讨伐残暴无道的商纣王。他带着所有大臣，到毕地（今陕西西安南）去祭祀自己的父亲西伯，然后前往孟津（今河南洛阳）与诸侯会盟，要在那里举行盛大的阅兵仪式。

武王知道，讨伐商纣王是父亲的心愿。因此，他为父亲制作了一尊牌位，并安放在车上，以此来表示自己要和父亲一起讨伐商纣王。

武王率大军上船，准备渡过黄河。船行到河中央的时候，突然，有一条白色的大鱼跳上了武王的船。武王亲自动手抓住了它，作为祭品祭祀上天。

大军刚过河，忽然，一团红色的火焰从天上掉了下来，砸在了武王的帐篷上。很快，这团火焰又变成了一只红色的乌鸦，鸣叫声响彻天空。

前来会盟的八百多诸侯，看到这一团红色的火焰，以及那红色的乌鸦，都觉得这是上天的旨意，昭示天下人是时候讨伐商纣王了。

可武王却摇摇头，说：“不，现在还不是讨伐纣王的时候。”说完，诸侯们各自带着大军回去了。

时机成熟，全线出击

又过了两年，距西伯去世已经有十一年了。

商纣王越来越残暴，他身边忠诚正直的能人贤士不堪受辱，纷纷死的死、逃的逃。最让天下人愤恨的是，栋梁之臣比干和箕子因劝谏纣王改过，结果比干被杀，箕子被囚禁。听到这个消息的人，没有谁不痛恨商纣王无道的。就连太师和少师都抱着乐器逃去了周。

武王觉得讨伐商纣王的时机成熟了，就对天下诸侯们宣布：“商纣王残暴无道，**罪孽深重**，民心向背，已经到了不得不讨伐他的地步！”诸侯们纷纷响应武王。

武王带着父亲的遗愿，率领三百辆战车，三千名虎贲勇士，和四万五千名士兵，浩浩荡荡向东开进，前去讨伐商纣王。

大军渡过黄河，在盟津与诸侯们汇合，武王写下《太誓》：

“大家一路辛苦了！将士们，举起你们手里的武器，我们在此宣誓！祖先们早就讲过‘母鸡一旦打鸣，就有灾难发生’的道理。现在，纣王只听女人的话，不祭祀祖先，抛弃自己的兄弟。为了讨好女人，什么坏事都做得出来。现在，我们要代替上天惩罚他！”

将士们听完士气大振，不畏艰辛，过关斩将，一路打到了商朝首都朝歌附近的牧野（今河南淇县西南）。

到了决战的时刻，武王一早就举行隆重的誓师大会。他左手拿着金黄色的大斧，右手拿着用牛尾巴装饰的白色大旗，指挥三军将士做好战斗的准备。

此时，纣王还在饮酒作乐，他听说武王姬发率领大军已经杀到了

毛公鼎 西周

毛公鼎内侧刻有将近500字的金文，是中国青铜器中铭文最长的，是研究西周政治史的重要史料。

牧野，一下慌了神，赶紧下令组织军队进行抵抗。最后，商纣王临时组织了一支七十万人的军队开到牧野。

武王命太公望为先锋，带着几百名勇士打头阵。自己率领三百五十辆战车、三千名虎贲勇士、两万六千二百五十名士兵组成大部队，向纣王的大军发起冲锋。

商纣王的军队虽然有七十万人，但大多数士兵是被迫上的战场，他们已经被商纣王压迫得很久了，早就盼望着周武王能早点打过来，好解救他们。因此，还没等周武王的军队发起冲锋，商纣王这边的很多士兵就临阵倒戈，跟武王的军队一起反抗商纣王。

眼看自己众叛亲离，大势已去，绝望的商纣王赶紧逃回王宫。他穿上最华丽的衣服，浑身戴满珠宝，爬上高高的鹿台，放火自焚了。商王朝就此灭亡。

推翻商纣，重整天下

战斗结束后，诸侯们都赶来向周武王行礼，表示愿意追随周武王。武王也向诸侯们还礼。

随后，周武王带着众诸侯一起来到朝歌。没想到，朝歌的百姓夹道欢迎周武王。周武王也向百姓还礼，并让官员们传达百姓，这是上天为他们降下来的福祉。

随后，武王驾着战车进入朝歌，来到纣王自杀的地方。他向百官和天下人郑重宣告了商纣王的种种罪名，代表天意对他进行惩罚。接着，他举起弓箭，向纣王的尸体射了三箭。然后走下战车，砍下了纣王的头颅，挂在白色的战旗上，并向上天祷告。

周武王推翻了商王朝的统治，把原商朝遗民留给了商纣王的儿子禄父进行管理，并让管叔鲜和蔡叔度协助禄父进行管理。此外，周武王还连续颁发了一系列命令：释放大牢里所有被商纣王关押的无辜百姓；打开纣王的宝库和粮仓，把钱财和粮食分发给百姓；为所有被商纣王残害的忠良贤德的人建造坟墓，并表彰他们的功绩；设坛祭祀所有在战争中死去的人。

做完这一切，周武王才命各诸侯回到封地，自己则率领军队西归。一路上，他巡视路过的诸侯国，把沿途见闻记录下来，写成《武成》。为什么要叫武成呢？武成的意思就是周推翻商王朝的功业获得成功。

之后，武王又重新分封天下诸侯。他很向往上古时期那些仁义的君主，于是，把神农氏的后代分封在了焦地，把黄帝的后代分封在祝地，把尧的后代分封在蓟地，把舜的后代分封在陈地，把大禹的后代分封在杞地。其他的开国功臣和将士们，也都得到了应有的封赏。

周武王的理想

周武王召集负责管理九州的各州君长，登上豳（bīn）城（今陕西彬县、旬邑县一带）附近的山顶，遥望商都朝歌，望了很久才离去。

回到镐京后，周武王就开始失眠。弟弟周公旦知道这一情况后，很担心，问：“您是因为什么事而失眠呢？”

周武王说：“商纣王暴虐无道，被上天所厌弃，这才让我们接替他们来继续祭祀。想当初，商王朝刚刚建立的时候，商国君任用三百六十多位贤明之人，努力治理天下，才让商王朝一直维持到现在。如今，天下已被纣王祸害成这样，民不聊生，我还不确定上天会不会保佑我治理好天下，还哪有工夫睡觉呢？”

周武王接着说：“我一定要让周朝一直繁荣下去，让国家安定，百官各司其职，让全天下的人都安居乐业。以前，夏朝的国都在洛水湾和伊水湾之间，那里是个平原，我从南北都仔细观察了一遍，我确定，这里是建立都城的好地方。”于是，周武王派人到洛邑丈量土地，计划修建周王朝的陪都。

回去后，周武王下令，把军队里的战马放归华山以南，把牛放归桃林塞的旧地一带。收缴兵器，解散军队，以此昭告天下：以后不再会有战争了。

为了实现自己的理想，周武王每天辛勤地处理政事，不敢有一丝的懈怠。就这样，周王朝逐渐走上了繁荣兴盛，国泰民安的道路。

什么是“分封制”

为稳定周初的政治形式，巩固疆土，周天子根据血缘关系的远近和功劳大小，将宗亲和功臣等分封到各地，授予他们管理土地和人民的权力，建立诸侯国，以保证周王室对地方的控制。诸侯需要向周天子进献贡物，并服从周王调兵。受封者可以在自己的封地内再次分封，从而确保周王朝社会等级制度的完整。

大器晚成的军事家
吕尚的故事

姓名： 吕尚

出生日期： 不详

去世日期： 不详

身份

齐国开国君主

主要成就

兴周灭商
治理齐国
著《六韬》

能力五项数值

吕尚，又被称为太公望，来自东海之滨，他的先祖被封在吕地，因此，他被称为吕尚。他本姓姜，所以又叫姜尚。

吕尚生性聪慧，博览群书，精通天文地理，深谙行军布阵之道，踌躇满志，只等一个可以施展抱负的机会。可惜，他从一个意气风发的青年等成两鬓斑白的老人，商王朝始终没有给他一个机会。此时正值商王朝末期，当政者商纣王暴虐无道，残害忠良，荼毒百姓，朝野上下怨声载道、人心离散。

相反，位于西岐的诸侯国周却政治清明，百姓安居乐业，一片繁荣景象，这都是西伯姬昌仁德贤良、勤政爱民的成果。吕尚觉得西伯姬昌才是一个值得辅佐、可成大业的明君，于是，他决定前往西周寻找机遇。

到了西周后，吕尚并没有如愿地找到机会，

无奈之下，他在渭水边以钓鱼为生，等待时机。一次偶然的机会，西伯姬昌外出**打猎**，正好路过吕尚钓鱼的地方，他被吕尚用直钩的怪异行为给吸引了。一番询问之下，他发现吕尚是个难得一遇的奇才，两人自此相识，相谈甚欢，彼此惺惺相惜、相见恨晚。此后，吕尚常伴西伯左右，辅佐他治理周的国政。

商纣王的残暴无道日甚一日，朝中再也没有人敢讲真话。栋梁之臣比干和箕子以良言相劝，商纣王不但不听，还残杀比干，囚禁箕子。此事震动朝野，天下诸侯群情激奋，讨伐商纣王的呼声此起彼伏。

西伯姬昌去世前，将伐纣大业交付给他的儿子姬发，即周武王，并委任吕尚为国师，辅佐姬发完成伐纣大业。周武王称吕尚为师尚父，凡事都得与师尚父商讨之后才能施行。吕尚终于有机会施展抱负，他倾尽毕生所学，为周制定出全面发展的方略，同时加紧训练士兵，不出几年，周就拥有足以抗衡商王朝的实力。

此时，周武王和吕尚一致认为，伐纣时机已经成熟，他们着手联络天下诸侯，准备开始伐纣大业。他号召天下诸侯会师以伐纣，与商纣王的大军在牧野进行决战，最终**大获全胜**，一举推翻商朝的腐朽统治，建立起周政权。

吕尚终其一生为世人印证了一个道理：大器晚成，终必远至。

吕尚，博学多识，知天文地理，通兵法韬略，只等一个施展抱负的机会。

给我一个机会，
我能撬动天下!!

然而，侍奉商纣好多年了，吕尚还是无所作为。

难道是我出场的
方式不对？！！

商纣王
顺我者昌，
逆我者通通杀掉!!!
这日子没法过了!
人家西岐的百
姓就很幸福!
要了亲命了!
西伯贤
德啊!
闭嘴！你们这帮刁民!
找死啊!
命运掌握在自己手中!
是时候来一场说
走就走的旅行了!

由于一时没有拜见西伯的机会，吕尚便隐居渭水边以垂钓为生，静待时机。
这鱼一点儿面子也不给吗？

难道又是我出场方式不对？

有啦！

掰我干嘛!?
把鱼钩掰直！

有一天，西伯准备去打猎。

占一卦，看看今天能收获些啥?
OK 啦!
卦的老棒了

天灵灵！地灵灵！水灵灵！火灵灵！妖妖灵！妖二灵！

非龙非螭，非虎非熊……

那究竟是啥?
那是辅国贤臣呀!

卦师虽然很烦人，但我心里还是有些小激动的。
天苍苍！野茫茫！人才出现在眼旁!

西伯你看，那个老头用直钩钓鱼！还悬在水面之上！

什么？！

老先生，您用直钩怎么能钓到鱼呢？

我钓的可不是鱼，而是值得辅佐的人！

老天开眼，终于让我找到先生你了！

两人同车而归，相谈甚欢。

大王，我是冤枉的！谁来救我嘛？！
西伯朝见商纣王时不慎得罪他，被囚羑里。

听我令，速去搜罗几名美女和大量财宝，我要去救西伯！
是！
哦啦！

大王，西伯是无辜的，看在美女和财宝的分上，您就放了他吧！

好呀好呀！
淡定！淡定！

纣王无道，非常残暴，我们一定要推翻他！
嗯，是时候干一票大的了！

这是啥？

这是太公制定的治国策略！
这是用兵奇谋！

西周推行德政，调节诸侯的矛盾，深得众望。
西伯你看，天下诸侯三分之二已归心我们。

我们已经有足够的实力能与商纣对抗了！
好啊！未来可期啊！

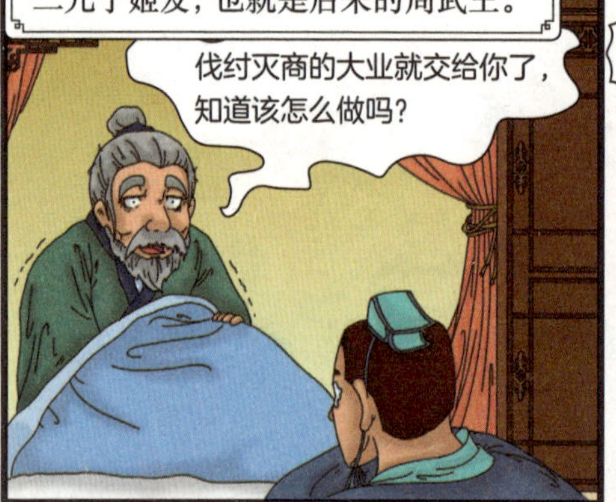
西伯病重，他决定将未竟大业交给二儿子姬发，也就是后来的周武王。
伐纣灭商的大业就交给你了，知道该怎么做吗？

父亲放心，我一定多听太公的建议！

太公，咱们下一步该做点啥？

东征商纣，会盟孟津，看看天下诸侯的态度！

孟津

苍兕苍兕，统领众兵，集结船只，迟者斩首！

听令而来的诸侯有八百之多，强烈要求伐纣。

揍他！

伐纣！

伐纣！

伐纣！

踢他屁股！

两年后
什么？
大王，不好啦！纣王杀死了比干，还囚禁了箕子！

纣王无道，残害忠良，看来是时候对他发起进攻了！

卦师，速速占卦，看看凶吉！

大王，卦象显示，出师……不……不利……

恰在此时，电闪雷鸣，天降大雨。
等一下！

商纣失道，众叛亲离，此时正是伐纣的最佳时机，岂能因一场大雨而止步不前？！

太公说得对，出兵伐纣！

司马迁

姜太公做事实事求是，不循规蹈矩，真不愧是雷厉风行的军事家啊！

武王将伐纣，卜龟兆，不吉，风雨暴至。群公尽惧，唯太公强之劝武王，武王于是遂行。

周天子，吃我一箭
郑庄公称霸的故事

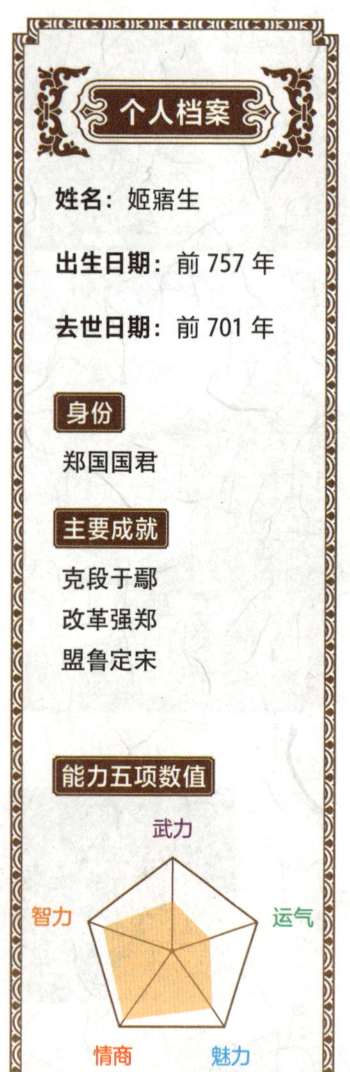

如果要用一张图来讲周朝的社会情况，那我会画出一个金字塔的形状。塔尖是高高在上的天子，往下依次是诸侯、大夫和士，最低层是普通老百姓。天子是身份最尊贵的，诸侯、大夫、士和百姓都要服从他的意志。可你知道吗，有一个诸侯不但敢和周天子作对，还用箭射伤了周天子，他的名字叫姬寤生，是郑国的国君。究竟，这个姬寤生是怎样的一个人呢？

不被疼爱的童年

郑庄公本姓姬，是周朝王族血脉。郑庄公的爷爷史称郑桓公，他被周天子分封在郑地，苦心经营三十多年，让百姓的生活得到了极大改善，获得了人民的爱戴，为郑国的强盛奠定了基础。

郑国在逐渐强大，可周王室却在不断衰弱，尤其是在昏庸的周幽王之后，诸侯们对于周王室已经越来越不当回事了。

郑桓公死后，郑国的王位传给了他的儿子掘突，史称郑武公。

郑武公娶了申侯的女儿武姜做妻子。不久之后，武姜怀孕了，她对于这个即将出生的孩子充满了期待，毕竟这是她的第一个孩子。

第一次怀孕的武姜没有想到生孩子是一件这么艰难的事，她每天呕吐、头晕，吃不好饭，也睡不好觉，慢慢地变得越来越烦躁。这样折腾了近十个月，孩子终于要降生了，却又遭遇了难产。武姜被吓了一跳，要知道在那个时代，生孩子本就是一件危险的事，更何况还是难产。武姜以为自己要丧命在产房了，幸好接生婆经验丰富，让孩子安全地出生了，武姜也逃过一劫。

这次惊吓让武姜非常不喜欢这个儿子，认为他是差点要了自己命的“冤家”，于是，就给这个“冤家”取名叫寤生，意思是倒着出生。

小寤生不被母亲疼爱，武姜对他总是冷冰冰的。寤生三岁的时候，弟弟叔段出生了。因为叔段出生的过程非常顺利，所以母亲武姜对他很宠溺，有什么好吃、好玩的都留给叔段。而做哥哥的寤生却只能在一边眼巴巴地看着。幸好父亲郑武公对于寤生很慈爱，经常教他各种道理，让寤生幼小的心灵得到了温暖的抚慰。

坚强隐忍的少年

郑武公二十七年（前 744），郑武公生病了。从小在父亲的教导下成长的寤生感到非常焦急，一直祈祷父亲能够快点好起来。

有一天，武姜在郑武公的病榻前询问：“大王打算让谁作为郑国的继任者呢？”

折觥（gōng） 西周

觥到底是古人用来喝酒的酒杯，还是盛酒的酒壶，这一直是一个有争议的谜题。这件折觥高28.7厘米，差不多跟我们的书包装满书一样重。它的外表纹饰精美而复杂，如果用它当酒杯来喝酒，恐怕会体力不支。可见，这件折觥在当时极有可能是一只装酒的酒壶。

郑武公说：“寤生是长子，从小就行事稳重，自然是让他来继承王位。”

武姜对这个答案却不满意，她说：“寤生虽然稳重，但有点傻，不能胜任郑国的国君。你看叔段，多么**伶俐聪慧**，他才是国君的最佳人选。请大王将叔段立为继承人吧！”

郑武公并没有答应武姜的请求，因为在春秋时期，他见识了太多因废长立幼而造成的悲剧，所以坚持让自己亲手培养的寤生来做国君。武姜听了，愤然离去。寤生听说这件事后，一边感激父亲，一边对母亲也更失望。没过多久，郑武公就病死了。按照他的遗命，十五岁的寤生成了新的郑国国君，史称郑庄公。

人们纷纷猜测成为国君的郑庄公一定会惩罚母亲和弟弟，但是事实却恰恰相反，郑庄公按照母亲武姜的意愿，将弟弟叔段分封在最繁华的京邑，还给他别人无法企及的荣耀和优待。所有人都在称赞郑庄公是一个仁德的人。

叔段到了封地之后，不断修建宫殿，整治军队，剥夺百姓财产用来制作武器。郑国的大臣都很担心，特别是聪明的大夫祭仲非常忧虑，他提醒郑庄公说："现在京邑的规模比郑国的国都还要大，这样的地方作为封地是很危险的。"

可是郑庄公却无奈地叹了一口气说："我的母亲一定要将郑国最好的地方给叔段，我也是没有办法啊。"大家都觉得郑庄公受到了武姜的压迫，对此愤愤不平。

叔段在母亲的宠溺中养成了狂妄嚣张的性格，他本以为自己会成为新任国君，

"春秋"和"战国"

"春秋"和"战国"是东周时期的一部分。"春秋"因鲁国编年史《春秋》而得名。《春秋》编年从鲁隐公元年（前 722）到鲁哀公十四年（前 481）。春秋时期结束的年代说法不一，今多以周平王元年（前 770）到周静王四十四年（前 476）为主。战国时期，各诸侯国之间连年战争，因而被称为"战国"。西汉末年，刘向编《战国策》，"战国"开始作为时代名称出现，今一般以周元王元年（前 475）到秦王政二十六年（前 221）统一中国为止。

四虎镈（bó） 春秋

镈是古代的一种乐器，是钟的一个分支，它与钟的区别在于，下口有弧度的是钟，齐平的则为镈。四虎镈与一般镈相比，它的造型比较奇特，镈身有凸起的兽面纹，四面正对着各有倒立的夔龙，整体工艺非常精美，是一件具有文物和艺术双重价值的国宝。如果去故宫博物院，就能一睹它的真实面貌。

没想到父亲却将王位给了哥哥，这让叔段很愤怒，一心想要夺取王位。叔段悄悄写信给母亲武姜，要求她协助自己谋反，武姜答应了叔段的要求。叔段准备谋反，很多大臣都得到了消息，可是郑庄公却总是一副不以为然的样子。

钟和镈的造型对比

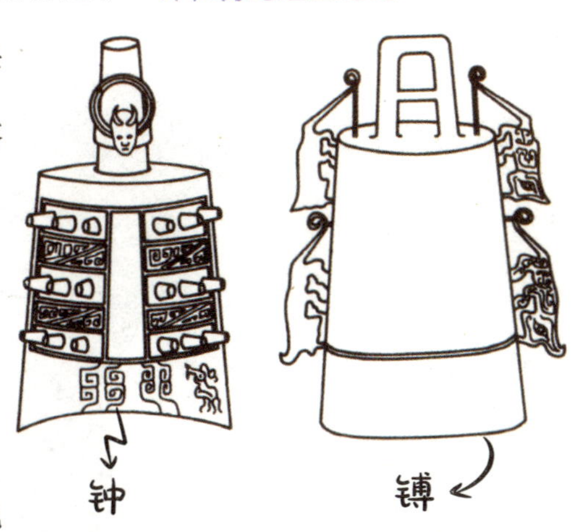

这样的纵容让狂妄的叔段越发放肆，他觉得有母亲武姜作为内应，自己可以轻松击败软弱的郑庄公。可是，他刚出兵，郑庄公的军队就如神兵天降。直到这时叔段才明白，这个不动声色的哥哥原来早有准备。

溃不成军的叔段逃到自己的封地，长期受他盘剥的百姓也奋起反抗，叔段不得不又逃去鄢地。郑庄公的军队很快就追杀到鄢地，叔段只好又仓皇逃窜到共地去，犹如丧家之犬。

击败叔段的郑庄公揭发了母亲武姜的阴谋，让她从都城王宫里搬出去，到颍城居住。郑庄公终于出了这口憋在心头许多年的怨气，愤恨地说："你从小就偏爱弟弟，对我总是冷眼相待，现在又串通他来杀我。从今之后，我们母子情断，除非到了黄泉之下，否则不要再相见。"

虽然说出这样的狠话，但是不久之后，郑庄公就后悔了。他非常思念母亲，却又碍于自己说过的话，拉不下面子，所以内心很纠结。

这时，恰好有一位叫考叔的富有智慧的大臣来拜见郑庄公。郑庄公赐给考叔美味的食物，考叔请求说：“我家里还有老母亲，她从来没吃过这些，请允许我将这些美食带回家去孝敬母亲。”

听了这话，郑庄公忧郁地说：“我也非常思念母亲，但以前却冲动地发了誓，这可怎么办好呢？”

考叔说：“大王说过，不到黄泉不相见。那不如在地下挖一条地道，您不就可以和母亲见面了吗，而这又不算违背誓约。”

郑庄公听了这个建议，非常高兴，立刻命人去挖一条地道。母子二人最终得以相见，关系也和好了。

箭射周天子

郑庄公在郑国经营了二十多年，国家逐渐强盛起来，成为诸侯国中的强者。他的**野心**也随之越来越大。

诸侯国的土地，都是由周王室封赏而来，但是郑庄公却不将周桓王放在眼里，他强行占据了许多原本属于周王室的土地不说，还把属

青铜戈 春秋

戈是古代军队打仗时用的主要武器，它的样子就像是给长枪装上了一枚匕首。别看图中这支戈铜锈满满，在两千多年前，它可是非常锋利，能令敌军害怕的最强兵器。戈因为有独特的形制，作战中可钩可推，可刺可掠，攻击方式比较多。因为它有一杆很长的木柄，攻击范围比较广，具有极强的杀伤力。

这是我的全身照。

于王室的粮食给收割了。这件事让周桓王非常不满，一心想要找机会教训他一下。

按照周王朝的规定，诸侯国的国君要定期前往国都朝拜周天子。当郑庄公来到国都拜见时，周桓王就故意冷落他，用不符合诸侯等级的礼仪来应付他。对于看重身份和礼仪的郑庄公来说，这是一种莫大的羞辱。

郑庄公没有当场发作，回到自己的封地之后，他对臣子们说：“天子用不符合我身份的礼仪来羞辱我，我也就没有必要再去朝拜他了，我们之间的朝拜之礼就此取消了吧。”到了第二年，郑庄公果然没有再去朝拜周桓王。

周王室有规定，诸侯不许将土地拿来交易。郑庄公因为气不过周桓王怠慢自己，便故意拿出土地和鲁国做交易。

在春秋时期，周王室逐渐衰微，诸侯国不断崛起，所以很多规矩都被破坏了。即便如此，郑庄公不去朝拜，并且私下交易土地的行为依旧激怒了周桓王。于是，周桓王率领陈国、蔡国、虢（guó）国、卫国等诸侯前来讨伐郑庄公。

听闻周天子的大军即将到来，郑庄公并没有慌张，反而轻松地对臣子们说："其实我等这一天很久了，既然天子主动来了，那我正好借此机会树立威名，让大家都知道郑国不是好欺负的。"

郑庄公率领军队迎击周天子的队伍，郑军势如破竹，很快就打败了周桓王。在混乱之中，郑国大将祝聃（dān）拉弓引箭，射中了周桓王的手臂。

诸侯用箭射天子，这是古往今来从未有过的事。郑国大军备受鼓舞，祝聃也请求继续追击。可是郑庄公却忽然阻止了祝聃，并且说："我听说对于长者不尊敬是会受到天谴的，更何况现在我们还欺辱了天子呢？还是就此打住吧。"

那支射中周天子的箭，已经为郑庄公带来了足够大的威名，所以他不愿再去追击，郑庄公也不想因此和周桓王成为仇敌。到了半夜，郑庄公派祭仲前去周桓王的军中询问他的伤情，表示慰问，让周桓王白天屈辱的心情得到了一些缓解。

这场战争发生在郑国繻葛（今河南省长葛市北），因而也被称为繻葛之战。经过这一战，周天子威信扫地，这更加剧了周王室的衰微，也确立了郑国在春秋初期的强国地位，让郑庄公成为这一时期的霸主。郑庄公四十三年（前701），五十七岁的郑庄公逝世了。也许，当他在人生的最后时刻回忆起那支射向周天子的箭，依旧会感到骄傲吧！

史记成语典故大搜索

多行不义必自毙

词意： 指一个人做多了坏事，就会自取灭亡。

造句： 为非作歹是没有好下场的，这就叫多行不义必自毙。

其乐融融

词意： 形容场面气氛快乐和谐，所有人都相处得非常愉悦。

造句： 老师和同学们一起聊天、唱歌，其乐融融，每个人都很快乐。

冰释前嫌

词意： 指人和人之间的矛盾全都消除。

造句： 只要说明事情的原委，你们就可以冰释前嫌，重新做回好朋友。

齐桓公

第一位盟主的诞生
齐桓公称霸的故事

很多人都看过电影《狮子王》，主角是一只名叫辛巴的小狮子。辛巴是王子，却只能到处流浪，幸亏有朋友的帮助，最后回到自己的国家，成了了不起的狮子王！看完动画片，我一直在想：这样精彩的故事只有动画片里才有吧？如果读《史记》你会发现，原来历史上真的有一个人像辛巴一样，在经历一番磨难之后，变成了不起的国君！他就是春秋时代的第一位霸主——齐桓公！

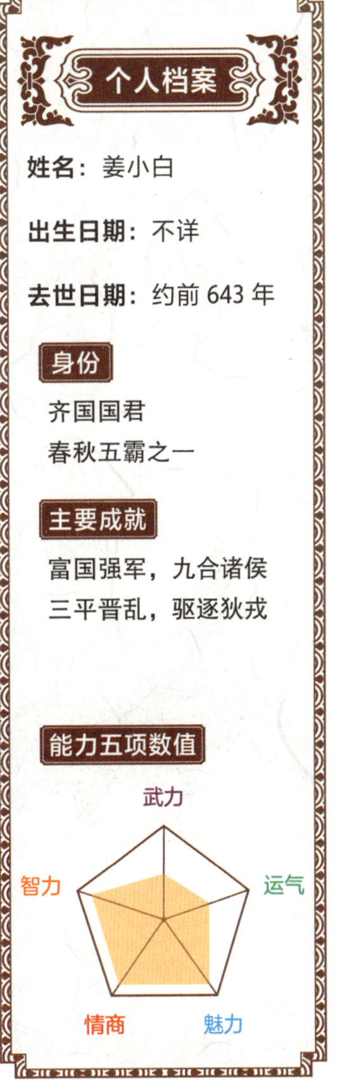

死而复生

齐桓公名叫小白，是太公姜尚的第十二代孙。太公姜尚辅佐周武王灭掉了商朝后，他在封地上建立齐国。齐国经历了十多位国君，从丁公、乙公一代一代传承了十几位国君，一直传到了齐僖公。

小白是春秋时齐国的公子，他的父亲是齐僖公。齐僖公去世后，小白的哥哥诸儿当上齐国的国君，是为齐襄公。

齐襄公是一个昏庸无能的国君，他不好好管理朝政，对大臣们的态度也很不好。小白以及其他兄弟怕惹祸上身，都打算逃往别国去躲避。

在这样的境遇下，幸好小白遇到了一个非常聪明的师傅，他叫鲍叔牙。鲍叔牙早就预感到齐国将有内乱，他带着小白逃到齐国隔壁的莒（jǔ）国避难。

与此同时，齐国另一位公子名叫纠，也是小白的哥哥，他也逃了出来。纠也有一个很有智慧的师傅，他叫管仲。在管仲的指点下，公子纠待在鲁国。

齐国的内乱持续了很久，齐襄公的堂兄公孙无知趁乱杀死了齐襄公，自己登上齐君之位。后来，公孙无知又被人杀死了，齐国的君位空了出来。

这时，小白收到了在朝为官的好朋友高傒的来信，让他立刻回齐国去当国君，主持大局。同时，待在鲁国的纠也得到了齐国无主的消息，管仲催他即刻赶回齐国继承君位，鲁国国君还派兵护送纠。对于鲁国的这一举动，小白暗暗记在心里。

云纹禁 春秋

禁是古代人喝酒时用来放酒具的器具，跟我们今天的茶几一样，长约1米。之所以被称为禁，是因为西周统治者认为，夏商的灭亡跟饮酒无度有关，因而西周禁止聚众饮酒，只有贵族在祭祀时才能饮酒。

就这样，一场争抢君位的长跑比赛开始了，公子小白和公子纠，谁先抵达齐国谁就会成为新的国君。

为了保险起见，管仲心生一计，他告诉纠：“与其跟小白赛跑，不如半路解决了他，这样就没人跟你争了。”

纠觉得很有道理。

于是，管仲先发制人，带兵将小白拦在了回国的必经之路上。管仲瞄准马车里的小白一箭射去，小白应声而倒，口吐鲜血，看到这一幕，管仲才迅速撤离。

齐桓公

既然对手已经死了，纠也就没什么好担心的了，于是，他的队伍放慢了行进速度，用了六天时间才回到齐国的首都临淄（zī）。没想到，纠刚到齐国就发现，小白已经继位为国君了，是为齐桓公，吓得他们赶紧又逃回了鲁国。

这是怎么回事？难道小白死而复生了？原来，管仲的那一箭，射中了小白衣服上的带钩。为了躲过追杀，小白急中生智，咬破了自己的舌头，假装中箭吐血，倒地装死骗过了管仲。管仲一走，他立马日夜兼程地跑回了齐国。

相比霸业，妥协是必要的

齐桓公咽不下管仲截杀自己的这口气，他要杀了管仲报一箭之仇。但是，他的师傅鲍叔牙和管仲私下里是好朋友。鲍叔牙非常了解管仲，认为管仲的才能举世无双，要想成为天下霸主，就一定要得到管仲的辅佐。

在天下面前，个人恩怨就不值得一提了，这一点利害关系，齐桓公还是很清楚的。为了霸主大业，齐桓公决定放下个人恩怨，拜管仲为大夫，以辅佐自己。

果然，管仲在治国理政方面的才能非同凡响，他辅佐齐桓公制定了许多利国利民的好政策。管仲划分了百姓的住地，还颁布了全民皆兵的法令：每五家算作一轨，十轨就是一连，十连等于一乡进行管理。齐国紧邻大海，管仲鼓励渔业和盐业，齐国的经济很快兴旺起来，穷人得到了救济，有才能的人得到重用，整个齐国越来越强大。

齐桓公五年（前 681），齐桓公整顿兵马，要跟鲁国算当年“争位”之账。鲁国势小，眼看战败，就立刻请求割地求和，齐桓公答应。于是，齐鲁两国在柯地会盟。

谁知，在会盟期间，齐桓公被鲁国一名叫曹沫的将领给挟持了。曹沫手持短剑，逼迫齐桓公归还鲁国的割地，不然就杀了他。为了活命，齐桓公只好答应。曹沫也信守承诺，放开了齐桓公。

事后，齐桓公非常后悔答应了曹沫，他准备再次发兵把地盘抢回来。这时，管仲劝他说：“已经答应别人的事却又反悔，这样做只会被天下人唾弃。”

齐桓公觉得很有道理，于是消了气，按照当时许下的约定把地归还鲁国。诸侯们听闻此事后，都觉得齐桓公是一个讲信用的国君，纷纷向齐国示好。不久之后，诸侯与齐桓公在鄄（juàn）地会盟，共同推举齐桓公为盟主，他开始走向人生巅峰。

齐桓公二十三年（前 663），国力还不强盛的燕国遭受山戎部族的侵略，他们向齐国请求救援。齐桓公立刻派出援兵，把山戎打得落花流水，大败而逃，一直打到孤竹（今河北卢龙县），才凯旋。

齐军凯旋时，燕国国君一路送齐桓公回齐国。到了燕国和齐国边境时，齐桓

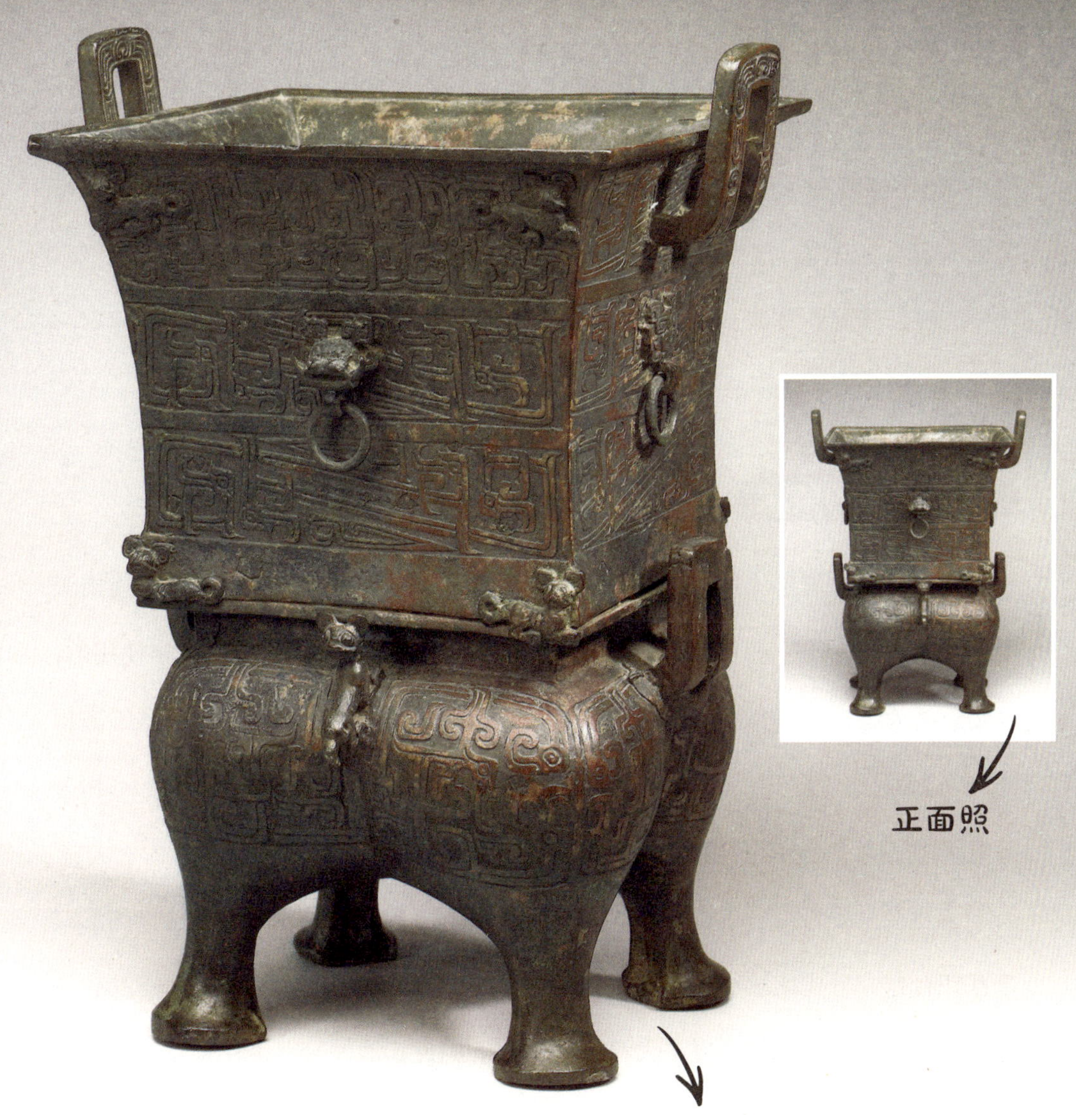

吐舌夔纹方甗（yǎn） 春秋

甗是古代人用来蒸煮食物的一种炊具，一般分为上下两层，中间有箅（bì）子，有些是青铜制成，也有陶制成的，跟我们今天厨具中的蒸锅一样。吐舌夔纹方甗的发现，说明在两千多年前，我们的祖先已经发现了水蒸气的力量。

公说："除了周天子，诸侯送人不可以离开自己的国境，我不能越礼。"

其实，这时候的周王室已经衰落了，燕国国君根本不把周天子放在眼里，他越出燕国国境，一直送齐桓公很远才停下。为了表示对燕国国君的**尊重**，齐桓公派人挖了一道沟，把燕国国君踏过的齐国土地赠送给了燕国。

齐桓公尊重势力弱小诸侯国的行为很快传开了，更多的诸侯纷纷向齐国示好。因此，齐桓公成了真正意义上的天下霸主，此刻，他已达到了人生的巅峰。

无以复加的荣耀

齐桓公三十五年（前651），齐桓公与诸侯进行葵丘会盟。这一次，连周天子都派人给齐桓公送来了许多贺礼，其中，一部分东西是只有天子才有资格使用的，甚至，周天子把只有自己才能乘坐的车马都送给了齐桓公，这就等于承认了齐桓公的霸主地位。对一个诸侯来说，这是何等的**荣耀**啊！于是，这年秋天，齐桓公组织了第二次葵丘会盟，他的脸上写满了骄傲与自豪。

会盟很重要吗？当然，会盟就是会面和结盟。古代诸侯通过会盟这样的形式来互相合作，一些比较小的诸侯国为了能够抵御大国的侵略，而联合在一起；一些大国也会拉拢小诸侯国以扩大自己的势力。因此，能够号召诸侯来参加会盟，在当时是一件非常了不起的事情。

齐桓公放眼天下，有能力号召诸侯会盟的只有自己，他已经是当之无愧的天下霸主。齐桓公骄傲地说："我南征北战，没有人敢违背我的意愿。我三次联合诸侯出兵，举办了九次盟会，让整个天下都臣服，我的功劳如此之高，可以去泰山封禅了！"

什么是封禅？封禅是古代君王最浩大的祭祀仪式，通常会在泰山举行，等于向全天下宣告自己的**功绩**。在管仲看来，虽然周天子承认了齐桓公的霸主地位，可毕竟周天子才是天下之主，齐桓公去泰山封禅，那是极其无礼的举动，会被天下诸侯所唾弃，便极力阻止了他。

一着不慎，满盘皆输

霸业达到巅峰的齐桓公越来越自大，齐桓公四十一年（前 645），他最得力的助手管仲因病去世。管仲临死前劝齐桓公远离身边的三个奸臣——易牙、开方和竖刁。这三人都是齐桓公身边的近臣，他们奸诈、狠毒、**唯利是图**，但他们又非常懂齐桓公的心思，说话办事能让齐桓公感到高兴。管仲再三叮嘱齐桓公，这三人不能用，要**提防**，齐桓公却完全没放在心上，反而很喜欢这三人在身边侍奉自己，甚至后来还重用他们。

齐桓公有十几个儿子，管仲死后，其中五个儿子各自结党营私，想要争夺君位继承人。而齐桓公在继承人的问题上摇摆不定，始终确定不下来合适人选。

终于，齐桓公因为年纪大而病倒了，他的几个儿子为了争夺君位，与奸臣勾结，致使齐国陷入内乱。在齐桓公病重期间，所有人在忙着争权夺势，根本没人去关心他的病情。

齐桓公四十三年（前 643）十月，齐桓公病重去世，他的儿子们全都疯狂地互相攻击，谋权夺利，闹得不可开交，并没人理会齐桓公。齐桓公的遗体在床上躺了六十七天，还是没有人来看他一眼。一直到十二月，齐桓公的遗体才被装进

青铜鎏金虎噬羊形底座 春秋

这件青铜鎏金虎噬羊形底座最引人注目的地方，是将猛兽扑食的场景表现得栩栩如生。从造型可以肯定它是一件底座，但究竟是用来支撑什么东西的，至今还没有准确的定论。

棺材，而此时，他的儿子们还在争斗，根本没有要停下来的意思。直到第二年的八月，齐桓公终于被匆匆下葬，而齐国已经**陷入**了无尽的内乱。

一代霸主齐桓公，一开始任用有才能的人，将齐国推上了霸主的强盛之路，到了晚年却不听忠臣的劝告，亲近奸臣，造成齐国内乱。齐桓公去世后，齐国虽然还是东方的大国，却再没有出现过像他一样成就霸业的王者国君。此时，中原有另一位流亡在外的大国公子，踏上了凶险传奇的复国之路，他将带领自己的国家迅速崛起，成为新一代霸主。

史记成语典故大搜索

唯命是听

词意：对于别人的命令绝对服从，不敢有半点违抗。

造句：作为分公司的领导，你应该有自己的想法，而不是对总部的意见唯命是听。

管鲍之交

词意：管仲和鲍叔牙有着深厚的友情，现在用来比喻交情深厚的朋友。

造句：我和同桌总是互相帮助，成了管鲍之交，不管有什么事情，都能一起解决。

一箭之仇

词意：被射中一箭的仇恨，今泛指因某事所结下的仇恨。

造句：上一场比赛输了，这次我们要加油训练，这一场要报上次的“一箭之仇”。

知贤、荐贤和让贤
管仲和晏婴的故事

姓名：管仲

出生日期：前 723 年

去世日期：约前 645 年

身份

春秋时期齐国相国

主要成就

改革强齐
助齐称霸

能力五项数值

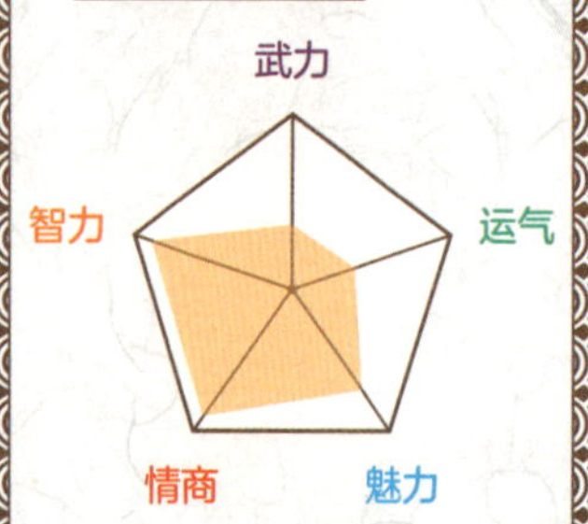

相国，又叫“相邦”，是春秋战国时代官员的最高职务，可说是在君主一人之下，百官之上。如果国家是一个公司，相国就相当于这家公司的 CEO，即“首席执行官”。你说这个职务重要不重要？整个春秋战国时期，大约有四百年，被史书记录下来的相国不超过二十位。其中，齐国就占据了两个名额——让国家富强、称霸诸侯的管仲和严于律己、知人善任的晏婴。让我们一起从《史记》中探寻这两人的故事吧！

“不识礼数”的相国

年节又到了，齐国的国都临淄（今山东淄博临淄区）充满了喜庆的气氛，人们穿新衣、戴新帽，来来往往，喜气洋洋。

内城，一座占地近百亩、富丽堂皇的宅子大门敞开着，衣着整洁的仆人们不断地进进出出，有的贴春联，有的挂灯笼，每个人脸上都带着笑容。

宅子很大，里面有假山、有流水、有小桥，花草茂盛、亭台楼阁连绵不绝，看上去和王宫一样。从大门望进去，隐隐约约能看到一座三层高的祭台。祭台很宽，很大，上面摆着一些带花纹的青铜酒杯、香炉和礼器。

“真气派啊！这是齐国哪位公子的宅院？”宅门外，一个外乡人好奇地问仆人，他穿着长袍，相貌儒雅，满脸羡慕。

仆人摇摇头，回答说：“这是相国大人的宅子。”

相国大人？齐国的相国？管仲？

外乡人愣了一下，又抬起头，看了看府内的祭台，脸色瞬间就黑了下来：“我听说管相是齐国的贤相，没想到竟如此不识礼数！”

“你说什么？”仆人一听，顿时就怒了，一把揪住外乡人的衣领，骂道：“你敢说相国的坏话，信不信我揍你？”

看到两个人发生冲突，门口的另外几个仆人和附近的路人都围了上来，纷纷询问发生了什么事。听说有人骂相国，大家都

很生气。好几个大汉都撸起袖子，准备揍人。外乡人却一点儿都不示弱，他昂着头，伸手指向相国府内，大声说："我没看错的话，那座祭台是三归台。只有诸侯才能用。管仲只是个相国，用这样的祭台，不是放肆是什么？"

"呵呵，小伙子，你不是咱齐国人吧？"人群中的一位老者笑着问道。

"不是。"

"你不知道啊，因为有了相国大人，咱们齐国的百姓才能过上丰衣足食的好日子。相国大人为百姓做了这么多事，功劳这么大，建个华丽点儿的宅子，用诸侯的礼器，这不是应该的吗？"老人说。

管仲的行为明显就不符合礼法，人们却觉得这没什么，为什么会这样？管仲在民间的威望为什么这么高？这些，咱们还得从头说起。

鲍叔知贤、荐贤、让贤

管仲，姓姬，管氏，名夷吾，齐庄公五十六年(前723)出生在颍上(今安徽颍上)。

管仲年轻的时候，家里经济条件不好，他经常占好朋友鲍叔牙的便宜，鲍叔牙却不介意，对管仲一如既往地好。后来，鲍叔牙跟随公子小白，管仲投靠了公子纠。

公子纠是当时齐国国君齐襄公的弟弟，是个很精明的人，管仲觉得他很有前途，就跟随了他。结果，齐襄公死后，公子纠没能顺利继承王位，王位被公子小白夺走了。

公子小白就是齐桓公。

齐桓公继位后，借助鲁国的力量杀死了公子纠。公子纠死后，他的手下有的被抓、有的被杀，呼啦啦地就散了。其中，公子纠最信任的召忽自杀了，管仲则被囚禁了起来。

在狱中，管仲日子过得很不好，他的人生好像一下子就失去了希望。而这个时候，管仲的好友鲍叔牙却活得**春风得意**。

在齐桓公还是公子的时候，鲍叔牙就追随了他，帮着他出谋划策，立了很多功劳，齐桓公很器重他。继位后，齐桓公想要封鲍叔牙做相国，但他却拒绝了。

齐桓公很不解，就问鲍叔牙为什么。鲍叔牙说："有一个人比我更适合做齐国的相国。"

管仲与《管子》

管仲死后，出现了一本名为《管子》的书，书中内容复杂，不是管仲的一家之言，但记述了管仲的不少言行。汉代的文学家刘向对《管子》一书进行了编订，共保存了86篇，现今留存有76篇。《管子》一书中的军事思想十分丰富，它全面地反映了齐国法家学派对战争理论问题的理性认识。在战争观、治军理论、国防建设思想、作战指导思想上，均有精辟的论述。该书强调了战争的重要作用，肯定了战争在社会生活中的意义。认为战争直接决定着君主地位的尊卑，国家处境的安危，是实现君主尊贵、国家安定的重要途径。

“你说的是哪位大贤？”齐桓公问。

“管仲，管夷吾。”鲍叔牙回答。

管仲？齐桓公皱了皱眉。他知道这个人。他是公子纠的门客，似乎有些才干。不过齐桓公对他的印象很不好，也不认为管仲的才干能胜过鲍叔牙。

鲍叔牙似乎是看出了桓公的心思，找了好多理由劝说他，这些理由总结起来有两点：一、管仲确实是一个非常有才能的人，他办不成事，不是因为他无能，而是运气真的不好。二、重用管仲，可以让天下所有人都知道，齐桓公是个宽容大度的君主。

最后，齐桓公被鲍叔牙说服了，他不仅将管仲从监狱里放了出来，还以盛大的礼节迎接管仲入城，封管仲做了相国，官位比鲍叔牙还高。

发展齐国经济

从卑贱的囚犯一下子成了齐国相国，管仲觉得自己好像是在做梦。知道是鲍叔牙向齐桓公举荐了自己，还让出了相国的位置，管仲非常感动。

管仲说：“当年一起做生意，我总要多拿一些，鲍叔牙不觉得我贪婪，他知道我是真的穷。我替鲍叔牙出谋划策坏了事，鲍叔牙不觉得我蠢，他知道人的运气有时好有时坏。我三次上战场，三次都当了逃兵，鲍叔牙不觉得我胆小，他知道我得赡养老母亲。公子纠失败了，我没自杀殉主，鲍叔牙不觉得我是苟且偷生，他知道我不是不知廉耻，而是因为没做到名传天下而羞愧。父母生养了我，但最了解我的却不是我父母，而是鲍叔牙啊！”

中国有句古话，叫作“士为知己者死”。人这一辈子，想有一个能交心的知己不容易。管仲很幸运，他碰到了鲍叔牙。鲍叔牙也很幸运，他遇到了管仲。

为了不辜负鲍叔牙的信任，当上相国后，管仲想尽了各种办法帮助齐国变强。

齐国的国土面积不算太大，国家也很穷。管仲知道，只有国富了，百姓的生活安定了，国家才能强大。所以，他最先做的就是发展齐国的经济。

简单来说，就是帮助齐国赚钱。在管仲的努力下，齐国凭借靠海的便利条件，做起了**海上贸易**，慢慢地，齐国变得富强起来。

这时，管仲又搞起了宣传教育工作，他写了一本叫《管子》的书，提出了“仓廪实而知礼节，衣食足而知荣辱”的思想观念。意思是说粮食堆满仓，大家才知道礼节的可贵；

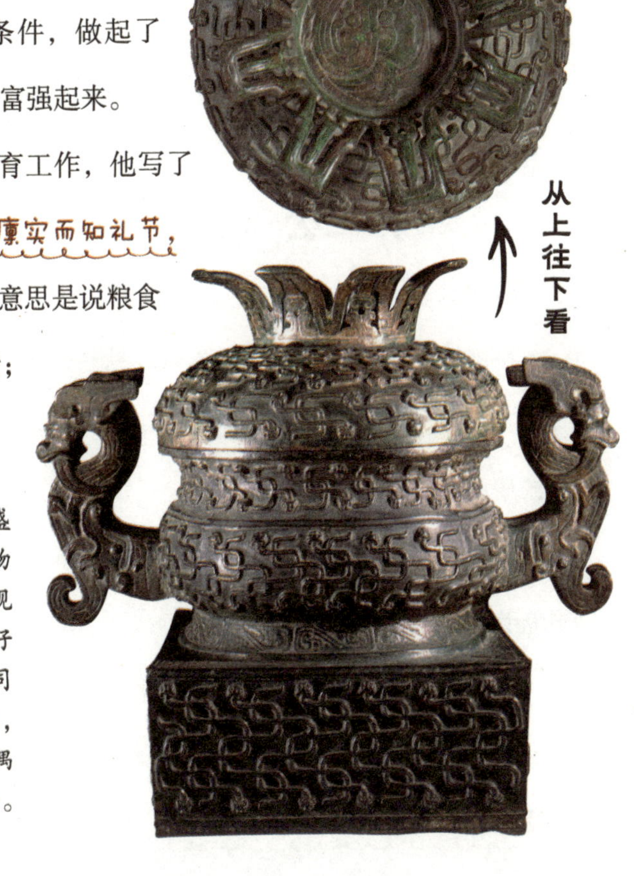

莲盖龙耳簋 春秋

根据儒家典籍记载，簋在早期可盛放的食物种类比较多，有肉、谷物饭食、羹等。西周中期之后，才规定专门用来盛放谷物饭食，它的好搭档鼎则被专门用来盛放肉食。同时，鼎和簋出场时也有数量的要求，鼎的数量通常为奇数，而簋则为偶数，故而有“列鼎”“列簋”的说法。

衣食不发愁，大家才有荣辱观。通过管仲的努力，齐国的法令越来越顺应老百姓的心愿，国家的向心力也**越来越强**。

管仲用实际行动证明了自己的才干，但人们却很少称赞他的功绩，反而对推荐了管仲的鲍叔牙推崇不已，说他有识人之明。推荐了管仲后，鲍叔牙也心甘情愿地给管仲当起了“下属”，很配合他的工作。鲍叔牙的后代，世世代代在齐国为官，享受俸禄，先后出了十多位大夫，还有不少被齐王分封，有自己的封地。

帮助齐国称霸

作为一个政治家，管仲有一种神奇的本领——变坏事为好事，从危机中找到决胜的契机。

有一次，**齐桓公**和夫人蔡姬在园子中划船玩，蔡姬故意晃动小船，桓公吓得脸都白了，让她别晃了，蔡姬不听。桓公很生气，就把蔡姬赶回了娘家。

蔡国的国君蔡侯是蔡姬的哥哥。见蔡姬被赶了回来，就又给她找了个丈夫。等到齐桓公气消了，派人去接蔡姬回家，才知道蔡姬改嫁了。桓公非常**生气**，于是派兵攻打蔡国。

齐国大军刚开战，蔡国就溃败了。打下蔡国后，齐桓公又一鼓作气攻打了蔡国隔壁的楚国。

楚成王派使者质问齐桓公，为什么无缘无故进攻楚国。管仲帮齐桓公找了个好理由——楚国不向周王室进贡过滤酒用的菁茅，影响了周天子祭祀天地祖先的活动。这就是齐国出兵的理由。

管仲这个理由找得好啊，用维护周天子利益做借口，既让楚国人无话可说，又彰显了齐国诸侯领袖的地位，**一箭双雕**。

打了楚国之后，齐桓公又跑去打鲁国了。鲁国也打不过齐国，没多久，鲁庄公就献上城池、投降了。双方约定在一个叫柯的地方会盟，签订盟约。鲁国一个叫曹沫的将领趁机绑架了齐桓公，把刀架在他脖子上，逼他归还被齐国占领的鲁国土地。齐桓公没办法，只好答应了。

目的达到了，曹沫就把齐桓公给放了。

被放回来后，齐桓公越想越生气，想要毁约，并要抓住曹沫杀了他，却被管仲拦住了。

“相国为什么拦我？难道我们真的要被绑匪威胁吗？”齐桓公问。

管仲摇摇头，又点点头，他耐心地劝桓公：“大王，曹沫确实很可恶，但是您已经答应了归还鲁国的失地，许多人都知道了，您就得守信。不然，您的信誉就没了。作为国君，您可不能失信啊！”

双龙首玉玦 春秋

玦是古代玉佩的一种，它的形状呈半圆状且有缺口，古代人常用玉玦来赠人，表示决绝的意思。春秋时期，随着天子王权影响力的下降，玉从王侯祭祀的礼器逐渐成了普通人日常生活的奢侈品之一。

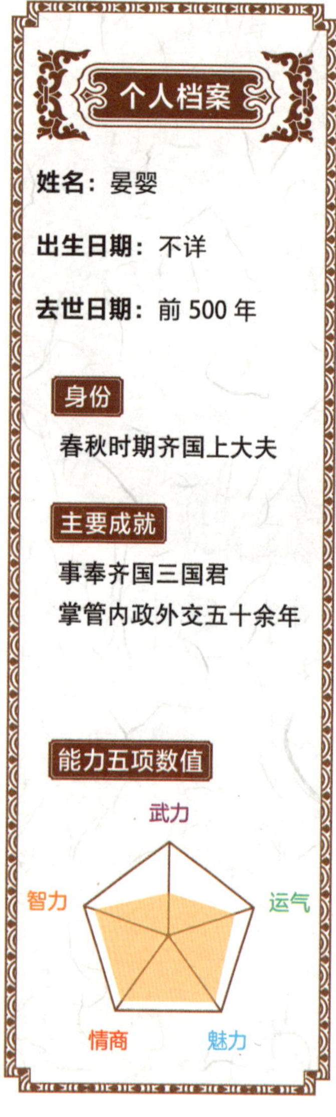

齐桓公听了，觉得管仲说得有道理，就照他说的话做了。事后，很多小国都说桓公讲信义，是个君子，纷纷归附了齐国。齐国一下子就成了春秋时期最有名的**霸主**。

公元前 645 年，管仲病逝，齐桓公伤心不已，为他举办了很隆重的葬礼。管仲去世后，齐国仍旧遵循着他制定的各种政策，国家经济持续发展，兵源充足，国力远胜其他诸侯国。

知人善用的晏子

管仲去世一百多年后，齐国又出了一位贤相，他就是晏婴。

晏婴，字平仲，夷维（今山东高密）人，是齐国的上大夫、相国，被人尊称为“晏子”。

晏婴的生活很朴素，他平时很少吃肉，就算是吃，一顿饭最多只吃一个肉菜。他穿的衣服大多也是粗布麻衣，一家老小，几乎没穿过丝绸做的衣服。

他做人做事非常有原则。在朝堂上，国君要是询问他，他就正直地陈述自己的意见；没问到他，他就秉持公正、**兢兢业业**地办事。国君说得有道理，他就按照国君的吩咐去办事。国君说得没道理，他会根据命令，斟酌着去办。所以，晏婴效力过的三位国君齐灵公、齐景公、齐庄公对他的评价都很高。当相国时，晏婴也很有名望，不仅齐国人崇拜他，其他国家的人也都知道他，对他很敬重。

晏婴身上有很多值得人学习的优秀品质，其中，最重要的一项就是知人善用。他很重视人才，也愿意给人出头的机会，不管他们出身如何。

晏婴有几个只见过几面的朋友，有一位是齐国的贤人，很有才能，名叫越石父。一次，越石父犯错被抓了起来，正好被晏婴碰到，晏婴就用拉车的马把越石父赎了出来，带回了相府。

回到相府后，晏婴就把越石父扔在院子里，自顾自地进屋洗澡换衣服去了。等晏婴换了衣服出来，越石父就气哼哼地说："咱俩绝交吧！"

听了越石父的话，晏婴很惊讶，心里还有那么一点儿不舒服，但他没生气，没着急，反而很有礼貌地问越石父："为什么呢？不管怎么说，我都帮了你，你不感激我就算了，为什么还要和我绝交呢？"

越石父看了看他，很郑重地回答："不认识我的人误解我，让我受委屈，我能接受，因为他们根本就不了解我。可是您解救了我，肯定是了解我的，但您却不尊重我，这让我不能接受。既然这样，您还不如不救我。"

听了越石父的话，晏婴意识到自己确实做错了，于是，很真诚地向越石父道了歉，请他进屋，还像招待贵宾一样招待他。

类似的事情，还有很多很多。

晏婴有个车夫，身高八尺，尽管长得人高马大的，却没什么大志向。有一次，车夫驾着车从家门口路过，他的妻子看到他驾车时扬扬自得的神色，非常生

蟠虺（huǐ）纹钟 春秋

蟠虺纹钟是春秋时期的青铜甬钟，是一支编钟队伍的一员，它跟前边讲到的镈算是“表兄弟”关系，仔细看它的钟口，是一个弧形的边沿。

气。等车夫晚上回到家，他妻子就说要和他离婚。车夫很不解地说：“我没做错什么呀！我那么疼爱你，你为啥要和我离婚啊？”妻子就说：“你看看人家晏相国，瘦瘦小小的，却有远大的理想，每天都在努力。你呢，你白长了个大高个儿，当个车夫就满足了，我看不上这样的你。”

车夫一听，立马表示，自己会改正。从那之后，他慢慢变了，变得越来越谦虚懂礼貌了。晏婴发现了他的变化，问他是什么情况。车夫就**老老实实**把事情和他说了。晏婴觉得车夫懂得上进，品性还不错，而且也有几分才能，就举荐他当了大夫。

人们听说了这些事情后，都称赞晏婴知人善用，是个很称职的相国。

史记成语典故大搜索

扬扬自得

词意： 形容得意的样子。

造句： 不要因为取得一点小成绩就扬扬自得，谦恭努力才是你应有的态度。

富国强兵

词意： 使国家经济繁荣、兵力强盛。

造句： 一个国家要想不被欺负，就得富国强兵，不断发展壮大综合实力。

节俭力行

词意： 不仅生活俭朴，做事也非常努力。

造句： 我们要从身边的每一件小事做起，节俭力行，做到不铺张、少浪费。

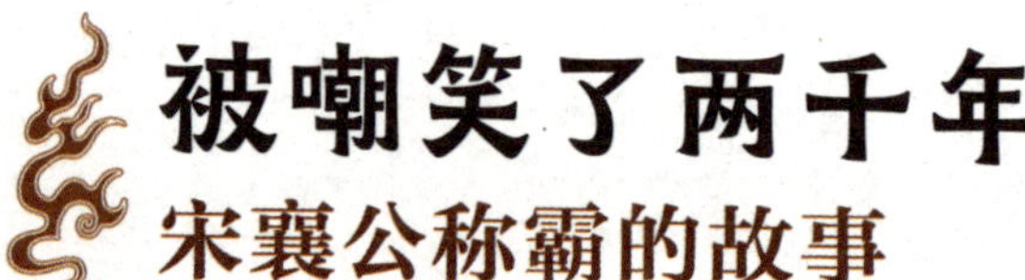

被嘲笑了两千年
宋襄公称霸的故事

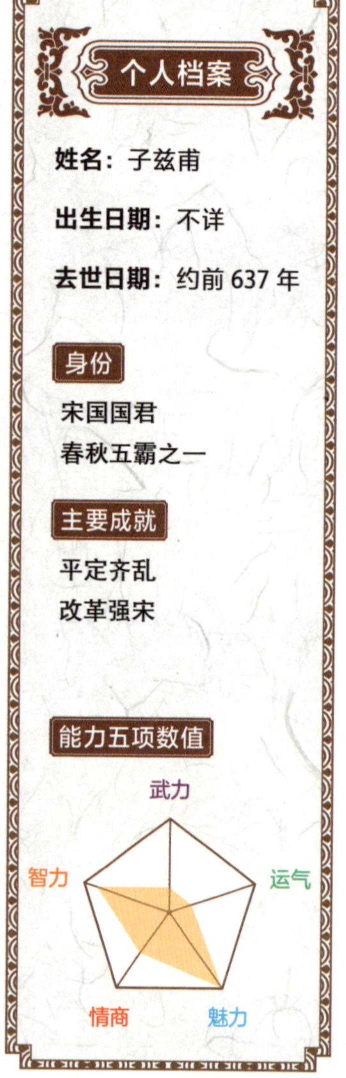

人们常说，当一个人的实力支撑不起他的梦想时，如果继续执着下去，那势必会迎来一场灾难。用这句话形容历史上两千多年前的宋襄公再适合不过了。

宋襄公是春秋时期宋国的一位国君。尽管宋国是公国，爵位相对较高，但其国土面积小，且夹在各大诸侯国中间，整体实力比较弱小，没有多大的话语权。可宋襄公并不满足这样的现状，他的梦想就是有朝一日把宋国推上霸主之位，掌握天下的话语权。

随着上一任霸主齐桓公的去世，诸侯霸主之位空了出来，宋襄公感觉自己的机会来了。于是，他邀请诸侯进行会盟，自己则以**盟主**的身份自居，而这并没有得到其他诸侯国的认可。

宋襄公的兄长叫目夷，担任相国一职。他最清楚宋国的实力，也清楚宋襄公心里想的什么，更清楚小国争当盟主会带来怎样的后果。

目夷多次劝谏宋襄公，想让他放弃争当盟主的理想，可深陷**争霸美梦**的宋襄公哪里听得进去。即便被楚国耍得团团转，宋襄公仍然不能走出自己的争霸美梦。

泓水一战，面对兵强马壮的楚军，宋襄公仍然怀着一颗仁义之心，在战略上因循守旧。最终，他的称霸美梦被楚军无情地击碎，为后世留下一个迂腐守旧的形象，被后世嘲笑了两千多年。

不过，在后世人心目中，宋襄公还是有值得被肯定的一面。比如，在面对继承王位的问题上，宋襄公一开始认识到兄长目夷比自己更适合国君之位，打算让兄长继承王位，因而有让贤之美德。

在泓水之战中，尽管宋军相对弱势，但宋襄公并没有趁楚军正在渡河时发起攻击，而是光明正大地与楚军进行正面对抗。他怀仁义、讲礼仪、守信用的君子之风被后世所认可。

究竟宋襄公是仁义守信、具有**贵族**精神的君子呢，还是因循守旧、虚伪自大的代表，这是一个极具争议、见仁见智的历史谜题。

漫画开讲啦！

宋桓公病危，想传位给太子兹甫。
儿啊，宋国的未来就交给你了，有信心吗？

我们宋国是周王室后裔，我有责任，更有信心。但我觉得哥哥目夷更适合做国君，您传给他吧！

不贪权势，懂得让贤，我儿好样的！

就立你啦，准没错！
爹啊！！！

宋桓公的灵堂上，传旨官宣读桓公遗令。
兹甫贤德，克己奉公，继承大统，扬我国运！

爹！我定会秉公执政！不辜负您老的厚望。

我也定会好好辅佐兹甫的！

兹甫

目夷

兹甫登临君位，是为宋襄公。他任庶兄目夷为宰相，共领国政。

看这里！

王室衰微，诸侯当道，这样的局势下小国当盟主，怕会招来灾祸呀！

小国？大哥，你胆子太小了吧，这样怎么干大事啊！

啊……

几日后

大哥你看，楚国答应与我结盟了，这不很简单的事吗？我要去赴会了。
结盟书

做诸侯盟主可不是闹着玩儿的，你得三思啊，不然灾祸就不远了！

没想到，楚国忽然撕毁盟约，并拘禁了宋襄公。
大哥救我啊！
无耻楚人，言而无信，不守规矩，敢问你们何以立于世？！
你这么天真无邪，当然不懂我们的立世之道啦！但是我们也没骗你！

这年冬季，楚国决定放宋襄公回国。
大哥啊，我差点儿就见不到你了！

我终于脱离苦海啦！

哈哈哈……还是家里好啊！
别高兴得太早，灾祸怕是还没完呢！

宋襄公十三年（前 636），宋国朝堂君臣齐聚。
郑国无道，身为王室后裔，我要以仁义之师，替天子讨伐郑国。即日发兵，扬我国威！
讨伐书
听说郑国早已向楚国求援，楚国答应了，大军已出发了。我们哪里是楚国的对手啊！
这么多年了，大哥你还是这么胆小啊！我早就想找楚军一决雌雄，你就等我的捷报吧！
讨伐书
宋军严阵以待，楚军正在渡过泓水。
楚
楚
楚
楚
楚

啥？！
你住口！
敌众我寡，击
其半渡，方能
大获全胜！

王室后裔，仁义之师，
怎么能做这种于礼不
合的勾当呢，让他们
过河，又能怎样！
?!!

楚军已经过河，趁
他们还没列好阵形，
赶紧进攻吧！

仁义之师也不该
有这种于义不合
的勾当，等他们
准备好再说！

楚军列阵完毕，等待进攻的号令。

列阵完毕，准备进攻！

当着宋军的面渡河吓死我了，生怕他们趁机杀过来！

他们到现在还没动手，在等啥呢？

可能在等……下一个机会吧！

管他等什么，一会儿杀过去逮住他们问问不就知道了？

刚才你们不趁机进攻，
还等啥呢？
还不是因为我们那迂腐的国君，
非要讲究啥身份礼义，要不然
现在逃跑的可就是你们啦！

啥也不是。
对！都怪他！
迂腐至极！
太坑了！
猪队友！

赶紧跑啊！
吓死我啦！

坑货！
猪队友！
逃跑队大队长！

住口！
谁说我坑啦！君子不乘人之危，身为王室后裔，凡事都要讲究个规矩，你们懂什么是君子之道吗？！

仗打赢才是硬道理，要都像你那般空讲大道理，不如直接认输得了，还打什么仗！

！！！
慌乱中，宋襄公大腿中了一箭。

最终宋军大败而归。

都是你们打仗不给力！
害我军大败而归！

哼！不理你们了！
我先走一步了！

宋襄公十四年（前 637）夏，因箭伤发作，宋襄公不治身亡。
坚持做自己，有错吗？

规矩要讲，但不能墨守成规。宋襄公本性是好的，可坏就坏在他太过于天真，不懂得变通呀！
君子不困人于厄，
不鼓不成列。
司马迁

司马穰苴

文武双全的兵法家
司马穰苴的故事

看到司马穰苴（ráng jū）这几个字，你是不是觉得这个人姓司马呢？我猜你肯定知道，司马是一个姓氏，比如《史记》的作者是司马迁，复姓司马，名迁。但是在古代，司马是一个官职，就好比是兵马大元帅。穰苴就是历史上非常有名的一位大元帅，正因为他太有名了，所以人们把他称作司马穰苴。在齐国最危急的时候，司马穰苴保护了齐国，也为他的家族带来了无限的荣耀！

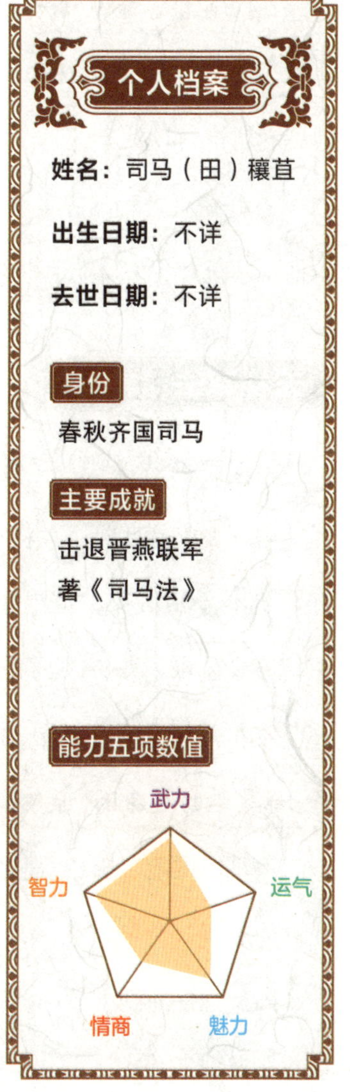

临危受命

齐国王室原本姓姜，是周武王封给姜太公的领土。许多年后，田氏家族的势力在齐国越来越强大，代替了齐国国君的位子。田氏家族其实来自陈国，先祖名叫陈完。陈完被陈厉公封在田地，所以也被叫作田完。司马穰苴是田完的后代，原名是田穰苴。

春秋末期，晋国曾经出兵攻打齐国。燕国也霸占了齐国黄河南边的土地。齐国军队反抗晋国和燕国的侵略，结果打了大败仗，齐国的国君齐景公非常难过。这时候，大臣晏婴向齐景公推荐一个人：“希望您能试用一下田穰苴，他虽然出身不高，但是能文能武，是一个堪当大任的人。”于是，齐景公派人召来了田穰苴，和他一起讨论打仗的事。

一番交谈之后，齐景公很高兴，他发现田穰苴果然很有才能，就授予他三军统帅一职，让他带领齐国军队，与燕国、晋国作战。

无视军法，斩首

田穰苴低着头说：“我出身卑微，本来是一介普通百姓。现在突然变成了大将军，将士们恐怕不会服从我，百姓也不会相信我，希望您能派一个有威望的大臣来监军。”齐景公点了点头，派了自己最宠信的大臣庄贾当监军。

监军是干什么的呢？古代的监军不是一个固定职务，都是临时任命的，派他们代表君主督促军队的行为。

大军出发前，田穰苴和庄贾约好第二天正午的时候在营门见。

田穰苴提前到了营门，派人竖起计时的漏壶和木表，等着庄贾到来。

承弓器 战国

承弓器，是放置弓箭的支架，它是古代战车上的必备之物。

庄贾一直很受齐景公的宠信，他骄傲又自满，觉得自己这一次是亲自带领军队，还做了监军，心里一点也不着急。各种亲戚朋友都拉着他，挽留他喝酒，庄贾也就慢吞吞地喝酒，没有把约定放在心上。

很快，正午就到了，可是庄贾还没有来。田穰苴立刻推倒了计时的木表，砸坏了漏壶，然后直接走进了军营，巡视完营地后，宣布了各种命令。直到太阳下山，才完成了所有的安排。这时候，庄贾才慢悠悠地来了。

田穰苴问：“明明约好了时间，你为什么迟到？”

庄贾一边道歉一边说：“我的亲戚朋友来送我，盛情难却，所以晚了。”

田穰苴大声地说：“成为将领的那一刻起，就应该忘掉自己的家；进了军营就该忘掉自己的朋友；打仗的危急关头，就该忘掉自己的生命！现在敌人正在侵略我们的土地，百姓正遭受战火的危害，战士们在前线战斗，国君连觉都睡不好、饭都吃不下，整个齐国上上下下都寄托在你的身上，你怎么还想着送行呢！”

说完，田穰苴叫来了身边的法令官，问：“约定了时间却迟到，按军法该怎么处置？”

“应当斩首！”

庄贾一听，吓得浑身发抖，慌忙派人骑马报告齐景公，请齐景公来救命。送信的人才刚刚出发，田穰苴就把庄贾斩首了，把砍下来的头颅展示给所有的将士看。

过了很久，齐景公派出的使者来了。使者坐着马车直接冲进了军营，手里拿着君王的符印，告诉田穰苴，不要杀庄贾。

田穰苴听完，对使者说：“将领在军队里的时候，国君的命令可以不听！”

夔纹敦（duì） 战国

敦是战国时期才出现的盛放食物的器具。敦最大的特点是上下两半对称，外边的环耳或装饰也会对称。大多数敦上下两半合在一起呈球体，有少数呈长方体，跟我们现在用的某些饭盒相似，但它的尺寸要比饭盒大一些。有趣的是，敦从战国时期出现，到汉代之后，就很少再出现了。

然后转身问军官：“驾着马车冲进军营，按军法该怎么处置？”

“应当斩首！”

田穰苴点点头，说：“国君的使者是不可以斩首的，把使者的仆人斩首！”

于是，使者的仆人被斩首，马车上的木头被砍断，驾车的马被杀死，然后把这些都展示给所有的将士看。做完这一切，田穰苴让使者回去报告齐景公，然后带兵出发了。

人人称赞的好将军

一路上，田穰苴和士兵们一起挖井喝水，一起搭锅做饭。有人生病，他立刻安排治病，还亲自安慰生病的士兵。将军有专用的粮食，但田穰苴把自己这些专用的粮食拿出来和士兵们分享，自己和普通士兵吃一样的东西。

过了三天，田穰苴让身体差的、生病的士兵留下，重新训练了军队，准备开战。那些生病的士兵十分感动，主动要求战斗。

在田穰苴的带领下，齐国军队士气大增，晋国听到这个消息后，提前撤兵了。燕国也打算渡过黄河撤退，可是渡过黄河的时候，队伍分散了。田穰苴立刻带兵冲上去追击，把燕国占据齐国的土地全都收复回来！

打了大胜仗的田穰苴带着军队回到国都。进入国都前，他下令解除战斗准备，把出发前宣布的命令全部取消，然后和士兵们一起宣誓，最后才进了国都。

齐景公早就带着所有的官员来到了城外迎接他们，按照礼仪慰问了士兵，然后才回到宫殿里。齐景公再一次见到了田穰苴，这一次，齐景公任命他为大司马。

从此，田穰苴也被称作司马穰苴。

就这样，田氏家族在齐国的地位**越来越高**。可是地位得到提升有时未必是一件好事。齐国的鲍氏、高氏、国氏看到田氏的势力越来越大，非常妒忌，好几次在齐景公面前诬陷司马穰苴。齐景公信了他们的话，撤掉了司马穰苴的官职，这让他非常痛心，一病不起。没过多久，司马穰苴就因病重不治去世了。

司马穰苴的死惹恼了田氏家族的人，他们痛恨高氏和国氏。许多年后，田常杀掉了齐简公后，立刻把高氏和国氏全都杀光了。再后来，**田常的曾孙子田和取代了齐国国君的地位，称号齐威王。**

齐威王打仗的时候，学习了司马穰苴当年的做法。他还派人专门研究古代各种兵法编成书，司马穰苴的兵法也在里面，所以书名叫作《司马穰苴兵法》。

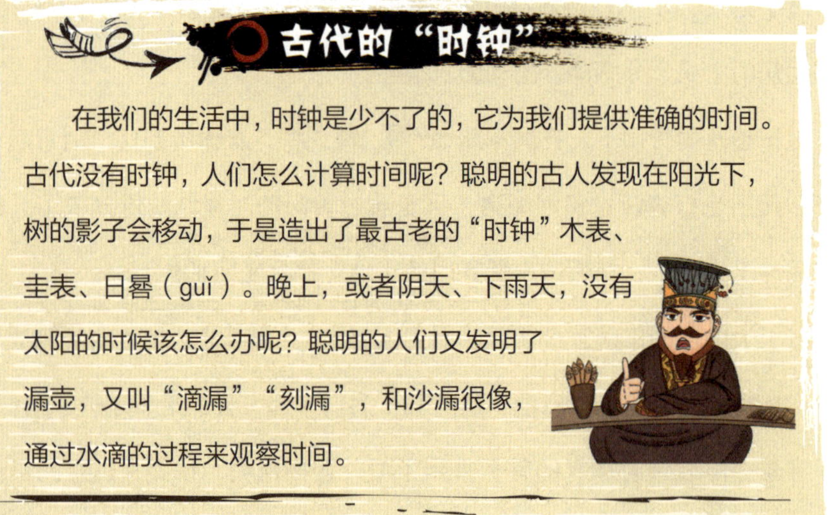

古代的"时钟"

在我们的生活中，时钟是少不了的，它为我们提供准确的时间。古代没有时钟，人们怎么计算时间呢？聪明的古人发现在阳光下，树的影子会移动，于是造出了最古老的"时钟"木表、圭表、日晷（guǐ）。晚上，或者阴天、下雨天，没有太阳的时候该怎么办呢？聪明的人们又发明了漏壶，又叫"滴漏""刻漏"，和沙漏很像，通过水滴的过程来观察时间。

史记成语典故大搜索

临危受命

词意： 在危难之际接受任命。

造句： 吴教练临危受命，经过一番艰苦整训后，带领市一中足球队获得比赛冠军。

置若罔闻

词意： 对某件事装作没听见、没看见。形容不重视、不关心。

造句： 张同学对校规置若罔闻，公然逃课，最终受到教导主任严厉的批评教育。

以儆效尤

词意： 严肃处理坏人坏事，已警示其他人不要效仿。

造句： 对于那些犯罪分子，应当依法惩治，以儆效尤，绝不能心慈手软。

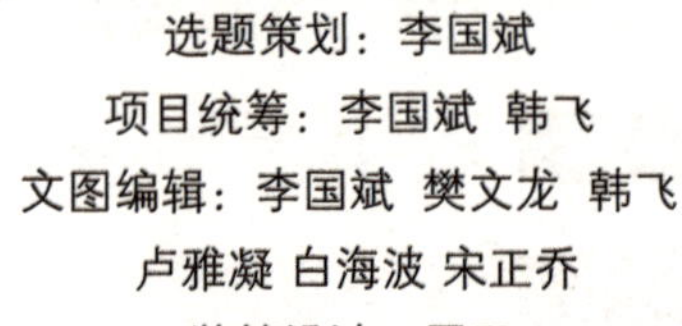

选题策划：李国斌

项目统筹：李国斌 韩飞

文图编辑：李国斌 樊文龙 韩飞

卢雅凝 白海波 宋正乔

装帧设计：周正

美术编辑：刘晓东 张大伟 苟雪梅

封面绘制：大晟

文字撰写：耿沫

插画绘制：呼噜狗 地白 桑榆Ring 方超杰

图片提供：

中国国家博物馆 台北故宫博物院

南京博物院 河北博物院 湖北省博物馆

陕西历史博物馆 大英博物馆

美国纽约大都会艺术博物馆

视觉中国

读史记 ②

纪传体

究天人之际
通古今之变
成一家之言

为智者道

辩而不华

善序事理

被列为二十四史之首

杨燕起◎主编
韩兆琦◎特邀顾问

北方文艺出版社
哈尔滨

目录

的综合实力得到质的飞跃，即便面对楚国这样的超级大国，也有一战之力。然而，如此厉害的吴王阖闾，却因一时大意而中箭，没多久便含恨而终。

要说越王勾践的成功，一半功劳归于他的忍辱负重、卧薪尝胆，能听进去他人的良言，敢于放权给帮助自己的人，纵观千百年来的君王们，无人能出其右。而另一半功劳，则要归于勾践的左膀右臂——范蠡和文种。

赵盾是晋国的一位忠臣，可他的国君晋灵公却三番五次要杀他。后来，晋灵公被人杀死了，晋国的史官却在史书上写“赵盾弑其君”。这究竟是怎么回事呢？

在电影《功夫熊猫》中，阿宝因被坏人迫害成了孤儿。幸好，他遇到了大鹅阿波，阿波把阿宝抚养长大。后来，阿宝学得一身本事，成功复仇。《史记》中也有一个救助孤儿、成功复仇的故事，它的内容可比电影情节动人多了。

孔子创立的儒家学派影响了中国两千多年，他因此被誉为圣人。但你可能不太相信，像孔子这样伟大的人物，却有着艰难坎坷、颠沛流离的人生。即便千难万苦，孔子依然不改自己的志向，他倾毕生之力去寻找那个理想的家园。

秦穆公

成功的“天使投资人”
秦穆公称霸的故事

每次读到“大漠孤烟直，长河落日圆”时，我们脑海中就会浮现出西北戈壁的壮美景象。但你知道吗，在春秋时期，西北地区还很荒凉，生活在那里的戎人经常跑来抢掠周朝的百姓。直到秦国出了一位国君，他不但赶跑了戎人，还让秦国变得强大起来。这个人就是秦穆公，他不但是一位称职的国君，更是一位成功的“天使投资人”。一起来看看他的故事吧！

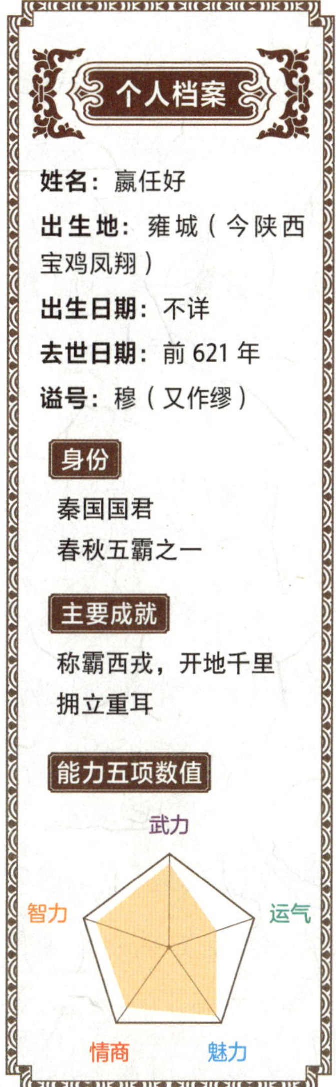

五张羊皮换一个老奴

在华夏大地的西北边塞，秦人的先祖最早驻守在那里，防御西边的戎人。他们常年不下马背，造就了好强尚武的精神。后来，秦非子替周王室养马，因功获得封国，但领地非常小。西周末年，戎人打进周王都，杀死了周幽王。秦襄公发兵救周，并护送周平王迁都洛邑。周平王就把岐山以西的土地封赏给秦襄公。自此，秦国正式成为周朝的诸侯国之一，而秦襄公就是秦国史上第一任国君。

公元前660年，秦国第八任国君秦成公去世，他的弟弟任好继位，也就是秦穆公。秦穆公刚即君位，就亲自带领军队讨伐茅津地区的戎部族，大获全胜。穆公在位第四年，秦穆公娶了晋国太子申生的姐姐为妻。

就在秦穆公迎娶夫人的第二年，他的岳父、晋献公灭掉了虞和虢（guó）两个小国，活捉了虞国国君和大臣百里奚。之后，晋献公把年已七十的百里奚当成"陪嫁"的**奴隶**一起送到了秦国。

百里奚虽然年纪大了，但身体还很硬朗，他一个人偷偷从秦国逃到了宛地（今河南南阳）。最后，被楚国边境的士兵抓住了。

秦穆公听人说，百里奚是个难得的人才，于是打算把他找回来，但又怕楚国不肯放人。于是，秦穆公派了一个使者去楚国，对楚王说："我国有一个奴隶逃到贵国，他是我们国君夫人的陪嫁奴仆，我想用五张黑色的公羊皮把他换回去。"楚国国君根本就不在乎五张羊皮，更别说一个老奴仆了，想也没想就同意了，把百里奚交给了秦国使臣。

百里奚回到秦国后，秦穆公亲自去迎接他，并和他谈论国事。百里奚说："我本是个亡国之臣，怎么敢和您谈论国家大事？"

秦穆公笑着说："那是因为虞国的国君不懂你的才华，不听你的良言，所以才亡国，这并不是你的错。"

秦穆公一再坚持要和百里奚商讨国事，百里奚只好同意了。两个人谈了整整

彩绘几何纹漆方壶 春秋

你一定想不到，这只距今2000多年的酒壶，竟然是用木头制作的，这可是现今发掘出的保存完整的古代木质漆器之一。仔细看，它身上有一条黏合的痕迹，没错，它是由相同的两半粘在一起制作而成的，还有一个盖子。如果去湖北宜昌博物馆，就能看到它啦！

三天，秦穆公非常欣赏百里奚的才华，决定把秦国的政事交给百里奚处理，并称他为“五羖（gǔ）大夫”。羖，就是黑色公羊。

百里奚谦虚地告诉秦穆公：“我年纪都这么大了，还有什么可用的价值呢？不过，我有一个朋友叫蹇（jiǎn）叔，他的才能比我强太多了，只是很少有人了解他。我曾游历于齐国，因一时受困而落到向人讨饭的地步，是蹇叔收留了我。我想要辅佐齐国国君，幸亏蹇叔阻止我，我才躲过了齐国的内乱。后来，我去了周天子那里。周天子很喜欢牛，得知我**擅长养牛**，打算任用我。蹇叔又阻止了我，还好我离开了，不然我就会和周天子一起被杀了。辅佐虞国国君的时候，蹇叔也阻止过我。虽然我知道虞国国君不会重用我，但我被金钱官位所诱惑，就留在了虞国国君身边。前两次，我听从蹇叔的劝告，没有遭受困境。这一次我没有听他的劝告，结果没逃过变成奴隶的下场。所以我知道，蹇叔是真的有见识。”

秦穆公听完百里奚的话，立刻派出使者，带着丰厚的礼品迎接蹇叔，并任命蹇叔为秦国的大夫。

被晋国气到了

秦穆公五年（前655）秋天，秦穆公带兵攻打晋国，和晋国在河曲（今山西芮城县西南）大战一场。晋国国君晋献公宠爱夫人骊姬，制造阴谋害死了太子申生，晋国的两位公子重耳、夷吾离开晋国开始逃亡。

晋献公去世后，骊姬生下的儿子奚齐继位，但很快被晋国的大臣里克杀死了。大臣荀息立另一位公子悼子为国君，里克又杀死了新国君悼子，连荀息也杀了。晋国没有了国君，逃亡在外的公子夷吾派人对秦穆公说："请您帮助我回到晋国。如果我能成为晋国的国君，我愿意把晋国在河西的八座**城池**送给秦国。"秦穆公答应了，派兵护送夷吾回晋国。

夷吾回到晋国后顺利地当上了国君，也就是晋惠公。秦穆公等着晋惠公依照约定把城池送给秦国，晋惠公却派丕郑到秦国向秦穆公道歉，表示自己不会兑现当初的诺言。丕郑当时心惊胆战，他对秦穆公说："晋国人其实都不想让夷吾当国君，他们更喜欢公子重耳。现在国君不仅违背诺言，还杀死了大臣里克，这些都是吕省、郤芮（xì ruì）两个家伙的主意。您把这两个人叫到秦国来，然后送公子重耳回晋国就更方便了。"

秦穆公点点头，派人和丕郑一起回到了晋国，准备把吕省、郤芮叫到秦国去。谁知吕省、郤芮非常**狡猾**，他们怀疑丕郑有阴谋，直接报告了晋惠公，杀害了丕郑。

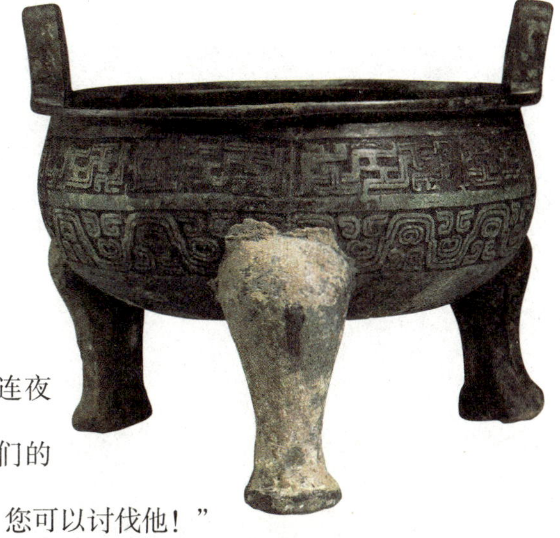

蟠虺纹鼎 春秋

虺，在古代指一种蛇，所以，蟠虺纹鼎又叫蛇纹鼎。它高19厘米，鼎口的直径有22厘米，跟我们现在用的炒菜锅大小差不多。

丕郑被杀后，他的儿子丕豹连夜逃到了秦国，对秦穆公说："我们的国君太荒唐了，百姓都不服从他，您可以讨伐他！"

秦穆公却摇摇头说："百姓如果觉得他不适合，就不会立他为国君了。既然国君能杀掉自己的大臣，说明人们听从国君的命令，现在还不是讨伐的时候。"秦穆公虽然没有听从丕豹的建议，但暗中重用丕豹。

又被晋国气到了

秦穆公十三年（前647），晋国发生了旱灾，百姓吃不上粮食，晋惠公派人到秦国求助。丕豹建议秦穆公："不要给晋国粮食，现在他们吃不上粮食，正是攻打晋国的好时机。"

秦穆公问了身边的大夫公孙支，公孙支回答说："荒年和丰年会轮流出现，或许我国也会遇到旱灾，因此，不能不借给晋国粮食。"

秦穆公又问百里奚，百里奚说："虽然夷吾得罪了您，但是晋国的百姓并没有得罪您，他们有什么罪过呢？"

秦公镈 春秋

镈是古代的一种打击乐器，跟编钟属于同一个家族。秦公镈以它精美的造型惊艳了世人，镈身上有135个铭文，记述了秦国辉煌的发家史，是“大熊猫”级别的国宝。虽然这只镈只有75.1厘米高，却足足有62.5千克的重量，个头不大，“体重”能赶上一个成年人了。这只镈收藏在陕西宝鸡青铜博物院。宝鸡不但是秦公镈的家乡，也是“青铜器之乡”。

秦穆公决定听从公孙支和百里奚的建议，船装车载，把大批粮食运到晋国的都城。

两年后，秦国也发生了饥荒，秦穆公便向晋国请求粮食援助。晋国大臣虢射说："现在秦国发生了饥荒，正是上天赐给我们攻打秦国的好机会啊！"晋惠公觉得很有道理。第二年，晋国发动军队攻打秦国。

秦穆公派丕豹带领秦军出击，两军在韩地（今山西河津）打了起来。晋惠公甩开士兵一个人驾驭战车往前冲，和秦国的士兵抢东西，结果回来的时候马车陷在了泥地里。秦穆公和士兵们驾着马车追，没有抓到晋惠公，反而陷入了晋军的包围。战斗中，秦穆公受了伤，情况十分危急。恰在此时，晋军的包围圈被冲开了一个缺口，秦穆公得救了，还把晋惠公给活捉了。这是怎么回事呢？

其实，冲破晋军包围圈的是秦国的三百多野人（与"国人"相对，指居住在城外的普通自由百姓）。为什么这些野人会不顾生命危险救秦穆公呢？原来不久前，秦穆公有一匹马跑到了岐山脚下，正巧这里有一群野人。因为饥荒，野人们已经饿了好几天，为了活命，他们把马杀了吃。没过多久，官吏就发现他们吃了国君的马，把他们全都抓了起来，准备按律法惩罚他们。

秦穆公知道了这件事，说："君子不能因为牲畜去伤害百姓。我听说，吃了马肉的人如果不喝点酒就会性情暴躁而伤人。"于是，秦穆公不仅没有惩罚野人，还送了美酒给他们喝。这三百多野人听说秦国要和晋国开战，都请求跟着去打仗。战斗的时候，他们发现秦穆公被晋军包围了，便举起武器冒死救援秦穆公，为的就是报答秦穆公的恩情。

让我们一起摇摆！

最终，秦穆公把晋惠公抓回了秦国，对全国百姓说："我要用晋国的国君来祭天！"

周天子听说秦穆公要用晋惠公祭祀上天，便派使者向秦穆公求情说："晋国的国君和我是同姓，希望你看在周天子的面子上，放过他吧。"

后来，连秦穆公的夫人也来求情，她原本就是晋惠公的姐姐。为了救晋惠公，秦穆公夫人穿上丧服，在秦穆公身边哭泣道："我连自己的弟弟都救不了，这是对君王的侮辱！"

秦穆公叹了口气："我活捉了晋国的国君，我以为这是一件大快人心的事，可是周天子来求情，夫人也悲伤哭泣。"于是，秦穆公和晋惠公订立**盟约**，答应放晋惠公回国，并送了牛、羊、猪等，按照诸侯之礼对待他。

玉舞人 春秋

回到晋国的晋惠公按照盟约把河西土地送给了秦国，又把太子圉（yǔ）送到秦国当人质。从此，秦国的领土扩大到了黄河边。公元前640年，秦穆公出兵攻打梁国和芮国，灭亡了这两个小国，秦国的领土又扩大了。

给你一点颜色看看

秦穆公二十二年（前638），在秦国做人质的晋国太子圉突然逃走，这件事让秦穆公非常生气。原来，太子圉听说父亲晋惠公生了重病，心里更加难过，他暗想："梁国是我母亲的家乡，秦国却灭了梁国。我的兄弟那么多，如果父亲死了，秦国一定不会让我回晋国，晋国也不会让我继国君位。”想到这里，太子圉决定逃跑。

第二年，晋惠公去世了，逃回晋国的太子圉继位成了国君。

太子圉逃跑这件事，彻底点燃了秦穆公的怒火，他下定决心把晋国另一位逃亡的公子重耳请到秦国来。

重耳一直想要回晋国，正愁找不到人帮忙。来到秦国后，秦穆公把太子圉原本在秦国的妻子嫁给了重耳。重耳一开始不愿意接受，但后来改变了主意。秦穆公对他的表现很满意，也对他更加好了。

秦穆公二十四年（前 636）的春天，秦国派人护送重耳回到了晋国。重耳成了新任国君。太子圉只能逃亡，最后在逃亡的路上被杀。

秦穆公三十年（前 630），秦穆公又出兵帮助晋国包围了郑国。郑国赶紧派

为秦穆公陪葬的人

秦国早些时候有“陪葬”的习俗，《史记》中有记载，秦穆公去世后，为他陪葬的人达 177 人，其中就包括秦国的重臣子车氏三人：奄息、仲行和鍼虎。有人说，秦穆公开疆拓土，使秦国变得强大，征服东边强大的晋国，称霸于西戎地区，创出这样卓越的功绩却没能成为诸侯的霸主，主要原因就是秦穆公死后让重臣良将殉葬，让秦国后继无力，很难东出争雄。

人去见秦穆公，对秦穆公说：“灭掉郑国之后晋国就变得更加强大了，这样对秦国不利。”秦穆公觉得很有道理，立刻撤兵回国。晋国看到秦国撤兵了，也只好撤兵。两年后，晋文公重耳去世了。

为决策失误买单

就在晋文公去世的当年，郑国有人跑到秦国对秦穆公说：“我在郑国负责守城门，你们可以来**偷袭**郑国，我帮你们开门！”秦穆公找蹇叔和百里奚商量偷袭郑国这件事。

两个人都说：“去郑国要经过好几个国家，跑到千里之外去偷袭别人，怎么可能成功呢？再说了，既然这个人出卖了郑国，他怎么知道我们没把这件事情告诉郑国呢？一定不能去偷袭郑国。”

秦穆公固执地拒绝了两人的建议，坚持要出兵偷袭郑国。他派了百里奚的儿子孟明视、蹇叔的儿子西乞术和白乙丙三个人率领军队出发。

出发那一天，百里奚和蹇叔嚎啕**大哭**。秦穆公很生气，说：“大军准备出发，你们俩拦着就哭，到底是为什么？”

百里奚和蹇叔哭着说：“我们不敢阻拦军队，但我们的儿子在军队里。现在我们都老了，他们这一去怕是回不来了，我们将再也见不到他们了，所以才哭泣。”两个人又对自己的儿子说：“如果你们战败，肯定是在崤山（今河南洛宁）的关口。”

秦穆公三十三年（前627）春天，秦国的军队穿过晋国，又经过了周朝都城的北大门。周天子看见了秦国的军队，说：“秦国的军队连基本礼仪都不懂，注

叮咚～叮咚～

石磬（qìng） 春秋

磬是古代的一种打击乐器，跟编钟是一个原理，因材质不同而分为石磬和玉磬。玉磬非常珍贵，只有在天子举行的典礼上才能用，而诸侯和普通人只能用石磬。

定要打败仗！”

军队刚刚到滑邑（今河南偃师西南），遇到了一个名叫弦高的郑国商人。弦高带着十二头牛，从郑国出发赶到周朝都城去卖牛，遇到秦军让他非常担心。思索了一番后，弦高把自己的牛献给秦军，并说：“我听说秦国准备去攻打郑国，我们国君已经做好了准备，还派我送来十二头牛犒（kào）劳你们，担心你们路上太辛苦。”

秦国的三位大将觉得奇怪，凑在一起商量说：“国君命令我们偷袭郑国，现在郑国已经知道了，看来我们偷袭不了了。”于是，秦国的军队没有去攻打郑国，而是把滑邑给灭掉了。

滑邑这个地方是晋国的**边境**。此时晋文公重耳刚去世还没安葬，新国君晋襄公收到了滑邑被灭的消息后，愤怒地说道：“我的父亲刚刚去世，葬礼还没举办，秦国竟然跑来攻打我们的滑邑！”于是，晋襄公下令所有人把白色的丧服都染成黑色，军队埋伏在崤山的关口。等秦军一来，晋军立刻发起攻击，秦军大败，三名秦将也被活捉。

晋文公娶的夫人是秦穆公的女儿，她为三位秦军大将求情道：“这三个人打了败仗，秦国国君肯定不能饶过他们，不如放他们回秦国去，好让秦国国君治他们的罪！如此秦国也不会怪我们什么。”

晋襄公同意了，把三人全都放回了秦国。三名大将好不容易回到秦国，秦穆公亲自穿着白色的丧服到郊外去迎接他们，哭着对他们说："我没有听百里奚和蹇叔的话，让你们三个在晋国受了侮辱！这都是我的过错，你们没有罪过。我希望你们一定要找机会洗刷这份耻辱！"

之后，秦穆公依旧重用他们三人，对他们比以前更器重了。

安定大后方

戎国国君派了一个名叫由余的使者出访秦国。由余的祖先是晋人，后来逃亡到了戎地。戎国国君听说秦穆公非常**贤德**，于是，派由余去看看。

秦穆公带着由余参观了秦国的宫殿，还打开仓库让由余见识了自己的财富。由余看了之后笑着说："这些东西，要是让鬼神来造，他们都会觉得很累；要是让百姓来造，会让百姓更苦更累。"秦穆公听他说的话有些奇怪，问他："中原地区的国家用诗书礼乐和法律来管理百姓，但还是会有叛乱的事发生。戎国没有诗书礼乐和法律，那是用什么管理国家的呢？难道没有遇到困难吗？"

由余笑着说："中原地区的国家发生叛乱，恰恰是因为诗书礼乐和法律啊。自从上古的圣人制定了诗书礼乐和法律，确实实现了天下的太平。但国君一个比一个骄傲、奢侈、浪费，用法律来约束甚至残害百姓，百姓受苦之后就会怨恨国君。大家彼此结怨，必然会发生叛乱。在我们戎国，每一任君王都关怀百姓。百姓对君王也很信任，整个国家就像一个人自己控制自己的手脚一样。所以说，没有规定死的管理方法，才是最好的管理。"

秦穆公问身边的内史廖："听由余说，与我们相邻的国家有圣人。现在这个由余才能和见识都非同一般，对秦国不利，我该怎么办呢？"

内史廖说："戎国地处偏僻，肯定没有听过我们中原的礼乐，您先送一些歌女过去，以改变他们对礼乐的认识。然后再找个理由，让由余晚几天回去。到时候，戎国君主一定会因为由余没有按时回去而怀疑他。等到他们君臣之间产生误会，我们就有机会了。此外，说不定戎国君主会爱上我们的歌舞，连国政都懒得管理了。"

秦穆公点点头，立刻派人准备宴会，并邀请由余坐在自己身边，两个人一起碰杯一起长谈。秦穆公询问戎国的地形和兵力，把整个戎国的大概情况都了解得清清楚楚。然后，派内史廖给戎国国君送去了十六名美丽的歌姬。戎国国君见到歌姬喜欢极了，整年荒废国政，牛马都死了一半多。

秦穆公看情况差不多了，才让由余回国去了。

回到戎国的由余劝了国君好几次，可国君始终沉迷歌舞。另一边，秦穆公经常派人来邀请由余。由余对戎国国君太失望了，便离开了戎国，去了秦国。秦穆公非常高兴，以贵宾之礼对待由余，询问他该怎么攻打戎国。秦穆公三十七年（前623），秦国按照由余说的战术攻打戎国，大获全胜，秦国国土面积大增，秦国终于称霸于西戎。

智君子鉴 春秋

鉴是古代贵族用来洗漱盛水的器具，类似于今天的水盆。此外，在鉴中盛水，等水面平静，人可以在水面看到自己的影子，就像今天的镜子一样。

报仇雪恨不能少

秦穆公三十六年（前624），秦穆公决定向晋国复仇，再次派孟明视、西乞术、白乙丙三人带兵攻打晋国。秦国的军队刚渡过黄河，就把船全部烧毁，表明绝不后退的决心。这一次，秦军打败了晋国的军队，占领了王官及鄗（hào）地，报了崤山之战的仇。

晋国的军队不敢出来野战，只躲在城池里防守。于是，秦穆公渡过黄河，为崤山战役中死去的士兵们建造坟墓，为他们举办葬礼，哭了整整三天。然后向所有的秦军士兵发誓说：“将士们！你们听着！我向你们发誓！做任何事都应该听取老人的意见，就不会有什么过错！”秦穆公一想起自己没有听从百里奚和蹇叔的劝告，害得秦军士兵死在崤山，心里就非常难过。所以，他向所有人发出誓言，要让所有人都记住自己犯的错，引以为戒。人们说起这件事，都感动得流下眼泪，说：“穆公真是一个明白人，所以才能获得最后的胜利啊！”

秦穆公称霸西戎后，周天子派人送去各种珍贵物品**祝贺**秦穆公。

秦穆公三十九年（前621），秦穆公去世了。秦穆公**开疆拓土**，打败了强大的晋国，在西方称霸西戎。秦穆公虽然并没有成为诸侯的盟主，可他凭借自己的能力和功绩而赢得了诸侯的敬重。

其实我就是一块切菜板！

蟠螭纹镂空俎（zǔ） 春秋

高22厘米，长35.5厘米，宽21厘米，这件镂空俎现藏于河南博物院。成语“人为刀俎，我为鱼肉”，意思是说自己处于很被动的境地，其中“俎”就是古代切肉的砧板。

史记成语典故大搜索

拜赐之师

词意：讽刺那些为了复仇而又失败的举动。

造句：市一中的足球队本来就训练不到位，却还要向对手挑战，难怪被人说是拜赐之师。

秣马厉兵

词意：厉同“砺”，磨砺。秣，喂养牲口。喂饱战马，磨利兵器，指做好战斗的准备。现在多比喻事先做好充分准备。

造句：孙权雄踞江东，任贤用能，秣马厉兵，等待逐鹿中原的时机。

秦晋之好

词意：春秋时期，秦国和晋国几代相互通婚，加强彼此的关系。后世以秦晋之好代指两姓联姻的关系。现在泛指两家联姻。

造句：张王两家既已结为秦晋之好，一家有难，另一家出钱出力，这是很自然的事情。

从流浪汉到霸主

晋文公复国称霸的故事

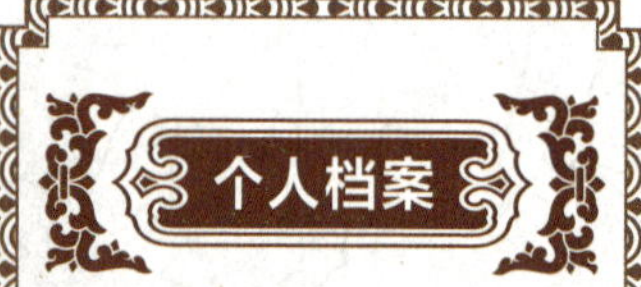

姓名：姬重耳

出生地：曲沃（今山西临汾曲沃）

出生日期：约前 697 年

去世日期：前 628 年

身份

晋国国君

春秋五霸之一

主要成就

选贤任能，强大晋国

联秦和齐，保宋制郑

勤王败楚，称霸诸侯

能力五项数值

从流浪王子逆袭成为诸侯霸主，齐桓公的故事是不是看得很过瘾？而春秋时期的霸主可不止齐桓公一个。在中原的晋国，也有一位王子，他流亡了整整十九年才回到自己的祖国，尔后只用了九年的时间就成了新的诸侯霸主！他的一生可以说是“有恩报恩，有仇报仇”，让我们来看看恩怨分明的晋文公是怎么报仇，怎么报恩的吧！

骊姬的阴谋

周武王灭商建立周朝后，分封天下诸侯，他的儿子姬虞被分封在唐国，史称唐叔虞。唐叔虞的儿子燮（xiè）做了国君后，改国号为晋，晋国自此诞生。三百多年后，国君之位传到晋献公手里，晋国开始走上崛起之路。

晋献公五年（前 672），晋国发兵打败了

楚嬴匜（yí） 春秋

匜是古代人的洗漱用具，或是用来举行祭祀活动的礼器。它的作用类似于今天的水盆，通常底部有三只或四只脚。

骊（lí）戎部族，抢来了骊姬及其妹妹。晋献公非常喜欢骊姬，和她生下一个男孩，名叫奚齐。

晋献公有九个儿子，其中太子申生、公子重耳和夷吾三人都很优秀。可是，晋献公太喜欢骊姬了，因此特别宠爱小儿子奚齐，甚至打算废掉太子申生，让奚齐来当太子。于是，晋献公琢磨着怎样让这三个儿子远离自己。

一天，晋献公找来三个儿子，对他们说：“晋国有三个地方非常重要，一是曲沃（今山西临汾曲沃），这里有我们祖先的宗庙；二是蒲地，这里靠近秦国，是军事防御重地；三是屈地，距离翟国非常近。我最放心不下的就是这三处，所以，我决定让你们去镇守。”

就这样，太子申生镇守曲沃，公子重耳镇守蒲地，公子夷吾镇守屈地。晋献公如愿以偿地把奚齐留在自己身边。

晋献公私下告诉骊姬：“太子之位，我想换成奚齐。”骊姬一听，内心非

从顶上往下看

我是队伍的代表！

子犯和钟 春秋

子犯和钟是一支编钟小队，共有8名成员。为什么叫子犯和钟呢？因为铸造它们的人叫子犯，就是追随重耳流亡的狐偃，他也是晋文公的舅舅。和就是调和、组队的意思。

常激动，但她隐藏起**心情**，故意流着眼泪说：“诸侯们都知道晋国太子是申生，而且太子多次带兵打仗，老百姓都很拥戴他。你要是换掉太子立了奚齐，百姓们会认为是我从中捣鬼，那我就只能自杀以表清白！”

骊姬也希望太子是自己的儿子奚齐，但她并不清楚晋献公究竟是真心要换太子，还是在试探自己。所以，面对晋献公的询问，骊姬表面上坚决拥护太子，并在人前多说太子的好话，暗中却派人散布中伤太子的流言。为了能让奚齐更顺利地成为太子，骊姬开始实施自己的阴谋。

晋献公二十一年（前656）的一天，骊姬找来太子申生说：“昨天晚上，国君梦见了你母亲，你应该去曲沃祭祀她一下，然后带祭祀的肉回来献给国君。”申生没有想太多，就按骊姬说的去办了。等申生把祭祀的肉带回来后，骊姬派人在肉里下了毒。

晋献公准备吃肉时，骊姬阻止他说："从远方带回来的肉，应该先让人试吃一下才好。"于是，厨师把肉给狗吃，不一会儿，狗中毒而死。晋献公**大惊失色**，问："这是怎么回事？"骊姬趁机说："太子怎能这样残忍，连自己的亲生父亲都想害，难道他就等不及要登上君位吗？"晋献公也认定是太子要毒死他，一怒之下杀了太子的老师。太子听说了事情的经过，既惊慌又难过。

有人劝太子说："下毒的人肯定是骊姬，你为什么不去向国君说清楚呢？"太子摇了摇头，说："父亲年纪大了，需要骊姬的陪伴，没有骊姬他就睡不好、吃不下。如果我说出了真相，父亲会更加生气、难过。"又有人劝太子赶紧逃到别的国家去。太子说："我背着弑君篡位的罪名，有哪国敢收留我呢？"太子申生不愿意父亲难过，也不愿意逃亡国外，最后选择了自杀。

太子受难，殃及兄弟

骊姬的计划成功了，但有人告诉她："公子重耳和夷吾都知道是你下毒**嫁祸**太子的。"骊姬害怕重耳和夷吾会找自己报仇，便对晋献公说："我听说，重耳和夷吾两位公子在太子下毒之前就知道这事了，却并没有说什么。"晋献公听后更加生气。重耳和夷吾知道这一消息后，又想到太子的悲惨下场，分别逃回了自己驻守的地方。

晋献公得知两个儿子逃走，立刻派军队去捉拿他们。公子夷吾逃往梁国。重耳跑到了临近的翟（dí）国，他从此踏上了**流亡**他国的历程。重耳的母亲是翟人，所以翟国国君收留了重耳。

重耳从小就喜欢交友，身边有五个好朋友，分别是赵衰、狐偃（yǎn）、贾佗、先轸（zhěn）、魏武子。其中，狐偃是重耳的舅舅。重耳出逃晋国时，这五人一直追随重耳左右。

重耳在翟国生活了五年。这期间，晋献公去世了，大臣里克趁机杀死了骊姬和奚齐，立骊姬妹妹生下的公子悼子为国君。但没过多久，悼子也被里克杀死。里克便派人到翟国，准备迎接重耳回国当国君。可重耳知道晋国目前太混乱，如果贸然回国，自己很有可能遭遇不幸。因此，重耳委婉地拒绝道："我违背父亲的命令，私自离开晋国，已是不孝。况且父亲去世后，我都没有为他办理丧事，怎么还敢回国呢？还是让别人去做国君吧！"

里克得知重耳不愿回国，便派人去梁国迎接公子夷吾。夷吾答应了，并很快回到晋国成为新一任国君，即晋惠公。

晋惠公害怕里克会像杀死奚齐和悼子那样杀死自己，就对里克说："如果当初没有你的话，我就当不了国君。可是，你杀死过两任国君，可见想成为你的国君，真是太难了！"里克听完，知道晋惠公忌惮自己，于是他只好自杀了。

在里克迎接夷吾回国的时候，夷吾曾经对秦穆公许下**承诺**，如果自己成为晋国国君，就把河西的土地送给秦国，把汾阳封给里克。但夷吾登上君位后，不仅没有兑现承诺，还杀死了七舆大夫。秦国人对他很失望，连晋国的人都不看好他。

晋惠公七年（前644），惠公想到重耳还在外流浪，害怕他回晋国，于是，派刺客去**刺杀**重耳。

重耳得知消息后，与随从商量说："我们在翟国待了这么久，这里距离晋国太近了，随时都会有危险。我听说齐桓公有称霸的志向，对待诸侯都非常温和。而且齐国正在招纳人才，不如我们去齐国吧！”随从都很赞同。

生活安逸，乐不思晋

在去齐国的途中，重耳经过卫国时，卫国国君卫文公对他很没有礼貌，重耳也就没有久留。告别卫文公后，重耳来到五鹿地区，一行人实在太饿了，只能向村民们要饭吃。村民们看不起他们，在施舍的饭上撒了一把土给他们吃。重耳很不高兴，赵衰灵机一动，说：“土代表了土地，表示拥有土地，您应该接受它。”

到达齐国后，齐桓公热情地接待了重耳，还把同族的一个女子嫁给了他，并送他二十辆华丽的马车。重耳对此非常满意。

重耳在齐国住了两年，齐桓公去世了，齐国上下**人心惶惶**，重耳却丝毫没有打算离开的意思。又过了三年，赵衰和狐偃发现重耳还是没有要离开齐国的意思，于是，两人悄悄商量怎么让重耳离开齐国。恰巧，这番话被重耳妻子的一个侍女听见了，她立马回去报告给重耳妻子。

重耳的妻子听到侍女的报告后，怕事情泄露，派人除掉这名侍女，并劝重耳快点离开齐国，返回晋国。可重耳已经习惯了在齐国的安逸生活，根本不愿意离开，他说：“人活着就是为了追求快乐安逸，何必去管别的事呢！”

妻子劝重耳说：“你是晋国的公子，因为遭遇不幸才来这里。你的随从把你的命当成他们自己的命，你要是不回去，怎么报答这些为你受苦受累的人？你现在贪图安逸，我都替你感到羞耻！再说，你现在不去奋斗，将来哪还有翻身的机会？”

双联玉璧 春秋

这是一对“双胞胎”玉璧，是古代人祭祀天地时的礼器。因为玉很稀有，被人们视为非常贵重的东西，所以代表着至高无上的身份和地位。

可重耳总是听不进去，说什么都不肯走。无奈之下，妻子在吃饭时多敬了重耳几杯酒，把他灌醉。然后，让赵衰等人把重耳装在车上，连夜带出了齐国。

离开齐国之后，重耳遭遇了各种各样的经历。

在曹国，国君曹共公听说重耳的肋骨和别人的不一样，想一探究竟。曹国的大臣釐（lí）负羁劝国君不要这样无礼，他说：“公子重耳很有才能，又跟您同姓，现在他因避难才来到我们这里。如果无礼，怕是会招来祸患啊！”

曹共公不听劝，釐负羁只好悄悄给重耳送去吃的，并在食物下面放了一块玉璧。重耳收下了食物，却把玉璧还了回去。

重耳离开曹国后，来到宋国。宋国国君宋襄公刚刚被楚国打败，受了重伤。宋襄公听说重耳很有才能，便以国礼热情接待了他。宋国的司马公孙固和狐偃是旧友，他偷偷对狐偃说：“宋国是个小国，现在刚打了败仗，没能力帮助你们回国，你们还是到其他大国去吧。”重耳只好离开了宋国。

在郑国，郑文公同样很无礼地对待重耳。大臣叔瞻站出来劝说郑文公：“重耳德才兼备，他的随从也各有本事，还是以礼相待他们比较好。”郑文公却说：“诸侯国那么多逃亡的公子，来我们郑国的也不少，怎么可能都按国礼去接待他们呢！”叔瞻担心和重耳结仇，又说：“如果不能以礼相待，那还不如杀了重耳，免得以后带来大祸。”郑文公却装作没有听见。

退避三舍的承诺

离开郑国后，重耳又来到楚国。楚成王非常重视，按照诸侯的礼仪迎接重耳。重耳非常感激，却又不好意思接受。这时，赵衰告诉重耳：“您在外逃亡已经十多年了，小国家大多都看不起你，更何况是大国呢。现在，楚国这样隆重地迎接您，您不应该推辞，而是高兴地接受，这是您复国的好机会啊！”重耳觉得很有道理，于是，也以诸侯会面的礼仪见了楚成王。

楚成王问重耳：“我助你回到晋国之后，你要怎么报答我呢？”

重耳说：“山珍海味、金银珠宝这些您都不缺。如果以后我们两国不得已要开战，在两军对阵时，我一定先退让三舍。”

退让三舍是什么意思？在古代，舍是代表距离的计量单位，一舍等于三十里，三舍就是九十里。

楚国的将军子玉听到重耳的话非常生气，对楚成王说：“国君这么隆重地对待重耳，他竟然还想着以后跟我们打仗！请让我立刻杀了他！”

楚成王摆了摆手，说：“重耳德才兼备，在外面逃亡已经很久了。他的随从

龙首神兽 春秋

这两只青铜神兽是一对“孪生兄弟”，约50厘米高，还不到我们的腰部呢！仔细看，它俩正朝着我们吐舌头呢！至于它俩是用来干什么的，目前还不能确定，有人猜测它们极有可能是鼓架的底座。现在，它俩正在河南博物院里的某个角落“斗舞”呢！

个个都是人才，这都是天意，怎么能杀他？而且，他的话都已经说出口了，怎么能随意改变呢？”

秦国的热情邀请

重耳在楚国期间，晋国发生了一件大事——在秦国当人质的晋国太子圉悄悄逃回去了。这是怎么回事呢？原来晋惠公和秦国闹了好几次不愉快。当初晋惠公为了能顺利回到晋国，和秦国约定当上国君后，就把河西的土地送给秦国，可后来他又毁约了。

晋惠公四年（前647），晋国遭遇大饥荒，向秦国借粮。秦穆公二话不说，就把粮食借给晋国。可是，等秦国遭遇饥荒的时候，晋国却拒绝借粮给秦国，还趁机出兵攻打秦国。

秦穆公怒而出兵击败了晋国，并活捉晋惠公。幸好晋惠公的姐姐是秦穆公的夫人，她不忍心弟弟受难，便穿上丧服天天在秦穆公身边痛哭。秦穆公不忍心让夫人难过，于是和晋惠公签订了盟约，才放他回晋国。

晋惠公八年（前 643），太子圉被送到秦国当人质。晋惠公十三年（前 638），太子圉听说晋惠公生了重病，怕他临死前立别人为太子，于是，从秦国逃回晋国。秦穆公气得火冒三丈，听说重耳住在楚国，就打算邀请重耳到秦国去，准备把重耳送回晋国当国君。

重耳觉得这是一个好机会，决定接受秦穆公的邀请。楚成王也赞成重耳的决定，说："楚国离晋国太远了，中间隔着好几个国家。秦国与晋国是邻居，秦国的国君很开明，你就去吧。"说完，送了很多贵重礼物给重耳。

母国，我回来了

重耳一到秦国，就受到了秦国人的热烈欢迎。秦穆公一次性嫁了五名美女给重耳，其中一个是原来太子圉在秦国的妻子。重耳觉得这样不合适，本想拒绝，一个随从立即劝他说："我们都准备去攻打圉的国家了，何况是他原来的妻子呢！您现在跟秦国结亲，才有机会返回晋国。所以，没必要因为这种小事而得罪秦国，难道你忘了我们受过的那些耻辱了？"

重耳觉得有道理，便接受了太子圉的妻子。秦穆公知道后很高兴，并举办宴会和重耳一起喝酒。赵衰在宴会上朗诵了《诗经》里的《黍苗》，这是一首表达思乡情绪的诗歌。秦穆公点了点头，知道重耳很想回晋国。

赵衰和重耳从座位上站起来，拜了又拜，说："我们这些无助的人需要您的帮助，就像田里的稻草盼着下雨。”

晋惠公十四年九月，晋惠公病死了，从秦国逃回去的太子圉继位为国君，也就是晋怀公。十二月，晋国的大臣听说重耳到了秦国，就派人偷偷来请他回国，并告诉他很多人都愿意接应他。秦穆公也派出军队护送重耳回晋国。百姓都知道重耳要回来，欢欣鼓舞。终于，逃亡了十九年的重耳回到了自己的祖国。这一年，重耳**六十二岁**了。

晋文公元年（前 636）春天，秦军护送重耳到了黄河边。狐偃突然对重耳说：“我追随您周游列国，做了很多错事，这些错误我自己都知道，您也很清楚。现在大事即将成功，就让我离开吧。”

重耳立刻发誓说：“如果我回到晋国之后改变了自己的心意，那就请黄河的神明来惩罚我！”说完，把一块玉璧扔到黄河里以表示自己的诚意。

一直跟随在重耳左右的介子推在船上，听到两人的对话笑着说：“公子能够成就大业是天意，可狐偃却把功劳说成是自己的，还向公子请求赏赐，真是可耻！我不愿意和这种人一起共事！”

之后不久，秦国、晋国的大夫在郇（xún）地（今山西临猗西南）结盟。重耳来到曲沃，即位成为晋国国君，即晋文公。大臣们都来曲沃拜见国君。晋怀公逃到了高梁，最后被晋文公派人杀死。

想造反？没门

晋国国内，大臣吕省、郤芮两个人并不服从晋文公，他们害怕被杀，决定先下手杀掉晋文公。两人和自己的随从们商量，打算趁晋文公睡觉的时候，放火烧宫殿。而晋文公完全不知道这两人的坏主意。

晋国的宦者履鞮（dī）得知这个消息后，立刻去告知晋文公。以前，履鞮听从晋献公的命令想要杀死重耳。现在，履鞮想把吕省、郤芮两个人的坏主意告诉重耳来赎罪。但晋文公拒绝见履鞮，还派人责骂他说："当年在蒲地时你追杀我，后来我和翟国国君打猎，你还听从惠公的命令来追杀我！"

履鞮跪在地上说："我跟随先君，听从他的命令，结果得罪了您。现在您已经回来了，不会再有蒲地和翟国那样的事情了！以前，管仲曾经射中了齐桓公，齐桓公仍旧愿意重用管仲。今天，我想告诉您一件重要的事情，您却不愿意见我！岂不知灾难已经悬在您的头顶了！"晋文公觉得履鞮不像是有阴谋诡计，决定见一见他。

履鞮见到晋文公，立刻把吕省、郤芮放火杀人的计划说了出来。晋文公思考了一下，自己刚刚回到晋国，可能有人会出卖自己。于是，他乔装打扮后悄悄去了秦国，这期间并没有人知道他的行踪。

三月，大臣吕省、郤芮果然造反了，他们放火烧掉了晋文公的宫殿，可怎么都找不到晋文公。士兵们立刻与吕省、郤芮的人打了起来，最终在黄河边杀死了二人。晋国恢复了平静，晋文公再次安全地回到了晋国。

介子推不求赏赐

晋国安定之后，晋文公认真处理朝政。他温和地对待百姓，封赏那些跟随他流亡的人。功劳大的人就赏赐城池土地，功劳小的人就赏赐爵位。封赏还没完成，周王朝就出了大事——周襄王的弟弟造反。周襄王逃亡到了郑国，情况很**危急**，他便向晋国求救。晋文公把封赏的事情就先搁置了，像介子推等很多人还没得到赏赐。

介子推向来对功名利禄没有兴趣，他说：“献公共有九个儿子，如今还活着的只有文公重耳了。之前，惠公夷吾和怀公圉不得人心，把晋国搞得一团乱。但只要天不亡晋国，就总会有新的国君人选。现在看来，除了文公重耳，还有谁能担得起这一使命呢？偏偏就有那么几个人，把上天的旨意归为自己的功劳，好换取封赏。我不愿和这样的人一起共事。”

介子推的母亲劝他说：“你埋怨那些人有什么用，功劳要你自己去申请。”

介子推说：“要是让我像他们一样请求赏赐，那我的罪过就更大了！而且我已经把埋怨的话说给国君听了，那我更加不能接受国君的赏赐了。”

最后，介子推和母亲一起去深山里隐居，再也没有出来。

介子推的同僚们很同情他，于是，写了一块牌子挂在王宫门口。牌子上写着：“龙想要飞上天，需要五条蛇的帮助。现在龙已经飞上了天，只有四条蛇有了自己的宫殿。还有一条蛇独自悲伤，不知道自己该去哪里。”

晋文公出宫的时候，看到了牌子上写的话，说：“这说的是介子推啊，我竟然把他的功劳忘记了！”于是，立刻派人寻找介子推。晋文公到处打听介子推的行踪，有人说介子推**隐居**在绵山，可最终也没找到。于是，晋文公把整座绵山赏赐给了介子推。因此，人们也把绵山称作“介山”。

子作弄鸟尊 春秋

这是美国弗利尔美术馆收藏的最著名的中国青铜器之一，它以凶猛的鸮（xiāo）鸟为原型制造，喙尖而弯，头可与身体分离，浑身雕饰着精美的纹理。

报恩的时候到了

晋文公二年（前 635）的春天，秦国的大军在黄河边准备护送周襄王回王宫。赵衰对晋文公说：“您要想成为诸侯霸主的话，就一起护送周王回王宫，同时对周王室表达足够的尊重。周和晋出自同一个祖先，如果我们没有抢在秦国前面护送周王回去，那就没有机会称霸了！”

晋文公觉得很有道理，便抢在秦国的前面把周襄王送回了都城洛阳，并杀了周襄王造反的弟弟。周襄王非常高兴，下令把河内、阳樊的土地赏赐给晋国。

晋文公四年（前 633），楚成王攻打宋国，宋国派公孙固到晋国求救。之前，晋文公流亡到宋国的时候，宋襄公曾按国礼接待他。大臣先轸对晋文公说：“报答宋国的时候到了，想要成为霸主，现在就是个好机会！”

狐偃也说：“楚国现在刚刚攻占了曹国，而且和卫国**友好往来**。如果我们攻打曹国，那么卫国和楚国一定会来帮助曹国。这样一来，宋国就不会有事了。”于是，晋国立刻组织三军出发攻打曹国。

第二年，晋文公向卫国借路，想穿过卫国攻打曹国，卫国不同意。晋国的军队决定攻打卫国和曹国，没多久就打了胜仗。楚国派兵救援卫国，没能打赢。晋国的军队攻打曹国，占领其都城。晋文公想起以前在曹国的时候，釐负羁曾经给自己送食物，便下令保护釐负羁家族的周全。

没多久，楚国包围了宋国，宋国第二次向晋国求救。想要救宋国就只能和楚国开战，但宋国和楚国，都曾对逃亡的晋文公有恩。晋文公很烦恼，不知道到底该怎么办。大臣先轸想了一个办法："我们抓住曹国国君，然后把曹国和卫国的土地分给宋国，这样楚国肯定会着急，就不会再包围宋国了。"

晋文公按照先轸的话做了。果然，楚成王的军队离开了宋国，宋国得救。

宿命的对决

楚国的将军子玉很不满，向楚成王抱怨道："君王对晋国实在太好了，晋文公明明知道楚国和曹国、卫国之间的关系，还故意去攻打，晋国这是看不起楚国！"

楚成王说："他离开晋国后逃亡了整整十九年，吃了很多苦才回到晋国。他尝尽了各种艰难困苦，才能仁慈地对待百姓，现在谁也没办法阻挡他。"

子玉不服气，坚持要出兵。楚成王生气了，只给了子玉很少的兵力。

子玉派使者告诉晋国："请恢复卫侯的身份，保护曹国。如果你们能做到，那我就放弃攻宋。"

狐偃对晋文公说："子玉这个人太无礼了，提了两个条件来换一个好处，我们不能答应他。"

先轸却不这样想，他告诉晋文公："楚国一句话就安定了曹国、卫国、宋国三个国家，我们却要因为一句话灭亡他们，是我们太无礼了。如果不答应楚国的要求，就等于放弃了宋国。不如我们私下答应他的要求，把使者留下以激怒楚国，到时候看战斗的情况再做打算。”

晋文公思考了一下，决定按先轸的主意去办，把楚国的使者关在了卫国，私底下答应子玉提出的条件。曹国和卫国派出使者通知楚国断绝外交，子玉果然气坏了，立刻出兵攻打晋国军队。晋文公见到楚国的军队，立刻下令撤退九十里。士兵们都不明白为什么要撤退。晋文公说：“以前，我在楚国的时候受到楚王的帮助，和楚王约定，如果两国不得已而打仗，晋国先撤退九十里。如今我怎么能违约呢？”楚国军队也想要撤退，但子玉不同意。

四月，宋国、齐国、秦国和晋国联合起来，在城濮（pú，今山东鄄城西南地区）和楚国大战。楚国战败了，子玉灰溜溜地逃回楚国。郑国原本和楚国关系很好，打算出兵帮助楚国。可是楚国战败了，郑国吓了一大跳，立刻派使者到晋国，和晋国结盟。

城濮之战后，晋文公把楚国的俘虏送给周天子，一共有一百多辆战车，一千多名步兵。周天子派出使者，册封晋文公为伯，赏赐他黄金装饰的大车、各式弓箭、美酒、玉器，还有三百名勇士。晋文公推辞了好多次，最后才接受了。从此，晋文公成为天下诸侯认可的霸主。

两年后，晋文公去世了。虽然晋文公在位只有九年，但是他快速地完成了霸业成为霸主，为晋国的强盛立下了不可磨灭的功劳。

莲盖龙耳簋 春秋

簋是商周时期用来盛煮熟的饭食的餐具，也是重要的礼器，与鼎配合使用。通常天子用八簋，诸侯用六簋，卿大夫用四簋等。

一飞冲天的大鸟

楚庄王称霸的故事

个人档案

姓名： 熊侣

出生日期： 不详

去世日期： 前 591 年

身份

楚国国君

春秋五霸之一

主要成就

平定内乱

问鼎中原

能力五项数值

武力

智力

运气

情商

魅力

楚国是位于华夏大地南方的诸侯国，领土主要在长江流域。楚国刚建立时非常贫弱，经过几百年的艰苦奋斗，逐渐走上稳定发展的道路，在楚成王时期开始崛起。直到楚庄王即位，他一举将楚国推上了诸侯霸主的宝座。

楚庄王这个人很有趣，他当上国君时还不到二十岁。正逢国内政局不稳，**暗流涌动**，他坐在国君的位子上一点也不踏实。

一开始，楚庄王整天沉溺于酒色歌舞，对朝政一点也不关心。他还下令：谁敢以政事打扰自己的雅兴，就处死他！这样一来，所有人都以为楚庄王昏庸无能，也就不拿庄王当回事儿了。实际上，庄王正是借沉溺酒色、不问朝政来掩盖自己的**锋芒**，好暗中观察，辨别忠奸。

大臣伍举借一道谜语来打探楚庄王的志向。楚庄王表示自己“不飞则已，一飞冲天；

不鸣则已，一鸣惊人”。之后，刚正不阿的大夫苏从冒死进谏，言辞激烈，彻底唤醒了“装睡”的楚庄王。他解散乐队，封禁美酒，选拔伍举、苏从等一批贤能之士委以国事，赏罚分明，很快楚国上下展现出一派新气象。

此时，年轻的楚庄王开始有点得意忘形，他在去讨伐戎人时，特意绕道洛阳，在周王都郊外举行阅兵仪式，这可吓坏了周天子。然而，周天子手下也有能臣，他就是王孙满。王孙满奉周天子命前往楚营一探楚庄王的意图。

刚一见面，楚庄王就打听九鼎的分量。九鼎是何物？那可是与后世的传国玉玺一样，象征着至高无上的王权。楚庄王这居心叵测啊！于是，王孙满郑重表明九鼎的来历和象征意义。楚庄王也认识到，由于自己的狂妄自大，险些招来灭顶之灾，因而匆匆离去。

此后，楚庄王励精图治，对内发展经济，对外攻伐平叛，楚国国力蒸蒸日上。尤其是与上一任霸主晋国进行了长达数年的战争，并以胜利告终，成了新一任霸主。这时的楚国即便是攻灭其他弱小诸侯国，也会保留王室后代的地位和祭祀。对于他们讲和的请求，也会大度地答应，很有大国霸主的气度。

楚庄王熊侣

然而，楚庄王去世后，楚国并没有出现中流砥柱般的人物来主持大局，很快丢掉了诸侯霸主的地位。

漫画开讲啦！

楚庄王
楚穆王去世后，他的儿子熊侣（注：楚国王室为芈姓，熊氏）继承王位，即楚庄王。

唯佳人与美酒不可辜负！
然而即位三年了，楚庄王整天寻欢作乐，不理朝政。

打死你们！
进谏者杀无赦！

大王，臣有一个谜语猜不出，想请您指点。

哦？

某一日

我最喜欢猜谜了，快说快说！

大臣伍举

楚地有大鸟，栖息在高堂。
历时三年整，不鸣亦不翔。
这到底是什么鸟呀？

俺不飞

俺不叫

这说的不就是我吗？

这可不是普通的鸟，
它三年不飞，一飞冲天；
三年不鸣，一鸣惊人！

懂！

懂？

还是佳人与美酒
不能辜负！
然而，几个月过去了，楚庄王依然纵情声色，没有改变。

大夫苏从
该我上场了！
我太难啦!!
我不活啦!!
什么？！
给本王带……拽上来！

苏大夫在哭啥呢？
有啥伤心事啊？
我就要死了，
楚国也危在旦夕，我心痛啊！

你……你别吓我，
把话说清楚！

大王您整天沉溺酒色，
我一劝您，必定要被杀头啊！

你是不是傻？
知道我有令在先，还明知故犯?！
可是我心里有句话，
不得不说啊！

您杀了我，我倒是能落一个忠诚敢谏的美名。

您重酒色而轻朝政，楚国迟早灭亡。那时，您就是亡国之君！您说到底谁更傻？！

内修朝政

任用贤能
有我在，
你放手去干！

赏罚分明
颤抖吧！
囚犯们！

整训军队、开疆拓土
冲啊！我勇猛的将士们！
楚

楚庄王八年（前 606），楚国讨伐戎人部族，大军路过洛阳，在郊外进行阅兵。
啥?!
大王，不好啦！楚国大军在城外阅兵啦！
大臣王孙满

熊侣这小子是要造反吗?!快召集诸侯勤王护驾啊！
周天子

大王少安毋躁！谅他有这个心，也没这个实力。让臣去探听虚实再说。

听说天子有九鼎，不知道这些鼎有多大，重不重？煮菜炖肉好不好使?
楚庄王
楚

九鼎的分量即是天下的分量，如果德行不够，怕是会招来灾祸呀！

咳咳……我是听说西边戎族那些刁民想害天子。

我们这就去教训他们，以保天子安全！
搞定！

楚庄王十六年（前598），陈国大臣夏征舒杀死陈灵公而篡位，楚庄王号令诸侯，联兵伐陈。
陈

啊！
夏征舒弑君篡位，大逆不道，拉出去砍了！

陈国的地盘就由我替天子保管吧！

哈哈哈哈哈！
大王圣明！楚国的地盘又增大了！
……

你不表示庆祝，
是什么意思？

大臣申叔
大王讨伐陈国，杀夏征舒，这合情合理。但您把陈国领土占为己有，这就过分了，以后还怎么号召天下诸侯呢？
你是我的啦！
来，让本王抱抱！
陈

你说得很对，
我马上归还陈国领土。
唉，到嘴的鸭子又飞了！

楚庄王一举将楚国推上霸主的地位，因而青史留名，流芳百世。

韬光养晦，一鸣惊人，楚庄王正是这一类人的典型代表啊！

不飞则已，一飞冲天；
不鸣则已，一鸣惊人。

司马迁

史记成语典故大搜索

蜂目豺声

词意： 眼睛像蜂，声如豺狼。形容一个人的凶恶之相。

造句： 令所有人都没想到的是，他那蜂目豺声的外表下竟藏着一颗柔软的心。

众怒难犯

词意： 群众的愤怒不可触犯。表示不可以做令群众不满意的事情。

造句： 即便是占尽市场优势的品牌企业也不能忽视用户体验，要谨记众怒难犯。

问鼎中原

词意： 楚庄王问周王室九鼎的重量，暴露了他称霸天下的野心。喻指一个人企图掌握大势的野心。

造句： 这家公司严抓品牌质量，力度非常大，连同行们都说他们在业界有问鼎中原的决心。

公子复仇记
伍子胥的故事

你一定看过很多复仇的故事，比如，《葫芦兄弟》里的葫芦娃们为爷爷报仇。再比如，《哈姆雷特》里的哈姆雷特为死去的父亲复仇。在《史记》里也有各种各样复仇的故事。其中有一个人，他为了替父亲和哥哥报仇，尝尽各种苦头，最后用残忍的手段成功复仇！连《史记》的作者司马迁都称赞他克制忍耐。他就是伍子胥，一个刚正有血性的男人！

无中生有的罪名

楚国在楚庄王手里一跃成为诸侯霸主，可这一切荣耀，都随楚庄王的去世而渐渐消散。大约半个多世纪后，楚国王位传到了楚平王手中。

当时楚国的国君是楚平王，他任命大夫伍奢为太子太傅，负责辅导太子建。伍奢正是楚

姓名： 伍员

出生日期： 前 559 年

去世日期： 前 484 年

性格特点： 隐忍

身份

春秋时期吴国大夫

主要成就

建造姑苏城（今苏州）

攻破楚都

助吴称霸

能力五项数值

庄王时的重臣伍举的后人，在朝堂上很有名望。此外，楚平王命大夫费无忌为太子少傅。伍奢对太子非常忠心，但心术不正的费无忌总想着讨好楚平王。

转眼，太子建到了该结婚的年纪，楚平王派费无忌到秦国为太子求亲。费无忌见秦国公主长得像个仙女一样，赶紧跑回楚国对楚平王说："这位秦国公主真的是太美了，大王你自己娶了她吧，给太子另外娶个妻子。"

楚平王也是一个贪恋美色的人，直接娶了秦国公主，给太子建另外娶了一个妻子。自从娶了秦国公主后，楚平王非常宠爱她。不久，公主生下了一个儿子，取名叫轸。

自从费无忌用秦国公主讨好了楚平王之后，他就不愿意再辅佐太子建，每天跟在楚平王的身边。可是费无忌又有些害怕，怕楚平王死后太子建继位，会因为这件事情杀了自己。为了活命，费无忌开始在楚平王面前说太子建的坏话。

太子建的母亲来自蔡国，楚平王不怎么喜欢她。听了费无忌的坏话后，楚平王越来越不喜欢太子建，把太子建派到了楚国边境的城父（今河南襄城西）。

虽然太子建已经被赶到边境去了，但费无忌还是不放心，没日没夜地在楚平王面前说太子建的坏话。他说："因为秦国公主的事，太子心里肯定在怨恨您，大王应该防着太子。自从太子去城父之后，带领军队和其他诸侯往来，以后会攻打都城造反的！"

楚平王有点怀疑，于是叫来了伍奢。

伍奢知道费无忌总是在说太子建的坏话，所以对楚平王说："大王，您怎么能听小人说的坏话而不信任自己的亲人呢！"

“大王您现在不阻止的话，他们的阴谋就要成功了，到时候大王就会变成囚犯。”费无忌说。

楚平王发怒了，立刻把伍奢关了起来，命令城父的司马奋扬立刻杀掉太子建。司马奋扬知道太子建是无辜的，派人告诉太子建：“你快逃走，不然就要被杀了！”

太子建得到消息，立即逃到了宋国。

死里逃生

费无忌对楚平王说：“伍奢还有两个儿子，都是很有才干的人，不杀了他们，迟早有大祸！如果把伍奢当作人质，叫回他的两个儿子，就可以将他们父子**一网打尽**。”

王子午鼎 春秋

这只王子午鼎由春秋时期楚国人制作，跟葫芦娃一样共有“兄弟”七个，大小不一。图中的王子午鼎是个头最大的一个，有76厘米高。而它的主人王子午就是楚庄王的儿子子庚，曾担任令尹。按辈分来说，王子午是楚平王的叔父。

楚平王立即派人对伍奢说："你快把你的两个儿子叫来，这样你就可以活命。否则，你的性命难保。"

伍奢回答说："我的儿子伍尚性格仁慈，我叫他来，他一定会来。我另一个儿子伍员性格桀骜不驯，能够忍受耻辱，以后可以有大作为。他知道来了一定会被抓，肯定不会来。"

楚平王不听，派人去向伍奢的两个儿子传话："如果回来，就能让你们父亲活命；不来，就处死你们的父亲。"

伍尚听完决定去见楚平王，伍员赶紧阻止他："楚王叫我们去，根本不打算让父亲活下去，他只是担心我们逃跑。楚王用父亲当人质，欺骗我们，我们一去就会和父亲一起被处死。这样有什么好处呢？要是去了，我们就不能报仇了！不如我们逃到别的国家去，借别的国家的力量为父亲报仇。一起回去送死，是没有意义的！"

伍尚却说："我知道去了也不一定能留住父亲的生命。父亲叫我们去，是为了能活下去；但是去了就不能给父亲报仇，最后还是被天下的人嘲笑。"伍尚转身对伍员说："你快逃走吧，你可以为父亲报仇，我只能去送死。"

伍尚主动请求使者把自己绑起来。伍员立刻拉开弓，用箭对准使者，使者吓得不敢追上去，伍员趁机逃走了。逃跑的伍员听说太子建已经逃到宋国，决定去宋国跟随太子建。

伍奢听说自己的儿子伍员逃走了，叹了口气说："楚国将要面临战火！"

伍尚被使者带到王宫里，楚平王立刻把他和伍奢一起处死了。

吴国才是最终目的地

伍员，字子胥，伍家的先祖在楚国很有名气。伍子胥刚到了宋国，宋国发生了内乱，于是，他和太子建只好一起逃往郑国。

郑国的国君热情地接待了他们。不久，太子建偷偷去了晋国。晋顷公说：“既然太子和郑国关系很好，郑国也信任太子，那就请太子做**内应**。晋国从外面进攻，你在里面接应，肯定能灭掉郑国，到时候我把郑国的土地赐给你。”

太子建点了点头，回到了郑国。出卖郑国的计划还没成熟，太子建打算杀掉一个知道自己计划的随从。随从为了活命，就把太子建出卖郑国的事告诉了郑国国君。郑国国君非常生气，决定杀掉太子建。

伍子胥知道后，立刻带着太子建的儿子胜逃往吴国。

逃到了昭关（今安徽含山北），守关的士兵正在捉拿他们，伍子胥和胜只能分开跑，差点就被追上。伍子胥逃到江边，一个渔翁划着船赶到，他知道伍子胥有危险，于是用渔船带着他过了江。过江后，伍子胥把自己的**宝剑**拿了出来，对渔翁说：“我这把宝剑值一百两金子，现在送给您。”

渔翁笑着拒绝了伍子胥，说：“楚国悬赏，只要抓到伍子胥就赏赐五万石的粮食，还可以赏赐爵位。这些我都不想要，难道还会要这值一百两金子的宝剑吗？”

拜别渔翁后，伍子胥向着吴国的都城前行，他在半路上生了**重病**，只能一边走一边要饭。等到了吴国都城的时候，吴王僚刚刚继位，公子光做将军。伍子胥找到公子光，通过他见到了吴王。

战术性后撤——种田

很久之后，楚国和吴国打了起来，原因是楚国边境有一个叫钟离（今安徽凤阳东北）的地方，吴国边境有一个叫卑梁氏的地方，这两个地方离得很近，而且都养蚕。到了喂蚕的季节，两个地方的百姓为了抢桑叶打了起来。楚平王**大发雷霆**，吴国也派公子光带兵出击。最后，吴国攻下了楚国的钟离和居巢（今安徽巢湖东北）。

伍子胥对吴王僚说："我们是可以打败楚国的，让公子光继续进攻吧！"

公子光却对吴王僚说："这个伍子胥，自己的父亲和哥哥都被楚王杀了，他现在劝大王攻打楚国，只是为了报他自己的仇！现在去攻打楚国，不一定能打败它。"

伍子胥听到公子光的话并没有生气，而是心想：公子光是个有野心的人，他是想杀死吴王僚自己当吴王，所以才不愿意外出打仗。于是，伍子胥把专诸推荐

楚嬴盘 春秋

楚嬴盘和之前提到的"楚嬴匜"其实是配套使用的。古人用匜盛水倒下来进行洗漱，而盘就是用来接废水的。这两件器物是一次楚国与秦国联姻时女方的陪嫁礼物。

给了公子光，然后离开了朝廷，去乡下种地。

想复仇，别心急

过了五年，楚平王死了，秦国公主生下的公子轸继位，也就是楚昭王。楚国为死去的楚平王举办葬礼，吴王僚觉得这是一个好机会，于是，派烛庸和盖余带领吴军偷袭楚国。

楚国立刻出兵，从后面切断了吴军的退路，吴军没有办法撤退。公子光觉得机会来了，派刺客专诸杀死了吴王僚，然后自己当上了吴王，他就是吴王阖闾。吴军将领烛庸和盖余听说公子光已经杀了吴王僚，于是带着士兵投降了楚国，楚王把舒地（今安徽庐江）赏赐给他们。

楚王杀了大臣嚭宛和伯州犁，伯州犁的孙子伯嚭只好逃亡，逃到吴国后，他被吴王阖闾任命为大夫。吴王阖闾实现了自己的野心，他看到了伍子胥的卓越才能，决定重用他，辅佐自己一起管理国家。

吴王阖闾三年（前 512），阖闾派伍子胥、伯嚭攻打楚国，占领了舒地，之前那两个投降楚国的叛将也被抓住了。阖闾想乘胜追击攻打楚国的都城郢都，被将军孙武阻止了，他说："现在我们的士兵和百姓已经很疲劳了，不能再打了，先缓缓吧。"于是，阖闾带着军队回到了吴国。

阖闾成为吴王的第二年，吴国再次攻打楚国，占领了六地（今安徽六安）和灊（qián）地（今安徽霍山）。

第三年，吴国战胜了越国。

王的兵器！

吴王夫差矛 春秋

这是吴王夫差的专属武器，长29.5厘米，相当于成年人的小臂长度，看起来非常锋利的样子。不过有趣的是，吴国国王的矛却在楚国地界上被发掘，这还是一个有待探究的历史谜题。

第六年，楚昭王派公子囊瓦带领军队攻打吴国。吴国派伍子胥带兵出击，两军在豫章展开大战，最终吴国取得了胜利，占领了楚国的居巢。

鞭尸，愤怒的复仇

吴王阖闾九年（前506），吴王阖闾想要重新攻打楚国的郢都（今湖北荆州市荆州区），询问伍子胥和孙武的看法："当年，你们都说不能攻打郢都，那现在呢？"

伍子胥和孙武说："楚国的将军囊瓦是一个非常贪财的人，临近的唐国和蔡国都非常恨他。想要攻打楚国，一定要先得到唐国和蔡国的帮助。"

吴王阖闾点了点头，吴国和唐国、蔡国三国组成了联军，一起攻打楚国。两军在汉水的两岸对阵。吴王阖闾有一个弟弟名叫夫概，他想要带兵**出征**，吴王不同意。夫概一个人带领自己的五千名士兵攻击楚国的将军子常，子常被打败，逃到了宋国。

吴国的军队乘胜追击，和楚军交战了五次，占领了楚国的郢都。伍子胥在楚国的时候有一个好朋友申包胥，伍子胥逃命之前，对申包胥发誓：“我一定要灭掉楚国！”申包胥说：“那我一定要保护楚国！”

吴国军队占领了郢都，伍子胥到处**搜捕**楚昭王，谁知楚昭王已经逃走，没有被伍子胥抓住。伍子胥为了报仇，派人挖开了楚平王的坟墓，把楚平王的尸体拖了出来，鞭打了三百多下才停止。

已经躲到山里的申包胥听说伍子胥居然挖坟鞭尸，派人对伍子胥说：“你这样做太过分了！你以前也是楚平王的大臣，辅佐过楚平王。现在他已经死了，你还要这样侮辱他，简直是丧心病狂到极点了！”

伍子胥对申包胥的人说：“你回去告诉申包胥，我年纪大了，仇还没有报，所以才做出这样违背常理的事情。”

申包胥跑到秦国，哭着求救，秦国不愿意帮忙。申包胥站在秦国的朝堂上，没日没夜地大哭，一直哭了七天七夜。秦哀公很同情申包胥，对秦国的大臣们说：“楚王是个昏君，但是有这样忠心的大臣，怎么能不帮一把呢？”于是，秦国派了五百辆战车出发援助楚国。

几个月后，秦国和吴国在稷地**交战**，秦国大胜。这时候，吴王阖闾一直在楚国搜捕楚昭王。夫概趁他不注意悄悄回到吴国，自己当起了吴王。

阖闾得到弟弟造反的消息，立刻放弃占领的楚国，带着吴军攻打夫概。夫概吃了败仗，再次逃到楚国。这时候的楚昭王发现吴国爆发内乱，立刻带着军队打回了郢都。这一次，楚昭王把堂谿（xī）这一地方赐封给夫概，夫概也就被称为堂谿氏。随后，楚国和吴国又一次交战，吴军战败，吴王阖闾回到了吴国。

两年后，不甘心失败的吴王阖闾派自己的儿子夫差带兵攻打楚国。楚昭王又回忆起上一次郢都被占领的事，吓得离开了郢都，直接把都城迁到了鄀（ruò）邑（今湖北宜城东南）。于是，在伍子胥和孙武的谋划下，吴国打败了曾经强大的楚国，连齐国和晋国都不敢和吴国开战了。

不听劝的吴王

吴王阖闾十九年（前 496），吴王阖闾亲自带兵攻打越国。越国国君勾践率军应战，双方军队在姑苏（今江苏苏州）拉开战斗。结果吴军大败，阖闾的脚也受了重伤，他临死前问儿子夫差："你会忘掉勾践对你的杀父之仇吗？"

夫差回答："不敢忘！"

阖闾去世后，夫差继位为新一任吴王。

为了报仇，夫差任命伯嚭为太宰，每天训练士兵。两年后，吴国再次攻打越国，终于一举击败了越国。越王勾践带着残兵退到会（kuài）稽山（今浙江绍兴南）上暂做休整，并派大夫文种带上贵重的礼物去求和。文种悄悄找到了伯嚭，对他说："越国愿意把整个国家都交给吴国，越王愿意当吴王的奴隶！"

吴王夫差觉得文种的条件可以接受，准备答应越国求和。伍子胥却站出来阻止说："勾践这个人特别能忍，现在不杀了他，以后一定会有大祸！"

吴王夫差不相信伍子胥的话，仍旧按伯嚭的计划与越国和解了。

五年后，吴王夫差听说齐景公去世，齐国陷入了内乱，于是，立刻出兵攻打齐国。伍子胥又站出来阻止说：“越王勾践每顿饭都不吃肉，经常祭奠战死的人，慰问老弱病残，这是有复仇的决心啊！不尽早除掉这个人，他就会给吴国带来灾难！吴越两国相邻，越国才是我国的心腹大患。现在不先灭掉越国，却跑去攻打齐国，这不是很荒唐吗？”

吴王听不进去伍子胥的话，坚持攻打齐国。吴国的军队在艾陵（今山东莱芜东北）打败了齐国的军队。从此，吴王夫差再也不听伍子胥的建议了。

四年后（前485），吴王夫差又打算攻打齐国。越王勾践身边一个叫子贡的人出了个主意，让勾践带着自己的士兵帮助吴国攻打齐国，还送了许多贵重宝物给伯嚭。伯嚭收了越王勾践的贿赂，越来越喜欢越国，不停地在吴王夫差面前说越国的好话。伍子胥见吴王信任伯嚭，对吴王说：“越国是个极大的隐患，现在你听信关于越国的谎话，而去攻打齐国，就好比是占领一块石头铺成的田

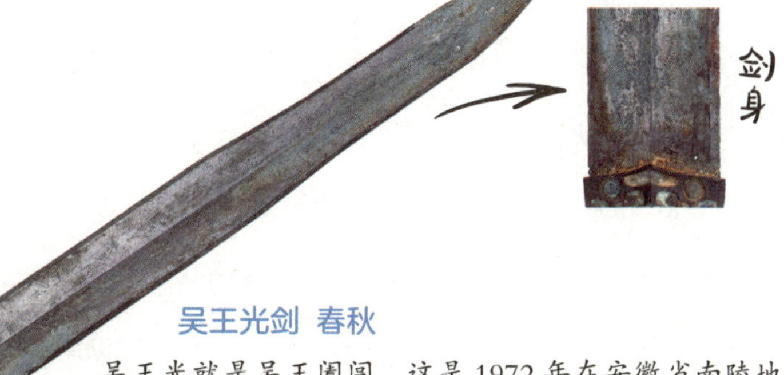

吴王光剑 春秋

吴王光就是吴王阖闾，这是1972年在安徽省南陵地区发掘的吴王光佩剑，剑身铸有铭文，现藏于上海博物馆。尽管这把剑现在看起来铜锈斑斑，实际上它还是非常锋利的，可见当时人们的铸剑技术之高超。

地，一点用处都没有。还是放弃攻打齐国，先攻打越国吧！不然将来后悔都来不及！”

吴王不仅不听伍子胥的劝告，还派他出使齐国。伍子胥对儿子说：“我劝了大王那么多次，他都不肯听我的话，看来吴国的末日就要到了，留在吴国势必会和它一起灭亡。”于是，伍子胥把自己的儿子托付给了齐国的好友鲍牧，自己则回到了吴国。

伍子胥的亡国预言

伯嚭和伍子胥关系一直不好，伍子胥出使齐国后，伯嚭趁机对吴王说：“伍子胥这个人太狠毒，一点感情都没有。如果他对您心生怨恨，就会成为祸患。之前大王攻打齐国，他强力阻止，可是大王打了大胜仗。大王没有听伍子胥的建议，他心里一定在怨恨您。现在大王又要攻打齐国，伍子胥肯定会阻碍大王的事业，他只想让吴国失败，好证明自己说得没有错。大王准备亲自带兵攻打，伍子胥却假装生病不肯跟随您，大王不能不防着他呀！我派人暗中观察，发现伍子胥出使齐国时，竟然把自己的儿子交给了齐国的鲍牧。作为吴国臣子，却在外面投靠别的诸侯。他认为自己是先王的下属，现在不被您重用，已经越来越怨恨您了！大王一定要尽早对付他！”

吴王点了点头，说：“就算你不说，我也早就想收拾他了。”

于是，吴王派人带了一把宝剑给伍子胥，说：“吴王赐给你这把宝剑，命你自行了断！”

伍子胥望着天空，长叹一口气道：“唉！伯嚭这个小人祸乱国家，大王却要我死！是我帮助先王称霸。大王还没立为太子时，公子们为了当太子而明争暗斗，也是我在先王面前冒死建议，否则大王怎么能当上太子！大王成为太子后，还答应把吴国的土地分给我，我从来没想过让大王报答我。没想到大王现在听信小人的话，竟然杀害长辈！”

说完，伍子胥对自己亲近的随从说：“我死了之后，你们要在我的坟墓上种一棵梓树，树长大以后做成棺材。再把我的眼珠子挖出来，挂在吴国都城东门的高楼上，我要看着越国人是怎么杀进都城灭掉吴国的！”

说完，伍子胥拔出宝剑自杀了。吴王听到伍子胥临死前说的话，生气地派人把伍子胥的尸体装进皮袋，扔进了江里。吴国的百姓同情伍子胥，在江边给他修了一座祠堂，而这个地方也被称为胥山（今江苏苏州吴中）。

伍子胥死了之后，吴国怎么样了呢？伍子胥死后没多久，吴王夫差攻打齐国，并没有成功。后来，吴王召集了鲁国、卫国的国君进行**会盟**，并离开吴国国境北上会见其他诸侯，想成为霸主。越王勾践趁吴王离开吴国之际，起兵偷袭了吴国，杀了吴国的太子，打败了吴国的守军。

正在会盟的吴王听到消息后急忙赶回，并派出使者带着贵重的礼物向越国求和，得到了一时的喘息机会。

九年后，越王勾践一举灭掉吴国，吴王夫差和伯嚭全都被杀，这一切都和伍子胥预测的一样！吴王夫差也因为没有听伍子胥的**忠言**而感到后悔和惭愧。临死前，他命人在他死后，用白布包裹住他的头，因为他觉得自己没有脸去见吴国的先祖，更没有脸去见伍子胥。

带着小蛇吞大象
吴王阖闾的故事

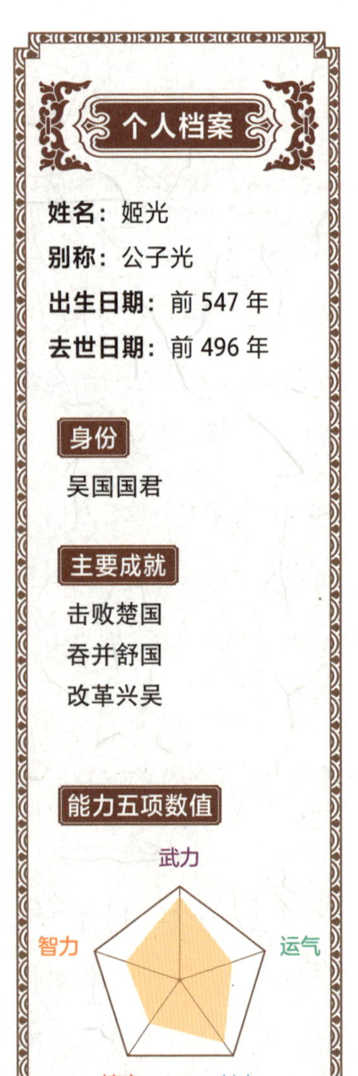

吴王阖闾姓姬，名光，最初人称公子光。尽管吴王阖闾是一位很有作为的君主，但他的王位来得并不算光正，这得从阖闾的爷爷吴王寿梦说起。

吴王寿梦时期，吴国才逐渐壮大起来，与中原诸侯国开始交往。吴王寿梦有四个儿子，分别是诸樊、余祭、余眛和季札。其中，季札贤明，最受吴王寿梦喜爱。临终前，寿梦想把王位传给季札，但季札对王权没有兴趣，拒绝了王位。因此，诸樊以长子的身份登上王位，并立下王位兄弟相传的规矩。

一直到余眛临终前，季札还是拒绝继承王位，余眛便将王位传给自己的儿子僚，即吴王僚。这让诸樊的儿子公子光心里很不是滋味，因为他是长子诸樊的后代，按理王位应该再传回他，但事已至此，公子光只能隐忍。

然而，公子光觊觎（jì yú）王位的野心被从楚国逃来的伍子胥看清了，伍子胥便推荐刺客专诸给公子光留用，自己则隐居起来**等待时机**。于是，就有了后来“专诸刺王僚”的一幕，而公子光成了新一任吴王，也就是吴王阖闾。

现在看来，吴王阖闾确实也担得起这个王位。针对吴国的现状，他招纳贤才，广听民意，强化军事，推行了一系列改革措施，只用三年时间，就使吴国国力有了质的发展。吴王阖闾三年（前512），阖闾重用伍子胥、伯嚭、孙武等人，整顿军队，攻伐楚国，大获全胜。吴王阖闾九年（前506），阖闾联合唐、蔡两国进攻楚国，一度攻占楚国郢都，创下了春秋时期小国攻占大国都城的先例。

吴王阖闾不但重视收揽人才，而且听得进部下的意见，这在他开疆拓土的过程中起着至关重要的作用。他知道伍子胥和伯嚭与楚平王有杀父之仇，便以复仇之名讨伐楚国。同时给了伍子胥和伯嚭极大的**权力**，因而有了“伍子胥鞭尸楚平王”的故事。当初伐楚时，阖闾本就有一举攻占楚国郢都的打算，但孙武以将士疲惫、需要休整为由阻止他立刻进军，阖闾便放弃进军计划，整军以待时机。

吴王阖闾十一年（前504），阖闾命太子夫差率军讨伐楚国，大获全胜，迫使楚国迁都至鄀，吴国自此称霸一方。八年后，吴王阖闾挥师伐越，与越王勾践展开“槜（zuì）李之战”。结果吴军战败，阖闾在乱军中身受重伤。

吴王光鉴 春秋

这只鉴是吴王光为他出嫁的女儿叔姬制作的陪嫁礼物。其实在当时，鉴不仅是日常洗漱用的盛水器具，有时也用来盛放冰块，当作冰箱使用，所以又有“冰鉴”的说法。

漫画开讲啦！

阿胥，阿嚭，你俩是我的左膀右臂，楚国对你们有杀父之仇。

我早就看他不顺眼了，今天，我就为你们报仇！

楚王

别拉我腿啊！

来吧！是时候一决雌雄啦！

吴王一定要赢啊！

吴王加油！

快逃！
吴军杀过来啦！
吴国

郢都
吴军连战连胜，势如破竹，一路打到楚国郢都城下。

郢都
出来，
出来就打你们！
吴王
孙武
伯嚭
伍子胥
我军长期作战，已经很疲惫，
继续进军恐怕会出事。不如退兵
休整，来日再战。

那就暂且撤军，
择日再战吧！

你们看楚国这嚣张的样子，我忍他六年了，是时候动手了吧？
六年后的一天
伍子胥
伯嚭
孙武

新账旧账一起算！

但还有一点，楚人贪婪无度，唐国、蔡国早就恨死他们了！
带上我们吧！
要想战胜楚国，必须带上唐、蔡二国！

快逃！吴军又杀过来啦！
咋还没完了！

吴军一举攻入楚国郢都。

大人！楚平王
我给您挖出来啦！

伍子胥
父亲啊！你看到了吗？
我在为你报仇！
换我抽一会儿
打得好！大仇得报啊！
伯嚭

此时，吴国大部分兵力都在楚国，国内空虚。
空虚，寂寞，冷，好怕……

大王，吴国国内兵力空虚，正是我们进攻的好机会啊！
越王勾践

是个好机会！也该打击一下吴国那嚣张的气焰了！

幸运一百抽！鞭鞭中大奖！
大王，不好啦！越军偷袭我们啦！
阿胥！一会儿让我也过过瘾！
慌什么！我早料到勾践这小子就不老实。待我回兵，好好教训一下他！

吴国和越国在槜李摆开阵势，准备开战。
吴王阖闾

各位敢死队的弟兄！给我冲！
越王勾践

！

?!
吴王小儿！
来生再见吧！

对面的兄弟这
是有啥想不开的？
吴兵甲
不知道！
反正看着挺唬人的！
吴兵乙
好怕！
吴兵丙

吴军大败溃逃，慌乱中，吴王阖闾中箭负伤。

吴王伤情一天天恶化，眼看就要一命呜呼，急忙召来儿子夫差，托付后事。

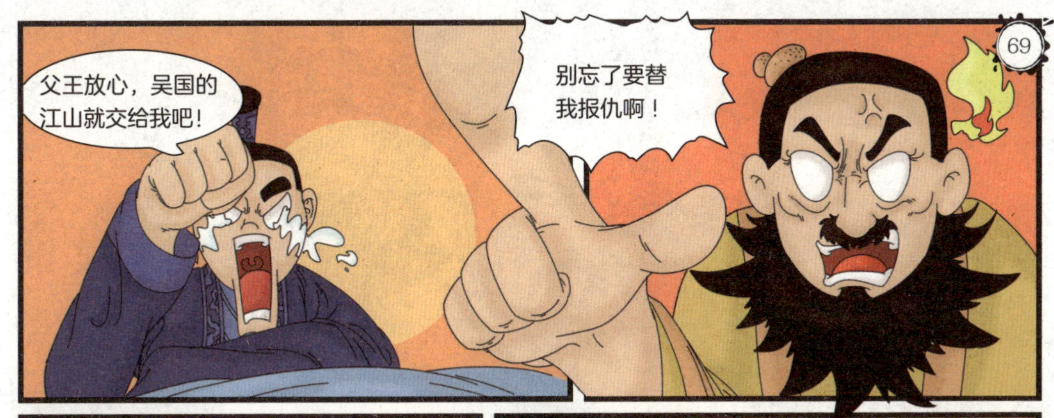
父王放心，吴国的江山就交给我吧！
别忘了要替我报仇啊！

不敢忘！我上位第一件事，就去找勾践算账！

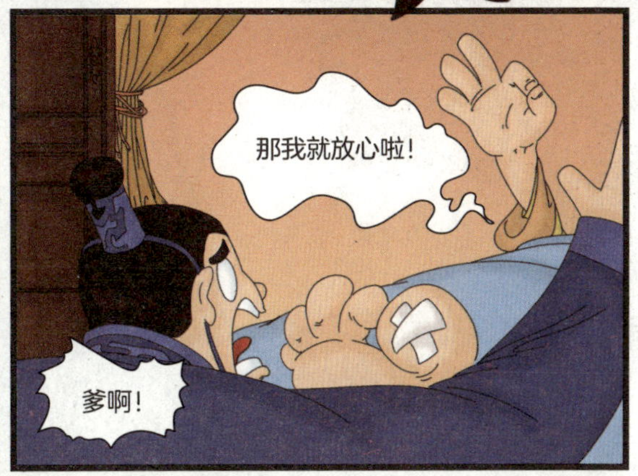
那我就放心啦！
爹啊！

阖闾刚把吴国推上霸主的宝座，就败给了勾践的一点小计谋，这就叫一着不慎满盘皆输。
东征至于庳庐，西伐至于巴、蜀，北迫齐、晋，令行中国。

商训
识人知人
用人因才器使以
办货置货不苛蚀本便经
倡率躬行以律感自生能运
范蠡

复仇者联盟
勾践、范蠡和文种的故事

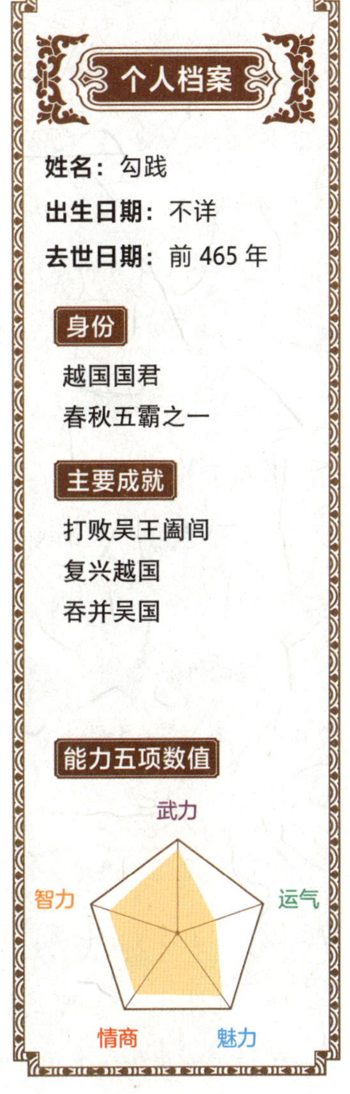

我们吃鱼的时候都要把鱼胆去掉，因为鱼胆有毒，且非常苦。在读《史记》的时候，我发现有一个怪人，他在自己的头顶吊了一颗猪苦胆，不管是坐着还是躺着，他都要先尝一下胆的味道。这么苦的东西他为什么要每天尝呢？他到底经历了些什么呢？这个人就是勾践，让我们一起来了解一下勾践“卧薪尝胆”的故事吧！

仇恨的开始

春秋时期，东南边有一个诸侯国叫越国，这个国家和别的国家不一样。越国的祖先是夏朝少康帝的后代，他们刺着文身，剪短头发，建立起一座座城市，最后慢慢发展成越国。

越国安安稳稳地传了二十多代，国君之位传到了允常的手里。这时候的越国和隔壁的吴国闹得很不愉快，仇恨越来越深，允常和吴王阖闾也就经常开战。

没过多久，允常就去世了。吴王阖闾得到消息后高兴地说：“好机会啊！越国没了国君，上下肯定一团乱，我们现在打过去刚刚好！”吴国立刻出兵攻打越国。

允常的儿子勾践继承了王位，他是个很有志气的人。吴国攻打越国，他一点也不慌张，从越国的军队里找了许多不怕死的勇士，向吴国的士兵发起挑战。

越国的勇士们排成三行，一边大喊一边冲到吴军的阵地前自杀。吴国的士兵们都被吓呆了，不知道越军在搞什么名堂。越军趁这个机会出击，最后在槜李（今浙江嘉兴）打败了吴国的军队，连吴王阖闾都在战斗中受了伤。

受伤的吴王阖闾临死前警告儿子夫差：“永远不要忘记越国的仇恨！”

眼见吴国人矢志报仇，有人对勾践说：“吴王夫差没日没夜地训练士兵，这是要向越国复仇呀。”勾践心想，吴国和越国一定会开战的，不如趁他还没准备好，提前去攻打吴国。

勾践的计划受到了大夫范蠡的反对，范蠡劝他说：“战争是不道德的，只有实在没有办法的时候才会打仗。偷偷发动战争，连上天都会反对！这样做肯定不行！”

“不！我已经决定了！”勾践完全没有把范蠡的话放在心上，他派出军队进攻吴国。为了替父亲报仇，夫差带领吴国最精锐的军队发起反击。

两国军队在夫椒（今江苏无锡太湖马山）大战，越国吃了大败仗。勾践身边只剩下五千多受伤的士兵，灰溜溜地撤退到了会稽山上。夫差派出军队把他们团团包围了。勾践走投无路，仰天长叹："难道我就要死在这地方了吗？"

大夫文种安慰他说："以前，商朝的国君曾被关在夏台，周文王曾被囚在羑里，齐桓公姜小白、晋文公重耳也都因避难而四处逃亡，最后他们都成就了一番霸业！现在我们虽身陷险境，但未必就是穷途末路！"

这时，勾践想起了范蠡曾经劝他的话。他对范蠡说："都是我当初没有听你的劝告，才落到今天这地步，现在该怎么办呢？"

范蠡说："只有顺应时势的人，才能保住功业；只有谨慎恭敬的人，才能扭转危机。现在，大王应该谦虚恭敬地派人给吴王送礼物。如果他不肯接受礼物，你就自己去当奴隶服侍他，把自己当成人质交给吴国。"

勾践看看自己手下的残兵败将，知道自己已经没有选择的余地了，只好决定按范蠡说的去做。

忍辱求和，保存实力

越国的大夫文种带着礼物去吴国求和，他跪在地上爬到夫差的面前，一边磕头一边说："您的奴隶勾践派我告诉您，他愿意做您的侍从！"

吴王夫差非常得意，正要答应文种的请求，可吴国的大夫伍子胥突然站出来说："上天已经把越国赏赐给吴国了，大王千万不要因贪图眼前小利而痛失良机啊！"

文种回到越国后，把伍子胥的话说给勾践听。勾践认为求和没有可能了，他打算杀掉自己的妻子儿女，把金银珠宝全都毁掉，然后带着剩余的部队和吴国拼命！

文种赶紧劝住他："大王不要着急，我听说吴国的太宰伯嚭是个很贪婪的人，我们可以用金银珠宝收买他，就让我去做这件事吧！"

随后，文种挑选了一些美女和大量金银珠宝偷偷去找太宰伯嚭，他跪在地上磕头说："希望吴王能够原谅勾践的罪过，我们愿意把国内所有的珍宝都送给您！如果还不行的话，那我们只能拼命了，到时吴国未必能占到便宜呀！"

越王勾践

伯嚭收了礼，跑到吴王夫差面前说："大王，勾践现在是真心实意愿当大王的奴隶。而且宽恕越国，对吴国有百利而无一害呀！"

夫差觉得伯嚭说得有道理，正打算要答应求和时，伍子胥又站出来说："大王，今天我们不灭亡越国，以后一定会后悔的！勾践是个很不一般的国君，他身边的文种和范蠡也都很有才能。要是放他回越国，就等于放虎归山，后患无穷啊！"

夫差听不进伍子胥的话，最终还是撤回了军队，宽恕了勾践，越国变成了吴国的属国。

一切都是为了复仇

勾践保住了性命，灰溜溜地回到了越国。为了时刻提醒自己复仇，勾践把一颗猪苦胆挂在头顶，不管是处理政事还是休息，甚至在吃饭前，都要先尝一口苦胆的味道，然后告诉自己："勾践啊勾践，你难道忘了会稽山的耻辱吗！"

从此，勾践再也不穿华丽的衣服，只穿用妻子织的粗布做的衣裳。吃饭的时候也从不吃肉，只吃一些素菜。他还亲自到田里去劳动，礼貌地接待那些有才能的人。他除了救济生活贫困的人们，还经常悼念死去的人们。

为了更好地治理国家，勾践对范蠡说："你来代替我管理国家吧。"

范蠡回答："要论行军打仗的事，文种比不上我。但要论管理国家，我比不上文种，还是让他来辅佐您管理国家吧。"

勾践就把管理国家的任务交给了文种，按照与吴国的协议，派范蠡到吴国当人质。范蠡在吴国待了两年，才被放回越国。

范蠡的老师叫计然，他精通经济之学，因而范蠡从他那里学到了不少经济方面的知识。回到越国后，范蠡一方面帮勾践练兵，一方面发展经济，越国因此恢复得非常快。

就这样过了七年，勾践始终没有忘记向吴国复仇。

一次，大夫逢同对勾践说："我们国家刚遭大难，如今才逐渐恢复，要是现在就准备打仗，怕是凶多吉少啊！凶猛的老鹰在捕捉猎物的时候，都会先躲起来仔细观察。现在吴国的军队都集结在齐、晋两国的边境，而且吴国对楚国和越国都怀着仇恨。吴国如此骄横，迟早会吃败仗的。我们应当先和齐国、晋国、楚国搞好关系，好为日后联合进攻吴国做准备！"勾践点点头，继续埋头发展越国的实力，和齐国、晋国、楚国的关系也越来越好。

又过了两年，骄傲的吴王夫差打算讨伐齐国，大夫伍子胥劝他不要这样做，应该先灭掉越国。夫差不听他的话，坚持攻打齐国，结果打了大胜仗。凯旋后，夫差责备伍子胥没有**眼光**，伍子胥却说："大王只是取得一时的胜利，但不要高兴得太早！"这可把吴王气坏了。

文种听说了吴王和伍子胥的事，向勾践提议说："我觉得吴王骄傲蛮横，让我去试探一下。"

文种告诉夫差："越国现在正闹饥荒，粮食不够吃，希望向吴国借一些粮食来救助百姓。"

夫差想也不想，**大度**地答应了文种的请求。这时，伍子胥又站出来反对借粮给越国，但夫差最终还是把粮食借给了越国。

越王勾践剑 春秋

这可是一件真正的神兵利器，它在地下埋藏了2000多年，出土后毫无锈迹，仍然寒光凛凛，轻轻一划，就能割破20层复印纸。剑长55.7厘米，剑身布满菱形纹理，铸有"越王鸠浅自作用剑"，"鸠浅"正是越王勾践。那么在哪儿才能一睹这把千年神兵的真容呢？湖北博物馆正是它的藏身之地。

伍子胥觉得吴王没有救了，气愤地抱怨道："大王如今不听我的话，依我看，出不了三年，吴国就要变成一片废墟了！"

太宰伯嚭听到了伍子胥的抱怨，对夫差说："伍子胥这个人表面上老实，其实是个非常残酷的人，他连自己父兄的死活都不管，怎么可能维护大王的利益呢！大王上次攻打齐国，他一直阻拦。后来大王打了胜仗，他反而说出讥讽大王的话来。大王一定要提防这个人，当心他有什么阴谋诡计！"

伯嚭向夫差说伍子胥的坏话，一开始吴王并不相信。后来，夫差派伍子胥出使齐国，伍子胥事先把自己的儿子托付给了齐国的鲍牧。夫差知道后大怒："伍子胥果然在欺骗我！"于是，派人赐了一把剑给伍子胥。伍子胥明白夫差的用意，挥剑自杀了。

一雪前耻，称霸诸侯

三年后，勾践问范蠡："现在吴王已经把伍子胥杀了，他的身边只剩那些阿谀奉承的小人，现在可以攻打吴国了吧？"范蠡摇摇头。

第二年春天，夫差带着军队去了北方的黄池（今安徽当涂黄池）与诸侯会盟。勾践又问范蠡："吴王带走了国内的大军，现在不正是攻打吴国的好机会吗？"范蠡点了点头。

勾践带着自己的精锐部队进攻吴国，一直打进吴国国都，杀死了吴国太子。夫差很快收到这一消息，他怕自己在诸侯面前失了身份，下令不准任何人走漏消息。等到和诸侯们订好了盟约，才匆匆返回准备向越国求和。

勾践心里清楚，以越国当前的实力，还没办法一口气吞并吴国，于是，他答应了吴国的求和。

虽然越国和吴国讲和了，但在接下来的四年里，越国经常攻打吴国，致使吴国的百姓都很**疲惫**。之前攻打齐国和晋国的时候，吴国的精锐早就消耗了大半。到最后，越国彻底击败了吴国，包围吴国都城整整三年。公元前 473 年，夫差被困在了姑苏山上。

夫差没了办法，只好派人去向越王勾践求和道："您的臣子夫差现在无路可走了，以前在会稽山上得罪了您，希望您能像当年我宽恕您一样，宽恕夫差的罪过。"

勾践想起夫差曾经宽恕过自己，有些不忍心，准备答应吴国的求和。范蠡却坚定地阻止说："当年大王被困在会稽山上，是上天给吴国机会，可是吴王没有把握住。现在上天把这个机会给了越国，难道您要放弃吗？这二十二年来，您受了这么多苦到底是为了什么？"

范蠡的话让勾践犹豫了，说："我也想按你说的去做，但吴国还是很有诚意的。"

范蠡立刻敲响战鼓，号召军队前进，并对吴国使者说："大王已经把管理国家的重任交给了我，你快走吧！不然我就不客气了！"

勾践心软了，他派人去对夫差说："我同情你，你去甬东吧，那里有一百户人家交给你管理。"

夫差垂头丧气地自杀了，临死前吩咐手下，死后在自己脸上遮一层白布，他说："我实在没脸去地下见伍子胥啊！"

灭亡了吴国之后，勾践并没有就此停下脚步，他派出军队向北渡过黄河，与齐国、晋国在徐州会面，还给周天子送去了贡品。

周天子派人把祭祀的肉赏赐给勾践，尊称他为“伯”。之后，勾践又渡过淮河，把淮河附近的土地全都送给楚国，还把宋国曾经被吴国侵占的土地还给了宋国，又把泗水东面的土地给了鲁国。

就这样，越国的军队在长江、淮河都可以**畅通无阻**地活动。诸侯们纷纷向勾践送来贺礼，勾践成了新一代霸主。

良弓藏，走狗烹

成为霸主的勾践封范蠡为上将军，班师回国后，范蠡的名气越来越大。不过，这么多年来，范蠡一直追随勾践左右，深知勾践是一个可以共患难，却不能一起共富贵的人。于是，范蠡写了一封信给勾践：“我听说，君王忧愁

漆木虎座鸟架鼓复原模型

鼓在古代不但是一种打击乐器，更是战场上振奋士气的重要器具。

兽纹牺尊 春秋

尊一般是古代人用来盛酒的酒壶，有些酒杯也叫尊。这件兽纹牺尊可不简单，它高33.7 厘米，长 58.7 厘米，水牛形状，肚子里是空的，颈部、背部和尾部各有一个圆孔，中间的圆孔套有一口可以取出的小锅。从结构来看，它可能是一件温酒器，牛背上的小锅用来盛酒，从头尾两边的孔洞中注入热水，便可以温酒了。

的话，臣子就该辛勤劳苦；君王如果受到侮辱，那么臣子就该死。以前您在会稽山受了侮辱，可是我一直没有去死。现在大仇已经报了，请您惩罚我吧。”

勾践说：“你为我立下了如此大的功劳，我愿意把一半的江山分给你。如果你不接受的话，我就要惩罚你！”

范蠡并没有再说话。回家后，他迅速收拾了一些钱财，带着自己的随从偷偷坐上出海的船去了齐国，再也没有回越国。为了纪念范蠡，勾践把会稽山作为他的封地。

不久后，范蠡写了一封信给文种，说：“飞鸟捕完了，射鸟的弓箭就会被收藏起来；狡猾的兔子杀完了，抓兔子的猎犬也会被主人杀掉。越王勾践长着长长的脖子，嘴巴尖尖的像鹰一般，这是薄情寡恩的面相，你为什么还不离开他呢？”文种看完信，他并没有听范蠡的话而离开勾践，只是以生病为借口不再过问朝政的事。

◇肚子里是空空的！

不知从什么时候开始，有人暗中对勾践说：“文种这么长时间了一直躲在家里不露面，怕是有什么阴谋！”

勾践本就生性多疑，他听信了谗言，便派人送了一把剑给文种，并带话给他：“为了打败吴国，你教了我七种办法，我只用了其中三种就灭亡了吴国。剩下的四种，请你替我带给先王去试试吧！”这话什么意思呢？就是让文种去见死去的先王，要命令文种自杀。

文种这才明白范蠡信中说的那些话的真正含意，可惜已经太晚了。

稍微一用心，就成了富翁

范蠡到了齐国后，**隐姓埋名**，自称“鸱（chī）夷子皮”，也就是牛皮袋子的意思。他在海边住了下来，以种地为生，苦心经营，没过几年就积累了一笔不小的财富。齐国君主听说了他的事情后，想聘请他当相国。

一天，范蠡感叹道：“我稍微用心经营一番便能成为富翁，刚做官就能做到相国，这恐怕是普通人所能达到的极限了吧。长时间地坐享荣华富贵，恐怕不是什么好事情啊！”不久，范蠡就将相国的印还了回去，并把百万家产都送给了别人，只带着少部分财产悄悄离开。

范蠡来到了陶地，他很喜欢这个地方，因为这里交通便利，**四通八达**，非常适合做生意。于是，范蠡自称陶朱公，做起了生意，没过多久又成了一个富翁，因而天下人都记住了“陶朱公”这个名字。千百年后的今天，陶朱公依然被人们奉为商界的鼻祖。

史记成语典故大搜索

卧薪尝胆

词意： 睡在柴堆上，吃饭睡觉前要尝一尝苦胆的滋味。比喻发愤图强，决心要干成一番大事。

造句： 只要具备卧薪尝胆的精神，即便身处逆境，成功的希望也依然存在。

兔死狗烹

词意： 兔子死了，猎狗就要被杀掉。喻指为统治者效劳的人，事成后被抛弃或杀掉。

造句： 那些真正有见识的名臣良将，都会在成就功名后隐退，以防招来君主的猜疑，落得个兔死狗烹的下场。

忍辱负重

词意： 为了完成艰巨的任务，暂时忍受着屈辱。

造句： 没有先烈们舍身忘我、忍辱负重的拼搏，就没有我们今天美好的生活。

古代战车和车战

在中国战争史上，步兵是最古老的兵种，也是最初战争的主力。到了春秋末期，随着社会生产力的发展，车战逐渐成为战争的主流。但随着人口的增长以及战争规模的扩大，车战的弱势越来越明显，它又被逐渐边缘化。

战车长什么样子？

商朝战车用木制作，形制均为独辕、两轮、长毂（gǔ）。车厢可容纳三人携带兵器、修车工具等。

战车上都配备哪些武器？

战车携带的武器包括戈、矛、戟、殳（shū）等长兵器，刀、剑等短兵器，还有弓箭。护卫装备有盾、甲胄等。

青铜剑

什么是“贵族战争”？

春秋时期以车战为主，以战车数量来衡量军事实力。贵族式战争崇尚战争礼仪，双方约定战斗时间和地点，先列阵，再开战。

战斗时间基本都在白天，若白天不分胜负，则夜晚休战，双方清理死伤，重整队伍，明日再战。

春秋战国战车车轮复原模型

铜驭手俑 战国

为什么战车会衰落？

春秋以前，军队的编制主要是根据战车作战的需要来组织的，以车兵为主，随车而行的徒兵配合车兵作战。到了春秋时期，战争的规模和范围扩大，为了适应山地作战的需要，各诸侯国不断扩大步兵数量，步兵逐渐成为军队的主体。

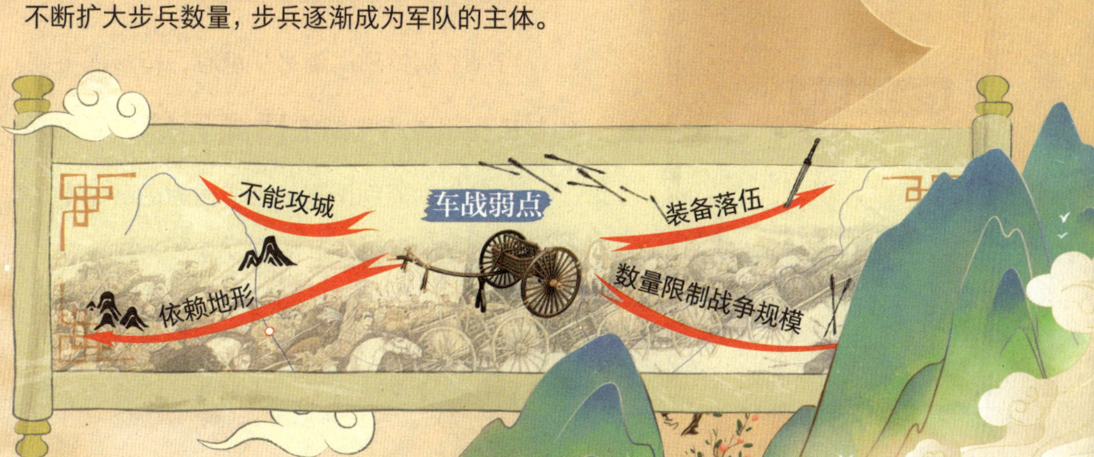

君臣相杀的悲剧
赵盾弑君的故事

姓名：赵盾

出生日期：前 655 年

去世日期：前 602 年

身份

晋国卿大夫

主要成就

以法强晋

扶立晋灵公

平定“五将之乱”

能力五项数值

武力

智力

运气

情商

魅力

从小我们就听过很多历史故事，有关于聪明君主的，也有关于忠心臣子的，他们齐心协力，共同治理国家。如果一个忠君爱国的臣子遇到一个昏庸无能的君主，结果会怎么样呢？《史记》中记载的赵盾是个忠诚的臣子，他的国君却想杀掉他，三番两次都没有成功。最后，国君被人杀死了，可史官却说是赵盾杀死了国君，这到底是怎么一回事呢？

谁来做国君，大臣说了算

当周王朝传到周幽王手里时，侍奉周王朝的赵氏先祖觉得周幽王**昏庸无能**，便离开了生活多年的周朝国都，去晋国为国君做事。赵氏家族从此逐渐走上兴起之路。

赵氏家族每一代人都忠心辅佐晋国国君。赵衰辅佐晋文公成就了一代霸业，临终前，他把辅佐国君的重任交给了自己最得力的儿子赵盾。此后，赵盾逐渐掌握了晋国国政大权。

公元前 621 年，晋襄公去世，而太子夷皋还年幼。晋国这些年一直不太平，大臣们认为是国君年纪太小的缘故，主张找年纪大一些的人做国君。

赵盾认为公子雍很合适，他说："太子夷皋年纪太小了，我们立襄公的弟弟公子雍来做国君吧，他性情温和善良，年长一些，成熟稳重，前代国君就很喜欢他。而且，公子雍曾在秦国生活过，和秦国的关系很好，秦国本来就是晋国的盟友。立敦厚善良的人做国君，国家就会长治久安。且年长的人治理国家更有经验，众臣子也更愿意辅佐他，和盟国亲近更有利于安定。"

当时公子雍在秦国做质子，赵盾派人到秦国，要将公子雍接回来。使者刚到秦国时，正逢秦穆公去世，继位的秦康公觉得路上不安全，于是，派了许多护卫护送公子雍回晋国。

还是让太子做国君比较保险

此时，太子夷皋的生母很紧张，她听说大臣们打算让公子雍继承君位，便想办法进行阻止。她每天抱着夷皋，在朝堂上大哭大喊："先君做错了什么？太子又做错了什么？你们居然抛弃先君的亲儿子，在外面找其他继承人！你们把太子当成了什么？"

她哭闹完，又抱着太子跑到赵盾家，跪在地上质问赵盾："国君在世的时候，曾经把这个孩子托付给你，嘱咐你如果孩子以后能成才，就永远地感谢你；即便不能成才，那也不会怪你。这些话还在我耳边回响，你难道就忘了吗？”

其实，赵盾和大臣们都害怕太子夷皋生母背后的宗族势力，怕得罪他们会招来杀身之祸。于是，思前想后，半路改了主意，最终决定立太子夷皋为国君，也就是晋灵公。

那已经走到半路的公子雍怎么办？大家商议之后，决定派人率领部队去拦住公子雍。护送公子雍的秦国护卫队和晋国军队打了起来，秦国的护卫队战败了。从此，秦国和晋国的友好关系结束了。

鸟尊 春秋

这是古代人用来盛酒的酒壶。鸟嘴处可以自由开合，当提起酒壶倒酒时，鸟嘴处就会随着重力自动打开，放下酒壶时又会合上，设计非常巧妙。把手处的链子链接的是壶盖，掀开盖子，就可以往里面装酒了。

九死一生

转眼到了晋灵公十四年（前607），晋灵公已经长大了，但是他并没有成为一个优秀的国君。晋灵公经常从百姓手里搜刮金银财宝，把宫殿修得金灿灿的。他还喜欢恶作剧，站在城楼上用弹弓射路过的人，看到路人被打得躲来躲去，晋灵公哈哈大笑。

晋灵公不仅无道，还很残暴。一次吃饭时，晋灵公觉得厨师做的熊掌不够熟，便派人杀了厨师，还让人拖着尸体路过朝堂，故意给大臣们看。

晋灵公的所作所为都被赵盾看在眼里，他一次又一次地劝晋灵公学好，但晋灵公一句都听不进去，还有点害怕赵盾。晋灵公心想："如果赵盾死了，就没人来烦我了。"于是，他暗中派一名叫鉏麑（chú ní）的刺客，前去刺杀赵盾。

鉏麑偷偷潜入赵盾家，见赵盾没有关门，仔细观察发现，赵盾的房间布置非常朴素。他退了出来，叹了口气，说："杀死一位忠臣是天大的罪过，而违抗国君的命令也是死路一条，这可如何是好？"考量了一番，他还是不愿杀死赵盾，最终，选择一头撞死在槐树上。

晋灵公得知鉏麑没有杀掉赵盾，又起了坏心思。他专门举办了一场宴会，邀请赵盾参加，想埋伏士兵，趁赵盾在宴席上醉酒的时候杀死他。

恰在此时，一名厨师知道了晋灵公的阴谋，他担心赵盾喝太多酒而没办法逃命。于是，悄悄对赵盾说："国君赏赐的酒，您喝三杯就可以了，别喝太多，切记！"赵盾喝完酒便起身离开，可晋灵公埋伏的士兵还没集结完。眼看赵盾就要走了，

晋灵公一着急，放出了他养的猛犬，大喊一声："敖！咬死他！"

那名厨师立刻挡在赵盾前面，并杀死了猛犬。赵盾看着猛犬，气愤地说："不用人，只喜欢用犬，它再凶猛又有什么用！"

这时，埋伏的士兵集结完毕，晋灵公命令他们杀死赵盾。那名厨师又拼命杀退士兵，赵盾这才逃过一劫。

逃命的赵盾问那名厨师："你是谁？为什么要救我？"

厨师回答："我就是当年那个在桑树下快要饿死的人，是您救了我一命。"

原来，早些年前，赵盾经常去山里打猎。有一次，他遇到一个快饿死的人，那人躺在桑树下**奄奄一息**，非常可怜，赵盾就给了他一些食物。那个人虽然很饿，却只吃了一半的食物。赵盾觉得奇怪，问他："你怎么不吃完？"

他说："我离开家在外面当小吏已经三年了，家里还有一个老母亲，不知道她现在过得怎么样。剩下的食物我想留给母亲吃。"赵盾觉得他很有孝心，就多给了他一些饭和肉。

后来，那人正巧当上了晋灵公的厨师，他始终记着赵盾的救命之恩。恰巧知道晋灵公要害赵盾，才挺身营救了赵盾。

赵盾很想知道这名厨师的姓名，但他摇了摇头并没有说，转身就离开，从此隐居起来。

赵盾在晋国四处逃命，一直逃到晋国的边境。没过多久，赵盾的弟弟赵穿杀死了晋灵公，然后才把赵盾接了回来。

究竟是不是赵盾杀死了国君

尽管赵盾在朝堂的权力很大，但晋国百姓知道赵盾是个忠臣，都很拥戴他。而反观晋灵公，他干了很多**伤天害理**的事情，尽失人心。所以，赵穿才能很容易地杀死晋灵公，并且这件事也没有闹得很大。

可是，晋国的太史董狐却在史书上记载：“赵盾杀死了自己的国君。”太史是什么人？是专门负责记录发生的历史，并将其写成史书供后人阅览的人。

赵盾觉得董狐这样写不对，就**辩驳**说：“是赵穿杀死了国君，而不是我！我没有错！”

董狐说：“你是晋国的重臣，你逃跑并没有逃出晋国的国境。而你回到朝堂后也没有杀死作乱犯上的人。你说你不是凶手，谁信呢？”赵盾竟无言以对。

很多年后，孔子看到了这件事，评价说：“董狐是个正直的史官，没有隐瞒真实情况。赵盾也是一个忠臣，却要因为恪守法制而背负这样的罪名。如果他逃跑的时候越出了晋国国境，那就等于断绝了自己和晋灵公的君臣关系，谁杀了国君都和他没有关系了。只可惜，当时他并没有离开国境。”

活着比死去更艰难
赵氏孤儿的故事

姓名：赵武

出生日期：约前 598 年

去世日期：前 541 年

身份

晋国赵氏宗主

晋国正卿

主要成就

主和诸侯

修好秦晋

能力五项数值

武力
智力
运气
情商
魅力

你一定看过电影《功夫熊猫》吧！在熊猫阿宝还小的时候，熊猫家族就被人到处追杀，阿宝最后成了孤儿。幸亏阿宝遇到了大鹅阿波，阿波将阿宝抚养长大。每一次看这部电影，都觉得阿波实在太伟大了！你是不是觉得像阿波这样救助孤儿的故事只会发生在动画片里呢？其实，《史记》里也有一个救助孤儿的故事，比电影里的情节更加感人，一起来看一下吧！

可怕的噩梦

赵盾背上了“弑君”的罪名，他自己一点解脱的办法也没有，只能把晋襄公的弟弟黑臀接回来当国君，即晋成公。不过，赵盾依旧是晋国朝堂权力最大的臣子。

有一天，赵盾做了一个梦，梦见了赵氏的

先祖叔带。叔带抱着赵盾的腰大哭，哭着哭着又大笑起来，还一边拍手一边唱歌。

这个梦是什么意思呢？当时的人为了理解梦的意义，会通过烧乌龟的壳，看上边的裂纹来占卜。赵盾醒来后立刻去占卜，结果龟甲上烧出的纹路先断掉，然后又接续上了。

赵盾看不明白其中的寓意，就向一个叫援的史官求助。援回答说："您做的这个梦非常凶险哪！不过这一劫难不会应验在您身上，而会应验在您儿子身上，这一切都是因为你的过错而引起的。等到了你的孙子那一代，赵氏家族将更加衰落啊！"

公元前601年，赵盾去世了，他的儿子赵朔接替了父亲的职位，并娶了晋成公的姐姐为妻子。第二年，晋成公去世，晋景公继位。此时，赵盾梦中的大祸就要降临了。

灭族惨案

晋灵公在位的时候，非常宠信一个名叫屠岸贾的大臣。晋景公继位的时候，屠岸贾当上了司寇，专门负责掌管刑罚。

屠岸贾与赵盾同朝为官时，就与他不和，但也奈何不了赵盾。等到赵盾去世后，屠岸贾就想要灭掉赵氏家族。于是，他找了个借口，要追查杀害晋灵公的凶手，最后。把矛头指向了赵盾。

屠岸贾向朝堂上的大臣们宣布赵盾就是幕后凶手，他说："赵盾虽然不知道国君被杀的事，但杀死国君的人正是赵氏家族的赵穿。赵盾是赵氏家族的首领，他不就是乱党的首领吗！请大家和我一起诛灭乱党一族！"

这时，一位叫韩厥的大臣站出来为赵盾说话："国君被杀的时候，赵盾逃亡在外。成公也一直认为赵盾没有错，所以没有杀他。现在赵盾已经死了，大家诛杀他的族人，这违背了成公的意愿！作为臣子，我们不能做这样违背君意的事。"

屠岸贾不听，坚持要诛杀赵氏家族。韩厥没有办法，只能悄悄告诉赵朔，让他赶紧逃。赵朔不肯逃走，对韩厥说："我恳求您，不要让我们赵氏家族的后代灭绝了！如此，我就算死也不后悔！"韩厥答应了赵朔的请求，对外宣称自己生病了，躲在家里不出门。

屠岸贾还没等晋景公同意，就率领士兵进攻下宫，诛杀了赵朔、赵同、赵括、赵婴齐等人，赵氏家族惨遭灭门。

最后的孤儿

赵朔的妻子是晋成公的姐姐，她当时已经怀孕，为了逃命，她躲在晋景公的宫殿里。赵朔有一位门客，名叫公孙杵臼。赵朔被杀后，公孙杵臼立刻找到赵朔最好的朋友程婴。

公孙杵臼难过地问程婴："你怎么没有随赵朔一同赴死？"

程婴回答："赵朔的妻子已经怀孕，要是能生下男孩，我一定把他抚养长大。如果生下的是女孩，那我再死也不迟。"

没过多久，赵朔的妻子就生下一名男婴。屠岸贾听到了这个消息，立刻带领士兵在王宫里搜查，准备把婴儿找出来杀掉，以绝后患。

赵朔的妻子一时找不到好的藏身之地，只好把婴儿藏在自己的裤子里面。她

青铜簠（fǔ） 春秋

簠在古代也是一种用来盛放食物的器具，它跟簋是好搭档，祭祀时它俩必须同时出场。与簋不同的是，簠一般以方形为主，且上下对称。盖子翻过来也可以用，这跟我们今天用的饭盒很像，只是个头会比饭盒大一些。

其实我就是一只饭盒！

对天祈祷："老天爷啊！你要是真的想灭绝赵氏家族，那就让这个孩子哭出声来。如果赵氏家族还有希望，就请不要让孩子出声！"

当屠岸贾搜查到赵朔妻子身边时，这名婴儿竟真的没有发出一丝声音。就这样，婴儿躲过了一劫。

程婴找到公孙杵臼说："屠岸贾没有找到婴儿，他一定不会善罢甘休，还会再来**搜查**。这次是躲过去了，可以后该怎么办呢？"

公孙杵臼问程婴："你认为抚养孤儿容易，还是死容易？"

程婴回答："死是很容易的事，抚养一名孤儿长大才难。"

公孙杵臼想了想，说："赵氏家族的人对您恩重，您就尽力为他们做点事吧。死是件很容易的事，让我来做。抚养孩子的事就靠你了。"

两个人商议完，从别的地方找了一名年龄一般大的婴儿，用精美的被子把他裹起来，带到山里藏起来。

然后，程婴从山里回来，找到屠岸贾派来搜查的士兵们说：“我是个没本事的人，赵家的这个婴儿我实在养不了。你们谁能给我一千两黄金，我就告诉他赵氏孤儿藏在哪里。”士兵们高兴坏了，答应了程婴的要求。程婴带领搜查的士兵进山，很快就抓到了公孙杵臼和婴儿。

公孙杵臼故意大声骂程婴：“你这个卑鄙无耻的小人！之前赵朔被杀，你不跟着自杀，跑来跟我说要把赵氏的婴儿藏起来。现在你又出卖了我！”

公孙杵臼抱着婴儿跪在地上大哭：“苍天哪！这个孩子是无辜的，你们怎么忍心杀他！求你们杀了我吧！让这个孩子活下去！”士兵们当然不会同意，他们杀害了公孙杵臼和婴儿。

这样一来，所有人都认为赵氏孤儿已经不存在了。屠岸贾也认为赵氏一族已经灭绝了，也就不再追查。

程婴偷偷找到赵朔的妻子，说明原委，并抱走了真正的赵氏孤儿，带着他躲进深山里去了。

迟来的复仇

时间一晃过去了十五年（前582）。一次，晋景公生了重病，请人进行占卜。负责占卜的人告诉晋景公：“卦象显示，先祖大业有后代得不到祭祀，所以国君才会生病。”

晋景公找来韩厥，问：“先祖大业的后代得不到祭祀，是什么意思？”

韩厥知道赵氏孤儿还活着的事，他便给晋景公说起了赵氏家族的事：“传说我们晋国的赵氏和秦人有着共同的祖先叫大业，后来分成了嬴、赵两氏。周幽王暴虐无道，赵氏就离开了周天子到我们晋国来，一直生活在晋国，世世代代都为国君效力，祭祀也没有断过。直到后来，您灭绝了赵氏，百姓们都很同情赵氏家族的遭遇。现在占卜的结果，希望您能慎重考虑。”

晋景公问：“赵氏现在还有后代活着吗？”

韩厥借这个机会把赵氏孤儿的事全部告诉了晋景公。得知实情的晋景公和韩厥一起商量，想重新恢复赵氏孤儿的身份。这时候，赵氏孤儿已经长大了，他的名字叫赵武。

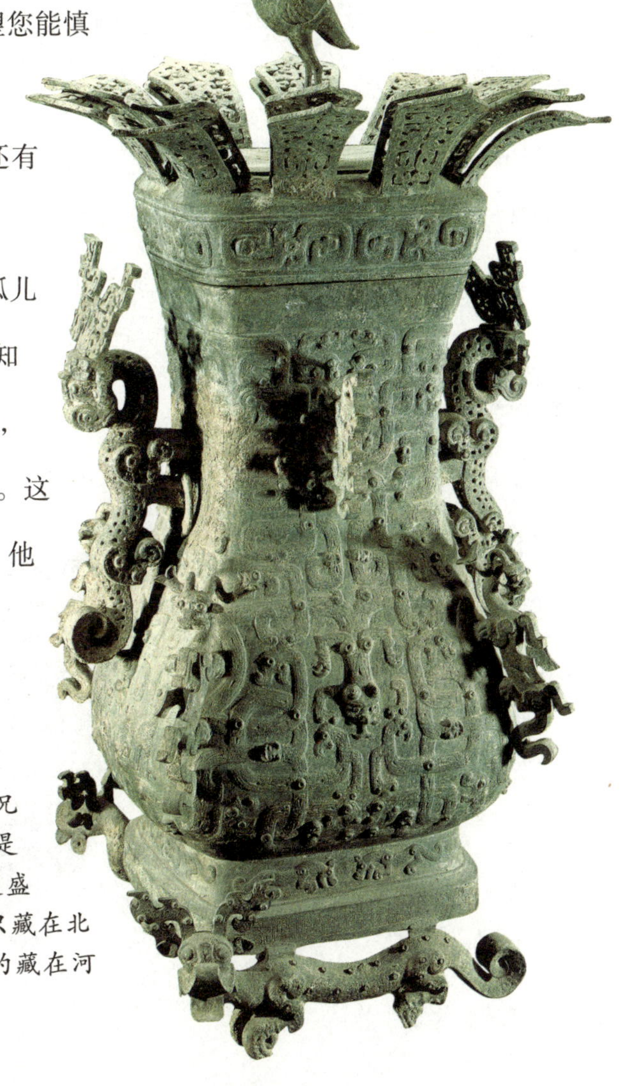

莲鹤方壶 春秋

莲鹤方壶其实是一对“孪生兄弟”，它俩的个头相当，它们是用来装酒的酒壶，也有可能是盛水的水壶。125.7 厘米高的这只藏在北京故宫博物院，126.5 厘米高的藏在河南博物院。

韩厥找到程婴，说明事情的原委，并把赵武带了回来，藏在王宫里。当众位将领来看望晋景公的时候，韩厥带着赵武和大量的随从，出现在众位将领面前，并告诉他们赵武的真实身份。

众位将领慌了神，不知该怎么应对，只好说：“过去诛杀赵氏家族的事情，都是屠岸贾带领我们干的，他假借国君的命令，让我们这么做，不然我们也不敢这样做。因为国君一直生病，所以我们才没有及时表态。现在，我们请求国君恢复赵氏的身份！这也是我们的心愿！”

赵武一一感谢了众位将领，并和他们一起进攻屠岸贾的府第，杀死了屠岸贾。

这件事过去后，晋景公将赵氏家族原本的封地还给了赵武。

不变的约定

过了几年，赵武举行了冠礼仪式。

冠礼是什么呢？冠礼是古代汉族男子的成人礼仪式。一个孩子举行冠礼之后，代表他就是一个真正的大人了。

楚王敦（duì） 春秋

是不是对这件器物的名字很疑惑呢？敦，是古代人用来盛放黍、稷、稻、粱等食物的器具。它的形状有多种，一般造型都是三只脚，圆形肚子，两只耳朵，还有盖子。有一些敦的盖子相对比较深，翻过来也是可以盛放东西的。

赵武的冠礼结束后，程婴向其他朋友告别完，然后对赵武说："当年赵氏一族遇难时，很多人都勇敢地死去了，我却没有死。不是因为我怕死，而是我想保护赵氏的后代。现在你已经长大成人，赵氏一族的地位也恢复了，我也该走了，去地下告诉你的先祖赵盾和公孙杵臼这个好消息。"

赵武舍不得程婴，跪在地上大哭，恳求程婴不要死，他说："就算是再苦再累，我也一定要报答您的恩情，难道您忍心弃我而去吗？"

程婴坚定地说："公孙杵臼当年和我约定好，为了保护你，他死了。如果我不去告诉他，他会以为我没有完成约定。"

不久，程婴自杀了。

赵武大哭，为程婴守了三年孝，专门划出一块土地来**祭祀**程婴，每年春天和秋天都会定期进行祭祀，世世代代从来没有终止。

什么是"守孝三年"

古代人会在亲人死去之后守孝，以表示哀悼。守孝是《礼记》中记载的礼仪规矩，父母去世后的三年里，子女不能喝酒吃肉，不能唱歌跳舞，不能结婚，也不能外出去做客。程婴带着赵武住在深山中，把赵武抚养长大。程婴去世后，赵武为他守孝三年，说明他在赵武心里就跟自己的父母一样重要。

孔子

寻找理想的家园
孔子的故事

在我们的脑海中，孔子是一个非常伟大的人，他创立了儒家学派，影响了中国两千多年，人们都非常敬重他。但你可能不太相信，像孔子这样伟大的人物，在当时却有一段处处碰壁、颠沛流离的人生。即便身处艰难困苦之中，他始终不改自己的志向与理想。那么，孔子到底是怎样的一个人呢？让我们从《史记》的字里行间去一探究竟吧！

“长人”不是一般人

鲁襄公二十二年（前 551），一个婴儿出生在鲁国昌平乡的陬（zōu）邑（今山东曲阜）。婴儿的头顶中间下凹四周隆起，看起来就像一个小山丘，所以他被取名为丘，字仲尼，姓孔。孔丘出生没多久，父亲叔梁纥就去世了，母亲颜氏把他抚养长大。

孔丘从小就对礼仪制度有着浓厚的兴趣。别

的孩子玩过家家，他却像大人一样摆起各种祭品，按照祭祀的规矩认真地玩耍。

孔丘个子很高，周围的人给他起了个外号叫“长人”，大家都觉得他不是一般人。

孔丘十七岁的时候，在周王都见到了充满智慧的老子，他向老子请教了很多问题。临别的时候，老子对孔丘说：“听说有钱人都用金钱来送礼，**品德高尚**的人则以意义深刻的话语作为礼物。我没什么钱，只得冒用品德高尚的人的身份，送几句话给你：聪明敏锐的人总会受到死亡的威胁，那是因为他喜欢议论别人的长短。见识广博的人经常遇到危险，因为他喜欢揭发别人的罪恶。做子女要忘掉自己，一心想着父母的安危。做臣子要忘掉自己，一心想着国君的忧愁。”从周王朝回来后，越来越多的人跟随孔丘学习，并称他为孔子。

“子”是古时候人们对老师，或有道德、有学问的人的尊称，通常是在他们的姓或者名字后加上“子”，比如，老子、孟子、韩非子。

当时是春秋时期，晋国国君晋平公昏庸无能。国内的韩氏、赵氏、魏氏、中行氏、范氏、知氏六大家族控制了整个晋国，晋国只能通过不停地攻打其他国家以获取更多的资源。楚国的楚灵王也有强大的军队，也经常到处打仗。

孔子出生的鲁国周围是楚国、齐国、晋国等大国，鲁国弱小无助。如果鲁国亲近楚国，晋国就会攻打它；亲近晋国，楚国就会攻打它；如果不能满足齐国的要求，也会被齐国打，处境非常艰难。

孔丘家里很穷，他也没有什么好的社会背景和地位，所以只能做小官。最初，孔丘给季氏当过仓库管理员，记录银钱和粮食的账目，还当过牧场管理员，负责喂养牛羊。虽然孔丘做的都是小官，但他工作很出色，后来在鲁国朝堂担任管理工程建筑的司空一职。

与齐景公不欢而散

鲁昭公二十年（前 522），孔子三十岁了，齐景公亲自来鲁国向他学习。齐景公问孔子：“以前的秦国非常弱小，位置也很偏僻，为什么能成为霸主呢？”

孔子回答说：“秦国虽然地方小、位置不好，但是秦国国君的志向很远大，推行的政策也都很适合秦国国情。很多年前，秦穆公用五张羊皮把百里奚从楚国换了回来，然后和百里奚聊了三天三夜，认为百里奚是个人才，让他当大夫来管理国家。秦国国君有这种礼贤下士的精神，就算称霸全天下他都是可以做到的。”齐景公听完很高兴，觉得学到了好东西。

到孔子三十五岁时，鲁国发生了变乱，孔子为了避难，只得离开鲁国，去往齐国。在齐国，孔子和齐国的乐师一起谈论音乐时，听到了舜的《韶》乐，感觉非常悦耳，于是专心地学习起来。一连三个月，孔子吃肉时甚至都忘记了品尝滋味，齐国人都称赞他好学。

一次，齐景公问孔子：“作为国君，该怎样治理国家才好？”

孔子回答：“当国君应该有国君的样子，做臣子应该有臣子的样子，做父亲就应该有父亲的样子，做儿子就应该有儿子的样子。”

“说得太对了！如果国君不像国君、臣子不像臣子、父亲不像父亲、儿子不像儿子，那整个国家就乱成一团了。到那时，即便国库积蓄了很多粮食，我也就没机会享用了！”齐景公说。

过了几天，齐景公又向孔子请教治国之道。孔子回答说：“治理国家，最关键的是要注意节俭，不能铺张浪费。”

齐景公觉得很有道理，打算封赏一些田地给孔子。齐国大臣晏婴对齐景公说：“儒家的人都能说会道，用法律很难约束他们。他们一般都自视甚高，不肯俯首侍奉他人。他们还非常重视葬礼，就算穷到吃不上饭也要花很多钱大办葬礼，这样的风气怎么能让它盛行起来呢！而且，儒家的人为了能当官，到处跟人宣讲自己的理念，可这些理念对治理国家都没有实际作用。自周王室开始没落，礼乐制度也就没落了，而孔子现在要恢复礼乐制度，这么多的**繁文缛节**平常人一年都学不完，难道您想用它来改变齐国的风俗吗？这对齐国百姓来说恐怕不是什么好事情呀！”

齐景公认同晏婴的观点。果然，之后他

每次接见孔子都很有礼貌，却再也没有问起关于礼乐的事情。直到有一天，孔子听说齐国有人要害他，便向齐景公求助。齐景公叹了口气说："我已经年老了，没法再重用你了。"于是，孔子就离开齐国回到鲁国。不久，鲁昭公去世，鲁定公继位。这一年，孔子四十二岁。

夹谷会盟

鲁国的国君没有什么权力，朝堂的决策权掌握在鲁国权贵季氏手里。当时掌权的人叫季桓子。

季桓子身边有三个他非常信任的家臣，分别叫仲梁怀、阳虎和公山不狃（niǔ）。阳虎和仲梁怀有仇。一开始，阳虎想把仲梁怀赶走，但是被公山不狃阻止了。没被赶走的仲梁怀越来越专横，阳虎干脆把他抓了起来。季桓子听说仲梁怀被抓，对阳虎表示非常气愤，而阳虎又把季桓子也关了起来。季桓子为了活命，只好与阳虎订立盟约。原本是季氏掌权，现在变成阳虎抢权了。

从此，阳虎越来越霸道，而鲁国也越来越混乱，自大夫以下做事都没有规矩可言，毫无道义。孔子对鲁国失去了信心，便不再做官，而是赋闲在家，专心研究《诗经》《尚书》《礼》《乐》这些典籍，慕名而来的弟子也越来越多。

鲁定公九年（前501），阳虎作乱失败，逃到了齐国。公山不狃占据费城，继续和季氏作对。公山不狃知道孔子是个人才，便派人请孔子来帮忙。这一年，孔子五十岁。

尽管费城很小，但孔子还是很心动，他一直渴望实现自己的**理想**，可惜没人重用他。弟子们都劝他不要去，孔子说："他请我去，难道会让我白跑一趟？如果真的重用我，我将建立一个像周那样的国度！"然而，他最终还是没有去。

后来，鲁定公任命孔子做了中都长官。才一年，孔子就得到了大家的赞扬，鲁国其他地方也都按照孔子的方法来治理。孔子也升了官，先是当上了司空，后来又当上了大司寇。

鲁定公十年（前500）春天，鲁国与齐国和好了。齐国人看到孔子出来做官，都怕鲁国会强大起来。于是，齐景公就和鲁定公约好在夹谷（今山东莱芜）见面，一起建立友好关系。

鲁定公没有做任何**戒备**工作，带上车马就出发了。孔子以大司寇的身份随行，负责监办会晤典礼事宜。孔子劝鲁定公说："两个国家建立外交，不管是仪式还是兵马都需要做准备。古代的国君离开自己的国家都会带上兵马，您也带上吧。"于是，鲁定公带上了自己的左右司马。

司马是什么呢？司马是古代的一种官职，最开始是指管理马匹的人。马匹在打仗的时候有很重要的作用，所以，司马也就成了一个重要军职。

鲁定公和齐景公到了夹谷，登上共有三级台阶的盟坛，举行了会晤仪式。仪式完毕，齐国的官员请求表演音乐，齐景公点了点头。不少人头戴羽毛、手里拿着各式各样的兵器，闹哄哄地上台准备表演。

孔子看见后，立刻快步走上台阶，在第二级台阶上停了下来，一边行礼，一边有礼貌地说："两位国君正式友好地会晤，怎么能让乱七八糟的乐队来表演呢？这有失礼仪，请让他们下台。"齐国的官员指挥乐队下台，舞者们却不肯走，转头看着齐景公等待命令。齐景公很惭愧，挥了挥手让他们下台。

过了一会儿，齐国官员请求表演宫里的音乐，齐景公点头同意。表演歌舞杂技的艺人身材矮小、相貌丑陋，他们走到台上准备开始表演。孔子又快步走上台阶，坚定地阻止："这等人也敢上台胡闹而迷惑国君，按照法律应该腰斩，请立即诛杀他们！"官员按照法律把台上的艺人全部处死了，齐景公大为震恐。

齐景公知道孔子说话做事都依据君子之道，回到齐国之后很担心，问大臣："鲁国现在有孔子，孔子按君子之道来做事，而你们用小人之道来教我。我在鲁国国君面前丢了脸，该怎么办？"

大臣回答："君子犯错，就用实际行动认错；小人犯错，就会用借口来推脱。如果陛下后悔，那就用自己的行动来改过。"

就这样，齐景公向鲁国道歉，把以前侵占的郓（yùn）、汶（wèn）阳、龟阴的土地还给了鲁国。

玉龙纹璧 春秋

从春秋时期开始，玉璧逐渐被人们用来做随身配饰，跟现代女性的饰物有着类似的作用。玉璧的直径大多都在10厘米以内，纹理和款式也逐渐多样化。可见，在追求美这方面，古人和现代人都是一样的。

漫画开讲啦！

鲁定公十四年（前 496），孔子五十六岁，兼任鲁国大司寇和相国之职。他总是面带笑容，依据儒家礼义治理鲁国，才三个月，国内发生巨大变化。
终于有肉吃了！
你的钱包掉了！
不，是你的钱包！
我是有多不值钱！
好好做生意，别老想着走歪路！
就是！
长点心吧！

鲁国与齐国接壤，鲁国巨变的消息很快传到齐国，引起一片震动。

大王，孔丘治国很有一套啊，鲁国眼看就要强大起来了！

齐国送来美女和宝马，暂且安置在鲁国都城外边，等候鲁国接收。

鲁国国君
季桓子
我要去巡查一下城防，听说最近老有贼人出没！
好的！
!!!
哈哈哈，让老夫来迎接你们吧！

子路
孔子
留个联系方式啊！
啊啊啊！！！

几天后

仁义礼智信

老师，季桓子不仅私吞美女和宝马，祭祀大典的肉连个渣都没留下！

唉，太失望了，我们准备走吧！

孔子来到卫国，受到了卫灵公的热情接待。
卫灵公
卫公好！
孔夫子，来我卫国做事吧，薪资你开个价？

粟米六万，一粒不少！
ok！

孔丘放着鲁国的相国和大司寇不当，却来到我国，目的怕是不纯啊！
来！笨笨！吃骨头！

给我盯紧他！
好！
好！

一群疯子啊！准备撤吧，免得招惹麻烦！

孔子带着弟子们来到陈国。
我以前来过这里，
就是从这里进去的！
颜刻
！

不好啦！阳虎又
来祸害人啦！

？
你居然还
敢回来！
打到你
怀疑人生！
给我滚！
胆儿真
肥啊！

人世间咋会有这么坏的人呢？
你居然还敢说不是你！骗谁呢！？
一点儿都没变啊！还是一脸坏样！
咋还有脸回来呢？是疯了吗？
阳虎
别说了！开打吧！
原来季桓子的家臣曾在这里干过许多坏事，而孔子跟阳虎又长得非常像。

那啥……你来救我吧！
好的，稍等我一会儿！

孔子带着弟子们再次回到了卫国。
你们快上车！
别再回来了！

卫灵公的夫人叫南子，她仰慕孔子很久了，想见他一面。孔子犹豫了一番，最终去见了南子。

老师，我听说那个南子人长得很美，但品行和名声很不好，您为什么还要去见这种人？

我是出于礼仪才去的。现在，我决定要离开卫国了！

是因为您讨厌南子吗？

卫灵公和南子同车而坐，走在前面，却让我跟在后面，我还从未见过好德如好色的人！

弟子们有的一脸崇拜，有的竖起大拇指为孔子点赞。

说我像丧家犬？真是太对了

在宋国，孔子找到一棵大树，带着自己的弟子在树下讲习礼义。宋国的司马桓魋（tuí）想害孔子，派人把树给砍了，孔子只好带着弟子离开宋国。刚来到郑国，孔子就和弟子们走散了，一个人孤零零地站在城东门。

弟子子贡急忙到处寻找孔子，有一个郑国人说："我刚才看到城东门那里站着一个人，他身材高大很像古代的圣人，不过整个人垂头丧气，就像一条丧家犬。"子贡赶到东门，果然看到孔子站在这里，笑着把刚才听到的话说给孔子听。孔子大笑着说："他说我像圣人，不一定对，但说我像丧家犬，真是太对了！"

离开了郑国后，孔子来到了陈国。这时候，晋和楚两个超级大国互相争霸，它们轮流攻打陈国，弱小的陈国非常混乱。看到这一切，孔子说："还是回去吧，我家乡的那些子弟志气很远大，行事有些张狂，但至少还是有上进心的，他们并没有忘记自己的初衷。"于是，孔子离开了陈国。

孔子路过蒲，这里发生了叛乱。卫国的公叔氏占领了蒲，以此为基地反叛卫国，当地的人就把孔子给抓了起来。孔子有许多弟子，有一位名叫公良孺，他自己带了五辆车跟随孔子周游各国。公良孺长得又高又大，力气也很大，他拼尽全力和当地的叛军战斗，连叛军都惧怕三分。

叛军对孔子说："只要你答应以后不到卫国去，我们就放你走。"于是，孔子跟叛军达成协议，之后便安全地离开了蒲地。最终，他还是去了卫国。子贡问："我们这算是违背协议吗？"孔子说："在被挟持的条件下订立的协议都是无效的。"

卫灵公听说孔子来了，非常高兴，亲自跑到郊外去迎接他。卫灵公问："蒲地发生叛乱，可以去讨伐吗？"

"当然可以。"孔子回答。

"卫国的大臣都说不可以，因为蒲这个地方挨着晋国和楚国，我们卫国的军队过去，不太合适。"卫灵公说。

"蒲这个地方的人都有誓死保卫国家的决心，连妇女们都想守护这个地方。我所说的讨伐叛乱，是指针对那些叛乱首领而言。"孔子说。

卫灵公听完很满意，但他最终还是没有出兵平定蒲地的叛乱。这时候的卫灵公已经年纪很大了，他不愿意再过多地处理朝政，也不想重用孔子。孔子叹了口气："要是有人能重用我，一年的时间就差不多了。要是三年的话，就能看到很大的变化。"

垂鳞纹瓠形壶 春秋

这是一只古人用来装酒的酒壶，有40.8厘米高，整体形状有点像酒葫芦。这件酒壶很有趣的地方是，它不像一般青铜器那样造型端正、中规中矩，它歪着"头"，很像今天的卡通人物造型，其实这样的好处是方便往出倒酒。

孔子在卫国还是没有得到重用，他打算渡过黄河去晋国找赵简子。他刚到黄河边，就听到窦鸣犊和舜华两位贤人被杀的消息。孔子摇摇头，说："这壮美的黄河水浩浩荡荡，我却渡不过去，看来这是命运的安排了。"弟子不解，问其缘故。孔子说："窦鸣犊和舜华是晋国的人才，赵简子依靠他们的辅佐才掌握权力。如今他大权在握，转身就把两位人才杀了，晋国还有什么值得我去的呢？"于是，孔子转身返回自己的家乡，创作了一支曲子来怀念窦鸣犊和舜华。

再后来，孔子又回到了卫国。有一次，卫灵公向孔子询问行军打仗的事情，孔子说："祭祀礼仪的事我倒是可以讲几句，行军打仗的事我不清楚。"第二天，卫灵公和孔子谈话时，天空有大雁飞过，卫灵公只顾抬头看大雁，并没有听孔子说的什么。孔子摇摇头，知道自己该离开卫国了。

为什么受困的总是我

孔子六十岁的这一年，季桓子生了重病，坐在车上看见鲁国的都城，后悔地对自己的儿子季康子说："以前鲁国有机会变成霸主，但是我赶走了孔子，结果鲁国没有强大起来。我死后，你一定要把孔子接回来。"

季康子接替了季桓子的职位，打算把孔子接回来。大夫公之鱼劝他说："过去，我们的国君曾经重用过孔子，可是没有重用到最后，结果被其他诸侯嘲笑。现在你想要重用孔子，如果还是不能重用到最后，肯定还要被嘲笑的。"

季康子点点头，问："那我该找谁来呢？"

公之鱼推荐了孔子的弟子冉求。冉求跟随孔子住在陈国，使者来找冉求，冉求准备出发回到鲁国。孔子说：“回去吧！我家乡的弟子们都是有志气的人，都很上进，我也不会忘记我的初心。”冉求便离开了。

随后，孔子离开了陈国，来到蔡国住了整整三年。在此期间，恰逢吴国进攻陈国，楚国派军队去帮助陈国。楚昭王知道孔子在蔡国，就派使者来请孔子。蔡国和陈国害怕孔子去了楚国后自己的国家就有危险，于是，暗中派人把孔子和他的弟子们包围在郊外。大家没有食物，饿着肚子，很多人都生了病，孔子还在坚持上课，教大家朗诵诗书、弹琴唱歌。

弟子子路很生气，问：“君子也有遭受困苦的时候吗？”

子路

孔子回答说：“君子就算是遭受困苦时，也会更加恪守自己的节操。小人遭受困苦时，什么事都干得出来。”

最后，孔子派子贡到楚国传达自己接受邀请的消息。楚昭王派军队迎接孔子，孔子和弟子们才得以解围。

楚昭王想封七百里地给孔子，令尹子西却站出来阻止：“大王您派到各个国家的使者，有像子贡这样能言善辩的吗？您身边辅佐的大臣，有像颜回这样**智计百出**的吗？您的将帅里有像子路这样统兵有道的吗？”楚昭王连连摇头。

子西接着说：“当初楚国的先祖受到周天子的分封，土地只有方圆五十里。孔子一直宣扬三皇五帝的治国思想，推崇周公、召公这样的辅政方略。如果让他拥有七百里的土地，再加上他那些才能各异的弟子的辅佐，我们楚国可就危险了！”

楚昭王一听，觉得很有道理，便不再提赏赐孔子的事了。

这一年秋天，楚昭王去世。楚国一个名叫接舆的疯子，路过孔子的车时唱道：“凤凰啊凤凰，你的美德为何一天天地衰颓？过去的事已经无法挽回，未来的事还可期待。算了吧、算了吧，现在当官太危险了啊。”孔子听见歌声，想下车和接舆谈论一番，可他头也不回地走了。

就这样，孔子离开了楚国，再次回到了卫国。这一年孔子六十三岁。

鲁哀公十一年（前484），冉求带领鲁国的军队和齐国作战，打了大胜仗。季康子问：“你打仗这么厉害，是跟谁学的呢？难道是天生的吗？”冉求回答：“是跟我的老师孔子学的。”

季康子又问：“孔子是个什么样的人？”

冉求回答：“老师做任何事情都讲究名正言顺，他的主张对百姓有利，就算是质问天地神明，都没有什么可惭愧的。”

“我想要把孔子请来，可以吗？”季康子问。

“想要请老师来，只要没有小人阻拦就可以。”冉求说。

当时，卫国大夫孔文子准备打仗，他向孔子询问**用兵之道**。孔子推辞说自己不懂用兵，回去后便收拾行囊准备离开卫国，他说：“鸟儿可以自己选择待在哪棵树上，树木怎么能选择鸟儿呢！”季康子派人带了礼物迎接孔子，周游列国十四年的孔子，终于在他六十八岁那年回到了鲁国。

鲁哀公请教孔子该怎样治理国家，孔子回答说：“治国最重要的是选择合适的臣子。”

季康子也向孔子请教，孔子回答说："把合适的选出来加以重用，不合适的自然就远离了。"

虽然孔子说得非常有道理，却依旧没有人重用孔子。孔子也不想再做官了，便决定不再做官了。

编书育人才是我的理想归宿

孔子在世的时候，周王朝已经衰落了，一些重要的典籍残缺不全，孔子便专心地整理典籍。《诗经》《尚书》《周易》《春秋》《礼》《乐》这六部重要的典籍，都是孔子晚年细心整理才保存了下来。孔子喜欢钻研《周易》，他仔细地给《周易》注释，反复研究，以至于连穿书简的牛皮绳都断了好几次。孔子曾说："如果能让我多活几年，我就能搞明白《易》最深的含意了。"

孔子教弟子《诗》《书》《礼》《乐》，弟子一共有三千多人，其中最出色的有七十二人。孔子总是从学问、言行、忠恕、信义四方面来教育弟子。孔子定了四条禁律：不揣测、不武断、不固执、不自以为是。孔子会在弟子遇到困难的时候，再去启发他。他说出一个道理，让弟子自己去思考，理解道理并悟出更多的道理。

晚年的时候，弟子子路死在了卫国，孔子心里非常难过。弟子子贡来看望生病的孔子，孔子一个人拄着拐杖站在门口。孔子对子贡说："子贡啊，你怎么来得这么晚啊？泰山要倒了，顶梁柱也要断了，哲人也要死了。"孔子一边说着一边流下了泪水。七天后，孔子去世了，享年七十三岁。

孔门弟子名人榜

孔子不仅是大思想家，还是大教育家。他创办私学，打破了贵族和王室垄断教育的局面，主张“有教无类”，招收不同阶层出身的学生，先后培养出3000多弟子。其中，精通儒家“六艺”的有70多人。这不但促进了民间教育的发展，也让儒家文化的传播更加深远。

不迁怒，不贰过。

颜回，字子渊，他是孔子最得意的弟子，以德行著称，一生追随孔子，思想与孔子一致。颜回去世时，孔子捶胸痛哭：“天要亡我啊！天要亡我啊！”

如有复我者，必在汶上矣。

闵损，字子骞，以孝闻名天下，“芦衣顺母”的故事被后人写进剧本代代传唱。他是孔子“仁”“德”思想的忠实践行者和代言人。

虽欲勿用，山川其舍诸。

冉雍，字仲弓，以德行著称。孔子曾称赞冉雍，说他可以独立治理一方土地，这是孔门的最高赞誉。孔子临终时更在众弟子面前夸赞冉雍说：“冉雍的贤明，远超一般人。”

千室之邑，百乘之家，求也可使治其赋。

冉求，字子有，多才多艺，秉性谦逊，有非常深厚的政治才华，孔子称赞他有升任大国宰相的才能和气度。

君子死，冠不免。

仲由，字子路，他性情刚直，好勇尚武，曾经欺负过孔子，后来拜入孔子门下学习。仲由在卫国任职时政绩突出，却在一场内乱中被杀，他临死都不忘整理好衣冠。

君子爱财，取之有道。

端木赐，字子贡，他善于雄辩，办事通达，有着深厚的经商天赋，是孔子弟子中的首富。“端木遗风”指的就是子贡遗留下来的诚信经商之风，民间也将他奉为财神。

朽木不可雕也！

宰予，字子我，他口齿伶俐，擅长辞辩。他崇尚孔子的学说，但不盲从，敢于正面质疑。因为天生体质弱，曾在听孔子讲学时睡觉，被孔子骂“朽木不可雕也”。

仕而优则学，学而优则仕。

卜商，字子夏，孔门弟子中的另类，他的思想更倾向于经世为政，因而在孔子去世后，子夏前往魏国寻找机会。他的弟子有李悝、吴起、禽滑厘、魏文侯等。

夫子之道，忠恕而已矣。

曾参，字子舆，他崇尚孔子的思想，恪守仁义之道，并传授给孔子的孙子孔伋，孔伋又传给孟子，所以说，曾参上承孔子之道，下启思孟之学，对儒家文化的发展起到承上启下的作用。

选题策划：李国斌
项目统筹：李国斌 韩飞
文图编辑：李国斌 樊文龙 韩飞
卢雅凝 白海波 宋正乔
装帧设计：周正
美术编辑：刘晓东 张大伟 苟雪梅
封面绘制：地白
插画绘制：呼噜狗 孟琰 杨梅 桑榆 Ring 方超杰
图片提供：
中国国家博物馆 台北故宫博物院
南京博物院 河北博物院 湖北省博物馆
陕西历史博物馆 大英博物馆
美国纽约大都会艺术博物馆
视觉中国

杨燕起◎主编
韩兆琦◎特邀顾问

成一家之言

究天人之际
通古今之变

为智者道

读史记 ③

辩而不华

纪传体

善序事理

被列为二十四史之首

史家之绝唱
无韵之离骚

北方文艺出版社
哈尔滨

目录

张仪，一位出色的外交家，打开秦国外交之门，推行连横之策。以权变之术和雄辩家的姿态辗转于六国，雄才大略，风云一时。

甘罗聪明过人，懂得洞察时局，不费一兵一卒，便让秦国收获了五座城池。他少年有为，十二岁就成为秦国上卿，是中国历史上最年轻的政治家。

魏冉拥戴秦昭王即位后，便在秦国独揽大权，并被封为穰侯。他攻城略地，战绩卓著。同时不忘积累财富，扩大自己的势力。然而当他富贵至极时，他的权势被夺，以致忧愁而死。

白起作为一代名将，大战伊阙，攻取郢都，长平一战坑杀赵军四十万，却落得个赐死杜邮的下场。王翦横扫“三晋”，攻灭楚国，助秦统一，战功赫赫。

孟尝君有门客三千多人，其中不乏鸡鸣狗盗之徒。他带着自己的门客们纵横列国，在合纵连横的乱世，留下浓墨重彩的一笔。

孙膑

轮椅上的智者

孙膑的故事

日常生活中，每个人都会遇到一些困难和挫折。有的人遇到挫折后，只会哭哭啼啼、不知所措；有的人却敢于直面挫折，不仅不会被挫折打倒，还能战胜挫折，活出自己的精彩。战国时期，齐国就有这样一个人，他被同学陷害，断腿毁容，却没绝望，反而通过自己的努力，名扬天下，成了战场上的大英雄。他就是孙膑。

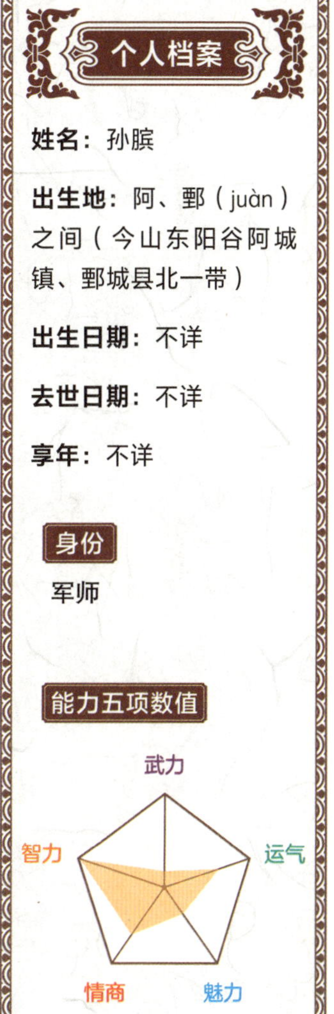

军师的复仇

夜，黑沉沉的，天空中没有一丝月光。

齐国马陵，一条狭窄的山道蜿蜒着向前延伸。山道两侧，茂密的林木间，众多齐国弓箭手静静地埋伏着，神情非常严肃。

“兄弟，你说，魏军真的会来吗？”一个弓箭手压低声音，询问身旁的同伴。

“会来的，军师说会来就肯定会来，”同伴

十分肯定地回答，“咱们军师厉害着呢，料事如神，你什么时候见他出过错。”

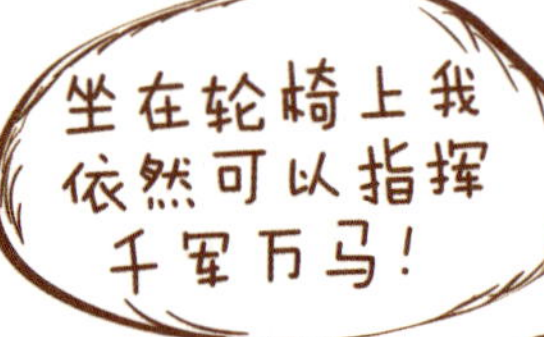

也是啊，军师是神人，厉害着呢。弓箭手似乎被同伴说服了，点点头，没再说话，继续耐心地等待。

他们不知道，在后方不远处的营帐里，齐国大将军田忌也向军师孙膑问出了同样的问题。

“军师，魏军真的会来吗？”田忌**面色凝重**地问。

坐在轮椅上的孙膑仰起头，好一会儿，才回答说：“会来的。魏国领军的是庞涓，我了解他。”

“军师，我……”田忌还想说些什么，但就在这时，山道那边阵阵马蹄声打断了他的话。

“他来了！”孙膑望向山道，他的声音很轻，其中却夹杂着刻骨的恨意。

此时的山道上，魏军大将庞涓正带着一支精锐的骑兵缓缓地行进着。天色很暗，周围的一切都显得有些模糊不清。赶夜路可不是什么好主意，庞涓想了想，正准备让军队原地扎营，就发现前面几米远处，有一片白白的东西，特别显眼，凑近一看，原来是一棵被削掉了树皮的大树。大树的树干上，歪歪扭扭地刻着一行字：庞涓死于此树之下。

庞涓连忙叫人点亮火把，可字还没读完，齐军已万箭齐发！箭矢像暴雨一样一齐射向魏国的骑兵队伍，无数魏军中箭身亡，没中箭的也左冲右撞，阵脚大乱，失去了斗志，只想着逃命。

庞涓也中了箭，受了伤，他想带着部下突围，但看着乱成一锅粥的魏军，再看看漫山遍野围过来的齐军，他**绝望**了。

“齐军……齐军……孙膑，是你吧，你来复仇了，呵呵……”

庞涓神色凄怆地抽出随身佩剑，自刎了。临死前，他看向远方，喃喃地说了一句：“倒是成全了你小子的名声！”

十五连盏灯 战国

铜灯像一棵大树，十五只灯盘错落有致地挂在树枝上。树枝间有小鸟鸣叫，群猴嬉戏。圆形底座由三只猛虎托起，底座上站着两个人，正在投喂顽皮的猴子。巧妙的设计，表现了人与动物和谐共存的场景。

大将庞涓死了，魏军也溃败了，齐军赢得了一场辉煌的胜利。最大的功臣孙膑看着庞涓的尸体沉默了，回忆着以前和庞涓的种种，他的神情复杂极了，既有大仇得报的喜悦，也有几分淡淡的伤感。

孙膑是谁？他和庞涓是什么关系？他们有什么恩怨？这一切还得从头慢慢说起。

兵圣的后代

孙膑是战国时期的齐国人，和庞涓是同学，两人曾经一起学习过兵法。但孙膑并不知道，庞涓其实一直很嫉妒他，嫉妒他不但学习好，还是名门之后，出身比他好。

孙膑的家族，其实算不上多显赫，没钱也没权，但孙家却有个**赫赫有名**的前辈——孙武。

孙武，春秋末期齐国著名军事家，他写的《孙子兵法》直到现在还有很多人在研究和学习呢。

关于孙武的故事有很多，其中最让齐国人津津乐道的就是孙武“吴宫教战”的故事：

吴王阖闾读了孙武写的《孙子兵法》十三篇后，非常欣赏孙武，就把他召到了吴国，想要考验考验他，看他有没有真本事。

说实话，吴王的考验真的很刁钻，他叫来了宫中一百八十个宫女，让孙武现场训练，教她们布阵。但面对吴王的“刁难”，孙武却一点儿都不慌。

他先将这一百八十个宫女编成了两个小队，任命吴王很宠爱的两个姬妾为小队长，全部宫女手中拿戟；之后，认认真真地教给她们向前、向左转、向右转，教了好几遍，宫女们都说听懂了。

孙武就击鼓发令，让她们向右转，宫女们却**嘻嘻哈哈**的，有的闲聊，有的偷笑，谁都不听命令。

孙武倒是没生气，反而说："士兵们纪律散漫，对命令不熟悉，是我这个做将领的过错。"说完，他又认认真真地把各种动作、口令三番五次进行宣讲。讲完之后，击鼓传令，命令宫女们"向左转"，宫女们又一次哈哈大笑起来，根本不把号令当一回事。

孙武的脸色变得阴沉起来，他严肃地说："纪律散漫、对命令不熟悉，是做将领的过错。但规则都讲明白了，不照着做，就是士兵的过错了。犯了错，就该受到惩罚。"

怎么罚呢？斩首！把两队的小队长都拖下去斩了！

什么？斩首！看到孙武要动真格的，宫女们都吓坏了，吴王也有些慌，赶紧派人去找孙武求情，想救下自己的两个姬妾，却被孙武拒绝了。他说："大王既任命我为将军，将军在军中，君王的命令有违实际情况，将军也可以不听。这叫'将在外，君命有所不受'。"

就这样，孙武将两个姬妾斩首示众。接着，孙武又任命了两个小队长，继续传令训练。这一回，宫女们再也不敢嬉闹了，让向左就向左，让向右就向右，非常认真地执行孙武的命令，且动作规范，完全**符合要求**。

孙武觉得差不多了，就派人去禀告吴王，队伍训练完毕，请他来检阅。吴王的姬妾死了，他很不开心，根本没心情看，就摆摆手，让孙武先回驿馆去休息。孙武有些失望，忍不住叹息说："您只是喜欢我的兵书，却并不看重我的实践。"

听了孙武的话，吴王沉默了。虽然他还是不怎么喜欢孙武，但知道孙武会用兵，于是将吴国的军队交给他统领。

曾侯乙联禁铜壶 战国

看，这两个连在一块的铜壶像不像一对兄弟呢？它们有着圆圆的肚子，长长的脖子，脖子上还挂着一对龙形耳朵，造型很是奇特。

在孙武的带领下，吴国大军不仅打败了强大的楚国、占领了楚国的郢都，还震慑了齐国和晋国，在诸侯国中威名赫赫。

吴国扬名天下，孙武的名声也跟着传扬出去，而且越传越神。孙膑出生时，孙武已经死一百多年了，但提到孙武，很多齐国人依旧一脸的骄傲，作为孙武的后代，孙膑受到的关注自然也要多一些。这让庞涓非常嫉妒，随着时间的流逝，庞涓的嫉妒之心也越来越重。

膑刑！膑刑！

春去秋来，时间过得很快。转眼间，孙膑和庞涓就都毕业了。

毕业了，就得找工作。庞涓毕业后去了魏国。**魏惠王**很赏识他，封他做了将军。

庞涓虽然位高权重，心里却很不踏实。他害怕有一天魏惠王遇见孙膑，就会让孙膑顶替他的位置。

庞涓这个人，虽然心眼小，看人却看得很清楚。他知道自己的才能比不上孙膑，所以庞涓没想过要和孙膑公平竞争、正面比试，只想除掉他。

于是，思来想去，庞涓制订了一条毒计。

庞涓先假借魏惠王的名义，邀请孙膑来魏国。等孙膑到了，庞涓又胡乱编造了一些罪名，动用私刑，挖掉了孙膑的膝盖骨，砍掉了他的双腿，还在他脸上刻了字，并用墨汁涂黑，想让孙膑一辈子见不得人。

腿断了，走不了路；脸上刻字，毁了容；孙膑伤心欲绝，但让他最伤心、最愤怒的却还是庞涓的背叛与陷害。

赛马理论

刚刚遭遇大难的那段日子，孙膑确实很迷茫、消沉，但没过多久，他就重新振作起来。他不甘心，他要报仇！

或许是老天暗中相助，机会来了！此时，齐国的使者来到了魏国都城大梁。

得知消息后，孙膑以犯人的身份秘密求见齐使，并对他进行游说。齐国的使者认为孙膑是一位奇才，就偷偷地把他带回了齐国。

齐国大将军田忌听说过孙膑，对他也很**欣赏**，哪怕孙膑已经失去了双腿、被毁了容，田忌也没瞧不起他，把他当成最尊贵的客人一样对待。

那时，齐国很流行赛马。田忌也爱赶时髦，经常和齐国的王孙公子们一起赛马赌钱，有时候还会带着孙膑一起去。

去过几次后，孙膑就发现，参加比赛的马脚力相差不大，但可以分成上等、中等、下等三个档次，输赢并不全靠运气，马匹的场次安排也很重要。

孙膑并没有第一时间把想法告诉田忌，而是对田忌说："您下次赛马的时候，可以押上重金，有多少押多少，我保证您能赢。"

田忌很信任孙膑，听他这么说，立即就同意了，还下了一千金的重注。

等比赛时，田忌来找孙膑，孙膑就告诉他："请您用下等马和其他人的上等马比赛，用上等马和其他人的中等马比赛，用中等马和其他人的下等马比赛。"

比赛一共三场，田忌按照孙膑的办法，赢了两场，输了一场。按照三局两胜的规则，田忌赢了，顺利得到了千金赌注。

不过，相比于赌注，田忌更看重孙膑的才能。通过这件事，田忌认识到，孙膑智慧非凡，不能被埋没，于是，向齐威王推荐了他。

齐威王很快就召见了孙膑，还询问了他许多兵法方面的问题，孙膑都对答如流。齐威王很赏识孙膑，任命孙膑为军师。

围魏救赵

后来，魏国派兵攻打赵国，赵国战败，情况十分危急。没办法，赵国只好向齐国求援。齐威王想让孙膑当将军，率领大军去救援赵国，孙膑却摇摇头，拒绝了。

他说："我是个受过刑的人，身体残缺，当将军不合适。"

青铜车 战国

春秋时期坐车是分等级的，有史料记载：皇帝乘坐六匹马拉的马车，诸侯乘坐四匹马的，大夫乘坐三匹马的，士乘坐两匹马的，庶人乘坐的马车只有一匹马。图中的青铜车明显是士这一级别乘坐的。

孙膑不愿意，齐威王也没勉强。但要去打仗，孙膑这样的智囊肯定得跟着啊。怎么办呢？齐威王想了想，就下了一道命令：任命田忌为将军，孙膑为军师，随军出征。

这次孙膑同意了。他坐在有帘子遮挡的马车里，跟着大军，一起离开了齐国的都城。

本来按照田忌的想法，既然是去救援的，那什么都不用说，直接带兵去赵国参战就好了。可是，孙膑却不这样想。

“将军，咱们不去赵国，去魏国。”

“去魏国！为什么？”田忌疑惑地问，“军师，大王让

彩绘猪形盒 战国

这个木盒由两只胖墩墩的小猪相连而成，它们嘴巴微张，面露微笑，耳朵朝后，下面有四条腿屈膝各朝向两端，呆萌可爱又灵气十足。木盒由两块整木雕琢而成，呈长方形，里面是空的，用来放置物品。

我们去救援赵国，你可不能胡闹啊。”

“我没胡闹，”孙膑微微一笑，“将军，您听我说，魏国和赵国现在的局势就像是一团乱麻，想要解开这一团乱麻，生拉硬拽肯定不行，只有避实就虚、找准线头，出其不意，才是最好的办法。”

田忌挠了挠头，迷茫地看了孙膑一眼：“军师，我没听懂您的意思。”

孙膑又笑了笑，解释说：“我的意思是不能直接去战场，撸胳膊挽袖子去帮赵国打架，咱们贸然参战，局势只会越来越乱。”

“那咱们怎么办？”田忌皱着眉头问。

“咱们得想个办法，逼着魏国自己停战撤退。”孙膑说。

田忌赶忙追问："军师，那您有什么好办法？"

孙膑微微昂头，一脸自信地说："魏国的精锐部队现在都在前线和赵国打仗呢，留在国内的都是**老弱病残**，战斗力差。所以，将军您现在要做的就是带着大军直入魏国，攻打魏国的国都大梁。后方失守了，前线的军队肯定得回来救援，这样一来，不仅能解救赵国，还可以在他们回来的必经之路设下埋伏，打他们一个措手不及。"

"妙计！妙计啊！"听了孙膑的话，田忌连连赞叹，忍不住对孙膑竖起了**大拇指**。

之后，田忌遵从孙膑的建议，带着大军直逼大梁。魏军果然从前线火速赶了回来。经过桂陵的时候，被事先埋伏好的齐军突袭，打了个大败仗，损兵折将，死了不少人。

减灶之策

一天天，一月月，一年年，不知不觉间，十三年就这样过去了。

这年春天，魏国和赵国一起出兵，攻打韩国。

韩国本来就弱小，赵国和魏国本就强大不说，这次还两个联合欺负一个，韩国肯定打不过啊。怎么办？找帮手吧。于是，韩国国君就向齐国求援了。

救援，这事儿田忌熟悉啊。齐威王想都没想，就把救援韩国的任务派给了他。

接到命令后，田忌也不怵，带着大军就杀向了魏国的都城大梁，想要"围魏救韩"。

你瞧，没有我驾驭不了的马车！

已经用过一次的计策，还能再用吗？还会有效吗？事实证明，它很有效！

没办法啊，大梁是魏国的都城，魏王在那儿呢，那里是魏国的根基、大后方，不能不救！

所以，听到齐国大军逼近大梁的消息后，魏国大将庞涓放弃攻打韩国，连忙赶回相救。

但和上次不同的是，这一次，魏军粮草充足、**斗志高昂**、警惕心也强，庞涓相信，这一次一定能够让狡猾的齐人吃个大亏。

庞涓却不知道，他的大仇人孙膑正默默地谋划局势，一场无声的较量已经在不知不觉间拉开了帷幕。

庞涓能想到的，孙膑当然也想到了，不仅想到了，他还有了应对的办法，甚至，想出了一条让庞涓上当的妙计。

他对田忌说：“魏军英勇善战，瞧不起齐

铜御手俑 战国

春秋时代一乘战车上应该有三名乘员，主将的位置居左，一般装备有制作精良的戟、戈和防护装具。右侧位置是主将手下的武士，是战时的主力。在主将和武士中间的是马车夫，也就是“御手”。

国人，觉得齐国人都是胆小鬼。我们正好可以利用这一点，误导他们，引他们上当。打仗也要看形势。根据形势，寻找突破点，找到对我们最有利的办法，才能获胜。”

“那军师您有什么办法？”田忌询问道。

孙膑回答：“很简单。等进入魏国境内，第一天，命令将士们搭十万个炉灶来做饭。第二天，减少一半，建五万个炉灶；第三天，再减一部分，只建三万个炉灶。”

听孙膑这么说，田忌眼睛一亮，点点头：“好，好主意，就这么办！”

俗话说得好呀，人是铁，饭是钢，一顿不吃饿得慌。不管打没打仗，饭肯定是要吃的。人多，用来做饭的炉灶就多；人少，炉灶就少。这个道理谁都懂。庞涓带着大军，在齐军后面追击，走了三天，发现炉灶越来越少。庞涓觉得齐国人真是胆小怕死，入魏境才三天，已经有一大半的齐军当了逃兵。为了能尽快追上齐军，庞涓就抛下了行动缓慢的步兵，率领骑兵先追了上去。

此时此刻，庞涓非常得意，他幻想着能够打个大胜仗，从此走上人生巅峰，却没想到自己已经中计。

名扬天下

孙膑和庞涓在一起学习了那么多年，学的是一样的兵法，孙膑对庞涓实在是太了解了。

他不仅算到了庞涓会丢下大部队率先追过来，还算到了天黑的时候庞涓会到达马陵。于是，齐国大军事先在马陵附近设了埋伏。

马陵是一片丘陵山区，地形非常复杂，道路狭窄，两旁林木茂密，适合埋伏的地方很多。

弓箭手藏在道旁，就像水滴融入大海，根本就看不出什么痕迹。

对这一仗，孙膑非常重视。这不单单是魏国和齐国的战争，也是他和庞涓的战争，不能输，也不允许输。

坐在轮椅上，孙膑抚摸着自己残缺的双腿，想着多年前被陷害、被冤枉、被处刑的一幕幕，他的眼神变得越来越凌厉。

设好埋伏后，他特意找人削掉了一棵大树的树皮，在裸露出的树干上，刻了“庞涓死于此树之下”几个字。

孙膑知道，庞涓这个人，性格最多疑，也最谨慎，看到树上有字，肯定要点燃火把看个究竟。于是，他就让田忌传下命令，只要看到有火光亮起，立即射箭。

果然不出孙膑所料，庞涓来了，也中计了，最后，计穷兵败，庞涓选择了自杀。齐军**乘胜追击**，打败了魏国的大军，俘虏了魏国的太子，战果辉煌。

报了大仇、立了大功的孙膑也因为这一战名扬天下，成了像先祖孙武一样的军事家，他的兵书、兵法也一代代传承了下来。

史记成语典故大搜索

围魏救赵

词意：通过包围魏国来救援赵国。借指用围困敌人后方据点的方式逼迫敌人撤退。

造句：关键时刻，我军采取了围魏救赵战术，攻其后方，迫使敌人仓皇撤兵。

三令五申

词意：指多次命令和告诫。多用于上级对下级、长辈对晚辈。

造句：领导三令五申，要求我们在月底之前一定要完成任务。

因势利导

词意：循着事情发展的趋势，朝有利于实现目标的方向引导。

造句：孙老师最擅长的就是根据学生的性格、特点、爱好，因势利导，帮助他们成长。

理想远大的冷血将军

吴起的故事

姓名： 吴起

出生地： 卫国左氏（今山东菏泽定陶区西）

出生日期： 约前 440 年

去世日期： 前 381 年

享年： 约 60 岁

身份

战国初期政治家
军事家
改革家

能力五项数值

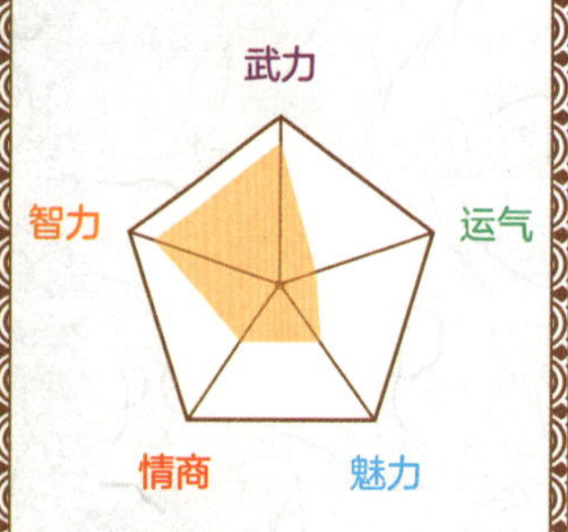

日常生活中，我们常把那些有才干、懂谋略却野心勃勃、心狠手辣的人称作枭雄。中国历史上枭雄式的人物有很多，其中最狠毒、最冷血、最能干的，不是挟天子以令诸侯的曹操，不是冲冠一怒为红颜的吴三桂，也不是崇尚奇货可居的吕不韦，而是让人又恨又爱、又敬又怕的超级大佬——战国名将吴起。

灵堂惊变

公元前 381 年秋，西风微凉，调皮的黄叶打着旋儿飘落在池边，惊起了大雁，吹来了菊香，却没能吹散楚王宫中浓浓的哀伤。

因为，楚国的国君，雄才伟略的楚悼王突然去世了！

战国时代，各国都很重视礼仪。国君死了，那叫薨（hōng）逝，属于国丧，要举行非常盛大的祭礼和吊唁仪式。

那时候，吊唁可不是**简简单单**地鞠个躬、说句节哀就行的，而是要遵循一整套的古礼。这些古礼，不仅烦琐，而且刻板，甚至行礼时腰要弯曲多少度、手要举多高都有详细的规定，差一点儿都不行，真要差了，楚国肯定会成为各国的笑柄。

现藏于美国克利夫兰美术馆

谁愿意被嘲笑啊？即将继位的太子芈臧，也就是后来的楚肃王肯定是不愿意的。所以，这段时间，他是千叮咛、万嘱咐，却没想到，还是出了大乱子！

那天，他正穿着孝衣、站在老爹悼王的棺木旁给前来吊唁的使节回礼。这时，一个披头散发、满脸鲜血的人突然踉踉跄跄地闯了进来，一下就扑到了棺材边，半边身子都压在了悼王身上。

紧接着，又有一群人冲了进来。他们个个神情凶恶、顶盔掼甲，手里还举着弓箭，进来后，二话不说，拉弓就射。

“嗖嗖嗖”，箭矢像雨点一样落到先一步跑进来的那人身上，瞬间就把那人射成了“刺猬”，悼王的遗体也中

木雕彩绘武士俑 战国

此俑由独木雕刻而成，刻工粗犷。他左臂已经遗失，右臂粗壮有力，右手握剑，双脚呈行进姿势，展现了一个赳赳武夫的形象。木俑身上还残留着一些红色颜料，可见当时是用彩绘装饰的。

了好几箭。

在场所有的人都被这突如其来的一幕惊呆了。

到底是谁这么胆大包天，竟然敢大闹楚王的灵堂，冒犯楚王的尸体！被射杀的人是谁？杀他的人又是谁？为什么要杀他？为什么把杀人的地点选在楚王的灵堂？幕后有什么阴谋？

“堕落”的富家子

被乱箭射死在楚王灵堂的人，不是别人，正是**吴起**。

吴起不是楚国人，是卫国人。他出身很好，家里有田有粮，从小到大吃喝都不愁，生活过得既安逸又舒适，乡里不知道有多少人羡慕他。

但吴起是个有大志向的人，一辈子都窝在乡下做个土财主可不是他的理想。他想做官，志在卿相。可惜，在卫国想做官并不容易。吴起想尽了各种办法，也没能谋到一官半职，还把家产都败了个精光。

乡里有一些人见他落魄了，就嘲笑他。吴起性子急、**脾气暴**，哪里受得了别人的嘲笑，一气之下，居然把笑过他的三十多个人都杀了。

杀人无论什么时候都是大罪，吴起也知道自己闯了大祸，匆匆收拾了一下，就准备逃跑。逃跑之前，他去见了母亲，母子俩在东门外诀别。母亲哭得稀里哗啦的，吴起则咬着自己的胳膊发誓，不做到卿大夫、相国那样的大官就永远不回卫国。

离开卫国后，吴起去了鲁国，还拜了孔子的弟子曾子为师，学习儒学。

结果，才刚入学没多久，有个卫国的同乡就给吴起带来了母亲去世的噩耗。吴起很伤心，却没有回家去为母亲奔丧。一是觉得自己功未成、名未就，二是怕回去后被抓。

曾子听说后，又气又怒。儒家重视孝道，曾子平时最看不起的就是像吴起这样的不孝子，所以想都没想就把吴起逐出了师门。

从那之后，吴起就放弃了儒家，改学兵法；学成后，他找了门路，投奔了鲁国国君，从此开始了他传奇的后半生。

杀妻求将的狠人

吴起虽然不孝，但他却是个怪才，尤其是在兵法韬略、行军布阵方面特别有天赋，稍微花些功夫，兵法技能便超于常人。

鲁国国君**慧眼识珠**，发现了吴起这块隐藏在沙砾中的黄金，多次提拔他，对他很器重。

吴起

有一次，齐国攻打鲁国，鲁国国君想任命吴起为将军，狠狠地挫挫齐国的锐气。可下旨之前，却突然想起吴起的妻子是齐国人，就犹豫了。

要知道，战国时代的人才流动非常频繁，人们的国家观念并不重，也谈不上忠诚。人们往往今天在秦国效力，明天就到了楚国做官。

比如魏国的范雎做了秦国的相国，还封了侯；大纵横家苏秦更夸张，愣是挂了六国的相印。所以，鲁国国君就担心吴起会为了妻子临阵倒戈、投降齐国，那鲁国可就被坑惨了。

吴起听说后，为了表明自己的忠心和为鲁国战死的决心，二话不说就把相濡以沫的妻子给杀了。

鲁国国君收到消息后，再也没有疑虑，立即任命吴起为将军。吴起率兵反攻齐国，大获全胜。

鲁国有人厌恶吴起，说他生性多疑，冷血无情，因为被嘲笑了几句，就杀了三十多个同乡；母亲去世了也不回去奔丧；还说鲁国是小国，国力弱，齐国是大国、国力强，鲁国打败齐国，出了这么大的风头，可不是好事，很容易引起其他国家的不安，会对鲁国有所图谋；鲁国和卫国是盟国，关系一直很好，吴起是卫国的杀人逃犯，鲁国重用他，这岂不是得罪了卫国。

听了这些议论，鲁国国君心中疑虑重重，开始疏远吴起，最后辞退了他。吴起听说魏文侯礼贤下士，就离开鲁国，去了魏国。

爱兵如子的将军

天上掉下个吴将军，还恰好掉到了魏国，而魏文侯对吴起这个人还不是十分了解，就问大臣李克："你听说过吴起这个人吗，这个人怎么样？"

李克回答说："吴起在权位名声上很贪婪，是个官迷，还喜好女色，但很有军

事才华，在带兵方面，连齐国的名将司马穰苴（ráng jū）都比不上他。”

连司马穰苴都比不上的名将？一向求贤若渴的魏文侯一听这话眼睛瞬间就亮了，这是人才啊，一定得抓住。于是，任命吴起为大将军，让他率兵前去攻打秦国。

吴起这个人狠起来是真狠，但带兵也真的有一套，说一句爱兵如子，一点儿都不夸张。

平时在军中，吴起吃的穿的、住的用的，和底层的士兵没什么两样。

铸客鼎 战国

你知道中国最重的青铜器吗？它就是大名鼎鼎的后母戊鼎，重达875千克，它有四条腿，是方形的。而铸客鼎有三条腿，是圆形的，重约400千克，它是圆鼎之中最重的。

行军的时候，他也不骑马，不坐车，就靠着两条腿走；有的时候，还会主动帮着手下的士兵们背粮食、拿行李，为士兵分担劳苦。

有个士兵身上长了毒疮，**疮口溃烂**，发炎发臭，别人见了都捂着鼻子躲开，吴起却一点儿都不嫌弃，不仅亲自帮士兵把疮口的脓水吸出来，还细心地帮他上药、包扎伤口。

士兵的母亲听说后，既感动又担忧，情不自禁地哭了起来。

感动，是因为觉得吴起确实是个好将军，爱兵如子；担心，是怕儿子太敬重这位将军，上了战场会奋不顾身地杀敌，最终丢掉性命。

吴起在军中的威望也确实非常高，排兵布阵先不说，单说士气、凝聚力，吴起手下的兵那是真没输给过谁，哪怕是面对最骁勇善战的秦军也一样。

事实上，秦军在吴起率领的军队面前也显得黯然失色。吴起最辉煌的战绩就是带领魏军连战连捷、占领了秦国的五座城邑。捷报传来的时候，魏文侯拍手称

错金银龙凤纹车軎（wèi） 战国

軎，古时用来固定车轴的轴头，装在车轮两个轴端，防止车轮脱落。车马在中国古代社会生活中占有举足轻重的地位，多用于交通、狩猎和作战。这对车軎用错金银手法装饰出龙凤、云等图案，十分奢华。

快。之后，对吴起更是信任有加，格外器重。

论德政，错失相位

都说士为知己者死，对魏文侯，吴起心中一直非常感激，在魏国的这些年，他也确实是兢兢业业、尽心尽力。

魏文侯认为吴起善于用兵，廉洁不贪，待人公平，不仅给了吴起在战场上建功立业的机会，还让他主政一方，任命他为边境重镇西河郡郡守，来抵抗秦国和韩国。

魏文侯死后，他的儿子魏武侯即位。

一次，魏武侯突然心血来潮，到西河郡来视察。吴起和一群大臣陪着他一起坐船，顺西河而下，看着西河两岸巍巍的高山、雄峻的峡谷，武侯回过头，情不自禁地赞叹说："太美了！这雄峻险固的山川河流，都是魏国的瑰宝。"

吴起却笑着摇摇头，对武侯说："国家的稳固，靠的不是山川河流，不是关隘天险，而是德政。如果国君能施行德政，国家自然稳固，如果不能，就算是天险再多，最后也会像夏桀、商纣那样把国家葬送掉。"

说到这儿，他微微顿了一下，接着半开玩笑半认真地告诉武侯："您若是不施仁德，这艘船上所有的人，包括我在内，都会成为您的敌人。"

武侯听了，不仅没生气，还连连叫好。那之后很长一段时间里，武侯对吴起都十分尊敬、倚重。

吴起做西河郡守，取得了很好的名声。魏国选拔相国，任用了田文，吴起很不服气。

田文？谁呀？一个书生罢了！既不能带兵抵御强敌，也不能让百姓信服，更不懂经济，没办法增强魏国的国力，凭什么当相国？我吴起是能力比不上他，还是资历比不上他？

吴起越想越生气，最后，实在是忍不住，就跑到田文家里去和他“比功劳”。

田文心平气和地接待了吴起，也承认吴起的功劳更大。面对吴起的质问，田文也只是简单地反问了一句：“君主年少，国家不安定，大臣们不亲附，百姓不信任，这个时候，选您做相国好，还是选我做相国好？”

吴起被问得哑口无言，过了很久，才闷闷地回了一句：“选您好。”

公叔的阴谋

田文去世后，大臣公叔座成了魏国的相国。

比起吴起，公叔没什么威望，唯一的优势大概就是他娶了魏国公主，和魏武侯是亲戚。

公叔位居相国，心中并不踏实，他总是担心：“吴起威望那么高，能力那么强，要是和我抢相国的位子怎么办？我能抢得过他吗？听说他还很冷血，要是一生气把我给杀了，岂不是完了？”

公叔越想越害怕，整天**唉声叹气**。一个亲近的仆人听说了他的烦恼，就对他说：“相国，要赶走吴起很容易啊。”

“哦，是吗？”公叔挑了挑眉，“那你和我说说。”

仆人笑了笑，说道：“吴起这个人，脾气硬，有骨气，不愿意阿谀奉承人，

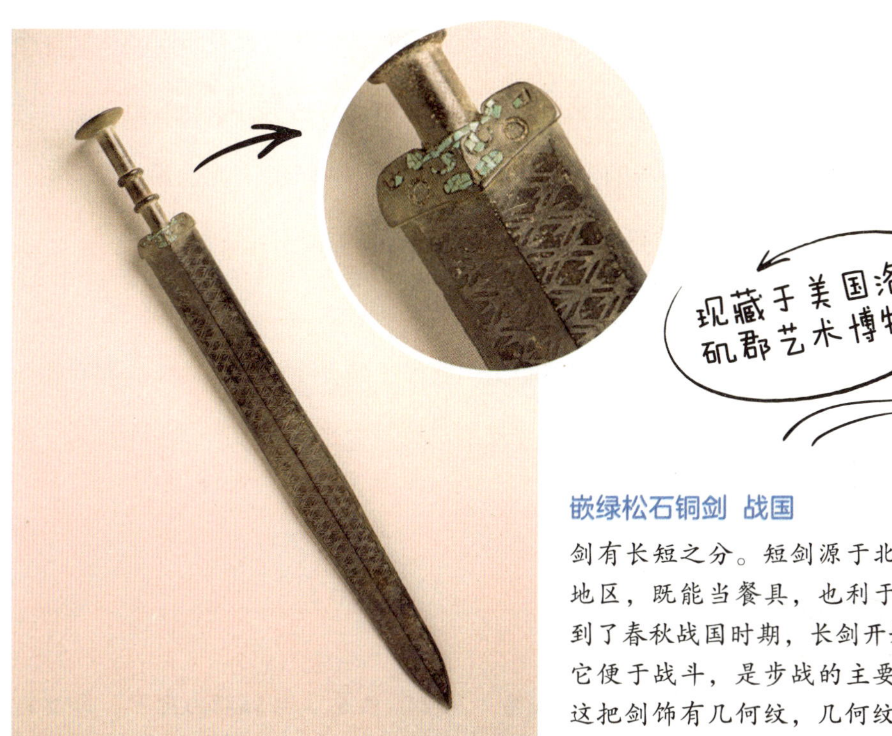

嵌绿松石铜剑 战国

剑有长短之分。短剑源于北方草原地区，既能当餐具，也利于护身。到了春秋战国时期，长剑开始流行，它便于战斗，是步战的主要兵器。这把剑饰有几何纹，几何纹剑是艺术价值极高的青铜兵器，十分罕见。

没什么靠山。他不贪财，却很看重名声。所以，您可以先进宫去见武侯，对武侯说‘吴起是个贤良的人，咱们魏国这么小，还紧挨着强大的秦国，恐怕留不住他’，武侯肯定会问您怎么办，您就建议武侯把公主嫁给他……”

“不行！绝对不行！”仆人的话还没说完，公叔就连连摇头，表示拒绝。让吴起娶公主？那自己唯一的优势不就没了？绝对不行！

仆人似乎看出了公叔的心思，就安抚他说：“相国，您先别急，听我把话说完。”

“你说！”公叔瞪了仆人一眼，没好气地说。

仆人说：“您可以告诉武侯，下嫁公主就是个试探。吴起如果愿意娶公主，说明他愿意留在魏国；如果不愿意娶，说明他有别的心思，武侯肯定会认同这个思路。之后，您再邀请吴起到相国府，让您夫人故意对您**发火**，装出一副很瞧不起您的样子。吴起是有骨气的人，他怎么可能受这窝囊气，肯定会拒绝娶公主，那武侯还能信任他吗？国君都不信任他了，他还待在魏国干什么呢！"

"妙！太妙了！好主意！"公叔大笑着赞叹。

之后，他们依计行事，吴起果然拒绝了武侯下嫁公主的试探，武侯就开始怀疑猜忌吴起。吴起心灰意懒，又害怕这样下去自己迟早要遭殃，就离开魏国，去了楚国。

枭雄末路

这个时候的吴起，可不是什么无名小卒了，他是声名赫赫的将军，能文能武的封疆大吏！这样的人才到了楚国，楚悼王哪能不欢迎。这不，吴起刚到楚国，就被楚悼王任命为相国了。

成为相国后，吴起意气风发，大刀阔斧地进行了一系列的改革：制定了明确清晰的法令，赶走了到处游说的人，裁撤掉了各级各部门多余的闲人，废除王室宗族的爵禄，用省下来的钱充实军队、培养将士，增强楚国的国力。

吴起率领楚军，平定了南方的百越，吞并了北方的陈国和蔡国，打退了韩、赵、魏三国的进攻，向西讨伐了秦国。楚国**势如破竹**，一步步迈向富国强兵之道。楚悼王高兴坏了，可其他国家的国君不高兴了，他们忧患于楚国的强大，楚国的贵族们也因利益受损而对吴起恨之入骨。

错金银兽首铜轭（yuè）饰 战国

这个马头双目圆睁，耳朵竖立着，好像时刻保持着警觉的状态，头和脖子用金银装饰出毛纹，精美华丽。你知道这个马头是用来做什么的吗？原来它叫轭，是古代车上置于辕前端与车横木衔接处的销钉。

别把我弄丢了，我很重要哦！

为什么？追根究底，问题还是出在改革上。

楚国的王亲宗室，尤其是远支，好多都是米虫，四体不勤，**五谷不分**，就靠王室的供给过日子，吴起一改革，给人停了，他们便怀恨在心，都想置吴起于死地。

公元前381年，楚悼王去世了。和吴起有仇的宗室、重臣们觉得机会来了，于是在吴起入宫吊唁的时候，联合起来袭击了吴起。

吴起也是个果决的人，发现自己就算插上**翅膀**都逃不掉了，就果断地冲进了悼王的灵堂，身子紧贴着悼王的尸首。追杀他的人不肯罢休，一时间箭如雨下，吴起被乱箭射死，悼王的尸体也中了箭。

按照楚国的律法，亵渎君王的尸体，那是要诛灭全族的。所以，楚肃王即位后，所有射中过悼王遗体的人都被处死了，幕后策划这次袭杀行动的宗室也有七十多家被牵连、严惩。吴起也算是在临死前为自己报了仇。

赵武灵王

被饿死的一代雄主

赵武灵王的故事

每次翻开历史课本，总能看到画像上春秋时代的古人都穿着长长的袍子。这些衣服袖子又宽又大，干活做事都很不方便，又怎么骑马打仗呢？历史上有一位大人物，他也发现了这个问题：穿着长袍骑马太难了，这怎么能保家卫国！他四处观察，终于想出了一个好办法，穿少数民族的胡服就很棒！他不顾所有人的反对，鼓励大家改穿胡服，最终保卫了国家。他就是赵武灵王，他的故事又是怎样的呢？

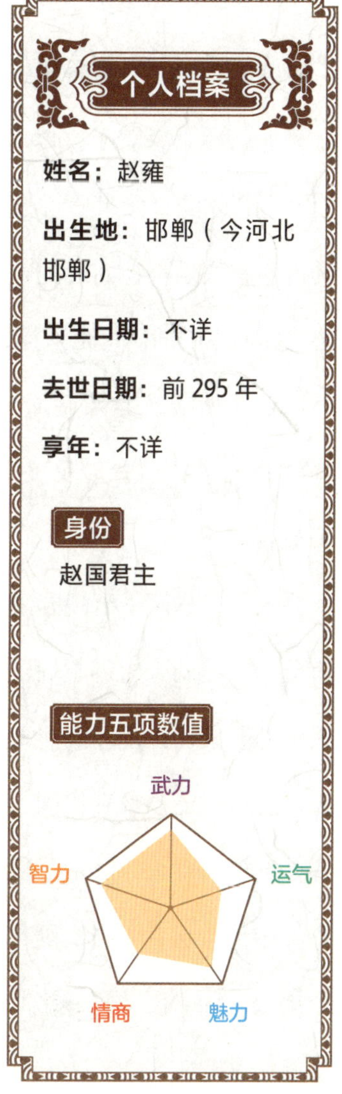

预言里的勇者

晋国还是霸主的时候，上卿赵简子权力非常大，虽然他不是诸侯，但比许多诸侯还要厉害。

有一次，赵简子生了怪病，在床上睡了五天五夜都没有醒。大家都急得团团转，把当时最有名的医生扁鹊请来给赵简子看病。

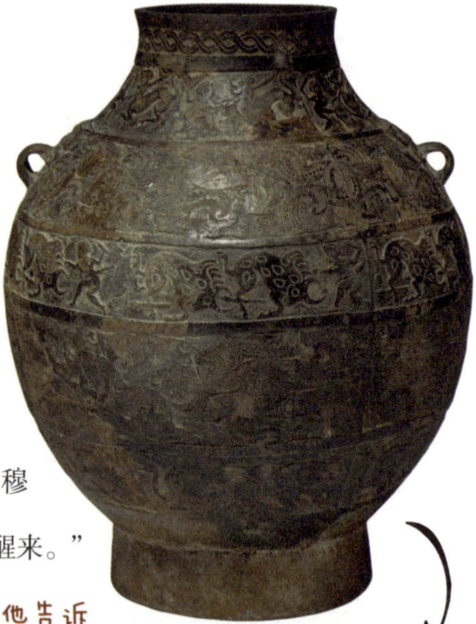

狩猎纹壶 战国

战国时期的青铜器中，纹饰最具时代特色的就是狩猎纹，这在以前是没有的。此壶上的纹饰很有层次感，不同纹饰交替出现，呈现出了神话和现实交织的画面。

扁鹊看完之后笑着说："这不是什么大病，就是睡着了。以前秦穆公睡了七天七夜才醒，醒来后说自己去了天宫，玩得非常快乐。神仙还把未来的事告诉秦穆公。你们主君的病也是这样，他很快就会醒来。"

过了两天，赵简子真的醒了过来，他告诉身边的人说："我梦见了天帝，预知了未来。"身边人都很惊讶。

一天，赵简子出门办事，有人拦路，非要见赵简子。拦路的人告诉赵简子："您上次睡梦中见到天帝的时候，我正好就在天帝旁边，将来您的子孙会灭掉晋国，还会攻克代国，您的后代会穿上胡人的衣服，吞并其他国家。"说完，拦路人就不见了。

相传，赵襄子当上国君后，他得到了山神的指示，山神告诉他后代中会有一个勇敢的国君，他长着络腮胡子，高大威猛，而且身穿胡服，会灭掉周围的胡族。

到了春秋末期，曾经强大的晋国被掌握权力的上卿架空。公元前 376 年，势力最大的三家魏氏、韩氏和赵氏一起灭了晋国，并瓜分了晋国的土地。

赵氏一代一代传承，到了赵武灵王，他的名字叫赵雍，是一个**英勇果断**、具有冒险精神的年轻人。

公元前 325 年，赵国国君赵肃候去世，还未成年的赵雍接管了赵国。周围的秦国、楚国、燕国、齐国、魏国全都看不起小小年纪的赵雍，甚至赵国都没有邀请诸侯国参加赵肃候的葬礼，他们却都带着上万精兵跑到赵国来，想要趁机威吓年轻的赵雍。

葬礼上的威胁并没有吓住赵雍，为了维持国家的运转，赵国设立了三位博闻师和三位司过官。处理国家大事的时候，赵雍都会询问他最信任的先王的贵臣肥义。赵雍非常敬重老人，他升了肥义的官职，每个月还给国内八十岁以上的德高老人送礼。

转眼到了赵武灵王八年（前 318），秦、韩、魏、齐、燕五大诸侯国相互称王，只有赵国不肯称王。赵雍觉得自己的实力还没有达到王的水平，不愿意称王，还下令所有的赵国人都称呼他为“君”。

诸侯称王的第二年，韩国、魏国和赵国一起商量要灭掉秦国，谁也没想到三家联合竟然打不过秦国。又过了一年，赵国的城池被秦国占领，损失惨重。打了大败仗的赵武灵王忍不住**思考**：怎么样才能让赵国强大起来？

公元前 309 年，赵武灵王在九门建了一座军事瞭望台，一有空就站在瞭望台上观察中山国和齐国的边境，一个伟大的计划在他心里生根发芽。

穿长衣，还是穿短衣？

公元前 307 年的春天，赵武灵王在王宫里举办了隆重的朝会，会后又单独召见了肥义。

肥义问赵武灵王：“您是不是有什么计划？”赵武灵王点了点头，于是两人谈论起天下大事，足足聊了五天。

谈论完天下大事，赵武灵王心里的**计划**又坚定了一些，他从王宫出发，巡视整个赵国。

在北方，赵武灵王巡视了赵国与中山国的边境，西面巡视了黄河，最后登上了黄华山（今河南林州黄华山）。望着赵国的国土，赵武灵王终于下定了决心。

回到王宫后，赵武灵王召见了另一位信任的大臣楼缓，对他说：“赵国的先王们做了许多了不起的事，他们修了长城、打败了胡人，但霸业还没有完成。现在，赵国东边有东胡，西面有林胡、楼烦、秦国、韩国，北面有燕国，还有一个中山国占据了重要位置。没有强大的军队，国家迟早要灭亡，该怎么办？我知道，想要成就伟大的事业，就不能被世俗偏见拖累，所以，我打算让赵国人全都改穿胡人的衣服，像胡人一样骑马射箭！”

胡人的衣服有什么不一样呢？当时的中原人穿的都是袖子宽大的袍服，脚上穿的是布鞋，虽然美观雅致，但活动起来很不方便，骑马打仗更加不便。而胡人穿的是短上衣，衣服袖子窄小，脚上穿的是皮靴，不影响行动，非常灵活。

楼缓非常赞成赵武灵王的计划，如果赵人改穿胡人的衣服，就可以像胡人一

青铜双翼兽 战国

这个神兽直立着圆圆的脖子，头微上扬，双目圆睁，嘴中衔一物，还露出八颗牙齿。你看它身体修长，臀部隆起，四足像钢爪一般，用力地抓住地面，两翼贴于身侧，跃跃欲起，真像是长了翅膀的老虎，造型很奇特。

样骑马射箭，骑兵的战斗力会大大提高，赵国就能强大起来。

但是，其他大臣都不愿意穿胡服。赵武灵王召见肥义，说："我打算让赵国的百姓都穿上胡人的衣服，练习骑马射箭。但是大家一定会议论我，不愿意服从我的指令，不愿意改穿胡人的衣服，这该怎么办？"

肥义回答说："不管做什么事，犹犹豫豫都是没办法成功的。和愚蠢的人解释一件事，他们永远都听不懂；和聪明的人说话，他们一听就明白了。一定会有人支持您的计划，您不用犹豫。"

赵武灵王听完点了点头，说："胡服是一定要穿的，我一点儿都不犹豫，我只是怕被人嘲笑。不过，我相信一定有人能理解我这样做的原因，穿胡服的好处非常大，就算全国的人都来嘲笑我，我也要穿上胡服，打败中山国和胡人！"

赵武灵王的叔父公子成是一个老顽固，为了能够顺利推行胡服计划，赵武灵王决定先劝说顽固的公子成穿胡服。公子成一听要违背祖先流传下来的规矩，立马装病拒绝了。于是，赵武灵王亲自去看望公子成，说出了改穿胡服的目的："我

金鹰冠饰 战国

又称“鹰顶金冠饰”，是匈奴王金冠。这件金冠由冠和额圈组成，纯金打制而成，总重约 1.5 千克。

雄鹰

狼咬羊浮雕图案

老虎

骏马

大角羊

国的邻国对我们虎视眈眈，总想侵略我们的土地，残害我们的百姓。只要我们改穿胡服，训练自己的骑兵，就一定能战胜他们。”

公子成被赵武灵王的雄心壮志感动了，赞同改穿胡服的计划，赵武灵王立刻赏赐了一套胡服给公子成，第二天两个人一起穿胡服上朝。大臣们看到赵武灵王穿着胡服，吓得话都说不出来，赵武灵王当众宣布：所有人改穿胡服。大臣们连忙劝赵武灵王不要冲动，可一看，连最顽固的公子成都穿上了胡服，大臣们无话可说，只好全都跟着改穿胡服。

过了没多久，所有的赵国人都穿起了胡服。刚开始大家有点不习惯，但慢慢地大家都发现了胡服的方便之处。赵武灵王接着又号令所有人学习**骑马射箭**，还招募了大量的马匹和士兵，赵国拥有一支强大的骑兵部队。

公元前305年，赵武灵王觉得时机成熟，派出大军进攻中山国。强大的骑兵所向披靡，占领了中山国好几个城池，中山国王没有办法，只好求和。接下来的几年里，赵武灵王几次攻打中山国，全都取得了胜利，夺取大片土地。

好爸爸？坏爸爸？

赵武灵王有过两任王后，第一任王后生下的儿子名叫赵章，第二任王后生下的儿子名叫赵何。赵武灵王非常宠爱自己的第二任王后，他俩相识的故事非常浪漫。

一次，赵武灵王去大陵（今山西交城西南）游玩，途中休息，梦见了一个美丽的少女，她一边弹琴一边唱歌："美丽的少女**光彩夺目**，姣美的容颜像盛开的花朵。命运啊、命运啊，竟然没有人知道我。"

赵武灵王和大臣们喝酒喝得很开心，就把这个梦说了出来。大臣吴广一听，吓了一跳，说："您说的这个女孩子，怎么像是我的女儿孟姚呢？"赵武灵王召见吴广的女儿，果然，她就是自己梦里的少女，于是，封孟姚为王后。

公元前299年，赵武灵王觉得自己应该专心打仗，击败其他国家，就把国君的位置传给了自己十一岁的小儿子赵何，历史上称为赵惠文王。赵武灵王自称"主父"，意思就是"国主的父亲"，他穿上胡服，离开王宫，前去打探秦国的消息。

赵主父打扮成赵国使者混进秦国，秦昭王接见了这名"使者"，他觉得这个使者既大方又威严，心里感觉有点奇怪。

过了几天，秦昭王派人去请“使者”，可“使者”已经不见了，经过详细调查才知“使者”竟然就是赵主父！秦昭王立刻派人去追，可赵主父早已安全离开了。这件事震惊了秦国朝野，秦国人非常担忧，赵主父竟然大胆地混进秦国的王宫，亲自观察秦国的地形。

公元前297年，赵主父一举灭掉了中山国，北方的土地全都归赵国所有。胜利归来的赵主父论功行赏，庆功宴足足摆了五天。高兴得赵主父在宴会上封大儿子赵章为安阳君，派田不礼辅佐他。

在赵惠文王出生之前，安阳君赵章一直都是王位的继承人，可后来赵主父宠爱孟姚，才改立赵惠文王为继承人。安阳君心里一直不服气，正巧田不礼也是一个很有野心的人，两人在一起开始密谋作乱。

大臣李兑看出了田不礼和安阳君的坏心思，就提醒肥义和公子成一定要小心。肥义是个非常忠诚的大臣，他猜测安阳君会假传赵主父的命令，趁机杀掉赵惠文王。于是，肥义发誓：“不管发生什么事情，我一定要挡在国君的前面！”

公元前296年，又到了举行盛大朝会的日子，所有大臣都到场向赵惠文王行礼。赵主父在边上静静地看着，发现大儿子安阳君无精打采。赵主父有些愧疚，觉得对不起他，明明是哥哥，却只能委屈地向弟弟行礼。思来想去，赵武灵王想了个办法，不如把赵国分成两部分，这样自己的两个儿子都可以当王。

分国的计划还没实行，赵主父和赵惠文王一起去沙丘（今河北邢台）游玩，但两个人没有住在一起。安阳君和田不礼觉得这是杀死赵惠文王的好时机，他们派人假传赵主父的命令，想把赵惠文王骗来杀掉。

赵惠文王没有怀疑，前往赵主父所住的宫殿，而肥义决心要保护国君，抢在赵惠文王的前面先进了宫殿，结果被安阳君当场杀死。剩下的人一看肥义被杀，立刻保护着赵惠文王和叛军战斗，早有准备的公子成和李兑也带援兵赶到。

安阳君眼看要失败了，拼尽全力逃到赵主父的住处，请求父亲的保护。

赵主父看着眼前可怜的儿子，决定保护他。公子成和李兑只好把赵主父的宫殿**团团围住**，直到杀死了作乱的安阳君。

虽然安阳君已经死了，但公子成和李兑知道围困赵主父是大罪，事后自己一定会被灭族。两人灵机一动想了一个主意，他们对里面的人大喊："最后一个出来的人要被灭族！"宫殿里的人都不想被灭族，全都逃了出来，只剩下赵武灵王一个人在里面。

三个月后，宫殿的门再次被打开，大家发现赵主父已经被饿死了。

赵武灵王修长城

赵长城是赵武灵王修建的长城，是中国现存最古老的长城之一，距今已经有两千多年的历史。赵武灵王是一位具有军事才能的国君，他打败了胡人，开始修建北长城。那时候，各个诸侯国经常互相攻击，修建长城是为了保卫自己的国家。赵长城全长有六百多千米，保护了赵国不受侵略。后来，秦始皇修建长城的时候，也是以赵长城为基础进行延伸的。

强大秦国，逼死自己
商鞅的故事

姓名：商鞅

出生地：卫国（今河南）

出生日期：约前 390 年

去世日期：前 338 年

享年：约 53 岁

身份

左庶长
大良造
相国

能力五项数值

“作茧自缚”这个成语大家都知道，用通俗一点儿的话来说，就是自作自受，自己造的孽自己承受。一般来说，这个含有贬义的词通常是用来形容“小人”的，但今天呢，要给大家介绍的这位历史上有名的大人物，却同样适用这个成语。那么，这个历史大人物究竟是谁呢？他就是为秦国富强壮大立下汗马功劳的政治家——商鞅！

变法富秦国

商鞅本名公孙鞅，是个地地道道的卫国人。一开始，商鞅效力的并不是秦国，而是魏国，曾有人把商鞅举荐给魏惠王，但魏惠王并没有采纳，他觉得商鞅平平无奇，根本不值得重用。后来，商鞅离开了魏国，投靠了秦国。

为了加强秦国国力，秦孝公准备在国内进行变法，他命令商鞅在秦国实施变法。变法取得了

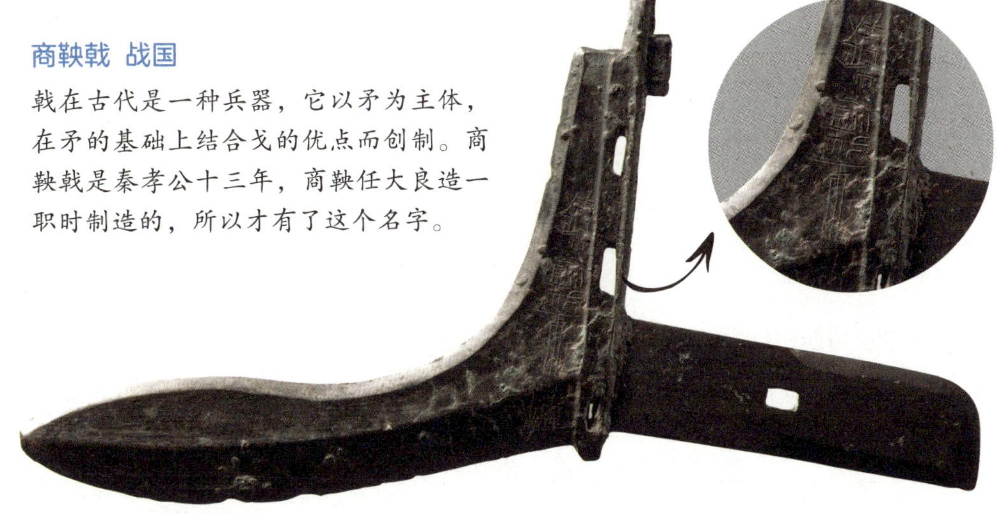

商鞅戟 战国

戟在古代是一种兵器，它以矛为主体，在矛的基础上结合戈的优点而创制。商鞅戟是秦孝公十三年，商鞅任大良造一职时制造的，所以才有了这个名字。

一定成效，秦国慢慢变强大，这让其他诸侯国有些**措手不及**。

秦国变法强大后的第一仗，就选择攻打已经走向末路的魏国。最终，魏国不得不割让土地求和，才阻止了秦军的进攻。

为了奖励商鞅的战绩，秦孝公将十五座城赐给他，封他为商君，“商鞅”一名就是由此而来的。

霸道变法葬性命

商鞅变法初期，由于新法的要求很苛刻，因此秦国上至贵族下至百姓，都对变法的内容表示出强烈的抵触情绪。起初，商鞅还会耐着性子向大家解释，但时间一长，眼看着变法的进程被耽搁，另一边还有秦孝公不断地催促和施压，无奈之下，商鞅只好按照秦孝公的意思，开始在秦国内实行“霸道”的变法。

所谓“霸道”的变法，其实就是通过极其严苛的政治高压手段，来让秦国上下全部服从新法的规定。一旦出现触犯者，就只有一个后果——杀！

由此，商鞅还为秦国制定了十分严苛的法律制裁条例，比如连坐法——商鞅将老百姓以家为单位进行编组，五家为一“伍”，十家相连。如果其中有一家犯罪，则十家连带问罪。

在这种高压的问罪环境下，秦国百姓活得**胆战心惊**，生怕自己不小心犯了罪，也生怕家里有人犯罪。这个过程中，秦国百姓对商鞅的憎恨与日俱增。

秦孝公驾崩后，商鞅失去了靠山。更糟糕的是，继位的太子嬴驷，也就是后来的秦惠文王，对商鞅极其不满。

于是，嬴驷继位后，便在全国下令抓捕商鞅。最终，商鞅兵败战死，但这并不能让秦惠文王泄愤，他下令将商鞅的尸体带回咸阳，然后施以车裂，之后又以连坐法诛杀商鞅全家。

这实在是可悲又可笑，商鞅亲手创制的刑罚，最后却被用在了他和自己家人身上。

漫画开讲啦！

商鞅年少的时候喜欢研究法家学问，非常有才干，后成为魏国相国公叔座的家臣。

不久，公叔座得了重病。

魏惠王假装答应了，便离开了相府。

魏惠王走后，公叔座立刻召见了商鞅。

不久，公叔座去世，商鞅听说秦国在招揽人才，便前往。

在秦孝公宠臣景监的引荐下，商鞅两次觐见秦孝公畅谈治国之道，秦孝公却毫无兴趣。

第三次，商鞅说到了秦孝公心坎上，他们相谈甚欢。

此后，秦孝公多次召见商鞅，聊到投机时，还会凑到商鞅身边。

商鞅夜以继日地工作，完成了新法的制定。

为了让百姓信服，商鞅想了一个办法。

商鞅以此表明令出必行，绝不欺骗百姓，事后就颁布了新法。

新法施行了一年，遭到了秦国上下的反对，特别是太子嬴驷反对得最厉害。

商鞅割了太子的老师公子虔的鼻子，对公孙贾处以墨刑。

新法推行了十年，秦国越来越强大，周天子都承认了秦孝公的霸主地位。

公元前 340 年，商鞅率军攻打魏国，魏国的公子卬（áng）领兵迎击。

商鞅率军大败魏军，魏国割地求和，并迁都大梁。

商鞅胜利回国，秦孝公把於、商十五个邑封给了他，封号为“商君”。

商鞅出任秦相十年，很多宗室贵族都怨恨他。

五个月后，秦孝公去世，太子嬴驷即位为秦惠文王。

商鞅带着几个人逃到边境，想留宿驿馆。

商鞅只能从乡野小路逃往魏国。

因为商鞅欺骗过公子卬，魏国人拒绝商鞅入城，并把他送回了秦国。

商鞅逃到他的封地商，召集兵力攻打郑国时，被秦军逮捕。

商鞅被五马分尸示众，他的家人也都被杀死了。

二项田和六国印

苏秦的故事

姓名：苏秦

出生地：东周洛阳乘轩里（今河南洛阳东）

出生日期：不详

去世日期：前 284 年

享年：不详

身份

外交家
六国相国

能力五项数值

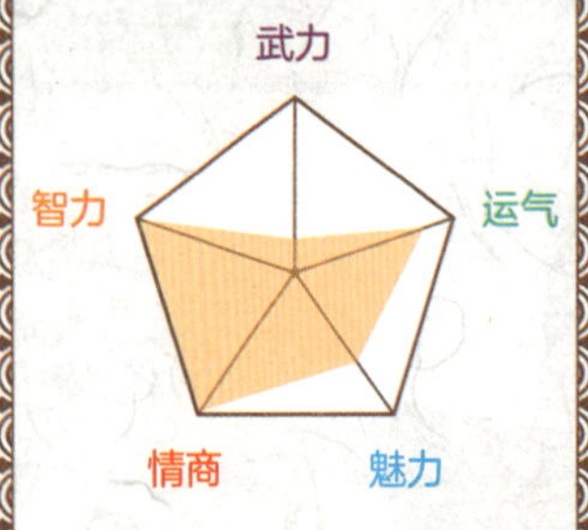

你做过选择吗？人这一辈子，要做的选择实在是太多太多了。小到今天穿什么、吃什么，大到以后考哪所大学、做什么工作，都是选择。不同的选择代表着不同的结局。战国时期，就有那么一个人，因为在最关键的时候做出了正确的选择，从而获得了巨大的成功。这个人是谁呢？他就是身佩六国相印的纵横家苏秦！

在家种田，不好吗？

如果战国时期也有朋友圈的话，那么苏秦一家的朋友圈一定是这样的：

苏秦：好好学习，天天向上。相信自己，总有一天你会成功的！

苏秦哥哥：哎，兄弟不争气，做大哥的真是操碎了心啊！

苏秦嫂子：家里有个白吃白喝不干活的弟弟，

怎么办？在线等，挺急的。

苏秦妻子：呜呜呜，为什么别人家的夫君都那么能干，我家苏秦却啥都不会做？为什么啊！

看完苏家人的朋友圈，你对苏秦的印象是不是很差？觉得他很没用，不靠谱？如果你要真这么想，就错了。

苏秦喜欢读书，是个学霸，年轻的时候还去齐国留过学，拜了齐国最有名望的学者鬼谷子先生为师，学习纵横术。

苏秦学成后，在外游历了好多年，最后穷得连饭都吃不起了，只能灰溜溜地回家依靠哥哥和嫂子生活。所以家里人都瞧不起他，觉得他没本事、不务正业。

一天，哥哥和嫂子正在背后议论苏秦呢，被路过的苏秦听见了。

“不是我说啊，小叔年纪也不小了，有手有脚的，怎么就不能自己养活自己呢？他就是懒，怕吃苦！”嫂子一边晾晒洗好的衣服，一边念叨。

“行了，快别说了！”看到苏秦过来，哥哥赶紧冲着嫂子摆摆手，提醒她别说了。嫂子却微微昂起了头，理直气壮地对苏秦说：“按

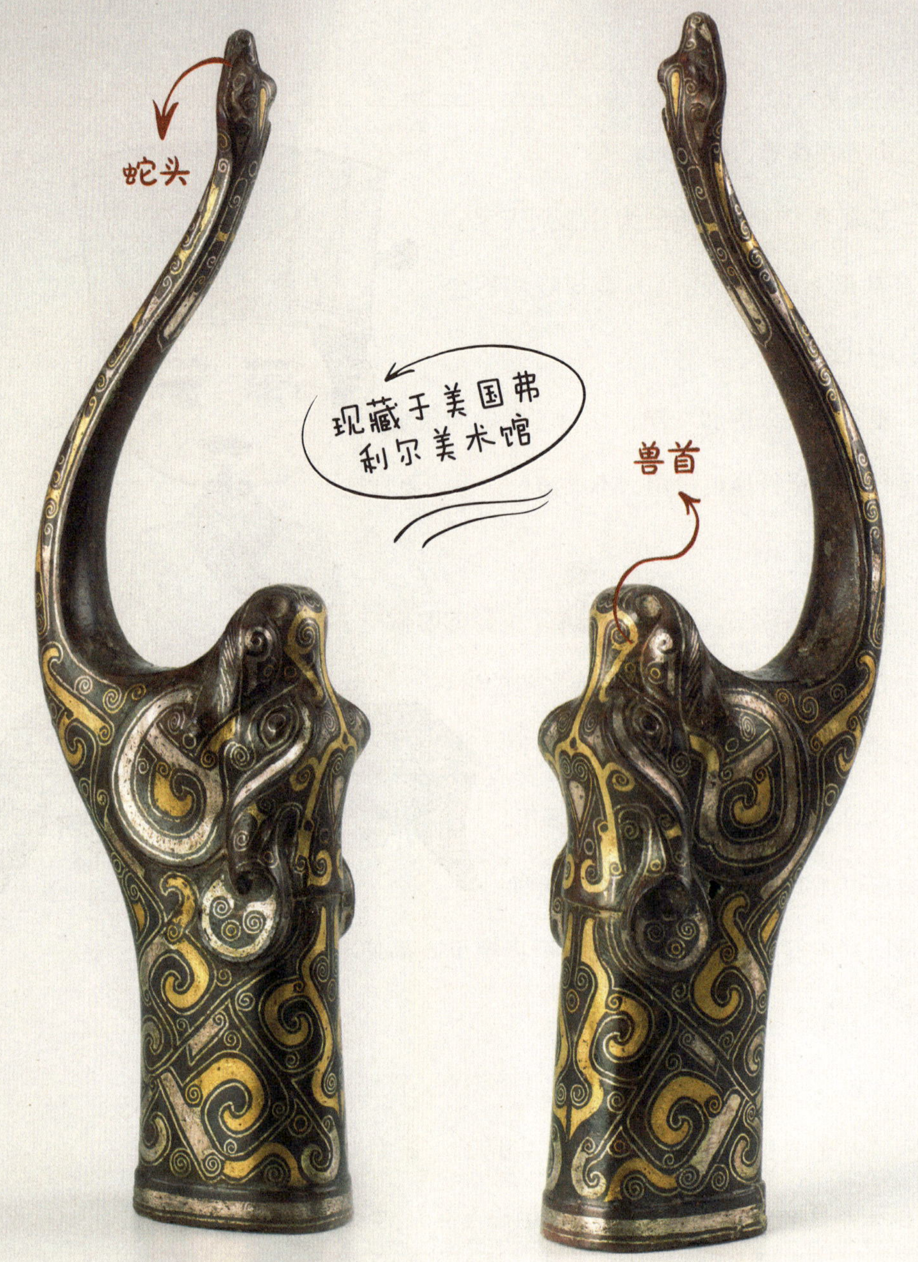

错金银承弓器 战国

承弓器是古代战车上安放弓弩的支架，就像我们的手机支架一样。图中的这对承弓器就像一对双胞胎，长相差不多。它的一端是一个蛇头的造型，高高翘起；另一端，有穿孔可以固定住，全身还装饰有错金银云纹呢。

照咱们周朝的习俗，男人成年后，要么花钱置办些田地、产业，要么做些小买卖，这才是正事、是根本。可你倒好，该做的事情不做，反而舍弃根本，只做些卖弄口舌的事情。你穷困潦倒，不是活该吗！”

听了嫂子的话，苏秦又羞愧又气恼又伤心，偏偏还没法反驳，只好跑掉了。那之后他就把自己关在家里，想了很多很多。

之后，苏秦花了整整一年的时间，把兵书《阴符》认认真真地研究了一遍。等觉得自己研究透了，有能力游说诸侯了，苏秦就又一次离开家，开始了自己的游说之路。

游说周、秦、赵、燕

游说之路的第一站，苏秦选择了东周都城洛阳。周显王身边的许多大臣都听说过苏秦，知道他“只会耍嘴皮子”，都瞧不起他，周显王也不愿意采纳他的意见。于是，苏秦就又去了秦国，游说刚刚当上国君的秦惠文王。

他对秦惠文王说：“秦国地势险要，物产丰富，人口众多，将来一定能够统一天下。”秦惠文王听了不以为然，而且他很讨厌“靠游说来讨生活”的人，所以就以“秦国的羽毛还没丰满，政治还不成熟”为理由拒绝了苏秦。

之后，苏秦又去了赵国，赵国的相国奉阳君特别讨厌他，根本就不给他游说的机会。苏秦辗转又去了燕国，在燕国等了一年多，才见到了国君燕文侯。

苏秦先和燕文侯说了燕国的优势：地理位置好，国土面积大，有几十万军队，粮食充足，经济发达，很少受到战争波及。接着他又分析了燕国的劣势和隐患，

现藏于陕西历史博物馆

他说燕国之所以涉及的战争少，是因为燕国和秦国之间隔着一个赵国。秦国想打燕国，不仅行程有几千里，还得穿过赵国。可是，如果赵国想打燕国的话，只需要不到十天的时间，大军就能到达燕国边境。最后，苏秦得出结论：燕国不担忧近在咫尺的外患，反而担心**千里之外**的敌人，这很离谱。

针对这一情况，苏秦给出了自己的建议："希望大王能和赵国合纵相亲，进而促进各诸侯国成为一个联合的整体，一起抵抗秦国。这样一来，燕国就不必担忧了。"

燕文侯觉得苏秦说得很有道理，也很赞成他"合纵抗秦"的想法。于是，资助了他很多财物，派他出使赵国游说。

苏秦再次到赵国，因为特别讨厌他的奉阳君已经死了，所以苏秦很快就见到了赵国国君**赵肃侯**。

苏秦告诉赵肃侯：外交是国家安定的根本，盟友选对了，人民就能安居乐业；选不对，国家就不得安宁。

杜虎符 战国

杜虎符是秦国调兵的信物，它一分两半，一半在国君手里，一半在将领手里，只有两者相合，才能调集军队。

之后，他为赵肃侯分析了赵国目前面临的形势：无论是和秦国交好，还是和齐国交好，都得不到任何好处。赵国和秦国相邻，秦国的国力比赵国强，对赵国威胁很大。秦国现在不敢打赵国，是害怕被韩国和魏国偷袭。如果韩国、魏国臣服了秦国，赵国就危险了。所以，现在赵国最好的选择就是和韩、魏、燕、齐、楚五国放下仇恨，在洹水会面，歃血为盟。大家约定，只要秦国攻打六国中的任何一个国家，另外五国都要出兵相助。有背叛盟约的，其他五国一起讨伐它。

苏秦还给赵肃侯算了一笔账：六国的土地加起来是秦国的五倍，军队加起来是秦国的十倍，只要大家联合起来，秦国就算再强势、再霸道，也不敢打过来。如此一来，赵肃侯的霸业就指日可待了。

听了苏秦的分析，赵肃侯心动了。他向苏秦许诺，愿意倾尽整个赵国的力量支持苏秦，还送了他一百双玉璧、一千镒（“镒”是古代的重量单位，相当于二十两）黄金、一百辆车、一千匹锦缎，让他出使各国，邀请各国加盟。

六国结盟，苏秦拜相

离开赵国后，苏秦又去了韩国。

到了韩国，苏秦用“宁为鸡口，无为牛后”的谚语刺激韩宣王，韩宣王虽然有些生气，最后还是选择了加入联盟。

因为韩宣王觉得苏秦说得很对，韩国虽然是个小国，土地少，人口少，但武器装备很精良，士兵也非常勇敢，不比别人差。而且，臣服秦国就必须割让城池和土地，哪个君主能忍受这样的屈辱呢！

说服韩宣王后，苏秦再接再厉去了魏国，对魏襄王说：“以您的贤明和魏军的强大，没必要割让土地臣服秦国，不如与其他诸侯国合纵，联合抗秦。”

魏襄王被说服了，同意加入六国的“**合纵联盟**”。

离开魏国后，苏秦来到齐国。

见到齐宣王后，先是夸齐国山河壮美、军队强大、人口密集、经济发达，然后，话锋一转，做出一副无地自容的样子说道：“您的国家这么强，您这么贤明，却还想着臣服秦国，岂不让人笑话！”

齐宣王张了张嘴，想要反驳两句，但一时之间又不知道该怎么反驳，只好一个人坐在那里生闷气。苏秦看了看他，之后很耐心地解释说：“您看呢，秦国在最西边，齐国在最东边，两国并不接壤，齐国还有天险可以用来防守，秦国根本就不敢打过来。您为什么要怕它呢？”

齐宣王采纳了苏秦的建议，决定加入合纵联盟。

说服了齐宣王，苏秦长长地舒了一口气。然后，斗志满满地踏上了去楚国的路。

到楚国后，苏秦以五国使者的身份求见楚威王。见面后，他对楚威王说：“楚国和秦国都是强国，都有可能成为天下霸主。可是，天下就那么大，土地就那么多，秦国强了楚国就弱，秦国弱了楚国就强。所以，大王啊，您为什么不联合其他国家，孤立和**削弱**秦国呢？我可以向您保证，您若是加入联盟，大家都听您的，一年四季都来向您进献礼物。”

楚威王一想，这是好事啊，便同意加入合纵之约。

就这样，在苏秦的努力下，六国结成了“合纵联盟”，苏秦被特聘为“纵约长”，

青铜嵌绿松石带钩 战国

带钩是古代贵族和文人武士所系腰带的挂钩，因为带钩用起来比较方便，逐渐流行开来。这个带钩镶嵌绿松石，色泽艳丽，看起来很别致。

同时担任六国的相国。

衣锦还乡

合纵成功了，苏秦高高兴兴地离开楚国，一路向北，准备回赵国向赵肃侯复命，途中正好经过家乡洛阳。

各国都派了使者护送，还送给苏秦大量车马和行装，非常气派，就像是国君出行一样。

周显王听说后，想起当年苏秦来拜见时，自己态度傲慢，很担心苏秦报复，便派人清扫街道，送去礼物讨好苏秦。

苏秦回到家后，哥哥嫂子跪着迎接他，趴在地上为他进献食物，态度非常恭敬。苏秦笑着问嫂子：“为什么你以前对我那么傲慢，现在又这么恭敬？”嫂子匍匐着爬过来，整张脸都贴到了地上，回答说：“因为小叔您现在做了大官，还有很多很多的钱。”

嫂子的话，让苏秦很感慨，他轻轻地叹了一口气，说：“同一个人，有权有势了，亲戚们就敬重畏惧；地位卑微、没钱没势，就被轻视。亲戚之间尚且如此，更何况是外人？如果当初我在洛阳郊外有二顷田，每天忙着种地，现在怎么可能佩戴六国的相印？”

感慨了一番后，苏秦很慷慨地拿出一千两黄金，分给了亲人、族人和朋友。

对于帮助过自己的人，苏秦都加倍地给了回报。

一张嘴，十座城

苏秦回到赵国后，将合纵的盟约亲手交给了赵肃侯，赵肃侯非常高兴，不仅封苏秦当了武安君，还派人把六国合纵的盟书送到了秦国。此后的十五年，秦国一直很安分，没敢挑事，

猿形银带钩 战国

带钩为猿猴造型，它伸出左侧长臂，以蜷曲的猿爪为钩，背后设置安在带上的圆钮，构思极为精巧。

也没攻打过六国中的任何一个国家。

可惜，六国的盟约没能一直维持下去。因为秦国大臣犀首哄骗齐国和魏国，一起攻打赵国。赵王怪罪苏秦，苏秦很担忧，就主动请求出使燕国。

秦惠文王把女儿嫁给了燕太子。那一年，燕文侯去世了，燕太子即位，就是燕易王。齐宣王趁机出兵伐燕，占领了燕国十座城池。

燕易王心情很不好，就和苏秦抱怨："当初，先王是因为您才加入了六国联盟，可现在，齐国刚和赵国打了一仗，转过头来又攻打燕国。天下人都在耻笑我们，您能帮我要回被占领的城池吗？"

苏秦郑重地点点头。

苏秦来到齐国，见到了齐宣王。先是祝贺了他一番，之后又低下头为他默哀。

苏秦的举动，让齐宣王很诧异。苏秦说："大王，您知道吗，世间有一种叫'乌喙'的毒草，毒性剧烈，吃了就会送命，所以，不管有多饿，都不要去吃它。而您却吃了。"

"你什么意思？"齐宣王疑惑地问。

苏秦说："燕国虽小，燕王却是秦王的女婿啊。为了十座城，就得罪燕国和秦国，这可不是聪明的做法。难道，您不怕燕国向秦国借兵来攻打您吗？"

齐宣王一听，吓得脸色惨白，问道："那我现在该怎么办？"

苏秦笑了笑，回答说："我建议您将占领的十座城还给燕国，这样燕王肯定很高兴。如果秦王听说，您是因为他才主动把城池还给燕国的，肯定也会很开心。燕国、齐国、秦国就能从敌人变成好朋友。有了这样的倚仗，以后您再发布命令，

曾侯乙铜鹿角立鹤 战国

你看，一只骄傲的鹤引颈昂首，头上生出一对鹿角，鹿与鹤合而为一，毫不违和。不得不说，古人的想象力和创造力真是登峰造极！在古代，鹤和鹿都是祥瑞之兽，寓意吉祥长寿。

现藏于湖北省博物馆

天下人谁敢不听啊。”齐宣王想了想，觉得苏秦的建议很中肯，便把侵占的十座城池还给了燕国。

伪装者上线

有人在燕易王面前诋毁苏秦，说他是个不忠不信、反复无常的小人。苏秦回到燕国后，并没得到赏赐，燕易王对他的态度也很冷淡。

苏秦凭借出色的口才，不但使燕易王恢复了对他的信任，还为自己赢得了丰厚的赏赐。

苏秦和燕易王的母亲私通。燕易王知道后，不但没有责罚苏秦，反而对他礼遇有加。苏秦害怕日后因此获罪，就想到了一个既能帮燕国提升地位，又能光明正大离开燕国的好办法：去齐国当间谍。

于是，在燕国通往齐国的官道上，伪装者——苏秦正式上线了。

到齐国后，苏秦告诉齐宣王，自己得罪了燕王，好不容易才逃到齐国来。齐宣王很同情他，也很欣赏他，封他为**客卿**，像对待贵客一样对待他。齐宣王去世后，继位的齐滑王对苏秦也很看重，遇到事情，常常询问他的意见。

为了消耗齐国的国力，苏秦想了很多办法哄骗齐滑王，怂恿他为齐宣王举办隆重的葬礼、修建高大华美的宫殿，做了很多劳民伤财的事情。齐滑王却没发现不对，一直对苏秦恩宠有加。

车裂！车裂！

如果事情这样发展下去，齐国没准真的会因为“间谍”苏秦而走向衰败。只是，苏秦死得太早了。

在一个国家中，得宠的大臣往往都会遭人嫉妒。齐滑王宠幸苏秦，齐国的不少大夫为了争宠，派杀手刺杀了苏秦。

苏秦伤得很重，眼看着就要死了。齐滑王非常生气，下令全力搜捕刺客，但找来找去就是找不到。

躺在病床上，脸色蜡黄、**奄奄一息**的苏秦对齐滑王说：“大王，您听臣说，臣如果死了，您就在闹市上将臣车裂，告诉天下人‘苏秦是间谍，为了燕国，到齐国来捣乱’。到时候，杀我的凶手肯定会主动站出来。”

苏秦的话，让齐滑王大吃一惊。车裂，又叫五马分尸，那可是酷刑中的酷刑，只有罪大恶极的人才会被处以这样的刑罚，而苏秦是齐国的重臣，齐滑王觉得不应该这样对他。但为了找出凶手，给苏秦报仇，齐滑王最后还是同意了。

苏秦去世后，齐滑王按照他的嘱咐，将他五马分尸。果然，凶手以为自己立了大功，主动找到齐滑王邀功请赏。齐滑王于是将他**绳之以法**。

虽然苏秦最后的结局很惨烈，但他这一生活得却很精彩、很耀眼，甚至可以说，凭着他一个人的力量，改变了整个天下的局势。而这一切的一切，都是从当初他选择放弃“二顷田”的安稳生活开始的。如果当初苏秦走了另一条路，或许战国的历史、秦国的历史就会被彻底改写。我们也不可能见到一位如此惊才绝艳的外交家与雄辩家。所以啊，在最关键的时刻坚定信念、做出正确的选择，真的很重要！

苏秦引锥刺股

战国时期，纵横家是个很热门的学派，学生有很多，苏秦并不是最聪明能干的那一个，但他却是最成功的。为什么呢？因为苏秦学习刻苦努力、对自己要求严苛。当苏秦穷困潦倒回到老家的时候，家里人都瞧不起他。他很受刺激，于是就发奋读书，每天都读到深夜，累了，困了，就拿又尖又细的锥子扎自己的大腿，用猛烈的疼痛感让自己清醒，然后继续读书，就这样坚持了一年多。苏秦成为六国相国后，他发奋苦读的故事也慢慢地流传开来，后世的许多学子都把他当成了学习的榜样。

史记成语典故大搜索

同日而论

词意： 将不同的人或者不同的事放在一起讨论或者同样对待。

造句： 这是完全不同的两件事，没有任何的联系，不能同日而论。

食不甘味

词意： 吃东西时分辨不出食物甘美的味道，常用来形容人心事重重、担忧不安的样子。

造句： 李翔的妈妈病了，他很担心，最近这段时间一直食不甘味、睡不安稳，瘦了好多。

前倨后恭

词意： 以前傲慢，现在恭顺，形容对待他人的态度前后截然不同、变化巨大。

造句： 不知道经历了什么，他前倨后恭，判若两人。

古代音乐圈里的“大佬”

提起中国古代音乐圈里的乐器，你会想到什么呢？有编钟、琵琶、箫、笛……你可别小瞧它们，它们各个都称得上“大佬”，但又都别具一格。有的声音古朴浑厚，有的轻柔典雅，有的低沉沧桑，有的神秘哀婉……它们经历了上千年的历史变革，带给我们的不仅仅是直击心灵的声音，还有文化的魅力。

“大块头”曾侯乙编钟

编钟是中国古代大型打击乐器，兴起于西周，盛于春秋战国直至秦汉。中国是制造和使用乐钟最早的国家。出土的曾侯乙编钟共65件，钟上均有乐律铭文，共2800余字。它用青铜铸成，由大小不同的扁圆钟按照音调高低的次序排列起来，悬挂在一个巨大的钟架上，用丁字形的木槌和长形的棒分别敲打青铜钟，能发出不同的乐音，因为每个钟的音调不同，按照音谱敲打，可以演奏出美妙的乐曲。

华丽的彩漆排箫

制于战国时期，现藏于湖北省博物馆。

排箫是中国古老的吹奏乐器，又称“参差”或“箫”。孔子所欣赏的韶乐，因主要由排箫演奏而被称为“箫韶”。曾侯乙墓出土的排箫共有两件，均由十三根长短参差的竹制箫管经三个竹夹缠缚而成。

中华第一笛：贾湖骨笛

距今约 5800—7000 年，现藏于河南博物院。

1986—1987年，在河南贾湖遗址出土了二十多支骨笛，这也是中国出土的最早的乐器。有人认为，传统的中国音乐是五声音阶，七声音阶是外来传入的。而贾湖骨笛不仅能够演奏传统的五声或七声调乐曲，还能够演奏变化多样的乐曲。这些骨笛是世界上最早的吹奏乐器。

钟架：铜木结构，外形呈直角曲尺形，由六个佩剑的青铜武士和几根圆柱承托。

“大有来头”的小忽雷

唐德宗年间，镇海节度使韩滉偶然发现一棵树，叩击有金石之声，便命人砍了树，用木材制成了两把琴，大的叫大忽雷，小的叫小忽雷。这把小忽雷的顶部是雕刻精致的龙头，龙口里含有一粒活动的小圆珠。

张仪

舌头在，富贵就在

张仪的故事

鬼谷子是战国时期著名的纵横家，也是诸子百家中纵横家一派的创始人，后人还给他起了个非常霸气的尊称——谋圣！在鬼谷子众多徒弟中，张仪和苏秦也很有名望，今天，我们就来认识一下张仪！

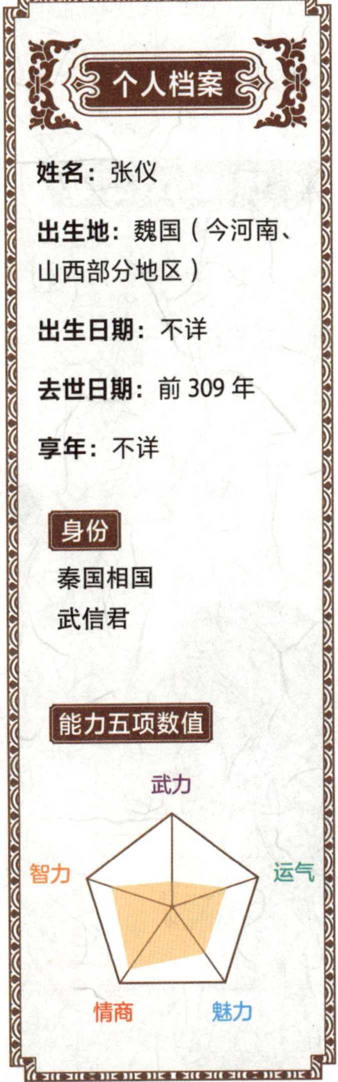

拳头打出来的纵横家

张仪虽然和苏秦同为鬼谷子的徒弟，但他的境遇却和苏秦截然不同，甚至有点惨。

张仪学成后，就效仿苏秦到处去游说诸侯，先是到了楚国相国门下做门客。虽然只是个门客，可张仪并不安于现状，加上他又有点自恃才高，总觉得自己一张嘴就能说尽天下，所以平日里张仪表现得有些“不合群”。

有一天，张仪和其他门客一起陪楚相喝酒。席间，楚相的一块**玉璧**意外丢失。其他门客借机纷纷将矛头指向了张仪，认为是他偷了玉璧。

最终，百口莫辩的张仪被绑起来痛打一顿。张仪受了重伤，从此，他立志要靠纵横之术**出人头地**！

有人建议他去投靠苏秦。要知道，此时的苏秦正执掌六国相印，联合六国一同抗秦，如果张仪投靠他，定能干一番大事！听了这人的建议，张仪感觉自己瞬间看到了希望。

纵横捭阖戏战国

张仪来到赵国，找到苏秦，本以为他会热情地接待自己，可没想到，他却在苏秦这里碰了一鼻子灰——苏秦不仅没有热情地款待他，反而还一个劲儿地数落、嘲笑他。

张仪感觉自己被侮辱了，便离开赵国，他决定去秦国，因为此时只有秦国能对赵国构成威胁。

到秦国后，张仪凭着自己的三寸不烂之舌，成功说服了秦王，让他连横六国，然后逐个击破，而张仪也被任用为客卿。

直到这时，张仪才知道：这一切都是苏秦设计好的！

原来，苏秦担心合纵六国的计策会被秦国破坏，于是便想到

银镀金鹰首杯 战国

酒杯是银质的，银是贵金属，古代称为“白金”，十分珍贵。杯子整体线条流畅，看上去就像一个桃子。盛在杯中的酒从鹰嘴里流出，设计非常巧妙。鹰眼是用黑曜石镶嵌的，炯炯有神。这个独特的造型在当时非常罕见。

让张仪去游说秦国，以此来形成“合纵连横”的局面，让天下诸侯**相互制约**、相互平衡。张仪知道后，虽然有种被苏秦玩弄于股掌间的感觉，但还是从心底里佩服他的高明。

就这样，苏秦作为合纵的代表，张仪作为连横的代表，两个人通过纵横之术，获取了自己的富贵。

张仪，魏国人。当初曾和苏秦一起跟随鬼谷子先生学习游说之术，苏秦自认才学比不上张仪。

张仪完成学业来到楚国，一次他陪楚相喝酒，席间楚相丢了一块玉璧。

张仪坚决否认偷玉，楚相只好放了他。

此时，苏秦正在赵国组建合纵联盟，怕被秦国破坏，他想让张仪潜伏到秦国。

张仪来到赵国，苏秦对他十分冷淡。

苏秦让张仪坐在堂下，赐给他奴仆吃的饭菜。

张仪投奔苏秦反被羞辱，便到秦国去了。

苏秦派门客暗中跟随张仪，为他提供帮助。

凡是张仪需要的衣食财物，门客都鼎力相送。

张仪被秦惠文王任用为客卿，和他策划攻打诸侯。

苏秦的门客见任务完成，便向张仪辞行。

公元前 328 年，张仪为秦国攻取了魏国的蒲阳。

秦惠文王为此任用张仪为相国。

几年后，张仪辗转到魏国当相国，想让魏国先臣服秦国，以作为其他诸侯的榜样。

魏襄王去世，哀王即位，张仪仍未能劝服。于是，他暗中叫秦兵攻打魏国，魏战败。

张仪趁机再次劝说魏哀王。

魏哀王背弃盟约，通过张仪与秦国和解。

秦国想要攻打齐国，但碍于齐、楚两国缔结了合纵盟约，于是派张仪前往楚国斡旋。

楚国大臣陈轸劝楚怀王表面与齐断交，暗中联合，看秦国表现再谋划，被楚怀王拒绝了！

楚怀王与齐国断交，授张仪相印，并派使者跟随张仪去秦国收地。

张仪在回秦国的路上，假装跌下车受伤了，三个月没上朝。

到齐国与秦国结盟后，张仪才恢复上朝。

使者回报楚王，楚王非常愤怒，立刻要攻打秦国。

楚怀王不听劝谏，出兵攻秦，被齐秦联军大败，只好割地求和。

张仪料定楚怀王不敢杀他，所以他主动请缨前往楚国。

张仪请楚国大夫靳尚去游说楚怀王宠爱的夫人郑袖。

楚怀王还是赦免了张仪，张仪继续游说楚怀王。

楚怀王最终答应了张仪，与秦国结交。

张仪离开楚国，顺道去游说韩王。

韩王听从了张仪的建议，臣服秦国，秦惠文王为此赏了他五个邑，封武信君。

张仪又一路向东去游说齐湣王。

离开齐国后，张仪又到了赵国游说赵武灵王。

张仪离开赵国，北上前往燕国。

张仪回秦国汇报外交胜利，可还没到咸阳，秦惠文王就驾崩了，秦武王即位。

诸侯们听说张仪和武王产生了矛盾，都背弃了连横政策，恢复了合纵联盟。

张仪害怕被杀，便想了一计！

魏哀王听说齐国要出兵魏国，吓得愁眉不展。

张仪派门客到楚国，借楚国使者去游说齐湣王。

张仪在魏国仅做了一年的相国，就病死在了魏国。

甘罗

十二岁的上卿
甘罗的故事

日常生活中，我们常把那些特别聪明的孩子称为神童。三岁背唐诗，七岁考大学，九岁挑战最强大脑，十四岁年薪百万，厉害吧？但这些，在神童的世界中都不算什么。在战国时代，有一个孩子天赋异禀，才十二岁就当上了秦国的上卿，他就是甘罗。

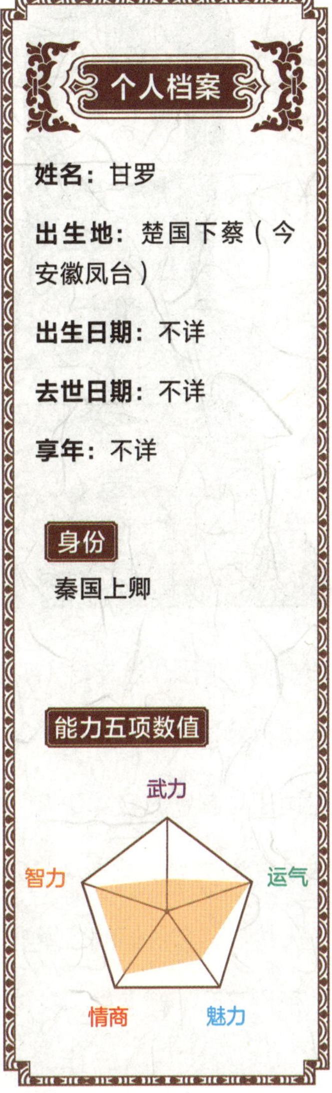

相国的烦恼

初夏四月，阳光淡淡的、暖暖的。秦相文信侯府后花园里，一丛又一丛的杜鹃开得正艳，有红的、黄的、粉的，非常漂亮。

可惜，文信侯吕不韦却无心欣赏。因为他现在**非常生气**，脸黑得像锅底一样。门客、仆人们都不知道发生了什么，更不敢去问。

这时，一个穿着白衫、十二岁的少年走了过来，朝着文信侯拱拱手，微微躬身，问道：“相国您怎么了？为什么如此不开心？”

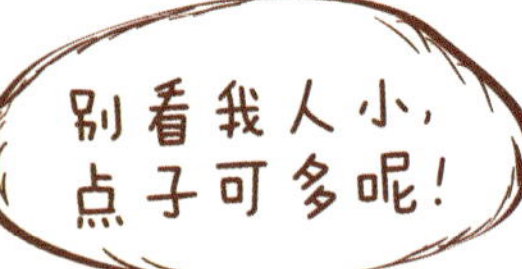

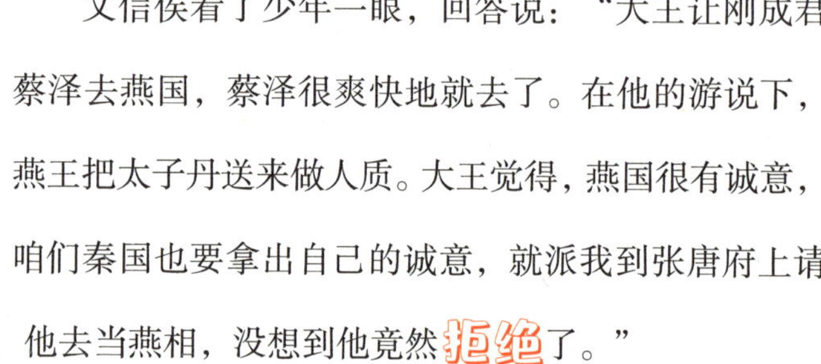

文信侯看了少年一眼，回答说：“大王让刚成君蔡泽去燕国，蔡泽很爽快地就去了。在他的游说下，燕王把太子丹送来做人质。大王觉得，燕国很有诚意，咱们秦国也要拿出自己的诚意，就派我到张唐府上请他去当燕相，没想到他竟然**拒绝**了。”

甘罗

拒绝了？听文信侯这么说，少年微微挑了下眉，有些好奇地问：“张唐为什么要拒绝您呢？”

文信侯没好气地哼了一声，说：“还能为什么？他胆小！”

说到这里，文信侯不由自主地又想起了自己和张唐见面时的情景：

那时，刚刚下朝，两人一起在张唐家里，文信侯笑着和张唐说起去燕国当相国的事情。张唐却连连摆手，推辞说：“我不能去，真的不能去啊，从秦国到燕国去，肯定得经过赵国。我当年奉秦昭王的命令攻打赵国，赵国的人都怨恨我，直到现在，赵国还挂着我的悬赏令呢。赵王承诺，谁帮赵国抓到我，就送谁一百里的封地。我真不敢去呀，您就别难为我了。”

接着，文信侯就把当时的情景简单地和少年说了说，最后撇撇嘴补充了一句：“张唐自己不愿意去，我也不能用绳子绑了他，强逼着他去吧！”

“是！”少年认同地点点头。之后，他略略思考了一下，抬起头来，很郑重地说：“我愿意为您去说服张唐，请您同意。”

听少年这么说，文信侯站起身来，用手指着少年，大声呵斥道：“胡闹，一边去！我亲自去请都请不动他，你去了就行了？”

少年不慌不忙地作了个揖，回答说：“您别急着呵斥我。项橐（tuó）七岁的时候就当了孔子的老师，我今年都十二岁了，您为什么不能让我去试试呢？”

文信侯想了想，还是同意了。

这个胆大的少年是谁？他能成功说服张唐吗？他身上还发生过哪些精彩的故事呢？

说服张唐

你是否猜到了，这个胆大的少年就是甘罗。甘罗，是战国时期楚国人。甘罗的爷爷甘茂是个很有才干的人，曾经当过秦国的左相。甘茂去世后，小甘罗在文信侯手下做事。

文信侯平时对甘罗很好，甘罗很感激他，所以才自告奋勇地接下了说服张唐的任务。

甘罗很快就到了张唐家拜访。

“小朋友，你是来劝我的？别费

银首人俑灯 战国

人俑发型精致，胡须微翘，笑容可掬，还有两个黑宝石眼珠，炯炯有神。人俑双臂张开，右手握一细高柄灯，灯柄上还攀爬着一只小猴，真是一件有趣的工艺品。

力气了，我不会去的。”见到甘罗后，张唐开门见山地说道。

甘罗却摇摇头，说：“不，不是的，张先生，我不是来劝您的。我只想问您几个问题。”

“问问题？”张唐挑了挑眉，饶有兴趣地看了甘罗一眼，点点头，“好啊，你问吧。”

甘罗板着小脸，严肃地问：“您和武安君白起相比，谁的功劳更大些？”

“这还用问吗，当然是武安君啊。”张唐回答，“武安君能征善战，不仅打败了南面强大的楚国，还震慑了北面的赵国和燕国，我可比不上他。”

“您觉得在秦国，谁的权势更大？是以前的相国应侯范雎，还是现在的相国文信侯吕不韦？”甘罗接着问道。

张唐犹豫了一下，回答说：“文信侯的权势更大。”

“您确定吗？”甘罗追问。

“是的。”张唐点头。

听张唐这么说，甘罗“得逞”地笑了。然后，他抬起头，故意摆出一副凝重的表情，说：“当年，应侯打算攻打赵国，武安君故意刁难他，结果，他刚刚离开咸阳不到七里就死了。

玉叠人踏豕佩 战国

这是一块玉佩，整体雕刻成三人踏豕形。豕就是猪，三人呈叠罗汉状，一人在上，下面的两个人站在猪身上。三张圆圆的脸神情一致，还都吐着舌头。猪前肢收起，后肢用力蹬地，做奔跑状，非常生动。

现在，文信侯亲自请您去燕国，您不去，让我猜猜，您会死在什么地方呢？”

甘罗的话把张唐惊出了一身冷汗。他想：自己的功劳没有武安君大，文信侯的权势比应侯更大。武安君得罪了应侯，下场如此凄惨；那自己得罪了文信侯，岂不是……

张唐越想越害怕，赶紧说道：“那我就听你这小孩的劝告，去燕国走一趟吧。”

奉命出使

甘罗竟然真的说服了张唐！

听到这个消息的时候，文信侯十分惊讶，但让他更惊讶的是，甘罗竟然主动找到他，说要借五辆马车，到赵国去游说赵王，顺便帮张唐说说好话。

游说赵王，帮张唐说好话，这可是个艰巨的任务，一个小孩子能行吗？

文信侯拿不定主意。所以，他去了趟王宫，将这件事禀告给了秦王。

“甘罗？甘罗是谁？”文信侯提到这个名字的时候，秦王很纳闷，“没听说过这个人啊，应该不是有名望的学者或者贤人吧？”

文信侯就解释说：“甘罗是个小孩，今年十二岁，他爷爷是甘茂。大王，这个甘罗，年纪虽然小，本事可不小。前段时间，张唐找理由推脱，不愿意去燕国，就是甘罗说服了他。现在，甘罗又主动找到臣，想要出使赵国，要和赵王说说张唐的事。您看，让不让他去？”

秦王决定把甘罗召进宫来，先见见再说。之后，没过多久，秦王就派遣甘罗出使赵国。

您的五座城，请签收

秦国是战国时代实力最强大的国家。秦国的使者，不管到哪个国家去，都没有人敢怠慢。

这不，甘罗一行人刚刚到达赵国都城邯郸的郊外，就看到了赵国的欢迎队伍。

队伍很庞大，赵国的文武百官都到齐了，赵襄王也来了。

之后，赵襄王在王宫中和甘罗做了一番很诚恳的交谈。

作为使者，甘罗直奔主题，问赵襄王："燕王把太子丹送到秦国去当人质了，这件事您知道吗？"

赵襄王点点头说："寡人知道。"

甘罗又问："张唐要到燕国去当相国，这件事您知道吗？"

赵襄王再次点头："寡人也知道。"

甘罗继续问："燕国把太子丹送到秦国当人质，是为了向秦国表达诚意，证明燕国没欺骗秦国。秦国派张唐到燕国去当相国，也是为了向燕国表达诚意，证明秦国没欺骗燕国。那您知道，燕国和秦国为什么要互相表达诚意吗？"

赵襄王看了甘罗一眼，没说话，眼神中却充满了惊疑。

甘罗笑了笑，说："您应该已经猜到了，两国之所以会这么做，就是为了结盟，一起攻打赵国，来扩大河间郡的领土。这件事要是成了，赵国就危险了。"

"那寡人应该怎么办？"听甘罗这么说，赵襄王急了，连忙询问道。

甘罗就安慰他："您先别急，我给您出个主意。您把河间郡附近的五座城池

龟鱼纹方盘 战国

盘的内底饰龟鱼戏水图，外面有多种浮雕动物，足部是四只蓄势待发的老虎。这个方盘将动物之美展现得非常绝妙，是战国青铜盘中罕见的佳作。

送给我们秦国，来扩大秦国河间郡的领土。我回去后请求秦王，把燕国的太子丹送回去，放弃和燕国结盟，帮您一起打燕国，怎么样？”

赵襄王想了想，觉得甘罗的主意非常好，就同意了，便把河间郡附近的五座城池全都送给秦国。

封为上卿

没费一兵一卒，就白白得了五座城池，秦王高兴极了。更让秦王高兴的是，不久之后，又有一个馅饼**从天而降**。

怎么回事呢？事情是这样的：赵襄王送了五座城给秦国后，秦国依照约定，

镶嵌三角云纹敦 战国

器和盖上下对称，盖揭开后和器可同样使用，上下都有环状的三条腿。全身用细银丝和红铜丝盘嵌成块状和三角形的云纹，非常华丽。

把太子丹送回了燕国，秦国和燕国的联盟破裂。没了秦国当靠山，燕国这样的小国，根本不是赵国的对手。不久，赵襄王派出大军，攻打燕国，一共占领了燕国上谷郡地区大大小小的城池三十座。

三十座城啊，太多了。赵襄王怕自己独占了，秦王会不高兴，就主动送了十一座城给秦国。

白占了这么大便宜，秦王心里自是高兴。仔细想想，这十六座城，几乎全是甘罗的功劳。有功，就得赏啊。于是，秦王就封甘罗做了秦国的上卿，还把以前属于甘茂的田地、**财产**、房屋等，全都赐给了甘罗。

中国历史上的神童

中华上下五千年，神童有很多，其中较为著名的分别是：

◎ 十二岁被封上卿的甘罗。

◎ 五六岁就会称象的曹冲。

◎ 能够左手画圆、右手画方、口诵经史、目数羊群、构思四十字的诗、脚写五言绝句，一心六用的少年李元嘉。

◎ 砸缸救友、聪明机智的司马光。

◎ 七岁就成为孔子老师的项橐。

◎ 七岁时就写出《咏鹅》的骆宾王。

富贵到头了
穰侯的故事

姓名：魏冉

出生地：楚国

出生日期：不详

去世日期：不详

享年：不详

身份

相国
穰侯

能力五项数值

一个人到底可以有多富有呢？有一箱财宝算不算多？可是你知道吗，这对于战国时期的一个大人物来说并不算什么。他虽然不是君主，却比君主还富有。他的财物有一千多车！那这位大人物是谁呢？他就是我们今天要介绍的主人公、战国时期秦国的相国——穰侯。

中国好舅舅魏冉

穰侯，他不姓穰，姓魏，名叫魏冉，穰侯是他的封号。

魏冉有个大名鼎鼎的姐姐，她姓芈（mǐ），和魏冉同母异父，她很早就进了宫，是秦惠文王身边的姬妾，人们都叫她芈八子。

芈八子有两个弟弟：一个是魏冉，一个是芈戎。

秦惠文王去世后，秦武王即位，武王没有孩子，只能从他的弟弟中推选一个人当秦王。

魏冉非常有才干，他从秦惠文王和秦武王在位时就担任要职。在魏冉的极力拥戴下，芈八子的儿子秦昭王顺利地登上了王位。

秦昭王即位后，芈八子被封为宣太后；舅舅魏冉被封为将军，守卫首都咸阳。

为了帮外甥坐稳王座，魏冉不仅杀死了争夺**王位**的最大竞争者季君，把武王后赶出了秦国，还把秦昭王那些不服气的弟弟们全部处死，因此，他的威名震动了整个秦国。

那时，秦昭王年纪还小，国家大事都听命于母亲宣太后，朝政由舅舅魏冉管理。

封侯拜相

秦昭王七年（前 300），秦昭王把自己的弟弟泾阳君送到齐国当人质，赵国人楼缓到秦国来担任相国。

赵国人认为楼缓当了秦国的相国，会对赵国不利。所以，就派口才极好的使者仇液到秦国去游说，想让秦国罢免楼缓。

仇液刚到秦国，秦昭王就爽快地答应了他的请求，罢免了楼缓，任命魏冉为相国。

现藏于湖北省博物馆

云纹金盏和漏匕 战国

先秦时期，以黄金制作的容器非常罕见，曾侯乙墓出土的这件金盏可以说是仅见的一件，非常珍贵。这个圆形金盏上面有盖，下面有三条腿；漏匕镂空，非常精美。

四龙四凤方案 战国

方案的底部是四只跪卧在地的梅花鹿，鹿头高昂；四条龙撑起整座案身，四只凤凰聚集在中央形成半球形。方案整体结构繁复，技艺精湛，动物造型细腻优美，堪称稀世珍宝。

后来，秦昭王想要杀有个叫吕礼的人，但没杀成，让他逃跑了。吕礼一路逃亡，逃到了齐国，后来被齐王看重，当上了齐国的相国。

举贤任能，开疆拓土

秦昭王十四年（前 293），魏冉向秦昭王举荐了白起。秦昭王封白起为将军，让他率领大军去攻打韩国和魏国。白起在伊阙大获全胜，斩杀了二十四万敌军，俘虏了魏国大将公孙喜，立下了赫赫战功。第二年，白起又夺取了楚国的宛、叶两地。

不久，魏冉以生病为由向秦昭王递了辞呈，辞掉了相国一职。

魏冉辞职后，客卿寿烛接了他的班，做了相国。

秦昭王十六年（前 291），秦昭王罢免了寿烛，重新任命魏冉为相国。为了犒劳舅舅，秦昭王把穰地赐给了魏冉，还封他为穰侯。后来，秦昭王又慷慨地把陶邑也赐给了魏冉。

穰侯受封的第四年，他亲自率兵进攻魏国。魏国献出黄河以东方圆四百里的土地。穰侯并未罢休，又占领了魏国的河内地区，夺取了大小城邑六十多座。

数年后，穰侯派白起攻取了楚国的郢城，将郢城设置为秦国南郡。白起因此受封为武安君。白起是穰侯所举荐的将军，两人关系很好。此时，穰侯富有的程度，超过了秦国王室。

须贾的规劝

秦昭王三十二年（前 275），秦国相国魏冉亲自率兵攻打魏国。

魏国连连败退，魏国大将芒卯败逃，没过多久，秦国大军就打到了魏国的都城大梁城下，把大梁城给包围了。

魏王焦急万分，派大夫须贾去劝说魏冉退兵。

须贾说："魏国国君听从了大臣们的劝告，宁可亡国，也不愿意割让太多的土地。秦军能够这么快就攻到大梁城下，三分靠实力，七分靠运气，但运气这个东西，它说不准啊，也许今天有，明天就没有了。现在，大梁城里聚集了三十万的魏军，三十万人防守一座城池，那这座城池的**防御**该有多强啊，您虽然很善战，也不可能打赢这一仗。如果魏军趁着秦军疲惫的时候发起反攻，秦军肯定会有损伤。”

说到这里，须贾抬起头，凝视着魏冉，严肃地说：“更重要的是，大梁城距离您的封地陶邑太近了，必将受到波及，要是把陶邑给打没了，您的损失就大了。”

听须贾这么说，魏冉的脸色变了。

须贾趁机给他出了个主意：“以退兵为条件，要求魏国割让一部分的土地。”

须贾告诉魏冉，这样做有两个好处：第一，可以从魏国得到土地，扩张秦国的领土。第二，可以离间魏、楚、赵三国的关系，破坏他们的联盟。只要联盟散了，三国中哪个国家都打不过秦国，秦国可以随便欺负他们。

魏冉听从了须贾的建议，带着秦军撤退了。

第二年，魏国就背叛了秦国，和齐国结了盟，魏冉再次带兵攻打魏国，打败了魏国将军暴鸢，斩杀了魏国四万士兵，占领了三个县的土地，魏冉因此得到了更多的封地。

魏冉的私心

第三年，穰侯与白起、客卿胡阳再次出兵攻打赵国、韩国和魏国。在华阳城下，大败魏将芒卯，斩杀十万敌军，夺取了魏国的卷县、蔡阳、长社和赵国的观津。不久，秦国又把观津还给了赵国，用来换取赵国派兵与秦国一同攻打齐国。

齐襄王非常害怕，于是，就派苏秦的弟弟苏代给魏冉送了一封信，这封信分析了五个重点：

第一，韩、赵、魏“三晋”的联盟，令秦国深恶痛绝，三国虽然也会为了

利益内斗，但有外敌时，肯定会一致对外。秦国与赵国一向为仇敌，现在秦国为攻打齐国，而壮大赵国的力量，等于是在间接地资敌。

第二，秦国的目标是“三晋”和楚国，秦国调集重兵来攻打弱小的齐国，就像是用千斤重的弓箭射一个已经糜烂的伤口，齐国必死，但并不能削弱“三晋”和楚国。

第三，秦国这次攻打齐国，如果出兵少，“三晋”和楚国会觉得秦国没有诚意，不可以信任；如果出兵多，“三晋”和楚国又怕被秦国控制。绝望的齐国也会转向支持“三晋”和楚国，而不是秦国。

第四，秦国通过攻齐，利诱“三晋”和楚国俯首称臣。这种做法是错误的，等于引狼入室，如果“三晋”和楚国趁机在齐国驻兵，秦国会腹背受敌。

第五，“三晋”和楚国是借秦国之力瓜分齐国，或者借齐国之力来对付秦国，为什么“三晋”和楚国如此聪明，而秦国、齐国如此愚蠢呢？

魏冉仔细想了想，觉得苏代说的有道理，就撤兵了。但回到秦国后，他又很不甘心，而且，他还一直惦记着齐国的刚（今山东宁阳东北）、寿（今山东东平西南）两个县呢。所以，秦昭王三十六年（前271），魏冉找来了秦国的客卿灶，和他商量准备再次攻打齐国，夺取刚、寿，扩充自己的领地陶邑。

魏冉根本不会想到，这次攻齐竟然成了他生命中最大的败笔。而这一切，全都因为一个人——范雎。

令人叹息的结局

这时候，有个魏国人叫范雎，自称张禄先生，讥笑魏冉竟然越过“三晋”去

双翼神兽 战国

神兽四肢微曲，四爪按地，双翼上展，伏地欲起，伸颈回首，呈现出冲天飞去的态势，似乎它的身体里蕴藏着无穷的力量。兽身饰错银纹饰，更显华美。

攻打千里之外的齐国，他趁着这个机会当面劝说秦昭王。

秦昭王相信范雎所言。之后，范雎又提醒秦昭王说："现在，宣太后在朝中专政，穰侯经常滥用职权，而泾阳君、高陵君的生活奢侈无度，比王室还富有！"

听了范雎的话，秦昭王恍然大悟："是啊，我才是国君啊，舅舅的权力太大了，也不怎么把我放在眼里，好多事都不和我商量，想打谁就打谁，私心太重。我这个国君难道是个摆设吗？而且，打下的土地也被舅舅给私占了，这个绝对不能忍！"

秦昭王越想越气，于是，立即下令免去了魏冉相国的职务，接着命令泾阳君等人离开都城，回自己的封地去。

王命不可违，魏冉虽心有不甘，也只好收拾行李，带人回了陶邑。魏冉离开国都的时候，装财物的大车有上千辆。

虽然有钱又有爵位，但魏冉在陶邑生活得并不好。毕竟，他和秦昭王之间产生了很大的隔阂。那之后，魏冉就再也没回过国都，一直待在陶邑，直到寿终正寝。

魏冉死后，就葬在了陶邑。秦国收回陶邑，重新改为郡。

史记成语典故大搜索

前功必弃

词意: 以前的所有功劳、努力全部丢失白费。

造句: 因为赵飞的失误，整个科研项目前功必弃，我们必须从头再来。

富比王侯

词意: 比王公贵族还要富有，用来形容人非常有钱。

造句: 沈万三是元末明初著名的商人，家财万贯，富比王侯。

惟命不于常

词意: 人的命运是无常的，不可能经久不变。

造句: 古人说“惟命不于常”，只要我们努力奋斗就一定能改变命运、拥抱成功。

白起

秦国战神
白起和王翦的故事

“起翦颇牧，用军最精。宣威沙漠，驰誉丹青。”这几句像诗又像谚语的话是不是很押韵？它们出自一千多年前的儿童读物《千字文》。“起翦颇牧”是战国时代的四个将军——秦国的白起、王翦和赵国的廉颇、李牧，这四个人是战国时代打仗最厉害的将军，所以说他们“用军最精”。现在，我们就来讲讲白起和王翦的故事。

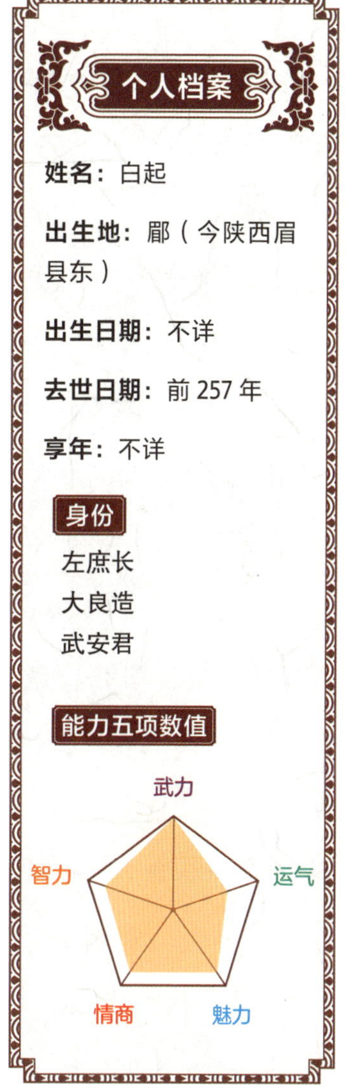

吓死人的战绩

白起是一个天生的将军，因为善于用兵而得到了秦昭王的重用。秦昭王十三年（前 294），白起被任命为左庶长。这是秦国特有的一个军功爵位，是负责军事方面的重要大臣。

在此后的三十年里，白起**南征北战**，东挡西杀，他的爵位从左庶长一路升为左更、国尉、大良造、武安君……有人可能会问白起为什么能不断地升官，看看下面他的战绩就知道原因了：

秦昭王十四年（前293），白起在伊阙山（今河南洛阳龙门）打败了韩国和魏国的联军，俘虏魏国大将公孙喜，拿下了五个城池……

白起

秦昭王十五年（前292），白起率军攻占魏国，夺取大小城池六十一个……

秦昭王二十一年（前286），白起率军攻打赵国，占领赵国的光狼城（今山西高平西南）……

秦昭王二十八年（前279），白起率军攻打楚国，占领了楚国的鄢（今河南鄢陵西北）、邓（今河南漯河）等五个城池……

秦昭王二十九年（前278），白起攻陷楚国的都城郢（今湖北荆州），楚国被迫迁都到陈（今河南淮阳）。秦国将郢改为南郡，封白起为武安君……

秦昭王三十四年（前273），白起攻打魏国，打跑魏将芒卯，俘虏魏国将军三人，斩首十三万人。同年又击败赵国将军贾偃，**淹死**赵国士兵两万人……

秦昭王四十三年（前264），白起攻打韩国的陉城（今山西曲沃东北），斩首五万人……

白起的这张“成绩单”是不是很吓人？韩国、魏国、赵国、楚国四个强国，脸都被他一个人抽肿了。

不过这还不是白起军事生涯最“高光”的时刻，白起最辉煌的一次胜利要从“长平之战”说起。

上党郡，肥肉还是陷阱

秦昭王四十五年（前 262），白起率军攻打韩国的野王城（今河南沁阳）。野王城的韩国守军一听是白起来了，吓得立马举手投降。

野王城一投降，临近的上党郡（今山西长治）与韩国都城新郑之间的道路就被切断了。

经过一番商量，上党郡的郡守**冯亭**决定向赵国投降。这么做的原因是：赵国如果接纳上党郡，秦国必然进攻赵国；赵国被袭，必与韩国亲近，那韩国和赵国就能联合起来对抗秦国。

很快，冯亭的使者来到了赵国，向赵王表示愿意把上党郡献给赵国。当时赵国在位的君主是赵孝成王，他分别询问了平阳君赵豹和平原君赵胜。

赵豹考虑得更长远，他回答说："我觉得不能贪图眼前的利益，接受上党郡肯定会惹怒秦国，到时候赵国不但保不住上党，自己也会遭到秦国的攻击。"

赵胜考虑问题比较简单，他回答说："那可是一个郡啊，白白送到嘴边的肥肉为什么不吃呢？"

赵王接受了赵胜的建议，派人去接收上党郡，还封了冯亭为华阳君。

事情接下来的发展验证了赵豹的担心，秦国人的**怒火**果然冲着赵国来了。秦昭王四十七年（前 260），秦国左庶长王龁（hé）率领大军进攻上党，当地的百姓纷纷逃往赵国。赵王不敢和秦军开战，就派兵守在长平（今山西高平），接应上党的老百姓。

当年四月，王龁率领秦军攻打长平，赵国赶紧派老将军廉颇担任主将，抵抗秦军的进攻。

战争刚开始，赵军吃了好几个败仗。廉颇一看秦军的战斗力太强悍了，正面交战不是对手，就下令坚守营垒，不许出战，打算用积极的防御来拖垮秦军。

武安君遇到马服子

看到廉颇像乌龟一样缩在坚固的阵地里，秦国的大臣们都很头疼。这时候，秦国的应侯范雎想出了一条妙计。范雎派出一批间谍，带着金银珠宝到赵国施行反间计。这些间谍在赵国的都城邯郸到处传播谣言，说“廉颇胆小如鼠，不敢迎敌，靠他可打不赢秦国”“秦国不怕赵国其他的将军，就怕马服君赵奢的儿子赵括，只要赵括到了前线，秦国人就会变成纸老虎……”

很快，这些谣言传到了赵王的耳朵里。自开战以来，赵国屡次失败，损兵折将。赵王本来就对廉颇坚守不战很不满，现在听说赵括能打仗，就决定用赵括代替廉颇。

赵国走马换将的消息传到秦国，秦昭王和范雎高兴得击掌庆祝——总算把廉颇这个老家伙弄走了。接着，秦昭王任命白起为上将军，王龁担任白起的副将，统一指挥前线的秦国大军。

为了封锁消息，麻痹赵国人，秦昭王还下达了命令——“谁敢泄露白起担任上将军的军事秘密，一律格杀勿论！”

赵国这边，赵括到了长平之后，第一道命令就是推翻廉颇坚守不战的决定，亲自率领赵军攻击秦军。白起将计就计，让秦军假装战败，向后方的大营逃跑，同时安排两支奇兵包抄赵军的后方。

当赵括带着赵军主力杀到秦军大营外的时候，一支两万五千人的秦国部队切断了赵军的后路，另一支五千人的骑兵堵截了赵军返回营垒的通道，**断绝**了赵军的粮食补给。赵括向前攻不破秦军坚固的大营，向后冲不破秦军的堵截，进退两难，只好修筑工事，等待援军的到来。

远在咸阳的秦昭王听说白起已经困住了赵军主力，就来到更靠近前线的河内郡（今河南豫北地区）督战，同时还将秦国所有十五岁以上的男子全部调到长平战场，封锁道路，阻断赵国的救兵。

到了九月，被困的赵军已经断粮四十六天，士兵们为了争抢食物已经开始自相残杀，甚至发生了人吃人的惨剧。没有退路的赵括把残存的部队分成四支队伍，轮番进攻秦国的大营。

可吃饱喝足的秦军有坚固的阵地可以依靠，饿得头晕眼花的赵军还没有冲到秦军的阵地前沿，就被漫天的箭雨击溃了。赵括也被秦军射死，赵军全线崩溃，有四十万人向秦军投降。

现藏于湖北省博物馆

建鼓 战国早期

鼓框木制，两面蒙皮，鼓身中间垂直贯穿一根直径7厘米的木柱，并固定在一个青铜盘龙鼓座上。鼓座由数十条青铜雕龙相互纠结盘绕而成，制作工艺无比精美。这面建鼓根据实物复原，立于原青铜鼓座上。

白起觉得赵国士兵反复无常，如果不全部杀掉，恐怕会作乱。最后，白起下达了一个残酷的命令——二百四十名年幼的赵国士兵可以放走，其他四十万赵军俘虏全部活埋。

这场历时五个月的“长平之战”终于结束了，赵国前后有四十五万成年男子被杀，邯郸城内几乎家家戴孝，白起的战功在赵国人的累累尸骨中达到了顶峰。

谁还不会玩个反间计

“长平之战”结束后，秦国乘胜追击，继续对赵国发动攻击。王龁占领了皮牢（今山西翼城东北），司马梗攻克了太原，赵国到了风雨飘摇的时刻。

赵国和韩国为了获得喘息的机会，派苏代为使者，前往秦国求和。他来到秦国后，第一时间拜访了相国范雎。

苏代说：“赵国是秦国之外最能打的诸侯，现在赵国都被秦国打怕了，我估计秦王马上就可以称帝了。武安君白起为秦国打下了七十多座城池，现在又在长平立下大功，他肯定要位列三公，到时候您的官职都要在他之下了！我不是挑拨您和武安君的

虎噬鹿器座 战国

器座造型奇特，一只猛虎嘴里叼着一只小鹿，老虎身体呈“S”形，动感十足，借动物间的生死搏斗，表现出虎的强大与凶残，鹿的柔弱和悲惨，具有感人的艺术魅力。

关系，可您要想保住现在的权势，就必须把功劳从武安君手中抢走。所以，劝说秦王接受赵国的求和，对您是最有利的。”

范雎一琢磨，苏代说得很有道理啊，于是他向秦昭王上奏，说连续的战争已经让秦国的士兵疲惫不堪，不如接受赵国的求和，然后收兵回国。秦昭王采纳了范雎的意见，给前线的白起下达了撤兵的命令。

白起收到命令后非常气愤，他觉得秦国浪费了一个彻底击败赵国的机会。可王命难违，白起只好遵命撤兵，但他和范雎从此有了过节。

自杀，名将最悲剧的收场

秦昭王接受赵国求和的八个月之后，秦国又撕毁了和平协议，派五大夫王陵进攻赵国的邯郸。之所以没有派白起担任主将，是因为这时白起生了病，已经不能下地走动了。

邯郸之战进行到秦昭王四十九年（前 258）的正月，秦军在赵国人激烈的抵抗之下伤亡很大，损失了五个校的部队。这时白起已经大病初愈，秦昭王就打算让白起前往邯郸，接替王陵的职务。

白起认为秦国已经失去了灭赵的最好机会，就劝告秦昭王说：“邯郸是一座坚城，易守难攻。而且诸侯们不会坐视赵国灭亡，他们很可能会派出援军支援赵国。我军虽然在‘长平之战’中获胜，但是也付出了惨重的代价，现在攻打邯郸十有八九要遭到失败。”

秦昭王见白起反对自己的决定，非常不高兴，就让范雎去劝说白起。白起本来就对范雎有意见，一看他来劝说自己，更加不愿意前往邯郸，就以身体不好为借口拒绝接受命令。

秦昭王没办法，只好让王龁代替王陵为**大将**，继续围攻邯郸。就在秦军攻城的时候，楚国的春申君、魏国的信陵君带着几十万兵马救援邯郸，腹背受敌的秦军遭遇大败，士兵伤亡惨重。

白起听说了前线的情况，就在家发牢骚说："不听我的良言劝告，现在怎么样？"这话传到了秦昭王的耳朵里，秦昭王非常生气，连续下达了几道命令，让白起立刻到前线指挥作战。白起也是个倔脾气，就是不接受命令。

恼羞成怒的秦昭王撤了白起武安君的官位，将他降为普通士兵，流放到阴密（今甘肃灵台西）。白起觉得秦昭王实在太绝情了，又气又恨，病倒在床上三个月，没能立刻前往流放地。

在白起养病的时候，诸侯联合起来围攻秦国，秦军连战连败，秦昭王因此更加憎恨不肯卖命的白起，下令白起不得在家养病，必须立刻起程。

于是，白起只能带病离开咸阳。可他没想到，秦昭王和范雎并不打算放过他，特别是范雎一直在秦昭王耳边念叨着——"白起知道自己被流放，说了不少大逆不道的牢骚话，大王您看是不是……"心狠手辣的秦昭王听懂了范雎的潜台词，就派使者赐给白起宝剑，言外之意就是让白起用这把宝剑**自杀**。

很快，秦昭王的使者在咸阳西门十里外的杜邮追上了白起。听完使者宣读的诏书，看着眼前冰冷的宝剑，白起长叹一声："我为国家征战一生，到底做错了什么，落得这样的下场啊！不过也是，我活埋了四十万的赵国俘虏，这可能就是我的报应吧！”

说完，白起拔剑自杀，这年是秦昭王五十年（前 257）的十一月。白起**战功赫赫**，却因为触怒了君主而被害死，秦国的百姓都很同情他，不少地方都为他举行了祭奠仪式。

灭国就这么简单

白起之后，秦国最厉害的将军要数王翦。少年时代的王翦是个军事迷，特别喜欢研究古代的兵法，他很早就加入秦国军队，成了秦始皇身边的爱将。

秦始皇十一年（前 236），王翦第一次领兵出征，就打下了赵国的九座城池。

七年后，王翦率领大军再次攻打赵国。经过一年多的苦战，王翦攻破了赵国的都城邯郸，赵王向秦军投降，赵国的土地被改为郡县，纳入秦国的版图，秦始皇也在功劳簿上给王翦记了**一大功**。

秦王政二十年（前 227），燕国的太子丹派刺客荆轲刺杀秦王，结果不但没有成功，反而引起了秦始皇满满的仇恨。随着秦始皇一声令下，王翦又率领大军进攻燕国，在易水的西岸重创了燕军的主力，占领了燕国的都城蓟（今北京西南）。吓破胆的燕王喜一路逃到了辽东，秦始皇又给

个人档案

姓名： 王翦

出生地： 频阳（今陕西富平东北）

出生日期： 不详

去世日期： 不详

享年： 不详

身份

武成侯

能力五项数值

武力
运气
魅力
情商
智力

王翦记下了第二笔功劳。

后来，秦始皇又派王翦的儿子王贲进攻楚国，楚国大败。王贲又回兵攻打魏国，魏王投降。秦始皇又给老王家记下了第三笔功劳。

赵国、燕国、魏国，再加上在公元前230年已经被秦国灭掉的韩国，六个诸侯国已经被秦国消灭了一多半，接下来秦国要对付的是南方的劲敌——楚国。

二十万还是六十万？

军队里只有一个将军能打，君主肯定是不放心的，所以对楚国的进攻，秦始皇就没打算让王翦指挥，而准备让年轻的将军李信去指挥。李信虽然年轻，可也是一个勇敢机智的将领，他曾经带着几千士兵跨越千里，成功抓到了燕国的太子丹，很受秦始皇的赏识。

有一天，秦始皇把李信叫到身边，笑呵呵地问道：“李将军，我想对楚国发动总攻，你估计要多少人马才够用？”

年轻气盛的李信稍微思考了一下，就大声回答说：“楚国没什么了不起，只要大王给我二十万兵力，我就能把大秦的旗帜插到楚国的都城！”

李信的回答让秦始皇很满意，二十万兵力也就是秦国常备军的三分之一，这点儿人马就能消灭楚国，这笔账划得来。

为了保险，秦始皇又找来了王翦，问了同样的问题——“老将军，我想对楚国发动总攻，您估计多少人马才能胜利？”

王翦在心里计算了一下，很严肃地回答说：“楚国是南方的大国，地方几千里，兵力有几十万，要想彻底打败它，至少要发动六十万大军。”

因为有李信的回答在前，所以秦始皇对王翦的回答并不满意，他冷笑着说：“打个楚国还要动员全国的军队？老将军，我看您岁数是大了，胆子却变小了！”

龙形玉佩 战国

这两只玉佩是1978年曾侯乙墓出土。两条龙形状、大小相似，目视对方，极为生动。

王翦看秦始皇听不进不同的意见，就以生病为由，回到频阳老家养老。

批准了王翦的养病请求后，秦始皇任命李信为主帅，与蒙恬共同率领二十万大军对楚国发动了进攻。战争一开始，秦军打了好几场胜仗，李信攻占了平舆（今河南平舆）、他的副将蒙恬也攻占了寝丘（今安徽临泉）。接着，李信继续向西进攻，又打下了鄢陵（今河南鄢陵），和蒙恬在楚国的军事要地城父会师。

与此同时，楚军一直尾随在李信的身后，连续三天三夜不停地**袭击骚扰**，让秦军得不到休息和补给。李信的兵力本来就吃亏，连续作战又疲劳，没能挡住楚军的反扑，被攻下了两座营寨，七名都尉战死，剩下的残兵败将只好向秦国撤退。

情商180的老将军

听到前线战败的消息，秦始皇气得暴跳如雷。冷静下来之后，他觉得还是要请王翦出山，才能完成灭楚的大业。于是，秦始皇骑着快马来到频阳，当面向王翦道歉，希望王翦出来带兵。王翦推辞说：“臣又老又多病，做事简单粗暴，大王还是再选其他优秀的将领吧。”

秦始皇心里很郁闷，这不是自己曾经批评王翦的话吗？可为了击败楚国，秦始皇还是得给王翦台阶下——“好了，好了，老将军您别闹脾气了，灭楚的统帅非您莫属，您就别推辞了。”

“大王如果要用老臣，那必须给我六十万大军，不然没法成功”，王翦还是坚决要出动秦国全部的兵力。

秦始皇狠了狠心，咬着牙回答说：“行，六十万就六十万！”

经过一系列的准备，秦国总算动员起了六十万军队。出发的那一天，秦始皇来到灞上（今陕西西安东南）为王翦送行。别的将军在这个时候都会说“一定努力作战，不会辜负大王信任”之类的话，王翦却唠唠叨叨地和秦始皇要钱要土地——“大王啊，我这次出征又危险又辛苦，家里的老宅子一到雨天就漏水，我都没来得及修。另外我的封地又少又贫瘠，一年也打不下多少粮食，您能不能赏赐我一些豪宅和良田？”

秦始皇哭笑不得，皱着眉头说：“老将军，您现在应该考虑的是怎么打赢楚国。只要您打了胜仗，我还能亏待您吗？”

王翦笑着回答说：“给大王您当武将，功劳再高也不会封侯。所以啊，我得趁着您用得着我的时候多要点好处，好给子孙留下一份产业！”

秦始皇听完并没有生气，反而哈哈大笑。

这段小插曲过去后，王翦带着军队来到了关口，又陆续派出了五批使者向秦始皇请求赏赐，良田啊、豪宅啊、金银珠宝啊，什么都要。

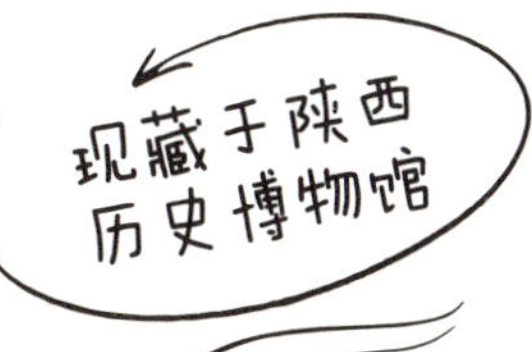

这让王翦的部下有点看不过去了，有人就私下问王翦：“您这样向大王索要财物，是不是有点太过分了？小心惹恼了大王。”

王翦看了看四周没有外人，就小声解释说：“你以为我真是贪财贪傻了吗？咱们这位大王啊，性格暴躁又喜欢怀疑大臣。我这次出征，带走了秦国的全部军队，大王能对我放心吗？我反复地向大王要这要那，表示我王翦心里只有钱财土地，只想当个守财奴而已，我不会谋反，这样大王才能对我放心。”

出兵打仗的同时，还不忘了暗示君主，以保证自己在前线的安全，你说王翦的情商是不是很高？

金怪兽 战国

这个怪兽的样子像鹿，可又不是鹿，长着老鹰的嘴，头顶上的角甚至比身躯还要大。它全身用纯金打造，这种造型奇特的黄金物件代表了其主人高贵的身份。

灭楚和降楚

听说王翦当了秦军的主帅，还带来了六十万的大军，楚国也把全国的军队都派往前线，准备和秦军决一死战。

可王翦没有立刻和楚军决战的意思，他知道李信刚打了败仗，秦军的士气低落，得有一个心理调整的时间。于是，王翦让士兵修建营垒，挖出深深的壕沟，全军躲在营垒中，不管楚国人怎么挑衅，就是不出营作战。

王翦每天让士兵们休息、洗澡，用最好的伙食犒劳士兵，甚至和士兵们一起吃饭、睡觉。过了一段时间，王翦让人调查，士兵们在军营中玩什么游戏。调查的人回答说："士兵们每天比赛投掷石头和跳远，都在盼着出战的命令呢！"

王翦一拍大腿，高兴地喊了句："士气已经恢复，可以出兵作战了！"

这时楚军因为秦军不肯出战，以为王翦胆怯无能，已经向东方转移。王翦趁机率领大军追击，从楚军身后发动"闪电战"，大败楚军，一直追击到蕲县（今安徽宿州），杀死了楚国大将项燕。

之后，王翦乘胜追击，派出部队四处攻打楚国重要的城市。到了第二年，楚国的都城陈被秦军攻占，楚王负刍成了王翦的俘虏，楚国的土地被改为郡县，建国五百多年的楚国彻底亡国了。

之后，秦国又征服了南方的百越，收拾了逃亡辽东的燕王喜，灭掉了东方最后一个诸侯国齐国。到秦始皇二十六年（前221），秦国终于完成了统一天下的事业。后来的人们评论这段历史，都认为王翦的战功最大，是战国时代第一流的名将。

到了秦二世时，陈胜、吴广发动了反秦起义，各国的旧贵族们纷纷起兵响应。这时王翦和儿子王贲都已经去世，秦二世就任命王翦的孙子王离为将军，进攻起义军占据的巨鹿城。不久，项羽的起义军和王离率领的秦军在巨鹿展开激战，王离兵败被俘，秦国失去了最后的希望。

鸡鸣狗盗的老大
孟尝君的故事

一个原本要被父亲弃养的孩子，却在动荡不安的战国站稳了脚跟，一举成了齐国的相国，这个人就是大名鼎鼎的孟尝君！孟尝君最大的特点，就是乐于养士，投到他门下的门客有三千多人，其中有很多门客还曾是江湖人士，他们在某种程度上给孟尝君带来了不少帮助，而孟尝君也为自己招揽了众多的门客感到高兴。下面，就让我们一起来了解一下孟尝君和他的门客之间的故事吧！

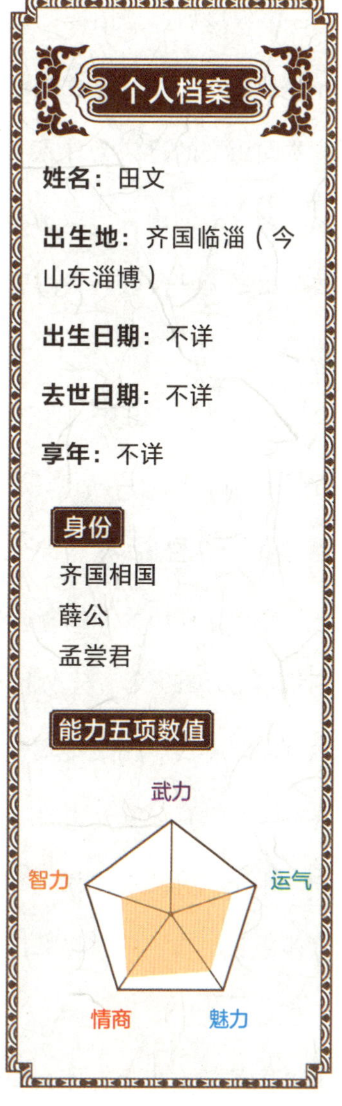

家门荣光

孟尝君姓田名文，是齐国靖郭君田婴的儿子。由于田婴一共有四十多个儿子，加上田文是五月初五日出生的，古时候人们认为这个日期出生的孩子会给父母和家族带来祸事，因此田婴就让田文的母亲弃养这个孩子。

都说母子连心，田文的母亲不忍心抛弃自己的孩子，就背着田婴悄悄将田文养大。

多年以后，当田婴知道自己原本要弃养的儿子居然好好地活着，而且就在自己身边，他非常愤怒，气冲冲地质问田文的母亲为什么不听自己的话。就在这时，已经长大成人的田文勇敢地和父亲对峙，他的一番言论让父亲田婴无法反驳，只好默然接受了现实，认下了这个儿子。

虽然认下了田文，但田婴的内心对这个儿子还是有些抵触的。不过，后来发生的一件事，却让田婴对田文**刮目相看**，甚至还因此开始器重田文。

原来，在田婴担任齐国相国期间，儿子田文看到父亲积累了万贯家财，全家上下无论是吃的还是穿的，全都取之不尽、用之不竭。然而，就是这样富裕的家庭，却没有一位贤能的门客。

青铜人骑骆驼灯 战国

这是一件实用的照明用具，在方形的底座上站立着一只双峰骆驼，骆峰上跪骑一人，这人双手紧紧地握着灯柱，灯略前倾，好像里面盛放了很多灯油。

于是，田文主动找到父亲田婴，委婉地对他说：“听人说，自古以来将军门下肯定能出将军，宰相门下也肯定能出宰相。如今齐国虽已经历了三代君王，但齐国的领土却没有什么变化，加上其他诸侯国虎视眈眈，如果您只顾着往家里敛财，恐怕最终只会便宜了别人！”

听完这番话，田婴一下被点醒，他觉得田文说得很对，而且很有远见。于是，从那次对话后，田婴就主动让田文主持家事，让他负责接待宾客。从此，田婴家里也宾客满门。

好客养士

就在田文忙着招揽宾客时，他的大名也传遍了各个诸侯国。最终，凭借极高的声望和出色的才能，田文在父亲田婴去世后，继承了爵位，当上了孟尝君。

在自己的封地薛邑，孟尝君依然热衷于招揽门客。有趣的是，孟尝君不止招揽各诸侯国的宾客，而且还会对那些犯罪逃亡的人敞开大门，这一点实属罕见。

就这样，孟尝君的宾客队伍日益壮大，多达几千人。

有一回，孟尝君正在招待宾客吃晚饭。席间，一个人不小心挡住了灯光，由于太暗看不清，一位宾客误以为孟尝君招待宾客的饭菜是划分了等级的，于是气冲冲地放下碗筷，起身准备离开。孟尝君看到后，赶忙起身端起自己的饭菜，径直追上那位宾客。那位气愤的宾客低头一看，却发现孟尝君的饭菜和自己的一模一样。

知道自己冤枉了主君，这位宾客心生愧疚，觉得是自己以小人之心度君子之腹了，无地自容的他当场刎颈自杀，想通过这种方式来向孟尝君谢罪。

在孟尝君眼中，他门下的食客根本没有贵贱之分。为了能给食客们提供丰厚的待遇，孟尝君不惜耗尽家财，这样的付出就是最好的广告。一时间，投奔孟尝君的门客络绎不绝。

值得一提的是，孟尝君每次接待宾客时，都会在屏风后安排书记员，让他负责记录孟尝君与宾客的谈话内容，特别是宾客亲戚的住处。等宾客前脚刚走，孟尝君就会立马派使者带着礼物出发，去宾客的亲戚家里进行拜访。如此细心周到，难怪天下贤士都会慕名而来啊！

鸡鸣狗盗

除了天下贤士，仰慕孟尝君大名的人还有一个人，那就是秦昭王。

为了让孟尝君入秦，秦昭王让自己的弟弟泾阳君去齐国做人质，以换取孟尝君出使秦国。然而，考虑到当时秦国的威力和野心，孟尝君的宾客们都建议他不要去。否则，一旦被秦国人囚禁，就再也回不到齐国了。

就这样，孟尝君听从了宾客们的建议，取消了出使秦国的计划。

后来，齐湣王还是派遣孟尝君出使秦国。刚一到秦国，孟尝君就受到秦昭王的厚待，秦昭王想封他为秦国相国。

要知道，虽然孟尝君确实有才能，但他是齐国人，要是让他当秦国相国，那不就等于将秦国的命运交给齐国人了吗！这在秦国众大臣眼中，这个任命无法接受。

于是，大臣们纷纷谏言，请求不让孟尝君任相国一职。秦昭王最后妥协了，他不但撤销了任命，还将孟尝君关押起来，准备找机会杀了他，以绝后患。

此时，孟尝君自知性命不保，于是赶忙派人去找秦昭王的宠妾求救。

都说女子爱美，秦昭王的这位宠妾也是如此。在孟尝君刚来秦国时，这位宠妾就看上了孟尝君带来的一件白色狐皮裘。如今看孟尝君有求于自己，便答应帮忙，但要求得到白色狐皮裘作为回报。

可是，普天之下就只有一件白色狐皮裘，它早已被孟尝君献给了秦昭王。

孟尝君和他的宾客们全都陷入了困境，不知该如何是好。这时，坐在最下位的一个宾客开口说："我能把那件白色狐皮裘拿回来！"这个宾客原来是个神偷，常常披着狗皮偷东西。那天晚上，这个宾客披上狗皮，假装成一只狗，偷偷潜入了秦宫的仓库，轻而易举地将那件狐皮裘偷了出来。接着，孟尝君把狐皮裘转交给那位宠妾手里。

就这样，那位宠妾在秦昭王耳边替孟尝君求情，秦昭王耐不住宠妾的甜言蜜语，很快就下令放了孟尝君。

获释后，孟尝君立刻更换证件，然后乘快车逃离秦国。此时，秦昭王有些后悔放了孟尝君，连忙派兵去追赶。

这时逃跑中的孟尝君一行人被困在了函谷关。原来，按照秦国法律规定：只有在鸡打鸣后，才会打开函谷关的关卡放行。然而此时天还没亮，鸡也没有打鸣。

就在大家**一筹莫展**时，一个宾客突然学起公鸡打鸣，这声响一出，群鸡共鸣。驻守在函谷关的秦国士兵以为天亮了，赶忙打开关卡，在查阅孟尝君一行人的出境证件后，就将他们放行了。

孟尝君一行人这次能成功化险为夷，多亏了那两个宾客。

要知道，当初孟尝君将他俩揽入门下时，其他宾客非常抵触。他们觉得这两个人不学无术、游手好闲，不配和自己平起平坐。然而，这次逃离秦国的经历，却让他们见识了这两个宾客也有用武之地，也让他们更加信服孟尝君看人的眼光。

后来，人们特意将这两个宾客称为“**鸡鸣狗盗**”，以此来形容摆不上台面却也能发挥作用的小伎俩。

“弃”国固宠

得知孟尝君在秦国经历了九死一生才逃回国，齐湣王心里十分内疚。于是，孟尝君刚一回到齐国，他就立刻封孟尝君为齐国相国。

几年之后，生性多疑的齐湣王听信谣言，认为孟尝君要发动叛乱。孟尝君知道后，为了不引火上身，逃出了齐国。

再后来，齐湣王知道自己错怪了孟尝君，想再请他回来，可孟尝君却以自己生病为借口推脱了。

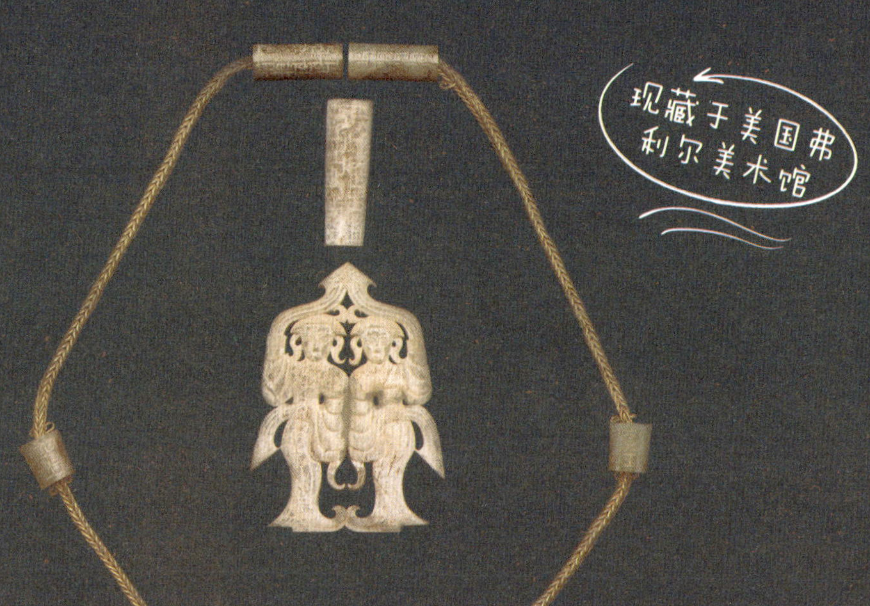

金链玉组佩 战国

这是洛阳金村周王墓地出土的一组玉佩。上方连体玉舞人长裙及地，体态优美；额发平齐，两鬓卷曲如蝎子尾，人物雕刻细腻生动，是一组不可多得的艺术品。

再后来，齐湣王封吕礼为相国，吕礼本来是秦国的将军，后来逃到了齐国。吕礼想找名士苏代的麻烦，而孟尝君又与苏代**交往甚密**，吕礼免不了对孟尝君心生嫉恨，甚至动起了想要谋害孟尝君的念头。

知道吕礼对自己有谋害之心后，孟尝君十分害怕，于是他写信给秦国相国穰侯魏冉，想让他去劝说秦王派兵攻打齐国，这样既能避免齐国变强，对秦国构成威胁，又能遏制吕礼的势力。否则，吕礼要是继续在齐、秦两国间得势，那么穰侯魏冉就会失势而不得宠。

牺背立人擎盘 战国

这是一件很精致的工艺品，底座是牛犊形，四腿矮短。在牛背上立一女子，她双手握住柄拖，嵌在里面的盘柄还可以旋转呢。

这一封极具挑拨作用的书信，成功地让秦国相国魏冉上钩了，他很快劝说秦昭王派兵攻打齐国。知道这个消息后，吕礼就从齐国逃走了。

后来，齐湣王灭掉了宋国，更加骄横，准备赶走孟尝君。孟尝君心生恐惧，逃到了魏国，魏昭王请他当相国，联合秦、赵、燕攻打齐国，齐湣王逃到莒邑，不久被楚国人杀死，刚继任的齐襄王忌惮孟尝君，便与他重新联合。

孟尝君过世后，几个儿子争相夺位，最后被齐、魏联合灭了薛邑，孟尝君没了后代，无人继承爵位。

焚券市义

当初，除了“鸡鸣狗盗”这两个宾客的救命之恩，孟尝君门下还有一个门客给他带来了莫大的帮助，这个人就是冯驩（huān）。

在孟尝君担任齐国相国期间，他门下的宾客足足有三千多人，要供养这么多人，孟尝君的赋税收入便捉襟见肘了。无奈之下，孟尝君派人去薛邑贷款放债，想通过收取利息来供养门下的宾客。

然而，由于当时的年景非常不好，孟尝君放出去的贷款根本没法收回应有的利息。眼看着自己就要入不敷出了，孟尝君只好听从一众宾客的建议，选派宾客冯驩去收债。在大家看来，冯驩年纪较长，精明稳重，是个收债的好人选。

听了孟尝君的请求后，冯驩毫不犹豫地答应了。

到了薛邑后，冯驩先是把借了孟尝君钱的百姓聚在一起，然后收了十万的利息。冯驩用这些利息，买了许多肥牛和美酒。接着，冯驩把借了钱的老百姓全部叫来，让他们一同吃酒席。就在老百姓们吃肉喝酒的时候，冯驩拿着他们的借据进行一一核对，凡是能付得起利息的富人，冯驩就和对方约定一个期限，到期必须还债；而对那些没有能力还债的穷人，冯驩就当着他们的面把借据烧了。

众人被冯驩这一举动惊呆了，而孟尝君在听说冯驩烧毁了穷人的借据后，更是火冒三丈，命人叫冯驩回来。

冯驩刚一回来，孟尝君就气呼呼地质问他。面对气愤的孟尝君，冯驩并没有害怕，而是十分淡定地说：“我之所以大办酒肉宴席，就是为了把借了钱的人全聚起来，这样我就好了解他们之中谁有能力还债，谁没能力还债了。”

原来，冯驩是想分辨出那些欠债人中的富人和穷人，然后分别采取不同的措施——对于富人，可以给他们定下还债日期，到期了就还债，这样就能保障借出去的钱有利息可收；对于穷人，他们没有能力还债，逼得越紧只会适得其反，到时候不仅不能把钱收回来，说不定还会惹来刻薄的骂名，让世人误以为孟尝君是个只重视钱财而不顾穷人死活的人。

如今，冯驩当着穷人的面焚烧了借据，让孟尝君在百姓心中树立了慷慨仁义的形象，这比区区一些金钱有价值多了。

听完冯驩的解释，孟尝君这才恍然大悟，忍不住连连拍手称赞。

后来齐王受到秦、楚两国的挑拨，他们说孟尝君名声高过君主，又独揽齐国政权，齐王就罢免了孟尝君。门客见孟尝君被废，纷纷离开，唯独冯驩留了下来。后来，冯驩通过对秦王和齐王的游说，使得齐王重新恢复了孟尝君的相国之位。

恢复相位后，孟尝君一想到曾经招揽了三千多名宾客，心里就非常难过和气愤，他放话说，如果碰到那些背弃自己的宾客，一定要狠狠地羞辱他们。

看到有些气过头的孟尝君，冯驩及时纠正了他的想法——“有生必有死，这是事物的必然规律；富贵的人多宾客，贫贱的人少朋友，事情本来就是如此。”

在冯驩看来，那些宾客的选择是意料之中的。当初孟尝君风光时，大家肯定都会投奔他；等孟尝君落寞时，大家也会另谋他处。这就好比是人们总喜欢在天刚亮时去市集里买东西，而不喜欢在日落黄昏时去市集。原因很简单：因为早市

齐国刀币　战国

这是战国时期，齐国铸造的一种货币，上面还铸有文字。它们虽然是刀形，但边缘有矮脊棱，刃部没有经过打磨，不能用来切割。齐国刀币比较厚重，以厚大精美而著称。

有东西可买，而晚市却什么都不剩了。

听了冯驩的劝解，孟尝君**豁然开朗**，他明白自己应该继续像从前一样广开门路、广纳宾客，而不能因为宾客一时的离去，就进行报复。

不得不说，孟尝君门下的宾客真是深藏不露，而他和宾客之间的关系，也是相辅相成！

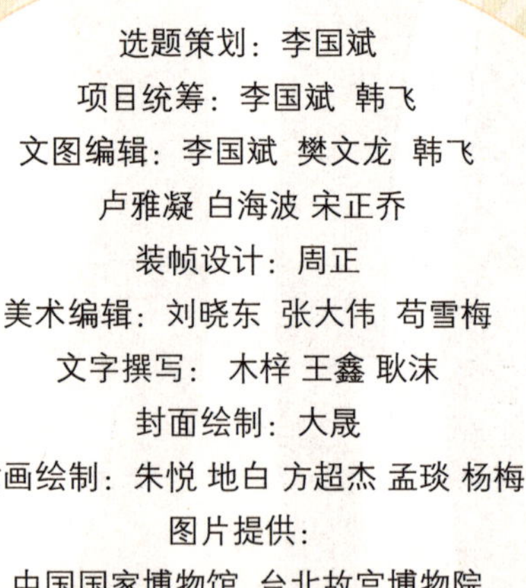

选题策划：李国斌

项目统筹：李国斌 韩飞

文图编辑：李国斌 樊文龙 韩飞

卢雅凝 白海波 宋正乔

装帧设计：周正

美术编辑：刘晓东 张大伟 苟雪梅

文字撰写： 木梓 王鑫 耿沫

封面绘制：大晟

插画绘制：朱悦 地白 方超杰 孟琰 杨梅

图片提供：

中国国家博物馆 台北故宫博物院

南京博物院 河北博物院 湖北省博物馆

陕西历史博物馆 大英博物馆

美国纽约大都会艺术博物馆

视觉中国

杨燕起◎主编

韩兆琦◎特邀顾问

读史记 ④

成一家之言

究天人之际

通古今之变

为智者道

辩而不华

纪传体

善序事理

被列为二十四史之首

北方文艺出版社

哈尔滨

目录

平原君

主角是青铜，配角是王者

平原君和门客的故事

青铜和王者是两个流行词，大概意思就是能力一般的“低手”和能力出众的“高手”。要用这两个词来形容《史记·平原君虞卿列传》中的人物，那故事的主角平原君赵胜肯定是个青铜，门客毛遂和李同更像是王者。作为赵国的贵族公子，赵胜在国家危难时一筹莫展，甚至连辨识人才都做得很不好，唯一的长处可能就是善于听取下属的意见。而毛遂和李同有勇有谋，在困难面前敢于承担责任，甚至不惜牺牲自己的生命。

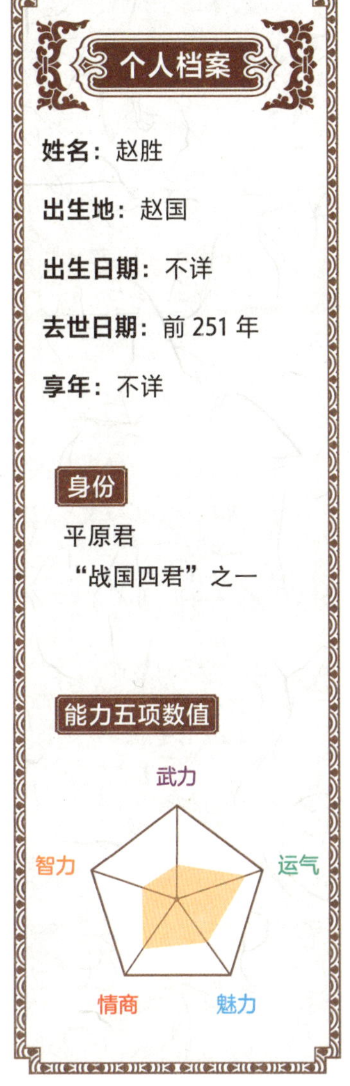

残忍的留客术

平原君赵胜是赵国的公子。在战国时代不是谁都能自称公子的，只有诸侯的儿子才被称为公子，比如赵胜的父亲就是**大名鼎鼎**的赵武灵王。

在同一辈的公子中，赵胜是才能比较出众的一个，所以在他兄长赵惠文王和侄子赵孝成王当大王的时候，赵胜曾经三次担任过相国的职务。为了奖励赵胜的功劳，赵惠文王还把东武城（今山东武城西北）赏赐给赵胜作为封地。

平原君

东武城的平原君府修得雄伟壮观，里面的高楼可以俯瞰周围普通百姓的住宅。有一天，平原君家里的一个美人在高楼上眺望，看到民宅中有一位跛子，一瘸一拐地去井边打水。这个美人觉得跛子的动作很怪，就不厚道地哈哈大笑起来。

第二天，跛子就来到平原君府告状，他对平原君说："我听说您爱惜人才，所以各国的人才不远千里来投奔您，这是因为您尊重他们，把他们看得比美色更重要。我不幸患病，身体残疾，您的美人居然在高楼上嘲笑我蹒跚打水的样子，这实在是太侮辱人了！我希望您杀了她给我出气。"

平原君以为这不过是气话，就笑着随口答应了。等跛子走后，平原君对左右说："这小子挺有意思啊，我的美人笑了他几声，他就想要我美人的命，他是和我开玩笑呢吧？"就这样，平原君到底也没有惩罚那位美人。

过了一年多，平原君手下的门客离开了一大半。在战国时代，门客的多少是衡量公子知名度的标准。这么多门客毫无理由地离去让平原君感到很奇怪，就询问还没离开的门客说："我对待各位没有失礼的地方啊，为什么这么多人要走呢？"

有个门客看平原君还不明白原因，就走上前说道："因为您没有杀掉那个嘲笑跛子的美人，让大家认为您爱慕美色，轻视人才，所以才选择离开啊。”

于是平原君就杀掉了美人，亲自登门向跛子谢罪。在这之后，平原君的门客又都陆续回来了。

当时齐国有孟尝君，魏国有信陵君，楚国有**春申君**，他们都竭尽全力地招揽人才，为自己和国家效力。也就是在这种人才竞争白热化的时候，平原君才做出了杀人留客的决定。在我们今天的人看来，这实在是有些残忍。

毛遂自荐

赵孝成王九年（前257），也就是长平之战后第三年，秦国大军包围了赵国的都城邯郸。

为了挽救国家危亡，赵王派平原君为使者，前往楚国请求救兵。平原君准备从自己的门客中挑选二十个有勇有谋、文武双全的人，组成出访楚国的使团。

在出发前，平原君给门客们训话说：“这次出使楚国责任重大。如果能用和平的方式完成任务那当然最好，否则就要在楚国王宫之中、众目睽睽下，用武力强迫楚王缔结盟约。我打算从你们中挑选二十个壮士，陪我一起完成使命。”

可选来选去，平原君只选出了十九个人。这时，有个叫毛遂的门客站了出来，他走到平原君面前，自我推荐说：“您不用再找别人了，就让我毛遂加入使团，跟随您前往楚国吧。”

平原君看着陌生的毛遂，皱着眉头回想了一下，却没有任何的印象，就勉为其难地问道：“先生到我门下几年了？”

毛遂平静地回答说："已经三年了。"

平原君听了毛遂的回答，摇摇头说道："一个有才能的人活在这个时代，就好像一把锋利的锥子放进袋子里，锥子尖很快就会穿透布袋。先生在我的门下待了三年，我没听到有人称赞您，也对您没有任何印象，说明您没什么过人的才能。您还是在邯郸待着吧，您加入使团不合适。"

毛遂没有生气，而是郑重地回答说："我之前默默无闻是因为缺少一个机会，要是您早点把我放进袋子，我早就脱颖而出了，岂止是露出小小的锥尖。"

平原君一听，这话也有道理，就让毛遂加入了使团。其他十九位门客你看我，我看你，都觉得毛遂这个人有点自不量力，但也没有多说什么。

放着，我来

等赵国使团到达楚国边境，随行的门客们已经对毛遂**刮目相看**。就在旅途中，毛遂经常和其他人讨论天下形势，毛遂的思路、口才让大家非常佩服。

很快，平原君进入了楚国的王宫，开始和楚王商量订立盟约、联合抗秦的大事。尽管平原君反复说明了联盟的好处，可楚王始终不愿意给出肯定的答复。双方从早上一直讨论到中午，也没有得出一个结果。

十九位门客等得着急，就对毛遂说："先生您去说说看吧。"

毛遂紧握剑柄，大步流星地迈过一级级的台阶，走上大殿对着平原君说道："赵楚两国建立合纵联盟，两句话就能说明白利害关系，怎么您从早上说到中午还没有谈妥，这是什么情况啊？"

拍拍手，跟我一起来段广场舞

楚王被毛遂的插话弄得一愣，就问平原君：“这位客人是什么身份啊？”

平原君回答说：“他是我的门客毛遂。”

一听是个小小的门客，楚王就不耐烦了，他大声呵斥毛遂说：“赶紧给我下去！我正和你家主人说话，你一个小小的门客插什么嘴？”

毛遂没被吓住，反而按着宝剑又上前几步，对着楚王侃侃而谈：“大王敢这么呵斥我，不过是仗着楚国国力强大、人多势众。可此时此刻，在这十步之内，您的性命就掌握在我的手中。我的主人就在这里，还轮不到您来教训我。我听说商汤以七十里的土地起家，最终一统天下；周文王以百里土地为基业，最后也能号令诸侯，他们靠的是人多势众吗？那是因为他们能看清天下形势，善于发挥自己的力量啊！今天，楚国拥有五千里的广阔土地，忠勇的将士多达百万，这是足以称霸天下的本钱啊。秦国的白起不过是一个无名小辈，率领几万人就敢进攻楚国，一战就攻下了鄢（今湖北宜城）、郢（今湖北江陵）两座楚国重镇；二战就纵火焚烧了楚国的夷陵；三战更是让楚国的先王受到了莫大的屈辱，这是百世都解不开的

青铜舞人俑 战国

在战国的时候，华夏的祖先们祭祀鬼神时要跳舞，祈求丰收时要跳舞，驱赶瘟疫时要跳舞，宫廷宴会和民间聚会时也都要跳舞。就像这件青铜舞人俑，它从服装上看，是北方游牧民族的打扮，很可能就是在篝火晚会上拍手顿足的一位舞者。

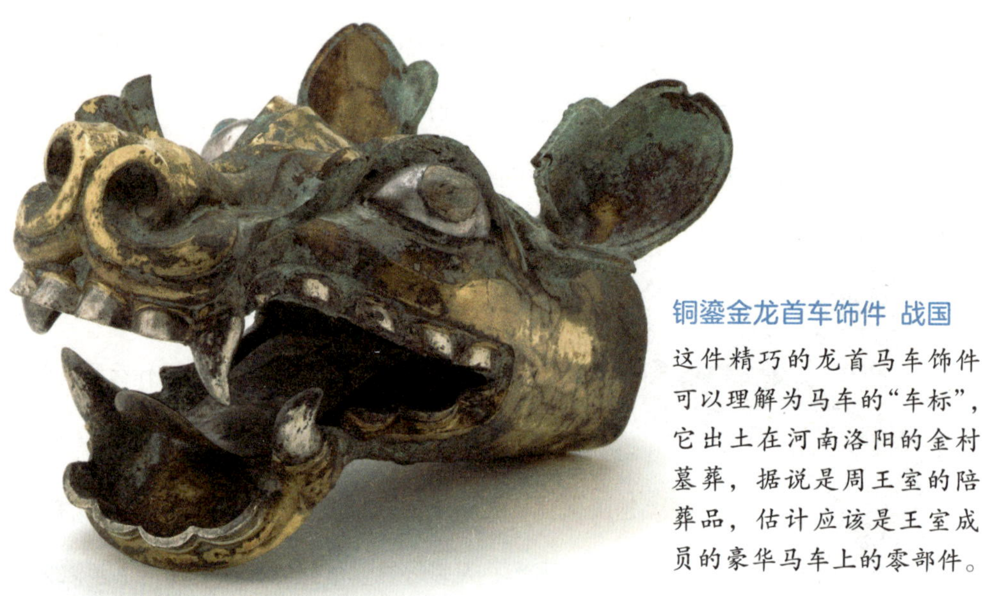

铜鎏金龙首车饰件 战国

这件精巧的龙首马车饰件可以理解为马车的“车标”，它出土在河南洛阳的金村墓葬，据说是周王室的陪葬品，估计应该是王室成员的豪华马车上的零部件。

仇恨啊！我们赵国人都为大王感到羞耻，您身为**一国之君**，难道一点儿也不感觉羞愧吗？您要搞清楚，订立合纵的盟约也是为了楚国，而不仅仅是为了赵国。您不明白这么简单的道理，还在我主人面前呵斥我，您到底是什么意思？”

楚王被毛遂的气势震慑住了，态度有了一百八十度的改变，他客气地对毛遂说：“是！是！先生说的对极了！我愿意竭尽全力履行盟约。”

毛遂接着追问道：“那合纵的事情就算确定了？”

楚王连声回答说：“确定了，确定了。”

接着，毛遂吩咐楚王身边的侍从说：“取鸡、狗和马的血来。”在战国时代，订立郑重的盟约需要歃（shà）血为盟，马血、狗血和鸡血分别是天子、诸侯和大夫订立盟约的道具，正好对应了楚王、平原君和毛遂三个人的身份。

等到侍从取来三种动物的血，毛遂就捧着盛放血液的铜盘，跪着献给楚王，说："请大王你带头歃血，表示联盟的诚意，然后是我的主人，最后是我毛遂。"

就这样，楚王和平原君在朝堂上完成了合纵盟约。这时毛遂左手端着铜盆，右手招呼十九位同伴说："各位也一起在堂下歃血为盟吧！你们虽然才能平庸，却也跟着我完成了任务，这就叫'因人成事'吧。"

平原君完成了使命，带领着二十位门客返回赵国。到家之后，回想出使的过程，平原君感慨地说道："我今后可不敢再以貌取人了。我以前评价过的人才，多说有上千人，少说也有几百人，自认为没有看错过。可看看毛先生，我差点错过了这样的人才。毛先生一到楚国，就让赵国的声望比九鼎、大吕（周王室太庙的大钟）还要贵重。他靠着自己的三寸不烂之舌，发挥了比百万雄师还要大的作用，我今后再也不敢随便评价人才了。"随后，平原君把毛遂奉为上宾。

青铜剑 战国

捐躯的李同

平原君回到赵国不久，楚王就派春申君率领大军救援赵国。魏国的信陵君也假传魏王的命令，夺取了将军晋鄙的兵权，前来拯救邯郸。

可就在两国援兵到来之前，秦军连续发动了猛烈的进攻，

彩绘龙凤纹盖豆 战国

豆可不是用来吃的豆子，它在春秋战国时代特指一种盛放食物的器皿，就和我们今天的盘子、盆差不多，贵族们用它来装腌菜或者肉酱等调味品。这件木雕彩漆的盖豆是由一整块木头雕刻出来，以黑漆为底，装饰有红色和金色的彩绘，还刻有龙纹、凤纹，是诸侯才能享用的奢侈品。

邯郸城岌岌可危，平原君为此忧心不已。

这时邯郸驿馆有个小官员姓李，他的儿子李同就来游说平原君：“您不为赵国的前途担忧吗？”

平原君唉声叹气地回答说：“赵国要是亡国了，我就成了秦国人的俘虏，我怎么能不担忧呢？”

李同又说：“现在邯郸的百姓用死人的骨头当柴烧，相互交换孩子当食物，形势已经到了万分危急的时刻了。可您的家里还有成百的美人，连婢女都穿着绫罗绸缎，吃剩的珍馐美味成堆。守城的老百姓连粗布衣裳都穿不上，喂牲口的糟糠都吃不到。城里的金属武器也将要用光，人们已经开始削尖木头作为长矛和箭矢，而您家里的铜器和金属制成的钟磬还完好无损，这是上下一心，同仇敌忾的样子吗？”

说到这里，李同喘了口粗气，继续劝说平原君：“如果邯郸被秦军攻破，您家里的财产都是敌人的战利品，不会再为您所有。可如果能守住邯郸，打退秦军，您还怕财物不能失而复得吗？现在只要您把夫人以下的家人都编入军队，承担艰苦的劳役，再把您家里的钱财分给守城的将士，那将士们一定会对您感恩戴德，在这个危难的时刻奋勇杀敌的。”

平原君觉得李同言之有理，就按照他的建议去做，果然召集了三千人的敢死队。李同带领这三千人向秦军发动反击，把秦军击退了三十里。正好在这个时候，魏国和楚国的援军也赶到了，秦军只好从邯郸城外撤走，赵国因此转危为安。

在这场反击战中，李同战死沙场。为了褒奖这位爱国的**勇士**，赵王特意封他的父亲为李侯。

代请封赏

打赢了邯郸保卫战，赵国上下开始论功行赏。因为平原君是信陵君的姐夫，大家都认为这层亲戚关系是信陵君出兵的主要原因，平原君应该受到封赏。赵国的重臣虞卿表现得最为积极，他打算替平原君向赵王请求增加封地。

当时有位能言善辩的名士叫公孙龙，他听了这个消息，连夜驾车拜访平原君。

两人一见面，公孙龙就迫不及待地问道：“听说虞卿要替您向大王请求封赏？”

平原君也有点得意，笑着回答说：“倒是有这么一回事儿。”

公孙龙摇着头，一脸不赞成地说道：“这么做大大的不妥啊。大王任命您为相国，并不是因为您的聪明才智在赵国无人能比；把东武城封给您，也不是因为您立下了别人做不到的功劳，这一切都是因为大王是您的骨肉亲人。您接受相国大印的时候，没有因为个人才能不足而推辞；您接受封地的时候，没有因为功劳不够而婉拒。现在您如果因为信陵君保住了邯郸而接受封赏，那您就是既凭借亲戚的身份受官受地，又以普通人的身份和国家计算功劳，这样好处占尽，真不是什么好事。虞卿这么做就是想左右逢源，您如果得到了封赏，他就可以向您邀功买好，索取报酬；您如果没有得到封赏，他也可以得到为您着想的好名声，让您记住他的好处。您千万别听他的那一套！”

平原君听完这一番分析，觉得很有道理，就拒绝了虞卿的建议。

赵孝成王十五年（前251），平原君赵胜病死，他的子孙们继承了平原君的封号，一直到赵国灭亡。

史记成语典故大搜索

毛遂自荐

词意： 比喻自告奋勇，自我推荐。

造句： 在班会上，赵丽斯同学毛遂自荐，希望担任班长的职务。

因人成事

词意： 形容本身没有足够的能力，依赖别人的力量办成事情。

造句： 张总的公司能够创下销售奇迹，不是他的能力过人，而是他有一个强大的管理团队，这也算是因人成事了。

脱颖而出

词意： 比喻有才能的人遇到机会，就能显出才干。

造句： 在得到刘备的赏识和重用后，诸葛亮立刻脱颖而出，成了三国中后期第一流的政治人才。

信陵君

公子无双
信陵君的故事

我们前面说过，战国时代能被称为“公子”的人必须是诸侯的儿子。那号称“战国第一公子”的信陵君是一个怎样的人呢？平原君赵胜夸他“天下无双”，赵王把他当作救命恩人，秦王把他看作心腹之患，司马迁还说他“名冠诸侯”……我们接下来就讲讲信陵君的故事。

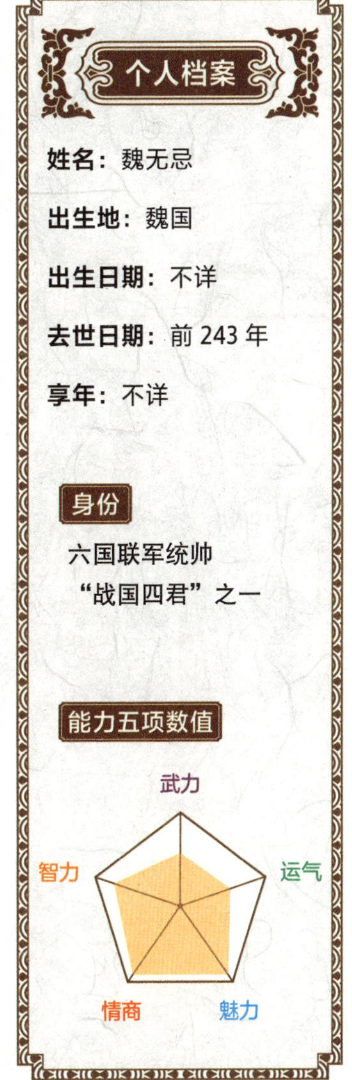

战国第一公子

信陵君名叫无忌，是魏昭王的小儿子，也是魏安釐（xī）王同父异母的弟弟。因为受封在信陵（今河南宁陵），所以被称为信陵君。

虽然出身王室，信陵君身上却没有贵族们骄傲自大、贪图享乐的缺点。相反，他身上的闪光点很多，第一就是他礼贤下士，而且还有识人之明。不论对方是什么出身、能力高低，他都会以礼相待。侯嬴是看守城门的小官，朱亥是市场里的屠夫，毛公喜欢在赌场里打发时间，薛公整天泡在酒馆

里，可信陵君却能用一双慧眼发现他们的能力，真正地信任他们，听取他们的意见，发挥他们的作用，这也成就了信陵君的美名。

信陵君的第二个优点，是他以国家利益为重，能够为大局着想。当赵国都城邯郸被秦国大军包围，向魏国请求援兵的时候，信陵君力主出兵救援赵国。在被魏王拒绝后，他准备带着一百多辆战车和几千门客前往赵国，与赵国共存亡。信陵君之所以这么做，是因为他知道魏国和赵国是唇齿相依的邻国，救援赵国就是在保卫魏国，所以他才不怕牺牲地踏上征程。

信陵君的第三个优点是闻过即改，听得进逆耳的忠言。不论是侯嬴窃符救赵的计策，还是毛公、薛公劝他回国的建议，信陵君在发现谏言有理之后，都能从善如流，体现了他作为政治家的宽广胸怀。

战国时代，是天下战乱不休的时期。信陵君有才有德，先窃取兵符、救援赵国，后来又率领联军击败强大的秦国，在历史上留下了自己的大名。难怪后人读到《信陵君传》，说信陵君是司马迁最得意的英雄，《信陵君传》是司马迁最得意的文字。

漫画开讲啦！

公子无忌是魏昭王的小儿子，也是“战国四公子”之一。

无忌的哥哥魏安釐王即位后，封他为信陵君。

无忌礼贤下士，各国的人才都因为他投奔了魏国。

公子，这是赵国
刚送来的宝马。
让各位先生
和壮士先挑。

公子，这是楚国
送来的鲜鱼。
做成鱼脍，先让各位
先生和壮士尝尝。

咱们公子既仁慈又谦让，
真是魏国第一男神！
嫁人就得嫁公子
这样的大英雄。

无忌公子手下的门
客都有三千人了，
您得管管啊！
有这么个弟弟，
我这大王当得
压力大啊！

有一天，魏安釐王邀请无忌进宫下棋。

大王，大事不好了！赵王率领大军到了我国边境了！

废物，怎么才来报告！

大王不要慌，赵王是到边境打猎。
不是对我们开战的。

大王，打听清楚了，
赵王是打猎路过，不是来打仗的。

赵王这家伙
太不靠谱了。

老弟，你的消息
怎么这么灵通啊？
我有门客在
赵王身边当卧底，
赵王早上吃什么，
我中午就能知道。

这是无间道啊！
今后得对无忌
防一手了。

因为嫉妒无忌的才能，魏王把无忌赶回了家。

侯嬴是魏国看城门的小官，无忌知道他有才能，所以和他成了朋友。

在集市上，侯嬴和朋友朱亥聊起了天，无忌微笑着旁听。

这老头什么来历？
公子居然这么尊敬他？

我今天故意刁难了您三次。
还故意去拜访朋友，让您在旁边等待。
我拒绝了您的礼物，占了您的马车位置。
这怎么算刁难，先生肯定有自己的打算。

您说对了，我就是让人们看看您的度量，让围观的人把我当小人，把您当成谦虚的君子。
先生的恩情，无忌没齿难忘！

魏安釐王二十年，秦国在长平打败了赵国，秦军包围了赵国的邯郸。

无忌知道魏王不敢得罪秦国，就打算带着门客与赵国共存亡。

我就要奔赴战场了，先生没什么话要和我说吗？
公子这样去赵国，就好比割下自己的肉去喂老虎，恐怕是九死一生啊。

请先生帮我出个主意吧！
公子放心，正有一条妙计要献给公子。

大王的如姬夫人受过您的大恩。
您可以请她从大王的卧室偷出调兵的虎符。
再用虎符夺取晋鄙的军队，就可以率领大军救援赵国了。

夫人，实在是太感谢您了！
公子您帮我报过杀父之仇，我报答您是应该的。

公子一定要打败秦军，平安归来啊！

公子带上朱亥吧，如果晋鄙不交兵权，就让朱亥打爆他的脑袋。
公子对我有情有义，您让我打谁我打谁。

先生，我一定不辜负您的良苦用心。
我年纪大了，不能跟随公子同行。
公子到达晋鄙军营的那一天，我会面向北方自杀，来报答公子的恩情。

很快，无忌的车队来到了邺城的魏国军营。

在无忌的指挥下，魏军大败秦军，解除了邯郸城的危机。

侯嬴也信守诺言，用自杀的方式报答了无忌。

该忘记的恩情

信陵君拯救了邯郸城，成了赵国人眼里的大英雄。可在魏王的眼里，信陵君违背王命，盗取兵符，还杀害了大将军晋鄙，实在是国家的“罪人”。

信陵君知道魏王对自己的怒火有多深，所以在打败了秦军之后，他就让将军们带着大军返回魏国，他自己和门客留在了赵国。

赵王知道信陵君是为了赵国，才有家不能回，从心底感激信陵君。于是，赵王和平原君商量，打算把五座城邑送给信陵君作为封地。

听到这个消息，信陵君也有点小得意，他在和赵国人的交往中就流露出了傲慢的态度。好在信陵君的门客中有明白人，他向信陵君进言道：“我听说有些事情不可以忘记，有些事情则不可以不忘记。比如别人对公子您有恩情，这您就不可以忘记；如果公子您对别人有恩情，那您反而应该忘记。像您现在这样，因为对赵国有恩，就四处炫耀，实在不是君子所为。况且您假传王命，夺取晋鄙将军的兵权来救援赵国，您

龙纹玉璜 战国

玉璜（huáng），是古时候的一种礼器。它的形状是半圆形，就像一块圆形的玉璧截出来一部分。玉璜有什么用呢？古代求雨祭祀的时候，经常会用到它。所以，玉璜上的两端就经常设计成龙首的形状，因为在神话中龙能够呼风唤雨。

对赵国是有功了，可您对魏国算得上忠臣吗？您现在的做法是不可取的！”

门客的话像一盆冷水，泼醒了头脑发热的信陵君，他惭愧得**无地自容**，开始自我反思和自我批评。

没过多久，赵王举行了盛大的宴会答谢信陵君。为了表示尊重，赵王亲自到王宫大殿的门口迎接信陵君，想用招待贵宾的礼节，引导信陵君走向更显示尊贵的西边台阶。

信陵君想起之前门客的提醒，连忙推辞婉拒，只是按照普通客人的待遇，从东边的台阶进入大殿，态度既谦让又有礼貌。

在宴会上，信陵君绝口不提自己击败秦军、挽救赵国的事迹，而是一再说自己对魏国有愧，对赵国也没有什么功劳。赵王陪着信陵君饮酒直到傍晚，看到信陵君态度这么谦和，也没好意思说出馈赠五座城邑的事情。

过了一段时间，赵王看信陵君没法回到魏国，就把鄗（hào，今河北柏乡北）这个地方送给信陵君作为封地。

礼贤下士是习惯

在赵国生活了一段时间，信陵君爱搜集人才的“毛病”又发作了。

他听说赵国有两位贤士：一个叫毛公，一

个叫薛公。这两人都很有才能，却又不愿意出来做官。毛公整日跟赌徒混在一起，靠赌博打发时间；薛公喜欢喝酒，每天都在酒馆里混日子。

为了能和这两位贤士见面，信陵君打听到他们的藏身之地后，就悄悄地步行前去探望。几次下来，信陵君和他们成了谈得来的朋友。

平原君听说信陵君出入赌场、**酒馆**，非常不以为然，就和自己的夫人，也就是信陵君的姐姐抱怨说：“以前我听说无忌是天下无双的人才，可他现在居然和赌徒、酒鬼来往，实在是荒唐啊！”

平原君夫人把这些话转告了信陵君，希望自己的弟弟注意下贵族的身份。可信陵君不但没听，反而让手下人打点行装，准备辞别姐姐，离开赵国。

临行前，信陵君和平原君夫人说了这样一段语重心长的话——“我从前听说姐夫是个爱惜人才的贤人，所以才

木雕髹漆拱手人俑 东周

这件木俑高 45.7 厘米，现在被收藏在美国印第安纳波利斯艺术博物馆。木俑是一种随葬品，贵族去世后，就把它放进坟墓，作为死者的陪伴。战国的时候，南方的楚国最流行木俑随葬，有武士俑、舞乐俑、侍从俑等等。这件拱手人俑因为年代久远，已经看不清五官面貌，只有身上长袍的朱漆痕迹还比较清晰。

违背魏王的命令来救援赵国。可现在看来，姐夫和人交朋友，只是为了炫耀自己的财富和权力，并不是真心想要为国家求取人才。我在大梁的时候，就听说过赵国毛公、薛公的大名。现在居住在赵国，以我的名声诚心拜访还担心他们不肯见我，姐夫却认为结交贤士是可耻的事情。在我看来，姐夫才是那个不值得交往的人啊！”

说完，信陵君带着门客们准备离开赵国。平原君夫人赶紧把上面的对话转告了平原君。平原君这才知道自己犯下了大错，连忙脱掉帽子向信陵君谢罪，用最诚恳的态度加以挽留。

很快，平原君的门客听说了这件事，都认为信陵君才是值得追随的主君。他们中的很多人都转投了信陵君，天下人也到处传颂信陵君不耻下交的美名。

秦国的克星

信陵君在赵国一待就是十年，魏国成了他梦中才能回去的故国。

因为信陵君常驻赵国，秦国不敢向赵国动手，就开始向东进攻魏国。魏王这时候傻眼了，赶紧派使者前往赵国，请求信陵君立即回国。

信陵君担心魏王还在怨恨他，所以对是否回国很矛盾。他对手下的门客下令，有敢替魏王使者通报的，一律杀无赦。

毛公和薛公听说了这件事，就劝信陵君说：“公子您受到赵国的尊敬，名声传遍各国，一方面因为您才能出众，另一方面也因为您魏国公子的身份啊。现在魏国危在旦夕，您却坐视不管，那天下人会怎么看您呢？如果秦军攻破了大梁城，破坏了魏国历代先王的宗庙，您又有什么颜面立足于天下呢？”

毛公、薛公的话还没有说完，信陵君就脸色大变。是啊，祖国要是沦亡了，祖先的宗庙要是被摧毁了，他信陵君还不被天下人耻笑吗？想通了这一点，信陵君赶紧吩咐门客备好马车，立即返回魏国。

等到风尘仆仆的信陵君回到魏国，立刻得到了魏王的接见，兄弟二人抱头痛哭。为了表示自己的诚意，魏王当场任命信陵君为上将军。信陵君接过将军的印信，带领着魏国的军队积极备战。

魏安釐王三十年（前 247），信陵君派使者把自己担任魏国上将军的事情，传遍了诸侯各国。诸侯们听说信陵君要和秦国作战，纷纷派遣自己的军队，来为信陵君助阵。

于是，信陵君统率着魏、楚、韩、赵、燕五国的联军，在黄河南岸大败秦国将军蒙骜（ào）的军队。接着，信陵君率领联军乘胜追击，一路杀到了秦国的函谷关外，逼得秦军不敢出关应战。

这一战打出了信陵君的威名，也打破了秦军无敌的神话。各国的兵法家都把自己的兵书献给信陵君，信陵君把它们编在一起，题上自己的名字，后世称为《魏公子兵法》。

让人叹息的结局

信陵君成了诸侯对抗秦国的一面旗帜，秦王把他当成了眼中钉、肉中刺。为了除掉这个**心腹大患**，秦王拿出上万斤黄金作为活动经费，让间谍们拿着这些黄金收买晋鄙的门客，在魏国散布对信陵君不利的谣言。

这些门客跑到魏王的身边，装得**痛心疾首**的样子说：“大王啊，无忌公子在国外流亡了十年，现在又当了魏国的统帅，其他诸侯国的将领都对他言听计从，他的威望已经超过了您啊。不夸张地说，各国的君主们都知道公子，而不知道还有您魏王。我们听说公子还打算自己南面称王，各国诸侯也打算拥戴他，您得早做打算啊！”

这还不算，秦王还派使者到魏国加深魏王的猜忌。秦国使者一到魏国，就四下打听公子无忌称王没有，得到否定的答复就说公子怎么还没当上魏王，太让人遗憾了等等。

就这样，魏王每天听到的都是对信陵君的诽谤，他的疑心也就越来越重，最

“四君”到“四公子”

孟尝君田文、平原君赵胜、信陵君魏无忌、春申君黄歇四个人都在《史记》中有人物传记，所以他们很早就被人并列称呼。西汉的文学家贾谊称他们是“战国四君”，因为他们都是诸侯王册封的贵族，君在这里是一种封号。到了东汉，历史学家班固又称他们为“四豪”“四贤”。到了西晋时期，“公子”这个词已经更加宽泛，权贵子弟都可以被称为公子，文学家张华写了首诗，里面有两句“翩翩四公子，浊世称贤明”，讲的就是上面四个人的事迹，所以此后也开始有人称他们为“战国四公子”。

髹漆彩绘单把杯　东周

这个杯子是不是有点像今天我们喝水的瓷杯？其实它是竹子制成的，杯子外侧用漆描绘上红黑两色的图案。在战国时期，它是贵族专用的饮酒器。

终还是派人解除了信陵君的兵权。

信陵君知道这是自己第二次被罢免，已经不可能再掌握权力了。为了保住性命，他从此不再上朝，每天和宾客们通宵达旦地饮酒作乐，借酒消愁，对美色也没有节制，可能也是用酒色来麻醉自己。

就这样过了四年，信陵君因为饮酒过量病死。同一年，魏安鳌王也因病去世。

信陵君去世的消息传到秦国，秦王立刻派大将军蒙骜攻打魏国，前后夺取了二十座城池的地盘，建立了秦国的东郡。接下来的几年，秦国不断向东蚕食魏国的土地，到了信陵君去世的第十八年，秦军攻破了魏国的都城大梁，俘虏了魏王假，魏国至此灭亡。

汉高祖刘邦还没有发达的时候，就多次听别人说过信陵君的故事，他心里对这位英雄非常敬佩。等到刘邦当了皇帝，每次路过大梁城，都要亲自祭祀这位传奇人物。汉高祖十二年（前 195），刘邦打败了黥（qíng）布，从前线返回长安。在路过大梁的时候，他下令拨出五户人家专门给信陵君守墓，让这些人家一年四季按时祭祀信陵君。

史记典故和诗词大搜索

急人之困

词意： 形容热心地帮助别人解决困难。

造句： 如果在别人面临困窘、需要帮助时，我们能够不计得失地急人之困，社会必然会变得越来越和谐。

天下无双

词意： 天下没有第二个，指独一无二。

造句： 黄香是东汉有名的孝子，被当时的人们称赞为“天下无双，江夏黄香”。

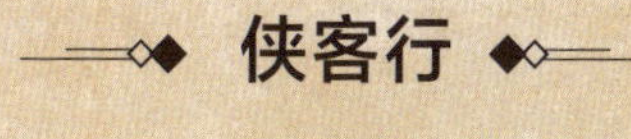

侠客行

[唐]李白

闲过信陵饮，脱剑膝前横。

将炙啖朱亥，持觞劝侯嬴。

译文： 想当年，侯嬴、朱亥与信陵君结交，他们脱剑横膝，交相欢饮。和朱亥一起大块吃肉，和侯嬴一道大碗喝酒。

春申君

安楚和盗楚
春申君的故事

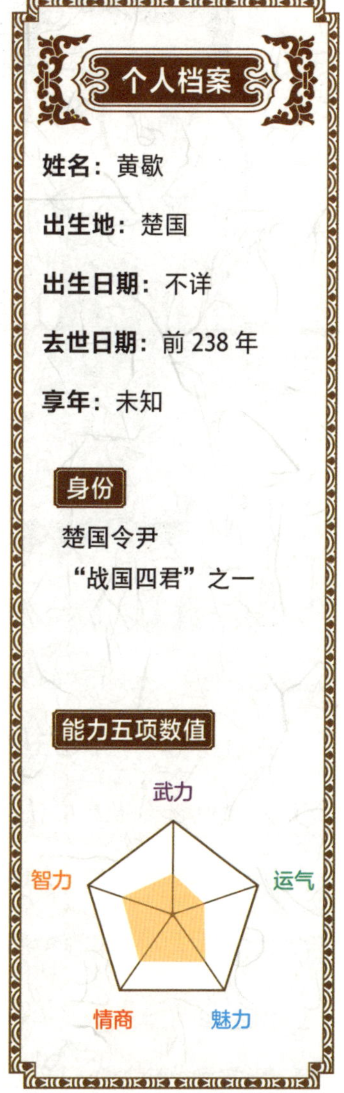

一个人为了安定祖国，敢于牺牲自己，我们会说他是个大英雄；一个人因为自己的贪婪，想要盗取国家的权力，我们会说他是个野心家。楚国的春申君年轻的时候勇敢睿智，能在秦王面前捍卫楚国的利益；可等到他年老的时候，却想把国家变成个人的工具。昨天的大英雄，成了今天的野心家，他的下场也就注定是个悲剧。

一封书信退秦军

春申君黄歇是楚国人，他在青年时代就游学各国，所以锻炼出了一副好口才，学识也很渊博。因此，黄歇得到了楚顷襄王的赏识，作为使者被派往秦国。

这时候，秦国大将白起刚刚在华阳（今河南新郑）打败了韩国和魏国的联军，活捉了魏国的将军芒卯（máng mǎo）。被打怕了的韩、魏两国

春申君

向秦国求和，表示愿意听从秦国的命令。

看韩国和魏国“服软”了，秦国开始把矛头对准楚国，秦昭王打算派白起率领大军，再带上韩国、魏国的军队，一起进攻楚国。楚顷襄王打听到了这个消息，所以才派黄歇来秦国当使者。

为什么楚国宁可派使者进行外交谈判，也不发动大军抵抗秦国呢？因为就在几年前，楚国已经见识了白起的厉害，楚国的巫郡、黔中郡都被秦军占领，鄢、郢两个重镇也丢失了，楚顷襄王不得不把国都迁到陈（今河南淮阳），实在是不敢再和秦国打仗了。

国家不强大，使者的压力就很大。黄歇在驿馆里仔细考虑了几天，这才提笔给秦昭王写了一封洋洋洒洒的信。

这封信先赞美秦昭王的“光辉成就”，给秦王戴上了一顶高帽子。然后黄歇委婉地说出秦国不应该打楚国，原因有以下四个：

第一，现在天下只有两个超级大国——秦国和楚国。如果秦国和楚国开战，就好比两头老虎互相争斗，那只会便宜旁边的对手。

第二，韩国和魏国是背后捅刀子的“惯犯”。在春秋末年，智伯就是轻信了韩、魏两家，和他们一同攻赵氏，结果韩、魏、赵三家却突然联手，将智氏灭族。

如今秦国与韩国、魏国已经结下了血海深仇，秦国攻打楚国之日，也许就是秦王步上智伯后尘之时。

第三，千万别忽视了东方的齐国。如果秦军和楚国苦战，齐国很有可能趁机出手，抢夺楚国江、淮一带的肥沃土地。到时候，秦国元气大伤，齐国却坐收渔利，这样的买卖可不划算。

第四，楚国虽然屡战屡败，但仍然具备相当的实力。如果被逼到墙角，不得不与秦国决一死战，秦国也会付出惨重的代价。

因此，黄歇建议秦国与楚国搞好关系，集中力量收拾韩国和魏国。等到这两个中原大国被秦国消化干净后，再往东压迫齐国，这样天下就会置于秦国的掌握之中。

秦昭王看完黄歇的信，拍案叫绝，不仅下令停止进攻楚国，还派使者给楚顷襄王送去厚礼，秦、楚两国订立盟约，成为战略伙伴。

你看黄歇这封信的作用大不大？等于帮楚国解了**燃眉之急**，又续上了几十年的国运。

太子逃命，黄歇断后

按照战国时代的惯例，弱国和强国订立盟约是要交出人质的，楚国派到咸阳的人质就是楚顷襄王的太子和能干的黄歇。

太子和黄歇在秦国一待就是几年，两人都很想念自己的祖国。公元前 264 年，楚顷襄王病重的消息传到咸阳，太子想回国看望自己的父亲，却因为秦王不允许而发愁。

鄂君启节 战国

鄂君启节就是受封鄂君的大贵族启拥有的两件信符。凭借信符，启从自己的封地鄂向楚国内陆运输货物可以免税通过，这是楚怀王颁发给启的特殊证件。鄂君启节一共有两件，较长的是舟节，上面有163个字，规定鄂君每年的免税船只有150艘；稍短的是车节，上面有154个字，规定鄂君每年的免税车辆有50辆。

节面上的错金文字

太子和秦国的相国范雎关系不错，黄歇就找到范雎想办法。

黄歇问范雎说：“相国，您是真心和我们太子交朋友吗？”

范雎拍着胸脯回答说：“绝对是真心啊！”

黄歇行了一个揖礼，郑重地说道：“我们大王的病恐怕**难以痊愈**了，秦国不如让太子回国。如果太子能够即位，一定会重重地报答秦国，对您也会感恩戴德。如果不让太子回去，他在咸阳不过就是个普通的平民。如果楚国人再立一个君主，肯定不会像太子对秦国这样恭敬。希望相国您能仔细地考虑考虑。”

范雎被黄歇的话打动了，就向秦昭王汇报了这件事。秦昭王没想好怎么处理，就先让太子的师傅到楚国看看顷襄王的病情，回来后再做决定。

黄歇觉得这是秦国人的缓兵之计，就和太子商量说：“秦国不放您回国，无非是把您当作筹码，想和楚国讨价还价，谋取利益。可您是知道的，您的叔叔阳文君有两个儿子在楚国。一旦大王去世，您又不在国内，王位很可能落在阳文君儿子的身上。依我看，您不如跟随师傅一起逃回楚国。我留在这里，替您拖延一段时间，我愿意用生命来换取您的脱险。”

楚国太子非常感动，他采纳了黄歇的意见，化装成车夫混出了咸阳。黄歇则留在太子的馆舍中，对外宣称太子生病，谢绝见客。

过了一段时间，黄歇估计太子已经走远了，秦国派出追兵也追不上了，就向秦昭王坦白说：“太子已经回国，这时候估计已经到了楚国。我欺骗了大王，罪该万死，请您处置吧。”

秦昭王勃然大怒，打算让黄歇自杀。幸亏范雎站出来说了好话，他说黄歇作为臣子，能够牺牲自己来保护君主，这是值得提倡的品德。如果太子即位，一定会重用黄歇，所以不如赦免黄歇，放他回国，以此来表示秦国对楚国的善意。

秦昭王想想也有道理，就放黄歇回楚国了。三个月后，楚顷襄王去世，太子即位，是为楚考烈王。

考烈王即位后的第一个人事命令，就是任命黄歇为相国，还把淮河以北十二个县的土地赐给黄歇，封他为春申君。

黄歇之前的努力，总算是得到了超值的回报。

联军惨败，名声扫地

黄歇被封为春申君后，和齐国的孟尝君、魏国的信陵君、赵国的平原君齐名。

彩绘透雕漆座屏 战国

你猜这件高 15 厘米、长 51.8 厘米的木雕小座屏上有多少个动物？不告诉你答案你肯定想不到，这上面一共雕刻了 8 只凤凰、4 只鹿、15 条蛇和 26 条蟒、2 只青蛙。在这么小的地方雕刻出 55 个动物形象，战国时期楚国的工匠是不是很了不起？

这几位大人物都礼贤下士，招揽人才，为自己祖国的强大出谋划策。

楚考烈王四年（前 259），秦国打赢了长平之战，开始围攻赵国邯郸。第二年，赵国向楚国求援，楚王就派春申君率领大军救援赵国，帮助赵国人解除了包围。

楚考烈王八年（前 255），春申君又率领楚军向北进攻，灭掉了鲁国，任命荀卿担任兰陵县令。

连续打赢了两场对外战争，春申君觉得楚国又恢复了超级大国的国力，变得骄傲自满起来。

有一次，赵国的平原君派人来拜访春申君，春申君就把使者安排在豪华客房里住下。赵国使者想炫耀下自己国家的富有，就拿出珍贵的玳瑁（一种海龟的壳）簪子插在发髻上，又佩戴上镶嵌珍珠的宝剑，去拜见春申君。结果宾主双方一见面，赵国使者尴尬了——只见春申君手下的高级门客都穿着珠宝做成的鞋子，在阳光下熠熠生辉，这排场让赵国的使者自惭形秽。

春申君担任楚国相国的第十四年，秦庄襄王即位，任命吕不韦为相国，封为文信侯，秦国灭掉了东周。

春申君担任相国的第二十二年（前241），诸侯国对不断蚕食各国土地的秦国忍无可忍，就组建了一个反秦大联盟，准备向西攻打秦国。因为楚国实力最强，所以楚考烈王担任了联盟长，春申君担任了联军总指挥。

可诸侯联军到达函谷关，刚一和秦军交战，就一哄而散，合纵攻秦成了一场大笑话。考烈王把这场失败归罪于春申君，开始疏远这位国家重臣。

一个盗窃楚国的计划

楚王的不满，春申君看在眼里，急在心里。他冥思苦想，打算找到一个办法挽回楚王的信任。

思来想去，春申君决定向楚王进献一批能生儿子的美女，来讨楚王的欢心。楚国后宫美女无数，但是楚王一直没有儿子，国家也就没有继承人，这是楚王长久以来的心病。

春申君想得挺好，也把不少美女送进了王宫，可楚王还是一个儿子也没生出来，春申君也开始发愁了。

这时候有个叫李园的赵国人来到了楚国，他的妹妹是出名的美人，李园打算把妹妹献给楚王。听说楚王一直没有儿子，李园就想出了一条“妙计”——他先来到春申君的府中，当了一个门客。

有一次，李园在春申君面前谈起自己的妹妹，说齐王已经派使者来下聘礼了。

春申君听了这话非常好奇，就想和李园的妹妹见面。李园顺水推舟，把自己的妹妹献给了春申君。

李园的妹妹得到了春申君的宠幸，很快就有了身孕。李园和妹妹经过一番商量，制订了一个计划。

不久，李园的妹妹找到一个机会，劝春申君说："您担任楚相二十多年了，享尽了荣华富贵。可是大王没有儿子，等他去世后肯定是他某个兄弟继位，而您执掌大权二十多年，肯定得罪过大王的兄弟们。一旦他们中的某人登上王位，您不但荣华富贵到头了，可能还会**大祸临头**。现在我刚刚怀有身孕，还没有人知道，如果您把我献给楚王，我一定会得到他的宠幸。万一我生下了一个儿子，那么就是您的儿子要当楚王了。这样一来，楚国不都是您的了吗！您觉得怎么样？"

春申君是个老谋深算的政客，他知道用自己的孩子冒充王室的血脉是严重的罪行。可他对权力的渴望压倒了理智，还是把李园的妹妹献给了楚考烈王。

不久，李园的妹妹果然生下了一个儿子，喜出望外的考烈王把孩子立为太子。母凭子贵，李园的妹妹也成了王后，连李园也得到了楚王的重用，开始参与国家大事。

李园害怕春申君把秘密泄露出去，就暗中召集死士，准备杀掉春申君灭口。这件事在楚国已经有不少人察觉到了，只是大家都不敢告诉春申君。

春申君担任国相第二十五年（前238），楚考烈王得了重病，卧床不起。

春申君有一个门客叫朱英，他注意到了李园暗中的动作，就隐晦地提醒春申君说："世上有飞来的福，也有突降的祸。如今您处在生死无常的时代，服侍着一位喜怒无常的君主，身边可不能没有紧急应变的朋友啊！"

春申君被问愣了，就向朱英请教什么是飞来的福。

朱英回答说："您担任相国二十多年，名义上是相国，实际上却相当于国君。如今大王病重，随时都会去世。到时候您辅佐幼主，就像商朝的伊尹、周朝的周公一样掌握国家大权。等到幼主成年后，再把国家的权力还给他，这不就相当于南面称王、拥有楚国了吗？这就是我所说的'飞来的福'。"

春申君听完很高兴，接着问什么是突降的横祸。

朱英很严肃地回答说："李园有着国舅的身份，却因为您的存在不能**掌握大权**，他能不想把您除之而后快吗？李园没有管理军队的职务，却长期养着一帮死士，就是他野心的最好证明啊！等到大王去世，李园一定会抢先进入王宫，夺取权力，然后再杀您灭口，这就是我所说的'突降的横祸'啊！"

春申君再问，什么是紧急应变的朋友。

朱英回答说："您把我安排在郎中的职位上，贴身护卫

曾侯殳 战国

殳（shū）是古代的一种兵器，外形有点像结实的粗木棒。在春秋战国时代，殳和弓箭、长矛、戈、戟一起被称为"战车五大兵器"。这件青铜殳因为出土自曾侯乙墓，上面有曾侯乙的铭文，所以它的名字叫作"曾侯殳"。

郢爰金钣残片 战国

郢爰（yǐng yuán）是楚国的一种黄金货币。一块完整的郢爰一般是方形，上面用铜印印着“郢爰”两个字。使用的时候，把郢爰切割成小块，用天平称重后再支付。

大王。等到大王去世，李园抢先入宫时，我杀掉他以除后患。这就是我说的‘紧急应变的朋友’。”

春申君对朱英的话不以为然，他觉得李园懦弱无能，又受过自己的照顾，肯定不会对自己下毒手。

朱英看自己的意见不被采纳，害怕将来大祸来临时牵连到自己，就连夜逃往他乡。

十七天后，楚考烈王去世，李园果然抢先进宫，安排他手下的死士藏在宫中的棘门里面。等到春申君进宫时，李园的手下立刻冲杀出来，乱剑砍死了春申君，还把他的头颅割下，扔到了宫门外面。然后，李园又派人灭掉了春申君的整个家族。

再后来，李园的妹妹生下的太子继位称王，是为楚幽王。

睚眦必报的相国
范雎的故事

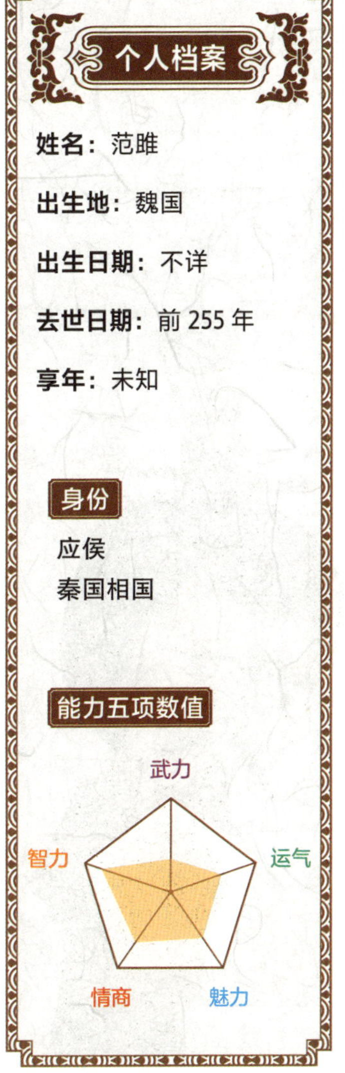

我们中国有句俗话，叫“宰相肚里能撑船”，意思是地位越高的人越应该有大度量，越能包容别人。可就有这么一个人，是超级大国的二号人物，却喊出了“一饭之德必偿，睚眦之怨必报”的口号。凡是在他落魄的时候帮助过他的人，他都竭尽全力地给予回报；凡是对他不客气的人，哪怕只是瞪过他一眼，他也一定报复……这位气量不大的相国，叫作范雎，我们这就讲讲他的故事。

厕所逃生记

范雎是魏国的读书人，他才华满腹，胸怀壮志，很早就离开家乡周游列国，向各国的君主推销自己。可惜的是，没有伯乐赏识他的才华，范雎只能回到魏国，在中大夫须贾的手下混口饭吃。

有一次，魏昭王派须贾出使齐国，范雎作为须贾的门客也跟随前往。魏国使团在齐国一待就

是好几个月，可谈来谈去没能完成任务。在谈判的过程中，范雎给齐国人留下了口才好、脑子快的印象，齐襄王就让人给范雎送去了美酒佳肴和十斤黄金。

外交是严肃的事情，私下接受外国君主的馈赠很容易犯错误，范雎就打算把齐襄王的礼物退回去。须贾知道了这件事，疑心病发作，认为范雎肯定出卖了国家机密，所以才让齐国人另眼相看。

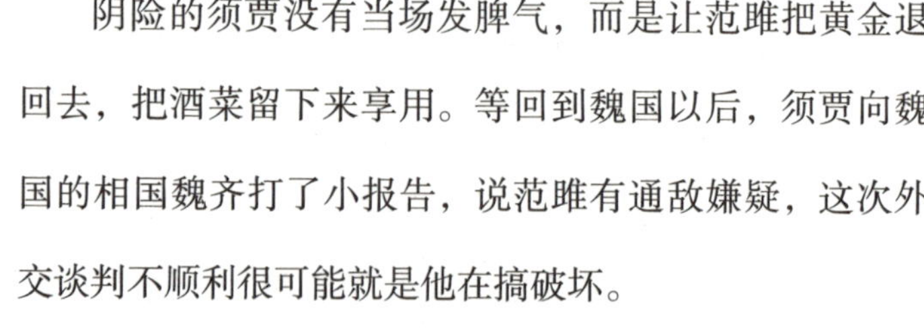

阴险的须贾没有当场发脾气，而是让范雎把黄金退回去，把酒菜留下来享用。等回到魏国以后，须贾向魏国的相国魏齐打了小报告，说范雎有通敌嫌疑，这次外交谈判不顺利很可能就是他在搞破坏。

魏齐听完后勃然大怒，让手下人用坚硬的木杖和有倒刺的荆条抽打范雎。一顿毒打下来，范雎的肋骨被打折了，牙齿也被打掉了，整个人昏死过去。

魏齐还不解恨，让人用草席把范雎卷起来，扔到厕所里，然后带着一帮醉酒的宾客往范雎身上撒尿……

有一句话叫“士可杀，不可辱”，魏齐的做法太过分了。

可能是生命力比较顽强，范雎没有死，他醒过来后向看守求情——“您要是能放我走，我日后一定重重报答您！”

看守也很同情范雎，就向魏齐报告说范雎已经没气了，问要不要把尸体处理掉。魏齐早就喝高了，随口说

范雎

了句——把尸体扔了吧。范雎这才逃出了虎口。

魏齐酒醒以后，怀疑范雎是装死，就让人四处搜捕。幸好魏国有个叫郑安平的人把范雎藏了起来，范雎这才没有被魏齐的手下抓到。为了逃避追捕，范雎不得不改换姓名，给自己起了新名字叫张禄。

秦国，来得不容易

当时，秦国的谒者（相当于外交官）王稽正在魏国出使，郑安平就装作仆人，去使馆接近王稽。王稽正打算带一些人才回秦国，就向郑安平打听魏国最近有没有人才出现。

郑安平赶紧回答说："我的家乡有位张禄先生，本事很大，也愿意和您聊聊天下大事。不过有仇家在找他，白天不能出门。"

王稽一听来了兴趣，说："那就晚上见一见吧。"

当天夜里，郑安平就带着范雎来见王稽。那个场景，就像当年齐国使者出使魏国，深夜见到装疯卖傻的孙膑一样。双方一见倾心，王稽决定把范雎藏在马车里带回秦国。

这次出逃很顺利，王稽的马车很快就来到了秦国的湖县（今河南灵宝）。赶了太久的路，范雎想跳下马车，看

斗兽纹镜 秦

这面铜镜是1975年在湖北云梦睡虎地秦墓出土的，是目前发现的最精巧的一面秦国铜镜。为什么叫斗兽纹镜呢？因为铜镜上刻有两位武士和两头猛兽，武士都是左手拿着盾牌，右手挥舞宝剑，好像正在和猛兽搏斗的样子。

错金银犀屏座 战国

错金银就是将金银制成细丝或薄片装饰在青铜器的表面，构成图案或文字，让金银与青铜的光泽相互映衬，器物会显得更加雍容华贵。这件错金银犀屏座就是战国时代中山国的工匠们制作的艺术品。

看秦国的风土人情。他刚下马车，就看到一个庞大的车队正从远处而来。

范雎很好奇对方的身份，就问王稽说："这么大的排场，是秦国的哪位贵人啊？"

王稽的神色有点紧张，回答说："看样子是相国穰侯的车队，估计他是去巡视东边的县邑。"

穰侯名叫魏冉，是秦国宣太后的弟弟，也是秦昭王的亲舅舅，在秦国独揽大权。穰侯这个人爱搞"地域歧视"，特别反感来自关东六国的人才，范雎要是被他撞见了，很可能受到一顿羞辱。

为了保护自己，不连累王稽，范雎赶紧躲回了马车。

过了一会儿，穰侯的车队来到了王稽面前。穰侯看到是出使魏国的王稽回来了，就客套地问了问关东各国的情况，还敲打王稽说："你没把外国的说客带回秦国吧？那些家伙百无一用，只会给国家添乱。"

王稽一边擦着冷汗，一边赌咒发誓，说自己也不喜欢外国的说客，肯定不敢对穰侯的命令**阳奉阴违**。

穰侯盘问了王稽两句，就起程向东方而去，王稽也坐着马车继续赶路。

刚刚走出穰侯的视线，范雎突然让王稽停车。为什么呢？范雎想到穰侯是个聪明人，只是反应有点慢。从刚才穰侯的话里，他已经怀疑王稽的马车里有人，只是没有当场搜查。过一会儿，穰侯要是反应过来，肯定会派人再来。

为了谨慎起见，范雎跳下马车，自己步行赶路。

果然，穰侯的车队走了十多里之后，派出了一队骑兵截住了王稽的马车。直到搜查完毕，没有发现私藏外国人，这才算结束。

就这样，范雎以"偷渡客"的身份，总算来到了秦国。

一篇文章引发的见面

王稽把范雎安顿好，自己来到王宫，向秦昭王汇报出使的情况。

公事说完，王稽左右看了看，小声向秦昭王报告说："大王，我在魏国遇到了一位张禄先生，这个人能言善辩，他说秦国今天的形势比垒起来的鸡蛋还危险，只有他才能帮助您摆脱这种局面。您要不要和他面谈一下？"

这时候，秦昭王在位已经三十六年了。在这些年里，秦国向南"暴揍"了楚国，夺取了楚国的鄢、郢两个重镇，楚怀王都成了秦国的阶下囚。在东方，骄横的齐湣王曾经号称“东帝”，结果被秦国联合燕国等国家打得大败，被迫取消了帝号。秦国周围的韩、赵、魏三国也是多次被秦国“吊打”，秦昭王觉得自己的国家前所未有的强大。现在一个小小的说客，居然敢危言耸听？

秦昭王很不高兴，不愿意和范雎见面，让人把范雎安排在客栈里，只提供口味最差的食物。范雎没有被这种态度气跑，实际上他也没有地方可去了。范雎咬紧牙关，等待着一个机会，这一等就是一年多。

当时，秦国的权力主要掌握在四个人手里：秦昭王的舅舅穰侯和华阳君，秦昭王的弟弟泾阳君和高陵君。穰侯担任相国，掌握政权；另外三个人轮流担任将军，掌握兵权，秦昭王完全被他们架空了。

这还不算，这四位权臣还损害国家的利益，养肥自己。他们四个人家财万贯，私人财富比秦国国库还丰厚。

秦昭王三十七年（前270），穰侯又想损公肥私——让秦国的军队越过韩国和魏国，去攻打齐国，好扩大他在陶县（今山东菏泽定陶区西北）的封地。

一直在观察局势的范雎感觉这是个机会，就写下了一篇洋洋洒洒的文章，托人呈交给秦昭王。

这篇文章的主题思想很简单——挖自己国家的墙角、损公肥私的大臣们可耻；帮助自己的国家强大，再从国家的强盛中获益的大臣们才可贵。

这话算是说到秦昭王的心坎上了，他早就对穰侯等人的行为不满了，只是身边没有人能把穰侯专权的坏处说得这么明白。

秦昭王先找到王稽，向王稽赔礼道歉——推荐了人才，却得不到重用，可不能伤了功臣的心。接着，秦昭王派出豪华专车，接范雎到行宫中见面。

大王，请听听我的国策

一走进行宫的走廊，范雎假装找不到路，直接往后宫的方向闯过去。宫里的小宦官觉得范雎没有礼数，就警告他说：“大王要来了，你注意点！”

范雎故意大声回答说：“什么大王？秦国哪里有大王？秦国只有太后和穰侯而已！”秦昭王听见了范雎的话，亲自把范雎迎进了内殿。

接着，秦昭王屏退左右的随从，长跪在座位上，诚恳地请求说：“先生有什么可以指教我的吗？”

范雎吞吞吐吐地回答说：“哪里哪里。”

稍等了一会儿，秦昭王又长跪在地，语气更加恭敬地说：“先生您就指点下寡人吧！”

范雎还是含糊其词地回答说：“岂敢岂敢。”

就这样重复了三次，秦昭王非常失望，沮丧地问道：“先生您真的不肯指点寡人吗？”

范雎看秦昭王是真心向自己请教，这才**敞开心扉**。他从吕尚和周文王相遇讲起，以伍子胥的遭遇作为例子，表示自己不是不想把道理说透，而是一怕秦昭王误会自己离间王室的骨肉亲情；二怕秦昭王的立场不够坚定，听了意见却不能执行。

秦昭王听完范雎的话也很激动，他保持长跪的姿势，郑重地说道：“先生您这是什么话啊！今天我能见到先生，是上天为了保存秦国的宗庙，才把您赐给我的。

无论事情大小，上至太后，下到大臣，希望您都一一帮我分析。您千万不要再怀疑我的诚意了！”

于是，范雎向秦昭王下拜行礼表示感谢，秦昭王也回了一礼。

重新坐好，范雎这才侃侃而谈。他认为以秦国的强大、士卒的勇猛，对付诸侯各国，就好比用凶猛的猎犬去追逐跛脚的兔子一样容易。可秦国却困守函谷关十五年，不敢向崤山以东的诸侯们看一眼，这是因为穰侯魏冉对国家不忠诚，秦昭王的战略设计也有问题。

秦昭王听得很入神，赶紧催问道：“您仔细说说，秦国现在的战略有什么问题？”

这时，范雎发觉有人在殿外偷听，就不敢先讲秦国的内政，而是先从秦国的外部形势讲起。范雎认为秦国现在跨过韩国、魏国，进攻齐国的做法非常失策。打了败仗，秦国国力受损；打了胜仗，白白便宜了更靠近齐国的韩国和魏国。秦国正确的做法应该是远交近攻，这样打下来的每寸土地都能变成滋补秦国的养分。具体来说，就是控制中原地区的魏国和韩国，再威逼楚国和赵国。楚国强就帮助赵国，赵国强就帮助楚国。等到楚、赵两国都依附秦国，齐国就该惊慌失措了。等齐国再归附秦国，韩国、魏国就更逃不出秦国的手掌心了。

听完范雎的分析，秦昭王非常高兴，他封范雎为客卿，开始按照远交近攻的战略，制订对付诸侯国的计划。

四贵出局，范雎上位

在接下来的几年，范雎越来越受到秦昭王的信任，范雎也经常向秦昭王进言，

成了昭王身边最重要的大臣。

玛瑙珠 战国

在春秋战国时代，红色的玛瑙被视为高贵的饰品，只有诸侯的王族或者高等贵族才能用它制成珠串、环佩随身佩戴。

看到自己的地位越来越稳固，范雎决定把以前说了一半的话说完，让秦昭王对秦国的内政动个大手术。

有一天，范雎和秦昭王闲聊。范雎说：“我来秦国之前，提到齐国只知道有孟尝君，而不知道有齐王；提到秦国只知道有太后、穰侯魏冉、华阳君、泾阳君和高陵君，不知道有大王您。大王，您虽然贵为秦王，但您知道什么是真正的王吗？”

秦昭王愣了愣，回答说：“不知道。”

范雎这才详细地说道：“王是国家唯一的首脑，能够掌握最高权力的才是王，能够掌握生杀大权的才是王。现在

太后自行其是，穰侯出使外国也不报告，华阳君、泾阳君做事毫无顾忌，高陵君任用大臣，从不请示。有这四位权贵在，国家能好得了吗？您能算真正的大王吗？现在朝廷上下，甚至您的左右随从，哪一个不是穰侯的人？大王您在朝廷上孤立无援，我都为您担心害怕，生怕您去世之后，拥有秦国的不再是您的子孙。”

秦昭王听完范雎的话，后背发麻，冷汗都流下来了。不久之后，秦昭王下令收回了宣太后的权力，把穰侯、高陵君、华阳君、泾阳君都驱逐出函谷关，封范雎为相国。

君主下了命令，穰侯只好回到陶县的封地。为了运送他的私人财产，前后动用的牛车有一千多辆。在通过函谷关的时候，守卫关口的将领检查穰侯的车队，发现奇珍异宝不计其数，比王宫收藏的宝贝还多。

这一年是秦昭王四十一年（前266），秦昭王把应（今河南平顶山西南）这个地方封给范雎，所以范雎也被称为应侯。

两个演员，一场试探

从魏国的通缉犯，逆袭成秦国的相国，范雎的这个转身华丽无比。唯一让他感到遗憾的是，世人现在只知道秦国相国叫**张禄**，而没人知道张禄就是受尽屈辱的范雎。仇人们还没有感受到他的怒火，不过这也只是个时间问题。

这时魏国听说秦国要向东攻打自己，赶紧派人到秦国求和，派来的使者不是别人，正是范雎的老上司须贾。

范雎听说须贾来了，高兴得仰天大笑，心想总算等到这一天了。范雎一个人溜出相府，换上破烂的衣服，从小路来到招待外国使者的宾馆，拜见须贾。

须贾见到范雎之后大吃一惊，结结巴巴地说："这不是范雎吗？你还没死啊？"

范雎回答说："是啊，我活得挺好。"

须贾开玩笑地问道："你在秦国干什么呢？是不是还在到处游说，有没有见过秦王本人啊？"范雎苦笑着回答说："我之前得罪了魏齐相国，命都差点没了，所以才逃到秦国，怎么还敢和权贵打交道呢？现在给人打工，干点跑腿的活儿。"

看着范雎落魄的样子，须贾产生了几分同情，就把范雎留下来一起喝酒，还把自己的一件旧衣服送给了范雎。

酒过三巡，须贾想和范雎打听下秦国的消息，就问范雎："你知道秦国新任的相国张禄吗？听说他现在很受秦王信任，国家大事都由他决定，你有没有门路能帮我见到张相国啊？"

范雎强忍着笑意，装作豪爽的样子回答说："张禄啊，我的主人和他很熟，我就能带您见到他。"

须贾一愣，他只是随口这么一说，没想到范雎还真有门路。不过看范雎的穿着，须贾认为范雎是在吹牛，就敷衍地说："我的马病了，马车的车轴也坏了，作为一个外交官，我现在没法出门啊。"

拿着青铜戟的秦国士兵

言外之意，范雎你吹牛吹大了，我给你个台阶下，你见好就收吧。

范雎却一点儿不领情，说这还不简单，我向主人家借一辆马车不就完了。

说完，范雎回家取来了一辆驷马大车。须贾没办法推辞，只好上了车。范雎亲自当车夫，驾着马车来到了相府门口。

门卫看见自家相国亲自赶着马车过来，不知道发生了什么事儿，赶紧向旁边避开。范雎把车停在大门口，回头对须贾说："您在这里等我一会儿，我先进去和相国打个招呼。"

须贾在门口等啊等啊，半天也没等到人出来，只好上前问门卫说："刚才进去的范雎为什么还不出来啊？"

门卫被问糊涂了，回答说："范雎？哪个范雎？"

"就是刚刚驾着马车的车夫，刚进去的那个。"

"你没搞错吧，那是我们相国张君啊！"

这下须贾什么都明白了，他在原地站立了一会儿，默默地开始脱衣服。最后赤裸着上身，跪着一步步爬进了相府的大门。

错金嵌绿松石带钩 战国

范雎命人张起华丽的帷帐，府中的随从也摆出全部仪仗，把大秦相国的威仪全部展示出来。范雎站在须贾的面前，看着这个趴在地上的老上司说："你可知罪？"

"知罪，知罪！"

"那你说说看，你有几条罪？"

"我的罪太多了，就算拔光我的头发来数，也数不清啊。"

范雎轻轻一叹，说道："你的罪有三条。第一，世人愿意报效祖国，是因为祖国是自己祖先的埋骨之地，我范雎的祖先也埋骨在魏国。当初我一心为国，你却怀疑我向齐国出卖情报，这是你的第一条罪！"范雎的声音寒冷彻骨。

"身为门客，寄身于主君，所图不过是衣食庇护。当初魏齐抓我、打我，把我扔进厕所里羞辱，你身为我的主君，一句阻止的话都没有，这是你的第二条罪！"范雎双眼通红。

"最过分的是，魏齐让人侮辱我，你居然跟着别人一起往我身上撒尿，这是你的第三条罪！"说完这句话，范雎的眼角都瞪裂了，身体都气得发抖。

这时，须贾已经如同一摊烂泥，瘫倒在地，不能说话。

"本来，我应该杀了你。"范雎的语气恢复平静，他伸手拿起了须贾之前送给他的旧衣服。"但这件旧衣服救了你

虎纹戈 战国

这件青铜戈上刻有精致的老虎形象，所以被称为"虎纹戈"。考古学家们研究，这种戈主要是战国时期的巴国人铸造的，他们把老虎当作祖先，所以老虎也成了部族的族徽和象征。

的命。你以为我落魄了，虽然依旧势利，却还有几分故人之情。”

说完，范雎一挥手，让人把须贾赶出相府。范雎也进宫劝说秦昭王，请求把须贾从秦国驱逐出去。

须贾临行前来到相府告辞。范雎大摆筵席，宴请各国的使者享用美酒佳肴，唯独须贾坐在堂下，面前摆着喂马的草料。范雎让两个囚犯一左一右地摁住须贾，然后把草料塞进须贾的嘴里。

这还不算完，范雎还让须贾给魏王传话，如果不把魏齐的人头送到咸阳，就派出大军血洗魏国的都城大梁。

复仇进行时

须贾回到魏国后，把事情原原本本地告诉了魏齐。魏齐吓得立刻逃往赵国，躲在了赵国平原君的家里。

秦昭王四十二年（前 265），也就是范雎担任秦国相国的第二年，秦国向东攻下了韩国的少曲（在今太行山西南）和高平（今河南济源西南）。

看到范雎远交近攻的策略果然有效果，秦昭王对自己的相国更满意了。他听说范雎一直想要找魏齐报仇，而魏齐又躲到了赵国平原君的家里，就想帮范雎完成报仇的心愿。秦昭王给平原君写了一封信，邀请平原君到秦国做客。

平原君畏惧秦国的势力，又想和秦昭王交个朋友，就老老实实地来到秦国。

连续几天，秦昭王都举办了盛大的宴会，款待远道而来的平原君。直到有一天，秦昭王卸下了面具，露出了獠牙，他对平原君说：“对我来说，范君就是吕尚和管仲那样的能臣、重臣，他的仇人就是我的仇人。听说魏齐就躲在你的家里，你现在就派人回赵国，把魏齐的人头送到咸阳来，不然你就别想再回到邯郸。”

平原君不敢硬顶秦昭王，只好委婉地解释说：“人们在显贵的时候交朋友，是为了不忘记曾经落魄的时刻。魏齐是我的朋友，我怎么能背信弃义出卖他呢？何况魏齐真的不在我家里。”

见平原君不肯承认，秦昭王就又写了一封信，派人送给赵王。信中的大意是：平原君在我手里，我相国的仇人魏齐躲在平原君的家里。如果你不把魏齐的人头给我送来，我不但要扣押平原君，还会出动大军进攻赵国。

赵王接到信后，赶紧派兵包围了平原君的府邸。魏齐一看势头不好，就连夜逃出平原君府，去见赵国国相虞卿。

虞卿知道自己无法说服赵王放过魏齐，又不想背上出卖朋友的骂名，就留下了相印，放弃了相国的职位，和魏齐一起逃出赵国。

魏齐、虞卿两个人逃亡了一段时间，发现诸侯国没有人敢接纳他们，只好又逃到魏国，想通过魏国信陵君的帮助，逃往南方的楚国。

信陵君收到请求后，感觉很为难，就询问自己的门客侯嬴说：“虞卿这个人怎么样啊，值不值得帮一下？”

侯嬴听出了话外音，知道信陵君畏惧秦国，不太想帮忙，就郑重地回答说：“虞卿和魏齐没有什么交情，魏齐在走投无路的情况下向虞卿求助。虞卿二话不说，放下相印，带着魏齐亡命天涯。这样的事情还不能说明虞卿的人品吗？”

信陵君听了侯嬴的话，惭愧得无地自容，亲自驾着马车去郊外迎接魏齐和虞卿。

然而这一切已经太晚了，魏齐听说信陵君也不愿帮助自己，感觉天下已经没有容身之地。悲愤之下，他便拔剑自刎了。

最终，魏齐的人头还是被送到了秦国，范雎总算报了当年的羞辱之仇，秦昭王也下令放平原君回归赵国。

报恩，范雎是认真的

对待仇人，范雎像冬天一样寒冷；对待恩人，范雎比春天还温暖。

范雎刚当上相国的时候，当初带他逃出魏国的谒者王稽就来要官。王稽不太懂人情世故，话说得特别没水平。王稽说我为什么着急要好处呢？因为有三个不可预知的风险：第一，万一哪天大王死了，您还怎么提拔我？第二，万一哪天您死了，那谁来提拔我？第三，万一哪天我死了，那您还提拔谁？

铜错金龙纹壶 东周

1928 年，中国河南洛阳的金村发现了一个东周时期的古墓群。西方列强的盗墓人纷纷前来掠夺，最后抢走了墓群中的数千件文物，其中就包括这件铜错金龙纹壶。

范雎听了这样的话，有点不高兴，可还是向秦昭王推荐了王稽。秦昭王看在范雎的情面上，任命王稽为河东太守(河东在今山西境内黄河以东地区)。

接着，范雎又向秦昭王推荐郑安平，就是那个把范雎藏在家里、躲过魏国搜捕的义士。秦昭王大笔一挥，任命郑安平为将军。

范雎觉得这样还不够，他散尽自己的家财，去报答那些在他穷困的时候，曾经帮助过他的朋友。哪怕别人只请他吃过一顿饭，他也会予以报答。同样的，如果别人对他不礼貌，哪怕只是瞪过他一眼，他也会报复回去。

用司马迁的说法，范雎这个人是“一饭之德必偿，睚眦之怨必报”。这样的范雎也许让人不敢亲近，但却很真实，不虚伪。

受人拖累，急流勇退

秦昭王四十八年（前 259），秦国和赵国爆发了著名的长平之战。范雎向秦昭王献上了反间计，骗得赵王临阵换将——用纸上谈兵的赵括代替了老谋深算的廉颇。秦军在武安君白起的率领下大败赵军，接着又围攻赵国的都城邯郸。

这时候的范雎已经变得骄横自负，他害怕白起的地位超过自己，就在秦昭王面前说白起的坏话，让昭王逼死了**战功赫赫**的白起。

秦昭王五十年（前 257），范雎推荐他曾经的恩人郑安平率军攻打赵国。可郑安平没有打仗的本事，到了前线就被赵军团团包围。为了活命，郑安平带领着两万秦国士兵投降了赵国。

一个堂堂的将军临阵投敌，这对秦国来说是奇耻大辱。按照秦朝法律，谁推荐的官员犯罪，谁就要受到同样的惩罚。现在郑安平叛国，应该被诛灭三族，范雎也应该照此受罚。

可秦昭王正宠信范雎，就下了一道命令，说再敢提郑安平的事情，就按郑安平的罪来惩处。这还不算，秦昭王还赏赐给范雎很多财物，来安抚范雎。

可没等郑安平的事情过去，范雎又被另一位“猪队友”给坑了。在河东担任太守的王稽和其他诸侯国勾结，出卖秦国的利益，也被依法处死。

这下范雎更加忧虑了，害死白起已经让秦国人对他有了怨言。现在郑安平和王稽又先后叛国，范雎觉得自己相国的宝座已经变成了一个火山口，随时会喷发火焰，把他烧成灰烬。

就在这个时候，燕国人蔡泽给范雎出了一个主意。

蔡泽也是个周游列国的辩士，他曾经到过很多国家，但都没有得到展现才华的机会，所以才到秦国来碰碰运气。他听说了范雎的尴尬处境，就托人给范雎带话说：“燕国人蔡泽是个人才，只要让他见到秦王，您的相位就会被他夺去。”

范雎被这句大言不惭的话刺激得不轻，当即决定和蔡泽见面，看看这个燕国人有什么本事。范雎派人把蔡泽叫到相府会面，蔡泽进屋后只是随手作了个揖，并没有行庄重的拜礼。范雎本来就不高兴，看蔡泽的态度如此傲慢，就忍不住责备蔡泽：“听说你夸下海口，要取代我的相位，是不是有这回事儿啊？”

“确有其事。”蔡泽平静地回答说。

“好啊，好啊，那我倒要听听你有什么高见。”范雎冷笑着问道。

于是蔡泽不慌不忙地开始了自己的演说，他从春夏秋冬自然交替说起，然后用秦国的商君、楚国的吴起、越国的文种做例子，把“月圆则亏，盛极必衰”的道理说得非常透彻。

最后，蔡泽语重心长地总结说：“商君、白起、吴起、文种，这四个人对他们的国家都做出了巨大的贡献，可他们最后却不得善终，这是为什么呢？就是因为他们不懂得功成身退的道理，您希望自己的下场和他们一样吗？”

范雎知道蔡泽有自己的小算盘，可眼前的局面确实很糟糕，急流勇退已经是最明智的选择了。

几天后，范雎上朝，向秦昭王隆重推荐了蔡泽。秦昭王就召见了蔡泽，两人见面后交谈得很愉快，昭王当场就任命蔡泽为客卿。

范雎趁着这个机会请求辞去相位，秦昭王没有答应，诚恳地挽留范雎。范雎就假装已经**身患重病**，无法胜任，秦昭王只好免去了他的相位，让蔡泽接替了范雎相国的职务。

蔡泽在秦国做了十几年的官，先后侍奉过秦昭王、秦孝文王、秦庄襄王几位君主。最后他还为秦始皇效力，出使过东北的燕国。他到燕国后的第三年，燕国就把太子丹送到秦国作为人质。

高奴铜石权 战国

高奴是秦国上郡的一个县，在今天陕西的延长县。石（dàn）是古代的计量单位，秦国的一石相当于今天的 61.5 斤。权是古代的称量单位，类似我们今天天平上的砝码。高奴的秦国官员要是从百姓手里征收粮食，就用这个铜石权进行称量。和石权等重了，就是足斤足两的一石粮食。

石权上的铭文记录了铸造它的时间和工匠的名字。

诸葛亮的偶像
乐毅的故事

个人档案

姓名： 乐毅

出生地： 灵寿（今河北平山东北）

出生日期： 不详

去世日期： 不详

身份

燕国亚卿

昌国君

经典作品

《报燕王书》

能力五项数值

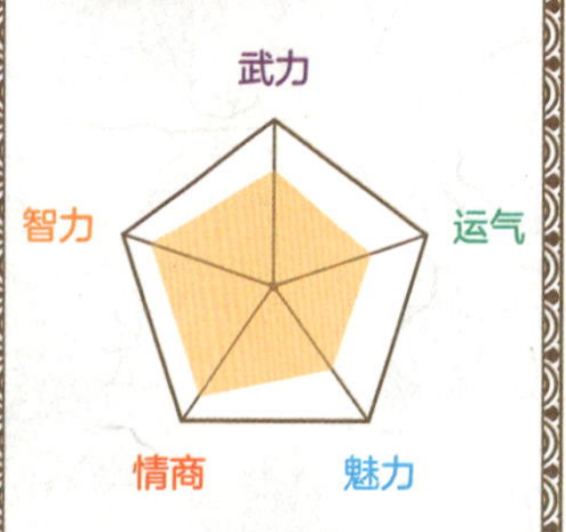

我们每个人小时候都有自己的偶像，比如看完小说《三国演义》，我就把诸葛亮当作偶像，觉得他太厉害了，智商肯定200+。后来我才知道，诸葛亮也有自己的偶像，那个人叫乐毅，是战国时期的一位军事家，他不但打仗厉害，拿起笔来随便写封信，也能成为流传千古的文章。

回信给前任的主君

大约在燕惠王元年（前278），漂泊在赵国的乐毅收到了一个来自燕国的口信。

负手而立的乐毅遥望着东北的方向，那是千里之外的燕国，也是他保卫过、战斗过的国家。可惜的是，在他有生之年，恐怕再也回不去了。

长叹一声后，乐毅在摇曳的烛光下，又开始回忆使者口头传达的话语。然后，乐毅看着窗外如钩的弯月，叹息道：“大王啊，大王，早知今日，又何必当初呢？”

乐毅

乐毅口中的大王是燕国现在的君主燕惠王。在惠王还是王太子的时候，因为小事和乐毅发生过冲突。等到乐毅的伯乐、惠王的父亲燕昭王去世后，小肚鸡肠的燕惠王派人到前线解除了乐毅的兵权，并且命令乐毅立刻回国，接受处分。

乐毅是军事家，也是政治家，他知道阵前换将，代表着燕惠王深深的不满，回到燕国是死路一条。于是，乐毅向西逃走，来到了相邻的赵国。

喜出望外的赵王把观津（今河北武邑东南）的土地赐给了乐毅，封他为望诸君。看到赵国这样重用乐毅，燕国和齐国也都不敢轻举妄动。特别是燕国，因为替代乐毅的大将骑劫指挥不利，燕国大军在齐国的即墨城下遭到惨败，燕国丢失了之前从齐国夺走的全部土地，国家正处在风雨飘摇之中。

这时候的燕惠王既后悔又恐惧，因为从乐毅逃走的举动来看，乐毅对自己被解除兵权非常不满。而乐毅的军事能力天下皆知，一旦赵国任用乐毅，进攻燕国，腹背受敌的燕国就有亡国的危险。于是燕惠王就派人给乐毅捎去了口信，希望能安抚住这位昔日的功臣。

在口信里，燕惠王先打“感情牌”，搬出先王（燕昭王）对乐毅的信任和重托。然后“洗白”自己，说自己受到了身边小人的误导，这才走马换将。而且让乐毅回国，也是考虑到后者征战辛苦，想让乐毅回国休息，并没有加害的意思。最后，惠王还一本正经地指责乐毅听信谣言，**逃亡**国外，辜负了先王的知遇之恩。

面对这样虚情假意的安慰和颠倒黑白的指责，乐毅又好气又好笑，他觉得这位大王推卸责任、毫无担当的毛病还真是一点儿没变，这口信里哪有一点儿道歉的诚意啊？不过惠王总是昨日的君主，既然有口信捎来，自己无论如何要写一封回信，既是写给燕惠王的，也是写给天下人的。

而刚刚拿起笔来，往事浮现眼前，乐毅又想起了那段君臣相得的日子，仿佛回到了几十年前。

当燕昭王遇到乐将军

乐毅是灵寿人，他出身武将世家，先祖乐羊是战国初期魏文侯手下的大将。因为乐羊攻打中山国有功，所以魏文侯把整个灵寿赐给了乐家作为封地。

乐毅从小就表现出了过人的才能，特别是在军事指挥方面，**名声远扬**，很快被赵国人推举做官。公元前295年，赵国发生沙丘之乱，乐毅就逃离了赵国，辗转来到了魏国。

这时，东北的燕国出了一位明君燕昭王。因为齐国曾经攻打燕国，险些让燕国遭受亡国之痛，所以燕昭王一心要向齐国复仇。

燕国是战国七雄中国力最弱的一个，国土狭小，地处偏远，和齐国相比实力差距很大。燕昭王知道要想报仇雪耻，必须招揽人才，所以他广招天下贤士，只要是人才愿意到燕国当官，一律给予最优厚的待遇。

正巧，乐毅作为魏昭王的使者出使燕国。燕昭王一眼就看出乐毅是难得的人才，就用上宾之礼热情招待，最终感动了乐毅，留在了燕国。燕昭王不但封乐毅为亚卿（副国相），还听从乐毅的建议，进行了一系列的政治、军事改革。就这样过了十几年，燕国的国力蒸蒸日上。

与此同时，齐国正在国君齐湣王的带领下四处树敌。在南方的重丘，齐军和楚国打仗；在西方的观津，齐国和韩、赵、魏三国冲突不断。这还不算，齐国还攻打过强大的秦国，灭亡了临近的宋国。在各国诸侯的眼里，齐国人就是战争狂，需要有人教训一下。而在齐国的百姓眼里，大王天天打仗，自己的日子都快过不下去了。

燕昭王看到齐湣王已经天怒人怨，认为时机已到，就和乐毅商量对齐国发动进攻。乐毅认为，齐国曾经是天下的霸主，疆域广阔，人口众多，单靠燕国的兵力很难一战灭齐，最好跟赵国、楚国、魏国结盟，共同出兵。

于是，燕昭王派乐毅前往赵国，又派其他使者分别出使楚国和魏国，同时通过赵国向秦国发出邀请。各国的君主早就对齐湣王不满，所以收到燕国的邀请后，纷纷同意加入这个“反齐大联盟”。

带钩界的顶流想不想认识下

铜错金嵌绿松石带钩 战国

公元前 284 年，燕昭王调动了全国的军队，任

复原的战国时代双轮马车

中国古代的马车虽然都是两个轮子，但是作为牵引力的马匹数量却有多有少。两马驾一车的叫“骈”；三马驾一车的叫“骖”；四马驾一车的叫“驷”。没错，就是成语“驷马难追”的“驷”。

命乐毅为上将军，赵国、韩国、魏国、楚国的联军也前来会合。乐毅作为五国联军总司令，率军大举进攻齐国。

在济水的西岸，乐毅指挥下的联军大败齐军。其他四国出过气之后，就收兵回国了，只有燕国军队在乐毅的带领下紧追不舍，一直攻入了齐国的都城临淄，把齐国的**金银财宝**和王宫里的各种珍藏，通通装车运回了燕国。

复仇成功的燕昭王欣喜若狂，亲自来到前线慰劳军队，犒劳将士，还把昌国这个地方赐给乐毅，封乐毅为昌国君，让乐毅继续进攻其他没有投降的齐国城邑。

乐毅率领着燕国大军一路凯歌，先后打下了齐国七十多个城邑，只剩下即墨和莒（jǔ）城两个地方还在坚持抵抗。

公元前279年，燕昭王逝世，没能看到齐国灭亡的那一天。燕昭王的儿子姬乐资继位，是为燕惠王。即墨的齐国将领田单听说了这个消息，就派人去燕国施行反间计，到处散布谣言说："乐将军想在齐国自立为王，所以才放着即墨和莒城围而不打。只要大王换掉乐将军，随便派个将领到前线，齐国肯定就完蛋了！"

燕惠王本来就怀疑乐毅，又听到了齐国间谍的谣言，就派将军骑劫到前线替换乐毅，同时命令乐毅回国。接下来的事情就简单了，乐毅逃到了赵国，骑劫被田单大败，燕昭王和乐毅一生的心血**毁于一旦**。

千古名篇《报燕王书》

想到这里，乐毅眉心的皱纹又紧了几分，握住笔的手指也因为太过用力而有些发白。乐毅很无奈：回忆只会增加痛苦，且让这竹简和油墨把自己的心声传递给后人吧。就这样，一篇流传千古的《报燕王书》一个字一个字地浮现出来：

王上，您的口信我已经收到。作为一个无才无德的平庸之人，我没有遵照先王留下的遗命，帮助您完成灭齐大业；也没有顺从您左右心腹的心意，回到燕国直面冰冷的刀斧。我从烽火连天的前线逃亡赵国，以至于损害了先王知人善任的名声，自己也背负了背弃君主的骂名，这中间的原因我一直没有向人解释过。今天，您派人来历数我为人臣子的过错，我仔细考虑了很久，还是决定把先王重用我，而我也愿意肝脑涂地回报先王的理由和您说清楚、讲明白，所以我才动笔写下了这封迟来的信。

我听说过这样一个道理：贤明的君主不会用国家的职位和荣誉来徇私舞弊。成功的君主，会经过考察才下达人事任免命令，会根据功劳的大小来奖励臣子，让每个人的能力和他的职位相互匹配。我曾经暗中观察过先王的举措，发现他正是这么做的，所以我才借着出使的机会来到燕国。而在我和先王相识之后，先王给予了我前所未有的优待，亚卿这样重要的职位，先王不和宗室王族商量，就直接授予了我这样一个外人，这是何等的信任啊！所以我才暗暗下定决心，要为燕国增国力，雪国耻，镇诸侯。

一次闲谈的时候，先王语重心长地对我说："齐国是燕国不共戴天的仇人，虽然国力相差悬殊，但这个仇一定要报！"我仔细考虑后，回答先王说："齐国作为一个超级大国，有着先天的战略优势，比如它在战场上屡胜强敌，威名赫赫；齐国的军队也训练有素，人民对国家的向心力也很强。如果要进攻齐国，首先要在外交战线下手，团结一切可以团结的力量共同对付齐国。赵国军事力量强大，首先应该争取它的支持；楚国在淮北的土地被齐国占领，和齐国的矛盾很深；魏国也在和齐国争夺宋国的土地，只要我们能和赵、楚、魏三国合作，集合三大强国的力量进攻齐国，齐国必然失败。"

听我说到这里，先王兴奋得觉都不睡了，连夜派我出使赵国，建立"反齐统一战线"。靠着老天帮忙，和先王的威名，各国都踊跃参与进来，几十万大军跟随着先王的旗帜来到了济水岸边，一战就击溃了齐军的主力，我燕国也顺利夺取了黄河以北的齐国土地。后面的事情您很清楚，我带着军队乘胜追击，一直打破了临淄城。不可一世的齐潘王仓皇逃窜，跑到了莒城才保住了小命。齐国几代人攒下的金银珠宝、战车马匹、兵器甲胄都成了我们的战利品，齐国的珠宝堆满了燕国的宁台，尊贵的大吕钟被安置在了先王的元英宫，就连曾经被齐国抢走的宝鼎也回到了磿(lì)室殿。这样的功绩，我可以拍着胸脯说，先王是春秋五霸以来最成功的君主，最贤明的大王！也正是因为先王实现了他复仇的理想，所以才慷慨地把昌国封给我，以奖励我的功绩。我也扪心自问，为燕国立下了小小的功劳，所以才没有推辞，郑重地接受了先王的封赏。

我听说贤明的君主，建立了伟大的功业，从来不愿意半途而废，所以《春秋》这样的史书才会记载他们的事迹；远见卓识的领袖，树立了自己的声誉，就会格外地珍惜，所以后世子孙才会把他们的言行牢记。像先王那样以报国耻、雪家恨为理想，用赫赫武功打败了一个战车万乘的强国，夺取了对方八百年积蓄下来的财富。直到先王去世的那一天，还给后人们留下教诲，叮嘱掌握政权的人要遵守法令，安抚宗室，善待燕国的百姓，这种种做法都是可以作为后世表率的。

我还听说过，善于开创的人未必善于完成，善始者未必善终。春秋时期的吴国有这样一段故事，大夫伍子胥的计策被吴王阖闾所采纳，所以吴国的大军远征楚国，

山字形器 战国

这件青铜器的外形像不像一个“山”字，所以它的名字叫山字形器。山字形器是战国时期中山国专属于国王的仪仗器，中山国王出巡或打仗时会把它放在战车上，既表明了国王的身份，又显示出了国王不可侵犯的气势。

踏破了楚国的郢都；可到了吴王夫差当政的时候，却不听伍子胥的忠言，反而逼得忠臣自杀，葬身钱塘江中。伍子胥不能审时度势，看不出两代君主度量上有所不同，所以死前牢骚满腹。对于我来说，成就了伐齐的功业，保全了先王的名声，才是我的上策；遭受侮辱和诽谤，让先王用人的眼光遭受质疑，是我最害怕的事情。正是因为上面的原因，我才选择逃离燕国，流亡赵国。即便遭到了不公平的对待，但我绝不会帮助赵国攻打燕国。我乐毅堂堂七尺男儿，绝不会做这种违背道义的事情。

我听说古代的君子们，哪怕和人断绝了友谊，也不会说别人的坏话；古代的忠臣不得已离开祖国，也不会为自己的声誉辩白，以至于让国家受损。我虽然没有什么才能，也没有高贵的品格，却也愿意仿效古人的做法。大王您现在更愿意相信左右的谗言，恐怕不会理解我出走的原因，所以我才写下这封回信，希望您能仔细地读一读，听一听我的心声！

后人的故事

很快，燕惠王收到了乐毅的回信。不知道他是不是被乐毅的言辞所触动，居然封赏了乐毅的儿子乐间为新的昌国君。投桃报李的乐毅也在燕、赵两国间来往，最终在赵国的土地上去世了。

时间过了三十多年，燕王喜听信宰相栗腹的计策，准备攻打赵国。在发动进攻之前，他象征性地咨询了乐间的意见。

乐间熟读兵书，也知道燕国和赵国的实力差距，就劝告燕王喜说：“赵国这个国家，处在一个四面都是敌人的战略位置，所以它的军队久经沙场，训练有素，燕国不是它的对手！”燕王喜觉得乐间是长敌人的志气，灭自己的威风，没有采纳乐间的意见。

等到燕赵战争爆发，赵国大军在名将廉颇的率领下，在一个叫鄗的地方大败燕军，燕军的主将栗腹和将军乐乘都成了俘虏。乐乘是乐间的亲戚，他被俘后很快就为赵国效力，乐间也从燕国投奔了赵国。

再后来，赵国为了报复燕国，出动大军进攻燕国腹地。偷鸡不成蚀把米的燕王喜只好割地求和，这才让赵国答应撤军。

燕王喜后悔没有采纳乐间的意见，现在人才又跑到了赵国，就学他的先祖燕惠王，写了一封声情并茂的信给乐间，说自己虽然有错，但乐间也不应该离开燕国，摒弃了君主和百姓。

乐间、乐乘可没有乐毅当年的胸襟，他们埋怨燕王喜不听计策，不肯原谅燕国，终身也没有回到燕国。乐乘还因为率军攻打燕国有功，而被封为武襄君，乐家和燕国王室的缘分彻底断绝了。

岁月悠悠，白云苍狗。等到了汉朝初年，汉高祖刘邦有一次路过赵地，突然想起了乐毅的故事。刘邦就问手下：“乐毅还有后人吗？”手下人回答说：“乐毅好像有一个孙子叫乐叔。”刘邦很崇敬乐毅的为人和功绩，就封乐叔为华成君。除了乐叔之外，乐毅家族还有两位学者，分别叫乐瑕公、乐臣公，他们精通黄帝、老子的学问。在赵国被秦国灭亡的时候，他们带着一部分乐家的子孙逃亡到了齐国的高密，在当地繁衍生息。

真正的勇气
蔺相如、廉颇的故事

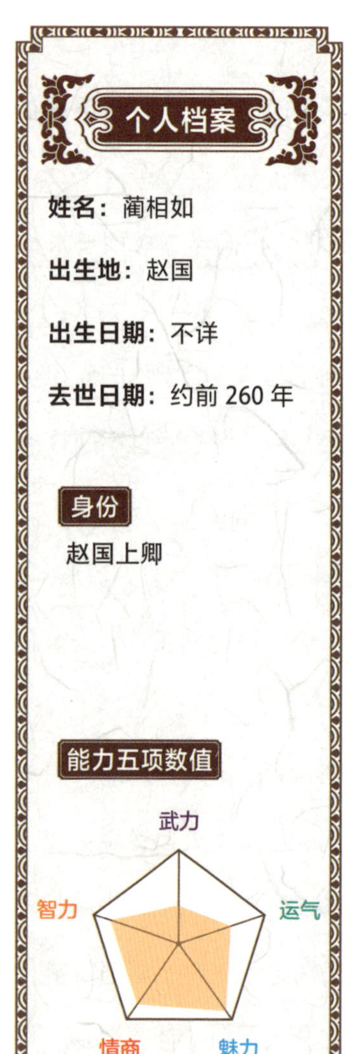

蔺相如是一个有勇有谋的人才，他面对秦王时毫不畏惧，敢于抗争；面对同僚廉颇的挑衅，又能以和为贵，包容忍让，所以他是真正的勇士。廉颇呢，虽然因为妒忌和偏见为难过蔺相如，却知错能改，他的勇气同样值得我们钦佩。

一个使者的诞生

蔺相如是赵国人。一开始，他在赵国的宦者令缪贤的家里当门客。

廉颇是赵国的名将。赵惠文王十六年（前283），廉颇率军进攻齐国，大败齐军，占领了阳晋（今山东郓城西）。因为军功赫赫，廉颇被封为上卿，他的大名也传遍了诸侯。

就在这一年，赵王得到了一块稀世的宝玉——来自楚国的和氏璧。之所以叫这个名字，是因为发现这块玉石的工匠叫卞和，所以就用他的名字来命名。

赵王得到和氏璧后爱不释手。可没等他高兴多久，秦昭王得知了和氏璧的消息，就派人给赵王送信，表示愿意用十五座城池来交换**和氏璧**。

赵王收到信后，左右为难，就找来廉颇和其他的大臣们商量对策。为什么为难呢？赵国人担心把和氏璧给了秦国，秦王未必把十五座城池交给赵国，到时候赵国丢了国宝，又成了各国的笑话。可拒绝秦王的请求吧，又怕秦国出动大军攻打赵国。

给不给和氏璧，一时间成了赵国君臣最头疼的问题。更要命的是，找不到一个能出使秦国，不辱使命的好使者。

就在赵王吃不香、睡不好的时候，宦者令缪贤给赵王推荐了一个人选，就是缪贤家的门客蔺相如。

赵王对这个人选有点怀疑，就问缪贤说：“你怎么知道蔺相如能胜任呢？”

蔺相如

缪贤现身说法，把自己的一段经历讲给了赵王听——“以前臣曾经触犯了国法，一时头脑发昏，想要逃到燕国去。臣的门客蔺相如劝阻了臣，还严肃地问臣：‘您怎么知道燕王会收留您呢？’臣就告诉他，臣曾经跟随大王参加了燕王在边境举行的宴会，那时候燕王拉着臣的手，说希望和臣交个朋友。所以臣认为燕王会收留臣，这才决定逃亡燕国。

蔺相如听完后，摇着头对臣说：‘赵国强大，燕国弱小，您又深受赵王的宠信，所以燕王才讨好您。现在，您以逃犯的身份前往燕国，燕王惧怕赵国追究，肯定不敢收留您，甚至还会抓住您再送回赵国。所以在我看来，您不如诚恳地向大王请罪，反而更容易逃过这场劫难。’臣听从了蔺相如的劝告，按照他的话去做，果然得到了大王的宽恕。事后回想，臣觉得蔺相如这个人有勇有谋，如果让他出使秦国，他一定能完成好任务。”

错金嵌绿松石牺尊 战国

牺（xī）是古代人把貘（mò，一种像犀牛的哺乳动物）的脑袋、牛的身体和脚、驴的尾巴集合而想象出来的动物形象，牺尊就是雕刻成牺的形象的饮酒器。在战国时代，牺尊是非常高雅的饮酒器，只有诸侯才能使用华丽的青铜牺尊。

赵王听完缪贤的介绍，对蔺相如很感兴趣，就主动召见了他，询问应对秦国的办法。

蔺相如对赵王说：“现在秦国强，赵国弱，国家实力的差距决定了赵国只能答应秦国的要求。”

赵王追问道：“可如果秦王得到了玉璧，却不把十五座城池交给赵国，我们又该怎么办呢？”

蔺相如**回答**说：“秦国要以城池换取玉璧，如果赵国不答应，那是赵国理亏，秦国就有了出兵的借口。

如果赵国交出了玉璧，秦国却不交换城池，那就是秦国理亏，出兵也是师出无名。权衡利弊，宁可答应秦国的请求，让秦国陷入道义上的麻烦。”

赵王想来想去，觉得蔺相如的话有道理，就对蔺相如说：“你的分析很有道理，就是没有合适的人出使秦国啊！”

蔺相如听懂了赵王的言外之意，他主动请缨说：“大王如果还没有合适的人选，臣愿意带着玉璧出使秦国。要是秦国肯把十五座城池交给赵国，那我就把玉璧留在秦国；万一秦国不遵守诺言，臣也一定把玉璧完好无缺地带回赵国。”

这一番慷慨陈词打动了赵王，他派蔺相如为使者，带着玉璧前往秦国。

和氏璧争夺战

很快，蔺相如率领的赵国使团来到了秦国的咸阳，秦昭王在渭河南岸的章台宫接见了蔺相如。

按照约定，蔺相如双手捧着和氏璧，献给了秦昭王。

得到了闻名已久的稀世珍宝，秦昭王非常高兴，不但自己把玩欣赏，还把玉璧交给左右的姬妾和侍从观赏。这些人为了让秦王高兴，一边赏玩着玉璧，一边还高喊着“秦王万岁”。

这时蔺相如冷眼旁观，觉得秦王没有主动交出十五座城池的意思，就走上前去笑着说道：“这和氏璧并不完美，上面有处瑕疵，请让我指给大王看看。”秦昭王信以为真，就把和氏璧交给了蔺相如。

玉璧刚一入手，蔺相如就向后连退几步，靠在大殿的柱子上，然后瞪着眼睛对秦王喊道："大王您为了这块玉璧，派人送信给我们赵王，提出以城池换玉璧的请求。我们赵王召集大臣们商量，所有人都说：'秦国贪得无厌，仗着国家强大，想用空话来骗取和氏璧，所谓用十五个城池交换不过是个谎言罢了。'所以决定拒绝秦国的请求。可我认为，平民百姓交往时还讲究诚信呢，何况秦国这样的泱泱大国！为了一块玉璧，就破坏了秦赵两国的感情，实在是得不偿失。赵王听了我的话，这才斋戒了五天，派我带着玉璧来到秦国，在这巍峨的大殿中献上玉璧，呈交希望两国友好往来的国书。赵王为什么这么做呢？因为他尊重秦国的威严，希望两国能保持友好的关系！"

说到这里，蔺相如的怒气又增加了几分——"可今天我来到贵国，大王却表

和氏璧的来历

在春秋时代，楚国有一个有名的玉器工匠叫卞和，他在荆山（今属湖北）找到了一块玉石。凭借自己的慧眼，卞和认为这是一块罕见的美玉，就把它献给了楚厉王。楚厉王让宫廷玉工进行鉴定，玉工说这只是一块普通的石头。楚厉王非常生气，下令砍掉了卞和的一只脚。楚厉王去世后，楚武王即位，卞和又把玉石献给了楚武王。这一次，玉工还是说这是块石头，楚武王下令砍掉了卞和的另一只脚。楚武王去世后，他的儿子楚文王即位，卞和继续献上他的那块玉石。楚文王被他的精神感动了，下令剖开玉石，发现石头里面果然是一块无双的美玉，也就是后来天下争夺的和氏璧。

现得如此傲慢，居然将这无价的玉璧传给美人和侍从玩赏，这乱哄哄的场面是在戏弄我这个使者吗？我看得出大王您没有诚意，所以我才设计拿回了玉璧。大王要是把我逼急了，我就摔碎玉璧，再撞死在这柱子之下！”

说完，蔺相如高举着玉璧，两眼斜视着高大的廷柱，摆出了要撞过去的姿态。

“先生不要冲动！”秦王害怕刚烈的蔺相如真的把玉璧摔碎，赶紧出言劝阻。同时，秦王还让管事的官员拿出了地图，指明某地到某地的十五座城池已经准备好交给赵国。

兽面纹玉璧 战国

秦王和赵王为什么这么看重一块玉璧呢？因为在古代玉璧是珍贵的礼器，拥有它不但事关国家颜面，还象征着国家未来的气运。另外，玉璧还有陪葬品的功能，可以防止死后腐败，所以一块和氏璧才引来了激烈的争夺。

蔺相如从秦王的神色中判断，这只是个缓兵之计，秦国根本就没打算把一座城池交给赵国。

于是蔺相如假装认同了秦王的安排，然后郑重地说道：“和氏璧是闻名天下的珍宝，赵王在送走玉璧之前，斋戒了整整五天。现在，大王您要接受和氏璧，也应该和赵王一样斋戒五天，然后在大殿之上举行九宾大典，我才能把玉璧献到您的手中。”

这个九宾大典可不得了，是古代外交场合中最隆重的礼节，需要九名典礼官员，依照次序传呼、引领使者进入大殿，一般的使者可享受不到这样的待遇。

秦王考虑了一会儿，觉得强抢和氏璧很难得手，就同意了斋戒五天，还把蔺相如安顿在了招待外国使者的广成驿馆。

来到了驿馆，蔺相如并没有休息，他知道危机还没有解除。蔺相如找来自己的侍从，让他乔装改扮，怀揣着和氏璧，从小路逃走，先把和氏璧送回赵国。

五天之后，完成了斋戒的秦王在大殿上举行了隆重的九宾大典，把蔺相如这位赵国使者引入王宫大殿。

在秦国文武百官的注视之下，蔺相如镇定自若地开始发言——“秦国从秦穆公以来，先后在位的有二十多位君主，其中没有一位是信守诺言的。我害怕大王您延续了这个传统，用谎言来骗取和氏璧，让我辜负赵王的重托。所以，我已经派人把和氏璧送回了赵国，现在人和玉璧应该已经进入赵国境内了。世人都知道现在秦国强大，赵国弱小，大王如果真心想换取和氏璧，就请您先把十五座城池割让给赵国，赵国肯定不敢收了城池而不交出玉璧，这样岂不是两全其美？我知道自己欺骗了大王，罪该万死，现在就请您随意处置我吧。”

听完蔺相如的话，秦王和大臣们面面相觑（qù），都被这个大胆的使者给弄懵了——居然有人敢在秦国戏耍秦王？

两旁的侍卫准备将蔺相如拿下治罪，却被秦王阻止了。

在很短的时间里，秦王已经权衡了利害，他对大臣们说：“现在就是杀了蔺相如也得不到和氏璧，反而破坏了秦赵两国的友好关系。还不如好好款待他之后，放他回到赵国，我想赵王也不敢为了一块玉璧来欺骗秦国。”

就这样，秦王还是按照程序完成了接见仪式。等到典礼结束，送蔺相如回到了赵国。

蔺相如回到赵国后，得到了英雄般的待遇。赵王认为他出使外国，不辱使命，是外交战线的人才，就拜蔺相如为上大夫。

之后，十五座城池换一块玉璧的闹剧也就不了了之。秦国没有割让城池，赵国也没有把和氏璧送给秦国。

宴会上的争斗

和氏璧事件过后不久，秦国出兵攻打赵国，攻占了石城（今河南林州西南）。第二年，秦国继续发兵攻打赵国，屠杀了赵国两万人。

除了用军事手段报复赵国之外，秦国还想在外交上迫使赵国低头。

赵惠文王二十年（前 279），秦王派使者通知赵国，表示愿意和赵国停战言和，在西河之南的渑池（今河南渑池西）进行一次会盟。

赵王畏惧秦国，不想赴约。蔺相如和廉颇就劝赵王说：“大王如果不去赴约，会显得赵国胆怯，这太伤害军心士气了。”

于是赵王只好答应前往渑池，蔺相如全程**陪同**。

廉颇把赵王送到赵国边境上，在分别的时候，廉颇向赵王禀告说：“大王您一去一回，加上宴会的时间，按理不会超过三十天。如果三十天后您还不回来，请您允许我拥戴太子为王，以断绝秦国用您的安全来要挟赵国的念头。”

赵王知道廉颇是为了国家着想，就答应了廉颇的请求。

在渑池的宴会上，赵王和秦王见了面，美酒佳肴如同流水一样摆了上来。秦王开怀畅饮，很快就有了几分醉意，借着酒劲说：“寡人听说赵王喜欢音乐，今天大家都很高兴，请赵王弹奏一曲瑟来助助兴吧。”

瑟是古代的一种弹弦的乐器，和古琴有几分相似。

秦王的要求赵王不敢拒绝，就弹奏了一段乐曲。可没等他弹奏完，秦国的史官就走上前去，在史册上记录道：“某年某月某日，秦王和赵王举行宴会，秦王命令赵王弹瑟。”

秦国史官的这种做法，伤害性不大，侮辱性极强，完全没把赵王当成一国之君看待。赵国人要是不予以反击，国家尊严就保不住了。

这时又是蔺相如站了出来，他走到秦王跟前，不卑不亢地说道：“赵王听说大王您擅长秦国的乐器缶（fǒu），我给您送上一件瓦缶，请您为赵王演奏一段。”

缶是一种大肚子小口的瓦质演奏乐器，在秦国非常流行。

秦王看到又是讨厌的蔺相如在说话，还让自己为赵王奏乐，忍不住怒气上涌，根本就不做回应。

蔺相如继续上前，捧着瓦缶，跪下去请求，秦王仍然不予理睬。于是，蔺相如斩钉截铁地说了一句威胁的话——“现在我离秦王您不过五步的距离，我随时可以让自己的鲜血溅到您的身上！”

秦王左右的侍卫拔出武器，想要逼退蔺相如。蔺相如瞪着眼睛，发出一声怒吼，吓得他们全部往后退缩。

秦王实在没有办法，只好敲了一下缶。蔺相如立刻让赵国的史官记录：“某年某月某日，秦王为赵王击缶。”

用小手段羞辱赵国人的计划落了空，恼羞成怒的秦国大臣们纷纷嚷着说：“请赵王割让十五座城池为秦王祝寿。”

蔺相如也针锋相对地喊道：“请秦王献出咸阳城为赵王祝寿。”

就这样，秦赵两国在宴会上明争暗斗不断，可因为蔺相如的出色应对，秦国始终没有占到上风。再加上赵国大军在边境上严加戒备，秦国最终没有敢轻举妄动。

以和为贵

渑池之会结束后，赵王回到了都城邯郸。因为这次外交宴会上蔺相如的功劳最大，赵王就把蔺相如的爵位从上大夫升为上卿，官位比老将军廉颇还高。

廉颇是赵国的名将，在战场上立下过**汗马功劳**。他对蔺相如靠着三寸不烂之舌，就能位居自己之上很不满意，对身边的人发牢骚说：“蔺相如立下那么点功劳，官位就比我还高，这还有没有道理可讲？他原来不过是宦者令的门客，这样的卑贱出身都能压我一头，这不是羞辱我吗？等我再见到蔺相如，我一定要他好看！”

一来二去，这些话就传到了蔺相如的耳朵里。蔺相如既没有生气，也没有向赵王告状，而是从此避免和廉颇直接见面。每当赵国举行朝堂大会的时候，蔺相如就请病假不出席，避免和廉颇碰面。

有一次，蔺相如坐着马车外出，远远地看到了廉颇的马车迎面而来。蔺相如就让自己的车夫调转车头，躲避起来。

时间一长，蔺相如手下的门客不高兴了。他们联合起来向蔺相如进言说：“我

现藏于美国印第安纳波利斯艺术博物馆

们之所以离开亲人，到您身边侍奉，就是因为仰慕您不畏强权的勇气。现在，您和廉颇同朝为官，他多次出言挑衅，您不但不敢回击，还吓得**躲躲藏藏**，不敢露面，这也太丢人了！这种事儿普通人都感到耻辱，何况位高权重的您呢？我们实在没有您这样的‘涵养’，您还是让我们离开吧。”

蔺相如一边挽留这些门客，一边给他们做思想工作。

“在各位看来，是秦王厉害，还是廉颇将军厉害？”

“当然是秦王更厉害啦！”

“对啊，以秦王的权势，我还敢在大庭广众之下呵斥他，羞辱他的大臣，就算我蔺相如再不成器，我也不会怕不如秦王的廉颇将军啊！我考虑的是，秦国之所以不敢对赵国发动战争，是因为有我们两个人在啊！如果我们两个人发生**意气之争**，就好比两只老虎撕咬在一起，一定会有一方受到伤害。我之所以在廉颇将军面前一再退让，是因为我把国家的安危放在前面考虑，而把个人的恩怨放在后面考虑啊。”

有人把蔺相如这段肺腑之言转告了廉颇，廉颇受到了深深的震撼。为了表示真诚的歉意，廉颇就裸露着上身，在后背上捆着带刺的荆条，由宾客们带路，来到蔺

青铜带链壶 战国

这件青铜壶是战国时期流行的酒壶，它最大的特点是壶盖被设计成了小鸟的身体，壶盖上还有一个凸出的鸟头，整个酒壶的上半部就像一只跃起的飞鸟。

相如的家里谢罪。

蔺相如刚一出迎，廉颇就跪倒在地，语气沉重地说道："我是个粗鄙卑贱的人，万万没有想到您竟然有如此宽阔的胸怀！"

从此以后，廉颇和蔺相如两个人成了生死之交。在他们的通力合作之下，赵国变得强盛起来。

老将军的遗憾

公元前 260 年，赵国和秦国在长平（今山西高平）爆发了一场大战。这时候赵惠文王已经去世了，蔺相如也得了重病，只剩下老将军廉颇独撑大局。

战斗一开始，赵军连吃了几次败仗。廉颇决定不和秦军硬拼，用防御战拖垮敌人。可没等廉颇的计划成功，赵惠文王的接班人——赵孝成王就中了秦国国相范雎的反间计，用年轻的赵括取代了廉颇的职务。

心灰意冷的廉颇回到了邯郸城，失去了往日的权势和威风，原来依附他的门客也纷纷从他身边离去。

又过了几年，燕王听信了相国栗腹的分析，认为赵国在长平之战中损失惨重，可以趁火打劫，

捞取好处。于是，燕国出动了大军进攻赵国。

这个时候，赵孝成王又想起了赋闲在家的廉颇，就任命廉颇为将军，迎击燕军。

老将军廉颇果然宝刀不老，他在鄗这个地方大败燕军，杀掉了栗腹。接着，廉颇率领赵军乘胜追击，包围了燕国的都城。

燕王偷鸡不成蚀把米，只好答应了赵国的要求，割让五座城池给赵国，廉颇这才解除了包围。

因为保卫国家有功，赵孝成王把尉文这个地方赏赐给廉颇，还封廉颇为信平君，担任代理相国。

看到廉颇得到了赵王的重用，之前离开廉颇的门客又陆续回来，请求继续为廉颇效力。

廉颇很不齿这些家伙的人品，就没好气地对他们说："各位请回吧，我可不敢信任你们了。"

这些门客没有感觉到不好意思，反而振振有词地说："您的想法也太落后了！现在人们都是根据利害关系来交往，您得势了，我们就跟随您；您失势了，我们就离开您。这就是很自然的道理啊，您有什么可抱怨的呢？"

赵孝成王二十五年（前245），赵王派廉颇攻打魏国，廉颇率军占领了魏国的繁阳（今河南内黄东北）。

不久，赵孝成王去世，他的儿子悼襄王即位，用燕国的降将乐乘取代了廉颇的职务。廉颇非常气愤，就带着部队攻打乐乘，乐乘仓皇逃走。

因为违背了赵王的命令，廉颇也无法在赵国立足，只好逃到了魏国的大梁。

接下来的几年里，廉颇就居住在大梁城，魏国人并没有重用他这样一位流亡的将领。赵国因为和秦国作战屡战屡败，想让廉颇回国。赵王特意派了一位使者，到大梁去探视廉颇，看看他的身体情况，还能不能领兵打仗。

赵王有个宠臣叫郭开，他和廉颇有矛盾，就用重金贿赂了使者，希望使者在赵王面前多说廉颇的坏话。

使者很快来到了大梁，和廉颇见了面。廉颇也很想回到赵国，就特意在使者面前展示自己的饭量——他一顿饭就吃掉了一斗米饭和十斤肉。接着，廉颇又穿戴好盔甲，一跃跨上战马，表示自己老当益壮，仍然可以为国家出力。

使者回到赵国后，面见了赵王，添油加醋地说道："廉颇将军的年纪虽然大了，饭量却不错。可惜，我和他就坐了一会儿工夫，他就连去了三次厕所。"

赵王一听，认为廉颇已经老了，就打消了召回廉颇的念头。

这时楚国人听说廉颇在魏国，就暗中派人去把廉颇接到了楚国。

廉颇虽然在楚国当了将军，但却没有立下战功，因为他心里还想着带领赵国的子弟兵，为保卫赵国而战斗呢！最后，廉颇死在了楚国的寿春（今安徽寿县）。

史记成语典故大搜索

完璧归赵

词意： 比喻物归原主，并无损失。

造句： 我们为那些流落海外的中国文物而痛心，期待着国宝完璧归赵的那一天。

负荆请罪

词意： 背着荆条，自请责罚。比喻主动向对方承认错误，请求责罚和原谅。

造句： 赵叔叔因为酒后失控，和邻居发生了不应有的冲突，酒醒后他决定负荆请罪。

刎颈之交

词意： 形容可以生死与共的好朋友。

造句： 李叔叔是退伍军人，他和很多战友在枪林弹雨中结成了刎颈之交。

赵国的名将们
赵奢和李牧的故事

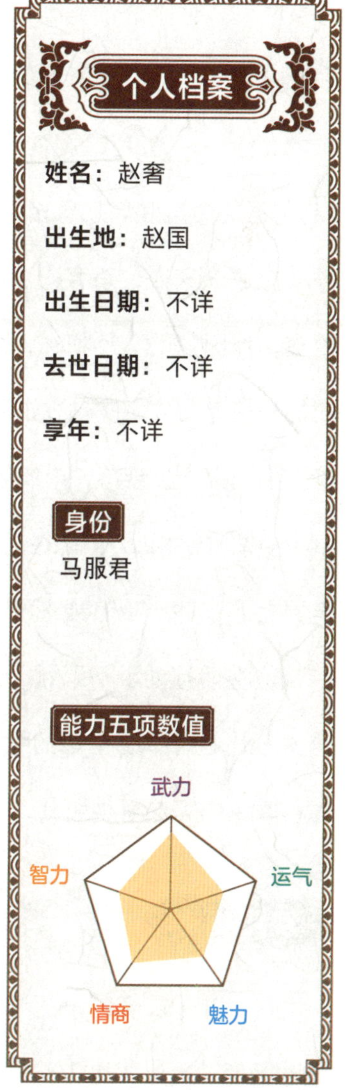

在战国时代的最后几十年，能让秦国头疼的将军基本上都是赵国人。廉颇、赵奢、李牧，这几个赵国将军的名字，哪怕是白起、王翦这样的秦国名将听到了都会挠头。赵国的将军们有什么了不起的本事，能让自己的对手这么重视？我们这就讲讲赵国名将的故事。

从税吏到将军

赵奢原本是赵国负责征收农田赋税的一个税吏。

一次，赵奢来到平原君赵胜的家里收税。我们前面讲过，平原君是赵惠文王的亲弟弟，也是天下闻名的贵族。他家里的管事瞧不起小小的税吏，拒绝按照法律规定纳税。

赵奢可不是欺软怕硬的人，他依法处死了九个带头抗税的管事，震惊了大半个赵国。

平原君为此**大发雷霆**，认为赵奢没把平原君府放在眼里，打算杀掉赵奢，来给自己出口气。

面对平原君的怒火，赵奢没有被吓倒，他平心静气地和平原君说了这样一段不卑不亢的话——“您是赵国的贵族，赵国的命运和您息息相关。今天您放纵家人，杀害守法的税吏，那国家的尊严何在，法律的公信力又从何谈起？如果贵族们都像您一样，那赵国的衰落就是转眼之间的事情。而国家一旦衰落，诸侯势必出兵进攻赵国。到了那个时候，您还能享受眼前的富贵生活吗？相反，以您在赵国的地位，如果能带头奉公守法，就能让赵国上下一心。全国上下一心，国家就必然强盛。国家强盛了，贵为王室宗亲的您还会被人轻视吗？”

这番话打动了平原君，他没有再为难赵奢，还把赵奢推荐给了赵惠文王，赵惠文王让赵奢掌管全国的赋税。赵奢没有辜负赵王的信任，在他的努力下，赵国的税收工作完成得很顺利，不但国库充足，百姓们也没有怨言。

狭路相逢

过了几年，秦国出动大军攻打赵国，双方在阏与（yù yǔ，今山西和顺）这个地方爆发了激烈的战斗。

赵惠文王畏惧秦国的强大，又不想失去阏与，就把大臣们分别找来，挨个询问对策。

第一个来的是老将廉颇，他给赵王的回答是——“前往阏与的道路遥远，地势险峻，现在出兵救援很难成功。”

第二个来的是将军乐乘，他的回答和廉颇一模一样——“阏与已经无法挽救。”

最后一个被问话的是赵奢，估计他这个时候已经不主管税收，而是变成了领兵作战的武将。面对赵王的询问，赵奢语气肯定地回答说：“从邯郸出发救援阏与，确实路途遥远。而且阏与这个地方我去过，地形险要，易守难攻。如果在那里和秦军展开战斗，就好比两只老鼠在狭窄的地洞中打斗，谁更勇敢谁就能获胜。”

听了赵奢的回答，赵王仿佛看到了一丝的希望，当场就任命赵奢为统帅，带领大军解救阏与。

赵奢的大军离开邯郸三十里后，就驻扎下来不再前进。赵奢还向全军下达了一条死命令——“军中上下有敢在军事上指手画脚的，一律处死！”

当时秦军正在武安的西边扎营，他们训练的呐喊声把武安的房屋上的瓦都震动了。一名赵军的侦察兵向赵奢报告了这个情况，建议赵奢立刻救援武安。赵奢不但没同意，还下令把那个侦察兵**斩首示众**。

接下来的二十多天，赵奢只是命令士兵们加固营垒，始终按兵不动。时间一长，秦军也被搞糊涂了，不知道赵奢有什么打算，就派了间谍到赵奢军营打探情况。

赵奢用好酒好菜招待了秦国的间谍，还把间谍从军营里一路送到了营门外。

错银龙纹承弓器 战国

承弓器是战车上的专用工具，主要是用来安放弓弩的支架，就像我们今天手机、平板电脑的支架一样。作为一种远射武器，弩并不容易单手操作，在行驶的战车上手脚并用张弩又很不方便，所以工匠们发明了承弓器，让士兵可以将弓弩放在承弓器上。

间谍回到秦国的军营，把自己看到的情况如实汇报给了秦国将军。

秦国将军听完汇报后非常高兴，和左右的将士说：“赵奢率军离开邯郸三十里就不敢前进，只知道修筑工事，加强防御，真是个胆小鬼。阏与已经是我秦国的囊中之物啦！”

秦国将军哪里知道，这一切都是赵奢的障眼法。就在秦国间谍被送走后，赵奢手下的士兵已经整理好盔甲武器，急行军两天一夜，来到了阏与附近。

这时秦国将军才得到消息，急忙率领自己的部队追赶赵军，准备在阏与展开决战。

战斗开始前，一个名叫许历的赵军士兵求见赵奢，想提提建议。这次赵奢没有杀人，而是把许历让进了自己的帐篷。

两人一见面，许历就把自己对明天战斗的想法说了出来:“将军,秦国大军来势汹汹，您一定要做好准备，严阵以待，不然吃亏的就是我军了。”

赵奢笑了笑，回答说：“你的意思我明白了，下去等候命令吧。”

许历看了看赵奢，**小心翼翼**地说道：“我违背了您不许随便发表意见的命令，您现在把我斩首示众吧。”

曾侯乙三戈戟 战国

赵奢哈哈大笑，说道：“对你的处罚等大军回到邯郸再说吧。”

许历一看赵奢并不生气，就壮起胆子继续说自己的想法——“将军，北山是阏与的制高点，我军如果能先一步占领北山，就能居高临下地冲击秦军，一定能获得一场大胜。”

赵奢认为许历说的有道理，立刻派出一万人马抢先占领了北山。不久，秦军也开始进攻北山。可因为出发慢了一步，还是让赵军占领了这个高地。

看到秦军攻山失败，赵奢立刻指挥士兵发动猛攻，果然大败秦军，解除了阏与之围。

等到大军凯旋，赵惠文王论功行赏，赵奢被封为马服君，和廉颇、蔺相如一样位列赵国第一等的大臣。出谋划策的军士许历也被提升为中级军官。

赵括是赵奢的儿子，他从小就喜欢兵法。

长大后，赵括开始和父亲讨论军事问题。

因为口才出色，赵括有时能说得父亲哑口无言。

夫君，括儿将来能继承你的事业，成为赵国的名将吧？
夫人啊，你的希望恐怕要落空了。

括儿把兵书倒背如流，说起来头头是道。

可战争是用人命来赌国家的命运，战场上情况千变万化，括儿这样只会打败仗啊。

等我死后，如果大王要让括儿领兵，你一定要面见大王，让他取消任命。
这是为了国家好，也是为了括儿好。
我记下了。

公元前 260 年，秦军进攻赵国的长平，两国爆发大战。

蔺相如府邸

蔺相如
大王任命赵括为统帅，要换掉廉颇老将军？
是的。

大王糊涂啊，快，快扶我进宫。

大人，咱回去吧，您的身体要紧啊！
我的生死是小事，赵国的安危才是大事啊！

蔺大人，你不是在家养病吗？
大王，臣有十万火急的事情要向您禀报。

长平之战关系到赵国的命运。
赵括恐怕承担不了这个重任啊！

蔺大人你多虑了，赵括可是个优秀的军人啊！

赵括只会读死书，不懂得灵活应变。
我觉得他不是统帅的好人选。
够了！寡人不要你觉得，我只要我觉得。
赵括这个统帅当定了。

既然大王心意已决，
臣也无话可说了。

先王啊，先王，
赵国恐怕要迎来
一场浩劫了！

赵括将军，
你到了前线可要
给寡人争口气啊！
大王放心，臣一定让
秦国人知道我赵国铁
骑的厉害！

大王，
赵括将军的
母亲求见。
赵括的母亲？
让她进来。

老夫人突然进宫，
是有什么事情吗？
拜见大王。

希望大王您能
收回命令，
别让赵括去
长平担任统帅。

您是亲妈吗？
怎么会有这么
荒唐的请求呢？

我的夫君是赵国最好的
将军，从他的身上我看
到了名将应有的样子。

我的夫君做统帅的时候，
亲自给几十个部下准备酒食，
几百名勇士是他的生死之交，
大王的赏赐他也全部分给将士。

现在我儿子当了统帅，
大王赏赐的黄金珠宝，
他都占为己有，这样
怎么能打胜仗呢？

您怎么和蔺相如
一个口气?
所以请大王
收回命令。
命令已经下达,
寡人绝不会收回!

既然如此,请
大王您答应我
一件事情。

什么事情?

如果赵括打了败仗,
请您不要株连九族。

后来，赵括果然在长平打了败仗，他本人也死在乱箭之下。

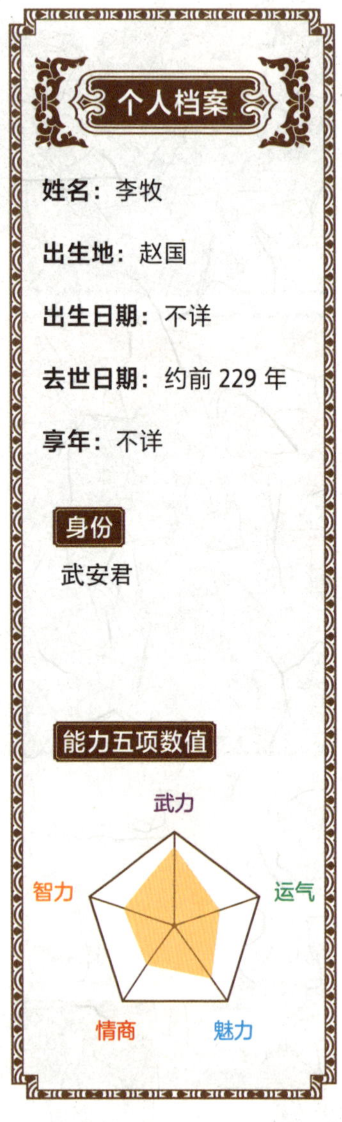

匈奴的克星

在赵奢和廉颇之后，赵国最出色的将军叫作李牧，他是赵国北部边防线上的将军，长年驻扎在代县、雁门一带，负责防御匈奴的入侵。

因为身处前线，李牧有任免官吏、征收赋税的权力。他根据实际情况设置官职，把收税得来的财物用来改善士兵们的伙食。为了让士兵们更好地训练**骑术**和射术，李牧每天都让人宰掉几头牛，用牛肉大餐来犒劳刻苦训练的将士。

当时赵国面对着秦国的巨大威胁，能用在北方防御匈奴的兵力不多。李牧就派出了很多侦察兵刺探匈奴的情报，修建了大批的烽火台，用积极的防御减少匈奴入侵带来的破坏。

为了让士兵和百姓们配合，李牧还下达命令：“一旦发现匈奴大军来袭，所有人要退回堡垒防御。谁要是敢擅自出营作战，一律处以死刑。”

这道命令让赵国人很疑惑，李牧将军不是名将吗？怎么胆子这么小？接下来，每次匈奴人一进攻，边境的烽火台就燃起烽火，赵国的士兵和百姓就撤进城池和堡垒，从不出城作战。

这样过了几年，匈奴人越来越狂妄，觉得李牧胆小如鼠。赵国的边防士兵也觉得自己的将军有点丢人。可他们都没发现，因为执行李牧的命令，每次匈奴人的进攻都是雷声大、雨点小，抢不到多少东西，赵国士兵和百姓也没有很大的伤亡。

赵王听说了李牧在边境的**所作所为**，心里很不满意，就把李牧召回了邯郸，派其他的将领去负责边防。

在后来的一年多里，每当匈奴人来进攻，接替李牧的将军都主动迎战，可每次都打败仗，士兵们伤亡惨重，老百姓也没法安心地种地和放牧。

被现实打了脸的赵王只好请李牧出山，继续去保卫边疆。可李牧也是个倔脾气，一直推说自己有病，不肯接受任命。

最后，架不住赵王**一再恳求**，李牧终于答应继续领兵。不过李牧和赵王说好，他到了北方边境，还是会执行防守的策略，不和匈奴人正面交锋。赵王捏着鼻子答应了这个条件。

李牧

李牧回到前线后，继续他的防守策略。在接下来的几年里，匈奴人一无所获，可他们还是认为李牧是个胆小鬼。

守卫边疆的赵国士兵们每天享受着丰厚的犒赏，却始终没有仗打。人人心里都憋了一团火，希望能够和匈奴人大战一场。

李牧眼看着时机成熟，就精选了一千三百辆兵车、一万三千匹战马，然后又从军队里挑出了五万

左军戈 战国

战国时代，各国在青铜武器上都会刻上铭文。比如赵国会在武器上刻出“左库”或者“右库”，表示武器制造和存储的地方。秦国会在武器上刻出官员和工匠的名字，武器出了质量问题，就可以一层层追究责任。燕国人会在武器上刻出“左军”“右军”，表示武器所属的部队。

名勇士和十万名弓箭手。李牧把这些人马编组成军队，进行了严格的训练。

接下来，李牧派人到处放牧，让牛羊跑得漫山遍野。匈奴人发现有利可图，就以小股兵力发动进攻，一次就抢走了上万头牛羊，俘虏了几千名赵国百姓。

匈奴单于听说了这个消息，喜出望外，率领大军倾巢而出。李牧趁机布下严密的大阵，用战车挡住匈奴人的进攻，再用骑兵左右包抄，一举消灭了十几万匈奴骑兵。此战过后的十几年里，匈奴人都不敢靠近赵国的边境。

冤死的将军

赵悼襄王元年（前244），继位的赵王让将军乐乘去接管老将军廉颇的军队。感觉受到侮辱的廉颇一怒之下，打跑了乐乘，自己也逃往魏国。

连损两员大将，赵王只好从北方边境调回李牧，让他率军攻打燕国。李牧没有让名将的称号失色，连续攻占了燕国的武遂（今河北徐水）和方城（今河北固安）。

七年之后，秦国大举进攻赵国的方城，杀死了十万赵军。危急时刻，赵王任命李牧为大将军，在宜安（今河北石家庄藁城区）对秦军发动反击，大败秦军。为了表彰李牧，赵王封李牧为武安君。

这个封号是不是有点耳熟？对啦，秦国的战神白起就被封过武安君。不过白起的下场可不太好，不知道赵王怎么想出这么个封号。

李牧封君之后的第三年，也就是公元前 232 年，秦国再次出动大军，进攻赵国的番吾（今河北平山），结果又被李牧击败。公元前 229 年，也就是赵王迁在位的第七年，秦国以老将军王翦为主帅，再次进攻赵国。赵王迁任命李牧、司马尚为主将，率军抵抗王翦。

王翦知道李牧不好对付，就使出了秦国惯用的计策——离间计。秦国的间谍被派到邯郸城，用重金贿赂了赵王的宠臣郭开。

郭开是个标准的小人，他眼里没有国家利益，只有金钱。收下秦国人的贿赂后，郭开跑到赵王身边，造谣说李牧和司马尚意图谋反。

赵王也是个糊涂蛋，居然相信了这些鬼话，派将军赵葱、颜聚取代李牧的职务。李牧知道自己是赵国最后的希望，就拒绝了临阵换将的命令。这让赵王恼羞成怒，他派人暗杀了李牧，罢免了**司马尚**的职务。

三个月后，王翦率领秦军全面进攻赵国，没有李牧指挥的赵国大军一败涂地。赵王被秦军活捉，赵国也就此灭亡。

火牛出击
田单的故事

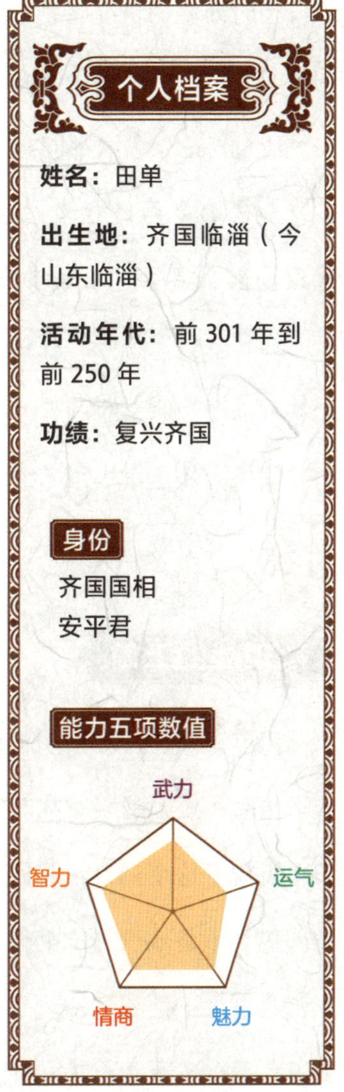

在现代的战场上，很多动物都是人类的战友。比如军犬能搜索敌人，信鸽能帮军队送信，海豚能排除水雷……可你知道吗，在两千多年前，一千多头公牛曾经帮助齐国人打赢了一场战争，“指挥”这些公牛的统帅是一个叫田单的奇人。

逃跑有术

田单是战国时期的齐国人，他和齐国的王室有血缘关系，算是齐王的远房亲戚。齐滑王在位的时候，田单被任命为临淄城的市掾（yuàn），相当于市场管理员。这时候的田单怎么也想不到，自己有一天会成为齐国的拯救者。

公元前284年，燕国的君主燕昭王联合赵、魏、韩、楚四个国家，组成了一支庞大的五国联军，由名将乐毅指挥，向齐国发动了进攻。

骄横的齐滑王率领齐军迎战，结果在济水西

岸被打得大败，只能放弃都城临淄逃往外地。乐毅率领着燕国军队长驱直入，占领了齐国七十多座城池，只剩下莒城（今山东莒县）和即墨（今山东青岛即墨区）两个地方没有打下来。

当时即墨的情况特别危险，守军的主心骨——即墨大夫在战斗中牺牲了。城内群龙无首，城外大兵压境，即墨的百姓们**吵吵嚷嚷**地要选出一个新的首领。

经过讨论，大家都同意田单来当这个首领。

即墨的老百姓这么信任田单，原因有两个：第一，田单出身王室，忠诚度没问题；第二，田单有勇有谋，是个人才。

为什么这么说呢？在逃往即墨的路上，田单让家人把马车的车轴锯短，再装上铁箍加固，他家的马车因此变得又灵活、又坚固，这才顺利地逃到了即墨城。

即墨人从这个小细节看到了田单的大智慧，所以都拥护田单，希望他能带领大家守住即墨城。

心理战的上篇

田单没有辜负大家的信任，他上任后便开始用各种计谋和燕国人打起了心理战。

当时，燕国的明君燕昭王刚刚去世，即位的燕惠王和燕军主帅乐毅有矛盾。田单听说了这个消息，就派人到燕国去散布谣言，说：“乐毅迟迟打不下来莒城和即墨，不是他没有这个能力，而是他担心攻下这两个地方自己就没用了，回到燕国会被大王处死。乐毅是用攻打即墨做幌子，暗中和齐国人勾结，他自己想当齐王。现在齐国人最害怕的是燕国换掉乐毅，那即墨城可就守不住了。”

燕惠王听信了这些谣言，就派将军骑劫去接替乐毅的职位。乐毅很生气，就没有返回燕国，而是投奔了赵国。燕国的军民都非常愤慨，觉得大王是个糊涂蛋。

用反间计赶走了敌人的大将只是第一步，接下来田单又想出了几条妙计。

他命令即墨城里的老百姓，在每顿饭之前，先把饭菜摆在院子里祭祀祖先。天上的飞鸟受到食物的诱惑，就成群结队地在即墨上空盘旋，有时还会飞下来啄食饭菜。城外的燕国士兵看到了，都觉得很奇怪，怀疑城里的齐国人有什么法术。

田单趁机在城里宣传说："这是神仙下凡，要来指导我们怎么守城。大家等着看吧，一定会有个神仙来给我当军师的。"

有个士兵听得有趣，就随口说了一句："我就是那个神仙军师吧？"说完，士兵准备离开城头。田单赶紧追上去，把士兵拉回来，请他坐在朝向东方的尊贵位置，准备拜他为军师。

士兵很尴尬，赶紧解释说："我就是开个玩笑，您可别当真啊。"

田单捂住他的嘴，在他耳边小声说："别乱

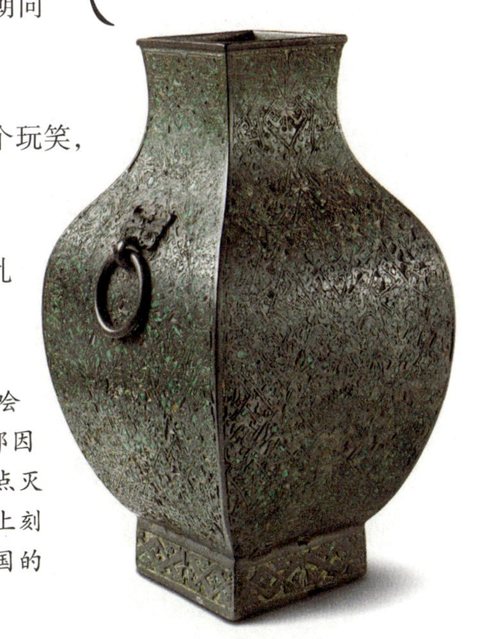

陈璋方壶 战国中期

齐宣王五年（前314），燕昭王的父亲、燕王哙突发奇想，把王位禅让给了国相子之，燕国内部因此发生内乱，齐国趁机出动大军进攻燕国，差点灭掉燕国。你问我怎么知道的，在这件陈璋方壶上刻着27个字，记录了齐国将军陈璋率军攻打燕国的经过，这件方壶就是一件历史证据。

说话，你就当自己是军师吧。”从此以后，田单就把这个士兵当作神仙对待，每次发布命令，都说是神仙军师的旨意。

田单的宣传让很多人信以为真，守城的决心也就坚定了三分。

心理战的下篇

“骗”了自己人还不够，田单还在想办法骗城外的燕军。

田单让人向燕军传话说：“我们即墨人什么都不怕，我们就怕燕国人把俘虏的齐国士兵的鼻子割掉，这种血腥的场面一出现，即墨城想不垮掉都难。”

燕军主将骑劫听到了这个传言，就下令割掉所有俘虏的鼻子，再把他们赶到即墨城下示威。守城的即墨人看到燕军这么残暴，都变得非常愤怒，守城的决心又坚定了三分。

田单继续让人向燕军传话，说：“你们燕国人太没有人性了，居然这么虐待俘虏？下一步你们打算干什么，不会把城外的坟墓都挖开，把我们祖先的尸骨都烧掉吧？这场面想想就让人**心惊胆战**。”

骑劫果然让人挖开了城外的坟墓，把齐国人祖先的尸骨焚烧干净。

即墨人在城头看到这样的景象，人人痛哭流涕，都想出城和燕国人决一死战，守城的决心涨到了十分。

田单看到军心可用，就拿着铁锹走上城头，和士兵们一起修筑工事，还把自己的妻子妾室都编入队伍，把所有的食物都拿出来犒劳士兵。

等到所有人都吃饱喝足，田单让精锐的部队都躲起来，让老弱妇孺上城防守，同时派出使者向燕军请求“投降”。燕国人听说后都兴奋得欢呼万岁。

田单还从即墨城里搜集了一千镒（镒是重量单位，一镒是二十两）的黄金，让城里的富豪把黄金献给燕军主将骑劫，恳求骑劫说：“即墨城就要投降了，请您约束下士兵，进城后不要骚扰我们的妻子姬妾，让我们能过两天平安的生活。”

看到堆积得像小山一样的黄金，燕军主将乐坏了，立刻就答应了请求，燕军的防备也变得更加松懈。

火牛出击

田单的几条妙计耍得燕国人团团转，可算算士兵的人数，还是燕国更占优势。为了增加自己的胜算，田单决定找一些“特殊”的士兵来帮忙。

田单把城里的一千多头公牛集中起来，给它们披上红绸子，上面画满了五彩的龙形花纹。每头牛的牛角上绑上尖刀，还在牛尾巴上捆着灌满油脂的芦苇草。

准备完成后，在一个**月黑风高**的夜里，田单让人在城墙上凿出几十个洞。然后，点燃牛尾巴上的芦苇，逼着火牛从洞口向城外狂奔，五千名士兵跟在火牛后面冲锋。

大家想想，尾巴被火点燃，公牛得多疼啊！它们野性大发，朝着四周的燕国军营狂奔而去，巨大的动静把沉睡中的燕军都吵醒了。

睡眼蒙眬的燕军定神一看，一群庞然大物带着火光奔腾而来，凡是被撞到的人一个个非死即伤，他们还以为齐国人请来了“神龙”帮忙。

尾随着火牛的五千齐国士兵也冲进了燕军的营地，即墨的城头，老弱妇孺都在擂鼓呐喊，为城外的子弟加油助威。

眼前有“神龙”和数不清的敌人，耳朵里是恐怖的呐喊声，燕军士兵的精神崩溃了，一个个吓得不战而逃，他们的主将骑劫也被杀了。

即墨之战后，田单发起了全面反攻。他所经过的地方，齐国的百姓纷纷归附田单的队伍。就这样，田单的军队越来越壮大，战斗力一天比一天强，而燕军却兵败如山倒，一直退到了黄河岸边，齐国终于收复了丢失的七十多座城池。

这时，齐湣王已经被杀，田单就拥护齐湣王的儿子齐襄王即位，回到临淄主持国政。为了奖励田单复国的功绩，齐襄王封他为安平君。

王子逃生记

齐湣王打了败仗后，一路逃到了莒城。楚国的顷襄王想捞取好处，就派将军淖（nào）齿假装救援齐国，进入了莒城。淖齿向齐湣王索取钱财和土地，没有如愿，就杀死了齐湣王。齐湣王的儿子田法章当时也在莒城，他不敢表明身份，只能在城中太史嬓（jiào）的家中当个仆人，干点粗活。太史嬓的女儿对田法章非常照顾，田法章就说出了自己的身份，两个人也产生了感情。后来，田单赶走了燕国大军，田法章成了齐国的新国君，太史嬓的女儿也成了齐国的新王后。

一个人挽救一座城
鲁仲连的故事

战国时代，游走各国、替人排忧解难的人才可以分成三种：第一种是我们前面讲过的苏秦、张仪，他们追求的是个人的功名富贵；第二种是之前提到过的冯谖、毛遂，他们是为了报答主人的赏识和重用。第三种人才比他们都可贵，不为名、不为利，只是为了国家的安危、人民的生死，这才奔走四方，他们出谋划策，毫不在乎个人的利益，齐国人鲁仲连就是这样的侠士。

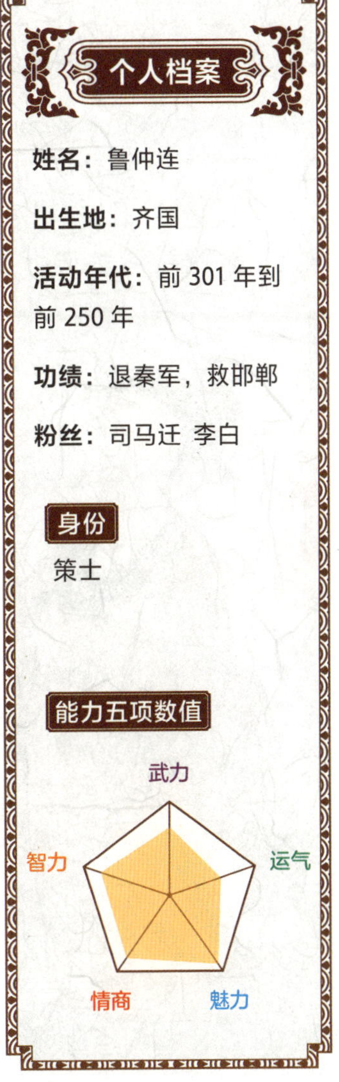

助人是一种责任

鲁仲连是齐国人，他生平最喜欢调解国家间的矛盾，平息战乱，是一位“智多星”一样的谋士。尽管助人无数，但鲁仲连却从不索取回报，也不愿意出来做官，品德高尚得让人**赞叹**。

鲁仲连喜欢游历天下，有一次他来到了赵国的都城邯郸。当时秦国大将白起刚刚在长平大败赵军，活埋了四十万赵国俘虏。乘胜追击的秦军兵发邯郸，把邯郸城包围得水泄不通。

赵国的君主赵孝成王又急又怕，赶紧向其他国家请求援助。可其他诸侯国都有点“恐秦症”，不敢和秦国开战。魏国、楚国虽然派出了救兵，可态度一点儿也不积极。比如魏国的将军晋鄙带着大军刚走到魏国和赵国交界的荡阴，就驻扎下来，不敢再前进一步。

这还不算，魏王还派出了一个“外籍将领”辛垣（yuán）衍（yǎn），抄小路溜进了邯郸城。辛垣衍劝说赵国的平原君，想让赵王拥戴秦王称帝，以换取秦国退兵。

这个主意让平原君犹豫不决。照着做吧，有点举手投降的意思，对不起刚刚被屠杀的四十万赵国士兵；不照着做吧，兵临城下的困局又该怎么解决呢？

正在这个时候，一个人站了出来，打算为平原君和邯郸的赵国百姓排忧解难，他就是鲁仲连。

求见辛垣衍

鲁仲连听说了魏国人怂恿赵王尊奉秦王称帝的消息，他觉得这是个馊主意，就主动去拜见平原君。

两人刚一见面，鲁仲连就开门见山地问道：“赵国的危机您打算怎么挽救？”

平原君垂头丧气地说道：“我还能有什么打算呢？之前，我劝说大王接受韩国的上党郡，结果惹来了秦国的大军。长平一战，我赵国四十万人全军覆没，我对不起大王和百姓啊！现在秦国大军包围了邯郸，眼看赵国就要亡国，我实在想不出什么退敌的办法了。魏国派辛垣衍将军劝说大王尊奉秦王为帝，可我心乱如麻，不知道该怎么决断啊！”

鲁仲连摇着头，轻声说道：“以前我认为您是天下有名的贤能公子，现在赵国遇到困难才发现您名不副实。这样吧，我来见见那位魏国的将军，替您和他谈谈。”

平原君叹了口气，行了礼，回答说：“好吧，我来替您引荐，让您和他见一面。”

于是，平原君带着鲁仲连去拜访辛垣衍。

在驿馆里，平原君开口说道：“辛垣衍将军，齐国有位大名士鲁仲连，他现在就在邯郸，想和您见见面，交流下对眼前形势的看法。”

辛垣衍猜到了鲁仲连的来意，就打着官腔推辞说：“鲁仲连啊，我听说他是齐国的名士，按理说应该见一见。可我现在使命在身，无关人等还是不见了吧？”

平原君有点为难，就实话实说——“我已经把鲁仲连带来了，你不见他恐怕不太礼貌。”

辛垣衍没有办法，只好让鲁仲连进入内室相见。

一场大辩论的开始

鲁仲连见到辛垣衍后，并没有高谈阔论，而是坐在那里一言不发。时间一长，辛垣衍忍不住了，就先开口问道："现在邯郸城里的人，大多是有求于平原君的。我看您**相貌堂堂**，不像是对平原君有所求的，那您为什么不离开这个是非之地呢？"

鲁仲连听懂了辛垣衍的言外之意——别蹚赵国的浑水，赶紧走人。鲁仲连笑了笑，淡然地回答说："春秋时代的名士鲍焦您知道吧？他不满政治的黑暗，藏身山林，宁可抱着树木饿死，也不向世俗低头。世上浅薄的人认为鲍焦是心眼小，想不开才自杀的，其实鲍焦哪里是为了自己的利益，他在乎的是天下大义啊！"

说到这里，鲁仲连喝了口水，润了润喉咙，然后接着说道："秦国是虎狼一样的国家，它背弃礼义而崇尚军功，用诡诈权术驾驭士兵，驱使百姓就像驱使

一封信的力量

除了解救邯郸城，《史记》还记载了鲁仲连另外一个传奇故事。在燕国和齐国开战的时候，燕国将军攻占了齐国的聊城。因为聊城人向燕王进了谗言，燕将害怕被杀，不敢回到燕国。前面提到过的安平君田单，率领齐国大军包围了聊城，准备收复国土。围绕聊城的战斗持续了一年多，双方尸横遍野，血流成河。为了化解这场战争，鲁仲连给燕国守将写了一封信，大意是："守将不敢回归燕国，是不忠；最后自己战死也守不住聊城，是不勇；不能建功立业，也不能在历史留下姓名，是不智。"燕将看完书信，觉得自己已经走投无路，就自杀身亡。田单趁机收复了聊城，一场残酷的攻城战终于结束。

奴隶一样。如果秦王能够称帝，进而统治天下，那我宁可跳进东海的波涛之中，也决不当秦国的顺民。我今天来见您，就是想和您打个招呼，我已经决定助赵国**一臂之力**！”

辛垣衍撇了撇嘴，有些不屑地问道：“您要帮助赵国摆脱危难？呵呵，您有什么办法能做到啊？”

鲁仲连回答说：“我会说服魏国和燕国救援赵国，齐国和楚国很快也会加入。”

辛垣衍哈哈大笑，拍着大腿说道：“您说燕国会救援赵国，我勉强还能相信；至于魏国，我就是从魏国而来，我怎么不知道魏国会为了赵国和秦国翻脸呢？”

鲁仲连严肃地回答说：“魏国不积极救援赵国，是因为没有看到秦王称帝的害处；要是魏王看到了这一点，一定会帮助赵国对抗秦国。”

辛垣衍追问道：“秦王称帝能有多大的害处呢？您说说，我听听。”

段子手开讲了

鲁仲连看了看辛垣衍，又看了看平原君，长叹一声，说道：“我给二位说段典故吧。从前齐威王曾经倡导礼义，想率领天下诸侯去朝见周天子。可当时的周王室国库空虚，**国家衰败**，诸侯都不愿意去朝拜，只有齐威王履行了臣子的义务。过了一年多，周烈王去世，诸侯们这才赶去奔丧，齐威王因为路远晚到了些日子。即位的周显王因此大发雷霆，派人训斥齐威王说：‘天子去世，那是天塌地陷一样的大事，连即位的新天子都要离开宫殿，睡在草席之上，而齐王一个东方属国的诸侯居然敢迟到？这是杀头的罪过！’周天子的薄情寡义也让齐威王非常愤怒，他也大骂周天子说：‘呸！你狂什么？你的生母不过是个低贱的婢女罢了！’这件事后来成了天下的笑柄。齐威王的遭遇说明了一个道理，一厢情愿的顺从换不来上位者的尊重，甚至会受到加倍的羞辱！”

辛垣衍对鲁仲连的话不以为然，他反驳说：“先生没见过仆人吗？十个仆人去服侍一个主人，不是他们的体力和智力比不上主人，而是因为他们畏惧主人啊！”

鲁仲连被辛垣衍的话气乐了，就反问道：“魏王和秦王的关系是仆人和主人的关系吗？”

辛垣衍面不改色地回答说：“虽然我不想承认，但事实如此。”

鲁仲连说：“要是这么定义魏王和秦王的关系，那我就劝秦王把魏王剁成肉酱好了。”

辛垣衍听了鲁仲连的话，非常生气，阴沉着脸说：“先生您说这样的话未免太过分了吧？您有什么本事让秦王把魏王剁成肉酱呢？”

鲁仲连不慌不忙地说道：“我再给您讲几个典故吧。在商朝的时候，九侯、鄂侯和周文王是商纣王的三公。九侯有个美丽的女儿，长得国色天香，九侯就把她献给了纣王。可纣王却并不喜欢这个美人，就找个借口处死了九侯，还把他剁成了肉酱。鄂侯因为这件事，和纣王大吵了一架，恼羞成怒的纣王连鄂侯也一起杀了，还把他的尸体晒成了肉干。周文王听说了这件事，只是叹了一口气，就被抓进了监狱，关了一百多天，差点儿也被**置于死地**。九侯、鄂侯都是一方诸侯，为什么会落得这样的下场呢？其中的道理不值得我们反思吗？”

“从前齐湣王准备前往鲁国，夷维子负责替他驾车，充当随从。到了鲁国后，夷维子神气地询问鲁国人：‘你们打算用什么样的礼节来接待我们的国君啊？’鲁国的官员回答说：‘按照惯例，猪牛羊各一只是一份太牢之礼，我们打算用十份太牢之礼来招待贵国国君。’夷维子很不屑地说：‘这样的礼节你们也拿得出手？我们的国君是东方的天子，天子出行，诸侯应该让出自己的宫殿，交出国库的钥匙，然后撩起衣襟，搬动几案，伺候天子用餐。等天子用餐完毕，才能退下去处理自己国家的事。’鲁国人听到这样过分的要求，都**非常愤怒**，就关闭了边境的城门，不让齐湣王进入鲁国。

“齐湣王在鲁国吃了闭门羹，只好借道邹国前往齐国的薛地。这时候邹国的国君刚刚去世，齐湣王想去吊丧。这次去和邹国人沟通的又是傲慢的夷维子，他对邹国人说：‘天子来你们国家吊丧，你们得按我的要求办——棺木的方向要从坐北朝南的位置，换成坐南朝北的位置，这样天子才能朝向南面吊丧。’邹国的大臣气坏了，都说哪有折腾死者的道理，激动地表示宁可自刎而死，也不接受齐国人过分的要求。结果，齐湣王也没去成邹国。”

说到这里，鲁仲连挺直了腰杆，义正词严地宣讲道：“鲁国、邹国是两个穷困弱小的国家，

铜错银夔龙纹扁壶 战国

这件扁壶是盛放酒水的器具，有点类似今天的酒壶。为什么叫作“夔（kuí）龙纹扁壶”呢？因为它的壶身上有夔龙这种神话生物的图案。在传说中，夔龙是一种海上的神龙，它的外形很像牛，但没有角，但凡它出现的地方必然有狂风暴雨，所以被古代人当作“雷神”。

他们的国君活着的时候吃不起美味佳肴，死后也没有像样的丧礼。可当称霸过东方的齐滑王，想要把威风撒到这两个国家身上的时候，鲁国、邹国的臣子却誓死不肯接受。现在秦国和魏国都是兵车万乘的大国，也都是一方诸侯，因为秦国在长平打了一场胜仗，魏国就吓得要劝赵国尊奉秦王称帝？难道三晋之地的大臣，还比不上鲁国、邹国的奴仆婢女有见识吗？

"而且就算赵国真的拥戴秦王称帝，秦王的野心就会满足吗？当然不会啊，秦王会更换诸侯的大臣，安插上他宠信的人物。此外，秦王还会把秦国的女子和那些善于搬弄是非的姬妾，送到各国的后宫充当妃嫔。要是她们住进魏国的宫殿里，魏王还能睡得踏实吗？辛垣衍将军您还能得到魏王的宠信吗？"

功成身退，不收谢礼

辛垣衍听完这一番长篇大论，冷汗都流出来了。他赶忙站起身来，向鲁仲连拜了两拜，然后诚恳地道谢说："一开始，我当您是普通人。听完您的分析，我才知道您是天下少有的人才。我现在就回魏国去，再也不敢提拥戴秦王称帝这件荒唐事了。"

城外的秦军听说了赵国坚定了抵抗的决心，只好退兵五十里，放松了对邯郸的围困。

这时候，魏国的信陵君夺取了晋鄙的兵权，率领大军火速救援邯郸。经过一场激战，秦军被魏国的援军击退，邯郸之围终于解除了。

平原君对鲁仲连感激万分，就想拿出一块土地和一个爵位酬谢鲁仲连。可鲁

仲连前后推辞了三次，始终不肯接受。于是平原君就设下酒宴来款待鲁仲连。

酒过三巡，菜过五味，平原君站起身来，走到鲁仲连的面前，送上了千金作为谢礼。

鲁仲连扫了一眼黄澄澄的金子，面不改色地笑道："我之所以在天下有一些微薄的名声，是因为我为人排除忧患，解除难题，却不向人索取任何的报酬。要是向人索取报酬，那算是扶危济困呢，还是做生意呢？我鲁仲连决不会做不义的事情。"

等到宴会结束，鲁仲连就辞别平原君而去，终生再没有和平原君相见。

虎耳匜 东周

匜（yí）是中国秦朝以前供客人洗手用的器具。比如某某贵族要举行祭天的大礼了，就由侍从端起装满水的青铜匜，把水从匜里面倒出来，贵族借着倒出的水洗手，水最后会落到专门接水的盘里面，这才是一个完整的礼仪过程。你看，匜这种器具是不是很重要？

爱国者，殉国者
屈原的故事

个人档案

姓名： 屈原

出生地： 楚国

出生日期： 约前 340 年

去世日期： 约前 278 年

享年： 约 62 岁（自杀）

身份

左徒、诗人

经典作品

《离骚》《天问》《九歌》

能力五项数值

在任何时候，热爱自己的祖国都是一种美德。那些对祖国的土地、文化和人民有着深厚感情的人，我们会称他是爱国者。楚国的屈原就是这样的人，他对君主忠诚，对国家热爱，对理想坚持，哪怕被疏远、被流放，也不改初心。当理想完全破灭，国家衰亡无法挽回的时候，他宁可投身江水之中，也不愿苟且偷生……屈原可能没有丰功伟绩，但他的人格魅力和留下的诗歌却始终在闪耀光芒。

投江的悲剧

屈原名平，是楚国王室的同姓。当时楚国除了王族“熊氏”外，最有地位的就是“屈”“景”“昭”三族，他们祖先都曾是楚国的大王。

因为出身贵族，屈原受过良好的教育。他知识渊博，记忆出众，在对外交往和制定法令的工作中都表现不俗，因此得到了楚怀王的信任和赏识。可因为小人的诬告，屈原又逐渐被楚怀王疏远，被迫离开了楚国的朝廷中枢。

在屈原远离朝廷的时候，楚国和秦国爆发了一系列的政治、军事博弈。楚怀王被秦国国相张仪哄骗，解散了楚国与齐国的联盟，楚军在战场上连续被秦军击败，汉中地区的大片土地被秦国占领。

尽管如此，楚怀王仍然不肯听从屈原的忠言，草率地前往秦国和秦王会谈。结果怀王被秦国扣留，最终客死异乡。这时屈原已经被流放，但他仍然希望楚国能够复兴，还写下了《离骚》等著名的诗歌。

等到楚怀王的儿子楚顷襄王继位后，没有重用屈原，反而听信公子子兰的挑拨，把屈原流放到了更远的边疆。

这时楚国已经越来越衰弱，彻底沦为砧板上的鱼肉，任人宰割。公元前278年，秦将白起攻入楚国的郢都，焚毁了楚国宗庙，顷襄王和执政的贵族们狼狈不堪地逃难，迁都到了陈。楚国不但彻底丧失了重新振兴的机会，也失去了作为一个大国的最后尊严。也是在这一年，万念俱灰的屈原投身汨罗江自尽，当时他大约是六十二岁。

屈原

宇宙级作品

屈原的一生是个悲剧。作为

中山王方壶 战国

听名字就知道这件铜方壶的主人不是一般人，应该是中山国的大王。中山国是春秋战国时期存在于北方的一个国家，它建国两百多年，最后被赵国灭亡。这件中山王方壶在河北平山的中山王墓被发现，是一件非常珍贵的国宝级文物。

政治家，他是失败的；可作为一个浪漫的诗人，他却是成功和不朽的。李白就评价屈原的作品是“屈平辞赋悬日月”，意思是屈原的诗是和太阳、月亮一样的存在。

屈原擅长写作的诗歌叫作“楚辞”，大意就是流行在楚国的“歌词”。楚辞大多来自楚地的民歌，句子特别灵活，有长句也有短句，有很多的口语。另外，楚辞的辞藻华丽，想象丰富，气势和感情很足，经常出现楚地神话中的仙人。比如在抒情诗《离骚》中，屈原就先后记叙了“羲和”“飞廉”等十几位的仙人；在《九歌》中，他直接就用“东皇太一”“云中君”“湘君”“湘夫人”这些神话人物的名字做了篇名。

屈原留下的文学作品很多，《离骚》和《天问》更有名一些。《离骚》是一部长篇的抒情诗，全诗有三百七十多句，将近二千五百个字。在用竹简记录文字的战国时代，这样的长诗很少见。《离骚》的前半部分写屈原的身世、遭遇和理想，后半部分写他神游天国的经历，里面的“路漫漫其修远兮，吾将上下而求索”“亦余心之所善兮，虽九死其犹未悔”都是正能量的金句。

和《离骚》相比，《天问》更像是古代版的“十万个为什么”。这部作品里屈原用三百多句、一千五百多个字，向上天提出了一百多个问题。其中既有“日月星辰为什么不会坠落”“太阳每天要走多少路程”这样的自然科学问题，也有“后羿怎么射落的太阳”“周穆王为什么要周游天下”这样的人文历史问题，集中了华夏民族自古以来的很多未解之谜，特别有意思。对了，我们中国在 2020 年发射的首颗火星探测器就叫作“天问一号”，这也是对屈原的一种纪念。

文学家说过，所有的好诗都是真实感情的自然流露，我想屈原的作品就做到了。

屈原出身楚国的王族，是楚国第一流的人才。

屈大夫，你应酬不少，可别耽误了制定法令的工作。

不劳上官大夫费心，新版法令我已经起草完了。
这，这么快就写完了？

条理清楚，用词准确。
这又是一次立功受奖的机会啊！

屈大夫真是大手笔啊！能不能把小弟的名字也加上，算咱俩的共同作品？

学术腐败搞到我头上来了？
砸死你个小人！
小人
大王救命啊，屈原疯啦！

上官大夫对屈原恨之入骨，决定到楚怀王那里告黑状。

屈原被楚怀王疏远后非常痛心，他在苦闷的心情下写出了著名的诗篇《离骚》。

屈原离开朝堂之后，楚国在和诸侯国的战争中损失惨重，被抢走了大片的国土。

公元前 299 年，楚怀王决定前往秦国求亲，以获得秦昭王的保护。

三年之后，楚怀王忧郁成疾，最后病死在秦国的咸阳。

楚怀王去世后，他的长子顷襄王继位，公子子兰被任命为令尹。因为子兰最先劝说怀王前往秦国，楚国人都很痛恨他。

楚
楚
大王魂兮归来，
楚国再兴兮佑我家邦……
屈大夫写的诗真好！
楚国让奸臣害惨了！

屈原到处说是您害死了先王，不除掉他我们就成了过街老鼠啦！
你放心，这个老家伙我早晚让他走人！

楚顷襄王
大哥，屈原写了好多诗讽刺您，说您能当大王，猪都能上树了。
还不止这些呢，屈原还到处收买人心。
我看他是自己想当大王。

屈原被放逐之后，披散着头发，脸色憔悴地来到了汨罗江。

您也可以变得圆滑世故啊，
全世界的人都污浊不堪，
您可以在污泥里打个滚儿，
让自己也变得污浊；
全世界的人都喝醉了，
您也喝上两杯酒，为什么非要这么坚持原则，
让自己被放逐呢？

我屈原是堂堂君子，
怎么会让自己清洁的
躯体沾染世俗的污垢呢？
我宁可跳入这滚滚的
江水之中，葬身鱼腹，
也绝不向世俗低头，
向小人屈服！

这是我刚刚写完的《怀沙赋》，
送给你做个纪念吧！

……既然死亡无可避免，
我又何必珍惜这无趣的生命。
我要明白地告诉世间的君子，
什么才是理想的意义！

屈原去世后，楚国还出现了很多文学家，可他们不敢像屈原那样直言进谏。

公元前 223 年，衰落的楚国最终被秦国灭亡。

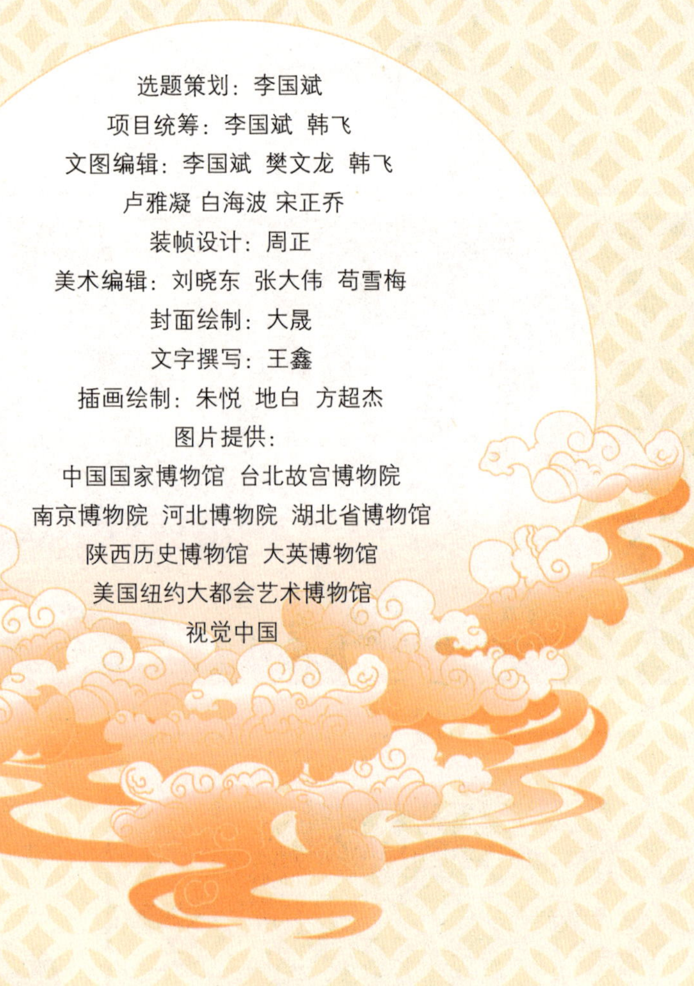

选题策划：李国斌
项目统筹：李国斌 韩飞
文图编辑：李国斌 樊文龙 韩飞
卢雅凝 白海波 宋正乔
装帧设计：周正
美术编辑：刘晓东 张大伟 苟雪梅
封面绘制：大晟
文字撰写：王鑫
插画绘制：朱悦 地白 方超杰
图片提供：
中国国家博物馆 台北故宫博物院
南京博物院 河北博物院 湖北省博物馆
陕西历史博物馆 大英博物馆
美国纽约大都会艺术博物馆
视觉中国

读史记 ⑤

辩而不华

纪传体

善序事理

被列为二十四史之首

杨燕起◎主编
韩兆琦◎特邀顾问

北方文艺出版社
哈尔滨

目录

吕不韦

天才投资人
吕不韦的故事

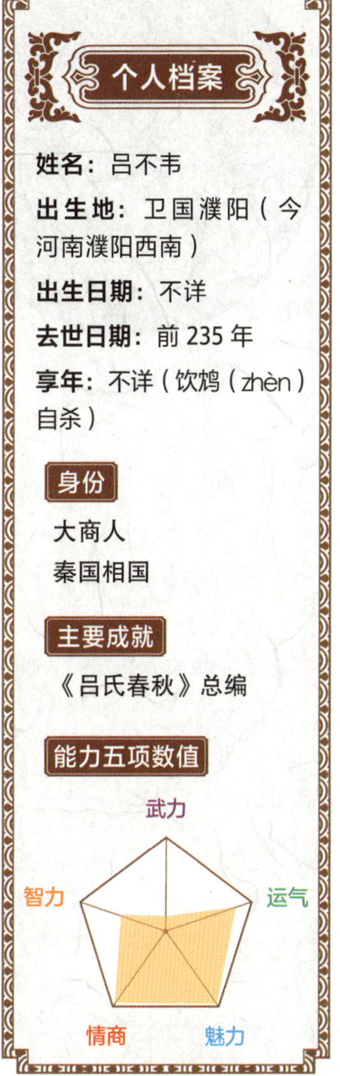

失魂落魄的子楚听说有位商人拜访，不由得满腹狐疑：谁不知道，他只是个客居赵国、可能再也回不去秦国的普通质子，怎么还会有人主动登门？子楚仔细端详，进来的这个人满脸透着生意人特有的精明，说："我能光大您的门庭！"子楚不信，笑着回答："你还是先想办法光大自己的门庭，再来关照我吧！"那人摇了摇头："不，不，要等到您的门庭光大之后，我的门庭才能光大。"对方究竟是谁？为什么对子楚有这么大的兴趣？

奇货可居

吕不韦是卫国人，早年在各地**奔波**，靠着低价买进、高价卖出的方法，积累起丰厚的家产，成为韩国阳翟（今河南禹州）一带赫赫有名的大商人。

但是，商人在当时的社会地位很低，多少都有些被人看不起。吕不韦忍不住在心里琢磨：怎样才能改变这一身份，跻身上流社会。

有一次，吕不韦去赵国的国都邯郸（今河北邯郸）做生意，见到了被秦国送来当人质的子楚。子楚是秦昭襄王庶出的孙子，父亲安国君在原来的太子去世以后成为储君。父亲当了诸君，子楚的地位却没有随之提升——子楚在安国君二十多个儿子里排行居中，母亲夏姬也不受宠，安国君对这个儿子没什么特别的关爱。也正是因为这样，子楚才会被安排去赵国当人质。子楚在赵国的这些年里，秦国丝毫没有顾及人质的安危，多次出兵攻打赵国。相应的，赵国也没有对子楚以礼相待。长期受到冷落的子楚生活困窘，整天**提心吊胆**，完全不知道未来的路在哪里。

在别人眼里，子楚是秦国的一颗弃子。吕不韦却从子楚身上嗅到了商机，他断定："子楚是一件十分稀罕的物品，只要抢先收藏起来，再等到合适的时机，就一定可以卖出高价！"作为一个精明的商人，低价买进、高价卖出，这不就是他最擅长的事吗？

于是，吕不韦主动与子楚进行了一番深入的交谈。吕

直径 6.7 厘米

铜错金龙纹镜 战国

远古时代，人们以水照面，铜器发明之后，又用铜盆盛水来整理自己的仪容仪表，所以说盛水的铜盆就是最早的镜子。随着技术的发展进步，又开始了制作铜镜的历史。在古代，铜镜与人们的生活密不可分，是不可缺少的生活用具，同时它又是精美的工艺品。铜镜制作精良，造型美观，纹饰华丽，是中国古代文化遗产中的瑰宝。

不韦给子楚分析："眼下秦王已经老了，安国君被立为太子，将来一定能够顺利继位。我听说安国君最宠爱华阳夫人，可华阳夫人没有自己的孩子，将来选立太子的时候，安国君一定会征求她的意见，这就是您翻身的机会。我虽然不太富有，但愿意拿出千金来为您去秦国游说，想办法让您成为秦国的太子。"

子楚激动地朝吕不韦叩头行礼，郑重承诺说："假如真有这么一天，我愿意与您共享富贵！"

金钱开路

吕不韦先拿出五百金送给子楚，作为他日常生活和交结宾客的费用，以便为子楚博取贤明的好名声。接着吕不韦又用五百金购买各种奇珍异宝，自己带着去秦国打点关系。

吕不韦通过华阳夫人的姐姐结识了华阳夫人，还在华阳夫人面前装作无意间提起，远在赵国的子楚是如何聪明贤能，声名远播，所结交的宾客遍及天下。吕不韦还感慨道："子楚对您十分敬重，每次想起父亲和夫人，都忍不住哭泣，痛恨自己不能陪在你们身边尽孝。"华阳夫人听后非常高兴。

有了这一层感情基础，吕不韦又趁热打铁，让华阳夫人的姐姐出面劝说华阳夫人："我听说用美色侍奉别人的人，一旦年老色衰，宠爱就会随之减少，到那时，您在安国君心中的地位就危险了。您现在受宠，不代表以后能一直保持。不如在安国君的儿子中选择一个有才能而且孝顺的人，立他为继承人，像对待亲生儿子一样对待他。这样一来，您不但在安国君在世的时候不会失宠，而且安国君死后，

青铜嵌绿松石带钩 战国

带钩是古代贵族和文人武士们腰带上的挂钩。带钩是一种身份的象征，通过它所用的材质、制作精细程度、造型纹饰以及大小，可以判断出它主人的身份。

下一任国君都是您一手扶植的，您的地位自然稳如泰山啊。您看，子楚不就是最合适的人选吗？”华阳夫人表示认同，就在与安国君交谈时推荐子楚。华阳夫人哭着说：“子楚非常有才能，我希望您能立他为继承人，这样我将来也能有个依靠。”安国君答应了，和华阳夫人刻下玉符，立子楚为继承人。

安国君和华阳夫人都送了好多礼物给子楚，并请吕不韦当子楚的老师，因此子楚在赵国一下子变得受人重视起来，前来拜访的人络绎不绝。而吕不韦也从商人身份摇身一变成了子楚的老师，只要子楚将来回到秦国，他踏入政坛就将变得顺理成章。

投资成功

吕不韦有一个小妾，人长得漂亮又善于跳舞，很快就怀了孩子。有一次，子楚来吕不韦家拜访，见到这名女子后非常喜欢，当场请求吕不韦将她送给自己。对于这种夺人所爱的行为，吕不韦有点生气，但转念一想：既然已经在子楚身上投资了那么多，取得回报之前，再多送一个美女又有什么关系呢？吕不韦索性将女子献给了子楚。

这名女子也故意隐瞒了自己怀孕的情况。几个月后，她生下儿子，子楚立她为夫人，为孩子取名为政。

秦昭襄王五十年（前 257），秦国派出大将王龁（hé）围攻邯郸。赵国情急之下打算杀了子楚泄愤。子楚得到消息以后心急如焚，立刻找吕不韦商量对策。

吕不韦拿出六百金，送给负责把守城门的官吏，子楚因此得以脱身，返回了阔别多年的秦国。但由于形势危急，子楚没有带走夫人和儿子。

公元前 250 年，秦昭襄王去世，安国君继位为王，立华阳夫人为王后，子楚为太子，这时赵国才将子楚的夫人和儿子送回秦国。

安国君在位仅仅一年就去世了，子楚继承王位，即秦庄襄王。秦庄襄王元年（前 249），子楚任命吕不韦为丞相，封文信侯，以河南洛阳一带的十万户作为吕不韦的食邑（古代卿大夫、士可以从诸侯那里获得一块土地作为封赐，以统治人口、征收赋税、养活自己，称食邑或采邑、封地）。

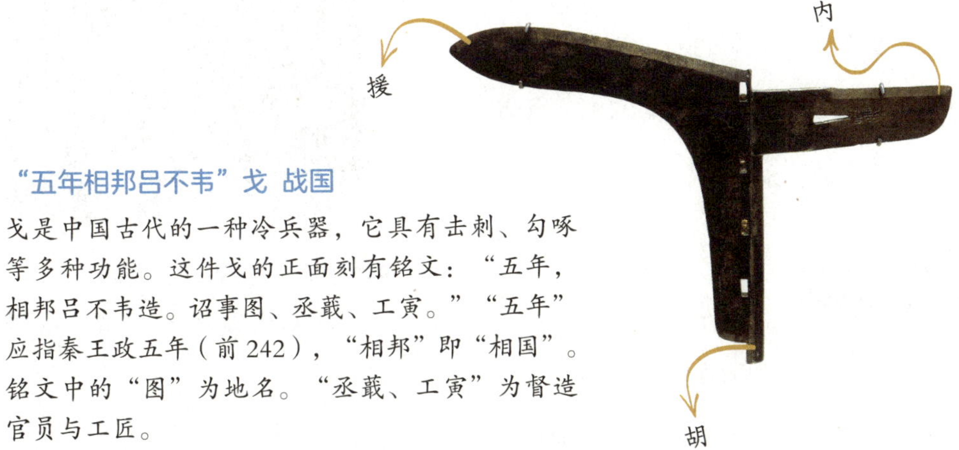

“五年相邦吕不韦”戈 战国

戈是中国古代的一种冷兵器，它具有击刺、勾啄等多种功能。这件戈的正面刻有铭文：“五年，相邦吕不韦造。诏事图、丞蕺、工寅。”“五年”应指秦王政五年（前 242），“相邦”即“相国”。铭文中的“图”为地名。“丞蕺、工寅”为督造官员与工匠。

至此，商人吕不韦借助对子楚的投资计划，完成了自己从商人到政客的华丽转身。

一字千金

在那时，魏国有信陵君、楚国有春申君、赵国有平原君、齐国有孟尝君，他们礼贤下士，招揽三千多名门客。

吕不韦觉得，秦国如此强大，要是在文化上不如别人，是一件**令人羞愧**的事情。于是，他也招揽文人学士，要求这些人将他们的所见所闻和观点主张汇总起来，形成一部二十多万字的著作。

吕不韦骄傲地认为，这部书囊括了古往今来天地万物的诸多道理，所以把它命名为《吕氏春秋》。吕不韦命人将《吕氏春秋》的全文悬挂在咸阳城的城门上，告诉往来的游士宾客，只要有人能够增加或删减其中的任何一个字，就给予他一千金的奖励。

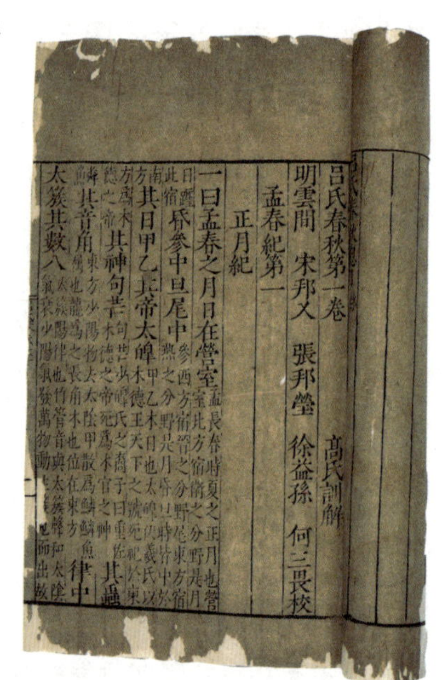
呂氏春秋第一卷 高氏訓解
明雲間 宋邦乂 張邦瑩 徐益孫 何三畏校
孟春紀第一
正月紀
一曰孟春之月日在營室
昏參中旦尾中
其日甲乙其帝太皞
其神句芒
其蟲鱗
其音角 律中
太蔟其數八

明刻本《吕氏春秋》书影

《吕氏春秋》又称《吕览》，是吕不韦组织自己的门客编撰的一部杂家名著。全书共分二十六卷，一百六十篇。

饮鸩自杀

子楚即位三年后死去，太子嬴政被立为王。嬴政继续尊吕不韦为相国，还亲切地称他为“仲

吕不韦

父”。嬴政继位后，母亲赵姬被立为太后，但她仍耐不住寂寞，常和吕不韦在一起重温旧情。

精明的吕不韦当然清楚，充当太后的情人风险太大，秦王不懂事的时候，还可以瞒天过海，等秦王渐渐长大，一不小心就会身败名裂。吕不韦觉得必须想个办法尽早脱身！

为了避免惹恼太后，吕不韦采用偷梁换柱的办法，为太后找到一个名叫嫪毐（lào ǎi）的新情人。没想到，嫪毐仗着太后的喜爱，越来越嚣张跋扈，甚至密谋让自己和太后生下的儿子接替秦王的王位。事情败露后，嫪毐被**诛杀**，推荐人吕不韦也受到了牵连。

念在吕不韦侍奉先王子楚的功劳，加上许多官员为他求情，秦王起初只是免去吕不韦的相国职务，命令吕不韦回封地。过了一年多，秦王发现其他诸侯国派去问候吕不韦的使者依旧络绎不绝，他担心吕不韦做出背叛秦国的事情，于是写信质问吕不韦：“你对秦国有多大功劳？秦国给你食邑十万户的封赏！你跟秦王有什么血缘关系，竟敢号称仲父！如此胆大妄为，你带着全家去蜀地好好反省反省吧！”

吕不韦觉得人与人之间一旦出现隔阂，彼此的关系就会越来越疏远。秦王对自己的怀疑并不会因为自己远去蜀地而终止，他害怕自己日后被杀，于是就喝下毒酒自杀了。

荆轲

失败的斩首行动
荆轲刺秦的故事

荆轲在燕国，认识了一个宰狗的屠夫和擅长击筑的高渐离，他们兴趣十分相投。荆轲特别喜欢饮酒，天天和屠夫以及高渐离一起喝酒，喝得似醉非醉以后，高渐离击筑，荆轲就和着节拍在街市上唱歌。不一会儿，两人又旁若无人地抱头哭泣。

不过，荆轲虽然混在酒徒中，但他为人深沉稳重，喜欢读书。他游历过诸侯各国，都与当地德高望重的人相结交。荆轲到燕国后，燕国隐士田光先生也与他交好，知道他不是一个平庸的人。

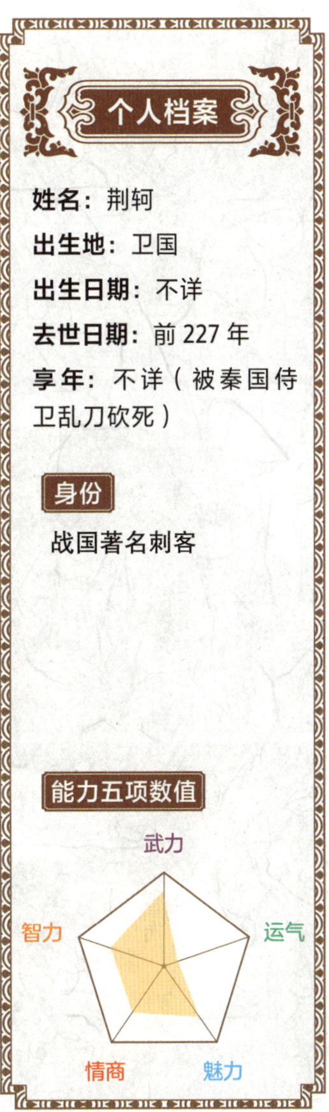

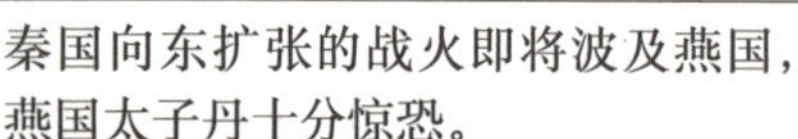
漫画开讲啦！

秦国向东扩张的战火即将波及燕国，燕国太子丹十分惊恐。
太子丹
田大人，我想找一名勇士去刺杀秦王。
田光

我认识一位勇士，叫作荆轲，可厉害啦！
快快请他来！

荆轲家

别敲了！我啥也不买！
咚
咚

说了啥也不买！你咋还敲啊！
咣！！！

哦？田光先生？是要一起去喝酒吗？
我……今天是替太子……丹来的……

先生进来坐吧！
来！喝酒！
……

如今秦国逐渐在吞并六国。
太子丹在秦国做人质的时候受够了委屈，
现在他想向秦国报仇，于是我就推荐了你。

我一定不会
辜负您的！

既然如此，我就可
以放心地走了！

我来之前，
太子和我说……
先生，我们刚才
说的事可千万不能对
外人说！
明白！

太子嘱咐我不要对外人说是因为不信任我。如果一个人做事让别人怀疑，他就不算有节操、讲义气的人！

什么?!
所以我就不活啦！

希望你见到太子的时候告诉他，田光没有泄露秘密……
先生这是在用自杀激励我啊！

荆轲去王宫面见太子丹。

欢迎！欢迎！
太子，我是荆轲，有事您吩咐吧！
燕国弱小，根本不能抵抗秦国的攻击，我有一个不成熟的想法……
我希望您能劫持秦王或者干脆杀了他！
这是国家大事，我做不了……
啊！好！我去！我去！
求求你了!!! 求求你了!!!

太子丹将荆轲奉为上卿，给他住最好的宾馆，吃最贵的饭菜，还给了他许多奇珍异宝，尽量让荆轲满意。
某一天
先生，不知道您什么时候可以出发去秦国?
我听说秦国的将军樊於期被通缉，如果我可以带着他的人头和燕国督亢的地图去见他，秦王一定很高兴见我。
樊将军走投无路之际来投奔我，是对我的信任，我怎么能出卖他!
既然你不忍心，那就让我来做这个恶人吧!

听说秦国将您的家人都杀光了，
又用千金来悬赏您的首级，
樊於期

现在不知道您想
怎么办呢？

我一想到这些，
就十分心痛，
却没有任何办法！
我有一个方法
可以帮你报仇。

如果我拿着将军的首级去见秦王，
他一定会很高兴地见我。
到时候……

我就可以把匕首刺
向他……
……胸口
好！
希望先生记得答应我的事，
一定要为我报仇！！！

太子丹得知了樊於期自杀的消息，十分伤心。
将樊於期的人头密封在匣子里，把督亢的地图也准备好！匕首一定要涂上毒药。

荆轲先生，已经备好了各种吃的、用的……

我还从赵国徐夫人那里花重金买来了……

淬好剧毒的匕首！
这位是我们燕国的勇士秦舞阳，他13岁就敢杀人。

现在不能走！
我在等一个可靠的朋友！

在太子丹不停地催促下，荆轲决定出发了。易水河边，太子丹和知道此事的宾客都来为荆轲送行。

风萧萧兮易水寒，壮士一去兮不复还！

秦王安排了十分隆重的盛典，在咸阳宫内召见燕国的使臣。
热烈欢迎荆轲一行千里送宝

快看，
那个副使的腿都在抖。

他是来自小地方的人，
之前没见过大世面。

哈哈，快把地图
拿上来我看看。

大王请看，这便是
督亢之地的地图。

这是什么！

这是用来杀
你的匕首！
!!

受死吧！

啊!!!
别跑！拿命来!!!

来人！快来人啊！
站住！
秦国的法律规定，大臣上殿的时候不允许携带武器，侍卫武官只能拿着武器守在殿外，没有召唤不准进殿。
怎么办……

医官夏无且
看我的药袋！

啊！
啪!!!

嘿！

哎哟！

看剑！

可恶的燕国间谍！

啊！

人们在谈论荆轲时，
往往会给他加一些奇怪的传言，这太
过分了。还有人说荆轲刺伤了秦王，
但这都不是事实。

不欺其志，
名垂后世！

刺客的故事

司马迁在《史记》的《刺客列传》中，记录了战国时期五位有情有义的刺客，除荆轲之外，还有曹沫、专诸、豫让和聂政，让我们一起看看他们四个人的故事吧！

曹沫劫持齐桓公

鲁庄公与齐桓公在柯地会面，准备订立盟约。这时，鲁国人曹沫突然手握一把匕首劫持了齐桓公。

齐桓公紧张地问："你到底有什么企图？"

曹沫沉着冷静地回答："齐国强大，鲁国弱小，齐国恃强凌弱，有点欺人太甚了。鲁国的大片国土已经被齐国侵占，如今鲁国国都的城墙一倒，就要压到齐国的国界了，这个问题您可得认真考虑考虑。"

在曹沫手持匕首的胁迫下，齐桓公当场答应，归还齐国侵占鲁国的土地。曹沫听完，立刻扔下匕首，走回到自己的位置上，就像什么事都没有发生过一样。

专诸刺杀吴王

公子光是吴王僚的堂弟，他认为自己比僚更有资格当国君，所以秘密地养了一批勇士，以便寻找合适的时机夺取王位。这批勇士里有一个叫专诸的人。

吴王僚九年，楚平王死了。他趁着楚国办丧事的机会，派两个弟弟领兵攻打楚国，结果被楚国切断后路，吴国主力部队暂时被困在国外。公子光找到专诸，说："吴王僚现在已经孤立无援，咱们的机会来了！这个机会绝对不能错过！"

经过一番周密的策划，公子光邀请吴王僚来家里做客，还准备了一桌丰盛的饭菜。饭吃到一半，公子光借口说自己的脚痛，提前离席。专诸假装上菜，将一把匕首藏到烤鱼的肚子里，送到吴王僚面前。等到靠近时，专诸以迅雷不及掩耳之势拔出匕首，刺进了吴王僚的胸膛，吴王僚当场死亡，但是专诸也被吴王的侍卫砍杀。

豫让为知己而死

豫让从前曾侍奉范氏和中行氏。后来，去侍奉智伯，智伯特别尊重他。当时晋国的几家大夫争权夺利，赵襄子联合韩、魏两家大夫共同消灭了智伯，三家分割了他的封地。赵襄子最恨智伯，把他的头盖骨做成了酒杯。智伯被杀后，豫让逃到山中，说："士为知己者死，女为悦己者容。智伯是我的知己，我一定要替他报仇。"

于是豫让更名改姓，并且混进为赵襄子整修厕所的工匠中。有天，赵襄子去上厕所，突然感到一阵心慌。赵襄子立马派人去查，果然抓到了身上藏着匕首的豫让，他高喊着："我要替智伯报仇！"

身边的侍卫嚷嚷着要杀掉豫让。赵襄子却说："他是个讲义气的勇士，还是留他一条命吧！我以后小心一点，避开他就好了。"

但豫让并没有放弃他的复仇计划。为了不让赵襄子认出自己，豫让把漆涂在身上，导致肌肤肿胀腐烂；又吞下木炭，使自己的声音变得嘶哑，最后伪装成了一个乞丐。

豫让变得面目全非，连妻子都认不出来了。有一个朋友好不容易认出了他，流着眼泪不解地问："凭您的才能，只要假装投靠赵襄子，就一定能够获得重用，利用亲近赵襄子的机会刺杀他，不是很容易的事吗？何苦要摧残自己的身体呢？”

豫让不以为然地摇了摇头：“假装投靠赵襄子，然后再杀掉他，这不是一种忠诚的行为。我必须坚持自己的原则！”

后来，赵襄子外出，豫让潜伏在他必经的一座桥下。赵襄子路过的时候，拉车的马匹无故受到惊吓，差点翻了车。赵襄子说：“这一定是豫让。”

派人搜查了一番，果然找到了豫让。赵襄子沉不住气了：“据我了解，你在效忠智伯之前，还先后在范氏、中行氏手下干过一段时间。当智伯把他们两家消灭的时候，怎么不见你替他们报仇？”

豫让回答说：“范氏、中行氏只把我当作普通人看待，所以我也只会像对待普通人那样报答他们。至于智伯，他把我当作国士看待，所以我就会用国士特有的方式来报答他。”

赵襄子长长地叹了一口气：“唉，我虽然敬佩您的气节，但我之前已经宽恕过您一次，这一次不能再放过您了！”

豫让知道这一次自己必死无疑，他向赵襄子提出了最后的请求：“刺杀您，我本该受死罪，但是希望在死之前能得到您的一件衣服，我用匕首刺它几下，这样也算达成我报仇的心愿了，我也死而无憾！”

赵襄子非常感动于豫让的侠义，派人拿了自己的衣服给他。豫让用匕首在赵襄子送来的衣服上狠狠刺了几下，如释重负地喊道：“我终于报答了智伯的知遇之恩了！”说完就自杀了。

聂政报恩

聂政曾经因为一时冲动而杀人，为了躲避仇家，他和母亲、姐姐一起逃往齐国，靠屠宰牲畜谋生。

韩国有个大夫严仲子，得罪了相国侠累。侠累不仅位高权重，还是韩国国君韩哀侯的叔叔，严仲子知道自己斗不过对方，又怕被人算计，就逃走了。他四处游历，想要寻找能替他报仇的人。

到了齐国，严仲子听说聂政很重义气，因为躲避仇人而隐藏在屠夫中间，便有心与他结交。为了表示诚意，严仲子多次登门拜访。聂政的母亲过大寿时，他不但出钱大摆宴席，还亲自捧杯，向聂政的母亲敬酒，又献上黄金一百镒。

面对这样丰厚的礼金，聂政感到颇为诧异，坚决推辞。但严仲子坚持要送，聂政辞谢说："我很幸运，老母亲还在世。虽然现在家里很穷，我还背井离乡做个屠夫，但每天能买些食物回来孝敬母亲，我就很满足了。我对母亲有赡养义务，所以不敢把自己的性命随便交给别人。"

尽管严仲子执意要送，聂政却始终不肯接受，严仲子只好带着遗憾离开。

过了很久，聂政主动找到严仲子。原来，聂政的母亲已经去世，他将母亲妥善安葬，又等到丧服期满，终于没有了人世间的牵挂。他对严仲子说："你是贵族，我是平民，你不远千里、降低身份来和我结交，这份恩情我铭记在心。以前拒绝你，只是因为有其他责任在身，如今母亲享尽天年，我该为了那个看得起我的恩人出力了。你要报复的仇人是谁？这件事交给我来办！"

严仲子原原本本地讲述了他跟侠累之间的恩怨，然后担心地说："承蒙您答应帮忙，我感激不尽！只是侠累手下人多势众，居住的地方又守卫森严。我好几次派人刺杀他，都没有得手。我给你派几个助手，你们一起来做吧。"

聂政摆了摆手："不行，人多难免会出现纰漏。宰相又是国君的叔叔，一旦走漏消息，您就相当于同整个韩国为敌，这太危险了。还是我一个人去办吧！”于是，他告别严仲子，只身前往韩国。

聂政提着宝剑来到韩国都城，侠累正好坐在堂上，聂政径直冲了进去，刺杀了侠累。侠累的护卫很多，聂政杀了几十个人。最终，聂政筋疲力尽，身上多处受伤，他怕连累家人，就毁坏了自己的面容和身体，然后自杀了。

因为无法辨认刺客的身份，韩国的人干脆把聂政的尸体陈列在街市上，重金悬赏知道凶手的人。但是过了很久，都没有人来提供线索。

聂政的姐姐听说有人刺杀韩国的宰相，但是全韩国的人都不知道凶手是谁，正在悬赏千金，叫人们辨认。她哭着说：“一定是我的弟弟。”

于是，她立马动身前往韩国，来到街市上一看，果然是聂政。她趴在聂政的尸体上哀伤痛哭。旁边的人好心提醒她说：“夫人难道不知道国君正在寻找凶手的线索吗？你是他的姐姐，怎么还敢来认尸啊，难道就不怕受到牵连？”

聂政的姐姐镇定自若地回答：“这些我都知道，可是我更清楚聂政的心思。他之所以临死前毁坏自己的面容，就是为了保护活着的人不受牵连啊。我不站出来，自然可以免掉杀身之祸，但这样不就埋没了聂政的声名，天下人也就不会知道聂政知恩图报的精神了！”最终，聂政的姐姐因为过度哀伤，死在了聂政的身旁。

各国侠义之士听到这个故事，纷纷感慨说：“不单聂政勇敢仗义，就连他的姐姐也是个刚烈的女子啊。如果聂政考虑到他的姐姐这种宁死不屈的性格，他还会那么早就对严仲子以死相报吗？毕竟，他的姐姐在世，他依然有所牵挂啊。”

秦始皇

终结者，开创者
秦始皇的故事

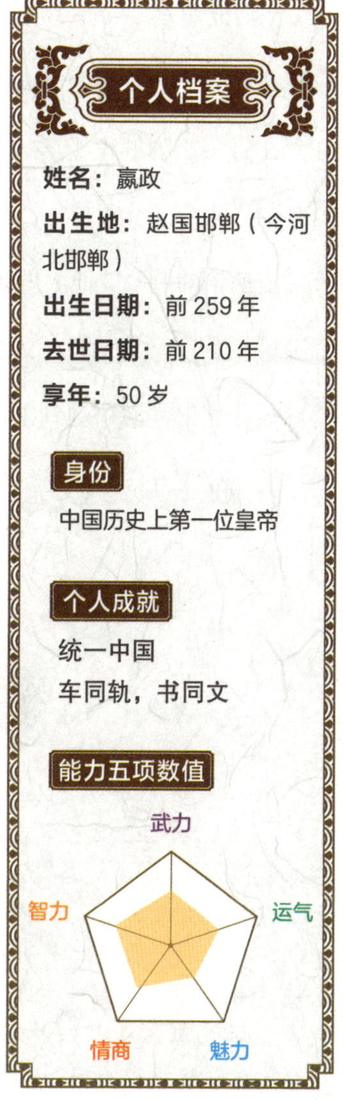

灭六国，成一统

秦国公子楚曾经以秦昭襄王孙子的身份在赵国做人质，结识大商人吕不韦以后，子楚从对方手里娶了一个**能歌善舞**的美人。第二年，美人生下一个男孩，取名为政，他就是后来的秦始皇。

嬴政13岁那年，父亲秦庄襄王去世，他以太子身份继承秦王之位。这时的秦国，已经在军事上确立起对山东六国的巨大优势——向南攻占楚国的都城郢（yǐng），设置南郡；向北攻占河东、太原和上党郡；向东灭掉二周，设置三川郡。

始皇帝十六年（前231），在秦军持续的进攻下，韩国献上南阳地区（今黄河以北、太行山以南地区）。尽管如此，韩王安第二年还是没有逃过被秦军俘虏的命运，韩国在六国中率先宣告灭亡。韩国的疆域变成了秦国的颍川郡（今河南禹州）。

始皇帝十八年（前 229），秦国大举进攻赵国，很快包围赵国都城邯郸。第二年俘获赵王迁，赵国灭亡。赵国的公子嘉率领数百名宗族逃到了东北方向的代地（今河北蔚县一带），在那里自立为王，史称“代国”。秦王政亲自前往邯郸，搜寻在赵国生活时候的仇人，把他们都活埋了。

这时，燕国的太子丹害怕自己成为秦国的下一个目标，准备先下手为强，在始皇帝二十年（前 227），他派出勇士荆轲前往秦国刺杀秦王。但是秦王政躲过了荆轲的刺杀，他大发雷霆，不仅肢解了荆轲的尸体，还派将军王翦（jiǎn）、辛胜进攻燕国。第二年，秦国的军队攻占燕国都城蓟（今北京），拿到了太子丹的首级。燕王喜向东逃到了偏远的辽东郡（今辽宁辽阳），继续称王。

始皇帝二十二年（前 225），大将王贲（bēn）攻打魏国，引黄河水灌入魏

青铜貘尊 战国

在中国和日本的传说中，貘（mò）是一种会吃掉人梦境的怪兽。它们会趁着夜色从森林中出发，来到人类居住的地方，开始吞人的梦境。历史上，貘曾经在中国贵州省境内大量存在。但人们对它的样貌也有不同的认识，白居易在《貘屏赞》中将它描述成鼻子像大象、眼睛像犀牛、四肢像老虎、尾巴像牛，只吃铜铁不吃其他的神秘动物。

国都城大梁（今河南开封西北）。大梁城墙在长时间的浸泡下逐渐崩塌损坏，魏王假投降，秦国吞并了魏国。

楚国疆域辽阔，人口众多，长期统治南方地区，虽然国力日渐衰落，但实力仍不容忽视。秦王政召集大臣商量灭楚方案的时候，大将王翦持谨慎态度，认为灭楚“非六十万人不可”，而年轻将领李信却自信地拍着胸脯说，只要给他二十万人，他就可以打败楚国。

秦王政觉得王翦上了年纪，思想趋于保守，他选择相信李信。王翦很识趣地以生病为理由，请假回家乡养老。结果，李信指挥的二十万秦军遭到楚国名将项燕的阻击，吃了少有的大败仗。

秦王政这时才意识到了自己的失误，他亲自乘车前往王翦的家乡，当面像王翦致歉，并且答应集中全国的兵力，给了王翦六十万人马。王翦成功在蕲（qí，今安徽宿州东南）打败楚国大军，项燕自杀。一年后，秦军攻破楚国都城寿春（今安徽寿县西南），俘虏楚王负刍，楚国灭亡。

始皇帝二十五年（前 222），王贲指挥秦军攻打辽东，抓住燕王喜，燕国也宣告灭亡。之后，秦军又进攻代国，很快俘虏了代王嘉。到这个时候，离统一全国就只剩下最后一个目标——齐国了。

长久以来，齐国都认为自己和秦国远隔千里，中间又有韩、赵、魏顶住秦国的进攻火力，自己不会有什么危险。齐国还与秦国“连横”（战国时期的一种外交策略）。对其他被秦国攻打的国家，齐国不但幸灾乐祸，甚至还想趁火打劫。等到秦国一项“操作”灭亡了其余五国，齐国才终于反应过来——危险已经来临！

始皇帝二十六年（前 221），齐王建和相国后胜决定，断绝与秦国的一切来往，派出军队守卫边境。可惜为时已晚，秦将王贲从燕国向南进攻齐国，很快便活捉了齐王建。

至此，秦王政终于完成了秦国历代国君统一六国的**夙愿**，结束了春秋战国以来数百年的战乱。

跪射陶俑 秦

这件陶俑身穿战袍，外披铠甲，头顶右侧斜斜地梳着一个发髻，左腿曲蹲，右膝着地，双手在身体的一侧做出握着弓弩准备发射的样子。过了近千年，跪射俑铠甲上的彩绘仍依稀可见，仿佛能透过他看到当年秦军作战时的情景。

面貌像虎狼

秦国客卿尉缭擅长相面，他见了秦王政一面，就从对方的外貌判断说："嬴政这个人，高鼻梁、大眼睛，有鸷鸟一样的胸脯，豺狼一般的声音。他如狼似虎，凶狠冷酷，内心没有什么宽厚仁慈的概念。现在摆出礼贤下士的姿态，完全是因为暂时有求于人。日后一旦志得意满，他就会目空一切。如果被人冒犯，定会立刻毫不手软地报复。如果这样的人统一了全国，天下人都将沦为他的俘虏。这种人不能长久与他共事。"

“皇帝”的名号

在统一六国的庆功会上，秦王政总结说：“靠着祖宗在天之灵的保佑，我终于完成了统一的大业。‘王’的名号已经不足以彰显我的伟大功绩，你们几个赶紧商量一下，给我挑选一个高端大气上档次的名号。”

秦始皇

丞相王绾（wǎn）、御史大夫冯劫、廷尉李斯等主要官员翻遍了之前的史书，终于找到一个他们认为最符合秦王政气质的名号，然后集体上书说：“远古时代五帝——黄帝、颛顼（zhuān xū）、帝喾（kù）、尧、舜虽然都非常优秀，但和您所建立的**辉煌功绩**相比，终归还是差了一点，所以您的名号得比‘帝’更高一点才合适。在比五帝更久远的时代，曾存在过三皇——天皇、地皇、泰皇，其中泰皇最为尊贵，所以您应该称‘泰皇’。天子的教令称为‘制’，天子的命令称为‘诏书’，天子自称‘朕’。”

但秦王政对于“泰皇”并不十分满意，回复说：“去掉‘泰’，保留‘皇’，再加上上古时代五帝共同拥有的‘帝’，合称‘皇帝’。其他的，就按你们商量好的办吧！”

青铜戟 秦

戟是中国古代军队中的主要兵器，它更像戈和矛两件武器组装而成的。

这样，一个全新的名号——“皇帝”就诞生了。

秦王政又想到一个问题：自西周以来，帝王去世后，继承者会和大臣商量出一个谥（shì）号，以便对他的是非功过做出总结性的评价。可是，以儿子的身份议论父亲、以臣子的身份去品评君主，完全不符合上下尊卑的秩序。

想到这里，他立刻颁布命令：“从今以后，禁止死后加谥号。朕就叫‘始皇帝’，后面继位的人从我开始计数，分别称作二世皇帝、三世皇帝直到万世皇帝，皇位就这么无穷无尽地传下去。”

废除分封制，实行郡县制

皇帝的名号对雄心勃勃的秦始皇来说只是一个开始，他认为刚刚完成统一的国家，就应该上上下下都是**一派新气象**。那些过时的、不合理的制度，就要在这里彻底终结；而一系列更加妥善的做法，也将从这里开始。

春秋战国以来，各国混战不休，如今天下太平，实在不容易。丞相王绾等人认为，燕、齐、楚等国的土地太过偏远，如果朝廷不选择足够信赖的人去当地镇守，很容易出问题。所以恳请皇帝册封各位皇子为诸侯王，然后把他们分派到地方。秦始皇把这个建议交给文武百官讨论，大部分人都表示了赞同。

唯独廷尉李斯发表了不同意见——“分封皇子、册立诸侯，纯属有害无益。

想当初，周文王、周武王把大量宗族子弟和功臣封为诸侯，结果过了几代人，诸侯们的势力不断扩张，连周天子都管不了了。那个时候，谁还顾念他们几百年前曾是一家人啊！现在天下好不容易重新统一，又何必重蹈覆辙呢？不如把全国划分成郡县来治理。至于皇子和功臣，陛下可以用财物重重地赏赐，但是不能给他们控制某个地方的实权。”

秦始皇觉得李斯说得有道理，于是把天下分为三十六郡，每个郡设置守、尉、监等官职，他们必须严格服从中央的号令。

追求长生

始皇帝二十八年（前 219），秦始皇巡视东方各地的郡县，在泰山举行了声势浩大的祭天盛典。接着又在梁父山举行了祭地典礼，并树立起一座石碑，记录他的伟大功业。

秦始皇沿途一路立碑刻字，除了给自己歌功颂德，也流露出秦始皇功成名就后的志得意满。在事业上取得了成功之后，还有什么事情值得余生去尝试一下呢？

就在这时，原属于齐国地界内的一个方士徐福上书说，茫茫大海中有三座神山，名叫蓬莱、方丈、瀛洲。山上的仙人有长生不老的仙药，自己可以带领童男童女前往，向他们祈求神丹妙药为秦始皇延长寿命。

这方士是什么人？有这么大的本事？其实古代的方士大多懂一些化学、医学知识，他们觉得能炼制出神奇的仙丹，帮助君主长生不死。现在徐福就打算让秦始皇看看自己的本事。

车同轨，书同文

为了防止天下再起战争，秦始皇下令收缴各地的兵器，统一运到咸阳熔化冶炼，铸成十二个体形巨大的铜人安置在宫殿内。为了消除地方上的不稳定因素，秦始皇将十二万户富豪之家迁徙到咸阳居住，以便监视和控制。此外，秦朝还统一了车轨宽度，统一书写的文字，统一度量衡的标准等。

秦直道遗址

车同轨

车轨，就是车辆两个轮子之间的宽度。你是不是觉得奇怪，为什么连车轨都要统一标准呢？古代大多是土路，车轮在路面上行驶过后留下的痕迹，就是车辙。如果同样宽度的车轮反复在同一条线路上碾压，就形成了像现代铁轨一样的硬质轨道。沿着这样的轨道前行，不但可以减少车轮的磨损，也更加平稳和省力。

秦朝规定全国各地车轨的宽度一律为 6 尺（当时的一尺相当于今天的 23.1 厘米），所有马车都可以沿着固定的车轨前行，建立起了一条咸阳通往各地的交通、驿站网络，极大改善了交通和运输的效率。

书同文

秦朝统一之前，社会处在分裂割据的状态，同一个字在各国之间甚至一国之内都有不同的写法。秦始皇统一后，规定以秦小篆为统一字体。秦小篆是以秦国文字为基础，

小篆“海内皆臣”砖刻

这块秦砖上篆书为“海内皆臣，岁登成熟，道毋饥人”，它的意思是：天下统一，风调雨顺，五谷丰登，百姓不受饥饿之苦。

结合了周秦大篆、齐鲁蝌蚪文的优点，修改而成的。

除法定小篆以外，秦朝还推行更为简易的隶书。隶书扁平、方折，书写更加省便、流畅。可以提高效率，节省时间，简化书写。

统一文字有利于克服交流中的语言障碍和隔阂，促进统一多民族国家的发展。

半两 秦

“秦半两”大多铸于秦始皇时期，重8克。币面“半两”书体采用小篆文，相传是丞相李斯所写。

统一货币

秦统一六国后以外圆内方的“半两钱”作为全国统一的货币，除了西汉王莽改制时曾短暂使用刀币外，秦朝之后的两千多年间，封建王朝都使用这种外圆内方形制的钱币。

统一度量衡

战国时期各国度量衡制度也不统一。秦国完成统一以后，以秦制为基础，统一了度量衡制，以法令形式将秦国原有制度推广到全国。避免了在买东西时出现缺斤短两的情况，促进了经济的发展。

铜量 秦

秦国统一全国度量制度后，由官府颁发的标准量器。

“洞庭郡”竹简一组 秦

秦始皇统一全国后，实行郡县制。秦简中的记述，证实了在秦始皇统治时期，曾设有“洞庭郡”。洞庭郡下管辖有迁陵、酉（yǒu）阳、沅（yuán）陵三个县。

当时，秦始皇已经41岁，对衰老与死亡的恐惧，令他对徐福求仙问药的长生不老计划产生了浓厚的兴趣——即便是秦始皇也不能坦然面对死亡。如果这世上有什么仙丹灵药能让人长生不老，他一定要不惜一切代价得到它！

秦始皇听到徐福说这世上还真有仙人和长生不老药，高兴得想都没想就满口答应下来。他让徐福挑选几千个童男童女，一同坐船去**海外寻仙**问药。

徐福出去好几年都没有找到仙人，经费倒是花了不少。他害怕秦始皇责罚，就编了另一套谎言说：“我们出海常常被大鲨鱼袭击，恳请皇上能够选派一批善于射箭的勇士跟着我一起出海，遇到大鲨鱼的时候就用装有机关、可以连续发射的强劲弓弩射死它。没了大鲨鱼的阻碍，寻仙之路就能顺利多了！”

勇士们在沿海搜寻了好多地方，都没有遇见徐福说的大鲨鱼，后来终于射死一条大鱼，可惜徐福的仙药始终没个着落。

三公九卿制

三公九卿均由皇帝任免，不能世袭。

皇帝

三公

丞相

三公之首，有左、右之分，是直接听命于皇帝的文官之首。

太尉

武官之首。

御史大夫

承转诏令制书，负责监察百官。

九卿

奉常：掌宗庙礼仪，兼管文化教育。

宗正：负责皇室宗族和外戚事务。

郎中令：掌宿卫宫殿掖门户。

卫尉：统辖宫内武士守护宫门以内。

太仆：皇帝最亲近的臣仆，主管皇室车马。

廷尉：全国最高司法长官。

典客：主管少数民族事务，负责来访接待等事宜。

少府：掌管宫殿、宗庙、陵寝的修缮及其他重要工程。

治粟内史：主管天下钱粮和财政收支。

碣石宫夔纹瓦当 秦

西周中期，陶制的瓦就已经普遍使用。瓦有筒瓦和板瓦之分，“瓦当”便是筒瓦的头。“当”也有“挡”的意思，它可以防止檐头被风雨侵袭，延长建筑的寿命，还能起到装饰美化的作用，碣石宫是秦始皇东临碣石时所住的宫殿(今辽宁绥中姜女石建筑群)，是一座规模宏伟的高台多级建筑。这件夔（kuí）纹瓦当就是曾在碣石宫建筑上使用的瓦当，它是一个半圆形，直径54厘米，高44厘米，号称“瓦当之王”，是秦代皇家建筑的专用材料。

迷信天命

秦始皇特别迷信天命，之前还有位派去海上求仙的燕国人卢生，向他报告鬼神之事，并献上一本图书，上面写着“灭亡秦朝的是胡”，这一下子刺激到了秦始皇。可是预言模棱两可，这个“胡”到底指的是什么呢？

秦始皇一下就想到了北方强大的匈奴。于是，他派蒙恬将军率领三十万大军向北攻打匈奴，攻取了黄河以南地区。秦始皇决定在北方**修筑长城**，彻底消除匈奴对秦朝的威胁。

在战国时期，社会上流传着一种阴阳五行的学说——用金、木、土、水、火五行相生相克的理论来解释朝代的更替，认为每一个朝代都有一种与五行相对应的德行。比如，夏朝属于木德，商朝灭了夏朝取而代之，这是金克木，所以商朝属于金德；周朝取代商朝，这是火克金，周朝自然就是火德了；秦朝取代周朝，这是水克火，因此秦朝属于水德。

阳陵虎符 秦

虎符是古代皇帝调兵遣将用的兵符。早期的兵符做成虎的形象，从中间劈开，君主与将领各保存一半。当需要调兵的时候，君主就派遣使者拿着虎符，与将领的虎符相契合，将领就可以按命令出兵。

为了与水德相呼应，秦始皇对国家的一系列制度、文化做出调整——把新一年的起点改为十月初一，文武百官入朝庆贺都从这一天开始；衣服、符节、旗帜、装饰等一律以黑色为主；以数字六为标准，车轨宽六尺，六尺为一步，每乘车拉车的马为六匹；把黄河改名为德水，作为水德的开始。

水德讲究刚毅冷峻，所以秦朝在治国方面崇尚严刑酷法，一切事情都依照法律来处理，不讲仁爱与宽厚，人们一旦犯罪，就很难得到宽恕。

残暴不仁

有一次，秦始皇坐船在湘江中行进，准备到湘山举行祭祀，没想到突然刮起一阵大风，差点把船给掀翻了。秦始皇心里不高兴，向身边的博士询问说："当地人供奉的湘君是个什么神？"

博士回答："听说是尧的女儿、舜的妻子，死后安葬在这里。"

秦始皇突然**大发脾气**，派了三千名在服刑的犯人把湘山上的树木全部砍光。原本绿树葱葱的湘山，顿时变成了光秃秃的山丘。

始皇帝三十六年（前211），天空中出现**异常的星象**。有一颗流星坠落在东郡（郡治在今河南濮阳），落在地上成了一块陨石，不知道是谁在上面刻了“始皇帝死而地分（秦始皇死后国家就要分裂）”几个大字。

秦始皇知道后，派御史挨家挨户查问，但是没有人认罪，秦始皇就把在陨石周围居住的人都杀了，连陨石也没放过，将其彻底焚毁。

秋天，一个传递消息的使者正连夜赶回咸阳。在路上，使者遇到了一个手持玉璧的神秘人，他说：“替我把这块玉璧送给滈（hào）池君。”接着，神秘人又说，“今年祖龙会死”。使者刚想拉住对方问个清楚，那人就消失了。

使者只好将玉璧带回咸阳，将这段神奇的遭遇汇报给秦始皇。秦始皇听后沉默了好久，说：“山鬼道行有限，只能够预知一年的事情而已。”退朝后，秦始皇又说：“祖龙就是人类的祖先啊。”秦始皇命令御府仔细察看那块玉璧，发现竟是几年前他出巡时落入长江中的那一块，这也太神奇了。

秦始皇的心里还是放不下，他专门派人进行了占卜。卦象显示，唯有及时迁徙才能够逢凶化吉。于是，秦始皇下令三万户人家迁到北河、榆中地区居住，赏赐每户一级爵位。

隐秘行踪

精明的秦始皇并没有把长生的希望寄托在徐福一个人身上，卢生、韩终、侯公、石生等方士也都背负着同样的使命分批出海。结果这些人和徐福一样，也没找到仙人的踪迹。

方士们心里清楚，要是拖的时间太长，皇帝的耐心会被逐渐耗尽。卢生脑中灵光一闪，为方士们的无功而返找了一个好借口——我们一直都在苦苦寻找仙人，可为什么就是找不到呢？后来想想，大概是因为皇帝整天忙于政务，沾染了太多凡尘。如果不能做到清静安宁，仙人就不会主动前来指点迷津，反而恶鬼喜欢上门纠缠。不如抛去凡尘的干扰，尽量对您的行动保密，以便通过清修与仙人实现沟通。一旦有了仙人的指引，不死药或许就能求到了。

铁桎 秦

桎（zhì）是古代戴在脚上的一种刑具，相当于现在的脚镣。铁桎出于秦始皇陵周边，应是修陵服役的刑徒戴的刑具。

一番话说得秦始皇**怦然心动**：“我是真心仰慕那些仙人，以后我就称自己为‘真人’了！”于是秦始皇开始刻意隐藏行踪，要是有人透露出他所在的地方，就要被判罪处死。

有一次，秦始皇站在梁山宫的山头上，远远望见丞相出行的阵仗，身前身后有好多随从护卫。秦始皇觉得丞相太招摇了，心里有点不爽，就发了几句牢骚。等下一次见到丞相的时候，发现他的随从少了很多。秦始皇大发雷霆：“一定是宫中有人将我说的话泄露给了丞相！”秦始皇下令仔细审问，结果没人承认，于是就把那天在他身边伺候的人全部抓起来杀掉。

从此以后，再也没有人知道皇帝的行踪。秦始皇处理事务、召见大臣、传达命令，一律在咸阳宫进行。

坑杀方士儒生

陶井圈 秦

古代没有自来水，人们日常的用水都要依靠水井。在秦都雍城、咸阳，秦始皇陵区以及城址、聚落中均有发现，其中以咸阳发现的数量最多，有数十口水井。这些水井大多数都有陶质的井圈。

卢生和另一个方士侯生聚在一起聊天：“秦始皇为人生性残暴、自以为是，统一天下后更加得意忘形，认为古往今来没有人能够与他相提并论。他独断专行，天下的事情无论大小，全由他一个人决定。从丞相到普通官员，都只能单纯地接受并执行命令。皇帝还热衷于通过严刑峻法来彰显自己的权力和威严，官员们都十分害怕，担心一言不合就会被问罪杀头，所以没人敢反驳皇帝的任何命令。皇帝收获的只有顺从和奉承，完全认识不到自己的过错，因此一天比一天骄傲蛮横。他如此贪恋权势，我们不应该再为他求仙问药。而且秦朝的法律规定，一种方术不能用两遍，如果这次没有应验，便会被立即处死。”于是他们二人就逃跑了。

秦始皇得知消息后火冒三丈：“我之前下令查禁所有不实用的图书，把这些禁书收缴上来通通烧掉；我大批征召博学的人才，想借助他们的见识振兴国家；我又聚集大量精通修仙之道的方士，希望他们能找到灵丹妙药。我所做的这一切有什么错？可这些方士呢，看看自己都干了些什么！徐福等人出海寻找仙药，耗费的钱财以数万计，结果仙药没找到，反倒是他们非法牟利、中饱私囊的消息经常传到我的耳朵里来。我对卢生等人一向好吃好喝地招待，他们竟然不辞而别，还胆敢败坏我的名声。还有那些在咸阳的方士儒生，他们其中的有些人在制造谣言来惑乱百姓！这些人劣迹斑斑，扰乱人心，绝对不能姑息！”

于是，秦始皇派御史全面审问纠察这些方士儒生，一大批人被抓捕。他们之间还相互告发，查到触犯禁令的有四百六十多人。这些人在咸阳被活埋，让天下人以此为戒。

彩绘兽首凤形勺 秦

这个勺子是一个凤鸟的造型，勺柄是它的脖子，勺体是它的身体，柄首就是凤鸟的头。整体看起来十分的生动有趣，既有实用性，也有艺术感。

我只吃一勺！

阴差阳错

秦始皇的大儿子扶苏性格**宽厚仁慈**，他不赞成父亲的行为，就劝谏说：“天下刚刚安定下来，山东六国的老百姓还没有真心归附朝廷。而且儒生们只是诵读诗书、讲讲孔子的主张而已，不至于要用严刑酷法来惩治他们。我担心您这种简单粗暴的处理方式会导致人心惶惶，还请皇上慎重考虑。”

正在气头上的秦始皇听了，反而责怪扶苏太过柔和软弱，一怒之下把扶苏赶去北方边境，去监督蒙恬将军的军队，这算是一种警告和惩罚。

始皇帝三十七年（前 210），秦始皇在巡游途中生病。因为他一直避讳“死亡”这个话题，所以身边的人谁都不敢主动说“死”的事。随着秦始皇的病情一天比一天严重，秦始皇开始草拟诏书给自己安排后事。可惜遗诏还没送出去秦始皇就驾崩了，这给了赵高、李斯“搞事情”的机会。

李斯担心皇帝在外地去世的消息一旦走漏，皇子们说不定会有什么异动，各地**反秦势力**也会乘机制造事端，到时候局面就很难收拾了。因此他决定封锁消息，把秦始皇的尸体放置在一辆辒辌（wēn liáng）车中。辒辌车带有能活动的窗户，可以调节车内的温度，功能和现在带有空调的房车类似。

为了让外人以为皇帝还活着，李斯安排平日里和皇帝亲近的宦官陪同坐在车中；每走一段路，就停下来休息，并且照旧为皇帝献上饮食，与秦始皇生前的作息习惯保持一致；随行的官员也像平常一样在皇帝车前汇报工作，由宦官在辒辌车中做出批复，保证一切事务正常运转。

铜车马二号车 秦

二号车是一辆“安车”——乘车的人可以安安稳稳地坐在车厢里。前车厢面积小，专供“司机”乘坐；后车厢的车窗可以开合，不仅便于车厢内的“乘客”与“司机”交流，还利于通风采光，调解车内温度。车厢上罩有一个穹顶式的篷盖，可以遮风挡雨。就造价和稀有性来说，算是秦朝第一流的豪车了！

由于正值炎炎夏日，秦始皇的尸体逐渐散发出臭味。于是李斯又在辒辌车里装填了好多腥臭味很重的腌鱼，用来掩盖尸臭。

秦始皇陵

顺利回到咸阳后，李斯才向社会公开秦始皇的死讯。公子胡亥根据伪造的遗诏继承皇位，就是后来的秦二世，秦始皇则被安葬在骊山。

秦始皇从即位的第二年起就开始开凿骊山为自己修建陵墓。统一天下后，又从全国各地召集了七十多万刑徒来修建。由于陵墓深入地下几百米，竟挖穿了三层地下水。基础工程完成后，灌注铜水以填塞所有可能的缝隙。外棺放进去之后，再修造地下宫殿，按照秦始皇生前朝会时的情形，设置文武百官的位次，保证他在死后还能继续接受群臣的朝拜。然后，把从全国搜罗的奇珍异宝搬进去，塞得满满当当的。陵墓中用水银模拟江河大海的样子，利用机关使它们流动起来。顶壁则装饰有天文星象，地下设置有地理图形。还用人鱼的油脂做成蜡烛，可以常年不熄。

为了防止后世有人盗墓，工匠制造了许多由机关操控的箭弩，只要有人靠近，就会被射杀。下葬完毕，有人提醒秦二世说，参与修建的工匠对陵墓里的宝物和机关一清二楚，留着他们始终是个隐患。于是，在封闭了墓道中间位置的大门之后，最外面的一道大门也立刻放了下来，工匠全部被封在两道门之间，没有一个人活着走出来。

秦二世还命令秦始皇后宫里没有生育子女的妃嫔**全部陪葬**，因此而死的人不计其数。一切工作完成之后，在陵墓顶上全部栽种草木，从外观上看，就像一座普通的山，丝毫看不出这是“千古一帝”——秦始皇的陵墓。

大秦帝国的雄兵

秦始皇凭借强大的秦国军队，战胜了六国，统一了天下。那些驰骋疆场的英雄、昂扬矫健的战马最后竟然化为一尊尊雕塑，与战争中使用的车乘兵器，一起默默尘封地下两千多年。

兵马俑全景

世界第八大奇迹

秦始皇陵发现的兵马俑坑，其实就是巨大的陪葬品存放地。在古代，殉葬极其普遍，商代以人殉最盛，到春秋战国时开始以俑代人，秦汉时期俑葬盛行，以兵马俑久负盛名。兵马俑坑是秦始皇陵从葬坑中的一种。

早在汉代到近代，秦俑就断断续续地出土了，但是一直以来都没有引起人们的注意，直到 1974 年 7 月才开始正式挖掘。到目前为止，已经挖掘出的秦始皇陵俑葬坑，虽然仅是整个从葬坑的一部分，但是其规模已经令世界震惊。其中一号、二号、三号坑都陈列有相当数量的俑葬品，三个俑坑布局严整，结构奇特。

三个俑坑的葬品以数量多、体型大、技艺精巧、内涵丰富而被喻为世界第八大奇迹，并且对人们探究秦朝的军事装备、陵寝制度、雕塑艺术、冶金技术等方面都有重要价值。

秦始皇兵马俑二号坑

二号坑是由战车、骑兵、步兵组成的，是一个攻防结合、车步协调、互相掩护的混合编阵，被称为左军，是个象征性的行营（军中的临时驻地）。它是目前考古上发现的、时代最早的大规模骑兵俑群。

技艺精良

秦始皇陵兵马俑每个体重有300多千克，平均身高在1.8米左右，仿真人大小，按照秦时的将士形象塑造，体格魁梧，服饰逼真，神态生动。可以从他们的装束、体态、神情、手势以及细微的发须，对其职务、兵种、性格等辨明一二。

这些陶俑数逾7000个，但一个个皆是分别雕刻后烧制而成的，每个俑从军帽、服饰、靴履以至发式、胡须都千变万化，各具特征，尤其是人格化的描绘，使人物极富感情。比如将军肃穆威严，长者老成持重，少者活泼开朗；还有的或愁苦，或愤怒，或微笑，可以说是融夸张与细致，去呆板和雷同，成为“宏伟与精致，概括与写实”一体的杰作。

不单是制作人俑的技艺如此，各种车马俑亦是技艺超凡。秦始皇陵中的青铜车马，是考古史上时代最早、体型最大、保存最完好的车马。青铜车身装饰华丽，绘有流云和几何图案的彩色花纹，骏马为乳白色。它们结构复杂，制作工艺高超。

秦陵一号铜车马

一号车的车厢中间竖起一杆圆形伞盖，驾车的驭手站在伞下偏右的地方。他身上佩带长剑，手握马辔。车上放有铜弩、箭箙、铜盾牌等兵器。

李斯

受到老鼠启发的丞相
李斯的故事

提起老鼠，一般人的反应都是：白天躲在阴暗的角落，夜深人静时出来活动，出没在厨房、厕所、下水道、垃圾堆，浑身脏兮兮的，看着都倒胃口。可偏偏有个名叫李斯的人，不但仔细观察了不同地方老鼠的不同特点，还从中悟出一番人生的道理，随即告别平凡的生活，开启了改变命运的大挑战。你会不会好奇，他究竟是怎么做的呢？

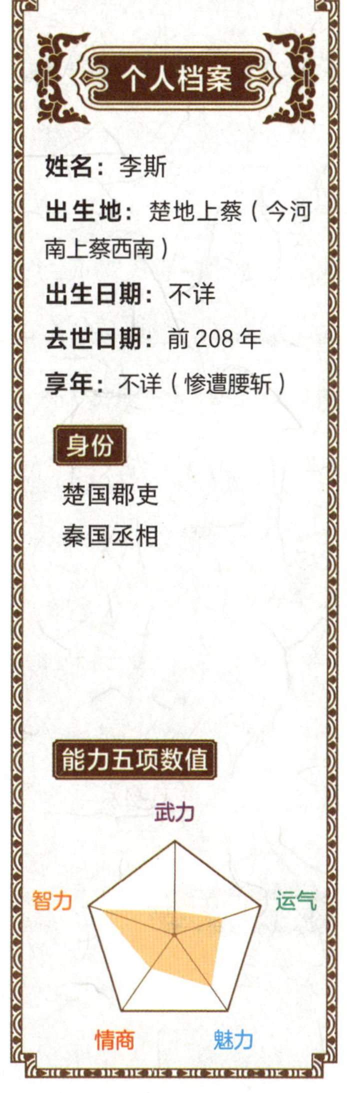

从老鼠身上悟到的道理

李斯是楚地上蔡（今河南上蔡西南）人。他年轻的时候，曾在郡里做一个小官。在当时，一个普通人能拥有这样一份稳定的“工作”已经算是不错了，李斯却总有些不甘心：难道我就不能成为人上人，过上**锦衣玉食**的生活吗？

有一天，李斯在上厕所时发现几只老鼠。

老鼠看到有人来了，就立刻四散逃走。后来，李斯又走进粮仓，看到粮仓中的老鼠吃的是粟米，住的是大房子，也不害怕人。于是，李斯在心中把厕所里的老鼠和粮仓里的老鼠进行了一番比较——两个地方的老鼠，生活水平一个天上一个地下，完全是由它们所处的环境决定的。同样的道理，一个人有没有出息，首先取决于他能不能找到一个好的生存环境！

李斯从老鼠身上感悟到了人生的道理，便辞掉了粮仓管理员的工作，跟着儒学大师荀子学习治国安邦的学问。学业完成后，李斯与老师告别，决定找一个最合适的国家去施展抱负。

当时，秦庄襄王刚刚去世，李斯便凭借荀子学生的光环，成了秦国文信侯吕不韦的宾客。吕不韦很**赏识李斯**，任命他为郎官，使他有了向秦王建言献策的机会。

金钱外交

有一次，秦王政广泛征求治理国家的建议，李斯不失时机地提出，应尽可能地分化对手，让六国不再有机会联手抗衡秦国。之前，为了阻挡秦国吞并天下，山东六国曾多次实行“合纵”，联手抗秦，甚至一度攻破函谷关、威逼咸阳，迫使秦国割地求和。对秦国来说，肯定不想再给六国这样的机会了，但具体该怎么操作呢？

李斯提出“金钱外交”的策略：花费重金贿赂各国掌握实权的大臣，策动他们私下配合秦国的军事行动；至于那些不能收买的，就派出刺客暗杀，尽可能减少障碍。这些都是离间别国君臣的计策，接着再派遣精兵强将攻城略地。

秦国实施了李斯这套软硬兼施、明暗结合的“组合拳”，迅速取得成效，这令李斯很快获得秦王政的赏识，官职也随之升为客卿。

当时，其他诸侯国的人才离开本国来秦国当官的现象非常普遍，秦国授予他们客卿的身份，以宾客之礼相待（后来也泛指在本国做官的外国人）。始皇帝十年（前 237），秦王政犯了个糊涂，险些让秦国的客卿遭遇灭顶之灾，李斯多年的奋斗成果也差点付之东流。

谏逐客书

早年间，韩国派出一位名叫郑国的水利专家，鼓动秦国大力修建水利工程，支援秦国农业建设。按理说，兴修水利是件利国利民的大好事，所以起初秦国上下都未怀疑这背后隐藏着什么阴谋。直到水利工程即将竣工，韩国的真实意图才暴露出来。原来，韩国是想借兴修大型工程来消耗秦国的国力，从而拖延秦国扩张的脚步，让虎口之下的韩国喘口气，郑国便是韩国派来执行这一计划的间谍。

潜伏在秦国的间谍难道只有郑国这一个吗？这些年来，秦国从山东六国引进和重用了不少人才，这一点不免引起秦国本土贵族的“羡慕嫉妒恨”，他们觉得，这些外来人才抢了自己的官位和机会，所以怀恨在心。

这一次，郑国事件刚好给秦国贵族提供了赶走“外来户”的契机。于是，有人立刻跑到秦王政身边嚼舌根：“间谍肯定会千方百计隐藏自己的身份，像郑国这样暴露出来的毕竟是少数。大王您想想，从别国来的人，图的就是**荣华富贵**，对秦国根本没有什么忠心可言，哪有我们这些土生土长的秦国人靠谱啊。为了安全起见，不如把这些从外国来的人全部驱逐出境吧！”

秦王政脑子一热，听信了这种因噎废食的说辞，下了一道逐客令——驱逐各国来秦国的客卿。李斯也在这份被驱逐的名单里。他给秦王政写了一封信，劝秦王政不要驱逐客卿——这就是著名的《谏逐客书》。

李斯回顾历史，认为秦国的发展壮大离不开外来人才做出的贡献，而现在秦王政却不问人才能用不能用，也不问是非曲直，只要不是秦国本国人就辞退，只要是客卿就驱逐，这显然不是一个成熟帝王的做法。况且土地广阔所产粮食才会丰足，国家广大人口才能众多，军队强盛士兵就会勇敢。泰山不排斥泥土，才能堆积得高大；河海不挑剔细小的溪流，才能变得深广。而成就霸业的人不抛弃民众，才能显出他的德行。所以土地无论东南西北，百姓不分这国那国，一年四季五谷丰登，天地鬼神赐予福泽，这才是三皇五帝无敌天下的原因。如今正是统一天下的紧要关头，哪有自己弃之不用，转手把这些人才推给对手的道理呢？这样的做法和人们常说的“把武器给敌人，把粮食给盗贼”有什么区别呢？

看了李斯的《谏逐客书》，秦王政幡然醒悟，立即收回逐客令。已经离开咸

大官盉 秦

盉（hé）是古代的一种盛酒器。这件青铜盉因其上刻有“大官四升”铭文而得名，“大官”是秦朝掌管宫中饮食的官名，可知这件青铜盉是秦朝宫廷用器。

阳的李斯也回到秦国，官职很快升到廷尉。廷尉是秦国最高司法审判机构的官员，不仅负责修订法律，还有审理重大案件的职能。在崇尚严刑峻法的秦国，廷尉一职有着十分特殊的地位，深受秦王政的器重，能够参与重大事务的讨论与决策。

走上人生巅峰

始皇帝二十六年（前 221），秦国终于完成统一六国的大业。丞相王绾、御史大夫冯劫、廷尉李斯推尊秦王政为“皇帝”。接着，秦国又收缴并集中销毁各式武器，拆除分布在各个郡县、充当防御工事的高大城墙，宣告战争已经结束；以小篆作为官方文字，统一货币和度量衡……其中最重要的一条制度变更是废除分封制，不立皇帝的儿子、兄弟为王，更不把功臣封为诸侯，防止春秋战国时代诸侯争霸的历史重演。

但出身齐国、深受儒家观念影响的博士淳于越认为应该延续西周的分封制度。在一次宴会上，淳于越趁机劝说秦始皇："商朝和周朝能够维持一千多年的统治，就是因为大量分封子弟和功臣作为自己的臂膀。陛下，您现在虽然统一了天下，却没有分封诸侯，万一将来有人想夺权篡位，完全没有可靠的人来帮皇帝消灭叛乱，这样做不是太危险了吗？"

李斯认为这种论点相当荒谬，在上书反驳淳于越的同时，还向秦始皇建议："诸子百家总认为自己的观点是最正确的，还喜欢以一副'我这一派的学问最好'的姿态来点评时事政策，否定皇帝的政策法令。如果任凭他们在街头巷尾议论而不加以制止，朝廷的权威就会受到损害。不如下令把民间收藏的《诗经》《尚书》和诸子百家著作一概收缴销毁，只保留医药、占卜、种植之类的书籍。如果有人想学习法令，可以从官吏那里了解。"秦始皇批准了李斯的提议，使天下人再也不能用古代的事来批评现在的朝廷。

琅琊刻石石碑

秦始皇统一全国后，开始了向东巡游，这个石碑就是他巡游到琅琊的时候刻的。石碑上的内容主要是歌颂秦始皇的功绩，因为年代久远，现在只能看清 86 个字，传说这个石碑上的文字就是李斯写下的。

随着李斯越来越受秦始皇宠信，他的子女也跟着沾了光——长子李由成了三川郡的郡守，其他几个儿子娶了秦国的公主，女儿则全部嫁给了皇族子弟。

有一次，长子李由请假回咸阳看望家人，李斯在家中设酒宴，文武百官纷纷跑来给李斯敬酒祝贺，光是李家门前停放的马车就有几千辆之多。见到这么大的场面，李斯忍不住感叹说："我原本只是楚国的一个普通百姓，承蒙皇帝赏识，才走到现在的位置，身份和地位到了极点。我的老师荀子曾说'物极必反'，任何事物达到鼎盛都不是什么好事，不知道我的未来会怎样呢？"

助纣为虐

始皇帝三十七年（前 210），秦始皇巡游出行，李斯和中车府令赵高随行（中车府令是负责管理皇帝出行车辇，同时掌管发号施令所需要玉玺的官员）。

秦始皇有二十多个儿子，长子扶苏因多次直言劝谏而惹恼了秦始皇，被派到北方上郡（今陕西榆林）监督蒙恬将军的军队。小儿子胡亥很受秦始皇的宠爱，这次巡游出发时，他请求要跟着一起去，希望能在途中好长长见识，秦始皇就随口答应了，其他的儿子都没有跟随在秦始皇身边。

当车驾走到沙丘（今河北广宗境内）一带时，秦始皇突然病重。弥留之际，秦始皇吩咐赵高给公子扶苏写一封信，内容是让扶苏把军队交给蒙恬，立刻赶回咸阳，来主持丧事。秦始皇这个时候让扶苏赶回咸阳，实际上就是在确认扶苏皇位继承人的资格。

这封信已经密封好，但没来得及交给使者，秦始皇就驾崩了。书信和玉玺都在赵高手中，而赵高刚好教过胡亥学习法律，两个人的私人关系最好。赵高觉得，这是一个**千载难逢**的机会——扶植更亲近自己的胡亥上位。毕竟，目前只有赵高、胡亥、李斯以及五六个亲近的宦官知道秦始皇驾崩的消息。

李斯认为皇帝在外面去世，又没正式确立继承人，所以应该保守秘密。他把秦始皇的尸体安放在一辆既能保温又能通风的车子中，其他的运转工作还像之前一样。

赵高私自扣下了秦始皇写给扶苏的信，他对胡亥说："如今号令天下的大权就掌握在你、我和李斯的手里！统治别人还是被人统治，完全不可同日而语啊。机不可失，希望公子好好考虑考虑！"征得胡亥的同意后，李斯就成了他们重点拉拢的对象。

赵高对李斯说："外人还不知道皇上已经驾崩，给公子扶苏的诏书以及皇帝的玉玺目前都在我手里，定谁为太子，全在你我一念之间，丞相你怎么看？"

李斯听出了赵高想要篡改诏书、改变继承人的意图，不假思索便一口拒绝："如此大逆不道的话，你也说得出口！"

见正面拉拢无效，赵高话锋一转，对李斯发出一连串的质问："丞相，您不妨自己评估一下，和大将军蒙恬相比，你们谁更有本事？谁的功劳更大？谁更深谋远虑？百姓更拥戴谁？谁跟扶苏的关系更好？"

李斯沉默了半晌，不情愿地承认："我在这五个方面都不如蒙恬，但你这么说，到底是什么意思？"

赵高慢条斯理地回答："我在官场摸爬滚打了二十多年，还从来没见过哪一任丞相在被秦王免职之后能够得到善终的，不都是被杀的结局吗？将来公子扶苏一旦继承皇位，在蒙恬和您之间，扶苏会选谁当丞相呢？您是个聪明人，其中的利害关系恐怕看得比我要清楚。到那个时候，您还能指望全身而退吗？而且我教过胡亥几年法律，自然清楚这个孩子的资质和能力。在始皇帝的二十几个儿子里，没几个人赶得上他，他才是皇位继承的不二人选啊！您再好好考虑一下吧！"

经过激烈的思想斗争，李斯最终同意了赵高的计划，他们篡改秦始皇的遗诏，以"不忠不孝"的罪名命令扶苏、蒙恬自杀，然后扶植胡亥上位，当上了秦朝的二世皇帝。

在这次政变中，李斯看上去保住了前程，但在不久的将来他会付出惨痛的代价。

被赵高陷害

秦二世继位后，很快便流露出"人生短暂，我只想尽情享乐"的想法。赵高劝他说："您刚登上皇位，不服气的人太多了，得加紧整治一下。现在

通关文书木简 秦

通关文书是古代通过关口时的一种身份证明，上面记录了持有人的姓名、性别、年龄、肤色、身份、社会关系等个人信息，有点类似于我们今天的身份证。这件竹简持有人的身份信息是：身高约一米七，黑皮肤，三十一岁。

应该实行严酷的法令，在群臣和百姓中树立自己的威信。”于是，秦二世重新修订了法律，从此有罪的人就交给赵高审讯，受到惩罚的大臣不计其数，十二个公子在咸阳街头被斩首示众，十个公主也在杜县（今陕西西安雁塔区）被处死。

秦二世还继续兴建阿房宫，压在百姓头上的赋税也越来越重，兵役和徭役一个接着一个，根本看不到尽头。忍无可忍之下，从楚地征来戍边的陈胜、吴广揭竿而起，各地的英雄豪杰也纷纷响应，反抗秦朝的斗争一波接着一波。

赵高在担任郎中令的时候，常常公报私仇，随意给人定罪。他害怕大臣们在上朝时揭露他的罪行，就对秦二世说：“皇帝应该保持神秘性，不能把所有都暴露给大臣。所以您不如就待在宫中，让大臣们把公事呈报上来，我们一起研究决定。”秦二世听了赵高的建议，从此就在宫中办公，不再接见大臣们了。但赵高总在皇帝身边侍奉，一切的公务都由赵高决定。

此时，国家已经乱成了一锅粥，但深居宫中的秦二世对外面的形势一无所知。李斯心里很着急，多次想找机会进宫进谏，让秦二世认识到问题的严重性。但皇帝一直不批准，后来不耐烦了，反而责备李斯说：“我看韩非子说尧和禹贵为帝王，却吃着最差的饭、穿着最破的衣服、干着最苦的活。贤明的人一定能安定天下，却连给自己捞好处都不会，又怎么能治理好国家呢！”

李斯觉得改变皇帝的想法实在是太难了，万一继续劝说下去，惹恼了皇帝，到时候自己的前程就没了。于是，李斯决定顺从秦二世的想法，提议加大监督和责罚的力度，让人不敢以身试法。秦二世看了李斯的奏疏特别高兴，秦朝的律法也变得更加严厉。

随着局势越来越糟，赵高担心秦二世知道真相以后怪罪自己，就把镇压起义不力的责任推到李斯及其长子李由身上去。赵高对秦二世说：“丞相也参与了沙丘之谋，可是在陛下继位之后，丞相的地位却没有获得提升，他肯定心存不满！丞相的大儿子李由担任三川郡郡守，叛乱的陈胜等人都来自丞相故乡临近的郡县，而李由只是坚守城池却不主动出击。我听说叛军和李由之间还有书信往来，李家父子很有可能跟叛贼内外勾结。只是因为目前还没有调查清楚，我才不敢向陛下报告这些事。”

秦二世觉得赵高说得有理，也渐渐开始怀疑李斯的忠心。尽管李斯上书揭发赵高**居心不良**，但皇帝不仅压根不信他的话，还下令把李斯交给赵高审理。

东门黄犬的感叹

等被关进监狱，李斯才后悔不迭地说：“二世皇帝暴虐无道，杀死自己的兄弟，重用奸臣，修建阿房宫，对天下百姓横征暴敛，他继位以来做的这些

龙凤合体玉佩 秦

这件玉佩的一端是龙首，一端是凤首，龙和凤共用一个身体。龙、凤是古人想象中代表吉祥的动物，龙代表阳，凤代表阴，龙凤一体代表着阴阳和谐。

事情，不是我不想拦着，实在是他不听我的，拦也拦不住呀！现在造反的人已经占了天下人的一半，但他还不思悔改，我看离盗贼攻入咸阳的日子也不远了。”

李斯本想通过给皇帝递忏悔书来做最后一搏，但他的忏悔书中列举出来的“罪状”其实全是自己对秦国做出的贡献。

结果忏悔书还没被送到秦二世手里，就被赵高拦了下来。看完内容，赵高一甩手丢到地上，轻蔑地说：“一个囚犯哪有资格给陛下上书？”

考虑到秦二世有可能亲自派人审问李斯，为了防止李斯再度上书，赵高前后派出十来批门客，假扮成官员、宦官等不同的身份，轮番审问李斯。李斯以为对方是皇帝派来的，开始向他们**哭诉申冤**，结果每次他说完后都会被毒打一顿。慢慢地，李斯放弃了挣扎，等秦二世真的派人来调查的时候，李斯已经再也不敢开口了，只好承认了自己的罪状。秦二世高兴地说：“要是没有赵高，我差点就被李斯给骗了。”

最终，李斯被判在咸阳街市上腰斩。腰斩是古代一种刑罚，用刀斧将犯人从腰部斩为两段，手段十分残酷，一般用于惩罚罪大恶极之人。

李斯和小儿子一同被押往刑场。临死前，他对小儿子说：“想当年，我带着你们几个孩子，牵着猎狗，从楚国上蔡的东门出城，穿梭在田野草丛之间，追逐着突然出没的野兔，还真是令人怀念啊。那段快乐无忧的岁月，是再也回不去了！”父子二人四目相对，在绝望的痛哭声中走向了生命的终结。

史记成语典故大搜索

布衣黔首

词意：布衣是封建时代平民的别称，黔首是战国及秦朝时期对人民的称谓。古时候一般指代平民百姓。

造句：在那个讲究血统出身的旧时代，一个布衣黔首哪里比得上皇亲国戚，想出人头地实在是太难了！

人人自危

词意：每个人都感到自己有危险、不安全，形容局势极度紧张。

造句：新老板一到公司就宣布，近期将裁撤一部分员工，一时间公司里人人自危。

土壤细流

词意：比喻细小的、微不足道的事物。

造句：所谓“聚沙成塔，积水成渊”，我们不应该看不起土壤细流，也不应该放弃努力。

来自大泽乡的怒吼
陈胜的故事

姓名： 陈胜

出生地： 阳城（今河南登封东南）

出生日期： 不详

去世日期： 前 208 年

享年： 不详（惨遭车夫毒手）

身份

秦末农民起义领袖

能力五项数值

武力 运气 魅力 情商 智力

苟富贵，勿相忘

陈胜是阳城人，他出身社会底层，年轻时候还曾给地主家种地。

有一天，陈胜在田间地头休息的时候，突然和一起劳动的小伙伴们感慨起人生的不公平，**心意难平**地说：“兄弟们，苟富贵，勿相忘啊！”意思是咱们中间将来要是有谁发达了，可千万不要忘了这些苦命的兄弟啊！

结果没想到这句话遭到了小伙伴们的嘲笑，他们都觉得陈胜是在痴人说梦，一个帮别人耕田的小工，什么时候才能富贵呢？

已富贵，都忘了

陈胜发动起义后，在陈县（今河南淮阳）当地豪杰的支持下正式称王，建国号“张楚”，寓意光大楚国。各地不堪忍受秦朝暴政的豪杰得到陈胜起义的消息，也纷纷杀死郡县的官员响应。

陈胜曾亲口承诺，发达了之后，不会忘记自己苦命的兄弟！如今陈胜发达了，还真有一个曾经和他一起种地的伙计，一路追寻他来到陈县，并在宫殿大门前大声嚷嚷：“我要见陈胜！我是他的好兄弟！”

此时，陈胜已经称王，住进了**豪华宫殿**，又岂是想见就见的？门口的守卫不知道这个伙计的话是真是假，也不敢贸然进去通报。直到有一天陈胜出门，这个伙计冲上前拦住去路，大声呼喊陈胜的名字，这才获得了召见。

陈胜热情地邀请这个伙计坐上自己的豪华马车，一起回到宫中。可是很快，陈胜就开始嫌弃起他来，因为对方不但随意进出宫殿，还常常跟人讲起陈胜的一些往事，其中不乏一些有损陈胜威严的事情，陈胜就下令将他杀死了。从此，再也没有故人来投奔陈胜，一些部下也因为这件事选择了离开，人心就这么散了。

漫画开讲啦！

我是说，
如果将来谁富贵了，
不要忘了其他人呀！
别做梦了！就你这长相，
还想一夜逆袭成高富帅吗?!
汪汪汪汪！汪汪汪汪汪，
汪汪汪汪汪汪汪汪汪汪
汪汪?!
哼！小麻雀怎能理解
鸿鹄的心志呢！
随你怎么说吧。
汪汪汪汪汪汪。
你们就等着吧！
汪(快)，汪(拉)，
汪(倒)，汪(吧)!

秦二世元年，朝廷征发一批贫苦百姓去戍守渔阳，
陈胜、吴广就在队伍中。

天降大雨，眼看要误了行程，朝廷会以死罪论处。
差不多行啦，反正也来不及啦！
快点走！不然打死你们！

眼下这情况，往前走是死，逃跑也是个死呀！

既然都是个死，能不能死得有点意义！

是啊，朝廷坑得我们还不够惨吗？听说新皇帝这位子来得不干净，我们何不借公子扶苏和楚国大将军项燕的名义，搏一条生路呢？！

是该放手一搏！不过，得先找大师算个好日子吧！

对抗朝廷，
我要活命！
!?
大师，你给算一个黄道吉日吧？

这俩家伙疯了吧！不过，万一他们成功了，还有我的一份功劳呢！

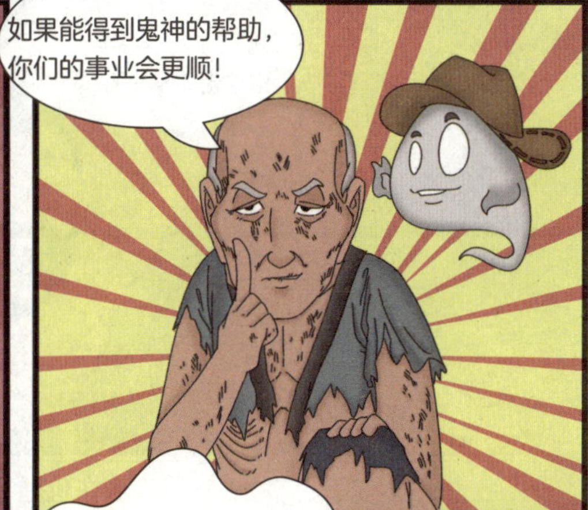
如果能得到鬼神的帮助，你们的事业会更顺！

鬼啊！
要了亲命啦！

大师这是提醒咱们用鬼神来造势、服众啊！您这理解能力可真是与众不同啊……
妙啊！

哥，你当头儿，我辅助你，咱们分头行动，怎么样？
你这长相看着可比我大……
好兄弟，事成之后，哥不会亏待你！咱们就这样干！
这是啥！好神奇！啥？你们不识字？这个念“陈胜王”啊！
陈胜王
嘘～
陈胜说：“你写‘陈胜王’三字藏在鱼肚子里，我去神庙中学狐狸叫‘大楚兴，陈胜王’，人们一定会相信，我就是那个天选之人！”
大楚兴，陈胜王！
天意啊！陈胜这小子不得了呀！
啊！
听说这就是那个天选之子。

吴广眼疾手快，跳起来夺过一名将尉的剑，杀了他。

王侯将相难道
都是天生的吗？

你们甘愿一直受他们欺压吗？
不愿意！

敢不敢跟我一
起反抗暴秦？！

必须敢！
打他！

大王，秦军大将章邯打过来了！

章邯是谁啊？

没听说过！

哼！无名小卒，敢跟我作对！看我不一举消灭他！

起义军忽然发现，真正的秦军身披铠甲，队列整齐，气势雄壮，和之前的秦军完全不一样。
俺的个娘啊，秦军这阵势，怎么打得过呀！
这冲上去，不是白送人头吗！
好怕怕啊！
兄弟们！不要怕，勇敢地冲，跟我一起打败秦军啊！
将士们，荡平逆贼，就在今日！捉拿陈胜、吴广者，赏千金，封万户侯！
两军厮杀在一起，杀得天昏地暗。

陈胜虽已死，其所置遣侯王将相竟亡秦，由涉首事也。

尽管陈胜、吴广的起义失败了，但他们敲响了暴秦灭亡的丧钟。

三个喜剧人
淳于髡、优孟和优旃的故事

淳于髡、优孟和优旃（zhān）这三位《史记》里的人物和现代的喜剧演员不一样，他们不是用幽默的语言取悦观众，而是用迂回的方式和巧妙的言辞来劝谏君主，以达到批评和讽刺的目的，间接地帮助国家和底层的老百姓。

猜谜语能救国

淳于髡（kūn）是齐国的一位上门女婿，他的身高不到七尺。但是，淳于髡能言善辩，不仅多次为齐国出使别国，而且他所到之处，从没有人敢看不起他。

齐威王在位时，十分喜欢说隐语（话不直接说，而是靠比喻的方式说出来）。他经常整夜饮酒狂欢，把国家大事都交给卿大夫们处置。在君主的带领下，文武百官也开始享乐放纵，其他国家都趁乱来欺负齐国。齐国危在旦夕，马上就要亡国了，但齐威王身边的大臣没人敢进谏。

这时候淳于髡挺身而出，他用隐语来向齐威王游说。刚一进宫，淳于髡就对齐威王绘声绘色地说：“临淄城里有一只大鸟，它住在王宫里，三年不肯飞走，也不鸣叫。大王，您知道这是只什么鸟吗？”

齐威王心想：这是在用大鸟来比喻我啊。我倒要振作给你看看，本王才不是笨蛋！于是，齐威王笑着回答说：“那只大鸟不飞则已，一飞就冲上云霄；不鸣则已，一鸣就会惊动天下！”

这次见面一结束，齐威王就召见了全国七十二位县长，当场奖励了一位政绩最好的，处死了一个治理能力最差的。接着，齐威王开始召集全国的兵马，准备和进攻齐国的诸侯军队开战。

诸侯国眼看齐威王从待宰的羔羊变成了吃人的老虎，赶紧把占领齐国的土地退还，齐国总算度过了这次危机。

两次巧妙地劝说

齐威王八年（前349），齐国又遇到大事了——南方的楚国派遣大军进攻齐国。齐威王派淳于髡出使赵国，请求赵王派兵支援。为了表示自己的诚意，齐威王还准备了黄金百斤和十辆马车作为礼物。

淳于髡心里觉得齐威王有点抠门，区区百斤黄金怎么拿得出手？可当面直说，又怕惹大王生气。于是，淳于髡想到一招——他出门前仰天大笑，把系帽子的丝带都笑断了。

齐威王有些看不懂他在干什么，问道：“先生为何发笑？是嫌我准备的礼物太少吗？”

淳于髡回答说：“我怎么敢笑大王，我只是想起了一件好笑的事。”

齐威王接着问：“是什么事，说给我听听。”

淳于髡一本正经地说：“我今天早上来上班的时候，看到一个人正在路边向上天祈祷。他拿个猪蹄、一小杯酒，就想让老天保佑他家五谷丰登、粮食满仓！付出这么少的东西，想要的回报却那么多，您说他可笑不可笑？”

齐威王心想：这就是在嫌弃我给赵国准备的礼物太少，而想要的回报太多呀！于是，齐威王把礼物增加为黄金一千镒、白璧十对，使团的马车也扩充到一百辆。

就这样，淳于髡带着厚礼，乘坐着马车来到了赵国。赵王看到礼物后，非常高兴，立刻派遣十万**精锐部队**、千辆重型战车支援齐国。楚国听说了这个消息后，当天夜里就撤兵了。

等到淳于髡载誉归国，齐威王在王宫里为他举办了盛大的欢迎晚宴，用美酒佳肴来款待淳于髡。这场酒宴一直持续到了深夜，喝得醉醺醺的齐威王问淳于髡：“先生的酒量有多大啊？”

淳于髡笑呵呵地回答说：“我有时能喝一斗，有时能喝一石（dàn）。”斗和石都是古代的计量单位，一石大概相当于十斗。

齐威王听了淳于髡的答案很好奇，继续问他：“这是什么意思？怎么会有时候一斗，有时候一石呢？”

淳于髡回答说：“酒量和环境、心情都有关系。大王赐酒给我，执法的官吏站在旁边，记事的御史站在身后，我难免紧张，所以喝一斗酒就醉了。假如，我父亲的朋友来家里喝酒，我作为晚辈在一旁陪同，也许就能喝到两斗。再比如，好久不见的老朋友和我饮酒，我们一起聊着快乐的往事，可以喝到五六斗。如果是乡间的聚会，男男女女混坐在一起，行酒令，互相劝酒，我心里高兴了，就能喝一石。所以我才说，我的酒量时大时小。其实我想和您说的是，酒喝得太多就会发生意外，欢乐到了极点也许会产生悲哀的情绪。万事万物都有这样的规律，所以做事别总想达到极致，到了极致必然会**走向衰败**。”

齐威王知道淳于髡又是在隐晦地劝谏自己，就站起身说道：“先生说得太对了，今天宴会就到此结束吧！”此后，齐威王不仅废除了通宵达旦的宴会，还任用淳于髡负责迎送宾客的事务。王室宗亲摆酒宴时，淳于髡也常常陪在齐威王的左右。

淳于髡献天鹅

齐王派淳于髡把一只天鹅献给楚国。没想到，淳于髡在去楚国的路上那只天鹅飞走了，他只好提着空笼子，和自己临时想好的借口，前去拜见楚王。见到楚王后，淳于髡说：“齐王派臣来献天鹅，从一条河上经过时，我不忍心天鹅口渴，就让它喝点水，可是它却离开我飞走了。我想用绳勒死自己来谢罪，但是又害怕有些人会借机议论大王没有仁心，因为鸟兽而让士人自杀。天鹅是羽毛类的动物，有很多与它相似的动物，我想买一只来替代它，可是这样做就是在欺骗大王。我又想要不干脆逃到其他国家，又痛心因为我的逃跑，使两国国君不能实现交流。所以我前来承认过错，接受大王的处罚。”楚王说：“齐国有像你这样诚信的士人可真好呀！”于是，楚王重重地赏赐了淳于髡。

宴乐渔猎攻战纹图壶 战国

讲述一场战争和一个时代，现代人需要一部电影或者一本书，而对于中国古人来说只需要一个铜壶就可以。这件宴乐渔猎攻战纹图壶用圆弧形的画面选取了最激烈和最恬静的场景，形成了一组循环的时光片段。如果你想知道，战国时的人们如何生活、如何战争，只需要轻轻转动这个铜壶，一切就尽在眼前。

◇第一层表现采桑及射礼活动。

◇第二层左边一组是宴会乐舞的场景，中堂之上七个人，一人伸手敬酒，一人作揖欲接酒，还有人正在给他人舀酒。在楹柱后面，还有五件编磬、四件编钟和一件建鼓，三个人敲着编钟，一人吹笙，一人击磬，还有一人击鼓。

◇第二层右边一组为射猎的场景，空中有飞鸟，水中有游鱼，人们用矰缴（拴着丝绳的短箭）射鸟。

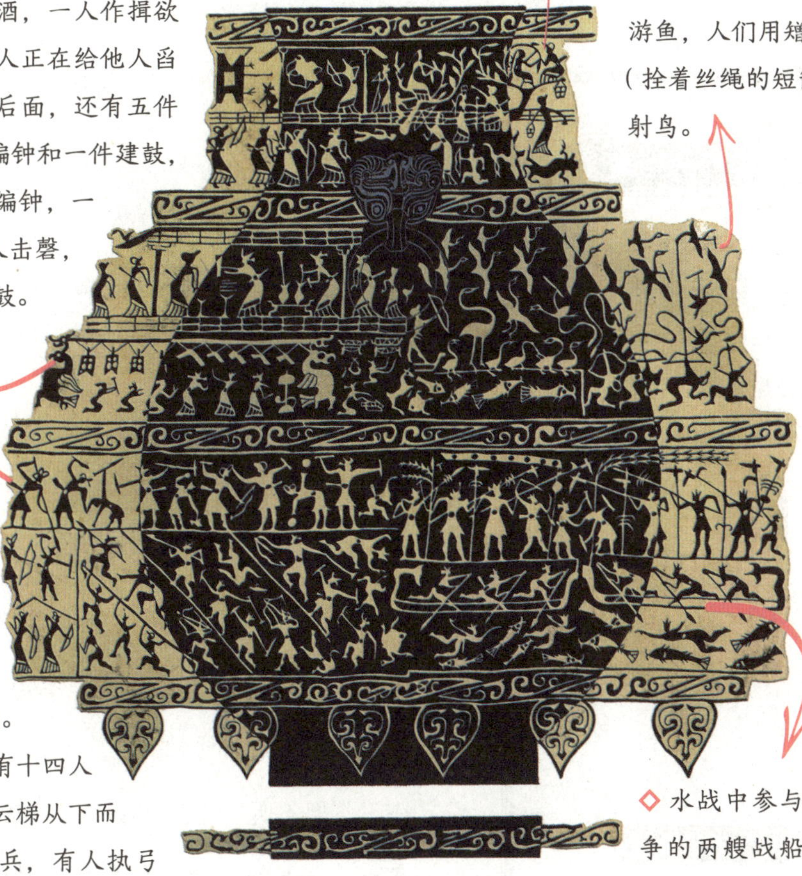

◇第三层正在发生战争，一侧是陆战，一侧是水战。城池之战中有十四人正在抵抗爬云梯从下而上进攻的士兵，有人执弓箭，有人掷石块，还有人握住刀剑御敌。城池下有云梯，也有死伤者从城墙上跌落。旗帜和车鼓配合着战斗，鼓舞士兵奋勇杀敌。

◇水战中参与战争的两艘战船分别有不同的旗帜，上层是作战之兵，下层者奋力划桨。

宴乐渔猎攻战纹图壶图案拓片

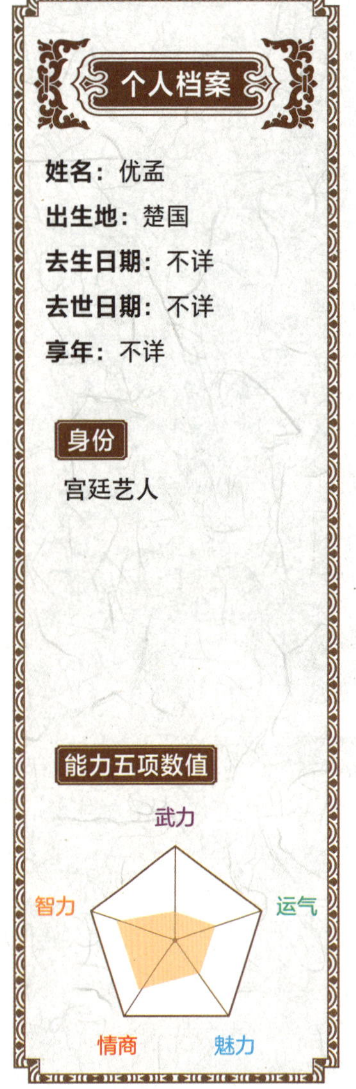

宝马的安葬方式

优孟是楚国的乐官。他身高八尺，相貌堂堂，口才还特别好，经常用讲笑话的方式向楚庄王提出建议。

楚庄王有一匹最喜欢的宝马。平时，它穿着五彩锦衣，住在**雕梁画栋**的房间里，睡在温暖舒适的床上，吃的都是切好的蜜饯。可能就是因为生活条件太好了，平时缺乏运动，这匹马后来因为过度肥胖死掉了。

伤心的楚庄王要让大臣们为马举办一个豪华的葬礼，用最贵的棺椁（guǒ）盛放它的尸体，用安葬大夫的礼仪为它下葬。大臣们认为这么做有点过分，纷纷劝说楚庄王收回命令。可楚庄王不但不听，反而下令——“谁再敢因为安葬宝马的事情进谏，就判他死罪！”

优孟知道了以后，进入王宫，仰头朝天号啕大哭。楚庄王很纳闷，问优孟在哭什么。优孟一边哭，一边回答说：“大王，我们楚国这么伟大的国家，有什么事情办不到？死掉的宝马是您最心爱的，用大夫的礼仪安葬太委屈它了。我建议您用安葬国君的礼仪为宝马下葬——用玉石做棺材，用珍贵的木材做椁，让楚国最勇敢的战士为它挖墓穴，让其他人为陵墓背土堆坟。齐国、赵国、韩国、魏国的使者也要出席葬礼，还要用祭祀祖先的太牢礼（古代帝王祭祀时，猪、牛、羊三牲齐全称为“太牢”）作为祭品。只要您肯这么做，天下诸侯就都知道您把马看得比百姓还重要了！”

楚庄王听完优孟的话，冷汗都流下来了，惶恐地说道：“我把事情办得这么糟了吗？还有什么补救的办法吗？”优孟回答说：“大王想补救也很简单，您让人在地上挖个灶坑，用铜锅盛放宝马的尸体，在锅里放入红枣、生姜调味，大火炖煮，最后把马肉埋葬在大家的肚子里就好了。”

最终，楚庄王听从了优孟的意见，把宝马的尸体交给了王宫里主管膳食的太官，用一顿马肉大餐代替了豪华葬礼。

知恩图报的优孟

除了会说话之外，优孟还是个知恩图报的人。楚国宰相孙叔敖活着的时候，认为优孟是个品德高尚的人，对他特别照顾，优孟也在心里牢记孙叔敖的恩情。

后来，孙叔敖得了重病。在临终之前，他对自己

矩纹彩漆竹扇 战国

炎热的夏天里，没有空调和电扇的古人们，只有依靠扇子来扇风去热。这件矩纹彩漆竹扇色泽鲜艳，编织技巧精细，是中国迄今为止发现年代最早的彩漆竹扇。

的儿子说："我一生清廉，没给你留下什么遗产。将来你要是穷困得过不下去了，就去找优孟帮忙吧。"

孙叔敖去世后，他的儿子过得很艰难。一天，他遇到了优孟，他鼓起勇气对优孟说："先生，我是孙叔敖的儿子。我父亲生前叮嘱我，以后遇到困难就找您。"

优孟看着眼前衣衫褴褛的少年，脑海中想起了孙叔敖的音容笑貌，心中感慨万千，叹了口气说道："我知道你父亲的意思了，你最近不要出远门。"

说完，优孟带着孙叔敖的儿子回了家，让人做了孙叔敖生前爱穿的衣服自己穿戴起来，每天都和孙叔敖的儿子谈话，回忆孙叔敖说话的语调，揣摩孙叔敖的动作。过了一年多，优孟的神态和动作已经有孙叔敖八九分的神韵了，就是王宫里熟悉他的人也分辨不出来真假。

有一天，楚庄王在宫廷中设宴，优孟上前敬酒。楚庄王看到优孟时大吃一惊，还以为是孙叔敖死而复生了。因为怀念死去的宰相，楚庄王就打算任命优孟为宰相。

优孟说自己要回家和妻子商量一下，三天后再给楚庄王答复。过了三天，优孟来到王宫，婉言谢绝了楚庄王的任命。楚庄王非常奇怪，问他为什么。优孟假装回忆了一下妻子的话，一本正经地回答："我妻子说楚国的宰相可不能干啊！想当初，孙叔敖忠贞廉洁地辅佐君王，楚国因此才能成为天下的霸主。可孙叔敖死后，他的儿子却每天靠上山打柴维持生活。楚国如此不重视人才，还有谁愿意给楚国效力呢？"听完优孟的话，楚庄王很受触动，先向优孟认错，然后召见了孙叔敖的儿子，给了他封地，让他祭祀孙叔敖。就这样，孙叔敖的儿子摆脱了穷困的生活，优孟也报答了去世的恩人。

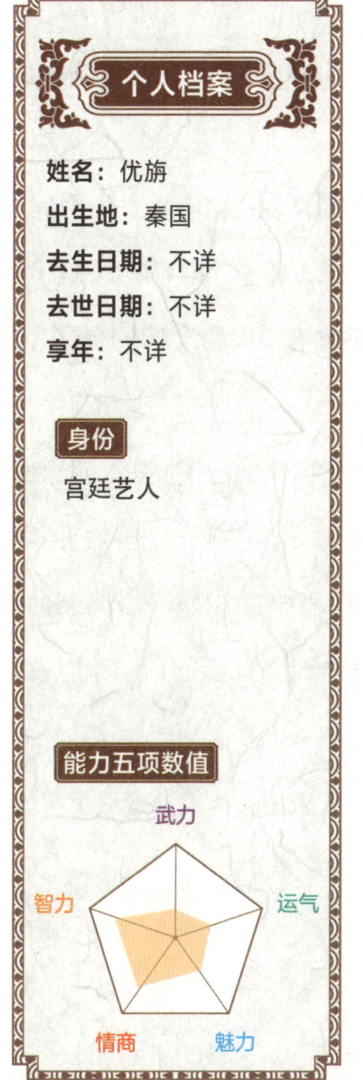

劝阻秦始皇的"大人物"

优旃是秦国宫廷表演歌舞的侏儒艺人。他虽然个子矮小，可头脑十分聪明。

有一次，秦始皇在大殿中举行宴会，殿外有许多士兵在站岗护卫。这时突然天降大雨，雨水顺着士兵们铠甲的缝隙流进衣服，他们又冷又饿，却不敢擅自离开岗位。

在大殿中饮酒的优旃很同情士兵们，他走过去小声问："你们想不想休息一下？如果想休息，我一会喊你们的时候，你们一定要大声回答。"士兵们纷纷点头答应。

过了一会儿，大殿中的文武百官纷纷向秦始皇敬酒，高呼万岁。优旃也拿起酒杯，在大殿中高喊一声："大秦的士兵们！"殿外的士兵们整齐地回答说："有！"

优旃得意扬扬地说道："你们一个个人高马大，有什么用啊？还不是要在风雨里站岗，冻得哆哆嗦嗦？我虽然矮小，却能在大殿里喝酒，你们比得上我吗？"

听到优旃的玩笑话，大臣们哄堂大笑。秦始皇这才想起了殿外淋雨的士兵们，下令让士兵们**轮班休息**。

还有一次，心血来潮的秦始皇想要扩建自己的苑囿（yòu），准备把东到函谷关，西到陈仓的百姓都迁走，将猛兽放入其中。优旃说：“陛下太英明了，应该多放些猛兽进去。将来万一敌人从东面打来，就让动物园里的麋鹿用犄角去撞敌人！”秦始皇听了以后便彻底打消了扩建的念头。

秦二世当皇帝的时候，嫌咸阳城太土气，他想要给咸阳城的城墙刷上一层漆。优旃拍手称好，然后笑嘻嘻地说道：“陛下，您的主意太棒了，给城墙刷漆虽然会花点钱，让老百姓受点苦，可好处实在太多了——假如有一天敌人来攻打咸阳，刷过漆的城墙那么光滑，累死他们也爬不上来！”

秦二世看优旃赞同自己的决定，也喜笑颜开。可优旃又皱起了眉头，犹豫地说道：“给城墙刷漆倒是容易的，但是难办的是，要找一所大房子，把漆过的城墙搁进去，让漆阴干。”在秦朝可没有我们现代的油漆，刷的漆都是从树上取得的，刷漆也是用浸泡的方式上漆，上完后还要放在室内等待树漆自然变干。优旃这么一讲，秦二世就放弃了给城墙上漆的计划。

过了不久，秦二世被赵高杀死。等到刘邦率军进入咸阳，优旃又变成了汉朝的子民，过了几年才去世。

史记成语典故大搜索

一鸣惊人

词意：比喻平时默默无闻，却能突然做出惊人的事情。

造句：2021 年的东京奥运会上，中国运动员苏炳添一鸣惊人，在男子 100 米的比赛中跑出 9 秒 83 的成绩，打破了亚洲纪录。

杯盘狼藉

词意：形容宴会结束后，杯子和盘子散落的情形。

造句：这次同学聚会的气氛特别热烈，大家互相敬酒、交谈，一直吃到杯盘狼藉，才尽兴离去。

仰天大笑

词意：形容仰望着天空高声大笑的样子。

造句：唐代诗人李白《南陵别儿童入京》一诗中——“仰天大笑出门去，我辈岂是蓬蒿人”，特别能展现诗人狂放不羁的性格。

项羽

烽火起江东
项羽起兵的故事

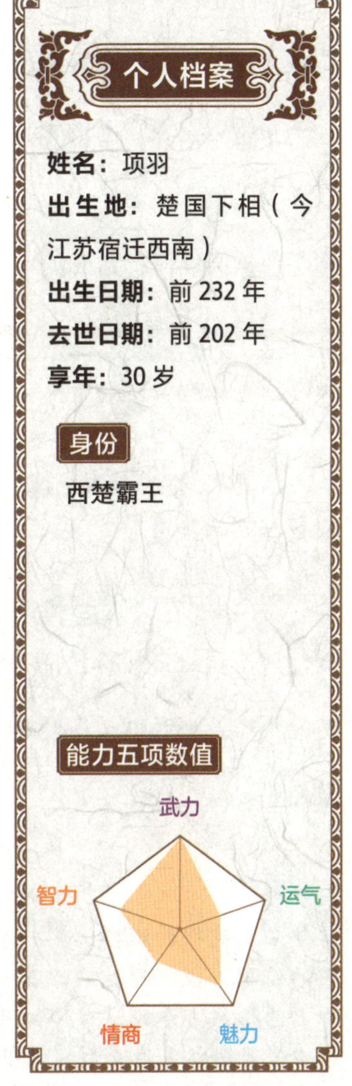

秦始皇巡游会稽郡时，跟随的仪仗、护卫绵延几百米，沿途的行人都诚惶诚恐地观望着皇帝的车队。一个青年却对眼前这种前呼后拥的仪式队列产生了兴趣，脱口而出："那个人也没什么了不起，我可以取而代之！"站在他身边的叔叔项梁急忙捂住他的嘴："不要胡说，这可是灭族的大罪！"惊慌之余，项梁也感到这个侄子不是一般人，将来必定会有大作为。这个青年，就是后来的西楚霸王——项羽。

浅尝辄止

秦王政二十二年（前225），秦国名将王翦率领六十万大军**攻打楚国**。楚军在项燕的带领下奋起反抗，但最终还是失败了。项燕在绝望之际自杀，楚国也很快灭亡。

项燕出身的项氏家族世世代代担任楚国将

领，立下赫赫战功，被封在项地。项燕自杀后，他的儿子项梁自然背负起这份国仇家恨。项梁没有儿子，侄子项籍（字羽）的父亲又死得早，所以项梁便把项羽当成了重点培养对象。

为了把侄子培养成才，项梁花了很多工夫——先是安排项羽读书，可这小子压根没兴趣，说：“舞文弄墨有什么用，会写自己的名字就够了。”

项梁觉得，自己的家族是武将出身，文化课不学就算了，那就学剑术吧。谁知项羽对剑术也看不上，说：“一个人武艺再高强，也只能**单打独斗**。好虎架不住一群狼，我觉得剑术不值得花费心思去学。”

项梁没好气地问：“你这不学那不学，到底想学什么？”

项羽一脸认真地说：“我想学的是万人争战的大本事！”

项梁听了后，慢慢消了气：“万人争战，那不就是带兵打仗的方法嘛。看来你小子志气不小，那我就按照培养三军统帅的方向来教你吧。”

石铠甲 秦

这件石质铠甲的规格、形制和编织方法都与实用的铠甲一模一样，它比出土的秦俑身上的铠甲更为形象。看到这件石铠甲，我们就能够想象出当时秦朝士兵身上的铠甲是什么样子的。

没过几天，项梁又生气了——因为项羽刚刚懂得一点兵法的皮毛，就又不肯学了。为什么自己觉得最有用的东西，侄子总是不能坚持到底呢？

迅雷不及掩耳

项羽不肯踏踏实实地学习，项梁没办法，只好一直把他带在身边。项梁通过组织服役、操办葬礼等形式广泛结交吴中当地的豪杰，并暗中考察和培养一批青年才俊。

项羽身高八尺有余（按照比例换算，项羽的身高接近1.9米），力大无穷，双手能够举起特别重的青铜鼎，当地的年轻人都十分敬畏他。

秦二世元年（前209）七月，陈胜、吴广等人在大泽乡揭竿起义，各地纷纷响应。自己辖区内的反抗势力令会稽郡守殷通惴惴（zhuì）不安。九月，他找到项梁悄悄商量：“现在好多地方都造反了，这是上天要灭亡秦朝的节奏啊。我听说先下手为强，后下手遭殃，我想要发兵抗秦，请您和桓楚负责统领军队。”

项梁爽快地答应下来：“这个肯定没问题啊。只不过桓楚因为触犯了秦朝的法律，眼下正躲在外面，除了我的侄子项羽，没有人知道他的具体位置。要不这样，我把项羽叫进来，您安排他去找桓楚。”

殷通也没多想，高兴地点头：“那你让他进来吧！”殷通没想到的是，项羽刚一进门，项梁就冲他使了个眼色，示意他：可以动手了！项羽立刻拔剑，斩下了殷通的首级。

项羽手持宝剑，在前面开路，项梁则把郡守的官印挂在腰上，手提殷通的头颀，紧紧跟在项羽身后。院子里殷通的部下一看这架势，都愣住了，呆呆地站在原地不知所措。有人冲上来想为殷通**报仇**，结果被项羽斩杀。项羽接连杀了近百人后，其余人终于放弃抵抗，全都匍匐在地，表示愿意听从项氏叔侄的号令。

于是，项梁以新任会稽郡守的身份召集此前结交的各路豪杰，向他们说明反抗秦朝的道理，正式宣布起义，由项羽担任他的副将。此时项氏叔侄的手下已经有了八千精兵。

遭遇挫折

起义起初进行得很顺利，队伍在向西进军的过程中不断发展壮大，达到六七万人。

这时，居鄛（cháo，今安徽桐城双港镇附近）有个叫范增的人，他年过七十，长年隐居在家，不出去做官，平时喜欢琢磨些纵横捭阖（bǎi hé）的谋略。

范增跑到薛县去找项梁，建议项梁拥护楚王的后代作为起义军领袖，这样可以赢得更多人的支持。项梁认为范增说得有道理，就派人四处打听楚怀王嫡孙熊心的下落。

楚怀王是一个命运悲惨的国君，他原本统治着疆域广大的国家，还一度担任各国讨伐秦国的盟主，后来却被秦国相国张仪诓骗，从此一败再败，丢失大量国土。秦昭襄王八年（楚怀王三十年，前299），秦昭襄王约楚怀王在秦国境内的武关（陕西丹凤东武关河的北岸）会面。楚怀王不听屈原等人劝告，贸然赴会，结果被秦国扣留，最终惨死在异国他乡。

为了充分利用人们对楚怀王的同情，项梁在找到熊心后，立他为楚怀王，建都盱台（今江苏盱眙），项梁自己则号称武信君。随着项梁义军声势越来越大，在沛县起义的刘邦也到薛县投奔了项梁。

项梁领导的楚军接连击败秦军，甚至杀死了秦朝丞相李斯的长子——三川郡守李由。楚军连战连胜，项梁逐渐骄傲轻敌起来。副将宋义劝项梁说：“一支将领们骄傲、士兵们懈怠的军队必然会输！”可是项梁没有听从宋义的意见，而是派宋义出使齐国。

在出使齐国的路上，宋义遇见了出使楚国的齐国使者高陵君。宋义特地提醒他说：“依我看，项梁的军队必定要遭遇失败。您慢点儿走，说不定可以避免一场杀身之祸；要是走得快了，也许就赶上灾祸了。”

不久，楚军在定陶（今山东菏泽）遭到秦军猛烈进攻，项梁战死，刘邦和项羽各自率领部队撤退。

青铜箭镞 秦

弓箭是冷兵器时代的唯一远程兵器。青铜的箭镞（zú）最早出现在商朝时期。这件青铜箭镞的箭首呈三棱形，这样的设计更有利于撕裂敌人的肉体，给敌人造成更大的创伤面。

秦军将领章邯认为，楚军已经被击溃，不再对秦国构成威胁，转而掉头向北进军，去攻打赵国了。很快，章邯就把赵王赵歇、相国张耳围困在巨鹿（今河北邢台平乡县西南）城里。

卿子冠军

假如章邯消灭赵国，各路起义军势必会遭到沉重打击。因此，本着唇亡齿寒的道理，楚国虽然刚刚**遭遇大败**，却也不得不救援赵国。项梁死后，由谁来担任此次北上救援赵国的主帅呢，楚怀王不由得犹豫起来。

齐国使者高陵君此时刚好在楚军军营，他主动向楚怀王推荐了一个人——宋义。高陵君显对楚怀王说：“当时，宋义断定项梁的军队必败，结果没过几天，项梁果然失败战死。在战争没有开始的时候，就能事先看出失败的征兆，这可以说是懂得用兵之道了。”

楚怀王因此召见宋义，向他询问军中大事，宋义回答得头头是道。楚怀王非常欣赏他，当即任命宋义为上将军，项羽为次将军，范增为末将军。由宋义统一领导前去支援赵国的各路将领，号称“卿子冠军”（卿子是古代对人的一种尊称，类似于“公子”）。

杀帅夺权

宋义带队出发走到安阳，便下令停止前进，一停就是四十六天。心急的项羽再也忍不住了，跑去质问宋义：“救急如救火，现在快走到巨鹿了你却不敢前进，赵国到底是救还是不救？我认为军队应该迅速渡过黄河，从背后攻打秦军，赵军在里面接应，如此里应外合，必然可以打垮秦军！”

宋义淡定地摇了摇头：“我不这么认为。如今秦军围住巨鹿，并没有使出全力攻城，所以损耗不大，等他们真正跟赵军拼个你死我活，那么无论秦军胜利还是失败，士兵肯定已经疲惫不堪，我们到那个时候再出击，必然能够取胜。论冲锋陷阵，我不如你；但是论策略计谋，你不如我。所以你别说了，听我的就行。”宋义还传令全军：“不听指挥的人，一律斩杀！”宋义又派儿子宋襄到齐国为相国，亲自将宋襄送到无盐，设宴大会宾客。

但是，项羽开始了自己的行动。首先，项羽利用士兵在冷雨天气下缺衣少食的不满情绪做了动员：“将士们，当你们停滞不前、又冷又饿的时候，主帅正在大会宾客、花天酒地，你们心里觉得公平吗？他口口声声说‘我们是在等待秦军的疲惫’，可是以强大的秦军去攻打刚刚建起来的赵国，结果必定是秦军大胜。到那时，秦军士气更加高涨，还谈什么利用对方的疲惫？怀王集中楚国全部的兵力和粮草，不就是为了争取一场胜利，挽救赵国、重振楚国吗？可是我们的上将军却不在乎国家的安危，心里只想着为自己**谋取私利**。他刚给自己的儿子谋了一个齐国相国的好职位，现在又抛下军队，送别儿子三百里，这样的人难道算得上是一个称职的上将军吗？”

第二天早晨，项羽去参见宋义，在军帐中砍下了这位上将军的脑袋。随后，项羽走出军帐高声宣布：“宋义和齐国勾结企图反叛楚国，我奉楚怀王的密令，把他处死！”

将士们平时就很害怕项羽，如今看到这样的情形，更是没有人敢反抗，一起拥戴项羽代理上将军职务。项羽还派人追到齐国境内，杀了宋义的儿子。楚怀王收到报告后只好正式任命项羽为上将军。

破釜沉舟

项羽以上将军的身份命令两万士兵率先渡过漳河，援救巨鹿。楚军取得了一些胜利，但还不足以解除秦军对赵国的包围。项羽率领全部人马过河，把所有的渡船全部凿沉，把做饭的炊具都砸碎，营帐也全部烧毁，每人只带三天的口粮，

鞍马骑兵俑 秦

这件鞍马骑兵俑塑造了当时秦代骑兵和战马的形象，骑兵威武精干，战马健壮有力。说明在当时，想要成为一名骑兵，筛选条件十分严格。

以此展示誓死战斗、决不退缩的决心。士兵们看到退路彻底没了，只能奋勇往前冲，他们所有的战斗力都被激发了出来。楚军战士杀声震天，以一当十，经过数次激烈的战斗，终于打败了强大的秦军。

当时，前来援救赵国的诸侯不只有楚国，其他国家的军队到达巨鹿以后，都在远离秦军的地方建立防御工事，躲在营垒中远远观望，没有人敢率先冲上去同秦军作战，可项羽却把秦军打得落花流水。楚军大败秦军后，项羽召见诸侯将领，他们进入辕门后，都跪着向前走，没有人敢抬头，项羽成了号令各路诸侯、众人仰望的上将军。他发布的命令，没有人敢不听从。

秦军主帅章邯接连吃了败仗，又害怕秦二世的责罚，干脆带着部队向项羽投降。在继续向西进军、挺进关中的过程中，项羽担心投降的秦军在接近故乡时不听指挥，就在新安（今河南新安县）城南把二十余万秦军坑杀了，只留下章邯等少数几位将领。

项羽继续向西前进，他在路上得知刘邦率领的另一路义军已经率先打下了咸阳城。谋士范增劝项羽说："原来的刘邦贪财好色，如今进到关中，他却一分财宝不拿，一个美女不要，说明他的志气不小啊。希望您赶快进攻，千万不要错失良机！"

于是，项羽立刻强行出兵攻打函谷关，然后沿着渭水南岸一路西进，直到戏水西岸，才下令停军休整。这时，在刘邦手下的左司马曹无伤也派人向项羽告密："刘邦想要在关中称王，立秦王子婴为丞相，把秦国收藏的奇珍异宝都据为己有！"——曹无伤其实就是觉得刘邦斗不过项羽，想要提前给自己找到下一个靠山罢了。当时，项羽指挥着四十万诸侯联军，对外号称百万；而刘邦的兵力只有十万，谁强谁弱一目了然。

项羽下令："明天准备一些酒食，好好犒劳将士们，给我把刘邦的部队彻底打垮！"

一场大战一触即发，但是，究竟会不会打起来呢？

楚国的左尹项伯，是项羽的叔父。项伯年轻的时候杀了人，是张良帮他免了死罪，他一直想找机会报答张良的恩情。项伯知道项羽要攻打刘邦的消息后，连夜跑到刘邦军中，私下见到张良，把事情全都告诉了他，想要叫张良和他一起逃跑。

张良说："我现在是刘邦的手下，如今他有难，我要是逃走就是不仁不义，得把这个消息告诉他。"张良于是进入军帐，把项伯的话全都告诉了刘邦。张良说："是谁给您出的派兵把守函谷关的主意？"刘邦说："是一个谋士对我说：'把守住函谷关，不让别的诸侯进入关中，您就能据有秦国的土地称王了。'因此我才听信了他的计策。"张良说："您觉得自己这点人能打得过项王吗？"刘邦沉默了一会儿，说："当然打不过，那么现在该怎么办呢？"张良说："我去和项伯解释一下，说您不敢背叛项王。"刘邦说："张良，你替我把项伯请进来，我亲自和他说清楚。"

张良去请项伯，项伯立刻进去与刘邦见面。刘邦同项伯订下儿女婚约，并对他说："我入关以后，对于秦朝的财宝不敢有任何想法，日夜盼望着只等待项羽将军到来。我派遣军队把守函谷关，是防备有其他的盗贼进来和发生意外。我哪里敢反叛啊！希望项伯转告项羽将军，我绝对没有背叛项羽将军！"

项伯应允，他对刘邦说："明天一定要早点来给项王道歉。"刘邦说："好。"于是项伯又连夜离去，回到军中，把刘邦所说的话一一报告给项羽。

史记成语典故大搜索

取而代之

词意： 指由自己代替别人的地位，或是用某一事物代替另一事物。

造句： 幸福更多的是个人情感上的一种满足，金钱无法取而代之。

才气过人

词意： 才能气魄都胜过一般人。

造句： 唐朝诗人王勃才气过人，年纪轻轻就能写出“落霞与孤鹜齐飞，秋水共长天一色”的名句。

先发制人

词意： 原来指在战争中争取主动，先动手来制服对方；后来指率先采取行动。

造句： 小明被人踩了一脚，还没等他开口呢，对方就先发制人地质问道：“你想干什么！”

第二天一大早，刘邦就带着百余位随从前来会见项王，项王设宴欢迎刘邦。

项羽

刘邦

当初我和将军一同攻打秦国，没想到最后是我先入关。

现在一定是有小人在背后说了坏话，才让将军对我产生了误解。

是你的左司马曹无伤说的，不然我怎么会怪罪你呢？

曹无伤

看我的眼神啊！
范增

杀……
掉……他……
?

范先生今天这是怎么了？
身体不舒服吗？

嗯……我出去
上个厕所……
理解能力也
太差了！

啊！气死我啦！
怎么这么笨！

给我把项
庄叫来!
是!

范先生,
您叫我?
项庄

项王不忍心下手,
待会你进去敬酒,
说自己要表演节目,
然后趁机杀了沛公。

为什么要杀沛公?

好……好……
你听我的就对了!
不要问为什么!

军营里没有什么娱乐
活动，不如让我来给大家表
演舞剑吧。

好啊！

唰!!!

项伯
一个人多无聊啊！
让我来陪你一起。
接着奏乐，接着舞吧！

我挡！
看剑！

大王，我身体不太舒服，我去上个厕所。
张良
是肉不新鲜吗？

樊将军！我正找你呢！
樊哙

现在里面什么情况？

不太好。项庄以舞剑为借口，想要杀沛公。

这太危险了，让我也进去！我要和沛公同生死！

让开！

什么人？

都给我让开！
好……

哪个是项羽？

就是你吗？！

这位是？

这位是沛公
的护卫樊哙。

赐给这位壮
士一杯酒！

樊将军请……
快点啊！

咕咚
咕咚

再赐给他一只猪肘子！

啊呜
啊呜……

哈哈哈，
好！还喝吗？

我连死都不怕，
一杯酒有什么好推辞的！
沛公劳苦功高，
您不但不奖励他，
反而听信小人的谗言，
想要杀掉沛公。
我觉得这样不对！

好……好……
壮士请坐……

我喝酒喝得
有点多了，
出去上个厕所！

老子肚子疼，
也要出去！
给我把厨子
拉出去砍了！

项王请
将军回去。

好的，好的。
你转告项王，
我马上回去。

阿良，现在直接走，
是不是不太礼貌？

现在命都在人家手里，
你还顾得上礼节！

快走！
不然我先砍了你们！

大王来的时候给
项王带礼物了吗？

张良估算着沛公大概已经回到军中，于是来向项王辞行。

多好的
玉斗啊……
去你的吧！
亚父息怒，
亚父息怒。
沛公回到军中后，立刻杀了曹无伤。
给我打！给我狠狠地打！
过了几天，项羽率军向西前进，屠戮了咸阳城，杀死了投降的秦王子婴，烧毁了秦宫室，劫掠了秦朝的财宝和美女向东归去。
项王，关中地区有要塞，而且土地肥沃，如果在这里驻扎，将来一定能称霸天下。
这破房子已经烧没啦，还是家里好，我要东归回家啦！

人要是有钱了不回故乡，
就像穿着名贵的衣服走在
黑夜里一样，没人知道啊！

人们常说楚国人就像
戴了人帽子的猴一样，
现在看来，这话真是
一点也不假。

来人啊！给我把他炖了！
多放葱花和辣子！

至死也是英雄
项羽乌江自刎的故事

西楚霸王

为了激励部下奋勇争先、推翻秦朝，楚怀王曾经宣布：“谁先进入关中，谁就可以做关中王。”而刘邦最早进入关中，迫使秦王子婴投降，按理说应该封他为王。

项羽在率领各路诸侯入关以后，派人向楚怀王汇报。楚怀王回复说：“还是按事先约定的那样办吧。”项羽虽然表面上仍尊楚怀王为义帝。但是，他心里十分不满，还是想要自立为王。

于是，项羽鼓动各路诸侯说：“当初发动起义的时候，大家拥戴原来六国的诸侯子孙为王，为的不过是借助他们的声望来聚集更多力量。最终能成功灭亡秦朝，还不是靠着我们这些人出生入死，一仗一仗打出来的。义帝虽然没什么功绩，但是分给他一块土地，也是应该的。”各位将领们齐声喊：“好！”

然后项羽划分土地、确定边界，一共分封了十八个王。项羽立沛公为汉王，管辖巴、蜀、汉中地区。项羽自立为**西楚霸王**，统治区域多达九个郡，建都彭城（今江苏徐州）。

杀死义帝

分封完毕后，各诸侯都到自己的封国就位。而彭城本来是义帝所在的地方，

驭手俑 秦

从商周到春秋，车战在很长时间内一直都是战争的主要形式。战国到秦朝时期，则形成了步兵为主、车兵为辅、骑兵机动的新型作战方式。作为战车的驾驭者，驭手的地位十分关键。从驭手的服装和铠甲上可以看出他们所处的战车类型——指挥车上的驭手身穿背心式铠甲，防护比较简单；突击车上的驭手则有全套的铠甲，能够最大限度地保证他的安全。

项羽怎么能让义帝和自己住在同一个地方呢，于是他借口说“古时候帝王一定要居住在天下的中央、河流的上游”，所以要求义帝搬到郴（chēn）县（今湖南郴州）。

郴县在古代是南蛮、百越占据的地方，战国中期被楚国征服，才形成一定规模的城邑，改称“郴”。相比之下，郴县自然没有彭城繁华，所以义帝赖在彭城迟迟不肯搬家。项羽派人催促义帝动身，又秘密派人在路上**堵截**，将义帝杀死在长江之中。

起义将领、齐国贵族田荣与项羽有恩怨，也没有获得分封。因此他心怀不满，赶走了项羽分封在齐国大地上的齐王、胶东王和济北王，自立为王。

君临天下的咸阳城

咸阳位于关中腹地，土地肥沃，物产丰富，是一块风水宝地。秦始皇的先祖秦孝公把眼光投向这块物华天宝的土地，在此建都。秦始皇统一六国后，咸阳成为秦朝的都城。秦始皇在征战六国的过程中，每灭一国都要让画师把这个国家都城的王宫画下来，然后在咸阳的渭北地区一一仿建。咸阳横跨渭水南北两岸，北岸是以咸阳宫为主的宫殿区，南岸则是皇室宗庙和苑囿，建有华阳宫、章台宫、兴乐宫等数座宫殿。北岸地势较高，是秦国先王们居住、办公的区域。秦始皇在北岸仿建六国宫殿，都以咸阳宫为中心，让六国宫殿对咸阳宫呈众星拱月之势。

这时，被分封在汉中一带的汉王刘邦也乘机出兵，占领了关中地区，将要东进，而齐国、赵国也背叛了项羽。项羽非常愤怒，本来打算先去讨伐刘邦，但是刘邦派人给他送来一封信："汉王所分到的封地不是他应该得的那块，他只想要关中地区，如果能履行先入关中则为关中王的约定，汉王就立刻停止进攻，不再继续向东了。"刘邦还把齐国想要联合赵国灭掉楚国的消息透漏给了项羽。项羽权衡利弊，觉得齐国的威胁更大，于是项羽决定先向北攻打田荣。楚军烧毁齐国的房屋，踏平了齐国的城池，把投降的齐军全部坑杀了，还掳掠了齐国的妇女。这些报复性破坏行为而遭到齐国民众**激烈反抗**，使项羽陷入泥潭难以自拔，一直未能攻克城阳（今山东青岛城阳区）。

这时，西边的刘邦有了乘虚而入的机会。为了战胜强大的项羽，刘邦打着"为义帝报仇"的旗号，痛哭流涕地为义帝发丧，号召各路诸侯随他一起讨伐项羽。最后，刘邦率领五路诸侯，气势汹汹地直扑彭城。

再次以少胜多

项羽得知彭城危急后，命令大部队继续留在齐国作战，自己只带三万精兵回师救援。刘邦抢在楚军赶到之前便已经拿下彭城，以为胜券在握的刘邦放松了警惕，每天大摆酒席宴请宾客，完全没有料到项羽的反扑来得如此迅猛。

项羽从萧县（今安徽萧县）一路向东挺进，很快便已打到彭城。刘邦布置在周围的三十万人马被项羽的三万精锐打得落荒而逃，楚军追杀到灵璧以东的睢（suī）水河岸，汉军后退，被楚军逼退到河岸边，许多士兵被杀，十几万汉军掉入睢水，使河水一度因为堵塞而停止了流动。刘邦被楚军严严实实包围了三层。

就在这时，突然有大风从西北方向刮来，狂风折断了树木、掀开了房屋，扬起沙石，一时间天昏地暗，楚军士兵大乱，阵型出现了破绽，刘邦这才得以带领几十名亲信护卫逃离战场。

逃命路上，刘邦遇见了自己的儿女，也就是后来的孝惠帝刘盈和鲁元公主。刘邦把他们带上马车一起走。但眼看着追赶的楚军一步步逼近，情急之下，刘邦竟然一把将两个孩子从车上推了下去。驾驶马车的夏侯婴立即停车跳下去，把孩子们重新扶上车。刘邦又推，夏侯婴再扶上车，如此循环反复了好几次。夏侯婴忍不住说："就算把他们扔掉能减轻些重量，马车也不能跑得更快了，所以怎么能把他们丢在这里呢？"刘邦的两个孩子这才得以脱险。

两军对峙

刘邦一路逃到荥（xíng）阳（今河南荥阳），收集残兵败将，加上相国萧何把关中地区能够征调的兵力全部送来，汉军才稳住阵脚。楚军无法继续向西推进，双方在荥阳一带展开了长期对峙。

兽环蒜头扁壶 秦

蒜头壶是一种储藏或者直接用来饮酒的容器，因瓶口呈蒜头形而得名。这件蒜头壶有细细的脖子，圆圆的肚子，两个耳朵是小兽的形状，小兽的嘴里还衔着圆环。

项羽起初占据很大的优势，刘邦觉得项羽手下的谋士范增是个厉害角色，如果能把范增除掉，就相当于斩断了项羽的左膀右臂。于是刘邦采纳谋士陈平的计策，想办法离间项羽和范增之间的关系。

有一次，项羽派来使者，刘邦先是命人准备特别丰盛的酒席。饭菜刚端上来，刘邦一见使者的面，就摆出一副意外的表情，立刻把好酒好肉撤回，并且“不小心”说漏了嘴：“我还以为是亚父派来的使者，怎么是项王的使者呀？”接着就把美食端走了，送上来几样普通的饭食。使者回去后愤怒地向项羽报告：“刘邦和范增的关系非比寻常，您可得留点心。”

项羽听了使者的回报后果然上当了，他怀疑范增与刘邦暗中勾结，逐渐解除了范增的职权。范增大怒：“天下大局已定，项王您好自为之吧。我这把老骨头不如就此退休，回乡做一个普通百姓！”项羽答应了范增的请求。气愤难平的范增没回到老家，就发病身亡了。

除掉了敌军的智囊，形势逐渐朝着对刘邦有利的方向发展。汉军大将韩信成功开辟了北方战场，从北边对楚军形成了包围。项羽派大将龙且（jū）领兵 20 万前去攻击，结果大败，龙且被杀。项羽还派人游说韩信，劝韩信背叛刘邦，与楚、汉三分天下，但遭到了韩信拒绝。与此同时，刘邦的部下彭越也在楚军后方不断骚扰，切断了楚军的粮食供应。

面对士卒疲惫、补给断绝的不利局势，项羽只好和刘邦谈和，双方约定：以鸿沟（位于今河南荥阳）为界平分天下，鸿沟以西归汉王，以东归楚王。项羽接受了盟约，带着部队返回东方了。

青铜天鹅 秦

这只天鹅通体造型优美自然，真实地模拟出了水禽栖水而居的生活状态，透过它的形象我们可以想像出秦代苑囿中那些珍禽在河边觅食、闲步、小憩的生活场景。

垓下之围

刘邦本来也是打算按照约定撤兵回家，但张良、陈平劝他说：“现在您已经占据天下的大半，各路诸侯又归附于您。而楚军**筋疲力尽**、粮食又供应不上，眼下正是一举消灭项羽的大好时机啊。现在放过他，以后谁胜谁败就很难说了！”

刘邦幡然醒悟，立刻带兵追击项羽，并和韩信、彭越在垓（gāi）下（今安徽灵璧东南）会师，将楚军团团围住。深夜里，汉军军营中传来了楚地的民歌声。

项羽夜中起来，在帐中饮酒。喝完闷酒后，项羽跃上马背，带着八百多名精锐骑兵向南突围。在汉军的追赶下，士兵不断掉队，渡过淮河时只剩下一百多人。项羽一行人在到达阴陵（今安徽定远西北）时迷了路，一个老翁骗他说：“向左走。”结果，楚军陷入一片沼泽之中，很快被汉军追上。

此时，项羽身边的骑兵只剩二十八人，而汉军则多达几千人。项羽估计自己没办法摆脱困境了，便停止突围，大声对部下说：“从我带兵起义到如今，已有八年时间，大大小小打过七十多场仗，未尝一败，因此而称霸天下。今天我被困在这里，完全是因为上天有意要让我灭亡，和我个人作战的失误无关。现在我就证明给你们看——大家跟着我痛痛快快冲锋一番，一定要胜它三个会合，斩杀敌将，砍倒他们的军旗！”随即，项羽下令把骑兵分成四队，分别向四个方向突围。汉军也跟随他们的动作，始终保持重重包围的姿态。

项羽大喊一声：“看我来给你们拿下一名将领！”话音未落，便一马当先冲了下去。所到之处，汉军一触即溃，项羽斩杀了一名汉军将领。

楚军刚刚集合，汉军便再次围了上来。项羽再次出马，又斩杀一名汉军都尉，还杀死了上百名汉军士兵，而项羽身后仅仅损失了两人。项羽扭过头得意地问：“怎么样？”

随从们无不心悦诚服地答道：“正如大王所说的那样！”

不肯过江

项羽带着剩下的骑兵继续向前突围，来到乌江岸边。

乌江亭长（秦汉时期在乡村每十里设一亭，负责维持治安、抓捕盗贼）已经把船停在岸边准备接他。亭长知道刚刚遭遇失败的项羽心里肯定不好受，就劝他说：“咱们江东（长江以东地区。古人以东为左，所以也称“江左”）虽然地盘不大，但土地纵横千里，人口有几十万，足够您割据一方称王了。还请您快快渡江！眼下江面上只有我一个人有船，一会儿汉军到了，您就走不了了！”

项羽大笑着说：“既然是上天有意要我灭亡，我还渡江做什么！想当初，八千江东子弟跟着我踌躇满志地渡江西征，如今却没有一个人活着回来。即便江东父老兄弟可怜我，拥戴我继续称王，我又有什么脸面回去见他们呢？就算他们嘴上不说什么抱怨的话，我项羽心中难道就能没有愧疚吗？”

说到这里，项羽毅然决然地告诉亭长：“我知道您是位忠厚的长者，一定不会辜负我临死前的托付。我骑的这匹马，跟随我东征西讨已经五年了，它可以日行千里，在战场上所向披靡，我不忍心杀了它陪葬，就将它托付给您吧。”

饮恨自杀

项羽命令所有骑兵下马步行，手持短兵器与汉军展开白刃战。只项羽一个人就斩杀了几百人，但他自己身上受了伤。项羽远远望见汉军阵营中的吕马童，大声喊道：“喂！这不是我的老相识吗？”

吕马童背对着他，向旁边的王翳介绍说：“这就是项王。”

项羽不紧不慢地说：“听说汉王悬赏黄金一千斤、封邑万户想要我的脑袋，今天碰见故人，我就索性做个人情，把这个好处送给你吧！”说完就拔剑自刎了。

汉军立刻蜂拥上前争抢项王的遗体，甚至因为争夺太激烈而相互踩踏，自相残杀。抢到项羽头颅和四肢的五个人后来果真都被封了侯。

曾经叱咤风云的西楚霸王，最终以自刎乌江的悲壮方式，完成了生命的谢幕，留给后人无限的感叹。

彩绘跪射俑 秦

秦始皇陵中的兵马俑造型逼真，栩栩如生，每个士兵俑都能看出其年龄、身份，有的眉清目秀，嘴唇紧闭，明显是刚入伍的新兵；有的粗眉大眼，胡须微张，应为多次出生入死的老兵。其实秦俑基本上都是彩绘的，其颜料多为矿物材料，我们看到的灰头土脸的样子，是因为出土后氧化剥落，此彩绘俑则在出土时进行了保护，彩绘清晰可见。

霸王别姬

寒冷的深夜，汉军营中四面八方响起楚国的歌谣，项羽大吃一惊：“难道楚地已经完全被占领了？为什么汉国阵营里有那么多楚人？”忧心忡忡之际，项羽独自喝着闷酒，想起常年陪伴在自己身边的美人虞姬和一匹名叫“骓（zhuī）”的骏马，不禁慷慨悲歌：“力拔山兮气盖世，时不利兮骓不逝。骓不逝兮可奈何，虞兮虞兮奈若何！”项羽唱时泪流满面，虞姬也忍不住哭着附和。

《史记》中并没有交代虞姬的最后结局，而在京剧《霸王别姬》中，虞姬自刎在楚军的军帐中。

后来人们用成语“霸王别姬”来展现英雄末路的悲壮场景，也比喻那些独断专行，不听劝阻，最后走向灭亡的人。

霸王别姬

史记成语典故大搜索

沐猴而冠

词意： 猴子穿衣戴帽，扮成人的样子。比喻虚有其表，没有真正的本领。

造句： 一个没有真才实学的人，即便给他一个很高的职位，那也是沐猴而冠，不会真正做出什么成就来。

披坚执锐

词意： 穿着铁甲，拿着武器。形容全副武装。

造句： 战士们在战场上披坚执锐，奋勇向前，准备同敌人决一死战。

分一杯羹

词意： 分我一杯肉汤。指分享利益。

造句： 听说这项产品的市场广大，利润很高，一些公司也想投资生产，好从中分一杯羹。

选题策划：李国斌
项目统筹：韩飞 樊文龙
文图编辑：李国斌 樊文龙 韩飞
卢雅凝 白海波 宋正乔
装帧设计：周正
美术编辑：刘晓东 张大伟 苟雪梅
封面绘制：地白
文字撰写：王鑫 毛帅
插画绘制：贤达广告制作工作室 孟琰 杨梅 桑榆 Ring 方超杰
图片提供：
中国国家博物馆 台北故宫博物院
南京博物院 河北博物院 湖北省博物馆
陕西历史博物馆 大英博物馆
美国纽约大都会艺术博物馆
视觉中国

读史记 ⑥

辩而不华

纪传体

善序事理

被列为二十四史之首

杨燕起◎主编

韩兆琦◎特邀顾问

北方文艺出版社

哈尔滨

目录

刘邦

大风一曲振山河
刘邦做皇帝的故事（上）

在象棋游戏中，红黑两方在棋盘上对阵，中间隔着楚河与汉界，“帅”或者“将”先被逼死的一方就算输了。但你有没有想过，为什么棋盘中间会写着“楚河”“汉界”呢？读了《史记》你就会知道，“楚河”“汉界”来自楚汉战争，双方的棋子是各自的兵将，其中隐含着汉高祖刘邦和西楚霸王项羽争夺天下的故事。让我们一起探究一下，在楚汉战争中，那个“将死”了项羽的刘邦，究竟有着怎样的传奇故事。

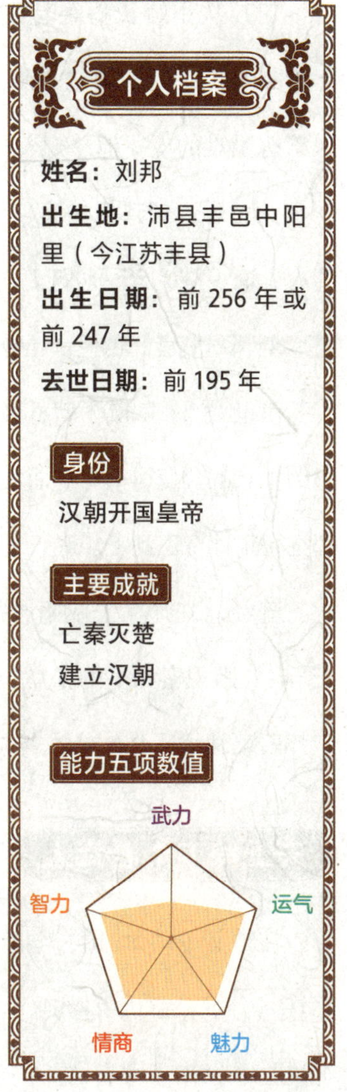
个人档案

姓名：刘邦

出生地：沛县丰邑中阳里（今江苏丰县）

出生日期：前256年或前247年

去世日期：前195年

身份

汉朝开国皇帝

主要成就

亡秦灭楚

建立汉朝

能力五项数值

与“龙”有缘的男人

刘邦，字季，出生于沛县丰邑中阳里（今江苏丰县），他的父亲被称作刘太公，母亲被称作刘媪（ǎo）。

关于刘邦的出生，有一个很神奇的传说。

相传有一天，刘媪在一片大泽岸边休息，

恍惚间睡着了，梦见自己遇到了神仙。此时，天空刮起狂风，电闪雷鸣。刘太公赶紧出来找刘媪，恰巧看到有一条蛟龙伏在刘媪身上。这之后没过多久，刘媪发现自己怀孕了，后来生下的孩子就是刘邦。

刘邦从小就长得很特别，他的鼻梁高耸，胡子像龙须一样漂亮，左腿上有七十二颗黑痣。刘邦从小就很大方，对周围的人都非常热情，经常把自己的东西送给有困难的人。他总想着干一番大事业，唯一的缺点就是从不肯下地干活儿。

长大后，刘邦想做官，可惜只当上了泗水亭的亭长。但刘邦却讨厌那些当官的人，时常**捉弄**他们。

刘邦不但喜好美色，还爱喝酒，不过他没多少钱可以拿去喝酒，经常在王媪家的小酒馆里喝酒，喝醉了就直接睡在店里。时间久了，王媪发现，只要刘邦去喝酒，店里的生意就会变得很好。而且每次刘邦喝醉睡着了，他的身上好像有龙在飞舞，大家都觉得很神奇。到了年底，王媪干脆就把刘邦欠的酒钱一笔勾销。

曾经，刘邦在去咸阳服役的路上，遇到了秦始皇出巡的车队。他挤在路边的人群中，围观秦始皇的车马。看到豪华气派的车队，刘邦羡慕地说："大丈夫就应当如此气派！"

彩漆耳杯 汉

天上掉下个老丈人

在单父（shàn fǔ，今山东省单县），有一个人名叫吕公，他和沛县县令关系很好，为了躲避仇家搬到了沛县。沛县县令在家里摆酒宴接待吕公，当地官员们听说县令家来了很有名望的客人，都排着队上门送贺礼。县令的下属萧何负责收贺礼，他规定："礼钱不到一千，就只能在堂下就座了。"

刘邦只是一个亭长，官职很小，也很穷。他讨厌那些官员，就在送礼的时候递上一张礼单，谎称："贺礼一万钱！"实际上，他连一分钱都没有。

就这样，刘邦没出钱，反而**大摇大摆**地走了进去。吕公一见到刘邦就很震惊，他赶紧站起来到门口去迎接刘邦。难道是因为刘邦说了"贺礼一万钱"吗？当然不是。吕公懂得一些相术，他一眼就看出刘邦面相非凡，绝不是等闲之辈。因此，吕公把其他人晾在一边，跟刘邦一起喝酒聊天。最后，吕公还不顾妻子的反对，要把女儿吕雉嫁给刘邦。

贵不可言的面相

尽管吕家很多人都不赞同刘邦与吕雉的婚事，但在吕公的坚持下，吕雉最终跟刘邦结了婚。

一天，吕雉带着孩子们在地里干活儿，一个路过的老者向她讨水喝。善良的吕雉不仅给老者喝水，还拿了饭菜给他吃。老者看了一眼吕雉的面相，惊奇地说："夫人真是大富大贵之相啊！"

吕雉听了很开心，把两个孩子叫过来，也让老者给他们看看相。老者看了看孩子们的面相，**惊讶**地说："你们都贵不可言！不过，夫人，您的富贵和这个儿子有很大关系啊！"

老者休息够了，起身要离开，正巧刘邦从旁边的屋子里走出来。吕雉把刚才老者说的话当作趣事讲给刘邦听，刘邦连忙问："他人呢？"

“才刚走，应该还没走远。”吕雉说。

刘邦急忙追了上去，问老者刚才看相说的话是不是真的。老者看了看刘邦，说：“我刚才看夫人和孩子们的相貌，都很高贵。现在看您的相貌，简直贵不可言啊！”

刘邦向他道谢：“要是我以后真能像您说的那样高贵，我一定不会忘记您！”多年以后，刘邦成了天下之主，但他始终没找到当年给自己相面的那位老者。

仗剑斩白蛇

刘邦当亭长的时候，接到上级的任务，要他押送一批人去骊山服役。半路上，刘邦发现很多人都逃跑了。

“这样下去，等到了骊山，人就都跑没了吧！”刘邦很郁闷，任务肯定是完不成了，他势必要受到上级的惩罚。当时，秦朝法律非常严酷，不能按时保量地押送服役的人，自己就等于是去送死。

走到丰西大泽（今江苏丰县西）时，刘邦干脆停下来不走了。天渐渐黑了，刘邦喝着酒，琢磨着下一步该怎么做。最后，他下定决心，对所有要去服役的人说：“你们快逃命去吧，我也要逃命去了！”

有十几个人表示愿意跟随刘邦一起逃，他们打算走小路穿过沼泽地。有一个人走在最前面探路，忽然跑回来报告说：“前面有一条大蛇挡住了路，太可怕了！

我们还是退回去吧！”

刘邦本来就喝了点酒，带着点酒气说：“大丈夫岂会怕一条蛇！”说完提着剑走上前去，把大蛇砍成了两段。在场的人都被刘邦的勇敢无畏所折服，都表示要誓死追随他。

沛县出了个“沛公”

就在刘邦逃亡在外的时候，一条震惊天下人的消息传来——秦始皇死在了东巡的路上。秦始皇的儿子胡亥继位，为秦二世。

此时，由于受不了秦暴政的压迫，蕲（qí）县（今安徽宿州蕲县镇）一个名叫陈胜的人带领众人发动起义，反抗暴秦，很多地方都起兵呼应陈胜。

沛县的县令也想呼应陈胜，但他胆子太小，一时没有什么好主意。县令手下有两个官吏，一个叫萧何，一个叫曹参，他们对县令说：“您是秦朝的官，现在要是起兵，哪有人愿意跟您啊！您还是把那些逃亡的人都召集起来，人多势众，就不怕百姓不跟您了。”县令觉得有道理，马上派人去联系刘邦。这时，刘邦身边已经有不少跟随他的人了。

县令实在是个没主意的人，很快就后悔了，怕刘邦来了会出事，干脆把城门关起来，不让任何人进出城，因此，刘邦来了却进不了城。另外，县令觉得给他出主意的萧何和曹参都不是好人，准备暗中杀了他们。

萧何和曹参觉察出县令的意图后，找机会翻墙逃跑，去**投奔刘邦**。刘邦写了一封信，绑在箭上射入沛县城中。信中刘邦对沛县的老百姓们说：“全天下都在反抗暴秦，各地起义部队都快打到沛县了。如果沛县的百姓们愿意把县令杀掉，那么大家都能保住性命。否则，等起义军来了，那可就晚了！”

听到这话，城里的百姓们一拥而上杀掉了县令，打开城门迎进刘邦，大家都希望刘邦能接任县令。

刘邦站出来说：“现在世道太乱了，起兵的人很多，如果没有一个好首领，就注定会失败。我不是怕死，只是怕自己本事不够，保护不了大家。至于谁来当首领，还是让大家一起推选吧！”

萧何和曹参都推荐刘邦。老百姓们早就听说了刘邦大方助人、英勇无畏的事迹，便说：“我们听到过不少有关你的事，都说你命中富贵，就算是用占卜来决定，也不会有人比你更适合当首领！”

刘邦再三推让，最后，还是当了沛县的县令，大家都称呼他为“沛公”。他在沛县祭祀了天地，并把牲畜的鲜血涂在战旗、战鼓上。

自从刘邦砍死了那条白蛇之后，他被认为是赤帝之子，杀掉的白蛇正是白帝之子。赤就是红色，所以刘邦选择红色的战旗。萧何、曹参都是很厉害的人，他们帮忙到处招兵买马，很快就建立起一支三千多人的队伍。

尝到背叛的滋味

燕、赵、齐、魏等六国的旧贵族见秦朝政局不稳，全都宣布自立为王。除了最早起兵的陈胜，还有项梁和项羽叔侄二人在吴县（今江苏苏州市郊）起兵，沛公在沛县起兵。

没过多久，秦朝部队包围了丰邑。沛公击退了秦军，把雍齿留下来驻守丰邑，自己带着部队去追赶秦朝的残余部队。

这时候，已经称王的陈胜派部将周市来抢夺丰邑。周市派人对留守的雍齿说：“丰邑是个好地方啊，以前魏国就把首都迁到了这里。现在陈王扶立的魏王已经占领了几十座城池，只要你愿意投降魏国，就封你为侯，让你继续守在丰邑。否则，我们的大军就要杀光丰邑所有人！”

雍齿本来心底就不服沛公，一听使者的话，立刻就投降了。

沛公带着人马回来一看，雍齿居然成了魏王的人，气得他即刻攻打丰邑，最终也没打下来。丢了丰邑，沛公又生了病，只能先回到老家沛县暂作休养。

沛公被雍齿气坏了，他一心想找雍齿报仇。这时，他想到了一个人，说：“东阳宁君现在守在留县，我可以向他借兵把丰邑打下来。”

恰在这个时候，东阳宁君受到秦军的攻击，沛公即刻**带兵援助**东阳宁君，和他一起击败秦军，然后驻军丰邑。

起兵的项梁此时就在薛县（今山东滕州市南），沛公赶紧去见项梁。沛公向他借了五千将士，加上自己的人马，终于攻下了丰邑。

和项羽并肩作战的日子

之后，沛公暂时归附项梁。一个多月后，项梁的侄子项羽带兵攻占了襄城（今河南襄城）。此时，陈胜已经死了，天下起义军没有了共主，项梁便立楚怀王的后代熊心为王，为楚怀王，定都盱眙（xū yí，今江苏盱眙东北）。项梁自称武信君。

项梁率军一连打了好几场胜仗，多次大败秦军，他逐渐骄傲起来，部下劝他谨慎用兵，三思而行，他却不以为意。谁知，在攻打濮阳时，秦军大将章邯暗中率军增援。趁着天黑，章邯在定陶（今山东省西南部）偷袭项梁的军队，大获全胜。混乱之中，项梁不幸战死。

这一消息很快传到了沛公和项羽的耳朵里，他们率军东撤，项羽率军驻扎在彭城（今江苏徐州市）附近，沛公的军队驻扎在砀（dàng）县（今河南永城东北）。

楚怀王见拥立自己的项梁战死了，心里**愈加害怕**，干脆把都城迁到彭城，这样一来，就可以受到项羽的保护了。楚怀王立刻封项羽为长安侯，号称鲁公；封沛公为武安侯，把砀郡的部队交给他指挥，并任他为砀郡郡守。

打败了项梁之后，秦军认为楚军已经没什么实力了，便越过黄河攻打赵国，赵王急忙向楚怀王求救。楚怀王任命宋义为上将军，项羽为副将军，范增为末将军，率军救援赵国。同时，令沛公带领部队向西推进。

楚怀王和所有的将士立下约定：谁能先打进函谷关（今河南灵宝市东北）占领关中地区，谁就封王！

关中地区是哪里呢？为什么大家都想占领这里呢？原来，关中地区包括今陕西渭河流域一带，秦国的都城咸阳就在这里，是位于函谷关以西的一片富庶的川地。这里农业灌溉条件优越，人口众多，四周地势险要，就像一座天然的城堡，易守难攻，极具战略意义。

城下之盟

尽管楚怀王给出“先入关中者为王”的条件很诱人，但秦军毕竟比较强大，其他将士都觉得占领关中的可能性不大，都不愿去。最后，只有沛公一人率军前去攻打关中。

沛公经过高阳（今河南杞县西南），守门的人叫郦食其（lì yì jī），他看到沛公的样子，心里感叹：“我在这里守门，**来来往往**的人见得多了，像沛公这样品德高尚的人还很少见。”于是，郦食其去拜见沛公。

郦食其进入沛公的军帐，见他正坐在床上洗脚。郦食其并没有叩拜，他有点生气地说：“见到年长者，您难道要坐着接见吗？”沛公立刻站了起来，把衣服整理好，一边向郦食其道歉，一边请他上座。

郦食其对沛公说：“您应该先攻取陈留（今河南开封市陈留镇），抢夺秦军的粮食。”沛公非常感激郦食其出的好主意，便封他为广野君，让郦食其的弟弟郦商当将军，带着陈留的军队和沛公一起战斗。

这时，赵国副将司马卬打算渡过黄河，进入函谷关，占领关中地区。沛公赶紧攻打平阴（今河南孟津东北），阻断了黄河渡口，再向东进攻洛阳（今河南洛阳市），并没有成功，又进攻南阳郡并取得胜利。南阳郡守逃到宛城（今河南南阳市）。沛公不想让别人先进入函谷关，准备绕过宛城，向西直取函谷关。

櫑（léi）具剑 西汉

这把櫑具剑诞生于西汉时期，距今已有2000多年，蕴含着独一无二的汉剑铸造工艺，是世界上唯一现存的汉剑。可惜，由于它造型独特，传至清朝时被官员们认为是一把不祥之剑，放置在圆明园中，后来被洗劫圆明园的英法联军掠走，如今成了大英博物馆的镇馆之宝。

坐姿御手俑 秦

这是一名来自秦始皇陵的御手俑，他原本全身涂满色彩，头戴鹖（hé）冠。之所以呈坐姿，是因为他驾驭的是铜车马。综合来看，他在当时应该是一名有爵位的高级“司机”。

沛公的得力军师张良连忙劝沛公说：“我知道您想赶在其他人前面进入函谷关，但现在残留的秦军还很多，如果我们不攻下宛城，他们就会从后面袭击我们，到时我们势必会腹背受敌，那太危险了！”

张良的话让沛公瞬间清醒，他带着人马连夜撤回宛城，天刚亮就把宛城围了好几圈。南阳郡守急得想自杀，被他的谋士陈恢劝住说：“现在还没到穷途末路的时候！”

陈恢偷偷来见沛公，说：“我听说先入关中者可称关中王。您也清楚，宛城太大了，好几十座城池连在一起，人多粮足，大家都下决心要死守。您的军队现在每天的伤亡和粮食的消耗也不少。我有一策，不如您**劝降**南阳太守，然后重赏他，让他留下来守城，您把宛城的士兵全带走，这样就可以安心进军函谷关了！”

沛公大喊：“好！”于是，沛公封南阳郡守为殷侯，封陈恢为千户，与他们订立盟约。然后，带兵向函谷关进发，经过的城池没有不望风投降的。

约法三章

眼见秦朝丢失了一座又一座的城池，备受秦二世胡亥信任的赵高坐不住了，他杀死了秦二世，派人求见沛公，想要和沛公平分关中，但沛公并不理会他。沛公采用张良的计策攻下了武关（今陕西丹凤东南），百姓都夹道欢迎沛公。最终，沛公的军队和秦军在蓝田（今陕西蓝田）大战，彻底打败了秦军。

汉元年（前 206）十月，沛公的军队到达霸上（今陕西西安东）。秦王子婴出城向沛公投降，他驾着白色的车子和白色的马，脖子上系着绳子，双手奉上皇帝的玉玺和调兵的符节。

沛公的部下都气愤地想要杀死秦王，沛公却阻止了大家，他说："楚怀王派我攻打关中，是因为他觉得我宽容大度。现在秦王已经投降了，我们要是杀了他，势必影响大局。"

随后，沛公进了咸阳城，他想在皇宫里休息，却被张良劝住："我们不能这样做，一旦入住皇宫，就会招来天下人的唾弃，那时麻烦就大了！"沛公惊出一身冷汗，下令把皇宫里的金银财宝全都封起来，然后退出了咸阳城，回到霸上。

沛公把关中各地有名望有才能的人叫到一起，说："大家早就被秦朝的暴政害苦了！现在，我和关中的父老乡亲们约定：杀人者要被处死，伤人和抢劫者要受惩罚！以前秦朝的法律全都作废。我到这里来就是给大家除害的。现在，我的军队驻扎在霸上，等着诸侯们前来！"

大家都高兴极了，盼着沛公可以在关中称王。

赴个宴，差点没命

沛公按照楚怀王的约定第一个进入了关中，按理说他应该是关中王。此时，沛公身边的人说："听说章邯已经投降了项羽，被项羽封为雍王。如果章邯来了，那您肯定当不成这关中王了！得赶紧派军队牢牢守住函谷关，不让其他诸侯的军队进来。然后发展实力，才能有坐稳关中王的保证啊！”沛公采纳了这些意见。

一个月后，项羽果然带着诸侯军队朝函谷关奔来。项羽见函谷关大门紧闭，这才听说沛公已经平定了整个关中地区。项羽气坏了，立刻派出大将黥（qíng）布进攻函谷关，很快拿下它。紧接着，项羽的军队一路向西，直逼咸阳。

沛公的左司马曹无伤听说项羽发怒，知道项羽要攻打沛公，便派人告诉项羽说：“沛公打算在关中称王，还要让秦王子婴当丞相，准备把皇宫里的金银珠宝都收归己有。”曹无伤这么做，就是为了讨好项羽，希望可以获得封赏。

范增是一位极有智谋的军事家，被项羽拜为亚父。他极力劝项羽攻打沛公，项羽采纳他的提议，并做好了准备。

此时的项羽手握四十万雄兵，而沛公的兵力总共才十万，双方差距悬殊。在这个紧要关头，张良站了出来。

原来，张良曾经救过项羽的叔父项伯一命，两人成了至交。如今，为了报恩，项伯连夜来找张良，想让张良赶紧逃命。

沛公和张良一起见了项伯，想让项伯帮忙劝说项羽放弃进攻沛公的计划，并答应亲自去向项羽赔罪。没想到，项羽还真信了项伯的话，暂时放弃进攻沛公，并在鸿门设宴等待沛公。

项羽听从范增的建议，原本打算在宴会上杀死沛公。但沛公一见到项羽就跪地不起，说：“我对天发誓，绝对忠于将军您！我平定关中后，退兵霸上，秦王宫的东西我分毫未动，只等将军前来接管，并没有其他想法。不知道是谁这么可恨，想故意挑拨我们之间的关系，险些让我们兵戎相见！”

项羽看沛公表现得这么卑微，一时竟不知该说什么好，很久才道：“这都是你军中的曹无伤这么说，要不然我怎会误会你呢！”

之后，沛公在张良的保护下才**死里逃生**，他回到军营后的第一件事就是诛杀曹无伤。

重返关中

项羽率军向西推进，沿路烧杀抢掠，一把火烧毁了整座秦王宫，以至于百姓们一听到项羽的名字就害怕得发抖，不敢不听从他的命令。

汉王二年（前 205）正月，项羽尊奉楚怀王为义帝，封自己为西楚霸王，把梁、楚两地的九个郡全都划归自己管理，定都彭城。然后封沛公为汉王，把没人想要的巴蜀、汉中地区划给了他，都城定在南郑（今陕西汉中市西南部、汉江上游）。最后，项羽把关中地区划成了三部分，秦朝投降过来的章邯、司马欣、董翳分封在这里。其他有功将领也都得到了自己的封地。

四月，各诸侯都出发去自己的封地，汉王也带着自己的人马出发了。但项羽对他并不放心，因为汉王先进入关中地区，获得

彩绘陶武士俑 西汉

这尊武士胸前披着护甲，头上戴着冠，笔直地站立着，手中握着长戟，只不过因为年代久远，长戟已经不见踪迹。

了民心，许多百姓都自愿跟着他。项羽派了三万多士兵一路跟着汉王，防止他作乱。汉王的人一路从杜县往南去，这里没有其他路，只有一条建造在悬崖上的栈道，大军过去后，汉王命人放火烧掉了栈道。

为什么要烧掉栈道？汉王是想用此举告诉项羽：放心吧，我不会再回来了。汉王的军队刚到南郑，清点人数的时候就发现，有许多士兵在半路逃走了，剩下的士兵都非常**思念故乡**。

被后世誉为“兵仙”的韩信，早已离开项羽，此时就在汉王军中。他了解将士们的心情，找到汉王说：“项羽分封有功将领，把您封在了偏远穷苦的地方，这就是在流放您！我们队伍里的大多数将士都来自崤山以东，他们渴望回到故乡。趁现在将士们思乡心切，我们可以伺机反攻，一定能成大事！否则，等到他们习惯了这里的生活，那就没机会了！”

汉王听从了韩信的计划，悄悄地从原路返回关中，出其不意，很快打败了章邯，占领了雍地。随后，汉王带兵进入了咸阳，快速平定周围地区。

项羽听说汉王又占领了关中，立刻派出军队在阳夏（今河南太康县）阻拦，汉军前进不了。汉王改向东面进军，打下了大片土地，不少诸侯王望风投降了汉王，只有韩王不肯投降。

汉王派韩信打败了韩王，把已经攻占的土地划分为陇西、北地、上郡、渭南、河上、中地，还在关外划分了河南郡。汉王还下令，原本秦朝的皇家林园，允许百姓当作农田耕种。接着，汉王又大赦天下，亲自慰问关外的父老乡亲们。

史记成语典故大搜索

一败涂地

词意：形容失败到无法挽回的地步。

造句：这次英语竞赛他一败涂地，只能总结失误来年再战了。

约法三章

词意：原指订立律法与人民相约遵守。后泛指订立基本的规则。

造句：我和爸爸约法三章，只要我考试取得理想的成绩，他就带我去博物馆游玩。

险象环生

词意：不断遇到危险的处境。

造句：这次登山探险活动过程意外不断，险象环生，令人难以忘怀。

铜矛 秦

矛在古代战场上，与戈、戟的功用类似，都属于长兵器。矛的杆坚硬而粗壮，主要用来远距离刺杀敌人，是骑兵和方阵步兵的标配。

大风一曲振山河

刘邦做皇帝的故事（下）

从上一篇故事中我们可以看到，刘邦无论是出身还是领兵作战的能力，都没有项羽出色。在与项羽一起战斗的日子里，刘邦虽然也是带兵统帅，可实力始终不如项羽。但刘邦天性大方，能忍耐，知进退，最主要的是他能听得进去别人的建议，这才是他获得最终胜利的关键。现在，我们一起来看看刘邦是如何一步步实现逆风大翻盘的吧！

向西楚霸王宣战

汉王二年三月，汉王渡过黄河，一路上打下河内（黄河以北），渡过平阴到达洛阳。新城县（今河南伊川西南）有一位老者人称董公，他拦住汉王大军，把义帝被杀的事情说给汉王听。

原来，当初项羽从函谷关出来后，派人把义帝的国都迁到了长沙郡的郴县，然后暗中派人杀死义帝。

汉王得知义帝被杀的真相，脱掉上衣大哭起来，立刻下令为义帝举行丧礼，所有人哀悼三天。同时，派出使者告诉天下诸侯："义帝是全天下诸侯拥戴的帝王，大家都应该尊敬他。现在，项羽派人杀害义帝，这是大逆不道的行为！我要亲自为义帝举行丧礼，所有诸侯都应该穿上丧服。我还要带领关中所有军队，和河南、河东、河内的士兵们一起前进，请诸侯们和我一同去惩罚那个杀害义帝的罪人！"

汉王宣布要惩罚项羽，这时的项羽还在北方攻打齐国。齐国的田荣被打败，齐国各地都投降了楚国。项羽放火烧掉了齐国许多城市，还抓走了不少齐国的孩童，齐国百姓**十分愤怒**，纷纷脱离楚国，立了新的齐王。

齐王在城阳（今山东菏泽东北）对抗楚国，汉王的大军也已经向东出发。趁着项羽还在攻打齐国军队，汉王的军队攻下了彭城。彭城被攻占的消息传到了项羽的耳朵里，他立刻带兵离开齐国，走小路攻打汉军。楚军和汉军在睢（suī）水大战，汉军吃了大败仗，被杀的士兵倒在河水中，连河流都被堵塞了。

为了彻底打垮汉王，项羽派人从沛县抓来了汉王的父母、妻子、孩子，把他们关在楚军营里当人质。诸侯们看见楚军这么强大，纷纷离开汉王，投靠项羽。

汉王吃了大败仗，仓皇逃命，被项羽一路追杀。汉王的妻子吕雉有个哥哥叫吕泽，他正驻守下邑，汉王就带着残兵败将去了下邑，重新聚集士兵，整军向西出发。

到了虞县，汉王对部下们说："现在我们还有胜利的希望，如果能说服九江王黥布发兵攻打楚军，那么项羽一定会出兵和他交战。只要黥布的军队能拖住项羽几个月，我们就有打天下的希望！"于是，汉王派人去找九江王黥布，最终说动了黥布。

黥布和楚军作战，没有打赢，他带着兵马前来**投奔汉王**。汉王的士兵越来越多，士气越来越强。之后，在荥阳附近打败了楚军。

九死一生

汉王三年（前 204），一直跟随汉王的魏王豹忽然向汉王请假，说自己的父母生了重病，要回老家去看看，汉王同意了。可魏王豹一回到魏国，就把黄河的渡口给毁掉，并帮助项羽对抗汉王！

汉王虽然生气，但并没有立刻攻打魏王豹，他先派郦食其去劝说魏王豹，魏王豹不听劝，汉王又派韩信去攻打。韩信打败了魏王豹的军队，还活捉了魏王豹，并攻占了魏国的土地。汉王在这里设置了河东、太原、上党三个郡。打了大胜仗的汉王又派韩信进攻赵国，杀死了赵王歇。

这时候，汉王的军队在荥阳以南修了一条甬道，一直连到黄河南岸，方便粮食运输。项羽的楚军和汉王的汉军在就这里对峙了一年多。

楚军好几次抢占了汉军的甬道，汉军断了粮草，没有办法继续打仗，项羽趁机包围了汉王。汉王没有办法，只好和谈，要求项羽把荥阳以西的地方划分给汉王，别的地方都归项羽，项羽坚决不同意。

眼看没有粮草，坚持不下去了，汉王急得像热锅上的蚂蚁。这时候，汉王的谋士陈平想了一个好办法："请您给我四万斤黄金，我想办法离间项羽和范增！"

陈平派人在楚营中散布范增暗通汉王的流言。尽管项羽一开始不信，可当范增一再催促项羽尽快攻打荥阳时，项羽开始怀疑范增了，渐渐地就不愿再听从范

彩绘三鱼耳杯 西汉

这只杯子也是用木材挖制而成，与其他耳杯不同的是，它有三种漆色：红色、黑色和金色。刚出土的时候，它的色彩非常鲜明，后来由于暴露在空气中被氧化，色彩逐渐褪去了。

增的建议。范增非常生气，对项羽说：“我年纪大了，没能力再辅佐您了，让我回老家去吧！”项羽想都没想就同意了。范增还没走到彭城，就因病去世了。

范增一走，项羽的身边就没有献计策的人了。而汉军还是没有粮草，于是，又有人为汉王出了个好主意。

一天深夜，楚军收到情报，说有两千多名汉军士兵从荥阳的东门出城了，其中还有汉王的马车！楚军全部出动去追杀汉王。可谁也没想到，这两千名士兵其实都是女人扮的，她们穿上士兵的铠甲，假装成士兵的样子从东门出了城。那个坐在汉王马车上的人，也是汉军将领纪信假扮的！原来纪信的相貌跟汉王非常相像，而真正的汉王早就带着随从们从荥阳的西门逃走了！那些不能跟随汉王出城的将领和士兵，留在荥阳守城，等候汉王的援兵。

离开了荥阳，汉王逃回了关中，把关中的士兵们召集起来，准备再一次向东进军。汉王手下的谋士袁生劝他说：“您和项羽在荥阳对峙了好几年，经常吃败仗。这一次，您应该从武关出发，项羽知道后肯定也会南下。等他一来，您就

彩陶武士俑 汉

这是一尊汉代武士陶俑，从他的着装可以判断出他是一名普通士兵。在古代，受经济、后勤等各方面因素的影响，并不是每一个士兵都能穿上护甲，一般精锐部队才有护甲，普通士兵几乎没有防护措施。

高筑城墙，避免出战。如此，荥阳和成皋（今河南荥阳市汜水镇西）就会免受围困之苦。然后，您可以派韩信去把赵国、燕国、齐国联合起来。这样，项羽的楚军不得不时刻注意各方势力的动态，汉军可以趁机好好休整。到那时，您再进攻荥阳，岂不是手到擒来！”

汉王点点头，听从了他的建议。

纳谏如流，方能不败

果然，项羽一听说汉王到了宛县，立马率军南下。汉王加高城墙，加强防守，不和楚军交战。另一边，汉将彭越在下邳（今江苏睢宁北）打败了楚军，项羽一听，又立刻带兵往东去攻打彭越。汉王也趁机带兵往北进军，驻扎在成皋。

项羽打跑了彭越，听说汉王跑去了成皋，又带着兵马向西进攻，打下了荥阳。守城的汉军将领**全都被杀**了。这一次，攻下荥阳的楚军乘胜包围了成皋。

汉王没办法，只能从成皋北面的玉门逃跑，一路渡过黄河，一直跑到了修武（今河南获嘉）才停了下来。他一边派张耳去北边赵国的地方召集剩余的士兵，一边派韩信去攻打齐国。得到兵力补给的汉王再一次出发，带兵来到黄河边，在这里奖励将士们，准备和项羽再大战一场。

手下郑忠站出来阻止汉王："您应该多挖一些深沟，然后加固墙壁防守，不要和楚军直接开打！"

回想起过去失败的经历，汉王决定听从郑忠的建议，派将领卢绾、刘贾带领两万士兵和彭越的部队会合。然后在燕县的西面和楚军交战，打败了项羽的楚军，还攻占了十多座城池。

这时候，韩信击败了齐军，占领了齐国、赵国，准备攻打楚国。项羽听到消息后，立刻派出了自己最得力的将领龙且（jū）和韩信的军队交战。结果楚军战败，龙且被杀。

之后，项羽亲自带兵去攻打陈留等地，临走前对大司马曹咎说："你要谨慎驻守成皋。如果汉军来挑战，千万不要出去应战，只要阻止他们东进就可以了，我一定能在十五天内拿下梁地，到时再来跟你会合！"

项羽猜得没有错，自己刚走，汉军就不停地向楚军挑战。一开始，曹咎心里记着项羽临走前说的话，坚定地不应战。汉军见他不出来，就开始每天叫骂，一连骂了好几天，把曹咎气得火冒三丈，连项羽的嘱咐都忘了。曹咎带兵应战，立刻被汉军围攻，楚国的金银财宝全被汉军占去了，曹咎后悔地自杀了。

鎏金铜嵌宝石剑首 西汉

剑柄末端一般呈圆形或矩形的装饰物称作剑首，主要作用是防止用剑时脱手。古代人经常用玉装饰剑首，或用其他宝石进行装饰。到后来，剑首的形状也不拘一格，美观性比实用性更重要。

鎏金铜嵌宝石剑首

离开成皋的项羽顺利地平定梁地，却听说汉军把钟离昧（mò）困在了荥阳。项羽赶紧带兵来**救援**，汉军却狡猾地跑进深山里躲起来。

这时候，韩信已经打败了齐军，他派人对汉王说：“这个齐国和楚国挨着，我现在地位太低了，不在这里代理齐王的话，恐怕管理不了这个地方。”韩信的意思就是想在齐国当王。汉王一听可气坏了：“打了胜仗就想当王，太过分了！”

汉王想出兵攻打韩信，却被张良劝住：“他想当王就让他当，至少能让他守住齐国这个地方。”汉王一听很有道理，立马下令封韩信为齐王。

项羽知道自己最得力的大将龙且已经被杀，忽然有些害怕了。他派人去劝说韩信，希望韩信可以抛弃汉王到自己这边来，但韩信没有同意。

而在之后的交战中，汉王不慎胸口中箭，他担心这会影响到军心的稳定，于是，他假装脚趾中箭，并在张良的建议下，巡视三军。可奈何伤势不轻，最后，只能进入成皋养病。

决战时刻

彭越奉汉王之命，时常带兵偷袭楚军，还把楚军的粮道给切断了。项羽好几次攻打彭越，奈何彭越所率领的部队机动性很高，以游击的方式让楚军疲于奔命，时常无功而返。

韩信也准备进攻楚军，项羽觉得情况不妙，主动提出要与汉王平分天下，以鸿沟为界，鸿沟西边的地方都归汉王，东边的都归项羽。为了表达自己的诚意，项羽把汉王的父母妻儿都送了回去，他自己也带着士兵们撤回东边去了。

汉王很高兴，打算按照约定带着将士们撤回西边去。但是张良和陈平劝住了他："现在楚军士兵又累又饿，不趁机消灭他们，难道要等他们缓过劲来消灭我们吗？"汉军立刻掉头追击楚军，汉王和韩信、彭越约好了会合的日子，准备联合起来消灭楚军。

可到了约定的日子，韩信和彭越却没有来，只有汉军对战楚军，结果汉王吃了大败仗。逃回营地后，张良劝说汉王："现在韩信和彭越都有自己的军队，他们不肯会合是想要更多的封赏，不如先分土地给他们，让他们主动出战！"果然，汉王下令封赏了韩信和彭越之后，他们如约而至。

汉王五年（前 202），汉王和诸侯们的联合大军与项羽的楚军在垓（gāi）下（今安徽固镇东北、沱河南岸）大决战。韩信带领着三十万大军，正面迎战楚军。韩信的将领一个在左翼，一个在右翼，汉王带兵跟在韩信的后方，剩下的汉军跟在汉王的后方。项羽的楚军大概有十万。

一开始，韩信的大军和楚军交战不利，立刻向后撤退。两侧的将领分别从左右包抄楚军，楚军大败。韩信趁机再次向前进攻，终于打败了楚军。

项羽带着剩下的楚军坚持战斗，可连续好几天，楚军的士兵们都听见周围有汉军在唱楚地的歌。项羽心想：汉军一定是彻底占领了楚地！于是，项羽决定逃走。等他一走，剩下的楚军全都丧失了斗志。

其实，这时候的楚地还没有被汉军占领，唱楚歌动摇项羽军心，只是一个计谋。汉王见项羽上了当，立刻派出将领追杀项羽，一直追到了东城，消灭了八万楚军，彻底攻占了楚地。

当时有一个鲁县（今山东曲阜市东北）**拒绝投降**汉王。汉王带着军队来到鲁县，把项羽的人头展示给鲁县的百姓看，他们这才相信，项羽已经死了。

过去，楚怀王把项羽封为鲁公，为了遵守这个封号，汉王按照鲁公的仪式把项羽葬在了谷城（今山东平阴西南）。

从汉王到汉高祖

诸侯和将领们都拥戴汉王，希望他能成为天下人的皇帝。汉王摇摇头说："皇帝这个称号，只有那些德才兼备的人才可以拥有，我受不起。"

将领们说："您从一个普通百姓开始，带着大家战斗，现在天下已经平定了，有功劳的人应该得到封赏。如果您不称帝，大家就不会接受您给的封赏。"

汉王推辞了好几次，实在推不掉，只好说："既然大家都觉得我应该这样做，那我只好这样做了。"汉王正式登上皇帝的宝座，他就是汉高祖。

刘邦成为皇帝后的第一件事，就是封赏有功劳的人。齐王韩信最熟悉楚地，所以把韩信改封为楚王，都城建在下邳；彭越被封为梁王，都城建在定陶；韩王信仍旧是韩王，都城建在阳翟（今河南禹州市）。衡山王吴芮封为长沙王，都城建在临湘（今湖南长沙市）；其他几位淮南王黥布、燕王臧荼、赵王张敖的封号都没有变。

高祖把首都定在了洛阳，诸侯们都发誓要效忠高祖。到了五月，所有的士兵都解散回家了，诸侯们也要回到各自的封地去。临走前，高祖在洛阳的皇宫里举办宴会。宴会上，高祖说："各位诸侯王、将领们，你们有任何事都不要瞒着我，一定要和我说心里话。大家说说，为什么我能得到天下，而项羽却失去了天下呢？"

高起和王陵第一个回答："陛下，您是一个傲慢的人，而且很喜欢欺负别人。项羽对待别人很宽容，而且喜欢爱护别人。但是陛下派人攻城的时候，只要占领了的地方就会分封给别人，天下的人跟着您都能得到赏赐。项羽妒忌有才能的人，妒忌立了功的人，他常常怀疑身边的人，打了胜仗也不给人赏赐，占领了土地也不给别人好处，这就是他失去天下的原因。"

高祖听完摇了摇头，说："你只知道一半的原因，不知道其他的原因。如果说，要比谁坐在军帐里就能决定千里之外战场上的胜利，我肯定比不上张良；要比守卫国家，安抚老百姓，保证粮草运输的能力，我比不上萧何；要比领兵打仗，百战百胜的能力，我比不上韩信。这三个人都是人才中的人才，我能任用他们，才是我能取得天下的原因啊！项羽身边有范增，可惜他不相信范增，也不听从范增的建议，所以才被我给消灭了。”

高祖本来打算把都城永远定在洛阳，但是齐国人刘敬和留侯张良都劝他把都城定在关中，认为那里更适合作为国都。当天，高祖就出发回到关中，在关中建立了汉朝的国都。

汉高祖十年，赵国国相陈豨在代地谋反，被汉军平定。淮阴侯韩信、梁王彭越也先后被以谋反的罪名处死，淮南王黥布先发动叛乱，刘邦亲率大军进攻黥布。

英雄迟暮

汉高祖十二年（前195），高祖平定了黥布叛乱，在回长乐宫的路上，恰巧路过老家沛县。高祖已经很多年没有回过故乡了，他派人准备了宴席，邀请所有的老朋友和沛县的父老乡亲们一起喝酒。宴会上，高祖挑了一百二十个孩子，一起唱歌。

高祖喝酒喝得非常高兴，忍不住自己一边弹琴，一边唱歌：“大风啊刮起来，云朵啊飞起来，一统天下啊**衣锦还乡**，怎样才能得到勇士守护四方？”孩子们都学着一起唱了起来。高祖听着歌声，跳起了舞，忍不住落下了眼泪，对沛县的父老乡亲们说：“离开家的孩子不管去哪里都一直思念家乡。我现在虽然把国都建在了关中，但是等我死了之后，我的灵魂也始终怀念着家乡。当年，我自称‘沛公’，从这里开始起兵，最终平定了天下。从今往后，沛县的百姓永远都不需要纳税服役！”

沛县的父老乡亲们快乐地喝酒，一起聊过去的事，宴会足足开了十多天，高祖准备回关中了。沛县的父老乡亲们热情地挽留高祖，希望他能多留几天。高祖笑着说：“我的随从实在太多了，要把大家都吃垮了！”

高祖离开沛县的那天，乡亲们全都跟随其后，到城西给高祖送行，并送来了酒肉等各种礼物。高祖命令随从们搭起了帐篷，又停下来举办宴会，喝酒庆祝了三天三夜。

在讨伐黥布的战斗中，高祖不慎中了一箭，在回都城的路上生了重病。吕后请了一位非常有名的医生来给高祖治病，高祖问医生：“我的病怎么样？”

医生回答：“可以治好。”

高祖拒绝了医生，说：“我原本是一个普通百姓，只因拿起武器战斗，最后才平定了天下，这就是命运。人的命运是由上天来决定的，就算你是个神医，又能改变什么呢！”随后，他赏赐了医生一些黄金，让他离开。

没过多久，高祖在长乐宫去世，葬在长陵，他精彩而富有**传奇色彩**的一生终于落下了帷幕。

木雕髹（xiū）漆彩绘马 西汉

髹，就是用漆装饰器物的意思。这是一匹木雕马，身上的纹理由红色两色的漆绘制，神奇的是，时隔两千多年，它保存得相当完好。

善始善终的功臣
萧何的故事

姓名： 萧何

出生地： 沛县丰邑

出生日期： 前 257 年

去世日期： 前 193 年

身份

西汉开国功臣
西汉相国
“汉初三杰”之一

主要成就

助刘邦建立汉朝
制定《九章律》

能力五项数值

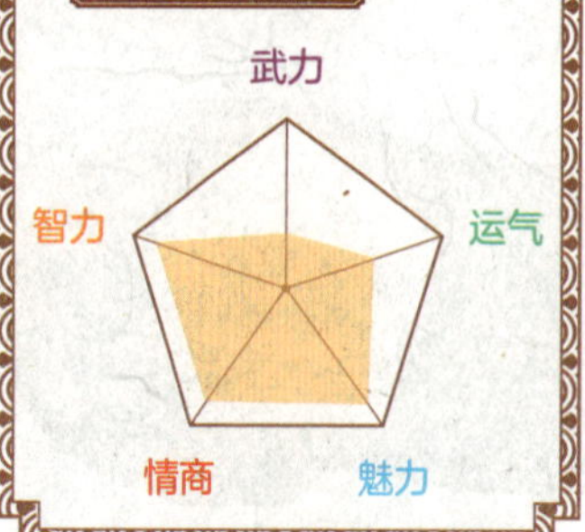

你一定听过一个成语“成也萧何，败也萧何”，但也许你会产生疑问：萧何是什么人？为什么这么厉害？如果读了《史记》，你就会发现，萧何并非聪明绝顶的天才，也不是能上阵杀敌的大英雄，而是一个超级管理大师！他懂律法，善统筹，大小事处理得井井有条，为汉朝立下不朽的功勋。甚至，他连自己未来的路都能安排得妥妥帖帖。

比起钱财，我更爱律法

西汉相国萧何是沛县丰邑人，和汉高祖刘邦是同乡。萧何是一个非常有学问的人，秦朝还没有灭亡的时候，他在沛县当官。萧何不仅精通法律条文，而且办事非常靠谱。曾经有一个御史想推荐他去朝中当官，萧何不愿意去，他觉得秦朝政府太**暴虐**，在那里做事必定不会长久。

律法文书是个好东西！

萧何

萧何认识刘邦的时候，刘邦还是一个小小的泗水亭长。不过，萧何对刘邦却非常好，他经常利用职权便利去保护刘邦。有一次，刘邦要从沛县出发去咸阳办公事，别人都只送他三百钱路费，而萧何仗义地送给他五百钱。

后来，刘邦起兵反秦，萧何就一直跟随在他左右。刘邦的军队打进秦都咸阳，其他将领都忙着抢掠**金银财宝**，只有萧何带人抢着收集秦朝的律法文书等资料。这些资料里记录着秦朝的法律法规，以及每个地区的详细资料，萧何把这些资料全部打包带走。

没过多久，项羽也带兵冲进了咸阳，他不仅屠城，还一把火把整个咸阳都烧成了灰烬。

秦朝灭亡后，刘邦被封为汉王，萧何做了他的丞相，负责管理内政。刘邦在打仗时，之所以能详细掌握每个地方的人口多少、兵力强弱、地理特点，全都是因为萧何保住的那些秦朝资料。

萧何还推荐军事天才韩信给汉王，汉王拜韩信为大将军。

楚汉战争开始后，汉王就一直在前线带兵征战。萧何作为汉王大后方的超级管理员，他根据秦朝书籍中的记载，在后方制定法律条文，安抚百姓持续生产，为汉军提供足够多的粮草补给。

那时候，汉王经常被项羽打得落荒而逃，军队也**损失惨重**，幸亏有萧何在后方，输送源源不断的新兵补给汉王的队伍。

汉王三年（前 204），汉王刘邦和楚王项羽在京县和索城（今河南荥阳）一带对峙。汉王忙着打仗，却隔三岔五派人去慰问后方的萧何。起初，萧何以为是汉王关心后方的稳定，也就没当回事。后来，萧何身边有一个叫鲍生的人说：“汉王与项羽对阵已经够忙的了，却不忘派人来问候你，看得出他是在怀疑你呀！我建议，你把你的儿子和家族里的年轻人都派到军营里去。这样，汉王就会消除对你的猜疑。”

萧何觉得鲍生说得很有道理，就立刻照办。果然，汉王看到萧何的举动，非常高兴。

猎狗与猎人

汉王五年（前 202），项羽战败，在乌江边自

羽人天马玉饰 西汉

这是用一整块白玉雕琢而成的玉饰，一个羽人乘着天马飞驰在云端之上。羽人即仙人，在汉代，人们普遍认为仙人身上长满羽毛，所以，一般羽人都是肩生双翅，给人一种轻盈飞升的即时感。

刎。汉王平定了天下，建立了汉朝，从汉王变成了汉高祖。

高祖准备按照功劳的大小，对众人进行封赏。那些将领都觉得自己的功劳最大，争论了一年多，还是没能评出功劳最大的人。汉高祖认为萧何的功劳最大，封萧何为酂（zàn）侯，赏给他最大的食邑。

什么是食邑？这是从周朝延续而来的传统，就是把土地和在土地上居住的人全都赏赐给有功劳的诸侯。诸侯和他的子孙可以永久地享受土地上产出的粮食、税收。

高祖做出这个决定，众人一下子炸开了锅，战功赫赫的将领们都不服气地说：“这么多年来我们跟着您出生入死，每一场战斗都冲在最前面，也算是立下汗马功劳。萧何从没上过战场，每天就是做后勤的事，为什么他的封赏还比我们的要高呢？”

汉代耧车（模型）

耧车是汉代出现的播种工具，以人力或畜力为动力，能一次性完成开沟、播种和掩土三道工序。中国古代的耧车是现代播种机的始祖。

高祖问大家："你们会打猎吗？"

"会啊！"

"打猎要带猎狗，对不对？"

"对啊！"

"打猎的时候，只要猎人一声令下，猎狗就会冲出去抓猎物。那么，是谁发现了猎物的踪迹？又是谁指挥猎狗出击的呢？"

将领们面面相觑，不知该如何回答。

"当然是猎人。各位，你们**上阵杀敌**获得战功，就像猎狗抓到猎物。而萧何才是那个发现猎物，并指挥猎狗出击的猎人。你们跟随我打仗，都是自己一个人行动，而萧何却让自己的族人全部参军，这么大的功劳，我怎么能忘记呢！"大家听完都不再抗议。

高祖又想起自己曾经去咸阳，萧何比其他人多送了自己两百钱的路费，于是，又加封萧何两千户的食邑，作为对当年赠送路费的报答。

封赏完毕，又该排列功劳名次了。

将领们都说："平阳侯曹参在战场上功劳最大，他身负七十多处创伤，应该排在第一位。"

可高祖心里还是想把萧何排在第一。关内侯鄂千秋看出了高祖的心思，他对将领们说："大家这样说不太合适。曹参虽然多次受伤立下重大战功，但这都只是一时的。陛下和项羽对阵足足五年，吃了不少苦头，好几次死里逃生。每当紧要关头，萧何都能从后方送来新的士兵做补充，靠着源源不断的兵力，陛下才取

双层九子漆奁 西汉

奁，就是古代女性装化妆品的盒子。这套奁表面用黑漆装饰，贴金箔，再以金、白、红三色描绘云纹。它的上层放素罗绮手套等物，下层空间相对较大，放置九个小奁，各装不同的化妆品，可谓分工明确，巧夺天工。

得了最终的胜利。大家还记得和项羽对峙的时候吗？我们的粮食都快吃完了，多亏萧何把粮食一车一船地给我们送来，不然，就算有一百个曹参也没有用啊！所以，萧何应该排第一，曹参排第二。”

高祖听了**非常满意**，封萧何为功劳簿第一位，并允许他佩剑上朝，且不用按规矩在朝堂上小步快走，这都是重臣才能享有的待遇。

伴君如伴虎

汉王十一年（前 196），曾经的开国功臣陈豨谋反。这时，有人向吕后告密，说淮阴侯韩信也准备和陈豨一起谋反。吕后问萧何：“有什么办法能除掉韩信？”

萧何想了一个计策，派人告诉韩信说：“陈豨作乱已经被杀，所有的臣子都来朝中祝贺，你就算是生了病也应该来，不要让陛下怀疑你。”韩信完全没有怀疑萧何，结果一进皇宫就被吕后派人捉住杀死了。成语“成也萧何，败也萧何”

就是出自这里，是说韩信的成功与失败，都与萧何有直接的关系。

高祖听到萧何杀死了韩信的消息后，派人去慰问萧何，并加封他为相国，不仅加了五千户的食邑封赏，还配备了卫队贴身保护他。很多人都来祝贺萧何，其中有一个叫召平的人却为萧何担忧，他说："陛下每天为国事繁忙，焦虑万分，你却在封地享清福。前不久，有功臣谋反，陛下心里已经开始猜疑你了。现在，你应当把所有的赏赐都推掉，把家里的钱财都捐给朝廷，这样才能消除陛下对你的猜疑！"

萧何觉得召平说得很有道理，连忙去照做了，高祖知道后果然很满意。

汉王十二年（前 195）秋天，另一名功臣黥布谋反，汉高祖亲自带军讨伐黥布，途中还不忘派出好几名使者慰问萧何。萧何没有察觉到异样，他在后方安抚百姓，还把自己的财产全部捐给了军队。

萧何的一位门客提醒他说："相国大人，再这样下去你就要被灭族了！现在你的功劳已经是天下第一，官职也已经高得不能再高了。十多年前，你在关中就受到老百姓的拥戴，现在你还这样**勤勤恳恳**地爱护百姓，他们只会越来越拥戴你。陛下时常派人来慰问你，其实是在监视你，因为他害怕你会谋反呀！"

"那现在我该怎么办？"萧何连忙问。

"现在，你应该多买田地，做一些败坏自己名声的事，这样你就会失去百姓的拥戴，陛下自然就不会猜疑你了。"萧何觉得很有道理，便采纳了这条建议。

高祖平定了黥布叛乱后率军返回，路上遇到一些老百姓拦路诉苦，他们投诉萧相国强买田地。高祖听完，表现出一副很生气的样子，他安抚了百姓，让他们先回去等结果。

回到京城后，高祖把萧何叫到宫里，责问他："你就是这么当相国的吗？还不快去向百姓们道歉！"

萧何便对高祖说："长安附近可以耕种的土地比较少，但上林苑里有很多荒地，与其让它闲置着，不如让老百姓去耕种吧？"

高祖这下是真生气了，说："你霸占那么多田地还不够吗？还想占用皇家园林？"说完就把萧相国关进了大牢。

过了几天，一个姓王的卫尉私底下问汉高祖："萧相国做错了什么要被关起来呢？"

鎏金铜鹿灯 西汉

这一对铜鹿灯高45厘米，由灯盘、支架和鹿座三部分组成。鹿仰着头，口中衔着灵芝状的支架，支撑着灯盘。鹿角可以自由拆卸，鹿尾贴地支撑，使鹿灯整体更加稳定。

高祖说：“秦朝的时候有个李斯，他立了功就把功劳归于皇帝，出了错就自己承担。现在，萧何收奸商的钱，霸占田地，还想用皇家园林的土地来讨好百姓，实在太可恶了！”

王卫尉求情说：“萧相国是宰相，**维护百姓**的利益是应该的。过去您和项羽对阵五年多，后来又遭遇功臣谋反，如果萧相国真的有异心，那这个天下早就不是您的了。连天下都不贪，他又怎么会贪奸商的钱财呢？陛下，您真的不应该怀疑萧相国啊！”

尽管高祖心里不高兴，但他还是把萧何放了出来。萧何这时候已经一把年纪了，还坚持脱掉鞋子，光着脚走到高祖面前谢罪。看到萧何恭敬的样子，高祖说：“你就别再这样了！你为百姓求皇家园林的土地，我知道你是好心；但我不想答应你，所以才把你关起来，百姓就知道是我有错，不会怪罪你了。”

善始善终的好结局

高祖去世后，汉惠帝即位。年迈的萧何病得很严重，皇帝亲自去探望他，说：“要是您不在了，该让谁来接任相国一职呢？”

萧何谨慎地说：“您是君主，最了解臣子的心思，我心里想的谁，陛下一定知道。”

汉惠帝说：“你觉得曹参这个人怎么样？”

因为论功行赏的时候有过争执，萧何与曹参的关系一直不太好。但萧何是一个心胸宽广的人，他知道曹参行事谨慎，是个靠谱的人。听见汉惠帝这么问，萧何回答说：“恭喜陛下找到了合适的人选，我也就没有什么遗憾了。”

萧何晚年的时候，一直住在贫苦偏远的地方，建造的房子连围墙都不齐全。他常说：“如果我的后人明白事理，就会像我一样**勤俭节约**；如果他们是无用之才，那我也就没什么家产可供他们败坏的了。”

汉惠帝二年（前193），萧相国病逝，被赐予文终侯的谥号。萧何的后人中有好几代人都因为犯法而被剥夺封号，但每次皇帝都会寻找萧何其他后人，来继承酂侯的封号。汉代所有的开国功臣里，只有萧何有这样的待遇，连《史记》的作者司马迁都称赞萧何，说他的一生朴实而灿烂。

建造未央宫的争议

西汉时期的皇宫叫未央宫，由萧何主持建造。未央宫规模宏大，富丽堂皇。等高祖平叛回来一看，他非常生气地问萧何：“当今战乱未平，成败还不知道，你却花费大把的钱财建造这么宏大的宫殿，什么意思？”萧何说：“天子以四海为家，正是因为天下未定，所以才要建造一座能充分彰显天子威严的王宫，才能让天下归心。并且，后世再要建造宫殿也就不用再费这么大的阵仗了。”高祖听完觉得很有道理，便不再追究。

张良

你是人间奇男子
张良的故事

《史记》里有一位计谋百出的高人，他的脑袋里装满了各种兵法谋略，不管遇到什么样的情况，都可以第一时间想出最合适的计谋。他叫张良，人们形容他“运筹帷幄之中，决胜千里之外”，他的好主意是从哪里来的呢？他有哪些精彩的高光时刻呢？让我们一起来看看张良的故事吧。

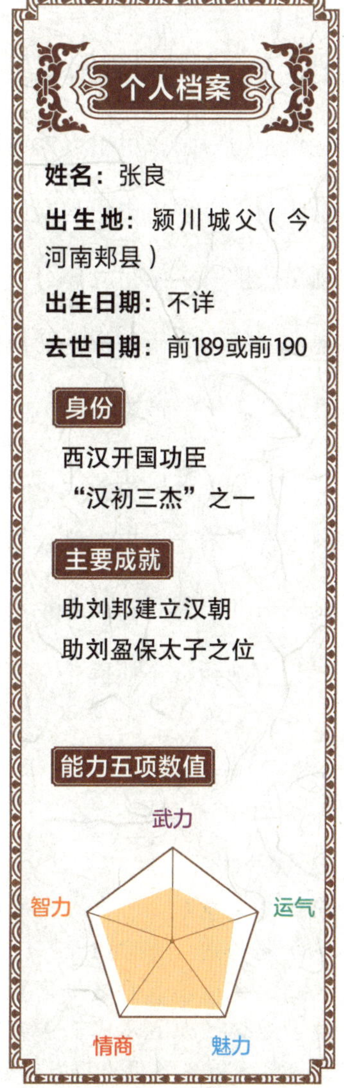

流亡下邳，获绝世秘籍

张良是战国时期韩国人，他的爷爷和父亲都当过韩国的丞相。后来，韩国被秦国灭掉了。当时的张良还很年轻，遭遇国破家亡的变故。为了报仇，张良把家里所有的钱财都拿出来，想找一个能够刺杀秦始皇的刺客。

张良去过很多地方，曾拜见一个叫仓海君的人，从他那里找到了一个大力士。张良为大力士打造了一把一百二十斤重的大铁锤。

张良和大力士埋伏在博浪沙（河南原阳东），这是秦始皇东巡的必经之路。这一天，当秦始皇的车队经过时，大力士突然跳出奋力一击，甩出大铁锤将目标车辆击得粉碎。没想到击中的是秦始皇侍从的车辆，刺杀失败。秦始皇大怒，下令在全国范围内捉拿刺客。为了保住性命，张良逃到下邳，隐姓埋名躲了起来。

一天，张良在下邳桥上散步，一位穿得破破烂烂的老人走到张良面前，故意把自己的一只鞋子脱下来扔到桥下，对张良说："小子，去把我鞋子捡回来！"张良一听，觉得

组玉佩 西汉

组佩又叫杂配，古代人把多种样式的玉佩放在一起构成一个"组合"，既能起到装饰的作用，又能集多种美好寓意于一身。不过，这种组佩的形式盛行于春秋战国时期，到西汉之后，基本就退出历史舞台了。

老人无理取闹，忍不住想要揍他。但看他年纪很大了，就忍了下来，到桥下去捡鞋。

张良捡来鞋子递给老人，老人却坐在了地上，傲慢地说：“给我穿上！”张良气坏了，可转念一想：既然鞋子都帮忙捡了，索性就帮他穿一下吧。于是，张良跪在地上，捧着老人的脚，帮他把鞋子穿好。老人很满意，笑着走了。

张良觉得老人太奇怪了，呆呆地看着他离开。谁知老人没走多远又回来了，看到张良还站在原地，就告诉他：“五天后，天一亮，我们在这里见面。”张良虽然觉得奇怪，但还是答应了。

到了约定的日子，天刚亮，张良就去桥上赴约，没想到老人早已经到了，他生气地说：“跟年长的人约好见面，你怎么可以来得这么晚？五天后，我们还在这里见面，要早一点来！”说完，头也不回地走了。

又过了五天，公鸡刚刚打鸣，张良就到了桥上，可老人又先到了。他非常生气地说：“怎么还是来得这么晚！五天后还在这里，务必早一点到！”张良很郁闷。

又到了约定的日子，张良干脆晚上不睡觉，半夜就来到桥上等着。没多久，老人慢吞吞地来了，这一次他**非常高兴**地说：“真是个聪明的孩子，你这样做很对。”说着，老人从怀里拿出了一本书，说：“这本书给你，读完它你就可以做帝王的老师了。十年后，你就能助他崛起而成就霸业。十三年后，你会在济北见到我，谷城山下的黄色石头就是我！”老人把书交给张良后就走了。此后，张良再也没有见过他。

等到天亮时，张良拿出书来一看，正是《太公兵法》。书里的内容非常神奇，都是行军打仗的道理。自此，张良每天苦读。

住在下邳时，张良以侠义闻名远近。有个叫项伯的人曾杀了人，得到张良的收留躲过一劫，之后，项伯与张良结为好友。

很快，十年过去了。陈胜起义的消息传来，张良也聚集了一百多人，准备投奔驻扎在留地的楚王，在半路上遇到了刘邦。刘邦当时被称为沛公，带领了一千多人攻占了下邳一带。两人相谈甚欢，彼此感觉非常投机，沛公要拜张良为将，张良决定跟随他。

熟读《太公兵法》的张良经常为沛公出谋划策，但他的计谋，其他人总是听不明白，只有沛公能很快领悟。张良回想起下邳桥上老人说的话，对天感叹：“看来沛公才是天命所归啊！”于是，他决心一直追随沛公。

智取峣关，救主鸿门

张良跟随沛公四处征战，向西打到了武关（今陕西商洛丹凤）。沛公打算用两万士兵进攻峣关（陕西西安蓝田）的秦军，张良赶紧阻止他，说：“秦军现在的战斗力还很强，不能这样贸然进攻。我听说，守在峣关的大将是一个屠户的儿子，这样的人最容易受金钱的诱惑。你留在军营里，派人准备五万士兵的口粮，再把周围布置一下，假装我们有五万大军，然后派郦食其带上珍宝去贿赂那个大将。”

沛公觉得张良说得有道理，采纳了他的建议。果然，镇守峣关的将领向沛公投降了，他愿意和沛公一起向西攻占咸阳，沛公很满意，就同意他加入自己的队伍。

这时，张良又阻止沛公，说：“想要投降的只是这个守将本人而已，他手下的士兵是不愿意投降的，他们肯定没想到我们会攻打过去，不如趁现在就消灭他们！”

沛公立刻向峣关的秦军发起进攻，秦军被打得**落荒而逃**。沛公的军队一路打进了秦朝的都城咸阳，秦二世投降。

秦王宫里遍地都是珍宝和美女，沛公看得眼睛都直了。手下的樊哙劝他赶紧离开秦王宫，沛公不听。张良再次劝他说：“你攻打秦王宫难道就是为了享福吗？那和暴虐的秦王有什么区别？”沛公顿时清醒，留下珍宝和美女，带着十万大军退出咸阳驻扎在霸上。

金骆驼 秦

2019年秦陵陵园西侧一号墓出土的金骆驼是目前国内所见最早的单体金骆驼。此器物的发现不仅为汉代丝绸之路开通以前，中西文化交流提供了重要依据，也为秦代政治、经济文化等研究提供了重要的实物材料。

沛公退出咸阳后不久，坐拥四十万大军的项羽占领了咸阳。他看到兵力比自己弱小的沛公竟然先进了咸阳，心里很不是滋味，身边的人也劝他找机会杀掉沛公。

项伯是项羽的叔父，以前落难时张良曾帮过他。为了报答张良的恩情，项伯连夜通知张良**赶紧逃命**，不要和沛公一起送死。张良感谢项伯，说："我本来就是为了保护沛公，现在情况这么危急，我怎么能一个人逃跑呢！"

张良走进帐篷，把事情告诉了沛公，沛公吓得没了主意。张良冷静地劝他向项羽谢罪，并让项伯帮忙求情。第二天，项羽在鸿门举办宴会邀请沛公，打算在宴会上杀了他。

沛公带领张良、樊哙等人赴宴。眼见宴会上杀机四伏，张良赶紧找来了身强力壮的樊哙，让沛公假装上厕所偷偷逃跑，自己留下来善后。鸿门宴的典故就是出自这里，后来人们用"鸿门宴"形容不怀好意的邀请。

运筹帷幄，决胜千里

汉王元年（前206），项羽分封诸侯，沛公被封为汉王，封地在偏远的巴蜀地区。出发前，张良告诉汉王："你去了巴蜀后，就把路上的栈道都烧掉，假装不再回来了。"汉王听从张良的建议，烧毁了栈道。

张良告诉项羽："汉王烧掉栈道，肯定是不想再回来了，您可以安心了。"然后，向项羽报告了齐王田荣叛变的事情。项羽不再担心汉王，于是领兵去攻打田荣。

汉王烧掉的栈道是什么东西呢？栈道就是在山的悬崖上凿孔，打入很多根木桩，在木桩上铺木板修成的道路。因为巴蜀地区多是绝岭峭壁，交通很不方便，

铜镜 西汉

这是出土于安徽天长汉墓的一面铜镜。在古代人还没有发明出用玻璃做镜子之前，他们都是用铜磨得光滑细腻来做镜子。但实际上，这种铜镜远没有我们今天的镜子那么清楚。

所以栈道相当于进出汉中、巴蜀的捷径。谁知项羽刚走，汉王就原路返回占据了汉中，很快平定了三秦。

三秦是什么地方呢？秦朝灭亡后，项羽**分封诸侯**，把关中地区划分成三部分，分别封给雍王章邯、翟王董翳和塞王司马欣。因此，后世对秦地泛称“三秦”，今天的陕西依然被称为三秦大地。

张良偷偷从项羽身边溜走，回到汉王身边，被汉王封为成信侯，他们一起向东攻打楚国，结果吃了败仗。汉王下了马，靠在马鞍上问张良：“现在这个情况，我该找谁一起来打天下呢？”

张良给汉王上了一课，说：“九江王黥布是个猛将，而且他和项羽以前就不和。彭越和齐王田荣是一伙儿的，田荣现在已经反抗项羽了，彭越也会反抗项羽的，这两个人都可以帮助你。你手下的韩信是个了不起的将领，有了这三人，就一定能拿下楚国了。”汉王深表认同。果然，这三人后来成了汉王打败项羽的得力助手。

汉王三年（前 204），刘邦被项羽围困在了荥阳，急得像热锅上的蚂蚁，问郦食其该怎么办。郦食其想了个办法：给六国的后代们发印信，拉拢他们一起来**反抗项羽**。刘邦觉得这个主意不错，派郦食其赶紧去办。郦食其还没有出发，张良正好回来了。刘邦一边吃饭，一边开心地将郦食其的“好主意”说给张良听。

张良听完叹了口气，拿起筷子又给刘邦上起了课。张良一连提出好几个问题，问刘邦能不能做到，刘邦都说做不到。

张良说：“你把国家的印信都发给了六国的后代，就等于同意他们复国，既然都复国了，为什么还要帮您打天下呢？自己打自己的天下不好吗？”听完张良的分析，刘邦气得饭都喷了出来，大骂郦食其：“真是个书呆子，差点坏了我的大事！”赶紧把制作好的印信全部毁掉。

妙解封功危机，一语定都关中

高祖皇帝联合其他诸侯势力，在垓下一举打败项羽，自此算是坐稳了皇帝的宝座。

汉王六年（前 201），高祖皇帝要分封功臣，说：“张良虽然没有上过战场，

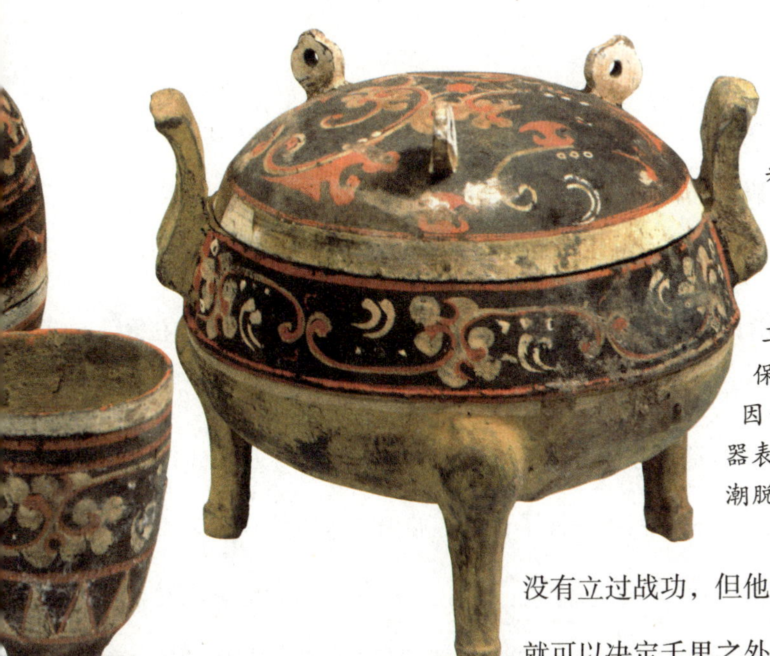

彩绘云气纹陶器 西汉

彩绘陶又叫烧后彩绘陶，是把陶胚烧制完成后，再用颜料在陶器表面绘制纹饰。这种彩绘纹饰工序简单，但不易长时间保存，极易因受潮或其他原因而脱落。图中这组彩绘陶器表面的纹饰斑驳正是长期受潮脱落导致的。

没有立过战功，但他只要在营帐里出谋划策，就可以决定千里之外战场上的胜负。”高祖皇帝打算让张良自己选择齐地三万户作为封地。

张良却说：“我从下邳开始起兵，在留地遇到陛下，上天注定我要辅佐您成就大业。三万户食邑太多了，我不要，您只要把留地封给我就够了。”于是，张良被封为留侯。

高祖皇帝论功行赏，封了二十几个人，剩下的人没日没夜地抢功劳，吵了一年多还没得到封赏。他们等得**不耐烦**了，就聚集在一起发着牢骚。高祖皇帝便问张良该如何处理。

张良又一次献上了计谋，问高祖皇帝：“陛下最讨厌哪位功臣？”

“我最讨厌雍齿，大家都知道我跟他有仇。”

“那就先封赏雍齿，陛下连最讨厌的人都封赏了，其他人就不担心自己得不到封赏了。”张良说。

于是，高祖皇帝摆了宴席，封雍齿为什邡侯。果然，其他尚未得到封赏的人终于安下心来，说："连雍齿都得到封赏了，我们还有什么好担心的呢！"

封赏的风波过去了，大家又为定都的事吵了起来。有个叫刘敬的人建议把都城建在关中，而那些大多来自东边的大臣提议定都洛阳。高祖皇帝一时没了主意，便问留侯。

留侯分析道："洛阳虽然是个好地方，但其方圆不过几百里，且无险可守，土地贫瘠，不是用武之地。而关中就不一样了，东有崤山、函谷关，西有陇山、岷山，北有胡苑可牧马，南有**巴、蜀富饶之地**，关中更是沃野千里。倘若东方诸侯有变，可沿渭水、黄河顺流而下，运输补给都不成问题，这就是所谓的'金城千里，天府之国'。"于是，高祖皇帝决定定都关中。

太子有麻烦，留侯支妙招

高祖皇帝很宠爱戚夫人生的儿子刘如意，嫌弃吕后生的长子刘盈太过懦弱，准备废掉太子，让刘如意当太子，大臣们都劝不动他。这时，有人对吕后说："陛下最信任留侯了，请他来想办法一定能保住太子。"

吕后立刻派人去找留侯，要求他出个好主意。留侯本不想参与皇帝的家事，但迫于吕后的威逼，无奈说："陛下一直在找四位世外高人，但他们不肯做陛下的臣子，都躲着他。如果能让太子亲自写信、有礼貌地请他们出山，并以上宾之礼让他们辅佐太子，然后带着他们去见陛下，这事就成了。"吕后立刻照办。

汉王十二年（前 195），高祖皇帝一心想要换掉太子。一天，高祖皇帝办了

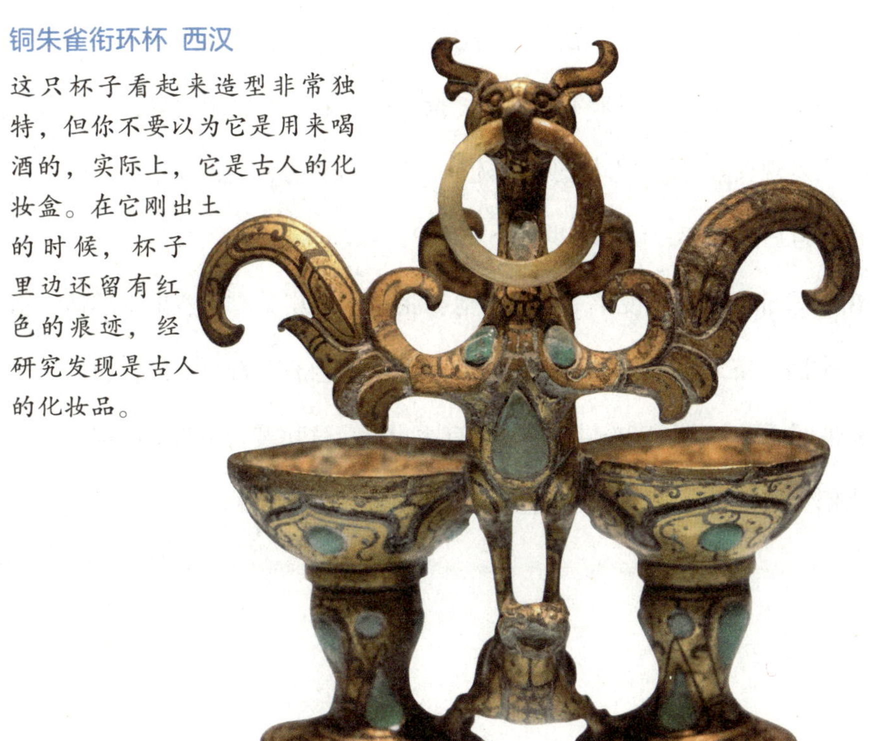

铜朱雀衔环杯 西汉

这只杯子看起来造型非常独特，但你不要以为它是用来喝酒的，实际上，它是古人的化妆盒。在它刚出土的时候，杯子里边还留有红色的痕迹，经研究发现是古人的化妆品。

个宴会，见到太子带着四位老人来了。这四位老人都已经八十多岁，眉毛和头发都全是白色的。高祖皇帝觉得很奇怪，问道："你们是什么人？"

四位老人报出了自己的名字，他们分别是东园公、角里先生、绮里季、夏黄公。

汉高祖非常吃惊，他一直在寻找这四位高人，但他们不肯追随汉高祖，于是问："你们都躲着我，为什么愿意跟着我的儿子呢？"

四位老人回答说："陛下喜欢骂人，**轻视读书人**，我们不想受屈辱，所以才躲起来。太子为人亲和孝顺，对读书人非常有礼貌，天下的人都伸长了脖子愿意为太子效力。"

高祖皇帝听完，叹了口气，说："那就麻烦各位爱护太子，好好辅佐他。"

宴会结束之后，汉高祖叫来了戚夫人，指着四位老人的背影对她说："我想换掉太子，但是现在**贤能**的人都愿意追随他，我已经没办法更改了。"

汉高祖去世后第八年，留侯去世了。

当年在下邳桥上，老人说十三年后，他和张良还会相见。果然十三年后，留侯和高祖皇帝路过济北时，在谷城山下遇见了一块黄色的巨石。留侯想起当年老人的话，就带回巨石，建了庙来供奉它。张良去世后，这块黄石也随他一起下葬。后来，当人们为留侯扫墓的时候，都会一起祭拜这块黄石。

人不可貌相

司马迁在写《史记》前一直以为，张良只要在营帐中筹谋布局，就能决胜于千里之外的战场，那他一定长得高大威武，才智出众。可当他看到张良的画像时惊呆了，原来张良长得像一个美丽的女子。司马迁这才想起孔子曾经说的话："依照相貌来评价他人，十有八九会犯错。"同理，如果按照张良的相貌来评价他，估计很难有人会把他与一位心思缜密、智计百出的军师形象联系起来。

史记成语典故大搜索

孺子可教

词意： 孺子，指年轻人。比喻年轻人有培养的前途。

造句： 小赵在写作方面很有天赋，稍一点拨就能领悟，真是孺子可教啊！

运筹帷幄

词意： 筹，计谋、谋划。帷幄，古代军中帐幕。指拟定作战策略，或指筹划、指挥。

造句： 刘备能建立蜀汉政权，与诸葛亮的运筹帷幄密不可分。

立锥之地

词意： 形容极小的一块地方，也指安身之处非常有限。

造句： 尽管他家境贫寒，上无只瓦遮风，下无立锥之地，但丝毫不影响其读书上进之志。

韩信

国士无双，成语之王
韩信的故事

如果要给《史记》里的将军们分类，我想可以分成两种，一种是冲锋陷阵型，这种将军就是一台人形压路机，战斗时他永远冲在队伍的最前方，带着几百人能打出几万人的气势。还有一种是运筹帷幄型，这种将军就是一台超级计算机，战斗还没开始，他就把敌我形势和天时地利等计算得明明白白。韩信就是第二种将军的代表，《史记》对他的评价是“国士无双”，在我看来他还可以叫“成语之王”！

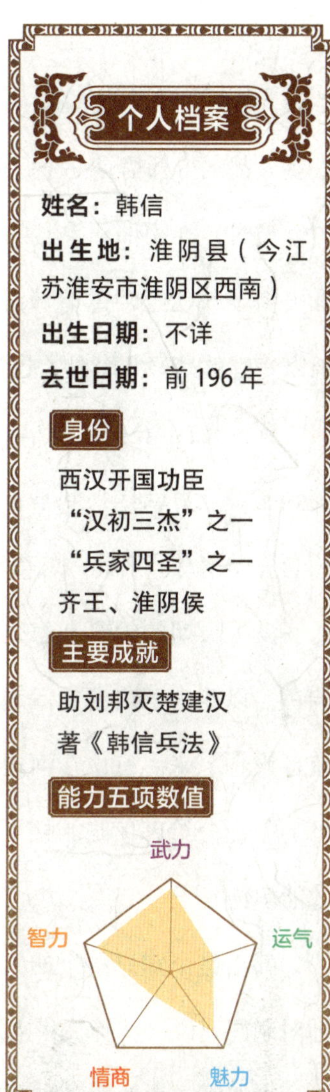

侮辱我忍了

韩信是秦朝末年淮阴人，他出身平民家庭，家里没有多少财产，也没有什么值得称颂的品行，所以没人赏识他、提拔他，想到衙门里当个小官吏都做不到。

不能做官，那做买卖谋生呢？韩信既没有

青铜环柄剑 西汉

环柄剑的剑首是一个扁平的圆环，因此得名。这个圆环既起到剑身整体的平衡配重作用，又能用绳子把剑系在手中防止它在格斗过程中掉落，还能挂吊坠等饰品，可谓集实用性与美观性于一体。

本钱，也没有经商的头脑，平时只能在朋友家里蹭饭吃。时间一长，很多人都觉得韩信是一个吃闲饭的无赖，都很讨厌他。

当时，淮阴郡下乡县的南昌亭有一个亭长，他觉得韩信不是凡夫俗子，就经常邀请韩信到自己家里吃饭。韩信也实在，在亭长家一吃就是好几个月，这让亭长的老婆非常头疼。

有一天，亭长的老婆早早把饭做好，躲在自家卧室把饭吃光了。等到了饭点，韩信来到亭长家，发现没给自己留饭，就明白了亭长老婆的用意。从此，韩信和亭长家断绝了关系，不再来往。

没了长期的饭票，怎么养活自己呢？韩信只好到城北的淮水钓鱼，以此来解决温饱问题。一次，韩信饿得头晕眼花，却一条鱼也没钓上来。有位在河边漂洗棉絮的老妈妈看他可怜，就把自己的午饭分给韩信吃。接下来的数十天，韩信都靠老妈妈的接济才能填饱肚子。

韩信是个知恩图报的人，他一边吃着饭，一边**信誓旦旦**地对老妈妈说：“等我将来发达了，一定重重地报答您！”

老妈妈觉得韩信误解了自己行善的本意，就很生气地说：“堂堂大丈夫不能养活自己，我是可怜你一个公子落到这般境地才给你饭吃，哪是贪图你的报答！”

来自老妈妈的鄙视让韩信很受伤，他离开了淮水岸边，到集市中寻找谋生的机会。淮阴集市中，有一个屠户家的无赖少年，看着韩信身材高大，佩带宝剑，却靠乞讨生活，就拦住韩信的去路，嘲笑他说：“你小子就是个懦夫，你要是不怕死，就拔出宝剑杀了我；要是不敢，你就从我的胯下爬过去！”说完，无赖就双手叉腰，岔开双腿，斜眼打量着韩信。

韩信盯着无赖看了半天，居然真的趴在了地上，从无赖的裤裆下爬了过去。整个淮阴市集都轰动了，韩信成了众人口中的胆小鬼，没有人不笑话他的懦弱。可这些人哪里明白韩信的想法。

秦朝法律有规定，杀人者偿命，韩信一旦拔剑杀了无赖，要么被官府抓获，判处死刑；要么就得当一个通缉犯，从此**浪迹江湖**，所以他才决定忍受一时的屈辱，只为等待一个出人头地的机会。

成语“一饭之恩”和“胯下之辱”就是出自这里。

无奈的跳槽

秦二世元年（前209），陈胜、吴广在大泽乡喊出了“王侯将相宁有种乎”的口号，竖起起义的大旗。楚国的旧贵族项梁也趁机起兵，渡过淮水北上中原。韩信觉得机会来了，就带着自己的宝剑去投奔项梁的队伍。

可起义军中也讲究家庭出身，也论资排辈，平民出身的韩信没能得到项梁的重用，在起义军中一直默默无闻。不久，项梁战死，他的侄子项羽掌握了兵权，韩信被划分到项羽的卫队，任执戟郎中，算是项羽卫队中的小军官。受到鼓舞的韩信多次给项羽献计献策，但习惯了冲锋陷阵的项羽不喜欢用什么计策，韩信的建议全被否定了。

现实的无情让韩信**非常沮丧**，他觉得自己在项羽手下没有出头之日，就“跳槽”去了汉王刘邦的麾下。双方第一次见面，刘邦没发现韩信有什么才华，就让他做了一个管理仓库的小官。

后来，韩信触犯了军法，按律当斩，同案的十三人都被处斩了，韩信是最后一个，负责监斩的军官是刘邦的老乡夏侯婴。

眼看刽子手要动手了，韩信对夏侯婴大喊了一句：“汉王不是要统一天下吗？为什么要杀掉壮士呢？”

夏侯婴听到韩信的话大吃一惊，仔细端详韩信，觉得他气度不凡，就下令暂缓行刑。两人进行了一番交谈，夏侯婴觉得韩信是个人才，就释放了他，并把他推荐给刘邦。

刘邦第二次见到韩信，还是没觉得这个人好在哪里，但老乡夏侯婴的面子又不能不给，于是给韩信升了一级，让他担任治粟校尉，负责管理汉军的粮饷。

当时，汉军后勤工作的总负责人是萧何，他和韩信接触多了，非常认可韩信的军事才能，打算向刘邦隆重推荐下韩信。

追回来的大将军

这时，汉军的大部队刚刚到达刘邦的封地南郑。因为远离家乡，又遭到项羽的排挤，很多将领觉得没有前途，就纷纷逃走了。

韩信见汉军队伍人心惶惶，自己又不受重用，就在一个夜里也逃离了军营。萧何听说韩信逃走了，来不及向刘邦报告，骑着马就去追赶韩信。

因为萧何是不告而别，刘邦以为他也抛弃了自己，仿佛失去了左膀右臂，又伤心又生气。可没过两天，萧何把韩信带回了军营，然后自己去见刘邦。

老朋友去而复返，刘邦**欣喜若狂**，可一见面他还是破口大骂："萧何，你也要抛弃我逃跑吗？"

萧何解释说："我不是逃跑，我是把逃跑的人才给追回来。"

刘邦问："你追的是谁啊？"

萧何答："就是我和您说过的韩信啊！"

这个回答刘邦不太相信，他继续骂道："咱们队伍跑了几十个将领，你谁也没追过，现在为了个小小的韩信不告而别，你骗谁呢？"

萧何笑了笑，郑重其事地说道："韩信是天下无双的国士，那些平庸的将领怎么能和他相提并论？

箭 西汉

箭是古代战场上常规兵器中的远程攻击武器，类似于现代兵器中的狙击枪，可远程杀伤敌人。另外，弓箭也是骑兵的必备武器，骑兵机动性强，可以最大限度发挥箭的作用。

如果您甘心在汉中做个**寄人篱下**的汉王，那有没有韩信都一样；可如果您想取得天下，那韩信就是您必须要重用的人才！”

刘邦被萧何严肃的语气打动了，他叹了口气回答说：“我当然想打回东边去，谁愿意待在这个偏僻的地方苟且一生呢？”

萧何又说：“您如果想打回东边，就必须重用韩信；您要是不能重用他，他还是会逃走的。”

刘邦想了想说：“好吧，看在你的面子上，我任命韩信当个将军吧。”

萧何摇摇头说：“一个将军还不够，要想韩信全心全意为您效力，必须封他为大将军。”

刘邦同意了，打算让人把韩信叫过来，立刻下达任命。萧何却阻止了刘邦，说：“您对部下一向傲慢无礼，现在要任命大将军，也像呼唤孩子一样，这太儿戏了。您如果真心拜韩信为大将军，就选个吉日，沐浴斋戒，再搭建一座高台，按照任命大将军的仪式，举行一场盛大的任命典礼。”

刘邦听从了萧何的意见，宣布择日要登坛拜将。刘邦手下的

想当年我可是名神射手！

陶射俑 西汉

这是一尊汉代的武士陶俑，这名士兵正在拉弓射箭，只是他手中的弓箭已经腐化不见了。他斜角向上射箭，可以增加箭的飞行距离，进而扩大杀伤范围。

将士们听说了这个消息后都非常高兴，以为自己会被任命为大将军，特别是几个立过大功的将领，如周勃、灌婴、樊哙，都充满期待。

结果等到举行仪式的时候，将士们发现大将军居然是之前管后勤的韩信，全军上下都大吃一惊。

看到没有，这一段故事中韩信又创造了两个成语“国士无双”和“登坛拜将”。

一场决定天下的谈话

举行完拜将典礼，刘邦把韩信请到了自己的大帐之中，他想听听韩信有什么定国安邦的良策。

韩信谦虚了一下，就开始给刘邦提问题：“您要争夺天下，项羽就是您最大的对手。您估算一下，论起士兵的英勇、强悍，装备的精良，您和项羽谁占上风？”

刘邦沉默了半天，才实话实说：“我恐怕比不上项羽。”

韩信也笑着说：“说实话，我也觉得您不如项羽。可是我曾经侍奉过项羽，请让我给您分析一下他的优点和缺点。

“第一，项羽在战场上一声怒喝，能把成百上千的敌人吓得胆战心惊，但他不会识人用人，所以这只能算是匹夫之勇。

“第二，项羽表面上待人亲切和蔼，但奖赏部下时却格外吝啬，有时把官印的棱角都磨平了也舍不得赐给部下，这是妇人的心胸，不是霸主的作风。

“第三，项羽没有诚信和原则，他虽然独霸天下让诸侯臣服，却放弃关中定都彭城，违背了和义帝的约定，还随意给自己的亲信封王，诸侯对此都很不满。

“第四，项羽得不到百姓的支持，但凡项羽军队经过的地方都变成了废墟，所以天下人怨恨他，他由强盛走向衰弱只是时间的问题。

“项羽不会用人，而大王您能人尽其用，何愁敌人不被消灭？您把天下的土地分封给有功的部下，何愁他们不拼死效力？您率领着一心想打回老家去的士兵，何愁敌人不被打败？挡在您路上的三个秦朝降将章邯、董翳和司马欣，因为投降项羽，早就被秦地的百姓所唾弃。而您进入武关时，对百姓秋毫无犯，还废除了秦朝严酷的刑法，和百姓约法三章，秦地的百姓没有不拥戴您的。只要大王您起兵东进，三秦大地上的百姓只要您一封文书就能收服！”

韩信的一番分析为刘邦指明了道路，让刘邦明白了自己的优势在哪，今后应该怎么做，可以说这次谈话决定了日后天下的归属。

这一段故事韩信又创造了两个成语“匹夫之勇”“妇人之仁”。

魏国、代国，你们等着我

听完韩信的分析，刘邦大受鼓舞，觉得自己和韩信真是相见恨晚。

汉王元年（前206）八月，刘邦按照韩信制定的战略计划起兵东进，击败三秦，夺取关中地区。次年四月，刘邦出兵函谷关，收服魏王豹、韩王昌等所封的属国。之后，又联合齐王田荣、赵王歇及陈馀等军队围攻项羽的老巢彭城。可项羽也不是吃素的，他率精兵驰援彭城，大败刘邦，汉军伤亡惨重。刘邦带着几十个骑兵突围，逃到了荥阳。

幸亏韩信从关外收集了溃散的部队，紧急增援荥阳，这才阻止了项羽西进，缓解了刘邦的困境。

看到刘邦打了败仗，原本和刘邦站在一条船上的诸侯们纷纷投降了项羽。最过分的是魏王豹，他不但逃回了魏国，还派兵封锁了黄河西岸的临晋关，切断了汉军和大后方关中的联系。

众叛亲离、**腹背受敌**的刘邦没有办法，只好派口才出众的郦食其去游说魏王豹，但没有取得任何效果。这年八月，刘邦终于下了决心，任命韩信为左丞相，率领一支部队去攻打魏国。

这是韩信当上大将军之后独立领军的第一战，他分析了一下敌我形势：眼前是黄河天险，对岸是魏国的精锐部队，渡河强攻？那不是韩信的风格。只能靠智取，用计谋来获得一场精彩的胜利。

韩信把搜集到的船只全部集中在临晋关的对岸，摆出一副要强攻的架势。同时，又派出一支精锐部队，偷偷来到临晋关上游的阳夏，用木盆木桶捆绑成木筏，一举渡过了黄河，直逼魏国的都城安邑（今山西夏县西北）。

魏王豹没想到韩信会玩出这一招，赶忙率领魏军增援安邑。在毫无准备的情况下，他哪里是韩信的对手？魏军被韩信打得大败，魏王豹也被俘虏。接着，韩信继续进攻魏国的盟友代国，不但大败代国军队，还俘虏了代国相国夏说。韩信的第一次战场演出相当完美。

刘邦听说韩信打了大胜仗，赶紧派人来“摘桃子”——调走韩信手里的精锐部队，又塞给他一个副将张耳和几万新兵，让韩信通过太行山区的井陉关，继续进攻下一个目标赵国。

漫画开讲啦！

韩信、张耳合兵攻打赵国，计划夺取井陉口。
张耳
来啦老弟！
韩信

韩信跟张耳合兵一处，直奔井陉口，我赵国危在旦夕啊！
陈馀

大王不要慌！
我有消灭韩信的妙计！
李左车

井陉口地形狭长，韩信千里远征，粮草必然在后方，不如派人去截断他的粮草，就能让他自行退兵！

这也太麻烦了，就正面迎战好了，不要玩计谋了！

韩将军！
张耳
韩信

有一个好消息，和一个坏消息，
你要先听哪一个？
先说坏消息！

坏消息就是，探子来报，
赵军计划要截断
我们的粮草！

什么?！
好消息是，这条计策被
陈馀给忽略掉了！
敌方营中有高人啊！
直线提升我们的作战难度！

多好的计策啊，
可惜没人识货！

不过倒是给了我启发！

哦？
快说来听听！

#%&*.....*()$

妙啊！！
我这就去办！

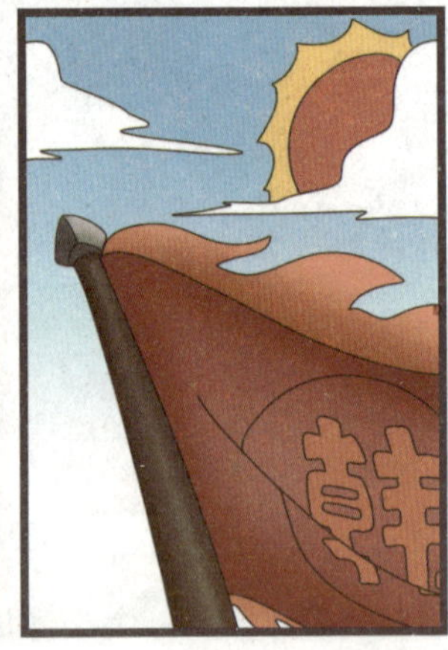

韩信命令大军背着河水列阵。

韩信

上将军这是疯了吧！！让我们背对河水，这是不给我们留退路啊！！

对啊！！我多少懂一点兵法，仗哪有这么打的啊！！

我会游泳，一会儿逃跑我带你俩！！

赵军主帅回头一望，发现自己的大本营早已插满韩信的红旗，大吃一惊。

韩信军以压倒性优势击败赵军。

韩信见大局已定，便传令下去，要活捉广武君李左车，不能伤他分毫。不久，李左车就被带到韩信面前。

韩信赶紧迎上去，亲自为李左车松绑，并请他面向东坐下，自己以弟子之礼**恭恭敬敬**地请教李左车说：“接下来，我想北上攻打燕国，东进攻打齐国，依广武君之见，我该怎么办才好呢？”

李左车谦让地回答：“我听人说，败军之将没有资格来谈论攻城略地和长治久安的策略。我现在就是败军之将，哪敢参与您的作战计划呢？”

韩信说：“我也曾听说百里奚在虞国做官，虞国最终亡了；等他到秦国为相，秦国后来称霸诸侯，这并不是他在虞国就愚笨，到了秦国就睿智，而是因为他的良策没有被虞国国君所采纳而已。倘若当初成安君能听取您的建议，我早就被您活捉了，正是因为他不听您的良策，所以我才有机会向您请教呀！”

李左车若有所思，韩信又以更加诚恳的态度向他请教良策。李左车说：“我听人说‘智者千虑，必有一失；愚者千虑，必有一得’，可见，即便是乡野村夫、白丁狂人的话，也未必没有值得圣贤之人采纳的地方。但我所担心的是，我给您提出的计谋未必就适合您的作战方略呀！”

韩信说：“李将军切勿多虑，但说无妨！”

李左车略微思忖，说：“将军天纵英才，巧用木筏渡过西河，一举俘虏魏王，擒获夏说于阏与，一战便拿下井陉隘道，更是用了不到一个上午的时间击败二十万赵军，斩杀赵相成安君，名扬四海，威震天下，就连敌国的农夫们也不得不扔下农具，纷纷打听您的进军动向，被您的威势所震慑。这些都是将军所擅长的方面。”韩信点点头。

李左车继续说：“将军现在刚经历大战，将士们都身心俱疲，战斗力和意志都有所衰弱，这样的军队即便您再有能力，也很难让他们发挥出理想的战斗力。纵使您兵临燕国城下，恐怕也是要打持久战的。而燕国不可能不会了解到您人困马乏、战斗力不足的情况，那您岂不是还未战斗，就已经陷入被动的境地呢？何况您长途奔袭，战斗越是僵持，您的粮草一旦消耗完，那局势对您就更加不利了！相对较弱的燕国都拿不下，那齐国势必会采取坚壁清野、固守国境的策略，您的处境就更难了。而燕国和齐国攻克不下的话，那么刘邦和项羽的胜负一时半会儿也很难见分晓了。这一点，我认为正是将军您的短板啊！善用兵者，不会拿自己的短板去跟敌方的长处硬碰，而是以自己的优势去攻击敌方的劣势。”

韩信眉头紧蹙地说：“将军所言甚是啊！那么我究竟该怎么抉择呢？”

李左车接着说：“依我之见，将军不如暂时留守赵国、修整士气，待战力恢复，再发兵燕国。在此期间，先派人送信给燕国，充分展示您的兵威，弱小的燕国必定不敢不听从您的命令。然后再派一名能言善辩之人把这一消息带给齐国，齐国还有什么理由敢反抗您呢？此所谓不战而屈人之兵，即是上策。如此一来，您何愁大事不成呢？”

韩信听完拍手称妙，按照广武君的谋划立即实施，果然，燕国闻风而降。韩信派人向汉王报告，请立张耳做赵王，负责镇守赵国，汉王同意了。

项羽好几次派军渡河攻打赵国，赵王张耳和韩信趁机占领所经过的赵国城镇，再派兵支援汉王。

错金虎节 西汉

这是西汉时期的南越王调兵用的凭证，它的造型是一只盘踞状的猛虎，张牙舞爪，呈现出一种正要一跃而起的姿态。正面雕刻的文字是“王命命车徒”。

灭齐，巅峰之战

就在韩信节节胜利之时，刘邦却在正面战场连战连败，被项羽包围在了成皋。为了挽救危局，刘邦和夏侯婴从成皋突围而出，渡过黄河，来到了韩信和张耳在赵地的军营。

刘邦怕韩信不愿意交出兵权，就要了一个花招，他谎称自己是汉王的使者，直接闯进了韩信的卧室，把帅印和兵符拿到手里，然后召集了将领们，宣布要把韩信的主力部队调到楚汉前线。至于韩信本人呢，刘邦把挑剩下的士兵还给韩信，让他继续进攻东方的齐国。

韩信被刘邦的**过河拆桥**之计搞得很郁闷，可又没办法，谁让自己跟随了这样的君主呢？韩信只好带着兵向齐国进发。

当韩信的军队来到平原县的黄河渡口时，听说齐王已经被刘邦派出的使者郦食其说服，投降了刘邦。韩信本想按兵不动，他手下的谋士蒯通却劝他继续进攻，把灭齐的功劳抢到自己手里。

韩信听从了蒯通的建议，偷袭了齐国驻扎在历下城（今山东济南）的军队，一路打到了齐国的都城临淄。齐王田广气坏了，觉得郦食其出卖了自己，就把他放到大鼎中烹死，然后逃到高密（今山东潍坊境内），向楚王项羽求救。

项羽早就忌惮韩信的战斗力，接到田广的求救信后，立刻派大将龙且率领二十万大军救援齐国。龙且率领的楚军很快进入齐地，有谋士劝他不要急于作战，可以用坚壁清野的战术，等待客场作战的韩信军粮吃光，再发动进攻。可龙且骄傲自大，瞧不起韩信，非要和韩信在正面战场决一死战。

就这样，韩信的汉军和龙且的楚军，一个在潍水西面，一个在潍水东面，隔着河摆下阵势。在决战的前一天晚上，韩信派人准备了上万个沙袋，堵住了上游的部分河水，让汹涌的潍河断流。

第二天清晨，韩信率领部分汉军渡过潍水，向龙且发动进攻。战斗开始没多久，韩信又假装战败，带着部队撤回了西岸。龙且看到这个场面，哈哈大笑，带兵渡河追击韩信。

可等龙且的部队渡河到一半时，上游的汉军把堵塞河道的沙袋搬走，洪水直冲下游，龙且的军队被淹死了不少，活着的也被分割在潍水两岸。韩信趁机发动进攻，斩杀了龙且，击败了楚国的援军。

汉王四年（前 203），韩信彻底平定了齐地的反抗，他觉得自己已经算是战功赫赫，应该得到奖赏了。于是，韩信派出使者，请求刘邦让自己代理齐王。

当时刘邦还在荥阳和项羽苦战，正等着韩信的支援。结果援兵没到，要赏赐的书信却到了，刘邦气得当场破口大骂。张良和陈平知道韩信的重要性，暗中踩了一下刘邦的脚，示意他要以大局为重。

刘邦是个精明的政治家，他马上反应过来，就对韩信的使者说："我为什么骂韩信？因为他不争气啊，他为我平定诸侯，封王不是应该的吗？要当王就当真王，当什么代理的假王啊？"

说完，刘邦派张良为使者，赶赴齐地封韩信为齐王。同时，征调韩信的部队来荥阳攻打项羽。

报恩和"报仇"

就在刘邦全力拉拢韩信的同时，项羽也发现韩信是决定楚汉命运的关键，便派出谋士武涉去游说韩信。

武涉能言善辩，他劝说韩信帮助项羽对付刘邦，或者两不相帮，和项羽、刘邦三分天下。韩信的谋士蒯通也借看相的方式劝说韩信，希望他保持中立，利用楚汉的争斗来谋取自己的利益，否则将来功高震主，下场一定很凄惨。

韩信思来想去，最终还是觉得刘邦对自己不错，实在不忍心背叛他。于是，韩信拒绝了武涉的劝说，也没有采纳蒯通的建议。蒯通认为韩信早晚会被刘邦算计，自己的这一番建议可能给自己惹来杀人之祸，就装疯离开了韩信。

汉王五年（前 202），韩信率军赶往垓下参加对项羽的决战。项羽抵挡不住刘邦和韩信的进攻，最终战败在乌江边自刎，楚汉战争结束。

战争刚一结束，刘邦就趁韩信没有防备，夺走了他的兵权，还将韩信从齐王改封为楚王，蒯通之前的预言开始应验了。

韩信知道自己玩政治不是刘邦的对手，军队的指挥权又被剥夺，只好老老实实地前往封地。

到了封地后，韩信派人找来了当年在淮水边给他饭吃的老妈妈，送给她千金作为报答。又找来南昌亭的亭长，赏赐给他一百钱，并调侃他说："你呀，愿意做好事，可做事情有始无终啊！不然你今天得到的何止区区一百钱！"

最后，韩信让人找来了当年让他蒙受**胯下之辱**的那个无赖。不过韩信没有处罚他，反而让他担任了中尉的职务，韩信解释说："这小子也是个壮士，当年他侮辱我的时候，我本可以拔剑杀了他，可杀了他我又怎么能有今天的成就呢？"有恩报恩，有仇也能一笑而过，这样的韩信是不是很大度呢？

冤死的大将军

韩信的楚王当了不到一年，就有人告发他谋反。刘邦忌惮韩信的军事才能，不敢直接出兵，于是采纳陈平的计策，假装要到南方的云梦泽游玩，等韩信来拜见的时候，把他抓住带回长安。

韩信觉得自己立功无数，却落得如此下场，又难过又气愤，就在回长安的囚车上感慨说："就像别人说的，'狡兔死，良狗烹；高鸟尽，良弓藏；敌国破，谋臣亡’，天下已经平定，我也该死了！”

不知道是不是听到了韩信的牢骚，或是觉得没有证据就杀害大将，天下人会说闲话，刘邦赦免了韩信，把他的爵位降为淮阴侯。虽然封地在老家淮阴，但韩信没能前往淮阴，而是被囚禁在长安。

汉王十一年（前196），镇守代地的将军陈豨发动叛乱，刘邦率军前去镇压，朝堂大权暂时掌握在刘邦的妻子吕后手里。

这时，一个门客得罪了韩信，韩信想要处死他，门客的弟弟就跑去向吕后告密，说韩信暗中勾结陈豨，也是叛乱的首脑。吕后找来相国萧何商议，两个人谎称刘邦已经平定叛乱，让大臣们入宫祝贺。

韩信不知道这是个针对他的阴谋，就进了未央宫，结果被埋伏的武士当场擒获，在未央宫的悬钟室内被杀害了。临死前，韩信大喊：“我真后悔没听蒯通的计谋，以致今日被妇人所骗，这难道不是天意吗？”

韩信死后，吕后将他父族、母族和妻族的所有人都杀害了。

刘邦平定叛乱，回到长安后，听说了韩信被处死的消息。他又高兴又惋惜，追问吕后：“韩信死前说过什么吗？”吕后回答：“韩信说后悔没有采纳蒯通的计谋。”

刘邦立刻下令全国通缉蒯通，不久，蒯通被抓到了刘邦面前。刘邦问他：“是你教唆韩信谋反的吧？信不信我把你扔油锅里烹了？”蒯通苦笑着回答说：“我确实劝说过韩信谋反，可他没有采纳我的建议。再说那时我是他的谋士，不过是各为其主罢了，您难道还能把所有曾经反对过你的人都烹杀了吗？”

刘邦听完蒯通的话，沉默良久，最终赦免了他。

这一段故事，韩信留给我们的两个成语是“兔死狗烹”“成也萧何，败也萧何”。怎么样，韩信算得上是《史记》中的成语之王吧？

彩绘人物漆龟盾 西汉

龟盾整体漆黑，正面绘有一神人和一神兽。神人穿着带花纹的宽袖上衣和长裤。神兽昂首曲身，伸开两足，与神人向同一方向奔走欲飞。龟盾背面，画有两个相向而立的人物，右边一人身佩长剑，表现的是现实生活中的人物。

性格的短板

韩信是一个高智商的军人，却也是一个低情商的政治家，可以说他做事很成功，但做人比较失败。比如韩信被囚禁在长安城的时候，他知道刘邦嫉妒他的才能，但他并没有低调做人。一次，刘邦和他谈论各位将领带兵的能力。刘邦问韩信自己能带多少兵，韩信回答说顶多十万。刘邦又问，韩信你能带多少兵，韩信回答说“多多益善”。韩信不考虑自己阶下囚的身份，骄傲地实话实说，反而让刘邦更加忌惮他，这为韩信后来的被杀埋下了伏笔。

“成语之王”说成语

提起韩信，人们不禁会赞叹他辉煌而短暂的一生。关于他的传奇故事非常多，而后人追加给他的头衔更多，诸如“汉初三杰之一”“兵家四圣之一”“兵仙”“神帅”“国士无双”，等等。其实，韩信在中华文明史上还创造了一个纪录，因他而诞生的成语可比他头衔的数量多多了。因此，他还获得了一个非常特别的头衔——成语之王。

国士无双

词意：国士，国中杰出的人物。指一国中独一无二的人才。

造句：像南宋时期的岳飞，可以称得上是栋梁之材，国士无双。

胯下之辱

词意：从胯下爬过的耻辱。

造句：韩信能忍受胯下之辱，是因为他有更远大的目标，所以不与眼前的小人一般见识。

妇人之仁

词意：仁，仁慈。喻指处事犹豫不决，不识大体，像妇女一样心肠柔软。

造句：惩治那些作恶多端的犯罪分子，怎么能心存妇人之仁呢？

解衣推食

词意：推，让。把衣服脱下给别人穿，把食物让给别人吃。形容对他人的热情关怀

造句：周老爷子一生行善，他解衣推食的善举，受到乡里人们的敬仰和赞美。

背水一战

词意：背水，背对着江河，表示断绝退路。比喻下定决心要与敌人死战。

造句：想要赢得比赛，我们只能抱着“背水一战”的决心去面对。

人心难测

词意：比喻人的心思深重，难以揣测。

造句：不要说人心难测，自己首先要有一颗热忱之心，才能赢得合作伙伴的信赖。

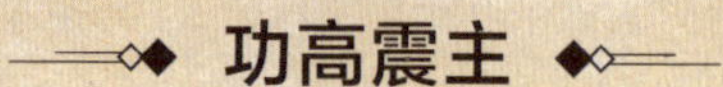

功高震主

词意： 功劳太大，使得君主都受到震动，因畏惧而产生疑心。

造句： 功高震主，锋芒毕露，引起高祖皇帝的忌惮，韩信因此走向失败。

金石之交

词意： 交，交情。比喻像金石一样坚不可摧的交情。

造句： 我跟张子明从小学一直到大学都是同学，这缘分之深，让我俩结成金石之交。

略不世出

词意： 指提出的谋略高明，世间少有。

造句： 刘经理对行业发展趋势的见解非常深刻，提出的应对方案更是独到，将来一定会成为这个行业略不世出的精英人物。

不赏之功

词意： 形容功劳极大，已经没有封赏可配得上了。

造句： 这个项目能完美收官，小张可以说立下了不赏之功，领导正在考虑如何奖励他。

肝胆相照

词意：比喻诚心诚意，彼此以真心相待。

造句：好朋友之间不仅要同甘共苦，更需要肝胆相照。

明修栈道，暗度陈仓

词意：比喻表面用假象迷惑对方，暗中实行自己真正的目的。

造句：要不是王参谋的一招“明修栈道，暗度陈仓”，我军在三天之内很难拿下这个高地。

韩信将兵，多多益善

词意：将，统率，指挥。比喻带兵越多越好。

造句：如果非要用一句话来评价刘政委的军事指挥才能，那只能是“韩信将兵，多多益善”。

成也萧何，败也萧何

词意：比喻事情的成功和失败都是因一个人或某件事造成的。

造句：老何靠自己的手艺发家，却没有随市场的变化而加以改进，导致一败涂地，真是“成也萧何，败也萧何”。

不折腾的相国

曹参的故事

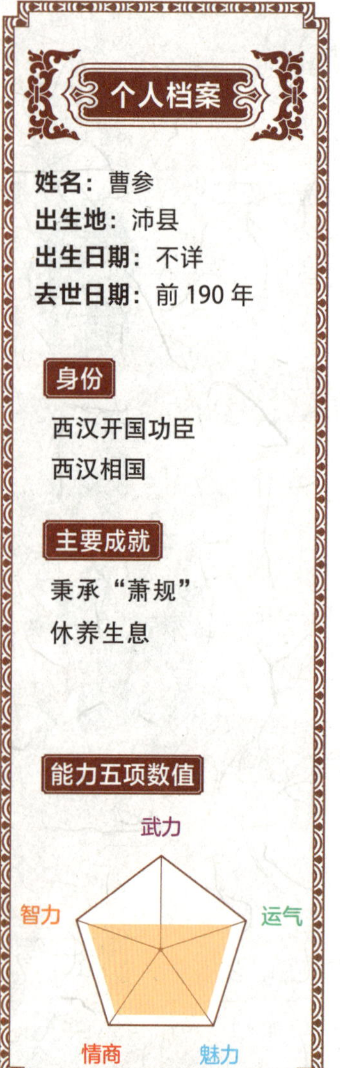

那还是秦朝时候，曹参是沛县的一名狱吏，跟萧何是同事，两人关系不错，在沛县也有一定的名望。

自高祖起事时，曹参就一直追随在高祖左右，攻城略地，**战绩卓著**。曹参也一路高升，一直升到代理丞相的位置。等天下平定，曹参赶紧把丞相的印信还给了高祖，因而深得高祖的信任，被封为齐国相国，辅佐高祖长子刘肥。

曹参崇尚黄老学说，他的治国理念也是从此学说而来。曹参治理齐国九年，国内政治清明，百姓安居乐业，他因此落下一个贤相的美名。

汉惠帝二年（前 193），丞相萧何去世。曹参得知这一消息后，便告诉手下人说：“准备收拾行囊进京吧，我要做丞相了！”没过多久，朝廷果然发来诏书，召曹参进京任丞相。手下人都惊呆了，难道曹参有未卜先知的超能力吗？

原来，萧何临终前，向汉惠帝推荐的相国

人选正是曹参。曹参和萧何跟高祖皇帝打天下以来，尽管一个拜将，一个入相，但他们的治国思想始终是一致的。萧何清楚汉朝需要什么样的相国，而曹参也了解萧何的心思，这是他们共事多年形成的默契。

曹参当上相国后，从各州郡选出一大批做事质朴而不善言辞的人，替换了那些追名逐利的官吏。曹参要求新任官吏们**恪守本分**，各尽职责。而他自己却沉迷于饮酒，如果没有在饮酒，那必定是在去饮酒的路上。对于那些前来劝他戒酒的人，他都会先以美酒招待，喝好了再说事。

终于，汉惠帝看不下去了，心里埋怨曹参身为相国却不理政事，只顾着饮酒作乐。但他不好开口，就让曹参的儿子曹窋（zhú）去说。结果，曹窋被曹参不由分说地打了一顿板子。

曹窋带着满腔的委屈去找汉惠帝诉苦，汉惠帝对曹参的行为更不满了。在一次朝会上，汉惠帝责问曹参为什么不听曹窋的规劝，反而要打他板子。

其实，曹参早就猜到是汉惠帝指使曹窋来规劝自己的，他打曹窋就是不给皇帝面子，到底他哪来的底气呢？

面对汉惠帝的责问，曹参丝毫没有慌忙，反而搬出汉高祖和萧何，一语道破天机，令汉惠帝和百官如梦初醒。自此，所有人才明白曹参的良苦用心。

那么，曹参究竟是以什么来打动汉惠帝和百官，以及天下人的心，赢得他们的肯定的呢？答案就在《史记》中。

曹参跟着汉高祖刘邦出生入死，劳苦功高，很得刘邦的信任。

刘邦

曹参

阿参，跟我这些年辛苦你了，以后我吃香、你喝辣；我吃肉、你喝汤！

合着就给我吃剩下的呗！

嗯嗯，好的陛下。

高祖任命长子刘肥为齐王，领齐地，任曹参为齐国丞相，辅佐刘肥。刘肥尚年幼，曹参便寻求治国安民的良策。

出去打听打听，寻找世外高人，我要问治国安民的良策。

大人请容下官想想。

听说胶西有位高人，人称盖公，精通黄老之道，治国安民有一套，要不要招来问问？

额…是！

是“请”!!! 不是“招”!!! 礼貌！礼貌！

麻溜儿地去请盖公，记住，要礼貌！

好的好的！

盖公，看在黎民百姓的分儿上，
给个面子，指点我一二吧？
盖公

治国安民重在
清静无为，顺其自然。

您的意思是不作为？
那岂不乱套了吗？

暴秦无道，战火无情，百姓太累了，
需要休养生息，懂吗？

了然！

曹参依据黄老思想，制定出一系列与民休息的政策。九年间，齐地百姓安居乐业，一片繁荣，曹参因此获得极高的赞誉。

你们好啊！

曹丞相好！
送您一筐菜啊！

打鱼辛苦啦！

曹丞相好！
稍等，送您
一条鱼啊！

汉惠帝二年（前 193），当朝丞相萧何病危，皇帝急忙前去探望。
萧何
汉惠帝
爱卿，快告诉朕，你这一走，谁来接替丞相之位呀？

曹参！曹参！还是……曹参！

快！丞相走啦！他都说三遍了！快发旨召曹参来上任！
咳咳……我这不还没走吗！！！

去，挑选一些老实本分的人来，把那些追名逐利的官员都换掉！
是！

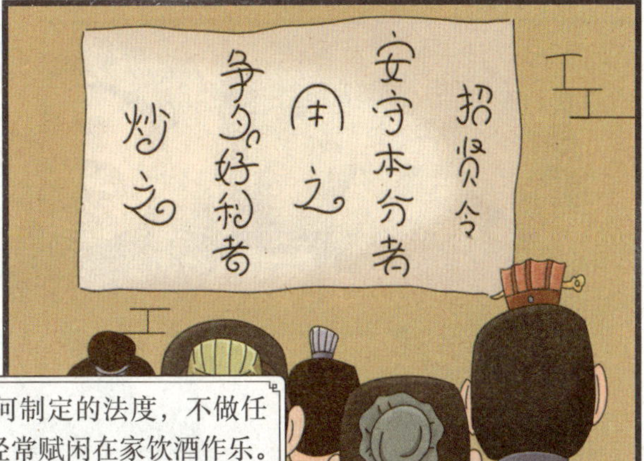
招贤令
安守本分者
用之
争名好利者
炒之
曹参做了汉朝丞相后，一切都遵循萧何制定的法度，不做任何改变。而他本人也不怎么过问朝政，经常赋闲在家饮酒作乐。

曹丞相这是不思进取！
还不让别人进取！
这日子没
法儿过了！
去找丞相
说个清楚！
曹丞相，您这治国方略
不是认真的吧？
别说话，
喝酒！
曹丞相，您这方略
真上头……
喝完这杯，
还有三杯！
丞相，您这治国能力
度数真高……

渐渐地，一些官吏开始效仿曹参饮酒作乐的行为。

丞相，隔壁那些官不好好工作，又喝酒吵闹了!

快去拿酒来，就摆在墙角!

对面的小可爱们
唱起来！

汉惠帝见曹参如此作为，埋怨他荒废政事，但又不好当面指责，就让曹参的儿子曹窋去问个究竟。
嗝~
曹窋
父亲，您身为丞相，整天喝酒，伤身体不说，有可能误了国家大事啊！
你懂个啥？敢指责我！来人，拉出去打！
嘭！

!!
丞相，你为啥要打阿窋？
汉惠帝

陛下，您和高祖皇帝比，谁更强！
当然是英明神武的高祖皇帝强啦！

尽管曹参只做了三年丞相，但他谨遵萧何制定的法度，不随意折腾，百姓休养生息，国家一片安宁。

出奇制胜的谋略师

陈平的故事

姓名：陈平

出生地：阳武县（今河南原阳东南）

出生日期：不详

去世日期：前 178 年

身份

西汉开国功臣

西汉丞相

主要成就

助刘邦一统天下

平定诸吕之乱

能力五项数值

武力

运气

魅力

情商

智力

日常生活里，你有没有遇到过分东西的事呢？比如，分蛋糕的时候，如果有人分到的多，有人分到的少，大家就会觉得不公平、不开心。历史上有一个“分蛋糕”的高手，他年轻的时候分肉，分得特别公平，大家都称赞他。后来他当了丞相“分宰”天下，全天下的人都觉得他做得非常好。司马迁把他的故事写在了《史记》里，这位“分蛋糕”高手就是陈平，那么，他究竟又是怎么样分宰天下的呢？

穷困是我的表象

秦朝末年，阳武县（今河南原阳东南）住着两兄弟——哥哥陈伯和弟弟陈平。两兄弟家一共有三十亩田地，陈伯和妻子每天勤勤恳恳地种地，而陈平只**喜欢读书**，从不帮忙做家务。哥哥陈伯支持陈平读书，陈平因此经常

外出求学

虽然家里很穷，偶尔会吃了上顿没下顿，但陈平长得高大英俊，邻居们都很奇怪："你是吃了什么，能长得这么高？"等到了结婚的年纪，陈平好长时间都没有找到合适的女子，因为有钱的人家觉得陈平太穷了，不愿意把女儿嫁给他。而陈平自己也不愿意娶穷人家的女儿。

分肉算什么？分宰天下才是我的绝招！

当地有一个名叫张负的有钱人，他的孙女结了五次婚，五任丈夫全都死了，因而再也没有人敢娶她，可陈平却很愿意跟她结婚。

一次正逢有人办丧事，陈平去帮忙，遇到了张负。张负很喜欢这个高大英俊的小伙子，陈平也早就想娶张负的孙女，两个人聊到很晚。后来，张负悄悄到陈平家查看，发现陈平家里很穷，连门都没有，只用一张破席子当门。细心的张负还发现，陈平家门口有很多贵人经过留下的车轮痕迹。

回到家，张负把自己看到的一切告诉了儿子，说："我打算把孙女嫁给陈平。"

"不行啊，陈平太穷了，听说他在家从不干活，周围的人都说他懒。"儿子反对。

张负却笑着说："像陈平这样**高大英俊**的人，怎么可能一直穷下去呢？"

就这样，陈平和张负的孙女结了婚。结婚的时候，陈平实在太穷，张负就自己掏钱办了婚礼酒席，还叮嘱孙女："你以后可不要因为陈平穷就看不起他呀！"

信任的力量

陈胜、吴广在大泽乡起义后，各地都有起兵抗秦的势力。农民起义军首领陈胜称王，封魏国王室后裔魏咎为魏王。陈平告别了哥哥，去魏王的手下做事。

陈平向魏王提出了很多建议，但魏王从来都不听。直到有一天，陈平发现魏王身边的人一直在背后说自己的坏话，一气之下，陈平离开了魏王。

过了很久，项羽攻占了许多土地势力很大，于是，陈平来到项羽的军营。项羽和陈平一起攻破了秦国，项羽封陈平为信武君，陈平也带兵打了大胜仗，占领了殷地（今河南安阳市）。可是没多久，殷地被汉王刘邦占领了，项羽大怒，认为这都是陈平的错。陈平怕丢了性命，赶紧派人把曾经得到的赏赐全都还给了项羽，并背着一把剑逃命去了。

陈平一路跑到修武，打算加入汉王刘邦的队伍。魏无知是刘邦的部下，他见陈平一表人才、谈吐不凡，便将他引荐给汉王。

汉王接见了陈平，让他吃完饭先去休息。陈平不愿意，说："我来找您有很要紧的事，拖到明天再说怕会耽误事啊！"

汉王一听，就坐下来和陈平谈论，他对陈平的表现很满意，便问："你原来在项羽身边任什么职位？”

“做都尉。”

“好！那你在我这里也当都尉吧！和我坐同一辆车子，监督其他将领。”汉王说。

其他将领听到这个消息后，就议论纷纷：“有一个项羽那边的逃兵，还不知道他有什么本事，就当上都尉了，还和汉王同坐一辆车！”汉王听见其他将领的议论后并没有起什么疑心，他依旧信任陈平，和陈平一起进攻项王，一直打到彭城。

彭城一战，汉王战败，只能先撤退，他任命陈平为副将，和韩信一起驻扎在广武（今河南荥阳市东北广武山）。

汉王身边的周勃、灌婴都看不起陈平，对汉王说：“陈平虽然外表高大帅气，但是没有真才实学。听人说他跟随魏王，魏王不喜欢他，他逃到了项羽那里，项羽也不喜欢他，他又逃到您这里。他一来，您就这么信任他，让他当大官，可是陈平私下里收将领们的钱财，谁给得钱多就能得到好处，谁给得钱少就要吃亏。”

汉王听完对陈平起了疑心，他把当初引荐陈平的魏无知喊来想问个清楚。

魏无知了解了事情的原委后，说：“之前我引荐陈平是因为他的才能，现在您问的是陈平的品行。我推荐陈平是因为他的智谋对国家有利，这和他其他方面又有什么关系呢？”

汉王听完还是不信，直接把陈平叫来，问他：“你以前帮魏王办事，后来又去了项羽身边，现在**半路离开**项羽来跟随我，一个讲信用的人会这样三心二意吗？”

陈平不慌不忙地说：“我以前帮魏王办事，可他从来不听我的建议，我只好离开他。到了项羽那里，项羽不信任我，他只信任项家的人，我就离开了他。我听说汉王最信任有才能的人，所以才来投奔您。我来的时候身上一分钱都没有，没有钱就没办法办事，所以才收了将领们的钱。如果我的计谋有用处，希望您能用我的计谋；如果我的计谋没用，那我就把收来的钱全部归还，辞职回家去。”

汉王知道自己错怪了陈平，立即向他道歉，并任命他为中尉。其他将领知道后，也就不再议论了。

连环妙计救汉王

汉王的队伍退到荥阳不久，项羽就包围了荥阳。汉王没有办法，想要割让土地来求和，却被项羽拒绝了。汉王很苦恼，问陈平：“要怎么做才能稳定现在的局势呢？”

陈平献上一招离间计：“项羽身边有才能的人非常多，但是每次论功行赏的时候，项羽总是非常小气，不少人因此不喜欢项羽。您虽然脾气不好，但是每次封赏的时候都很大方。您和项羽都有自己的优点和缺点，如果您能改正自己的缺点，学习对方的优点，那么全天下的人都会愿意来帮您。我们现在的情况很危险，如果大王舍得多花一点钱，用离间计破坏项羽和他部下的关系，让他们彼此怀疑，我们就有机会了。如果计谋成功的话，他们势必**乱成一团**，到时候，我们定能一举打败他们！”

汉王觉得这是个好主意，便拿出四万斤黄金给陈平，让他大胆使用，而自己并不过问用在哪里。

就这样，陈平花了很多金银财宝在项羽军营中施展离间计。同时，陈平派人大肆造谣说，像钟离眛那样劳苦功高的将领，始终得不到应有的封赏，他们打算联手汉王消灭项羽，然后各自为王。

项羽听到这些谣言，不再像以前那样信任钟离眛及其身边的人，并派使者去汉王军营打探消息。

汉王清楚项羽派人来的意图，便命人备下丰盛的酒席。等到项羽的使者进帐来，汉王故作失望地说：“我还以为是亚父的人，原来是项羽的使者啊！”便让人把酒席撤走，换成平常饭菜。

使者回去后将这一切报告给项羽，项羽果然怀疑起亚父范增。范增极力催促项羽进攻荥阳，

一起摇摆，
生活多姿多彩！

舞蹈俑　西汉

这尊陶俑身体向右偏斜，两手横向举起于胸前，双手握拳，仿佛捧着什么东西，据推测应该是捧着表演舞蹈的辅助器材。

一举灭掉汉王。但项羽已经开始怀疑范增极力催促他进攻的意图，一直按兵不动。范增见项羽不再信任他，便要辞职告老还乡，结果在回乡途中，旧疾发作去世。

此时，陈平见时机成熟，便施展**金蝉脱壳**之计。深夜，他组织两千多名妇女假扮军队，从荥阳的东门跑了出去。楚军立刻进攻这支队伍，而陈平则带着汉王从西门安然逃走。

智擒韩信，解危匈奴

第二年，韩信打败齐国，想自立为齐王，并派人告知汉王。得知此事，汉王破口大骂韩信。此时，陈平暗中踩汉王的脚提醒他，汉王立刻明白陈平的用意，立即改变态度，优待韩信的使者，并派张良去齐国封韩信为齐王。同时，重重封赏陈平。

此后，汉王多次采用陈平的奇谋妙计，灭掉了楚国。

汉王六年（前201），有人向高祖告密，说韩信要谋反。高祖询问身边众将领："韩信要谋反，该怎么办？"大家纷纷表示，必须立刻出兵灭掉韩信。高祖听了却不太满意，又去问陈平，陈平问："诸位将领怎么说的？"

"他们都说要把韩信杀了。"

"告密的事情，还有别人知道吗？"

"没有人知道。"

"韩信本人知道吗？"

"也不知道。"

虎噬牛俎 西汉

俎，就是切肉的案板。工匠在制作这件俎时，利用宽厚的牛背做俎面。牛腹镂空，下边横放一头小牛。大牛的尾部还趴着一只老虎，它正在撕咬着牛体。

陈平了解了情况，又问高祖：“那陛下和韩信，谁带兵打仗更厉害？”

“我当然比不上韩信。”

“现在陛下和韩信相比，军队没有他厉害，打仗也没他厉害，这样去攻击韩信，不就等于白白吃亏吗？”

“那该怎么办？”

“古代的皇帝经常会巡视全国，和各地的诸侯见面。南方有一个云梦泽，陛下可去游云梦泽，然后在陈县召见诸侯。陈县离韩信的地盘很近，韩信看到你离开皇宫巡视，肯定觉得自己谋反的事情没人知道，到时候他定会去拜见陛下。等他来拜见时，就趁机抓住他。”

这个调虎离山计太棒了，高祖马上昭告所有诸侯，自己要去游云梦泽，让诸侯们到陈县会面。韩信和陈平说的一样，在陈县郊外迎接高祖。高祖一见到韩信，

金带钩 秦

带钩就是古人腰带上的扣子。图中的金带钩为长方形，肩部镂空雕铸了一组对称的狼形图案。钩身长方形框内为旋转对称的虎噬羊图案两组组成，非常生动，为秦人手笔。

就命武士把他给捆了。诸侯会面结束，高祖顺便平定了楚地，而这一切都在陈平的计划之中。

汉王七年（前200），高祖任命陈平为护军中尉，发兵代地攻打反叛的韩王信和匈奴。由于行军匆忙，汉军在平城（今山西大同市东北）被匈奴人包围了，一连七天七夜都没有补给。多亏陈平想出了妙计，派人到单于的妻子阏氏（yān zhī）那里去疏通，最终解除了危机。至于陈平到底用了什么计谋让高祖顺利脱身，这一直是个**秘密**，没有人知道内幕。

高祖南归路过曲逆（今河北顺平东南）时，见这座县城房屋高大精美，和洛阳比也不落下风。于是下令，封陈平为曲逆侯，尽享曲逆全县五千多户的税赋收入。

而陈平随高祖东征西讨，这期间出了不少奇谋妙计，数次救高祖于危难之间。但大多妙计的具体内容和实施过程都秘而不宣，以至于后世很少有人知道。

钓更大的鱼

后来，燕王卢绾谋反，高祖派樊哙去**平定叛乱**。樊哙刚出发，就有人向高祖告密，说："樊哙见您平叛受伤，如今又病重，盼着您早点死。"高祖听了大怒，派周勃和陈平去追樊哙，并将其就地正法。

周勃和陈平边走边商量："樊哙是陛下的老朋友，立下了很多功劳，而且他的妻子是吕后的亲妹妹，他就是陛下的亲戚。现在陛下一时生气要杀了他，以后肯定会后悔。不如我们把他抓起来交给陛下，让陛下自己处置吧。"于是，等见到了樊哙，两人只是把他捆了起来送往长安。

陈平在半路上听说高祖去世了，心想："樊哙的事情，吕后的妹妹一定会去告状，到时候我就要被吕后杀掉了。"陈平赶紧骑马先回到长安，把事情的经过告诉了吕后。吕后看到陈平为高祖哭得很悲伤，劝他回家休息。

陈平心想："我要是离开，就会有人在背后说我坏话了。"于是，强烈要求留在宫里当守卫。吕后觉得陈平很忠心，任命他为郎中令，负责教导孝惠帝。吕后的妹妹果然向吕后告状，但没有一点用。樊哙回到长安，没有受到一点责罚。

吕后的妹妹记仇，好几次在吕后面前说陈平整天不干正事，只知道喝酒作乐。陈平听说后，真就每天喝很多酒，纵情玩乐。吕后知道后反而对陈平很放心，觉得陈平没有什么野心。孝惠帝六年（前 189），陈平升任了丞相。不管吕后想做什么，陈平都表示同意，就这样，他逐渐取得了吕后的信任，默默守护高祖打下的江山。

等到吕后去世，陈平立刻和周勃一起铲除吕氏家族，拥戴孝文帝继位。登上帝位的孝文帝想要封赏陈平，陈平却装病拒绝，把功劳让给了周勃。

公元前 178 年，陈平去世了，谥号献侯，而从此，他的聪明才智成了一个久远的传说。

既能分肉，也能分宰天下

陈平还在家待着的时候，村里正举行祭祀社神的活动。祭祀仪式完毕，祭祀的肉需要割好分给乡亲们。往常别人主持分肉，总是纠纷不断，总有人认为肉分得不公平。这一次，由陈平来做分肉的人，他把祭肉分得很均匀、很公平，大家都心满意足。乡亲们赞叹道：“陈家小子不得了啊，分祭肉分得这么公正！”陈平听到大家的赞扬后，说：“分肉算什么，如果让我分宰天下，照样能和分肉一样公平、公正！”

史记成语典故大搜索

面如冠玉

词意: 形容男子的美貌。也比喻男子徒有其表。

造句: 看他身材消瘦，面如冠玉，不像是武行出身，怎么能参加武术比赛呢?

金蝉脱壳

词意: 蝉蜕变为成虫时要脱去一层壳。比喻用计脱身，让人无法及时察觉。

造句: 小李这招金蝉脱壳真是用得妙啊，敌方那么多暗哨都没有发现他的踪迹。

六出奇计

词意: 指陈平为高祖所出的六条妙计。后泛指出奇制胜的谋略。

造句: 这一战，李参谋精心布局、六出奇计，我军最终大获全胜。

夏侯婴

屠夫和车夫的逆袭
樊哙和夏侯婴的故事

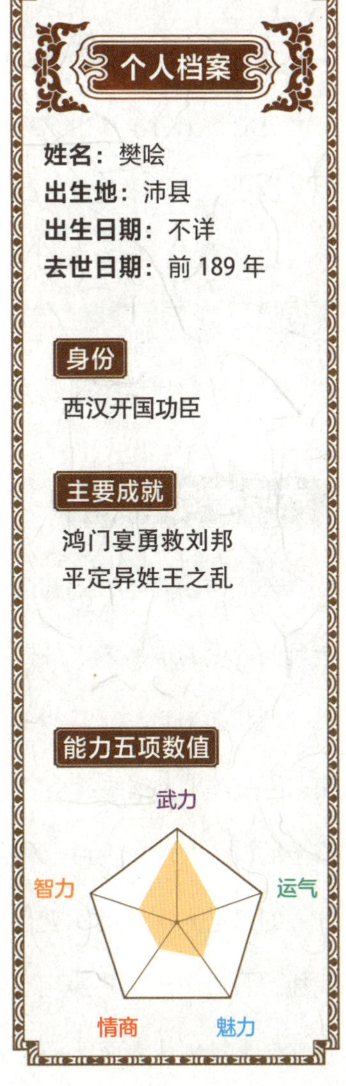

在看到这篇故事之前，你肯定想不到，屠夫和车夫也能当将军，还当得那么成功。樊哙原本是县城里卖肉的屠夫，后来统率三军，攻城拔宅，每次都冲在最前面，战功赫赫。夏侯婴是县衙里的车夫，却能在战场上率领战车部队冲锋陷阵，横扫千里。这两个人出身很卑微，但都有着一颗不甘落后的雄心，最终他们凭借自己的努力，完成了人生的逆袭。

从屠夫到猛将

樊哙是刘邦的老乡，也是沛县人，他的职业是屠夫，平时就靠着杀狗卖肉维持生活。可能是因为刘邦好酒肉，又爱交朋友，所以一来二去，两人就成了好友。

后来，刘邦**逃亡**到芒砀山，樊哙就跟随在刘邦左右。等到刘邦占据了沛县，自封为沛公，樊哙就成了刘邦身边的舍人，也就是亲信门客。

再往后的几年，樊哙跟着刘邦东征西讨，和秦军打了很多恶仗。每次作战，樊哙都冲锋在前，勇不可当，是刘邦最得力的猛将。

那樊哙到底有多勇猛呢？我们看看司马迁在《史记》里的记录就知道了：

进攻秦国将军司马卬，樊哙杀敌十五人。

攻打濮阳城，樊哙第一个登上城楼，杀敌二十三人。

进攻秦国将军李由，樊哙杀敌十六人。

进攻秦国将军赵贲，樊哙杀死秦军军官一人，士兵六十八人，俘虏二十七人。

攻打武关，樊哙杀死秦军都尉一人，俘虏一百四十六人，迫使敌人二千九百人投降。

就这样的战绩，你说樊哙吓不吓人，算不算万人敌的勇士？

吃吃喝喝能救人

公元前206年，刘邦的军队第一个进入关中，得到了灭秦的头功。被刘邦抢走风头的项羽很不高兴，打算和刘邦开战。

刘邦知道自己士兵少，实力弱，就采取了低姿态，带领着一百多名随从来到鸿门拜见项羽。这些随从里有两个人最重要：谋士张良和武将樊哙。张良口才好，脑子活，负责外交谈判；樊哙胆子大，武艺高，负责保护刘邦，人员搭配很合理。

刘邦进入项羽的军营后，宴会就开始了。双方的君主、谋臣们在军帐里你来我往，一边喝酒，一边用言语试探，气氛非常紧张。项羽的谋士范增让将军项庄在宴会上舞剑，表面上是为大家助兴，实际上是想趁机杀死刘邦。

彩绘陶辟邪 西汉

辟邪是人们创造出来的神兽，并不是现实世界里就有的动物。一般辟邪的形象是：虎和狮的头，龙的角，马或牛的蹄，羊的须等。古人认为，辟邪可除凶镇恶，因此多放置在陵墓之前。

张良看情况不妙，赶紧走出大帐，去找樊哙商量对策。樊哙听说刘邦有危险，立刻就急眼了，他举起自己的盾牌就往大帐里冲。卫兵想拦住他，可哪儿拦得住啊，直接被他撞飞了。

樊哙冲进大帐，怒气冲冲地瞪着项羽。项羽问来者何人，张良赶紧介绍说这位是沛公的参乘樊哙。参乘就是和君主同乘一辆战车的战士，算是贴身的侍卫。

项羽见樊哙面对自己毫不胆怯，觉得他是个勇士，就下令赏给樊哙一些酒和一个猪肘。樊哙也不客气，把酒水一饮而尽，然后将盾牌倒扣过来，把猪肘搁在上面，拔出剑来边切边吃。

樊哙豪迈的动作很对项羽的脾气，项羽就问他："壮士，你还能喝酒吗？"这时的樊哙有点张良附体的感觉，他用一番绵里藏针的言辞让项羽大受触动，开始犹豫是否要对刘邦下手。

樊哙的话是这么说的："我连死都不怕，还怕喝酒吗？咱也别玩虚的了，我跟您说说我对当前形势的看法。我们沛公首先击溃秦军，进入咸阳。他秋毫不犯，就率军返回霸上，等待您到来。没想到您不但不给予奖赏，还听信小人的挑拨，要杀害有功之人。您作为义军的统帅，就不怕失去天下人的信任吗？”

项羽被说得哑口无言，宴会的**紧张气氛**也得到了缓解。过了一会儿，刘邦以上厕所为名离开了大帐，樊哙也跟随而去。出了营帐后，刘邦骑上一匹快马，由樊哙步行护送，从小路逃回了自己的军营。

不夸张地说，在鸿门宴上要是没有樊哙冲进营帐，用行动和言辞威慑住项羽，刘邦就危险了。

青铜博山炉 西汉

西汉时期，封建帝王为了求得长生不老之术，大都信奉方士神仙之说，博山炉就是在这种风气影响下产生的，并在汉代广为流行。博山炉上的众多羊角形尖角代表博山，博有广、大、多等含义，“博山”即蓬莱众多仙山。

华丽的军功统计

鸿门宴后不久，项羽和刘邦之间就爆发了楚汉战争，樊哙又回到了他熟悉的战场上大显身手。遇到攻城战，樊哙往往第一个登上敌人城楼；打起野战，樊哙也是第一个冲进敌人的方阵……就这样，靠着赫赫的战功，屠夫出身的樊哙很快被封为将军，完成了华丽的人生逆袭。

等到项羽被消灭，汉朝建立，樊哙跟随着刘邦攻打燕王臧荼，平定了燕地的叛乱。楚王韩信谋反，樊哙又跟随刘邦，捉住了韩信，平定了楚地。因为这一系列的功劳，樊哙最终被封为舞阳侯，食邑五千四百户，爵位世代相传。

可能是敬佩樊哙的勇猛，司马迁对樊哙跟随刘邦的战绩做了个大数据分析，得到了一个让人惊讶的数字统计：樊哙戎马一生，杀死的敌人有一百七十六个，亲手俘虏的敌人有二百八十八个，七次单独带兵打垮敌军，攻占的城邑有五座，平定了六个郡五十二个县，俘虏了敌人丞相一名、将军十二人、三百石以上两千石以下的军官有十一人。这样的战果，让其他汉军将领都得竖起大拇指，赞一声：樊将军，你真行！

皇帝的亲戚也难做

樊哙的妻子吕须是刘邦的皇后吕雉的亲妹妹，所以樊哙和刘邦也算有亲戚关系。这种关系，有时候能让樊哙畅所欲言，有时候也容易带来杀身之祸。

公元前 196 年，淮南王黥布发动叛乱。这时刘邦正在长安养病，心情很差，既不处理国家大事，也不召见大臣，甚至还不准大臣们进宫。绛侯周勃、颍阴侯灌婴想**汇报军情**，也都见不到刘邦。

就这样过了十多天，樊哙实在忍不住了，就推开宫门，冲进了刘邦的寝宫。当时刘邦正把头靠在一个宦官的身上休息，樊哙跪倒在地，流着眼泪和鼻涕，大声说道："陛下从沛县起兵，不到十年就平定天下，这是何等的壮举啊！现在天下已经安定，您却如此疲惫不堪，大臣们都惶惶不安。您不接见忠心的臣子，安排国事，却和一个宦官单独相处，您忘记秦朝赵高作乱的教训了吗？"

这番话触动了刘邦，他从床上爬起来，开始和大臣们见面，布置平叛的军事行动，很快就击败了黥布的叛军。

公元前195年，燕王卢绾谋反。这时刘邦已经病重，不能亲自率军作战，就任命樊哙为相国，率领军队攻打燕地。

大军出征不久，有人在刘邦身边造谣，说樊哙和吕后已经商量好了，准备等刘邦一死，就杀掉戚夫人和赵王刘如意。刘邦在病中本来就暴躁，听到这样的话更是怒火攻心，就派陈平、周勃去取代樊哙的主帅位置，再把樊哙就地正法。

陈平是个聪明人，他知道吕后很器重樊哙这个妹夫，就没有动手杀人，而是把樊哙带回了长安。等回到长安，刘邦已经去世了，吕后果然下令释放了樊哙，还恢复了他的爵位。

汉惠帝六年（前189），樊哙病死在了家中，他的儿子樊伉继承了舞阳侯的爵位。又过了九年，吕后病死，陈平、周勃等大臣发动兵变，杀光了吕氏族人，樊伉也因为是吕后的外甥而被杀。等到汉文帝即位后，让樊哙的庶子樊市人继承了舞阳侯的爵位。

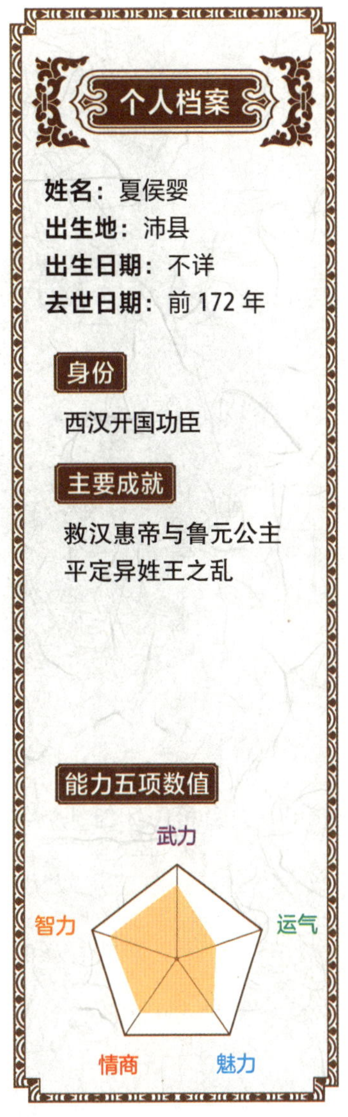

讲义气的夏侯婴

讲完了西汉第一屠夫樊哙的故事，我们再说说西汉第一车夫夏侯婴。

夏侯婴也是沛县人，他在沛县县衙担任司御，相当于今天汽车班的司机，每天负责接送来自郡国的使者和拜访县衙的客人。

因为工作关系，夏侯婴经常路过泗水亭，和担任亭长的刘邦有了接触。夏侯婴和刘邦两个人非常合得来，每次遇到都要聊会儿天，不聊到太阳下山**决不罢休**。后来，夏侯婴当上了县吏，和刘邦的关系就更紧密了。

有一次，刘邦和夏侯婴开玩笑，在追跑打闹中误伤了夏侯婴。在秦朝，伤人是重罪，像刘邦这样的亭长伤人更是罪加一等，有人就把刘邦告到了衙门。在审问中，刘邦矢口否认，说自己没有伤人。讲义气的夏侯婴也帮着刘邦说话，说他受伤和刘邦没有关系。

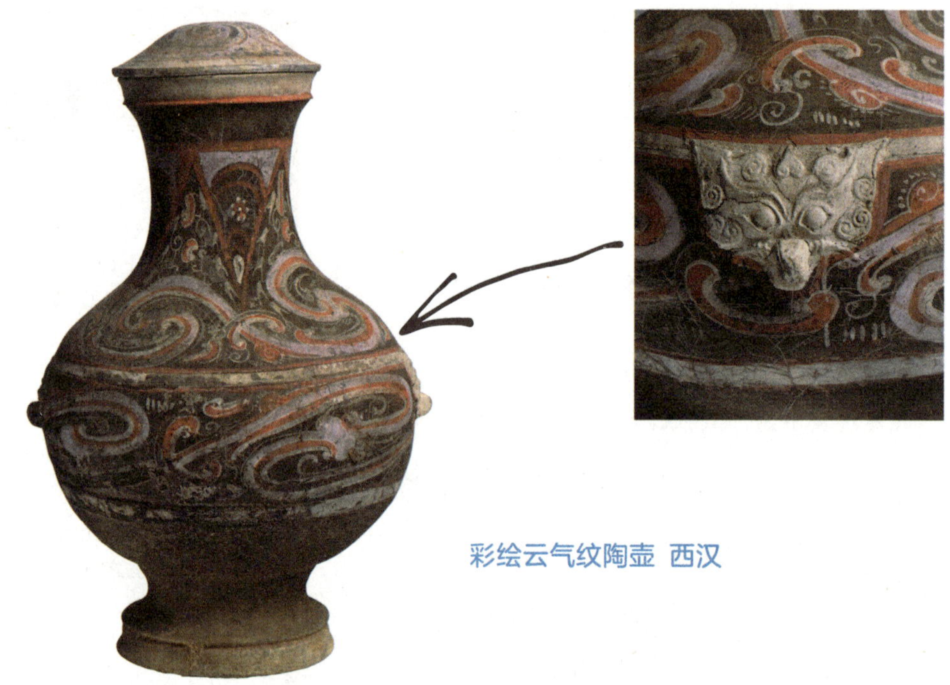

彩绘云气纹陶壶 西汉

这个案件被反复审理，夏侯婴因为有做伪证的嫌疑，被关押了一年多的时间，还挨了好几百板子，但他始终没有改口，这才让刘邦没被治罪。

《史记》在这里没有记录刘邦的反应，但我想他肯定很感动，有这样宽宏大量、有情有义的朋友，谁都会很珍惜。

公元前209年，陈胜、吴广在大泽乡起义。刘邦也准备响应，就派夏侯婴作为使者，到沛县去发动百姓。夏侯婴口才不错，他进城没多久，沛县的老百姓就打开城门，欢迎刘邦的军队进城。

进城之后，刘邦自封为沛公，夏侯婴被任命为太仆。这个职务负责掌管君主的马车和天下的马匹，既是君主最信任的“车夫”，也是战车部队的指挥官。

在接下来的几年中，夏侯婴跟随刘邦南征北战，屡立战功，秦将李由、章邯、赵贲都先后成为他的手下败将。因为夏侯婴驾车技术高超，作战勇猛，他的爵位也从七大夫、五大夫，一路升到了滕公，所以很多老熟人，甚至司马迁在《史记》里都尊称夏侯婴为“滕公”。

西汉元年（前206）十月，刘邦的军队进入咸阳，秦国灭亡。第二年正月，项羽分封诸侯，刘邦被封为汉王。刘邦也没有亏待老兄弟，封夏侯婴为昭平侯。夏侯婴又以太仆的身份，跟随刘邦前往了巴蜀、汉中地区。

不抛弃，不放弃

西汉二年（前205），刘邦率领五十万汉军和项羽率领的三万楚军在彭城展开大战。这场战斗汉军惨败，在乱军之中，夏侯婴驾着马车，载着刘邦向后方逃跑。半路上，夏侯婴看到了刘邦的长子刘盈和长女，也就是后来的汉惠帝和鲁元公主，就把两个孩子抱上马车，一起逃走。

这时候驾车的马已经很疲惫了，又增加了两个孩子的重量，速度越来越慢，眼看就要被项羽的骑兵追上。刘邦是个冷酷的政治家，只关心自己的安全，就一脚一个，把刘盈和女儿踹下了马车。

夏侯婴是个重感情的人，不忍心把两个孩子扔在战场上，就跳下马车，把两个孩子又抱了上来。就这样，来来回回几次，刘邦一扔掉孩子，夏侯婴就救回来，气得刘邦都想拔剑杀了夏侯婴。幸好这时楚军放弃了追赶，夏侯婴这才带着刘邦一家人成功脱险。

这段不抛弃孩子的经历给夏侯婴带来了回报。刘盈的生母，也就是刘邦的皇后吕雉把夏侯婴当成了大恩人，特意在长安城最靠近未央宫的地方修了一座豪华别墅，送给了夏侯婴，还给这栋别墅起名为“近我”，以表示对夏侯婴的感激之情。

四朝老臣，一代车神

彭城大战之后，刘邦收拾残兵，东山再起。又经过四年的苦战，最终击败了项羽，建立了汉朝。

公元前202年，也就是刘邦称帝的同年秋天，燕王臧荼起兵造反，夏侯婴又一次跟随刘邦出征平叛。第二年，夏侯婴跟着刘邦来到云梦泽，抓捕了楚王韩信。因为这一系列的功劳，刘邦封夏侯婴为汝阴侯，爵位世代相传。

此后，夏侯婴跟随刘邦进攻代地，一直打到了武泉、云中，已经接近了匈奴人的地盘。因为刘邦轻敌冒进，汉军在平城的白登山被匈奴大军包围，最后靠着贿赂匈奴的王后才得以逃走。在突围的路上，刘邦想不顾一切地驱车快跑，早点脱离险境。夏侯婴却坚持慢慢地驱赶马车，同时命令车上的弓箭手**张弓搭箭**，做好应对敌人的准备。最终，夏侯婴载着刘邦安全回到了汉朝。凭借这个功劳，刘邦将细阳县的一千户赏给了夏侯婴。

接下来的几年，夏侯婴在北方参加了对匈奴的作战，在南方又参与了平定陈豨和黥布的叛乱，战功越立越多。为了奖赏他，刘邦把汝阴县的六千九百户作为夏侯婴的食邑，这在汉朝是难得的重赏。

夏侯婴并没有因为皇帝的信任而**居功自傲**，仍然本本分分地履行自己太仆的职务，为皇帝管好马，驾好车。汉高祖刘邦去世后，汉惠帝刘盈即位，夏侯婴仍然以太仆的身份侍奉刘盈。刘盈去世后，吕后掌握大权，夏侯婴又继续为吕后驾车。吕后去世后，汉文帝刘恒即位，夏侯婴仍然担任着皇帝的“专职司机”，最后去世在了太仆的职务上。

夏侯婴从一个车夫逆袭成开国功臣，前后侍奉了汉朝的四位君主，一生为汉朝鞠躬尽瘁，堪称最励志的“一代车神”。

了不得的功臣列侯

刘邦夺取天下之后，把一百四十三位功臣都封为列侯，形成了一个汉初的功臣列侯集团。我们前面提到的萧何、张良、陈平，本篇故事提到的樊哙、夏侯婴，都是这个集团里的成员。这些列侯享受着巨大的特权：经济上，他们在自己的侯国里享有国家赐予的大量田宅，占有自然资源，还可以收取租税；政治上，他们垄断了公卿将相等高级职务，主导了国家政策的制定，还有权利向皇帝推荐人才。

一双筷子逼死大将军

周亚夫的故事

姓名： 周亚夫
出生地： 沛县
出生日期： 不详
去世日期： 前 143 年

身份

西汉太尉、丞相

主要成就

驻军细柳卫长安
平定吴楚七国叛乱

能力五项数值

前面我们提到过，在吕后去世之后，丞相陈平和太尉周勃一起除掉了吕氏家族，拥立了汉文帝。周勃早年跟随高祖刘邦起义，因为军功受封绛侯。周勃有个儿子叫周亚夫，他就是我们这篇故事的主角。

周亚夫年轻的时候，一次，在路上遇到了相士许负。许负仔细瞧了瞧周亚夫的面相，说：“你将三年封侯，八年出将入相，位极人臣。不过，九年后会饿死呀！”

周亚夫不屑地说：“我父亲的爵位都给我哥继承了，我一无所有，还能**封侯拜相**？我不信！”刚过三年，周亚夫的哥哥周胜之犯了罪，他绛侯的爵位便由周亚夫承袭。

匈奴人南下侵扰大汉边境，周亚夫奉汉文帝之命率军驻守细柳。周亚夫继承了其父周勃的秉性，治军严谨，刚正不阿。他把匈奴人挡在了边境之外，竟也把汉文帝挡在了军营之外！这是怎么回事呢？

原来，汉军军中有规定：任何人不经将军的许可，不可擅闯军营，不能在营中驾车疾驰。或许在你看来，周亚夫已经构成“犯上作乱”的罪名了，可汉文帝并没有生气，他回去后就把另两支军队撤掉了，并感叹道：“周亚夫治军严谨，执法从严，有他在，我还怕外敌入侵吗？”汉文帝去世前，曾告诫太子说：“若有战事，周亚夫可独当一面！”不久，周亚夫升任车骑将军。

汉景帝三年（前154），吴、楚等七国叛乱，周亚夫又任太尉，掌握重兵负责平叛之事。他分析了战局之后，向汉景帝提出以梁国为诱饵吸引叛军主力，再截断他们的粮草，则大事可定。最终，一切都按照周亚夫的预想来了，叛乱平定，周亚夫因功出任丞相。自此，周亚夫可谓走上了**人生巅峰**，但他不知道的是，汉景帝的亲弟弟梁王一直在暗处狠狠地盯着他。尽管梁国被作为诱饵，成功拖住了叛军主力，决定了战局的胜利。但周亚夫出尽了风头，而梁王却吃尽了苦头。所以，每次进宫，梁王都会在太后面前极力说周亚夫的坏话。

而周亚夫自身刚正不阿，对皇帝忠贞不贰又快言快语，因此，难免会跟汉景帝有不同意见。加上他又不懂得变通，经常跟汉景帝闹得不愉快。这样，汉景帝就逐渐疏远周亚夫了，甚至还免去他丞相的职务。

照这么看来，许负果然没有说错。那么，接下来，许负所说的“饿死”的结局，会不会在周亚夫身上应验呢？且看《史记》是如何讲述的吧！

彩绘陶仕女俑 西汉

漫画开讲啦！

周亚夫还没被封侯时，找相士许负（西汉初年著名相士）为他看相。
许负
准的不得了
你三年封侯，八年出将入相，风光无限啊！

周亚夫
哈哈哈！就喜欢说实话的你！

不过，你最终会被饿死……

啥？我都那么富贵了，怎么会饿死呢？你放大镜用墨镜做的吧！
???

三年后，哥哥周胜之因罪被剥夺绛侯爵位，周亚夫因为贤能，汉文帝授命他接任绛侯爵位。
周胜之
那必须的！
好好干，可别再给你爹脸上抹黑呀！
汉文帝

汉文帝后元六年（前 158），匈奴入侵汉朝边境，周亚夫被任命为将军，带兵驻守细柳，防备匈奴。汉文帝前去慰劳将士们。

停车！

再靠前就弄死你们！

你们疯了吗？天子驾到，快闪开啦！

住口！营中只听周将军令！

我是来犒劳将士们的，能进去吗？

可以，但请天子下马，周将军有令，营中不准骑马驾车！

一点面子都不给吗？

快一点啊！

军令如山，法纪严明，
这才是真将军啊，朕安全感爆棚！
必须给周将军加鸡腿！
啊！
吓我一跳…

这得多大的
鸡啊！
……啊不，
加薪升职！

汉文帝去世前告诫太子（汉景帝），
非常时期，周亚夫是可以重用的将才。
紧急关头，
周亚夫就是你最好
的护盾！放心大胆地用他吧！
汉景帝

忽然有种不
祥的预感……
周亚夫

把梁国作为诱饵，
在叛军全力攻打梁国时，
我找机会截断他们的粮道，
没饭吃了，叛军还
怎么打仗啊！
叛军势力很大，
太尉打算怎么
打败他们呀？
汉景帝三年（前154），吴、楚等
七国叛乱，周亚夫被任命为太尉。

妙妙妙！

周亚夫，你
过分了啊！
我记住你了！

杀啊！

就是现在！听我号令，
速派轻骑兵偷袭叛军粮道！

不是去救援梁王吗？
是啊！

打败叛军，平息战乱才是最终目的！
三军集合，随我出征!!!

吴、楚七国叛军没了粮食，军心大乱，被周亚夫一举打败。

出将入相，许负算得真准！
周亚夫因平叛有功，升任丞相。

周爱卿，这盘肉味老好了，给你尝尝鲜！

陛下，老臣刚想
起来我明天还有事，
我先回去了！

这也不满意，
那也不满意，
你到底想怎样！

周亚夫年纪很大了，儿子为他买了五百件盔甲准备将来作陪葬品，却因得罪搬运的工人，被告发到汉景帝那里，说周亚夫要造反。
老周，你到底想搞哪样？
盔甲是咋回事？
生死相随，
大概只有宝剑和
盔甲能做到吧！

那就让它们
陪着你去吧！
……

冤枉啊！光天化日啊！朗朗乾坤啊！
人心不古啊！覆盆之冤啊！
没天理啊！苍天有眼啊！

冤……咳咳咳!!!
枉……咳咳咳!!!
第五天

周亚夫被关进了大狱，为了证明自己是清白的，他坚持五天不吃饭，最终吐血而死。
许负，你能别算这么准好吗！

足己而不学，
守节不逊，
终以穷困。
满招损，谦受益。周亚夫因军功而成名，却因自满自大而身死，可惜可惜呀！

选题策划：李国斌
项目统筹：李国斌　韩飞
文图编辑：李国斌　樊文龙　韩飞
卢雅凝 白海波 宋正乔
装帧设计：周正
美术编辑：刘晓东　张大伟　苟雪梅
封面绘制：大晟
文字撰写：耿沫　王鑫
插画绘制：呼噜狗　地白　孟琰　杨梅　桑榆 Ring
图片提供：
中国国家博物馆　台北故宫博物院
南京博物院　河北博物院　湖北省博物馆
陕西历史博物馆　大英博物馆
美国纽约大都会艺术博物馆
视觉中国

杨燕起◎主编
韩兆琦◎特邀顾问

读史记 7

北方文艺出版社
哈尔滨

在我们的生活中，那些严格执行法律，像大山一样毫不动摇的法官，我们会称赞他执法如山。在古代能做到执法如山的法官少之又少，而《史记》里就记载了这么一位，他的名字叫张释之。

汉景帝的大臣郅都是一位威严的执法者，也是一位善战的将军。皇帝喜欢他的忠诚，敌人畏惧他的勇敢，人们甚至用“苍鹰”作为他的绰号。

后浪是一个很流行的词语，大概是指新一代的人才或者是有理想、有抱负的青年。贾谊可能是《史记》里最有名气的一位“后浪青年”，李白、李商隐、王安石、苏轼这些大诗人甚至组建了“诗人天团”为他写诗感叹……

汉高祖刘邦当上皇帝之后，订立了一个“白马之盟”，约定天下“非刘氏不得封王”。在刘邦看来，最可靠的人还是刘氏亲人。可刘邦没想到，就在老刘家内部藏着一个叫刘濞的野心家，几十年后差点让汉朝山河变色。

皇亲国戚，在古代是皇帝的亲戚们才有的称呼。他们离权力中心很近，经常会发生激烈的斗争。失败者往往失去生命，胜利者也不一定能全身而退，窦婴和田蚡的故事就是最好的证明。

郦食其

两个超级辩士
郦食其和陆贾的故事

是酒徒，也是超级辩士

这篇故事我们来讲讲刘邦手下的两个超级辩士，他们能把死的说成活的，能让敌人不战而降，你说他们的口才是不是很厉害？

第一个辩士叫郦食其，注意啦，他名字的发音是郦（lì）食（yì）其（jī），千万不要读错。

郦食其是陈留郡高阳乡人，他喜欢读书，但家境贫寒，到六十多岁的时候，还在为“街道”看门，以此养家糊口。不过郦食其很骄傲，觉得自己早晚会出人头地。周围的人都觉得他是个狂生，不太靠谱。

等到陈胜起义惊动了半个中国，不少起义将领都路过陈留，可郦食其看不上他们，觉得他们自以为是，目光短浅，成不了大事。后来刘邦来到了高阳，郦食其听说刘邦豁达大度，是个有魅力的领袖，就主动去投奔刘邦。

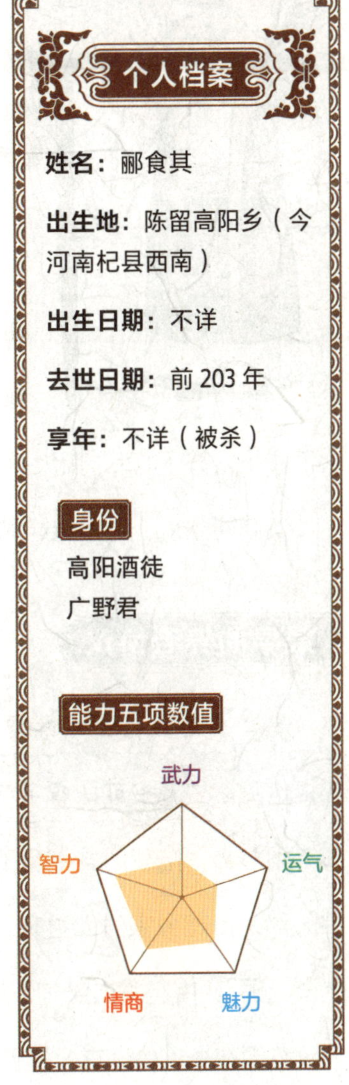

郦食其

我们前面讲过，刘邦很讨厌儒生，所以郦食其求见的时候，自称是**“高阳酒徒”**，这才让刘邦同意和他见面。

双方一接触，郦食其就给刘邦分析了天下形势，还主动为刘邦夺取了陈留城。这下刘邦很高兴，封郦食其为**“广野君”**，还把骑兵部队交给郦食其的弟弟郦商统率。此后，郦食其游走在各个诸侯之间做说客，给刘邦的汉政权争取利益。

公元前203年，郦食其说服了齐王田广，齐国不再和汉军敌对，这是一个非常大的功劳。可没等郦食其受到嘉奖，汉军的大将韩信为了争功，袭击了齐国的军队。这下齐王发怒了，下令用大鼎把郦食其煮死，这位第一辩士就这样被自己人害死了。

汉朝建立后，刘邦想起郦食其的功劳，就封了他的儿子郦疥（jiè）为高梁侯。

最早的养老协议

第二个超级辩士叫陆贾（lù gǔ），他是楚地人，口才特别好，还善于给皇帝提意见。“马上可以得天下，马上却不能治理天下”，这句名言就是他说出来教育刘邦的。陆贾的文笔也不错，他曾经写了一本叫《新语》的书，一共十二篇，讲的都是治理国家的大道理，刘邦看了都拍案叫绝。此外，陆贾还作为使者，出使南越国，让南越王向汉朝臣服。这个南越国是秦朝末年秦国官员赵佗建立的国家，大致范围在今天的广东、广西、海南岛一带。

汉高祖刘邦去世后，吕后掌权，朝中形势有点险恶。陆贾一看情势不对，就给相国陈平出了个稳定国家的主意，然后告病辞职，过起了退隐生活。

陆贾一共有五个儿子，他担心自己老了，儿子们不一定愿意赡养自己，就做出了一个别出心裁的安排。陆贾把家里的珠宝，全部卖了换成黄金，然后给每个儿子分二百金。其他的财产呢，陆贾用来聘用了十多个歌女乐师，又买了一把价值百金的宝剑。然后陆贾把五个儿子叫来，签订了一份“养老协议”。

协议约定：陆贾身体还健康的时候，就坐着自己的爱车，挎着宝剑，带着歌女乐师，随机住在五个儿子中的任何一家，这家要提供陆贾及随从人员的食宿。每家以十天为限，十天后再换另一家。等到陆贾年老体弱的时候，最后病死在哪个儿子家里，宝剑、马车和歌舞侍从这些遗产就统统归这个儿子所有。

签完这个养老协议，陆贾就开始踏实地游山玩水安享晚年了。就这样，陆贾一直活到了七十多岁，直到汉文帝当皇帝的时候，才寿终正寝。

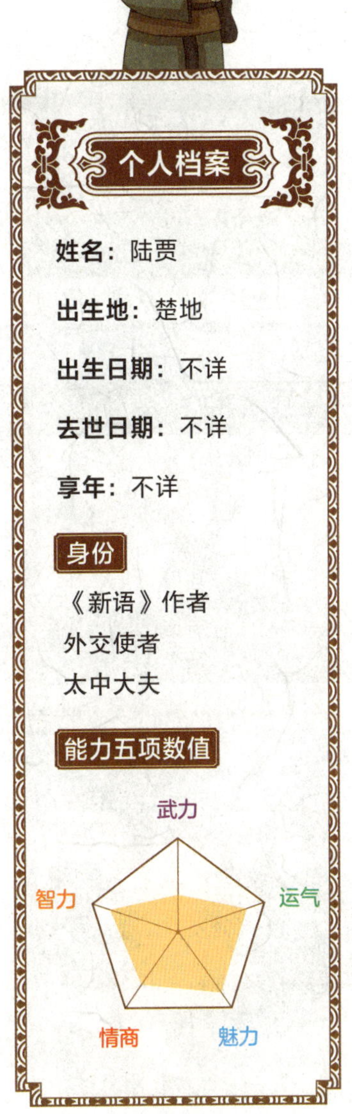

漫画开讲啦！

郦食其是个读书人，六十多岁时还靠看大门为生。

虽然没钱没地位，但郦食其还是很骄傲，别人都叫他“狂生”。

不久，刘邦的起义军来到了高阳乡。

刘邦一边洗脚，一边和郦食其见面。

陈留是四通八达的要道，
有人又有粮，是块宝地啊。
陈留郡

我手下士兵不到一万人，
攻打陈留很困难啊！
我去做内应，
一定帮沛公夺
下这座城。

郡守大人，秦国
气数已尽，您还
是投降沛公吧。
我是大秦的忠臣，
才不会向叛贼投降！
陈留郡守

不投降，
只好送你上路了……

郦食其打开城门，接应刘邦的大军进入陈留城。

沛公，粮库里发现了几万石的粮食。

参军的壮士也有三万多人。

先生，您真是我的招财猫啊！

郦先生，我封你为广野君，外交战线就交给你了。

公元前 203 年，郦食其奉命出使齐国。

汉军大将韩信想抢功，没和郦食其打招呼，就偷袭了齐国军队。

漫画开讲啦！

除了郦食其，刘邦还有一个超级辩士，他就是陆贾。

陆贾经常劝刘邦多读书，不过效果就难说了。

陆贾很争气，很快就写出了十二篇文章，起名叫《新语》。

公元前 196 年，陆贾作为汉朝特使前往了南越国。

南越王赵佗傲慢无礼，想给陆贾一个下马威。

陆贾的出使很成功，南越王赵佗舍不得他离开，还答应向汉朝称臣。

后来，刘邦去世，吕后当权，陆贾就称病辞去了官职。

丞相陈平担心吕后夺取天下，经常借酒消愁。

按照陆贾的建议，陈平和周勃暗中联络，成了好朋友。

吕后病死后，陈平、周勃就消灭了吕氏子弟，保住了汉朝江山。

为了感谢陆贾，陈平送给陆贾五十辆马车、一百个奴婢和五百万钱。

史记人物诗词大搜索

梁甫吟

[唐]李白

君不见，高阳酒徒起草中，长揖山东隆准公。
入门不拜逞雄辩，两女辍洗来趋风。

译文: 各位记得秦朝末年、居住在高阳的酒鬼郦食其吗？他草莽出身，见了汉高祖刘邦只是作揖，没有行跪拜大礼，然后一阵雄辩就折服了刘邦。刘邦立即放弃美女的洗漱，改为洗耳恭听了。

陆贾二首（其一）

[宋]刘克庄

田横死士今亡矣，陈豨从车安在哉。
独有尉佗尚黄屋，故应两费陆生来。

译文: 田横手下的五百壮士已经不见踪迹，陈豨麾下如云的宾客、车从又在哪里呢？

因为南越的赵佗有称帝的野心和举动，所以陆贾才两次出使，为国家统一而奔走。

口吃的硬汉
周昌的故事

个人档案

姓名： 周昌

出生地： 沛县丰邑（今江苏丰县）

出生日期： 不详

去世日期： 前 192 年

享年： 不详（病逝）

身份

御史大夫
汾阴侯
赵国相国

能力五项数值

硬汉，是一个很高的评价，形容一个男人性情刚直、有骨气并且能坚毅不屈。在《史记》里，有很多的硬汉人物，有的是面对敌人威武不屈，比如，前面讲到的项羽；有的是面对困难勇往直前，比如，后面要讲到的张骞。而下面我们要讲的人，不但是个敢教训皇帝的硬汉，还因为口吃在历史上赫赫有名，他就是周昌，一个口吃的硬汉。

皇帝也敢骂

汉朝的开国功臣很多来自泗水郡的丰县和沛县，和刘邦都是老乡，周昌和他的堂兄周苛也是如此。

秦朝末年，周苛、周昌两兄弟在**泗水郡**当“公务员”，和当亭长的刘邦互相认识，也有些交情。后来，刘邦在沛县起义，很快就占领了整个泗水郡。周氏兄弟一看秦朝要亡，不如参加义军博取富贵，就加入了刘邦的起义军。

老朋友来投奔自己，刘邦也非常高兴，就让周苛担任了帐下宾客，算是军中的参谋人员；同时任命周昌为掌旗官。两兄弟跟随刘邦南征北战，进入关中，灭亡了秦朝。等到刘邦自立为汉王以后，对部下论功行赏，周苛被任命为御史大夫，周昌被任命为中尉，成了刘邦手下重要的大臣。

我可是"飞骑"精兵，闲杂人等速速让开！

汉高祖四年（前 203），刘邦作战不力，被项羽的大军包围在了荥阳（今河南郑州）。眼看荥阳城守不住了，刘邦留下周苛守城，拖住项羽，自己带着少数部队突围逃走。

不久，项羽攻破了荥阳，没抓到刘邦，只俘虏了周苛。项羽觉得周苛死守孤城，是个忠臣，就开出很高的条件，想让周苛为自己效力。

陶"飞骑"骑兵俑 西汉

这件骑兵俑是从徐州狮子山的兵马俑坑出土的，因为在马的腹部刻着"飞骑"两个字，所以考古学家认为它来自一支叫作"飞骑"的骑兵部队。

周苛脾气倔强，又对刘邦忠心耿耿，誓死不降，还大骂项羽说："你赶紧投降汉王，不然下次就是你做俘虏了。"项羽也是个暴脾气，看周苛不投降还敢骂人，就下令用做饭的大鼎烹杀了周苛。

消息传到汉军大营，刘邦非常痛心，觉得周苛对得起自己，自己却有点对不起这个忠臣。为了补偿周

彩绘陶乐舞杂技俑 西汉

这是一场西汉“联欢晚会”现场直播，一共有21位“观众”和“演员”出现在这个67厘米长、47.5厘米宽的底座上。左右两侧是7位“观众”，中间是14位表演乐舞、杂技和演奏乐器的演员。

家兄弟，刘邦让周昌接了他哥哥的班，继续担任御史大夫的职务。此后，周昌跟随刘邦奋勇作战，最终打败了项羽，建立了汉朝。

当上了皇帝的刘邦没有忘记一起打天下的功臣，开始封赏部下。周昌的功劳比萧何、曹参这样的大功臣低一些，但又比其他人高，因此受封汾阴侯。周苛的儿子周成，因为父亲的功劳，也受封高景侯。老周家一下子出了两个侯爵，算是刘邦对他们的回报。

周昌这个人性格刚强，敢于说真话，说实话，不讲人情。再加上他官居御史大夫，主要的责任就是监察百官，弹劾那些违法乱纪的大臣，所以汉朝的官员们，除了担任丞相的萧何、曹参，其他人没有不畏惧周昌的。

其实不只大臣们畏惧周昌，有时候刘邦都害怕周昌的倔脾气。有一次，周昌有紧急事务要奏报，没经侍从们禀报就冲进了刘邦的寝宫，正好撞见刘邦在和戚夫人搂搂抱抱。周昌又尴尬，又生气，觉得皇帝陛下太不务正业了，就转身往外边跑，嘴里估计还嘀咕着“不成体统”这样的话。刘邦呢，被周昌破坏了兴致，也有点恼羞成怒，就从后面追上了周昌，然后猛地一跳，骑在了周昌的脖子上。

这还不算，刘邦一边揪着周昌的衣领，一边开玩笑地问道：“你小子看到朕和夫人亲热，居然转身就跑，哪有这么便宜的事儿。你说说看，朕在历史上算是什么样的皇帝啊？”周昌把脖子一梗，大声喊道：“陛下白天就寻欢作乐，耽误国家大事，是夏桀、商纣那样的昏君！”

要是换作汉景帝、汉武帝，周昌说了这句话，估计就该脑袋搬家了。可刘邦是市井出身，对**礼法**并不那么在意，又知道周昌就是个耿直的性格，所以只是哈哈一笑，并没有处罚周昌，反而更加敬重这个直脾气的大臣。

太子不能换

骂皇帝体现了周昌的性格和胆量，在国家大事上敢于发表和皇帝相反的意见，才是周昌被称为“**硬汉**”的原因。

刘邦有八个儿子一个女儿，其中地位最高的是皇后吕雉生下的嫡子刘盈和戚夫人生下的第三子刘如意。刘邦还是汉王的时候，就按照“嫡长子继承制”的传统，将刘盈立为太子。刘邦当了皇帝后，刘盈就顺理成章地被封为皇太子。可刘邦不喜欢刘盈这孩子，觉得刘盈太软弱，不像自己这么英明神武，就产生了更换太子的想法。

那换谁呢？美貌的戚夫人当时最得宠，她的儿子刘如意又聪明伶俐，所以刘邦就想改立刘如意为太子。他没事儿就和大臣们念叨“太子不像我，如意才像我”，打算让大臣们接受改立太子的做法。

一天，在大朝会上，刘邦提起了废立太子的事情。大臣们大多不同意刘邦的想法，一来按照礼法选择继承人，天下才不会动乱；二来皇帝不喜欢太子柔弱，大臣们喜欢啊，所以君臣就在朝堂上争吵开了。

大臣中谁的反应最激烈呢？还是脾气倔、性子急的周昌，他**嗓门最大**，唾沫横飞，把刘邦气得七窍生烟。

最后刘邦实在是头疼了，就问周昌：“你光说不能改立太子，你倒是说说为什么不能啊？”

周昌平时就有口吃的毛病，又正在着急的时候，憋得脸色青紫，才断断续续地说出一句话：“臣、臣说不出什么、什么大道理，但臣期、期知道那么做不对；陛下虽然想废掉太子，但臣期、期不能接受诏令！”这个“期、期”是口吃时发出的声音，没什么具体意义。

刘邦看到周昌急得口吃发作的窘态，不由得**哈哈大笑**，废立太子的事情也就不了了之。

散朝之后，周昌正要回家，却被后宫的宦者拦住，说是皇后吕雉有请，周昌

期期艾艾的由来

有一个形容人口吃的成语——期期艾艾，它和两个历史人物有关系。一个是周昌，另一个是三国晚期的军事家邓艾。“期期”我们都了解了，是周昌在给刘邦提意见时，发出的声音，那“艾艾”是什么意思呢？在三国时期，人们聊天提到自己的时候，会谦虚地称呼自己的名字，比如，邓艾称呼自己就是“艾如何如何”。有一次，年轻的邓艾和司马懿聊天，因为紧张，说成了“艾、艾、艾……”，司马懿就开玩笑说：“你这是几个艾啊？”邓艾机灵地回答说：“《论语》里的歌谣‘凤兮凤兮’其实是一个‘凤’，我说的‘艾、艾、艾’也只是一个‘艾’。”从此以后，“期期艾艾”就成了形容口吃的专用成语。

只好跟随着宦者来到未央宫的东厢门。吕雉和周昌一见面，就**跪倒**在地，哽咽着说道：“今天要不是有您在，太子肯定被废掉了，请您受我一拜。”周昌赶紧扶起吕后，连声说道：“臣的所作所为，都是为了大汉的长治久安，不敢受此大礼。”

原来刘邦召开朝会的时候，吕后就在后面偷听，知道没有周昌的据理力争，刘盈很可能就丢掉了太子的位置，所以才这么感谢周昌。

赵王的保护伞

太子的位置保住了，大臣们心满意足了，刘邦却开始发愁了。

这时刘邦的身体已经不太好了，他把刘如意封为赵王。刘邦知道一旦自己去世，皇后吕雉肯定不会**善罢甘休**，很有可能报复戚夫人和刘如意，那时候谁来保护刘如意呢？

一天，刘邦一个人在未央宫里闷闷不乐，哼唱着老家沛县的歌谣，歌声中透着浓浓的哀伤。

掌管玉玺的年轻官员赵尧善解人意，猜到了刘邦**苦闷**的原因，就走过去问道："陛下您这么不快乐，是不是担心赵王年纪太小，戚夫人和皇后之间又有矛盾，一旦您不在了，没人能保护好赵王母子？"

刘邦点点头，回答说："你猜得太对了，我就是担心赵王的将来啊！"赵尧微笑着说："臣有一个办法可以解除您的忧愁。您可以给赵王挑选一个地位尊贵又刚强耿直的相国，只要这个人是皇后、太子和群臣都敬畏的人，那赵王的安全就有保障了。"

刘邦一拍大腿，高兴地说："不错不错，你这个建议很对，有合适的人选吗？"赵尧回答说："御史大夫周昌是最合适的人选，他为人朴实正直，而且皇后、太子、群臣都敬佩他，他一定能完成您的嘱托。"

刘邦越想越觉得赵尧的建议绝妙，立刻召见了周昌，把自己打算安排他去辅佐赵王的想法讲了出来。周昌不是太愿意，首先他支持过太子刘盈，反对过赵王刘如意，担心和赵王共事会遇到刁难；其次，朝廷的御史大夫算得上两人之下（皇

鎏金铜架玉枕 西汉

这是一件长方形的玉枕，木头做芯，外表装饰着玉片和鎏金的青铜。特别要说清楚的是，这可不是给活人使用的，而是在贵族下葬时，专门为死者准备的。

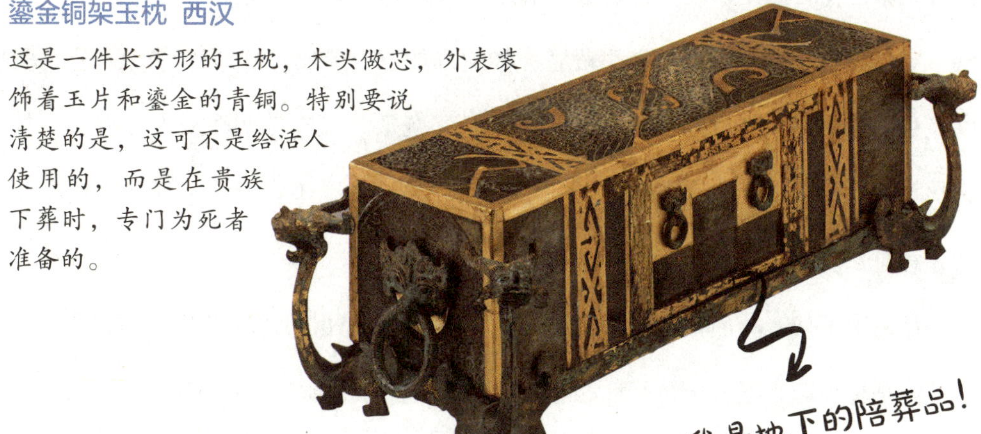

帝和丞相），万人之上，地位可比诸侯王的相国高多了。

刘邦知道周昌的顾虑，就晓之以理、动之以情地说了这样一段话：“阿昌啊，你不想去我能理解，从御史大夫到诸侯的相国，这相当于贬官了，不是你这个功臣应该有的待遇啊！可我实在担心如意的安全，满朝上下就你能让我放心，你就体谅下我的难处，勉为其难地接受这个任务吧！”

一般性格刚强的人，不怕威逼，就怕别人用感情来劝说。周昌看着白发苍苍的皇帝这么恳求自己，不忍心再推辞，就前往刘如意的赵国，担任了相国的职务。

没有完成的任务

汉高祖十二年（前 195），刘邦在长安去世，太子刘盈继位当了皇帝，朝廷大权落入了**皇太后**吕雉的手里。

吕雉可不是个性格宽厚的女人，她摩拳擦掌，准备和昔日的敌人算算总账。她首先派出使者前往赵国，让赵王刘如意立刻赶赴长安。

周昌太了解吕后的性格和手段了，知道刘如意去了长安就是**羊入虎口**，所以谎称赵王有病，拒绝了吕后的传召。吕后不死心，又连续两次派人传召，口气一次比一次严厉。“硬汉”周昌没有被吕后吓住，就是不肯奉诏，说什么也不让刘如意进京。

吕后听了使者的回报，气得肝火**上升**，可周昌是保护过自己儿子的大恩人，总不能把他抓起来吧？于是吕后心生一计，让使者先传召周昌到长安，调虎离山。

周昌没办法，只能从命。等到周昌和吕后见面，吕后劈头盖脸就是一顿怒骂：

“别人不知道我和戚氏、赵王的恩怨，你周昌还不知道吗？当年我们母子差点被他们逼死，是你保护了我们母子。现在你居然帮着赵王抗命，你到底向着谁说话？”

说完，没等周昌回答，吕后就把他软禁了起来，然后再派出使者召赵王进京。

没有周昌在身边，赵王如意没了主心骨，只好乖乖来到长安。尽管汉惠帝刘盈百般保护，但还是百密一疏，吕后抓住机会，毒死了赵王如意。接着，吕后又把戚夫人做成“人彘”（zhì），折磨致死。

周昌呢，因为没有完成自己的任务，觉得辜负了刘邦的嘱托，整日郁郁寡欢，也不再上朝觐见吕后。三年后，周昌病死，这位敢和皇帝争吵，敢和太后顶牛的“硬汉”走完了自己的一生。

在西汉的开国功臣中，周昌无论是能力还是名气都不算第一流，但他耿直的性格和不畏强权的“硬汉”本色，都让他在史书中占据了独特的位置，让后人记住了这位口吃却倔强的“硬汉”。

青铜羽人 西汉

你猜汉朝人的想象世界里，神仙都长什么样？看看这件青铜羽人你就知道了。汉朝人心中的神仙后背长着翅膀，耳朵又长又尖，腿上还有浓密的羽毛。汉朝人把神仙又称为“羽人”或者“飞仙”。

懂变通的礼仪师
叔孙通的故事

姓名：叔孙通

出生地：薛县（今山东滕州南）

出生日期：不详

去世日期：不详

享年：不详

身份

秦朝博士
太子太傅
儒家代言人

能力五项数值

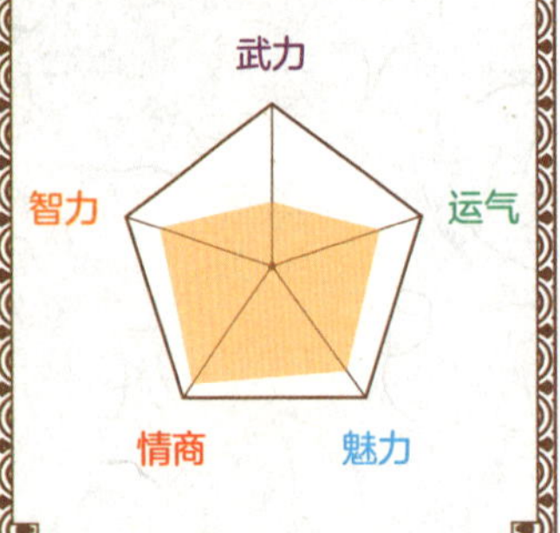

变通是一种智慧

叔孙通是秦朝末年、汉朝初年的一位儒生。他在秦朝当过博士，在汉朝担任过九卿之一的太常。

秦朝的博士相当于今天的咨询顾问，平常开点工资，皇帝有疑难时，叫过来咨询一下，不算多高的官职。汉朝的太常就不一样了，这个职务负责朝廷的礼仪，是两千石俸禄的大官。

你可能会问，叔孙通从秦朝“跳槽”到汉朝，怎么还能官越当越大呢？道理很简单，叔孙通做事懂得变通，所以日子自然越过越好。

叔孙通刚当上博士的时候，秦二世胡亥给一群博士做了个问卷调查，题目是“怎么看待大泽乡的‘反贼’”。结果，实话实说的博士被胡亥关进了监狱，说假话让胡亥高兴的叔孙通却得到了赏赐。在叔孙通心中，和是非不分的皇帝沟通，

保命可比诚实重要！这是他第一次变通。

后来，叔孙通去投奔刘邦的起义军。刘邦是市井出身，不喜欢儒生。为了“面试”成功，叔孙通毫不犹豫地脱掉了儒生的衣服，穿上刘邦家乡楚地的服饰，再去求见。这第二次变通让刘邦很满意，叔孙通顺利地留在了刘邦阵营。

你看，叔孙通像不像皇帝肚子里的蛔虫？重要的事情他都能做到皇帝的心坎上，这也算是一种智慧。

礼仪是我的强项

汉高祖五年（前 202），刘邦一统天下，当上了皇帝。由于手下的大臣都是平民出身，喝了酒就在朝堂上争功闹事，对皇帝也不够尊重，这让刘邦很头疼。

又是叔孙通安慰了刘邦，他说：“打天下我们儒生虽然不在行，但是建立制度我们拿手啊！我来召集天下的儒生，建立一套朝堂上的礼仪制度，来规范大臣们的行动。”

刘邦有点动心，可又怕麻烦，就叮嘱叔孙通尽量简单点，最好让人一看就会。

这难不住叔孙通，他用了一个月就按刘邦的要求完成了排练。刘邦一看乐坏了，既隆重又不烦琐，就是自己期待的礼仪制度啊。

汉高祖七年（前200）十月，长乐宫修建完成，诸侯和大臣们一起进宫来朝见皇帝，大汉王朝第一次的朝会大彩排开始了。在叔孙通的指挥下，掌管传令、迎宾的谒者们站立在各处殿门，郎中们守卫在各级台阶的两边，执法的御史们巡视着上下，文武百官井然有序地进入大殿，按照职位分别站立在东西两边……

看到眼前的宏大场面，刘邦龙颜大悦，感觉自己今天才体会到当皇帝的乐趣。于是，刘邦任命叔孙通为掌管朝廷礼仪的太常，并赏赐黄金五百斤。

就这样，叔孙通靠着自己对礼仪制度的熟悉，不但当成了汉朝排名第一的礼仪大师，还给儒家在政坛留下了一席之地。

原则也会坚持

在一些鲁地的儒生眼里，叔孙通前后侍奉过十个君主，是靠着拍马屁才得到的富贵。其实，他们都错了。叔孙通在遇到原则性问题时绝不让步，最典型的就是刘邦“改立太子事件”。

汉高祖九年（前198），刘邦任命叔孙通为太子太傅，辅佐太子刘盈。没过两年，刘邦想废掉刘盈，改立戚夫人所生的赵王刘如意为太子。

这个做法可就触及儒家的底线了，身为太子太傅的叔孙通站出来表示强烈反对。叔孙通用晋献公和秦始皇在太子问题上三心二意，导致国家动乱为例子，发

彩绘漆陶钫 西汉

钫（fāng）是春秋到西汉时期盛放酒水或者粮食的容器。这件陶钫是陶土制成的。为了美观，在它的外层又绘制了美丽的漆画，所以它叫作“彩绘漆陶钫”。

表了一番长篇大论。最后，叔孙通还硬气地追加了一句：“如果陛下您坚持废长立幼的话，那就先把我杀了。”

看到叔孙通都这么强硬，刘邦只好敷衍说：“先生别说了，我就是开个玩笑。”改立太子的事情也就不了了之。

对了，叔孙通还有一个“发明”——我们现代人清明扫墓的时候，都会摆上新鲜的果品，这个习惯就是叔孙通确立下来的。

漫画开讲啦！

秦二世的时候，儒生叔孙通因为熟悉礼仪，会写文章，被任命为博士。

几年后，陈胜、吴广发动了反秦起义。

不久，叔孙通为了躲避战火，悄悄逃出了咸阳。

公元前 205 年，叔孙通带着学生投奔了刘邦的义军。

聪明的叔孙通换了楚地的服饰，再次求见刘邦。

凭借好口才，叔孙通很快成了刘邦信任的幕僚。

叔孙通啊，要和项羽开打了，
给我介绍几个能打的兄弟！

这位壮士力能扛鼎。
赏黄金十斤，
先给我当贴身保镖。

这位好汉能
射落天上的老鹰。
先当个队率，
立了战功就升官。

老师，我们也要当官！
现在汉王需要的是
能拼命的勇士，
等天下安定了，
老师不会忘了你们的！
老师，我们也要赏赐！

刘邦的大臣都是平民出身，有时朝会乱得一塌糊涂。

陛下，这太
不成体统啊！
是得给这帮家伙立立
规矩，叔孙通，你来
制定一套礼仪制度吧。

站姿保持一个时辰，
谁动谁屁股见红。

非常好，坐姿
再保持一个时辰。

这日子什么
时候是个头啊！
没死在战场上，
倒被叔孙通
给折腾死了！

我让你们说悄悄话！
我让你们发牢骚！

今天先练到这儿，
明天加练二十遍。

众卿行礼！

万岁，万岁，万万岁！

向陛下祝酒……
御史
御史

陛下千秋，
大汉万载。

陛下受命于天，
既寿永昌。

我今天才知道
当皇帝的尊贵啊！

叔孙通先生，我封你为九卿之一的太常，赏你黄金五百斤！
臣有些学生，希望陛下能封他们一官半职。

叔孙通先生的弟子，都封为郎官！
陛下万岁！老师给力！

我对老师的感激之心犹如滔滔江水连绵不绝……
老师，我们以前错怪你啦！
跟着老师有官做，还有小钱钱分！

叔孙通不仅是礼仪大师，还有着很高的情商啊！
与时变化
汉家儒宗
司马迁

史记成语典故大搜索

不足挂齿

词意： 不值得放在嘴上说出来，指人或事物轻微，不值一提。

造句： 和国家利益相比，个人的荣誉得失，实在是不足挂齿。

鼠窃狗盗

词意： 像鼠狗般的偷盗，形容行为偷偷摸摸、盗窃小利的人。

造句： 那些故意抹黑祖国，一味讨好西方敌对势力的人，都是一些鼠窃狗盗、毫无廉耻的败类。

斩将搴旗

词意： 指在战场上杀死敌人的将领，夺取敌人的军旗，形容军人勇猛善战或鏖战沙场。

造句： 电视剧《亮剑》中的主人公李云龙，是一位在战场上斩将搴旗的指挥员。

季布

一诺千金
季布的故事

我们中国人的祖先们最讲究诚信，孔子在《论语》里就说过："人而无信，不知其可也。"意思是人要是不讲信用，不知道他能把什么事情做好。《史记》这本书里，诚信经常被拿来和黄金相提并论，比如，有一个成语就叫作"一诺千金"——一句诺言和千斤的黄金一样可贵，形容人信守承诺，说话算数。可你知道吗，一诺千金的故事居然要从一个逃犯说起。

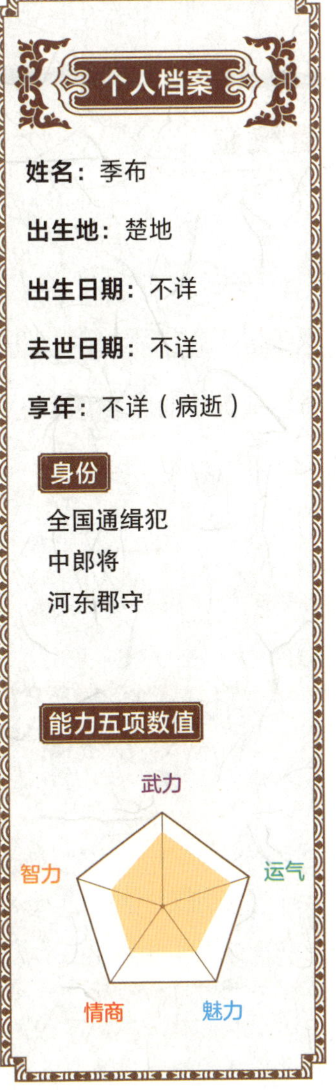

一个"洗白"的逃犯

在楚汉争霸的风云岁月里，刘邦阵营出现了很多人才，比如，之前提到的萧何、陈平和张良；项羽阵营里同样有很多英雄，比如，下面要讲到的**季布**。

季布是楚地人，和项羽是老乡。年轻的时候，季布仗义疏财，爱打抱不平，在楚地很有名气。

等到项梁、项羽叔侄起兵反秦，季布也参加了起义军，成了领兵的将军。

后来，秦朝灭亡，项羽和刘邦开始争夺天下。季布作为项羽的大将，多次率军和刘邦作战，让汉军吃了不少苦头，刘邦也对季布恨得咬牙切齿。

等到项羽在乌江自刎，刘邦还忘不了季布这个仇人，悬赏千金捉拿季布，还向天下人宣告：谁敢窝藏季布，就要灭其三族。季布就这样变成了汉朝第一号的通缉犯。

当时季布躲在哪里呢？他躲在东郡濮阳（今河南濮阳）一个姓周的人家中。周家的主人听说皇帝严令追捕季布，也有点害怕，就和季布商量说："季将军，现在朝廷悬赏捉拿您，恐怕不久就会找到我家来。我有一个计划，您要是愿意听听，我就讲出来；您要是不想听，我宁可自杀，也不会出卖您！"

季布是个实诚人，采纳了周家主人的计策。周家人给季布剃光了头发，换上粗布衣服，带上铁质的颈箍，打扮成奴隶的样子，和几十个奴隶一起关进笼子，卖给了鲁地的大侠朱家。

不是两千石的官员，可没资格拥有我。

"楚都尉印"龟纽银印 西汉

为什么汉朝人的印章上要雕刻个小乌龟呢？为什么乌龟的肚子下面还有一个黑洞？按照汉朝的制度，列侯、丞相、太尉的印章得是黄金印，印纽上的动物就是乌龟；像楚国都尉这样两千石的中层官员呢，印章就是银印，印纽上的动物还是乌龟。乌龟肚子下面的空洞是用来穿绳子的，再通过绳子佩戴在官员的腰间或者系在胳膊上，随身携带。

朱家是鲁地出名的游侠，面子大，势力大，消息也灵通。他早就知道季布的身份，就把季布安排在田间耕作，还告诉自己的儿子："田间的事情你要听这个新来的仆人的话，他的饮食待遇和你一样，不能慢待了他。"

说完，朱家就坐着马车急匆匆地前往洛阳，准备通过一位大人物来帮助季布"洗白"身份。这个大人物是谁呢？就是我们前面提到过的将军夏侯婴，他是刘邦的老乡，因为战功赫赫，被封为汝阴侯，官场上都尊称他一声"滕公"。

夏侯婴听说朱家来访，就设下酒宴招待朱家。两人一连喝了几天的酒，感情越来越好，朱家就趁机询问："我听说皇帝在通缉一个叫季布的人，这家伙犯了什么罪，让皇帝这么恨他？"

夏侯婴笑呵呵地回答说："战争时代，这个季布没少让皇帝吃苦头，所以皇帝恨透了他，一定要抓到他才甘心。"

朱家又问："您觉得季布是个什么样的人？"夏侯婴想了想，回答说："他是一个有才能的人，不然皇帝也不会在他手里吃败仗。"朱家拍着大腿说："过去季布是项羽的臣子，他替项羽出力，和皇帝作对，那是他职责所在啊！现在天下刚刚安定，皇帝就急不可耐地因为私仇而通缉壮士，天下人会笑话皇帝气量狭小，不能容人的。我们都听说过伍子胥逃亡吴国，后来又向楚国报仇的故事。现在朝廷这么**大张旗鼓**地捉拿季布，万一他逃到匈奴或者南越，这不是逼着人才去帮助敌国吗？这个道理您应该和皇帝提一提。”

夏侯婴是个聪明人，他也了解朱家是个讲义气的**大侠客**，听到朱家这么卖力气地给季布说好话，就猜到季布可能就躲在朱家的家里。不过朱家的话也有几分道理，总不能把项羽曾经的手下都杀光吧？夏侯婴就给汉高祖刘邦写了文书，劝刘邦以德报怨，赦免季布。

没过多久，刘邦同意了夏侯婴的上书，下旨赦免了季布的罪过。刘邦这么做

“倒霉蛋”丁公

季布是幸运的，可不是每个人都有他的运气，比如季布的舅舅丁公。丁公也曾经在项羽的部下当过将军，彭城大战的时候，丁公率领楚军追击过刘邦，差点就把刘邦活捉。据说，刘邦在危急时刻，还在马上对丁公高喊：“咱们都是壮士，何必互相伤害呢？”丁公觉得有道理，就放弃了追赶刘邦。后来刘邦得了天下，丁公觉得自己也有功劳，就去拜见刘邦。结果刘邦下令将丁公斩首示众，理由是“丁公作为项羽的臣子，不能尽忠职守，间接地导致项羽丢了天下”。你说，丁公是不是个“倒霉蛋”？

当然不是发善心，而是他也认为朱家说的话有道理——季布是一个忠臣，如果赦免了季布，就能激励天下的人才对汉朝忠诚；反之，杀了季布，会让项羽的老部下走投无路，不得不和汉朝作对，其中的利弊得失刘邦计算得很清楚。

后来，刘邦还在长安城的皇宫里召见了季布，任命季布为郎中。就这样，季布成功地被“洗白”，助人为乐的朱家也从此扬名天下。

在我们汉朝，我可是吉祥如意的象征！

马蹄金 西汉

马蹄金是汉武帝太始二年（前95），由汉武帝下令制作的货币。因为外形呈现椭圆形，中间是空心的，底部又向内凹陷，特别像马的蹄子，所以名字叫作“马蹄金”。一块马蹄金有多重呢？大概是250克，相当于汉朝的一斤，我们今天的半斤。

直言不讳的将军

过了几年，在位的皇帝是刘邦的儿子刘盈，季布已经是汉朝的中郎将，算是朝廷的高级军官了。

当时执掌大权的是太后吕雉，匈奴的单于听说汉朝是女人当家做主，就写信给吕后，说了很多侮辱性的话。吕后非常生气，召集了一群高级将领，商量如何反击匈奴。

上将军樊哙是吕后的妹夫，他第一个表态，愿意带领十万大军杀入匈奴境内，替吕后出一口恶气。其他将领都知道吕后想出兵匈奴，就都附和樊哙，赞成出兵。季布对樊哙的大言不惭很生气，他站起来大声说道：“从前高祖皇帝率领四十万大军进攻匈奴，还被匈奴人包围在了平城，

现收藏于徐州博物馆

陶跽坐甲胄俑 西汉

跽（jì）坐，就是双膝着地，臀部贴着脚后跟，腰身挺直的一种坐姿，也是古代中国人特有的礼仪姿态。这件陶俑身穿着盔甲，保持着跽坐的姿势，他的人物原型应该是驾车的车士，相当于古代的“装甲车驾驶员”。

九死一生才突围出来。现在樊哙说他用十万人就能横行匈奴，他这是在讽刺先帝，还是在吹牛骗人？国家刚刚从战乱中恢复，哪有人力和财力进攻匈奴？樊哙这是阿谀奉承，败坏天下，应该把他斩首示众！”

季布的愤怒镇住了各位将军，也让一心报复匈奴的吕后清醒了过来。是啊，汉朝现在没有反击匈奴的实力，还是先韬光养晦，等待时机吧。此后，朝廷再也没人提议出击匈奴。

又过了几年，汉文帝刘恒做了皇帝，季布被外放到了河东郡当郡守。有人向汉文帝推荐季布，说他才能出众，敢说实话，汉文帝就把季布从河东召入长安城，想任命季布为御史大夫。可这时候又有人上书批评季布，说他虽然勇敢正直，但好酒贪杯，爱发酒疯，别人不容易接近他。汉文帝又开始犹豫，觉得季布不太适合担任御史大夫。

就这样，季布在长安的驿馆里待了一个多月，才得到了面见汉文帝的机会。君臣二人简单地聊了聊，汉文帝就打发季布返回河东，继续担任郡守。季布有点不高兴，就直截了当地问汉文帝说：“我没有什么功劳，却被委以河东郡守的重任。现在陛下您无缘无故地将我召入长安，我想是有人夸大了我的能力，骗取了您的信任。我到了您面前，没有接到任何的命令，就又要返回河东，我想这是有人在您面前说了我的坏话。您是天下的至尊，需要足够的城府和智慧，现在您因为一个人称赞我，就召见我；又因为一个人诽谤我，就让我回去，我怕天下人会因此轻视您啊！”

汉文帝也觉得自己太冲动了，沉默了半天，才惭愧地回答说：“河东郡就像大汉的手和脚一样重要，你是河东郡的最高长官，责任重大，所以我才召见你啊！”季布知道皇帝在给自己找台阶下，也没有再多说，返回了河东郡。

一诺千金的由来

和季布同时代有个叫曹丘的先生，这个人和季布是老乡，也是楚地人，能言善辩，口才很好。曹丘在长安经常出入权贵家中，一面讨好汉文帝宠信的宦官赵同，一面和皇后窦氏的哥哥窦长君来往。

季布瞧不起曹丘，觉得他是个**趋炎附势**的小人，就写信给窦长君说：“曹丘不是个忠厚老实的人，我劝您少和他打交道。”不久，曹丘打算去拜访下季布，就请窦长君写封介绍信。窦长君实话实说：“季将军不太欢迎你，你还是不去为妙。”可曹丘坚持要去，窦长君只好写了信。

季布收到信后，勃然大怒，就打算当面给曹丘一个难堪。可曹丘是辩士啊，最擅长的就是说话，他才不怕季布的怒火呢。两人刚一见面，曹丘躬身行了一个揖礼，然后侃侃而谈：“季将军，咱们楚地现在有句流行语：‘得黄金百斤，不如得到季布的一句诺言！’这句话就是我让人传播开的。您是楚地人，我也是楚我可是古代仪仗队专用的武器！

手形鋈铜戈 西汉

戈是古代的一种长兵器，图片里展示的是戈的头部，有意思的是它的外形被打造成了一只手握住短剑的样子。整个戈头长 26.2 厘米，宽 9 厘米，你要是到云南的李家山青铜器博物馆参观，就能和它近距离接触了。

地人，我又帮您传扬名声，您为什么要拒我于千里之外呢？”

甜言蜜语是最可怕的武器，曹丘的吹捧让季布非常高兴，他忘记了自己之前对曹丘的反感，不但安排曹丘在自己家住下，还用对待上宾的礼仪招待曹丘。等到曹丘离开时，季布还送了很多的礼物。此后，季布的**名声传播**得更远，人们都认为是曹丘替季布宣传的结果。

季布有个弟弟叫季心，也是关中一带出名的侠客。季心待人恭敬谨慎，轻财仗义，方圆几千里的人都争着替他效力。后来，季心因为杀人逃亡到吴地，藏在了袁丝的家中，这个袁丝就是我们后面要讲到的大臣袁盎。

季心用对待兄长的礼节服侍袁丝，用对待弟弟的情义照顾灌夫、籍福这样的手下，一度还做到了中尉的官职，连汉景帝时期著名的酷吏郅都见到季心都要行礼，很多长安城内的少年都号称自己在帮着季心办事。在那个时代，季布以信守承诺著名，季心以勇敢无畏出名，在关中地区都是名声显赫的人物。

史记成语典故大搜索

一诺千金

词意：一句诺言值千斤黄金，形容信守承诺，说话算数。

造句：中国人历来讲求一诺千金，一个泱泱大国如果不讲信用，必将无法发展。

各为其主

词意：指各自尽忠于自己的团队或信仰。

造句：2007年11月10日，易建联所在的雄鹿队客场挑战姚明率领的火箭队，两位中国球星各为其主，比赛打得激烈好看。

人人自危

词意：每个人都感觉自己处境危险。指局势恐怖紧急，令人不安。

造句：听说洪水要来了，村子里的老百姓人人自危，都急忙收拾家里的东西，准备转移。

生死冤家
晁错和袁盎的故事

冤家路窄

冤家，就是仇人或者是不想见到的人。可有时候越是不想见到的人，命运却更容易纠缠在一起，躲也躲不开，晁错和袁盎就是这样的关系。

晁错是颍川人，年轻的时候学习过申不害和商鞅的刑名学说，是法家的青年才俊。因为学习能力强，晁错被汉文帝刘恒派到济南，跟随老学者伏生学习《尚书》。学成归来后，晁错被任命为太子刘启的家令，相当于太子宫中的总管。等到刘启即位称帝，晁错先后担任了内史、御史大夫，成了汉朝官场上的大人物。

袁盎（àng），也叫袁丝，是西汉楚国人。袁盎的老爹干过一份很暴力的“职业”——强盗，后来洗手不干，带家人定居在安陵（今陕西咸阳东北）。汉文帝刘恒登基，袁盎靠着哥哥袁哙的推荐，做了郎中。后来的几年里，袁盎陆续担任过中郎将、吴国国相等职务。

按照常理说，两个人同朝为官，年纪相差也不大，应该有一点同僚的感情，可事情完全相反。晁错和袁盎互相讨厌，晁错在的地方，袁盎掉头就走；袁盎出席的场所，晁错绝不多待一分钟。这还不算，只要有机会，这两个人就会在皇帝那里打小报告，希望把对方杀掉才好，你说他们是不是对冤家？

性格大不同

为什么晁错和袁盎两个人关系这么差呢？我觉得有两个原因：第一，晁错是法家的学生，袁盎是儒家的学生，这两个学派互相打架是传统；第二，晁错和袁盎性格不合拍，晁错严厉刻薄，不近人情；袁盎待人宽厚，情商高，会说话，所以他们两个人彼此看不惯。

两个小故事就能说明晁错和袁盎做人办事差别有多大，第一个故事是慎夫人撤席事件。

有一次，汉文帝带着最宠爱的慎夫人和皇后窦氏来到袁盎办公的地方。慎夫人正准备坐在汉文帝的旁边，袁盎走过去，把慎夫人的座席挪到了皇后的下方，表示慎夫人的地位在皇后之下。慎夫人

我是宫殿上的一块瓦。

“汉并天下”瓦当 西汉

瓦当就是古代屋檐最前端的一块瓦，它的主要功能是防风雨，保护屋檐，当然还有装饰的作用。在一些古代的大型建筑上，就有一些刻着文字，有着特殊意义的瓦当。图中这块汉瓦当上面就刻着“汉并天下”四个字，意思是大汉朝已经一统天下啦。

很生气，汉文帝也不高兴，就打算立刻回宫。袁盎紧走两步，对汉文帝说：“古人云‘尊卑有序，上下和睦’，皇后是您的正妻，慎夫人只是妾，您让她们同席而坐，这可不合乎礼法。您没忘记戚夫人‘人彘’的悲剧吧？”

此言一出，汉文帝心里一惊，感觉袁盎说得有理。慎夫人也觉得袁盎是为自己考虑，当场赏赐袁盎黄金五十斤。窦皇后看到袁盎维护自己的地位，也很感激，从此对袁盎另眼相看。

第二个故事是丞相申屠嘉吐血事件。

申屠嘉是汉文帝、汉景帝时期的丞相，因为资格老，功劳大，所以特别骄傲。有一次，申屠嘉坐马车出行，在街上遇到袁盎。袁盎很有礼貌地下车行礼，申屠嘉却理都不理地离开了。袁盎不但没有生气，反而亲自登门，和申屠嘉讲道理，劝他要谦虚做官，才能保全地位。申屠嘉很感动，把袁盎当作上宾来对待。

晁错呢，他担任内史的时候也和申屠嘉发生了冲突。晁错为了内史府的人出入方便，就在太上皇庙宇的外墙开了一道门。申屠嘉知道后就向汉景帝告状，要治晁错的罪。晁错连夜跑到皇宫，向汉景帝求情。第二天，汉景帝向着晁错说话，认为晁错所凿的墙并不是真正的宗庙墙，而是宗庙的外围短墙，所以没有罪过。看着皇帝偏袒晁错，申屠嘉气坏了，直接喷出了半盆鲜血，不久就病死了。

怎么样，你看出晁错和袁盎的差别了吗？晁错喜欢借用皇帝的权威，以势压人；袁盎能用推心置腹的方式劝谏，效果又好，又不得罪人。

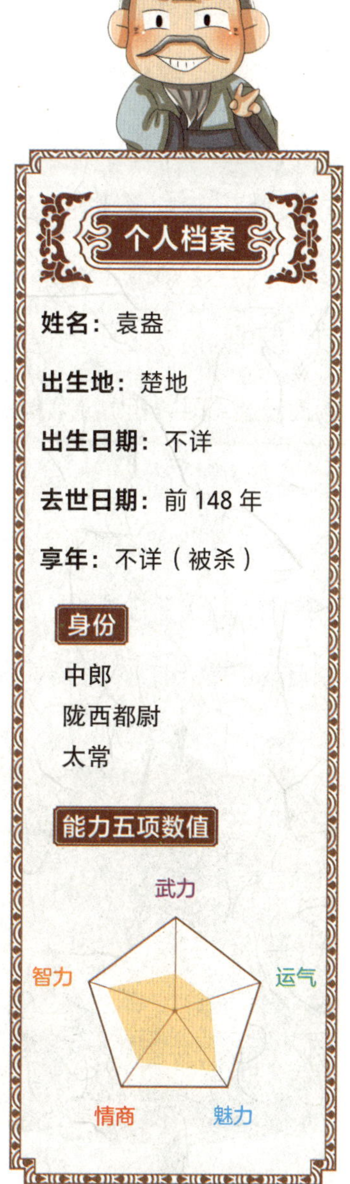

你死我也难活

丞相申屠嘉去世后，晁错成了大臣们眼中的“公敌”。可景帝觉得晁错既忠心又有能力，提拔他为御史大夫，负责监察文武百官，地位仅次于丞相。

晁错一直主张“削藩”——削弱刘姓诸侯王的势力，加强中央的权力。现在大权在握，他就连续更改了三十多项法律，削减诸侯的土地和人口。这下可捅了马蜂窝，吴王刘濞带领着七个诸侯国发动了一场叛乱，史称“七国之乱”。

叛乱的消息传来，晁错的第一反应不是平叛，而是找汉景帝告状。他觉得袁盎担任过吴国的相国，肯定是吴王刘濞派到长安的卧底，应该立即治罪。

可没等晁错下手，就有人通知了袁盎。袁盎赶紧找到汉景帝的表兄窦婴，抢先一步进入皇宫。当时汉景帝正为叛乱的事情头疼，袁盎就说自己知道刘濞叛乱的原因，请求单独汇报。等到其他大臣都退下，袁盎侃侃而谈，说诸侯王造反的原因就是晁错削藩，只要杀掉晁错，派出使臣宣布恢复诸侯的封地，那么不必流血，就能天下太平。

皇帝是冷酷的“政治动物”，他们计算的是利益得失，感情可不是他们考虑的事情。

听了袁盎的话，景帝也觉得抛弃晁错，换来叛

胡傅铜温酒樽 西汉

樽（zūn），是古代盛放酒水的器具，可以把它理解为现代的酒桶。不过，“樽”字前面有“温酒”两个字，说明它还有给酒水加热的功能。

军退兵，是一件划算的事情。没过几天，晁错在上朝的路上被押赴到了刑场，在长安的东市被处死了。

晁错被杀后，袁盎被任命为太常，到前线去和叛军谈判。可吴王刘濞根本不想退兵，还想把袁盎抓起来当人质。最后，袁盎靠着朋友的帮助，才逃回了长安。

又过了几年，袁盎因为皇位传承的问题，得罪了汉景帝的弟弟、梁王刘武。原因是袁盎劝景帝按照礼法，把皇位传给儿子刘彘，而不要传给弟弟刘武。恼羞成怒的刘武派出刺客，在安陵城的城门外刺杀了袁盎。

两个冤家对头，彼此看不惯，却都为了坚持自己的主张，直接或间接地死在了皇室手中，实在让人感叹啊！

告状？我可是职业的！

汉文帝在位的时候，宦官赵同嫉妒袁盎，就在皇帝面前说袁盎的坏话，袁盎为此也很担心。袁盎有个侄子叫袁种，他就给袁盎出主意说：“您在大庭广众之下和赵同吵一架，这样他再说您的坏话，大家就不会相信了。”一次，汉文帝乘坐马车出行，赵同陪同乘车。袁盎就跪在车前，向文帝进谏说：“能和天子一起乘坐马车的，得是大英雄、大豪杰，赵同他一个宦官也配吗？”汉文帝听完笑了笑，就把赵同赶下了马车。后来，赵同再在文帝面前诽谤袁盎，文帝就认为赵同是在报复，不再相信他的话了。

晁错是汉文帝的大臣，主要负责礼仪和祭祀。

晁错还是法家学问的传人，所以他也成了法家的支持者。

《尚书》是一本古代的典籍，伏生是研究《尚书》的专家。

在伏生的教导下，晁错成了《尚书》的传承人。

经过名师指点，晁错的学问大涨，被汉文帝任命为太子“家令”，太子刘启把他当成自己的心腹。

等刘启当了皇帝，晁错被任命为御史大夫，成了朝廷中的二号人物。

晁错做人严厉刻薄，和同僚的关系特别不好。

特别是担任吴国相国的袁盎，和晁错互相看不惯。

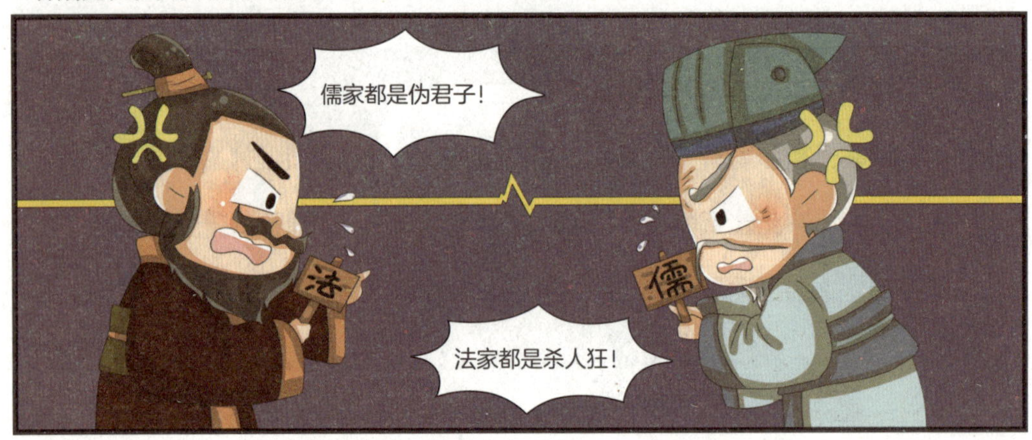

晁错是法家学派，袁盎是儒家学派，两人水火不容。

晁错虽然人缘不好，但他肯为国家考虑，比如，他主张削藩，加强中央权力。

晁错的父亲听说儿子上书削藩，赶紧从老家来阻止。

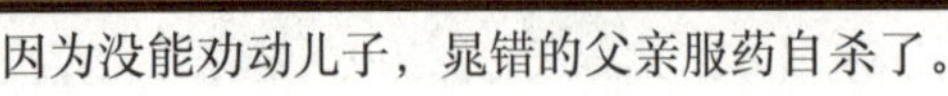
因为没能劝动儿子，晁错的父亲服药自杀了。

不久，吴国、楚国等七个诸侯国发动了叛乱，史称“七国之乱”，叛军喊出的口号就是“诛晁错，清君侧”。
楚
济南
胶东
赵
吴
胶西
淄川
诛晁错，清君侧！

陛下，吴楚的
叛军有几十万人，
就快打到长安了。
这可怎么办啊？

袁盎当过吴国相国，
可以把他找来，
看看他有没有办法。

快传袁盎进宫。

袁盎啊，有什么
退敌良策和朕说说。
我报仇的机会
终于到了，
晁错你个死鬼等着！

吴楚造反，就是
因为晁错这个祸害。
陛下杀了晁错，
吴楚就会退兵。

我也不能因为爱惜
一个人而败坏天下啊，
就按袁盎你的意思办吧。

圣旨
陛下有旨，
晁错败坏国家，
立即押赴东市处斩。

陛下，臣冤枉啊……

晁错死后不久，校尉邓公从前线回到长安报告军情。

因为袁盎当过吴国相国，汉景帝派他去和叛军谈判。

因为不肯投降，袁盎被叛军关了起来。

袁盎当吴国相国的时候，军官喜欢过他的侍女。袁盎没有责罚他，还把侍女嫁给了军官。

执法如山

张释之的故事

姓名： 张释之

出生地： 南阳堵阳（今河南方城东）

出生日期： 不详

去世日期： 不详

享年： 不详（病逝）

身份

骑郎

谒者

公车令

中郎将

廷尉

能力五项数值

在我们的生活中，那些严格执行法律，像大山一样毫不动摇的法官，我们会称赞他执法如山。要成为这样的法官很不容易，如果是在古代就更难了。想想看，王子公主干了犯法的坏事，小小的法官该怎么办？有时皇帝不高兴了，下达违背法律的命令，法官又该怎么办？所以，在古代能做到执法如山的法官少之又少，而《史记》里就记载了这么一位，他的名字叫张释之。

下跪结袜的法官

汉景帝元年的元旦，长安城里热闹非凡。长乐宫的宣室殿外，大汉帝国的三公九卿、文臣武将们正排着队，等待着大朝会的开始。

身为**九卿之一**的廷尉张释之面容肃穆，眉宇间带着几丝愁容，周围的官员们像躲避**瘟疫**一样和他保持着距离，宫门处的两个黄门官还用幸灾乐祸的眼神看着他。

“也许我真该告病隐退了”，张释之心里暗暗想到。

这时，一只手在张释之的肩头拍了拍，他回头一看，发现是位须发皆白的老人。老人没有穿官服，正一脸微笑地看着他说：“您是廷尉张大人吧，老朽的鞋子松了，腿脚不便利弯不下腰，您跪下帮我系好可以吗？”

要是换了别的两千石大官，被人提出这样无礼的要求，早就勃然大怒了。可张释之不同，他很小的时候父亲就去世了，和哥哥张仲相依为命，所以他对上岁数的老人格外尊重。而且张释之也认出了对方的身份，老人叫王生，是黄老学派的大学者，专门到长安来传播道家知识的。

张释之既尊重王生的年纪，又敬佩他的学问，很自然地跪在地上，帮王生系好了鞋带。王生也拱拱手，表示了感谢，然后缓步回到了学者的队列。

王生旁边的人很好奇他的举动，就问王生说：“您在大庭广众下羞辱张大人，是不是不太好啊？”王生叹了口气说：“我一个老迈贫贱的人，怎么会羞辱张廷尉这

彩绘陶文吏俑 西汉

这件陶俑笔直地站立着，双手在腹部前面插入衣袖中，黑色的胡须，红色的嘴唇，身上穿着三层右衽（rèn）的衣服，领口还有红色的彩绘……你看，像不像一个西汉的小官吏正在拍摄证件照？

样的好法官呢？张廷尉名满天下，现在却有灾祸要降临在他的身上，我是想通过我无礼的举动，来凸显他闪光的人格，让天下人敬重他、理解他，这样他才能躲过灾祸啊！”

张释之既然是位好法官，为什么王生又说他有灾祸临身呢？这就要从张释之过去的经历说起了。

升迁之路

张释之，字季，南阳郡堵阳县人，也就是今天的河南南阳方城一带。他是家里的幼子，从小和哥哥张仲一起生活。因为家境富裕，张释之被朝廷征召为骑郎，平时宿卫宫廷，在皇帝出行时担任侍从。此后的十多年中，张释之没有得到升迁，一直默默无闻。

骑郎是只有三百石俸禄的低级官员，平时车马穿着都要自己准备。张释之算了下账，发现自己成了“月光族”，经常还要哥哥用家产来补贴自己，就打算辞职回家，不再做官。

张释之的上级、中郎将袁盎善于发现人才，他觉得张释之能力不错，辞职回家太可惜，就向汉文帝举荐了张释之，想让后者担任谒者的职务。谒者是专门为皇帝服务的礼宾司仪，有时还能担任使者巡视地方，官职不高权力却很重。

汉文帝想考察下张释之，就召见了他。张释之也不怯场，在汉文帝面前侃侃而谈。汉文帝说：“你先别高谈阔论，你就说现在，此时此刻朝廷能立刻执行的事情。”张释之就用秦汉之际的历史案例，仔细分析了秦朝灭亡而汉朝一统天下

彩绘云气纹漆盘 西汉

我们中国是世界上最早使用漆器的国家。漆器就是把漆树分泌出来的汁液涂抹在器物上，让这些器物既坚固、又耐用，还很美观。你仔细看看这件漆盘，就会发现它的中心部位有很多既像云雾，又像仙气的图案，这就是它叫作云气纹漆盘的原因。

的原因。汉文帝听得频频点头，**拍手称赞**，当场就任命张释之为俸禄六百石的谒者仆射，负责管理所有的谒者。

不以口舌论英雄

有一天，张释之跟随汉文帝来到皇家园林**上林苑**。在上林苑养老虎的动物园里，汉文帝询问主管事务的上林尉园中的禽兽数目，一连问了十几个问题，上林尉左顾右盼，一个都答不出来，场面很尴尬。

这时负责管理老虎的啬夫站了出来，他对答如流，很好地解答了汉文帝的疑问。

汉文帝很满意，就说："官吏都应该像这个啬夫一样，上林尉真是不称职。"

错金铜博山炉 西汉

这个香炉的名字很有特点，“错金”是说它表面有黄金做装饰，“博山”是传说中的海上仙山，所从名字上来看，这个香炉就是表面有黄金装饰，点起熏香以后，会有烟云笼罩，像海上仙山一样的香炉。这个画面想想都很美。

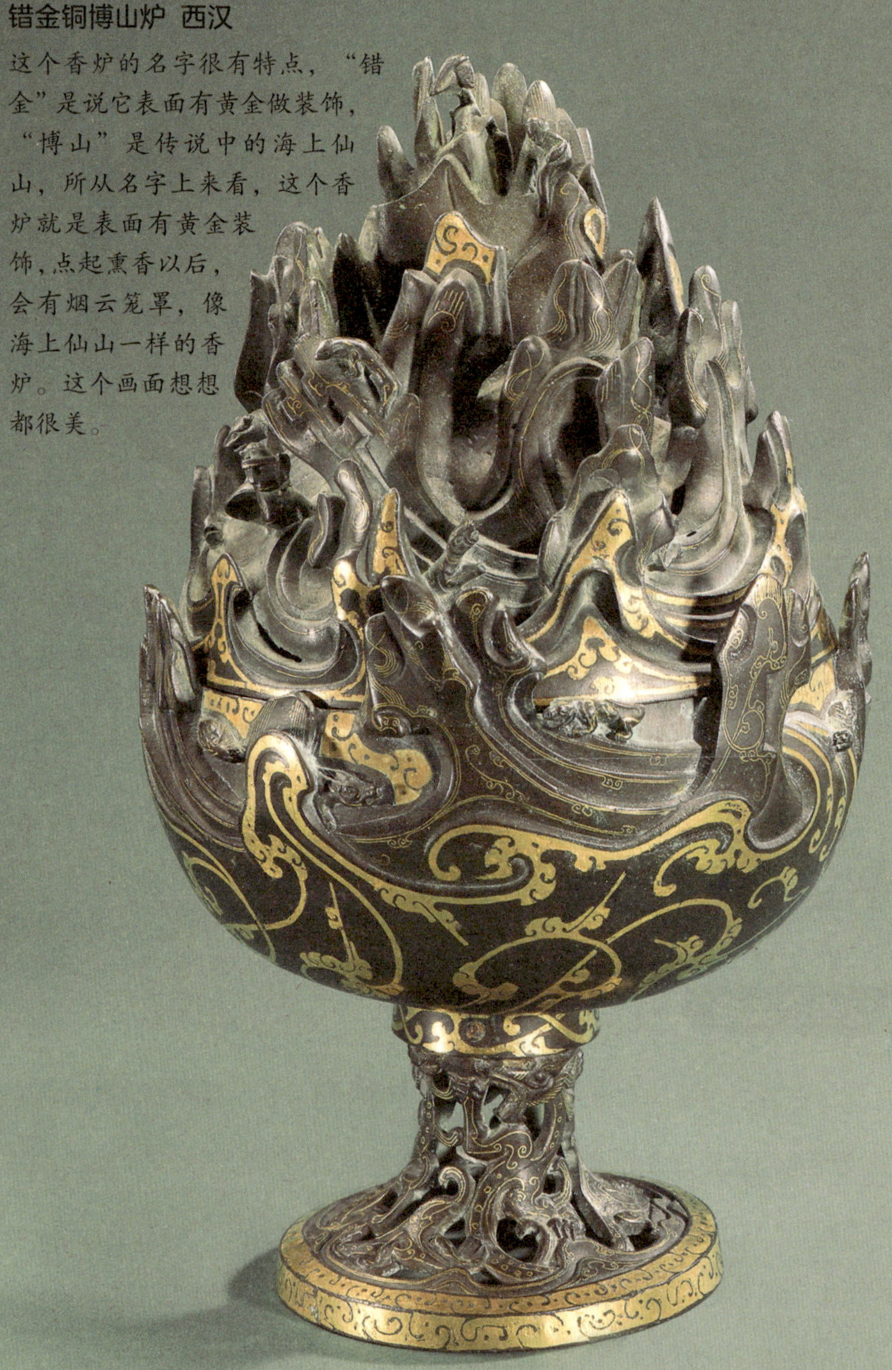

说完，汉文帝就让张释之发布命令，破格提拔啬夫为上林令。

张释之没有立刻执行，而是等了一会儿才对汉文帝说："陛下，您觉得绛侯周勃是什么样的人？"

汉文帝回答说："绛侯是位忠厚的长者。"

张释之又问："那您觉得东阳侯张相如是什么样的人？"

汉文帝回答说："也是位忠厚的长者。"

张释之接着说："绛侯和东阳侯，陛下，您也认为他们是长者，可这两位重臣都不善于口头表达，不像这个啬夫能言善辩，可这并不掩盖他们的能力。秦朝重用执法苛刻的官吏，所以官员们以办事急促和苛求细节作为最高标准，做事只追求形式，缺少事后的反思和对百姓的恻隐之心。所以秦国君主听不到自己的过错，这样国家才每况愈下，只传承了两代就灭亡了。您现在因为啬夫一时的口舌之利就破格提拔他，我怕形成风气，天下人都逞口舌之能而不做实际工作。况且上行下效，下面的官吏受到上位者喜好的影响，往往比影之随行和响之应声还要快，所以您的一举一动不能不谨慎啊！"

汉文帝觉得张释之的话很有道理，就**打消**了念头，不再破格提拔啬夫。

西汉搓石

这块中间粗、两端细的扁平石头是做什么用的？我打赌你想不到。它是古代人的"搓澡巾"，西汉的人沐浴时，就用它来搓澡，是不是很有趣？今天你要是有空到广州，就能在南越王墓博物馆看到这块两千年前的搓澡石。

随后，汉文帝上车返回未央宫，让张释之随车同行。一路上，汉文帝向张释之询问秦朝的弊政，张释之都据实回答。回到宫中，汉文帝任命张释之为公车令，这个职务负责警卫宫门，收纳贡品和官员百姓的上书，十分重要。

大法官的不二人选

担任公车令不久，张释之就遇到了一个大难题。某一天，太子刘启和梁王刘武在外面游玩回来，没有按照汉朝的法律规定，在宫殿外的司马门下车，而是乘坐着马车直奔未央宫。换作一般人，看到太子和梁王违法，也就装作看不见了。可张释之不是一般人，他一路小跑追上了太子和梁王的马车，不让这两人进入未央宫的清凉殿，逼着两人下车认错。

这还不算，张释之还立刻上奏汉文帝，举报太子和梁王乘车硬闯司马门，给皇室抹黑。这下事情**闹大了**，薄太后和汉文帝都被惊动了，汉文帝摘下帽子向薄太后请罪说："这是我教子不严。"薄太后派使者拿着诏书赦免了太子和梁王的过错，张释之这才放过了两人，让他们进入了未央宫。

这件事情让汉文帝重新认识了张释之，觉得他负责任，有担当，就任命他为**中大夫**。

过了一段时间，张释之又升任了中郎将。有一次，张释之跟随汉文帝来到霸陵，这是汉文帝为自己修建的陵墓。当时汉文帝的宠妃慎夫人也随行在旁，汉文帝指着通向新丰县的大路给慎夫人看，还说："沿着这条路一直走能到老家邯郸城。"汉文帝没当上皇帝前，受封代王，封地离邯郸很近，他这是有些想家了。接着汉文帝让慎夫人鼓瑟唱歌，汉文帝看着眼前的陵墓，想着远方的家乡，一时间百感交集，回头对跟随的大臣们说："唉！如果用北山的石头作为外棺，用丝麻棉絮塞住缝隙，再用生漆涂抹在缝隙外面，这样的棺木应该没人能打开了吧？"

左右的大臣都回答说："陛下说得太对了。"

只有张释之上前说道："如果陵墓里有让人动心的陪葬宝物，那就算把整座南山铸造成棺木，还是会有人能进去；如果陵墓里没有让人动心的东西，那就不用担心有人去盗墓了。"

汉文帝知道张释之这是隐晦地劝谏自己力行节俭，不要在修建陵墓时铺张浪费，很为张释之的忠诚正直所感动，就又提升了他的职务，让张释之担任廷尉，也就是最高大法官，负责全国刑事案件的审理工作。

严守法律，刚正不阿

张释之刚一上任，就碰到了棘手的案件。

那是汉文帝到长安城北巡游，路过中渭桥的时候，一个人突然从桥下跑了出来，惊吓到了汉文帝车驾的马匹。汉文帝就让骑士追上去抓住了这个人，送交廷尉治罪。

惊扰皇帝车驾在古代是大案子，张释之亲自审问了那个人。那人说："我是长安县的乡下人，今天正好路过此地。听说皇上出行，街道戒严，我没处躲避，就藏在了桥下。我等了半天，以为皇上的队伍已经过去了，这才跑出来。没想到冲撞了皇上的车驾，我一害怕就掉头逃跑了。"

张释之审理清楚后，就向汉文帝汇报处理意见，说惊扰之人违反了清道的法律，应该判处他罚金抵罪。

汉文帝认为处罚太轻，非常生气，**怒吼**着说道："这家伙惊吓到我的马匹，幸亏我的马温和柔顺；要是换了别的马，我今天就摔伤了，你居然只判处罚金？"

张释之平静地回答说："法律不仅普通百姓应该遵守，陛下也应该遵守。汉律规定惊扰马匹就是罚金，您今天要是根据自己的喜怒加重处罚，那天下百姓谁还敢信任法律呢？如果您抓到这个人就下令处死他，也就算了；您既然把他交给廷尉审理，那我就必须依法办事。廷尉是主持公平正义的地方，如果随心所欲地执法，那天下其他的执法者还有准绳可以参照吗？天下的百姓不是更手足无措了吗？希望陛下明察。"

过了很久，汉文帝才消了气，对张释之说："你的判决是对的。"

后来，又发生了一个案件：有人溜进祭祀汉高祖刘邦的庙里，偷走了供奉的玉环。在讲究孝道

戴冠木俑 西汉

木俑就是用木头雕刻成的人像，有点像木偶戏中的木偶。这件西汉的木俑是用一整块木头雕刻而成，人像的嘴巴、鼻子、耳朵和眼睛都很传神，最吸引人的是它戴着一个高高的冠，也就是汉朝的帽子。据说这件木偶是按照一位贵族管家的形象雕刻的。

的汉朝，这是严重的犯罪，汉文帝派人抓住了这个盗窃犯，交给廷尉治罪。

张释之按照法律规定，判处了这个盗窃犯死刑，然后将判决结果上报了汉文帝。

这次汉文帝更生气了，他把张释之召进宫中，愤怒地质问道："这样一个大逆不道的罪犯，居然敢盗窃高皇帝庙里的器物。我把他交给廷尉审理，就是想灭他三族，警告后人。你居然只刻板地按照法律条文处罚他，这完全违背了我的本意！"

张释之摘下了自己的帽子，跪倒在汉文帝面前，叩头谢罪说："按照法律，处死已经是对他最严厉的处罚了。即便是同一个罪名，也要根据犯罪的情节轻重区别量刑。如果盗取高皇帝庙宇的东西就要灭族，万一将来有老百姓挖取了高皇帝陵墓上的一捧土，您也忍心将他灭族吗？"

张释之的话又一次触动了汉文帝。汉文帝和薄太后商量了很久，最终认可了张释之的判决。张释之也因为依法办事，坚持原则而名扬天下，条侯周亚夫和梁国的相国王恬开都因为敬重张释之的人品，和他成了好朋友。

扼腕的结局

后元七年（前 157），汉朝的第五位皇帝，也是张释之的伯乐——汉文帝刘恒在未央宫病逝，太子刘启即位称帝，是为汉景帝。

前面的故事提到过，张释之在汉景帝还是太子的时候，为了律法的威严，弹劾过太子。现在汉景帝成了皇帝，种种迹象也表明汉景帝心胸不宽广，爱记仇。张释之害怕祸及子孙，就想称病辞官，可又害怕触怒汉景帝；想向汉景帝当面认错，

可又不知道该怎么表达。最后，借着前面王生为他营造出的好名声，张释之才鼓起勇气，向汉景帝承认了过往的“错误”，汉景帝也没有当面责备他。

就这样，张释之又担任了一年多的廷尉，被改任为淮南国的相国。从最高大法官，到地方诸侯的臣僚，还是因为他得罪过汉景帝。

然而事情还没有结束。几年后，张释之病死，他的儿孙们在官场上过得很艰难，张释之的儿子张挚甚至还发出了“不能容于当世”的悲叹，然后终生不再当官。

尽管张释之个人付出了惨烈的代价，但正是通过他和汉文帝的努力，才废除了汉朝沿袭自秦朝法律中严苛的部分，建立起了汉朝的法治之路。也正是在他的任上，西汉出现了“减轻刑罚，尊重法律”的声音。

汉景帝的“小心眼”

汉景帝的心眼有多小，能吓得张释之这样的大官主动辞职呢？话说汉景帝的父亲汉文帝有一个宠臣叫邓通，这个人特别受汉文帝的喜爱。有一次，汉文帝的后背上长了一个脓包，邓通主动用嘴为汉文帝吸出了脓血。为了奖励邓通，汉文帝把蜀郡的铜山都赏赐给他，还给予他铸造钱币的特权，邓家成了汉朝富可敌国的豪门。可就是因为邓通太出风头了，让当时还是太子的汉景帝对他产生了怨恨。等到汉文帝去世，汉景帝即位，邓通被下狱治罪，没收了全部家产，连一只簪子也不准带走。最后，邓通活活饿死在了街上。

史记成语典故大搜索

利口捷给

词意： 形容言辞犀利，能说会道，回答迅速。

造句： 张同学不愧是学校辩论赛的最佳辩手，在比赛中真是利口捷给。

随风靡靡

词意： 指像荒草一样随风倒伏，比喻没有主见，盲目跟随别人或某种风气行动。

造句： 最近社会上流行冰桶挑战赛，很多人都纷纷效仿，真有些随风靡靡的意思。

守法不阿

词意： 指坚守法律原则，对有权势的人也不迎合、不讨好，形容执法公正。

造句： 宋朝大臣包拯就是因为守法不阿，所以才有了“包青天”的美名。

大汉苍鹰
郅都的故事

个人档案

姓名：郅都

出生地：河东杨县（今山西洪洞东南）

出生日期：不详

去世日期：不详

享年：不详（被杀）

身份

郎官
中郎将
济南太守
中尉
雁门太守

能力五项数值

苍鹰是一种食肉性猛禽，它视力好，速度快，捕猎时又特别凶猛。被它盯上的猎物，很少能逃过它的追捕。所以，猎人们也很喜欢驯化苍鹰，让它来帮自己打猎。

在《史记》里，就有这么一个大臣，他是威严的执法者，也是善战的将军。皇帝喜欢他的忠诚，敌人畏惧他的勇敢，人们甚至用“苍鹰”作为他的绰号，他就是郅都，一个很有故事的汉朝人。

袖手旁观也立功

郅（zhì）都，河东郡杨县人。汉文帝在位的时候，他是皇帝身边的郎官，一直默默无闻。到了汉景帝在位的时候，郅都被提拔为中郎将，专门负责皇帝的安全保卫工作。

郅都这个人勇敢正直，廉洁无私。他从不因为私事儿走后门、托关系，甚至不写私人信件；

别人托他办事，他也不理睬，更不会接受别人的礼物。很多人不理解他的做法，郅都解释说："我既然远离父母来当官，就应当奉公守法，为国家效力，哪还有精力照顾妻子儿女呢？"这样的郅都是不是特别让人佩服？

一次，汉文帝带着宠爱的美人贾姬到上林苑游玩，郅都也跟随前往。游玩到一半，贾姬内急去了厕所。没想到，贾姬前脚进去，一头野猪后脚就跟了进去，把贾姬吓得高声尖叫。汉景帝心疼美人，就赶紧给郅都使眼色，想让郅都进去救人。郅都觉得自己的责任是保护皇帝，不能擅离职守，就扭头不搭理汉景帝。

汉景帝着急了，拔出宝剑，想冲进厕所救出贾姬。郅都不想让皇帝冒险，就跪在地上劝阻说："失去一个美人，还可以再找一个美人，天下这么大，还缺侍奉陛下的人吗？您的安全关系着天下安危，要是您出了事情，天下的百姓和太后该怎么办呢？"

按我们现代人的看法，郅都的说辞太没人情味了；可在封建时代，他的做法却是符合世俗观念的。所以，汉景帝听从了劝告，没有冲进厕所救人。好在那头野猪也被吓得够呛，没有伤害贾姬就跑开了。

后来，汉景帝的母亲窦太后听说了这件事，认为郅

彩绘陶骑兵俑 西汉

为了和强大的匈奴作战，汉朝鼓励老百姓养马。汉文帝的时候，国家就有政策，一户家庭要是能养出一匹战马，就可以免除三个人的劳役。所以到了汉武帝在位的时候，汉朝能一次出动二十四万骑兵进攻匈奴。

让我们策马奔腾吧！

都有原则，顾大局，是个大大的忠臣，特意下旨赏赐郅都黄金百斤。

扫黑第一人

野猪风波后不久，郅都接到了一个新任务，去济南郡担任太守，整顿当地的**社会治安**。

济南郡是汉朝东部的一个大郡，人口不少，经济也挺繁荣，就是治安不太好。当地有一个姓瞯（xián）的家族，养着几百上千的打手，为非作歹，欺压百姓，地方官对他们都无可奈何。

郅都到任后，直接调动军队，把瞯姓犯罪团伙中的首脑分子抓起来杀掉，其他的坏人吓得屁滚尿流，再也不敢和国家作对。就这样过了一年多，济南郡的治安大变样，从一个坏人为非作歹的地方，变成丢了东西在路上也没人去捡的模范郡县。周围十几个郡的太守都对郅都又敬又怕，像对待上级官员一样对待郅都。

因为治理济南郡得力，郅都被汉景帝调回长安，担任了中尉的职务，负责首都的治安工作。当时，郅都经常和丞相周亚夫打交道。每次见到周亚夫，郅都只是简单地作揖行礼，并不像其他官员那样行跪拜大礼，这种风骨让汉景帝很满意。

当时长安的百姓们畏惧法律，大多人都能遵纪守法。可功勋贵族、皇亲国戚们就不一样了，他们仗着自己的权势地位，时常有违法的行为。面对这种情况，铁面无私的郅都严格执法，不管犯法者权力多大、地位多高，一律依法严惩。这下长安城里的贵族、宗室害怕了，他们见到郅都都不敢正眼看他，还给郅都起了一个外号——“苍鹰”。

苍鹰这种猛禽，眼尖爪利，对猎物一击必中，还真符合郅都的个性。

长乐食官壶 西汉

这是个盛放酒水的酒壶，因为壶的底部刻有“长乐食官”几个字，所以考古学家称它为“长乐食官壶”。官壶的拥有者叫刘胜，是汉景帝刘启的儿子，所以他才能得到来自长乐宫的赏赐。

“苍鹰”折翅

名声越来越大，郅都肩负的责任也越来越重，有些大案要案，汉景帝会直接命令他来办理，比如，临江王刘荣侵占宗庙土地的案件。

临江王刘荣是汉景帝的长子，十八岁的时候就被立为太子，后来因为母亲栗姬失宠，又被贬为临江王。公元前 148 年，有人揭发刘荣修建宫室，侵占了汉文帝祭庙的土地。孙子享乐，侵占爷爷的陵庙，这在封建时代，不但是不孝，还是大逆的罪行，汉景帝就把刘荣交给中尉府审理。

郅都为人**刚正不阿**，却并不傻，他知道面对的是一个两难的局面：如果秉公办理，势必要伤害到刘荣，这是汉景帝的亲儿子、窦太后的亲孙子，将来可能会有麻烦；如果不秉公办理，就违背了皇帝的意愿，现在就会有麻烦。再三考虑，郅都还是决定执行皇帝的命令，对刘荣严加审讯。

倒霉蛋刘荣为了求得父亲的宽恕，请求郅都给他刀笔，好写下谢罪的书信。郅都按照法律条文，拒绝了这个请求。刘荣又害怕又绝望，就用魏其侯窦婴偷偷送进监狱的刀笔，写下了一封遗书，然后就在狱中自杀了。

这下郅都的**麻烦**大了，虽然汉景帝并不想追究他的责任，可刘荣的奶奶、窦太后却非常愤怒，认为孙子的死都是郅都造成的，就逼着汉景帝严惩郅都。

汉景帝不想杀郅都，他需要这么一只“苍鹰”，去收拾天下不老实的豪强，树立皇帝的权威。可他又不能违背母亲的命令，只好将郅都免职，悄悄地发回原籍，再对窦太后撒谎，说郅都已经被处死了。

失落的郅都刚刚回到家中，就接到了新的命令——到北方边境的雁门郡担任太守。郅都内心十分激动，对汉景帝**感恩戴德**，发誓守好雁门，不让匈奴入侵。

事实证明，郅都不但是一位严格的执法者，还是一名优秀的将军。他到任后修筑城墙，训练士兵，把雁门打造得像铜墙铁壁一样，匈奴人再也不敢入侵雁门。为了消除对郅都的恐惧，匈奴将领下令制作了郅都的人形箭靶，让骑兵们向着箭靶射箭。由于郅都带给匈奴人的压力实在太大，一队骑兵居然没人能射中，害怕郅都到了这个地步。

铁胄 西汉

胄（zhòu）就是古代的头盔。这件铁胄是由120片铁甲片以丝带连接起来的，重达4.7千克。戴上它之后，士兵只露出眼睛、鼻子和嘴巴，整个头部和脖颈都会得到很好的保护。

郅都在边疆立功的消息，很快传到了长安城，传入了窦太后的耳朵里。愤怒的窦太后跑到未央宫，质问汉景帝为什么郅都还活着。汉景帝回答说：“郅都是一个忠臣啊！”窦太后恶狠狠地说道：“临江王刘荣难道就不是忠臣了吗？就应该白死吗？”最终汉景帝拗不过窦太后，还是派出使者前往雁门，逼迫郅都自杀。

大汉苍鹰，就这样折翅长空，实在令人惋惜。

贾谊

一位孤独前行的“后浪”
贾谊的故事

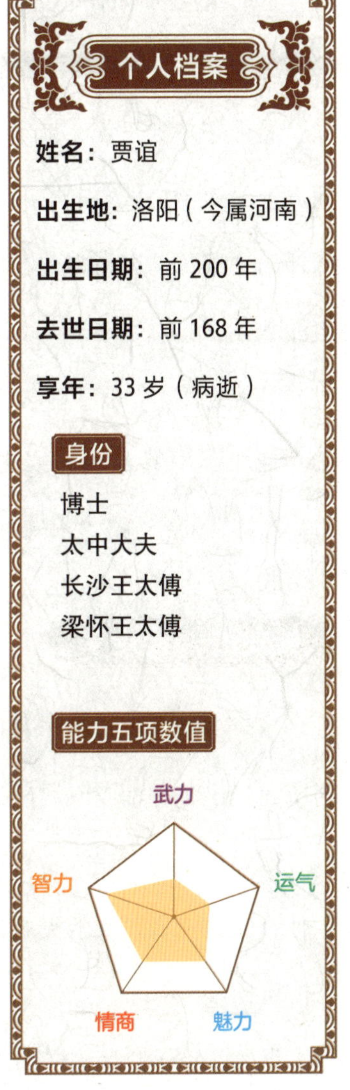

“后浪”是一个很流行的词语，大概是指新一代的人才或者是有理想、有抱负的青年。在司马迁的《史记》里，这样的“后浪”太多了。如果要选出一位最著名的“后浪”，我可能只会投票给一个人：他让唐朝的文学家王勃在《滕王阁序》里为他抱不平，让李白、李商隐、王安石、苏轼组建了“诗人天团”为他感叹……他的名字叫贾谊，是一位孤独前行的“后浪”。

长安城，我来了

贾谊是洛阳人，也是西汉著名的文学家和政治家。十八岁的时候，贾谊就展现出了过人的才华，不但可以朗朗上口地背诵《诗经》《尚书》这样的经典著作，还能写出文采飞扬的文章。洛阳人都称呼他为**“贾生”**，而不直呼他的名字，以表示对他的尊敬。

当时洛阳是河南郡下辖的城市，郡守姓吴，听说了贾谊的事迹，就把他召入郡守府担任了官职，打算**重点培养**这个上进的年轻人。在贾谊的辅佐下，河南郡社会稳定，经济繁荣，老百姓的满意度最高。

这时汉文帝刚刚即位，他对各地的郡守进行了一次大调查，发现河南郡的吴郡守治理有方，河南郡政绩全国第一，就把吴郡守调到长安，担任了廷尉的职务。

吴郡守一到长安，就给汉文帝开了一场人才推荐会。汉文帝让吴郡守评点下地方上的青年，吴郡守第一个就想起了贾谊，就用“年轻有为，学贯百家”这样的评语，把贾谊夸得世上少有。汉文帝很感兴趣，立刻征召贾谊来长安，担任博士的职务。

今天的博士，是一种学位。而在汉朝，博士是一种官名，负责保管文献档案、编撰著书、传授学问、培养人才等工作，可以享受六百石的俸禄，算是皇帝身边的高级顾问，二十岁出头的贾谊就这样开始了自己的为官之路。

长安城，我走了

当时汉朝已经平定了吕氏的叛乱，国家百废待兴，汉文帝经常向自己的“顾问团”提出各种治国问题。这些问题又尖锐又深刻，很多老博士都回答不出来，也可能是他们怕得罪人，不敢说实话。而年轻气盛的贾谊没有那么多顾虑，想到了什么就说什么，不但见解独特，还有理有据，每次都能让汉文帝感到满意，让老博士们自愧不如。

汉文帝觉得贾谊这样的人才太难得了，就**破格提拔**，让他担任了太中大夫的职务。这是个俸禄一千石的官职，不算很大，但在皇帝身边侍奉，可以参谋朝政，只有皇帝赏识的臣子才能担任。

贾谊是个儒生，讲究的是皇帝对自己信任，就要以忠诚来回报。因此，他把国家形势做了一次全面的分析，连着给汉文帝提出了几条建议。

第一条建议是“改正朔，易服饰、定官名、兴礼乐”。简单地说就是汉朝已经立国二十多年了，要改变从秦朝沿袭下来的各种制度，官员的服饰、名称和礼乐都要改革，让老百姓以当汉朝的子民为光荣，认为汉朝比秦朝更具有合法性。

第二条建议写在了一篇叫作《论积贮疏》的文章里，强调农业很重要，农业非常重要，农业绝对重要，希望汉文帝大力发展农业，加强国家的粮食储备。

第三条建议是削弱诸侯国的势力，让他们没有力量和中央政权对抗。

屋宇人物祭祀场面扣饰 西汉

这是一件用青铜制作的房屋模型，按照考古学家的统计，模型中一共有五座房屋、三十多个人物，还有五头牛、两匹马、三头猪、一条狗。这么复杂的建筑群，容纳的人和动物又这么多，很可能是贵族们的住宅或者开会的大厅。

第四条建议是改变对匈奴消极防御的策略，要能和亲，也能打仗。

写完这些建议，贾谊就满怀信心地呈递给了汉文帝。此时的贾谊太过年轻，他并不知道一个道理：年轻人的锋芒毕露，大多数时候不一定能够建功立业，反而会让自己遍体鳞伤。

看完贾谊洋洋洒洒的文字，汉文帝激动得睡不着觉，心想：这都是治国良策啊，贾谊这样的人才必须重用。

不久，在大朝会上，汉文帝提出要让贾谊担任三公九卿一级的职务，成为国家的高级官员。话刚一出口，一大批老臣就跳出来反对，他们说贾谊不过是一个来自洛阳的小年轻，学问没多少，资历也很低，居然敢对国家大事指手画脚，绝不能把公卿的职务授予他！

这些跳出来反对的人都有谁呢？绛侯周勃、颍阴侯灌婴、东阳侯张相如、御

木牛拉犁 汉

汉朝刚刚建立的时候，人口不足，耕牛就成了农业生产的好帮手。为了保护耕牛，汉朝的皇帝把“禁止宰杀耕牛”写进了法律，谁要是无故宰杀耕牛，严重的会被处以死刑。

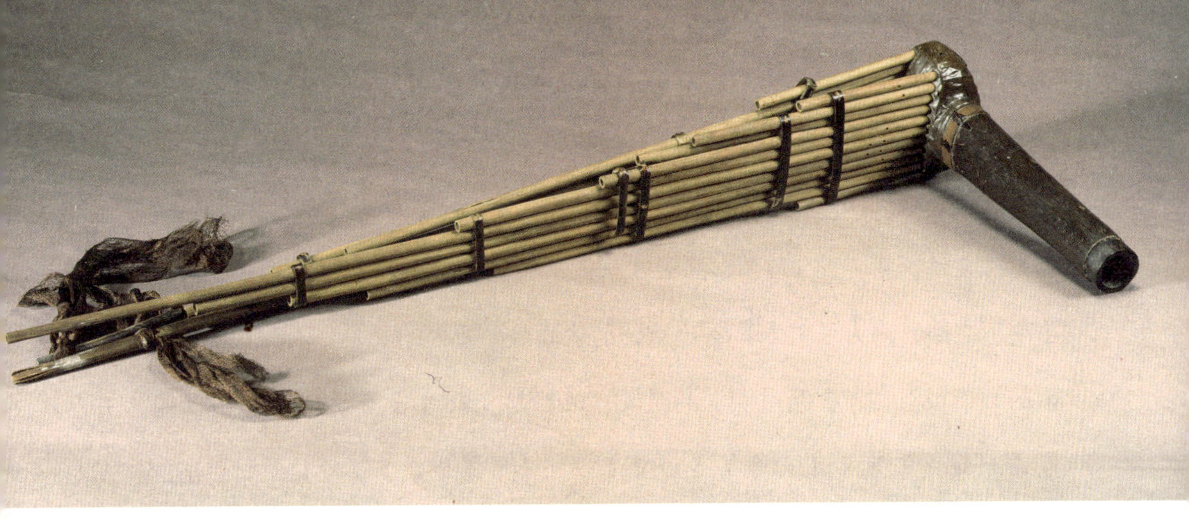

管乐器竽 西汉

你要是学过成语“滥竽充数”，就知道竽是一种古代的吹奏乐器，这件西汉的竽就是在湖南的马王堆汉墓出土的。竽在中国古代的乐器中地位很高，是各种乐器的首领。竽吹奏开始后，编钟、琴瑟才能跟着演奏，因此深受古代音乐迷的喜爱。

史大夫冯敬，他们都是跟随汉高祖刘邦打天下的老功臣，他们觉得天下是自己一刀一枪打下来的，是用血和命换来的，贾谊凭什么和自己平起平坐？而且这些老功臣不是几个人，他们代表着一个庞大的功臣集团，这些人安于现状，害怕改革影响自己的利益，所以才这么针对贾谊。

汉文帝欣赏贾谊的才华，但他首先是个皇帝，他知道自己离得开贾谊，但离不开功臣集团的支持，所以他决定暂时放弃贾谊，让贾谊远离朝堂这个旋涡。不久，汉文帝把贾谊外放到长沙国，担任长沙王吴芮的太傅。就这样，贾谊还没有来得及施展抱负，就被迫离开了长安。

屈大夫，请查收我的来信

长沙国位于今天的湖南，在汉朝时还是一个偏远的诸侯国。它距离长安数千里，气候**潮湿炎热**，经济不发达，文化也比较落后，到那里当官是一个苦差。

汉文帝三年（前177），满腹才华无从施展的贾谊在和汉文帝告别后，踏上了南下之路。因为是被**排挤**出京，前途渺茫，要去的又是令人畏惧的南方，贾谊的心情很沮丧，在路过湘江的时候，他想起了和自己有类似遭遇的三闾大夫屈原，就提笔写下了一篇著名的文章——《吊屈原赋》，算是给百年前的先人写了一封信，信的内容是这样的：

尊敬的三闾大夫：

您好！我是您百年后的一位晚辈，我奉君主的命令，前往长沙做官。路过湘江的时候，想起了您的壮烈往事，就写下了这封信，投到江水中，算是一个晚辈对您的追思吧。

您曾经遭受过世间最无耻的谗言陷害，您为了证明清白，不惜毁灭了自己的生命。唉！您的遭遇是一个时代的悲剧，生不逢时是忠臣最大的痛苦。想想这样的画面，我都觉得可悲：鸾鸟凤凰四下逃窜，猫头鹰却能够在高空翱翔；善于阿谀奉承的小人身居高位，贤才能臣却无法立足；伯夷这样的君子被认为是污浊的代表，盗跖（zhí）这样的恶人却被认为是廉洁的榜样；宝剑镆铘被当作粗钝的废物，铅做成的软刀却被认作神兵利刃，这是一个是非观被扭曲的世界啊！屈大夫你无故遭遇贬斥，好比是君王抛弃了华美的周鼎，而把瓦盆当成了宝物；好比用疲惫的耕牛和瘸腿的驴子来为君王驾车，而让千里马去拉货一样荒诞。先生您真是不幸啊，居然遇到了这样的时代！

现在想想，我和百年前的您太相似了。整个国家没有一个人了解我，一个孤独的前行者能和谁说说话，聊聊天呢？我想我只能向深渊中的神龙学习，潜藏在幽暗的水底来保护自己，而绝不会与蚂蚁和蚯蚓为伴。那小小的水沟容纳不了可以吞下舟船的大鱼；横行江湖的鲸鱼，出水后也将受制于蝼蚁。我已经想明白了，无论到哪里都能辅佐君主，成就事业，又何必留恋繁华的长安呢？我能想通这些道理，都是因为您的事迹啊！

后学末进贾谊顿首

不问苍生问鬼神

有句话怎么说来着，理想很丰满，现实很骨感。在长沙国待得时间长了，贾谊的情绪开始变得悲观，用现代的说法，他可能患上了忧郁症。

汉文帝五年（前 175），四月初夏的一个黄昏，一只鹏（fú）鸟，也就是猫头鹰误打误撞地飞进了贾谊的房间里。在连枝灯晕黄色的灯光下，悠然自得的鹏鸟在角落里梳理着自己的羽毛，贾谊则看着不请自来的客人，苦笑着摇着头。在汉朝人的风俗里，猫头鹰是不祥之鸟，它飞进家门，预示着主人可能要去世。看着猫头鹰，想到自己的境遇，贾谊再也抑制不住自己内心的悲伤，提笔写下了名篇《鹏鸟赋》，表达了一番自己对生命无常的感慨。

又过了一年多，贾谊被汉文帝召入了长安。在未央宫的宣室殿中，汉文帝和贾谊进行了一次彻夜的长谈。可令贾谊失望的是，汉文帝并没有询问贾谊的近况，也没有询问治理国家的建议，只是单纯地请教了鬼神的事情。贾谊心里很失望，他是个以天下为己任的国士，君王只把他当成了方士来对待，他觉得这是一种悲哀。

尽管如此，贾谊还是用自己的学识很好地回答了汉文帝的问题。汉文帝越听越入迷，挪动了自己的座位（当时是席地而坐），凑到贾谊的跟前来倾听，一直谈到半夜才结束。事后，汉文帝**感慨**说：“我好久没有见到贾生了，以为自己的学问应该追上他了，可一听他的谈话，才发现还是和他有差距啊！”

这件事后来被唐朝诗人李商隐写成了古诗《贾生》，诗中有这样两句“可怜半夜虚前席，不问苍生问鬼神”，替贾谊表达了对汉文帝浪费人才的不满。

不久，汉文帝让贾谊改任梁怀王刘揖的太傅。刘揖是汉文帝最小的儿子，也是汉文帝最喜爱的一个儿子，因此汉文帝把繁华的梁国封给了他。刘揖非常喜欢研究《尚书》，汉文帝就安排精通《尚书》的贾谊去当刘揖的太傅，估计也是希望贾谊能尽心地辅佐刘揖，以待将来。

然而贾谊没有等到汉文帝设想中的将来。几年后，梁怀王刘揖在骑马时不小心坠马受伤，很快就去世了。贾谊作为刘揖的师傅，认为自己没有尽到老师的责任，自责不已，有时甚至彻夜哭泣，身体也变得越来越差。一年多后，贾谊也去世了。

昔日在洛阳城中意气风发的少年，最终没能成为西汉政坛上叱咤风云的“后浪”，在悲凉中走过了自己**跌宕起伏**的一生。

史记人物诗词大搜索

[唐]李商隐

贾生

可怜夜半虚前席，不问苍生问鬼神。

译文：汉文帝求贤若渴，半夜移动身体，靠近贾谊，请教学问。可他不问百姓的生活，问的居然只是鬼神之事，悲哀啊！

[唐]李白

田园言怀

贾谊三年谪，班超万里侯。

译文：西汉的贾谊有三年被贬斥到长沙的生活，班超离国万里，建功异域，才得到了封侯的赏赐。

[唐]刘长卿

长沙过贾谊宅

寂寂江山摇落处，怜君何事到天涯！

译文：寂寞冷落的深山中落叶纷纷，可怜才华出众的贾谊还不知道自己为什么被贬到此地。

仙气飘飘，这就是汉服

我们中国人会称呼自己的国家为“华夏”，称呼自己是“华夏子孙”。那“华夏”这个词是怎么来的呢？我们祖先的解释是，中国有礼仪之大，故称夏；有服章之美，谓之华。翻译过来，因为我们中国人既讲究礼仪，又有美丽的服饰，所以才自称“华夏”。那让我们的祖先这么自豪的服饰有多美呢？我们就从仙气飘飘的汉朝服饰讲起。

衣裳衣裳，上衣下裳

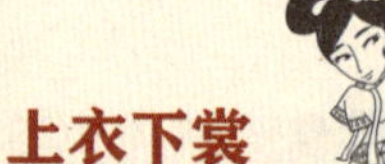

汉朝的服饰按照穿着目的的不同可以分为三大类 皇帝、贵族举行典礼时穿着的朝服，日常穿着的常服和特殊人群穿着的特种服装。这三类中最普及的服饰就是常服，汉朝常服的最大特点就是上衣和下裳分开裁剪，然后缝在一起，最后衣服还是一体的样子，有点像我们今天的套装。

汉朝的宫女

交领右衽，可别穿错

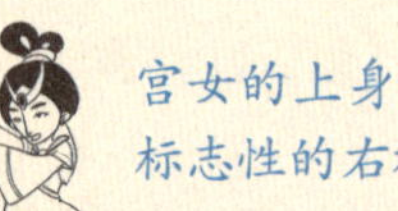

宫女的上身衣襟是标志性的右衽。

宫女的衣领是明显的“y”字形交领。

除了上衣下裳，汉服还有个特点叫“交领右衽”。什么是交领呢？我给你比画下，就是左侧的衣襟和右侧衣襟交叉在胸前的时候，形成的领口看起来像字母“y”，整体服装有种向右倾斜的效果，这就是交领。特别要注意，左侧衣襟和右侧衣襟交叉的时候，一定是右侧的衣襟在内，左侧的衣襟在外，这是汉服在汉朝确立，一直延续到明朝的传统。

这种特别宽大的袖口被称为“广袖”。

下裙的绕襟，古人称为“曲裾”。

襦裙美不美，女士是权威

襦（rú）裙同样是上衣下裳的一种服饰，从名字上就知道它是女性专有的服装。襦裙从秦朝开始出现，在汉朝成了女性最流行的时装。襦是上衣，一般长度到腰为止；裙是下裳，上面窄，下面宽，长度一般到脚面或者拖得更长。

即使到了后来的唐宋时代，女性的日常服装也保持了汉服上衣下裙的特点。

成人也穿开裆裤

我们今天穿的裤子是腰部以下的主要服饰，一般由裤腰、裤裆、裤腿三部分组成。可在春秋时期，裤子只有两条裤腿，没有裤腰，也没有裤裆，只是套在膝盖以下，起到保暖的作用，所以当时叫作“胫衣”，胫就是小腿的意思。穿着这样的裤子，如果外面不加遮挡，就有点不文明了，所以外面会套上类似裙子的服饰，也就是裳。到了汉朝，裤子从胫衣发展到了包裹大腿的长裤，但是裤裆不缝合，只用带子系住，有点像今天孩子的开裆裤。

汉朝的成年男子的下裳中可能只有胫衣，而没有我们今天完整的连裆裤。

特殊短裤——犊鼻裈

除了开裆裤，汉朝有没有穿在里面的短裤呢？还真有，老百姓下地干活的时候，穿着拖地的下裳或者襦裙，那得多影响效率啊。所以，老百姓中就流行一种名叫犊（dú）鼻裈（kūn）的短裤（因为它的外形很像牛鼻子）。

乱国的野心家

吴王刘濞的故事

个人档案

姓名：刘濞

出生地：沛县丰邑中阳里（今江苏丰县）

出生日期：前 215 年

去世日期：前 154 年

享年：62 岁（被杀）

身份

吴王

能力五项数值

刘邦当上皇帝之后，把“老战友”韩信、彭越、黥布一个个地收拾掉，异姓的诸侯王都成了过去时。可刘邦还不放心，他把大臣们叫到一起，订立了一个“白马之盟”，约定天下“非刘氏不得封王，非军功不得封侯”。在刘邦看来，最可靠的人还是刘氏亲人，他们当诸侯王自己才放心。可刘邦没想到，就在老刘家内部藏着一个叫刘濞的野心家，几十年后差点让汉朝山河变色。

大侄子，你的面相很可疑

刘濞（bì）是汉高祖刘邦的亲侄子，他的父亲是刘邦的二哥刘仲。刘邦平定天下后，给自己的亲兄弟都封了爵位，刘仲受封代王，负责守卫汉朝的北部边疆。后来，匈奴人进攻代国，胆小的刘仲丢下城池和百姓，一路逃到了洛阳。

刘邦被气得够呛，可因为骨肉亲情，不忍心

治刘仲的罪，就只废黜了刘仲的王号，贬为郃（hé）阳侯。

汉高祖十一年（前 196），淮南王黥（qíng）布发动叛乱，刘邦亲自率领大军前去镇压。这时刘濞已经是个二十岁的小伙子，他以骑将的身份跟随刘邦出征，在战斗中立下了不少战功。

平定了黥布的叛乱后，刘邦为了震慑吴郡、会稽一带的地方势力，就打算在当地封一个刘家人为吴王，选来选去选中了刘濞。

《史记》讲到这里，有一段很有趣的记录——刘邦准备好诏书和印玺，找来刘濞准备举行封王的仪式。可一见面，刘邦就觉得侄子长了一张野心家的脸，将来有可能反叛。刘邦心里有点后悔，就拍着刘濞的后背说：“我感觉五十年后东南方向会有人叛乱，该不会是大侄子你吧？你要知道自己也姓刘，可不能干同室操戈的事情啊！”汗流浃背的刘濞连忙叩头回答说：“不敢、不敢，臣绝对不敢。”

为什么说这段记录很“有趣”呢，因为它很可能是编出来的故事，而不是真实发生的历史。大家想想看：刘邦能从一个人的长相推测出几十年后发生的事情？这肯定是神话。我猜测这是史官在历史中加入的“私货”，用故事来贬低刘濞的人品，抬高汉朝平定刘濞叛乱的合法性。

又过了几年，刘邦去世了，刘濞也坐稳了王位，他的吴国扩大到了三个郡五十三个县的地盘。当时吴国的豫章郡有铜矿，刘濞就招募亡命之徒，挖掘矿石，铸造铜钱；会稽郡挨着大海，刘濞就让人煮海水为盐。靠着这两项收入，吴国成了汉朝最富裕的诸侯国。

主人，什么时候才能下班啊？

彩绘木轺车 西汉

轺（yáo）车，就是汉朝一种由一匹马拉拽的简易马车。这件木头雕刻的轺车有两个车轮，每个车轮上有16根辐条，驾驶马车的“司机”就跪坐在车上。根据汉朝的制度，俸禄在六百石到一千石的官吏才有资格乘坐轺车。

下棋引出来的叛乱

等到汉文帝在位，刘濞让自己最喜欢的儿子，也就是吴国的太子到长安朝拜，顺便和汉文帝的太子刘启拉近关系，增进感情。

可刘濞没想到，这两个太子都很骄傲，一次因为下棋闹了点不愉快，刘启抓起棋盘砸死了吴国太子。汉文帝有些内疚，命人将尸体送回吴国安葬。到了吴国，

刘濞生气地说：“天下都是刘家的，死在哪儿就埋在哪儿，何必送回来！”

看刘濞不“签收”，送葬的队伍只好又把尸体送回了长安。到了长安后，吴国太子的尸体都发臭了。

儿子被人家杀了，仇又没法报，刘濞一腔怒火，从此不再遵守诸侯对天子的礼节，再也不去长安朝拜了。

刘濞的做法影响很坏，汉文帝派人拘押了吴国使者敲打刘濞。后来吴国使者的辩解打动了汉文帝，汉文帝派人赐给了刘濞几案和手杖，表示体谅他年老，可以不再朝觐（jìn）。

中国人有句俗话：“杀子之仇，不共戴天。”汉文帝虽然不再追究，可刘濞心里的怒火却没有消除，他开始做一些野心家才会做的准备。

当时吴国的国库很有钱，刘濞为了收买人心，下令免除了百姓们的赋税；士兵们进入军队服役，刘濞也给予丰厚的代役钱；地方上有才能的人士，刘濞定期上门访问，赏赐非常丰厚；其他诸侯国的逃犯进入吴国境内，刘濞还给予收留庇护。就这样，经过四十多年的经营，刘濞把吴国变成了独立的王国，老百姓只知道吴王，不知道皇帝。

公元前 157 年，刘启即位当了皇帝，也就是汉景帝。经过一番谋划，汉景帝和御史大夫晁错开始对势力庞大的诸侯王下手，准备削藩。楚王刘戊（wù）、赵王刘遂（suì）、胶西王刘卬（áng）成了第一批“倒霉蛋”，先后被安上罪名，削除了一个郡或几个县的封地。

刘濞知道下一个削藩的目标很可能是自己，就秘密派出中大夫应高前往胶西国，会见胶西王刘卬，希望胶西国和吴国共同起兵反汉，事成后平分天下。刘卬是诸侯王中最好战的，他很快被应高说服，答应和吴国结盟。应高回去报告了刘濞，刘濞担心刘卬反悔，就乔装改扮，亲自去了一趟胶西国，当面和刘卬订下了盟约。

接下来，在刘卬的拉拢下，齐王、临淄王、胶东王、济南王、济北王都加入进来。吴王刘濞也派人前往楚国、赵国，相约起兵。这帮被削藩政策逼急了的诸侯组成了“**复仇者联盟**”，叛乱的爆发就差一条导火索了。

很快，汉景帝点燃了导火索——他下诏削夺吴国的豫章郡、会稽郡。诏书刚到吴国，刘濞就杀了朝廷派驻在吴国的二千石以下的官吏，联合串通好的楚王刘戊、赵王刘遂、济南王刘辟光、淄川王刘贤、胶西王刘卬、胶东王刘雄渠共七国的诸侯王公开反叛。

为了壮大自己的力量，刘濞把吴国境内十四岁以上，六十二岁以下的男子都征入军队，组织了一支二十万人的大军。这还不算，刘濞和他的盟友还派人与北方的匈奴、南方的闽越、东越勾结，以“诛晁错，清君侧”为名义，挥师西向，发动了历史上著名的“七国之乱”。

最保险的战略

汉景帝三年（前 154）正月，刘濞率领着吴国的大军和楚王刘戊的军队会合。为了显示自己起兵的正义性，争夺舆论的主导权，刘濞写了一封“告天下诸侯公开信”。在这封信里，刘濞历数汉景帝“迫害”刘氏诸侯王的行为，强调自己举兵反抗是为了安定天下，希望诸侯王都能参与进来。

这还不算，财大气粗的刘濞还开出悬赏，如果谁能俘虏汉朝的大将军，就赏赐黄金五千斤，封万户；如果俘虏汉朝的普通将军，就赏赐黄金三千斤，封五千户；如果俘虏汉朝的副将，就赏赐黄金两千斤，封两千户……以此类推，只要敢和汉朝军队拼命，就一律重重有赏，叛军的士气因此格外高涨。

“削藩”削出了一场大叛乱，汉景帝不知道该如何应对。这时大臣袁盎提了一条建议——把主持削藩工作的晁错杀了，再派人去找吴王刘濞谈判。

汉景帝照着袁盎的意见办了，腰斩了忠心耿耿的晁错，然后派袁盎去劝说吴楚退兵。可这时刘濞已经自称东帝，根本就不见袁盎，一心把叛乱进行到底。

谈判没法谈，只好武力平叛了。汉景帝派遣太尉周亚夫率领三十六位将军和大批汉军东进，和吴楚的军队在战场上进行较量。

吴国这边，关于下一步的战略计划也有过几次讨论。大将军田禄伯认为吴楚大军一路西进，没有奇兵配合，很难取得胜利。他建议刘濞兵分两路：刘濞率领吴楚主力继续西进，田禄伯带领五万人马沿着长江、淮河**逆流而上**，占领淮南、长沙，直入武关（今陕西商南县西南），两路大军在关中会师。

这个计划很大胆，可吴国太子刘驹却不同意，他劝刘濞说："父王，咱们是在'造反'啊，军队可不能随便给人。我们可以'反'朝廷，别人也可以'反'我们啊，那时候怎么办？"刘濞反复考虑之后，没有批准田禄伯的计划。

这时，吴军中一个姓桓的少年将军也提出了自己的意见。他认为吴国的主力是步兵，适合在险要的地方作战；而汉朝的中央军主要是骑兵和战车兵，适合在平原地区作战。吴军要想发挥自己的优势，就必须以快打慢，直奔洛阳的武器库，再占据敖仓的粮库，这样武器和粮食的问题都解决了。如果一座城一座城地攻打，等到朝廷的大军赶到，战斗就会在汉景帝的弟弟、梁王刘武的封地梁国展开。那里是千里平原，无险可守，战争的前景就不妙了。

嵌金片花纹铁匕首 西汉

匕首，其实就是短剑。在西周以前，青铜剑都很短，所以剑和匕首是一种兵器。而随着冶炼技术越来越高，青铜剑铸造的越来越长，剑和匕首才开始"分家"。匕首因为短小锋利，易于隐藏，所以是刺客们的"最爱"。

桓将军的意见有点冒险，却是吴楚军队最好的机会。刘濞年纪大了，不敢用这么激进的战术，就向诸位老将请教。老将们看不惯年轻人，就一致回答说："小毛孩子懂什么！"最后，刘濞否决了桓将军的意见，他决定采取最"保险"的战略——步步为营，一路向西，从梁国打开一条通向关中的道路。

七国兵败，脑袋搬家

确定计划后，吴楚军队渡过淮河，进入梁国境内。梁王刘武是汉景帝的亲弟弟，自然不会让路，他派出军队死守要塞棘壁（今河南柘城境内），阻挡叛军前进。吴楚联军猛烈攻城，靠着人多势众，还是攻下了棘壁城。

眼看军队越打越少，刘武只好派出一批又一批的使者向周亚夫求援。可无论刘武怎么求援，周亚夫就是不发兵，最后逼得刘武写信给汉景帝说："大哥你管管周亚夫吧，再没有援兵梁国就完蛋了！"

汉景帝看到了这种情况，命令周亚夫马上进兵增援。周亚夫没有搭理，他就打算让梁王的军队消耗叛军，所以还是按兵不动。

始终等不来救兵的刘武没有办法，只能靠自己拼命了。他重用将军韩安国、张羽，在这两人的带领下，梁军死守梁国的都城睢阳（今河南商丘），与吴楚联军僵持在了一起。

吴楚联军久攻不下，就转向东北，开始攻打周亚夫的援军。双方在下邑（今安徽砀山）相遇，吴楚军队军发动猛攻，周亚夫死守军营，就是不正面交战。这时候，吴楚联军的粮食快吃光了，士兵吃不饱肚子，更加急于决战。

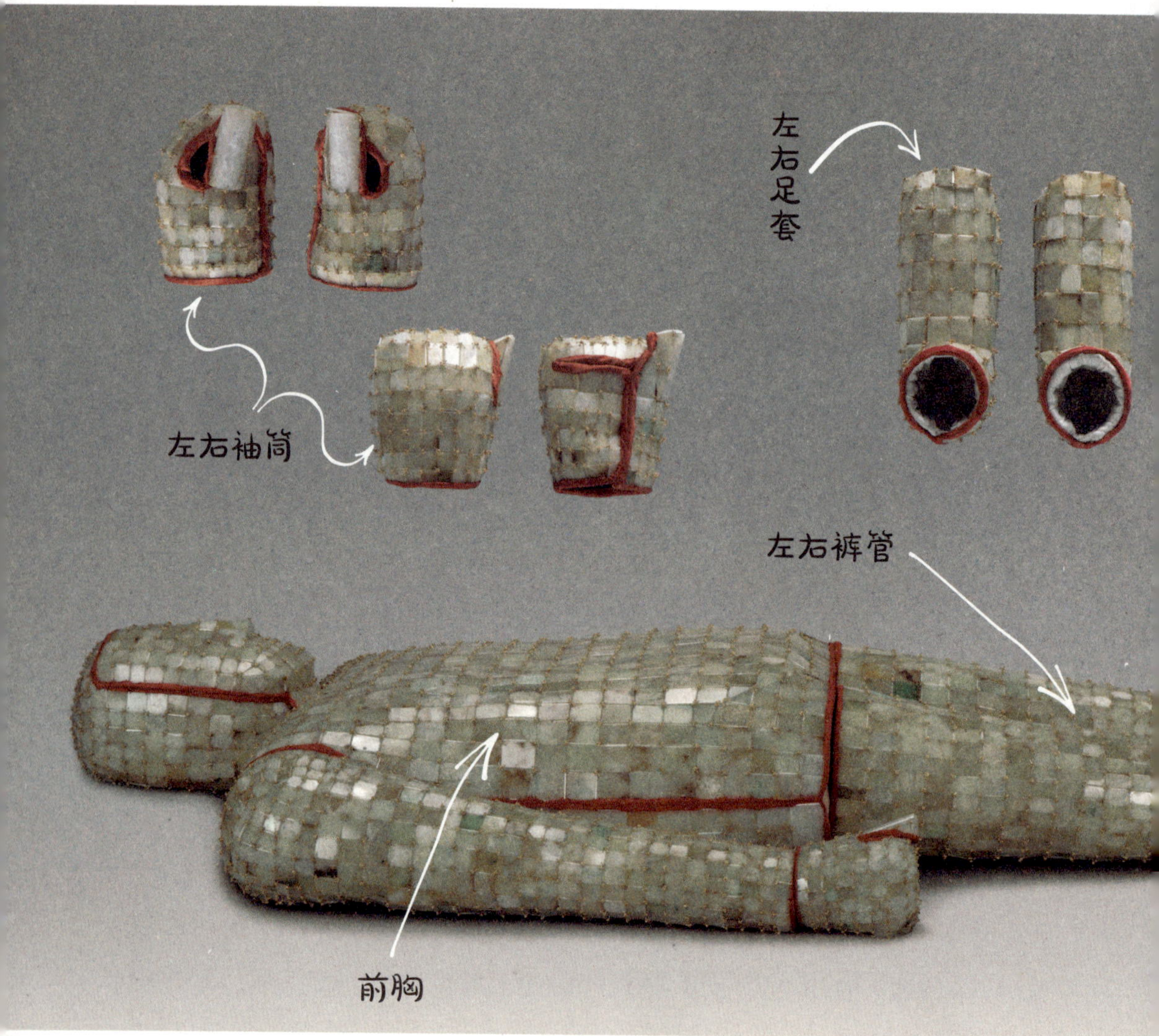

左右足套

左右袖筒

左右裤管

前胸

金缕玉衣 西汉

玉衣是汉朝皇帝和高级贵族死后下葬时穿着的衣服，我们中国人叫作“敛服”。一件完整的玉衣一般是用金属丝或丝线将玉片连接而成，比如，图片中的这件金缕玉衣一共使用了4248片玉片，串联玉片用的金丝就重达1576克。另外，这件金缕玉衣是西汉的诸侯国楚国的王或者王后使用的，算是玉衣中的“限量款”。

一天晚上，联军在周亚夫营垒的东南角发动骚扰性的进攻，周亚夫却命令加强西北方向的防御。不久，吴楚的精兵果然从西北方发动突袭，可因为周亚夫早有防备，吴楚军队大败一场，士兵们战死的、饿死的、投降的、逃跑的，不计其数。吴王刘濞简直要气哭了，实在没办法，只能率兵撤退。

当天夜里，刘濞渡过淮河，逃到丹徒（今江苏镇江），打算投奔东越国，保住自己的性命。汉景帝早就算到了这一步，已经派人重金收买了东越国。东越国国王骗刘濞去慰问军队，刘濞刚一进入军营，就被人用铁矛刺杀，头颅也被砍下装入盒中，用马车送到了长安。刘濞的“战友”楚王刘戊眼看大势已去，也在乱军中自杀身亡。

仅仅三个月，吴楚联军就土崩瓦解，南方战线基本平定。

早在吴王刘濞起兵渡过淮河时，东线战场和北方战场上的胶西王、胶东王、淄川王、济南王、赵王也都跟着起兵了，只有齐王与济北王没有动静。齐王是反悔了，济北王是被忠心汉朝的部下劫持了，所以“七国之乱”没有发展成“九国之乱”。

济南王、胶西王、胶东王、淄川王恨透了说话不算数的齐王，集中力量围攻齐国都城临淄。结果打了整整三个月，吴楚联军都被汉军消灭了，还是没打下来。很快，增援的汉军来到临淄城外，和齐国的军队里应外合，把四国联军打得大败。济南王、胶东王、淄川王先后被杀，最硬气的胶西王也自杀身亡，东方基本平定。

北线战场上，赵国势单力孤，一直等着匈奴人来支援自己。可没等来匈奴人，却等来了周亚夫的部下、将军郦寄率领的汉军。经过十个月的围城战，赵国都城邯郸也被攻破，赵王自杀。

到此为止，以刘濞为首的七国军队彻底失败，七个封国除了楚国另行封王外，其余封国的土地都归了中央。汉朝初年以来，诸侯王势大难制的局面得到了缓解，汉朝的国家统一得到了巩固。

“超级特工”周丘

周丘是下邳（今江苏徐州）人，因为犯法逃到了吴国，被刘濞收留。周丘平时吃喝玩乐，没有表现出什么才能，所以刘濞起兵的时候也没给周丘安排职务。可周丘很有“超级特工”的潜力，他带着刘濞给他的身份证明悄悄回到家乡下邳，先暗杀了朝廷委任的县令，然后煽动下邳的豪门大户作乱，一夜之间就组织起了三万人的军队。随后，周丘率军向北进攻，准备从侧翼支援吴楚联军。而就在这时，吴王刘濞兵败的消息传来，周丘只好率军退回下邳，病死在了撤退的途中。

史记成语典故大搜索

舐（shì）糠及米

词意：指先舐食米外层的糠皮，慢慢就要吃到米了。比喻由表及里，逐步进逼。

造句：19 世纪 70 年代，沙皇俄国用舐糠及米的方式不断蚕食我国新疆的领土。幸亏爱国将领左宗棠率军收复新疆，维护了国家的领土完整。

夜以继日

词意：指夜晚连接白天，昼夜都不休息。形容工作勤奋，日夜不停。

造句：为了造出中国自己的原子弹，科学家们夜以继日地工作着。

兵不血刃

词意：形容尚未实际交战，就已经征服敌人。

造句：在解救人质的战斗中，特种部队与恐怖分子斗智斗勇，最终不费一枪一弹，兵不血刃地擒获了四名歹徒，人质全部获救。

皇亲国戚大乱斗

窦婴和田蚡的故事

窦婴的人生巅峰

皇亲国戚，在古代是皇帝的亲戚们才有的称呼。他们和皇帝有血缘关系，离权力中心很近，为了争夺权力，经常会发生激烈的斗争。失败者往往失去生命，胜利者也不一定能全身而退，窦婴和田蚡的故事就是最好的证明。

窦婴出身于观津窦家，他的姑姑窦氏是汉文帝的皇后，也是汉景帝的母亲，所以在汉文帝、汉景帝在位的时候，窦婴先后担任过吴国相国和宫廷詹事（皇后、太后宫中的总管）。

窦婴喜欢交朋友，信奉儒家的学说，做事情也以儒家礼法为原则。比如，有一次汉景帝**喝醉**了，就随口对他的弟弟、梁王刘武许诺，将来要把皇帝的位置传给刘武。窦婴认为皇位父子相传才合乎礼法，才能让国家安定，就站出来表示反对。汉景帝这才恍然大悟，趁机收回了醉话。

虽然窦婴身上有儒家的固执和坚持，但他确实是皇亲国戚中比较有能力的一个。汉景帝三年（前 154），吴、楚等七国发动叛乱，汉景帝任命窦婴为大将军，守卫重镇荥阳。等到叛乱被平定后，窦婴被封为**魏其侯**。当时很多的人才都投奔到窦婴的门下，以给他当门客为荣。汉景帝在朝廷上讨论国家大事时，也都让窦婴坐在上座。可以说，这时的窦婴处在他的人生巅峰。

后来居上的田蚡

田蚡（fén）是汉景帝宠爱的王夫人同母异父的弟弟，魏其侯窦婴当大将军的时候，田蚡还是个小小的郎官。为了巴结窦婴，田蚡经常出入窦婴的家中，陪着窦婴和客人们饮酒作乐，像对待长辈一样对待窦婴。

等到后来，汉景帝立王夫人的儿子刘彘（zhì）为太子，王夫人成了王皇后。田蚡因为口才出众，能言善辩，也当上了太中大夫。过了两年，汉景帝去世，太子刘彘改名为刘彻，登基当了皇帝。王皇后又变成了王太后，田蚡被封为武安侯。这时候的田蚡已经很有势力，只是在声望上比窦婴还差一点。

坐形白玉人 西汉

通过这座玉人像，我们能看到一位“汉朝大叔”的颜值和衣着。玉人脸形瘦削，长眉毛，短胡须，头发束在脑后，头上还戴着官帽。

年轻的汉武帝喜欢儒家的学说，窦婴和田蚡都是儒家的支持者，汉武帝就任命他们两个分别担任了丞相和太尉。这时的窦婴和田蚡相处得不错，他们共同推荐了儒家学者赵绾（wǎn）、王臧（zāng）做官，还把赵绾和王臧的老师、鲁国人申公接到长安，准备让儒家成为汉朝的正统学问。

这个做法触怒了太皇太后窦氏，她喜欢黄老学说，而窦婴、田蚡、赵绾、王臧等人推崇儒家学说，到处贬低黄老学说，因此窦氏越来越不喜欢窦婴、田蚡等人。

建元二年（前139），御史大夫赵绾对刘彻说，皇上应该自己拿主意，不要什么事儿都请示太皇太后。很快就有人报告了窦氏，她**勃然大怒**，下令调查赵绾、王臧，这两人被逼自杀。窦婴和田蚡也被解除了所有职务，在家待业。

亲戚没有好下场

建元六年（前135），太皇太后窦氏去世了，后宫轮到王太后做主，这下田蚡可以“再就业”了。汉武帝任命田蚡为丞相，对他言听计从。田蚡推荐的人，有的一夜之间被提拔为两千石的高官，话语权甚至超过了皇帝。有一次，汉武帝就**抱怨**说：“你（田蚡）任命官员有够没有？我还想提拔几个人当官呢！”

手里的权力变大了，田蚡开始收受贿赂，巧取豪夺，他修建的府邸豪华又奢侈，诸侯送给他的金银珠宝、狗马珍玩，多得都数不清。趾高气扬的田蚡已经不把窦婴放在眼里，他曾经约好了去窦府拜访，却故意不去；甚至还派人向窦婴索要田宅土地，窦婴和田蚡之间的关系开始恶化。

面对田蚡的排挤，窦婴每天过得闷闷不乐，很多门客都离开他投奔了田蚡，唯一还对他保持尊敬的朋友是将军灌夫。灌夫是军队中的勇士，参加过平定七国之乱的战斗，后来因为喝酒打架，被免去了官职。灌夫这个人性格刚直，不喜欢奉承别人，爱借着酒劲闹事。他和窦婴两个人互相推崇，关系好得像父子一样。

汉武帝元光四年（前 131）夏天，窦婴和灌夫到田蚡的府上参加宴会。田蚡摆架子，对窦婴很不礼貌，灌夫看不惯田蚡的傲慢态度，就借着酒劲大闹会场，结果被田蚡关进了监狱。

为了营救灌夫，窦婴和田蚡在汉武帝面前打起了官司。田蚡有王太后撑腰，还有御史大夫韩安国出谋划策，很快就占据了上风。元光五年十月，灌夫和他的家族全被处死，窦婴也以“伪造先帝遗诏”的罪名被关进了大牢。当年十二月，窦婴被斩首于渭城，曾经风光一时的窦氏家族彻底没落了。

消灭了老对手窦婴，田蚡是不是很得意呢？还真不是。田蚡生了重病，老觉得窦婴和灌夫的鬼魂来找他复仇，很快就一命呜呼了。

田蚡死后没几年，淮南王刘安被人揭发谋反，而田蚡收过刘安的贿赂，是反贼的同案犯。汉武帝知道这个情况后，愤怒地骂道：“田蚡要是还活着，我一定灭了他全族！”

这个故事有点残酷，窦婴和田蚡两个皇亲国戚，排着队掉进了权力的旋涡，最终都淹没于其中。而类似的故事，在汉朝的历史上还要上演很多次。

个人档案

姓名：田蚡

出生地：长陵（今陕西咸阳东北）

出生日期：不详

去世日期：前 131 年

享年：不详（病逝）

身份

武安侯
丞相

能力五项数值

漫画开讲啦！

魏其侯窦婴是窦太后的侄子，也就是汉景帝刘启的表兄弟。

窦太后偏疼小儿子刘武，一直希望汉景帝把皇位传给刘武。

因为平定叛乱有功，窦婴被汉景帝封为魏其侯，成了朝廷中的第一号大臣。

汉景帝最宠爱的美人是王夫人，田蚡是王夫人同父异母的弟弟。

窦婴封侯的时候，田蚡只是个小郎官。为了升官发财，他拼命巴结窦婴。

过了几年，汉景帝和窦太后都去世了，窦婴的靠山没有了。

王夫人的儿子刘彻当了皇帝，田蚡以国舅的身份被封为武安侯，还当上了丞相。

田蚡收受贿赂，巧取豪夺，很快就攒下了数不清的财富。

因为田蚡的势力越来越大，窦婴的很多门客都投奔了田蚡。

唯一对窦婴不离不弃的人，是他的老部下灌夫，他是汉军中有名的勇士，在平叛战争中立过功劳。

因为一起扛过枪，灌夫和窦婴的关系特别好，也听窦婴的话。

丞相，灌夫有礼了。
是灌夫啊，得空陪我去窦府拜访下魏其侯。

老大，田蚡说要过府来拜访您！

春花、夏花立刻打扫庭院。
秋花、冬花准备酒宴。
灌夫你陪我到门口迎接田丞相。

窦府

窦府
田蚡是不是
忘了赴约?
这个混蛋敢
放我们鸽子!

我就是和灌夫客气一下,
谁有空拜访窦婴那个老家伙?

看到老朋友窦婴被慢待，灌夫的怒火再也控制不住了。

在王太后和田蚡的坚持下，窦婴、灌夫都被送上了刑场。

过了半年，觉得鬼魂缠身的田蚡生了重病，很快就一命呜呼了。

选题策划：李国斌
项目统筹：李国斌 韩飞
文图编辑：李国斌 樊文龙 韩飞
卢雅凝 白海波 宋正乔
装帧设计：周正
美术编辑：刘晓东 张大伟 苟雪梅
文稿撰写：王鑫
封面绘制：大晟
插画绘制：朱悦 地白 方超杰
图片提供：
中国国家博物馆 台北故宫博物院
南京博物院 河北博物院 湖北省博物馆
陕西历史博物馆 大英博物馆
美国纽约大都会艺术博物馆
视觉中国

杨燕起◎主编

韩兆琦◎特邀顾问

读史记

8

辩而不华

纪传体

善序事理

被列为二十四史之首

史家之绝唱
无韵之离骚

北方文艺出版社

哈尔滨

目录

李广

好将军，坏命运
飞将军李广的故事

我在上小学的时候，学过一首很有气势的唐诗，诗的名字叫《出塞》。里面有两句我现在还记得——“但使龙城飞将在，不教胡马度阴山”。当时我就想，这个龙城飞将真是太威风了，一个人就能把敌人的千军万马堵在山的那一边，他一定是一个大将军、大英雄！可等我长大了，读了《史记》，我才知道，这个被称为“飞将军”的人叫李广，他是一个士兵眼里的好将军，却有一个让人感叹的坏命运。

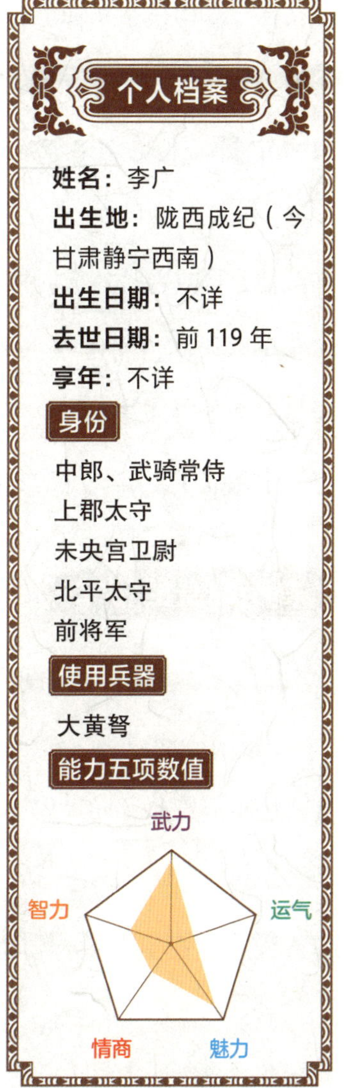

从一个好兵开始

按照司马迁的记载，李广是汉代陇西成纪人，成纪就是今天甘肃静宁西南。

李广的先祖是秦朝的将军李信，李信曾经俘虏了燕国的太子丹，还担任过对楚国征服战争的第一任统帅。

后来，不知道什么原因，李家离开了家乡槐里，搬到了成纪居住。不过李家的子弟保持了武将的习惯，每个人都刻苦地学习骑射的本领。

汉文帝十四年（前166），匈奴老上单于率领十四万骑兵大举进攻汉朝。汉文帝命令东阳侯张相如为大将军，率领青年抵抗匈奴，李广和堂弟李蔡就加入了军队。因为箭术出众，李广在战场上**大放光彩**，射杀了很多敌人，因此被封为**中郎**，他的堂弟李蔡也成了皇帝的侍卫。

伴随在皇帝的左右，李广有了很多立功的机会。不论是冲锋陷阵，或者是防守城池，再或者是打猎时搏杀猛兽，他都表现得非常勇敢。汉文帝很欣赏李广，常常感叹说："可惜啊，小子你要是和高祖皇帝一起生活在战争年代，你的本事足够封个万户侯了！"汉文帝的一句话点燃了少年李广的封侯梦。立军功，封万户侯成了李广一生的夙愿。

奋不顾身的将军

汉文帝去世后，他的儿子刘启当了皇帝，就是汉景帝。

汉景帝三年（前154），汉朝的七个诸侯国发动了叛乱，汉景帝就派太尉周亚夫去平定叛乱。李广也跟随周亚夫一起出征。在一个叫昌邑（今山东省中北部、潍河下游，北临莱州湾）的地方，李广在战斗中夺取了敌军的**军旗**，立下了很大的功劳，士兵们都知道了他的大名。

可这时李广犯了一个大错误——他接受了汉景帝的弟弟、梁王刘武送来的将军印玺。皇帝最害怕自己的将军被别人收买，亲弟弟也不行！因此汉景帝决定警告一下李广。在军队班师回朝后，汉景帝没有奖励李广，还把他发配到边境的上谷郡（今河北北部）去和匈奴人打仗。

李广可不知道汉景帝的想法，有仗可打让他很兴奋，每次作战都奋不顾身，冲锋在前。

负责汉朝外交事务的大臣公孙昆邪听说了李广的战斗经历，就哭着向汉景帝说："李广每次和匈奴人作战，都像不要命一样，这样下去，陛下您会失去一个人才的！"

汉景帝接受了公孙昆邪的建议，把李广调到了安全一些的上郡（今陕西北部）担任太守。后来的几年，李广在陇西、北地、雁门、代郡、云中几个地方都当过太守。你要是能看到汉代的地图，就会发现这些地方都在国家的北部边境，每年都要和匈奴人打仗。慢慢地，李广的名气越来越大，大家都知道有个敢和匈奴人拼命的李将军。

箭神的胆量

后来，皇帝派了一个宦官跟着李广学习打仗和训练。可能也是监督李广，不让他一打仗就冲到最前线。

正巧赶上匈奴人进攻上郡。这个宦官带着几十个骑兵外出侦察，和三个匈奴人相遇了。匈奴人一边撤退，一边回身射箭，把几十个汉军骑兵都射死了，命大的宦官带着伤逃回了李广的营地。

我是"拉风"的羽林骑兵！

彩绘陶骑马俑 汉

宛朐侯埶金印 西汉

这是一枚李广梦寐以求的侯爵金印，它是纯黄金打造的，金印的底部是方形的印台，上方刻有乌龟形状的纽。今天你要是去江苏的徐州博物馆参观，就能看到这枚珍贵的金印。

李广听了宦官的讲述，眼睛直放光，他自言自语地说："这三个人一定是匈奴人的射雕手，也就是最好的神箭手！"说完，想和匈奴人的顶级射手较量一下的李广就带着一百多个骑兵前去追赶。

三个匈奴人的战马在之前的战斗中受了伤，他们只能下马步行，因此很快被李广追上了。

自信的李广没有人多欺负人少，他让手下从左右包抄，防止三个匈奴人逃走，他自己一个打三个，和三个匈奴人比起了射术。

嗖嗖嗖，几箭射出来，李广毫发无伤，三个匈奴人却被射死了两个，活捉了一个。这次汉朝和匈奴的射手较量，汉朝完胜。

把俘虏捆好，收拾好战利品，李广打算带着部下回营庆功，可不远处却传来了轰隆隆的马蹄声。糟糕，几千个匈奴骑兵已经来到附近了！

匈奴骑兵见到李广吓了一跳，他们想这些汉朝人怎么敢跑到这里来，莫非他们是大部队的先锋？那可不得了，得赶紧摆开阵势，戒备起来。

这边李广部下的将士也很害怕，这可是几十倍的敌人啊，就劝李广赶紧逃回营地。李广说："匈奴人多，我们人少，从这里撤到大营有几十里，现在转身逃跑只会全军覆灭。你们看匈奴人现在比我们还紧张，不进攻反而摆出防御的阵形，这是把我们当成了大军的先头部队了，咱们不但不撤退，还要前进！"

说完，李广就带着将信将疑的手下向着匈奴人的大军进发。等到了距离匈奴阵地还有二里远，李广又命令士兵下马休息，还要解下马鞍。这下匈奴人更怀疑汉朝的大军就在附近，更加不敢进攻了。

等着等着，一个骑着白马的匈奴将军，从阵列里跑出来，好像要发布什么命令。李广骑上战马，冲过去一箭射死了这个将军。然后李广回到自己的骑兵中间，又解下了马鞍，还让士兵们放开战马，躺下休息。

天色越来越黑，前怕狼、后怕虎的匈奴骑兵始终不敢进攻。到了半夜，又累又饿的匈奴人坚持不下去，他们主动撤退了。

第二天清晨，李广才带着士兵们回到大营。一百人吓退几千人，你说李广的胆子得有多大？

简单的治军术

又过了几年，汉景帝去世了，汉武帝即位。汉武帝听左右的大臣说李广是个有本领的将军，就把李广调到未央宫做了卫尉。未央宫是汉朝最重要的宫殿，皇帝工作、睡觉都在这里。李广负责保护未央宫的安全，算是得到了重用。

当时还有一个叫程不识的将军正担任长乐宫的卫尉。虽然程将军名字叫不识，可不是没有知识，他的军事知识特别丰富，对军队的人员编制、行军队列要求得非常严格，夜里必须安排哨兵，文职军官有时整理文件要忙到天亮。

李广的带兵方法和程不识完全不一样。李广的部队行军时队列很松散，走到水草茂盛的地方士兵就可以休息，军队里的文书手续也简化得不能再简化，因此士兵都觉得既舒服又方便。

程不识这么评价李广和自己的区别，他说："李广管理军队很简单，遇到敌人突然袭击，他一定手忙脚乱。不过当他的兵很轻松，所以士兵们愿意为李广拼命。我管理军队比较复杂，不过敌人轻易也不敢来进攻我。"

在当时，李广和程不识都是天下有名的将领，匈奴人更害怕李广的谋略，士兵们都喜欢跟随李广，而把当程不识的部下看成是苦差事。

程不识在汉景帝活着的时候提过不少好意见，而且他遵守法律，为人廉洁，在西汉的大臣里是文武双全的人才。

胜利大逃亡

汉武帝一直想教训匈奴人，他在马邑（今山西朔州）这个地方设下埋伏，想要抓住匈奴的单于。这是一场大行动，李广作为骁骑将军，也参加了进来。不过，匈奴单于非常警觉，他发现了汉军的埋伏，很快就逃走了。此后的几年里，汉朝和匈奴战火不断。

李广小宇宙爆发的一箭深深射进了花岗岩石中。

无敌是多么寂寞……

后来李广又张弓搭箭，却再也没有射箭入石的神技。

唐朝卢纶用李广的真人真事写了一首诗。

马邑设伏过后的第四年，李广带兵从雁门关出发进攻匈奴。可这次匈奴人实在太多了，李广打了败仗，自己也被匈奴人俘虏了。

匈奴单于听说过李广的大名，下达命令说："抓住了李广一定要活着送给我见一见。"

匈奴骑兵抓到李广的时候，李广已经受了伤。匈奴人用绳子做成网兜，在两匹马之间捆好，把李广安置在网兜里，准备把他押送到匈奴的大营。

走了十几里路，匈奴人放松了警惕。一直准备逃跑的李广突然跳到了一匹战马上，把马上的匈奴少年推落马下，然后策马向着汉朝边境跑去。

气坏了的匈奴人派出几百个骑兵追捕李广，可李广跑得更快，射箭也更准，最后他还是逃回了汉朝。

按照汉朝的法律，将军打了败仗是要受到处罚的。法官认为李广的部队伤亡很大，李广本人又曾被敌人俘虏，就判处了李广死刑。李家拿出了很多钱赎罪，这才让李广免去了死罪，回到家乡当了一名普通老百姓。

小心眼的飞将军

解甲归田的李广在家里一待就是好几年。

在这段时间，李广和去世的颍阴侯灌婴的孙子灌强一起隐居在蓝田（今属陕西），两个人都喜欢打猎，就成了好朋友。一次，李广带着仆人到朋友家喝酒，回来时路过霸陵的驿站。霸陵的县尉喝多了酒，就是不让李广和仆人通过。

李广的仆人很生气，就大声说："你可看清楚，这是从前的李将军！"

霸陵的县尉打着酒嗝回答说：“别说是从前的李将军，就算现在还是将军，今天也别想从霸陵过去！”没办法,李广只好在霸陵驿站借宿了一个晚上。

不久，匈奴人又进攻汉朝边境，有名的韩安国将军打了败仗,汉朝的辽西太守也被匈奴人杀害了。

汉武帝又想起了敢打敢拼的李广，就任命李广为右北平太守。李广还记着霸陵的县尉对他的不尊重，就要求皇帝把霸陵的县尉调到他的手下做事，皇帝也答应了。吓坏了的霸陵的县尉刚一进军营，就被李广下令处死了。在我们现代人看来，李广实在有点小心眼，大将军怎么能这么爱记仇啊，这一点实在不好。

不过李广打仗确实有本事，他一到右北平当太守，匈奴人就不敢从右北平进攻汉朝边境，还给李广起了一个外号，翻译成汉语就是“汉朝的飞将军”。

压花牛头纹金剑鞘

这可是贵族才能佩戴的剑鞘。

西汉

宛朐侯埶金印

金印盖出来的是“宛朐侯埶”四个小篆的汉字，埶在这里是指楚元王刘交的第六子刘埶，他受封宛朐侯。

有苦劳，没功劳

李广虽然小心眼，但他有个大优点——廉洁奉公。国家奖励给他的金钱和物品，他从来不往

漫画开讲啦!

兵败免职后，李广整日和朋友饮酒为乐。

因为匈奴人发动进攻，李广被重新任命为太守。

上任第一件事，就是把霸陵的县尉招入军中。

李广最终还是杀了霸陵的县尉，丢了大度的名声。

自己家里搬，都分给了自己手下的士兵，甚至和士兵吃一样的食物。李广担任两千石俸禄的官职四十几年，家里居然没有多余的财产，你说他这样的将军多难得！

李广身材高大，他的胳膊就像长臂猿一样颀长，很有拉弓射箭的天赋条件。很多人向他学习射箭的本领，却根本达不到他的水平。

李广口才不太好，平时也很沉默。他和别人交流时，最喜欢的就是在地上画下军队的阵形图，然后和人比试箭法。这么说吧，打仗是李广的职业，射箭是李广的终生爱好。

李广对士兵的爱护还不只是给他们物质奖励，每次士兵们没有喝到水，李广绝不靠近水源；士兵们还没有吃上饭，李广就不碰食物。就因为李广对待士兵宽厚不苛刻，所以士兵们都愿意给他当部下。

元朔六年（前 123），李广被任命为后将军，从

铜鎏金竹节熏炉 西汉

这是汉武帝的陵墓——茂陵的陪葬墓出土的文物。历史记载，这件熏炉原本是未央宫中的宝物，汉武帝将其赏赐给了他的姐姐、阳信长公主。

李广

定襄出发，进攻匈奴。又过了两年，李广带领四千骑兵越过边境进攻匈奴，和他配合的博望侯张骞带领一万骑兵从另一条道路出征。

军队前进了几百里，遭遇了匈奴左贤王带领的四万骑兵。又是一次 1VS10 的悬殊战斗，李广为了振奋士气，就让自己的儿子李敢带着几十名骑兵冲击匈奴人的大阵。

李敢不愧是李广的儿子，他打穿了匈奴人的骑兵阵，又从匈奴人的左右两翼突围而出。回到汉军阵前，李敢对李广说：“匈奴人没什么了不起！”汉军士兵们这才有了信心。

李广命令士兵们面向外，排成圆阵，和匈奴人开始了正式的战斗。

匈奴人仗着人多，发起了猛攻，他们射出的箭就像雨点一样。很快，汉军将士伤亡了一大半，剩下的箭只也不多了。李广让士兵们只拉弓不发射，他自己拿着厉害的大黄弩把好几个匈奴将军都射死了，这才打退了匈奴人的进攻，将士们都很佩服李广的勇敢。

第二天，博望侯张骞的军队赶到了，匈奴人只好撤走。这场仗李广的军队几乎全军覆没，只能撤退回到汉朝。

按照汉朝的法律，张骞的军队行军太慢，没有及时接应李广，应当被判处死刑，张骞只好出钱赎罪，被贬为平民。李广勇敢杀敌，但部下伤亡太大，因此功过相抵，不受处罚，也没有奖励。

不能封侯的反思

当初，李广和堂弟李蔡都是在汉文帝在位的时候从军做官的。等到了汉景帝在位的时候，李蔡功劳越来越大，已经是朝廷两千石的高官了（石是古代的计量单位，一石大概相当于 30 千克，两千石就是李蔡一年能从朝廷领取这么多粮食作为“工资”，这已经是中高级官员的待遇了）。到了汉武帝在位，李蔡更是一路高升，从代国相国升为轻车将军，还受封安乐侯。

到了元狩二年（前 121），李蔡还接替了公孙弘的职务，成了一人之下、万人之上的帝国丞相。

看着人品、才干都不如自己的堂弟官运亨通，甚至连自己的一些部下都立功封侯，李广感到非常困惑。一次，李广和星象家王朔私下闲谈，抱怨说：“自从咱们汉朝和匈奴开战，我没有一场战斗不参加。因为攻打匈奴，立下军功封侯的有几十人，我李广不比别人差，但是始终没有封侯，这是我命该如此吗？”

王朔回答说：“您回想一下，有没有做过什么感到悔恨的事情？”李广说：“我当陇西太守时，有一次羌人叛乱，我诱骗他们投降，然后把投降的八百多人全都杀了。直到今天，我还在为这件事悔恨不已。”

王朔说：“杀俘这种事儿太违背道义了，这恐怕就是将军您不能封侯的原因啊。”

错金银铜弩机 西汉

弩在汉代是重要的远射武器，汉军无论是将领还是士兵都普遍练习用弩，李广就曾以大黄弩射杀过匈奴的将领。

遗憾的结局

又过了两年，大将军卫青和骠骑将军霍去病准备发动对匈奴的第三次**进攻**，李广多次请求跟随出征。汉武帝觉得李广年纪大了，怕他体力跟不上，就没有答应。直到元狩四年（前 119），汉武帝终于被李广的求战欲所打动，任命李广为前将军，跟随卫青出征。

汉朝大军来到塞外，卫青从匈奴俘虏的口中知道了匈奴王庭的位置，就打算率领主力进攻匈奴王庭。按说李广是前将军，应该跟随卫青出发。可卫青出征前就得到了汉武帝的叮嘱："李广年纪太大，运气又太差，可不能让他打前锋。"

当时，卫青也有私心。他的好朋友公孙敖因为作战不利，刚刚被夺去侯爵的封赏。卫青想让公孙敖跟着自己多立功劳，就安排李广和右将军赵食其率领一支偏师，从主力的东面绕道进攻匈奴王庭。

吊俘矛 西汉

这件汉代的青铜矛上装饰着两个吊挂的俘虏。专家猜测这件青铜矛不是作战使用的，它应该是仪式上使用的仪仗品。

李广知道绕道要耽误更多的时间，沿途又没有水草，可能错过和匈奴人的决战，就向卫青请求说：“我是皇帝任命的前将军，您却让我绕道从东面出发，这没有道理啊！而且我年轻时就和匈奴人作战，现在好容易有一个抓到匈奴单于的机会，我愿做大军的前锋，和匈奴人**决一死战**！”

李广的请求是一个老军人的心里话，可卫青已经下定了决心，不肯再收回命令。李广也发了脾气，他没有和卫青告辞，就回到了自己的部队。在和赵食其的军队汇合后，李广率军沿着东路进发。

由于没有熟悉道路的向导，李广和赵食其率领的东路军迷路了，没能赶上和匈奴单于的战斗。卫青的主力部队虽然打败了匈奴军队，但没有抓到匈奴单于，只能向南穿越大漠，回归汉朝。

在回师的路上，卫青遇到了迷路的李广和赵食其，他让人给李广的军队送去了粮食和酒水。按照汉朝的军队制度，卫青还派长史询问李广迷路的经过，好完成作战报告上交给汉武帝。

可还在生闷气的李广一言不发，卫青的长史只好让李广的部下来接受询问。爱兵如子的李广不想牵连到部下，就回答说：“我的校尉们没有过错，是我的过失造成大军迷路的，我会到大将军的营帐里接受审问。”

等长史走后，错过了最后决战，又面临军法审问的李广悲从心起。他对自己的部下说：“我李广从十五岁起和匈奴人打了大半辈子的仗，经历过的大小战役有七十多场。这次我有幸跟随大将军进攻匈奴王庭，可大将军却打发我绕远路进攻。我还在途中迷路，这恐怕就是老天不让我立功啊！我已经六十多岁了，实在不想再面对刀笔之吏的审问了！”

说完，李广就拔剑自刎。李广手下的将士们没有不放声痛哭的，都为这位老将军感到委屈。很快，李广自杀的消息传回了汉朝，百姓们不管以前认识不认识李广，也不管是老人还是青年，都为他流下了同情的泪水。

一个没有取得胜利的将军，能让身边的将士和他保卫的百姓如此伤心的，汉朝可能只有李广一个人而已。

悲剧一家人

李广有三个儿子，分别叫作李当户、李椒和李敢，他们都以郎官的身份侍奉

长28厘米，宽4.7厘米

青玉有銎矛 西汉

西汉早期，青铜矛还是主流武器，矛头的长度一般在 10 ~ 20 厘米，它们可是很锋利的武器。

过汉武帝。长子李当户和次子李椒都不长寿，在李广自杀之前就去世了，让李广白发人送了两次黑发人。

前面提到过李广有个堂弟叫李蔡，他官运亨通，不但封了侯，还做了丞相。但在李广死后的第二年，李蔡因为犯法被下狱审判。为了不受辱，李蔡做出了和李广一样的选择——**自杀**。陇西李家的男儿一个个都是**倔脾气**。

李广的小儿子李敢跟随霍去病参加了著名的漠北之战。和父亲李广不同，李敢的运气不错，缴获了匈奴右贤王的战鼓和军旗，因此被封为关内侯，实现了父亲一辈子没实现的封侯理想。

大军回国后，李敢得知了父亲李广自杀的消息，他认为大将军卫青是他父亲自杀的罪魁祸首，就打伤了卫青。卫青是个厚道人，能理解李敢失去父亲后的悲痛，隐瞒了这件事，没有声张。可卫青的外甥霍去病知道了这件事，他不像卫青那么宽容，就准备让李敢为冲动付出代价。

又过了一段时间，李敢跟随汉武帝到甘泉宫去打猎。霍去病趁机在甘泉宫外射死了李敢。骠骑将军因为私仇杀了一个关内侯，两个人之前还是并肩作战的战友，汉武帝觉得这是个丑闻，不能公开，可又不想责罚自己的爱将，就对外宣称李敢是被鹿撞死的。李敢就这样死得不明不白。

儿子一辈死光了，李广还有个争气的长孙李陵——他是李当户的遗腹子，因为骑射出色，又爱惜士卒，被汉武帝任命为骑都尉。

天汉二年（前 99），汉武帝派贰师将军李广利率领三万大军再次进攻匈奴。李陵也率领五千步兵作为偏师，从侧翼支援李广利。可能是遗传了李广的坏运气，李陵的部队被匈奴单于率领的八万骑兵团团包围。骑兵打步兵，人数又悬殊，换平庸的将领可能就屈膝投降了，可李陵没有，他带领着自己的五千步兵一边突围，一边抵抗，前后奋战了八天，射杀了一万多匈奴骑兵。眼看着还差一百里路就能撤入汉朝境内，匈奴单于调来的援军切断了他们的归路。这时的汉军已经伤亡惨重，箭只射光了，粮食吃没了，援军更是毫无消息，绝境中的李陵最终投降了匈奴。

消息传回汉朝，汉武帝把李陵的母亲、妻子、儿子全杀了，还把为李陵求情的史官司马迁下狱，这个故事我们后面再讲。自从李陵降敌之后，李家的声名就败坏了。陇西的士人，只要是和李家有过来往的，都为这件事感到羞耻。

不可否认，李广是一个英勇善战的将军，却不是卫青、霍去病那样的“人生赢家”。

有人为李广惋惜，认为是汉武帝的偏见和朝廷不合理的制度埋没了他的才能；有人认为李广有很大的性格缺陷，他不能够严明军法，也没有广阔的胸襟，所以才导致了悲剧的发生。而对于我们来说，只要记住他射杀匈奴射雕手这样精彩的故事就足够了，因为为国而战的将士不应受到苛责。

啥是太守

飞将军李广曾经在北方的上谷郡、右北平郡、雁门郡担任过边郡太守的职务，那这个太守是什么职务呢，权力有多大呢？在汉朝，太守又称郡守，是一郡的最高行政长官。太守代表皇帝治理一郡，他的权力相当广泛，比如，民政、财政、军事、司法、教育、选举等工作，都由太守来主持。匈奴人来进攻了，太守要带领军队作战；郡内有犯罪案件发生，太守要监督下属审理案件；郡内有人才出现，太守要向皇帝举荐……总之，太守的职务相当重要。

史记人物诗词大搜索

[唐]高适

燕歌行

君不见沙场征战苦，至今犹忆李将军。

译文： 没有亲眼看见拼杀在战场上的将士们有多么辛苦，只能通过思念李将军来加以想象。

[唐]王昌龄

出塞

但使龙城飞将在，不教胡马度阴山。

译文： 倘若龙城的飞将军李广如今还在，一定不会让敌人的铁蹄踏过阴山。

[宋]刘克庄

沁园春·梦孚若

使李将军，遇高皇帝，万户侯何足道哉。

译文： 如果威名赫赫的李广将军，可以遇到珍惜人才的高祖皇帝刘邦，区区一个万户侯又算什么呢！

草原之狼
匈奴的故事

个人档案

姓名：冒顿（mò dú）

出生地：北方草原

出生日期：不详

去世日期：前119年

享年：不详

姓氏

挛（luán）鞮（dī）氏

身份

匈奴单于（最高首领）

武器

鸣镝

能力五项数值

匈奴从哪里来

每个古老的民族都有一个传说中的来历，建立过草原大帝国的匈奴也是这样。

根据《史记》的记载，匈奴的祖先是夏后氏的后代，这个夏后氏就是夏朝的建立者启的姓氏。大约是在夏朝灭亡的时候，部分夏朝的子民不想接受商朝的统治，就在王子淳维的带领下逃到了**北方大草原**。这些夏朝的遗民和草原上的山戎（róng）、猃狁（xiǎn yǔn）、荤粥（xūn yù）等民族一起生活，一起放牧，逐渐形成了最早的匈奴部族。

作为草原上的居民，匈奴人的食物来源主要是饲养的家畜，比如，牛、马、羊、骡、骆驼等。无论是贵族还是普通的牧民，都靠牲畜的肉和奶来填饱肚子，靠牲畜的皮毛来制作衣服。每当发现更好的草场，他们就会骑着高头大马，赶着自

冒顿单于

为了权力，老爹我也不会放过！

己的牛羊，带着简单的毡房、帐篷到那里定居。所以匈奴人没有自己的城市和农田，他们的习俗就是追逐着水源和草场生活。

常年的流浪生活让匈奴人变成了强悍的**战斗民族**。匈奴的孩子从小就骑着羊奔跑，用小弓箭射杀田鼠和飞鸟；成年后就能骑着战马**飞驰**，用弓箭射杀敌人和猛兽。和平时期，匈奴人靠放牧打猎为生；一旦发生战争，他们就携带着弓箭、大刀、长矛到处打仗。对于匈奴人来说，牧民就是战士，战士放下武器就变回了牧民，用一个现代的词形容，匈奴人是“全民皆兵”。

匈奴人打仗也很有特点，他们擅长打伏击战，打得赢就打，打不赢就跑，从来不以撤退为耻辱，把骑兵灵活机动的特点发挥得很好。

因为生活环境恶劣，所以匈奴人崇拜强者，最好的食物让青年人先吃；老人和孩子只能吃剩下的东西，一点也不讲究尊老爱幼，这是不是很像草原上的狼群？

单于，匈奴人的头狼

到了战国时期，匈奴逐渐强大起来，匈奴骑兵开始不断南下抢东西。和它接壤的秦国、赵国和燕国被匈奴人折腾得很烦，只好在边境上修筑长城，来抵御匈奴的进攻。

虎狼搏斗金牌饰

这是一件匈奴贵族的黄金装饰品，就好像我们今天戴的金项链吊坠。仔细看看，是一只张牙舞爪的老虎，将一匹狼按住，狼的脑袋被老虎咬在嘴里。

战国

秦王政二十六年（前221），秦始皇消灭了六国后，派将军蒙恬率领四十万大军北上进攻匈奴，把匈奴人赶出了黄河的河套地区，沿着黄河修建了四十四个县城。更让匈奴人沮丧的是，蒙恬把秦、赵、燕三国当年修的长城重建起来，形成了东起辽东郡、西到临洮县的万里长城。匈奴人再想南下可不容易了，只好向北方搬家。

这样过了十几年，秦朝发生了内乱，没有力量守卫北方边境。匈奴人就在首领头曼单于的率领下，又南下占领了黄河以南的地区。这位头曼单于是《史记》中第一位有名有姓的匈奴首领。

头曼单于趁火打劫的本事不错，但教育孩子很失败。公元前209年，他被儿子冒顿射死。冒顿成了匈奴人的新单于。

作为匈奴人的“头狼”，冒顿既有野心，又有能力。他带领匈奴人向东击败了东胡部落，向西赶走了月氏部落，向南吞并了楼烦、白羊部落。冒顿还趁着楚、汉在中原地区打仗，夺取了汉朝的朝那（今宁夏固原市东南）、肤施（今陕西延安市东北）等郡县，时不时还骚扰汉朝的燕、代地区。这时候的匈奴已经是草原上最强大的部落，能挽弓射箭的骑兵就有三十多万人，是汉朝的头号敌人。

控制的地盘越来越大，军队的人数越来越多，冒顿单于开始完善匈奴人统治草原、管理军队的制度。比如，他在单于之下设立了左右贤王、左右谷蠡王、左右大将、左右大都尉、左右大当户、左右骨都侯等，总共二十四个首领职务。这些首领力量强的，手下有骑兵几万人；力量弱的也有骑兵几千人。他们的职务都是世袭制，大多是父亲传给儿子，其中左右贤王、左右谷蠡王的地位最高、势力最大。

冒顿还为匈奴人制定了一些简单的法律：比如，意图杀人的，只要刀拔出刀鞘一尺，就要被处死；偷窃别人东西的，财产要被全部没收；士兵在战斗中杀死了一个敌人，首领就要奖励他一杯烈酒；士兵在战场上夺取的财富，归他个人所有……

有了相对健全的法律制度，匈奴人在战场上屡战屡胜，草原上的屈射（qū yì）、丁零、浑庾（hún yǔ）等部落都投降了匈奴，冒顿成了匈奴人心中最伟大的单于。

汉匈的和与战

汉高祖七年（前200），守卫北方的汉朝大将韩王信（和大将军韩信可不是一个人，这个韩信是过去韩国的贵族）投降了匈奴。冒顿就以韩王信为向导，带着匈奴大军向南方挺进，一直打到了汉朝的晋阳（今山西太原）城下。

这时汉高祖已经统一了中原，他得知匈奴南下的消息后，赶紧率领着四十万汉朝军队北上增援。当时正好是冬天，大雪纷飞，天寒地冻，汉朝的士兵被冻死冻伤了很多人，十分之二的将士连手指头都冻掉了。

狡猾的冒顿知道天气对自己有利，就假装撤退，吸引刘邦的大军追击。刘邦果然中计，他带着先头部队追到平城的白登山（今山西大同东北），被几十万匈奴骑兵团团包围。

在七天的时间里，包围圈外的汉军打不进去，包围圈里的刘邦和汉军攻不出来，眼看就要弹尽粮绝，全军覆灭。这时刘邦采纳了谋士

匈奴贵族武士

根据司马迁的研究，匈奴人的武器主要分为远射武器和近战武器两大类。远射武器主要是弓箭，近战武器主要是刀和短剑。

陈平的计策，派人用重金贿赂了冒顿的妻子，说服了冒顿撤去包围，刘邦这才逃出了白登山的绝境。

白登山之战后，刘邦看到匈奴的实力强大，汉朝没有力量和匈奴进行全面战争，就采纳了大臣娄敬的意见，和匈奴人进行和亲。和亲，就是挑选刘氏家族的女性封为公主，嫁给匈奴单于做妻子，同时送给匈奴人大量的粮食、丝绸、酒水作为礼物，换取匈奴人不进攻汉朝。采用和亲政策后，匈奴对汉朝的进攻稍微减少了一些。

公元前 174 年，冒顿单于去世了，他的儿子老上单于、孙子军臣单于先后成了匈奴的首领。汉朝这边呢，汉高祖刘邦去世后，也经历了汉惠帝、吕后、汉文帝、汉景帝几任统治者。在这些人在位的几十年里，匈奴和汉朝之间经常发生小规模的冲突，但大规模的战争并没有爆发。大体上，匈奴掌握着主动权，是进攻的一方；汉朝比较被动，只能通过和亲与防御来减少损失。

接下来，匈奴和汉朝都出现了一位强硬派——匈奴的伊稚斜单于和汉朝的汉武帝。伊稚斜单于想继续压制汉朝，从汉朝身上吸血；汉武帝想打破匈奴人的霸权，为自己的先辈们雪耻。就这样，匈奴和汉朝先后爆发了漠南之战、河西之战、漠北之战，这三场大战役匈奴人都失败了，损失了十几万军队。匈奴人开始向遥远的西方**撤退**，大沙漠以南再也没有匈奴单于的王庭。

公元前 114 年，伊稚斜单于去世。在他之后，匈奴先后换了乌维单于、乌师庐单于、呴（gōu）犁湖单于和且（jū）鞮侯单于等多位首领，匈奴仍然是草原上强大的力量，但对汉朝的威胁已经不像冒顿单于在位时那么大了。

匈奴是古代夏后氏的后代，他们的部族首领被称为单于，单于的妻子被称为阏氏（yān zhī）。

单于的下面是左右贤王，左贤王一般是单于的继承人担任。

左右贤王以下的职务分别是左右大将、左右大都尉、左右大当户和左右骨都侯。

呼衍氏、兰氏和须卜氏三个姓氏是匈奴人的贵族姓氏。

每年五月，匈奴人在龙城举行集会，祭祀祖先。

到了秋天，马儿肥壮，匈奴人就会在蹛（dài）林举行赛马大会。

每当年老的单于去世，匈奴人就要杀死成百上千的人殉葬。

外出战斗时，匈奴人把战友的尸体送回家中，就可以得到死者的全部财产。

秦朝末年，北方最强大的部族是东胡和月氏，匈奴的头曼单于只排名第三。

头曼单于不喜欢长子冒顿，把他打发出去当人质。

冒顿刚到月氏营地，头曼单于就发动了对月氏的进攻。

冒顿没等月氏人对自己这个人质动手，就偷了匹马，跑回了匈奴王庭。

回到王庭后，冒顿被封为万骑长，有了自己的军队。

冒顿用自己心爱的战马和妻子当靶子，敢和他一起射箭的士兵就奖赏，不敢射箭的就杀头。

在一次外出打猎的时候，冒顿和他的士兵乱箭射死了头曼单于。

之后，冒顿自立为单于。

冒顿成为匈奴单于后，遇到了一个强大的对手——东胡部落。

东胡人的使者一次又一次地勒索冒顿。

杀了使者后，冒顿率领大军进攻东胡，彻底击败了东胡部落。

接着，冒顿带着匈奴大军赶走了月氏，吞并了楼烦和白羊部落，匈奴成了草原上最强大的力量。

汉朝建立后，冒顿经常带着匈奴人来侵略，还包围了汉朝的晋阳城。

忍无可忍的汉高祖刘邦决定出兵反击匈奴。

刘邦带着先头部队追击匈奴人，没想到冲进了敌人的埋伏圈。

在一个叫白登山的地方，刘邦被匈奴四十万骑兵团团包围。

为了突围，刘邦派使者去贿赂冒顿的阏氏。

拿到好处的阏氏劝冒顿放开包围，让汉军撤退。

冒顿下令放开了包围圈的一角，刘邦这才带着将士们逃出了白登山。

突围之后，刘邦采纳了大臣刘敬的建议，用和亲的方式向匈奴换取和平。

匈奴大事联播
1
公元前 209 年
冒顿杀死父亲头曼，自立为单于。
2
公元前 200 年
刘邦大军被冒顿围困于白登山。
3
公元前 192 年
吕后以皇室宗女为公主，与冒顿单于和亲。
9
公元前 133 年
汉军在雁门马邑伏击匈奴，汉匈关系彻底破裂。
10
公元前 127 年
匈奴入侵上谷郡、渔阳郡，被卫青击败，汉朝在河套地区建朔方郡。
11
公元前 126 年
军臣单于病死，弟弟左谷蠡王伊稚斜自立为单于。
12
公元前 121 年
匈奴浑邪王被霍去病俘虏，休屠王祭天金人被汉军缴获。
13
公元前 119 年
匈奴在漠北之战中惨败，大漠以南再没有匈奴王庭。
14
公元前 114 年
伊稚斜单于病死，儿子乌维单于即位。

4
公元前 177 年
匈奴右贤王入侵河南地，攻打上郡。
5
公元前 174 年
冒顿单于去世，他的儿子老上单于即位。
6
公元前 166 年
老上单于率领十四万骑兵入侵边境，李广参军抵抗匈奴。
7
公元前 161 年
老上单于病死，儿子军臣单于即位。
8
公元前 142 年
匈奴大军入侵雁门郡，太守冯敬战死。
15
公元前 105 年
乌维单于去世，儿子乌师庐单于即位。
16
公元前 102 年
乌师庐单于去世，叔叔呴犁湖单于即位。
17
公元前 101 年
呴犁湖单于去世，弟弟且鞮侯单于即位。

帝国双子星

卫青和霍去病的故事

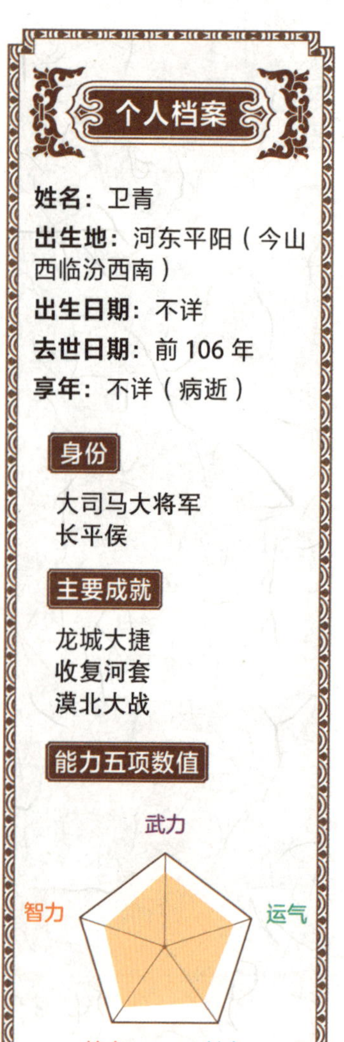

在体育比赛，特别是球类运动中，如果一支球队里有两个特别出色的运动员，能带领整支球队获得胜利，他们会被称为“双子星”。如果我们把汉朝和匈奴的战争当作“流血的比赛”，那么汉军里最耀眼的双子星一定是卫青和霍去病这对“舅舅加外甥”的组合。

卫青字仲卿，是平阳侯府中的家奴。后来他的姐姐卫子夫受到汉武帝的宠信，被封为夫人（后立为皇后）。卫青也因为姐姐的关系，被封为太中大夫。汉武帝了解到卫青善于骑射，就让他转任武将，率军参加对匈奴的战争。卫青先后七次出击塞外，汉朝与匈奴的三大战役——河西之战、漠南之战、漠北之战，他都以指挥官的身份参与其中，为解除匈奴对汉王朝的威胁立下了汗马功劳。

作为一个以外戚身份起家，以军功受封列侯的国家重臣，卫青的身上有很多人格的闪光点，所以司马迁评论卫青“仁善退让”。当然，作为封建时代的将领，面对汉武帝这样一位喜怒无常、猜疑心极重的君主，卫青也表现出了司马迁所说的“和柔媚上”的问题，比如，卫青用重金贿赂汉武帝宠妃王夫人的父母，为了避嫌而少有推荐人才等，也是他性格中的短板。

霍去病是卫青的姐姐卫少儿的孩子，算是卫青的外甥。因为姨母卫子夫的关系，霍去病十八岁投身军旅，以嫖姚校尉的身份参加了对匈奴的作战，因为勇冠三军的作战表现而受封“冠军侯”。后来，霍去病在河西战役和迎接匈奴浑邪王归降中都立下了赫赫战功。特别是在元狩四年（前 119）的漠北之战中，霍去病指挥的左路军穿越大漠，奔袭两千里，重创了匈奴左贤王的部队，是漠北之战的最大功臣。

为了奖励霍去病，也为了平衡卫青在军中的势力，汉武帝任命霍去病为大司马，霍去病也成为朝廷中炙手可热的权势人物。元狩六年（前 117），24 岁的霍去病病逝，汉武帝非常痛心，下令让边境的将士们参加送葬，还为霍去病修建了巍峨高耸的陵墓，以纪念其在抗击匈奴战争中的功绩。

霍去病在抗击匈奴的战争中六次出击塞外，四次以将军的身份，两次以校尉的身份，总共斩首匈奴人十一万，把汉朝的疆土向西北拓展了千里，他应该是匈

霍去病

姓名： 霍去病

出生地： 河东平阳（今山西临汾市西南）

出生日期： 前 140 年

去世日期： 前 117 年

享年： 24 岁（病逝）

身份

嫖姚校尉
骠骑将军
冠军侯

能力五项数值

奴人最痛恨，也最畏惧的汉朝年轻将领。司马迁不否认霍去病的战功，却隐晦地提出了霍去病成功的两个原因：一是霍去病外戚的身份，让他得以获得从军的机会；二是汉武帝对霍去病超乎寻常的喜爱，让他在作战时能够率领汉朝最精锐的骑兵部队。此外，司马迁还批评了霍去病少年得志，生活优越，所以对将士们漠不关心，不了解他们的疾苦。

“兵圣”孙子认为完美的将领应该做到“五项全能”——智慧、守信、仁义、勇敢和严明的军纪。卫青可能是仁义的代表，而霍去病也把勇敢做到了极致，所以他们才能成为西汉最耀眼的两颗将星。

漫画开讲啦！

卫青的父亲郑季是平阳县的小吏，母亲卫媪是平阳侯的小妾，卫青和三姐卫子夫都跟随母亲姓卫。

卫青长大后，和姐姐卫子夫在平阳侯府做仆人。

一天，汉武帝在平阳侯家见到了美丽的卫子夫，就把她带入了未央宫。

为了报复卫子夫，陈皇后让人抓住卫青治罪。卫青的朋友公孙敖、苏建等人救走了卫青。

汉武帝听说了卫青的遭遇，就任命他为大中大夫，还重赏了卫青的朋友们。

公元前 139 年，汉军兵分四路进攻匈奴，卫青是其中一路的指挥官。

卫青在战场上屡立战功，受封车骑将军。他的姐姐卫子夫也因为生下皇子,被封为皇后。

因为姐姐受封皇后，卫青又在黄河以南修建了朔方城，所以受封长平侯。

公元前 124 年，卫青率领汉军突袭了匈奴右贤王的驻地。

大获全胜的汉军俘虏了一万多匈奴人，还得到了上百万头的牛马。

在卫青的建议下，公孙敖、苏建等几位将军都被封为侯爵。

汉军也不是每次都打胜仗，有一次将军苏建就全军覆灭，自己逃回汉朝。

最终汉武帝赦免了苏建，只让他缴纳了罚金。

这时汉武帝最宠爱的美人已经不是卫子夫，而是年轻的王夫人。

卫青在王夫人父母过生日时送了五百金做寿礼。

汉武帝听说是谋士宁乘给卫青出的建议，就任命宁乘为东海都尉。

一次，大将军卫青和老部下苏建喝酒，苏建开始吐槽。

漫画开讲啦！

霍去病初战大捷，抓了匈奴相国和当户，还斩首两千多级。

一战成名的霍去病受封冠军侯，“冠军”这个词就是从他这儿来的。

公元前 121 年，霍去病以骠骑将军的身份再次出征。

这场河西之战，霍去病缴获了匈奴祭天的金人，还杀死了八千多匈奴士兵。

被霍去病打怕了，匈奴的浑邪王投降了汉朝。

在汉武帝的心中，霍去病已经成了匈奴的克星。

霍去病带着五万骑兵穿越沙漠，进攻匈奴左贤王。

结果，霍去病消灭匈奴七万多人，被评为战功第一。

胜利后的霍去病在狼居胥山祭拜天神，这就是成语“封狼居胥”的来历。

公元前 117 年，二十四岁的霍去病英年早逝。

汉武帝给霍去病修建了和祁连山一样高大的陵墓，还让他的儿子霍嬗接替了冠军侯的爵位。

霍去病不太体恤士兵，有时候他浪费食物，却不让士兵们吃饱。

霍去病行军途中还不忘踢球，而士兵们有的却饿得站不起来。

史记人物典故和诗词

胡无人

[唐]李白

汉家战士三十万，将军兼领霍嫖姚。

译文： 朝廷派出威猛如嫖姚校尉霍去病一样的将领，率领三十万战士出征迎敌。

后出塞（五首其二）

[唐]杜甫

借问大将谁？恐是霍嫖姚。

译文： 敢问率领我们出征的将军是谁，是否是嫖姚校尉霍去病？

匈奴未灭，无以家为

词意： 指入侵国家的外敌还没有消灭，没有时间和精力来营造自己的小家庭。现在用来形容胸怀大局，以国家大事为重，公而忘私的品格。

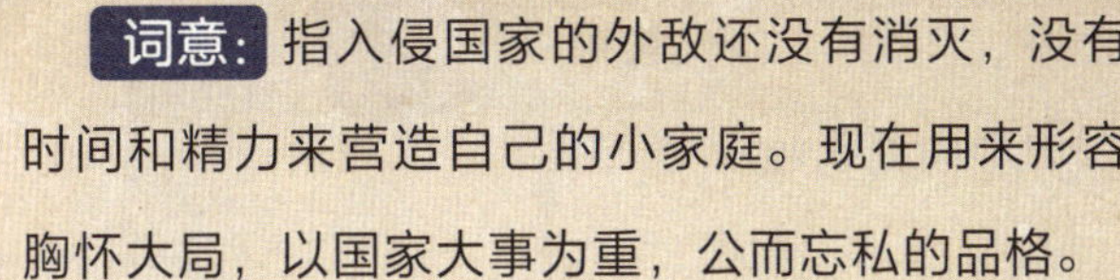

[西汉]霍去病

造句： 后人读史时每每读到霍去病的名言“匈奴未灭，无以家为”，心头总充斥着一种浩然正气。

汉朝的四大王牌武器

武器装备是战争的工具，也是决定战争胜负的重要因素。汉朝能够打赢和匈奴的战争，一方面是因为强大的国家实力，一方面是因为有卫青、霍去病、李广这样的优秀将领，还有一方面就是汉朝的武器装备远远领先于匈奴。环首刀、钩镶、大黄弩、长戟这四种武器就是汉朝士兵手里的“黑科技”，也是汉朝的国之利刃。

“给力”的环首刀

在汉朝以前，青铜剑是最流行的单兵武器，还记得前面讲过的越王勾践剑吗？那可是青铜剑的巅峰。不过青铜的宝剑劈砍的时候容易断裂，所以攻击时以直刺为主。到了西汉时期，钢铁武器被制造出来，可以进行大力的劈砍，青铜剑就被更有杀伤力的刀所取代了。汉朝的刀因为刀柄上有个环，刀柄的末端又被称为刀首，所以汉朝的刀也被称为“环首刀”。

为什么要在刀柄上加个铁环呢？这是为了防止战斗时发生刀脱手的情况。想象一下，一个汉朝士兵正在和敌人战斗，如果刀柄沾染鲜血，就会比较滑腻，士兵也没办法发力。如果在刀柄上加一个大环，手握住刀柄的时候，手掌末端卡住铁环，就不会发生大刀脱手飞出的情况，而且粗大的铁环也能起到调节重心的作用。

如果你在博物馆能看到汉朝环首刀，一定会好奇刀柄为什么是光秃秃的，汉朝的士兵握着这样的刀柄不难受吗？其实啊，汉朝的环首刀会在刀柄裹上麻布、丝绸等织品。这在古代被称为“缑”（gōu），指的就是武器握把上缠绕的丝绳。在河北中山靖王刘胜的墓里，就曾发现了一把环首刀，刀缑分成了两层，里面是麻绳，缠紧后涂上漆，再缠一层3厘米粗的丝绳，这才是一把高级的环首刀。

像钩又像盾的钩镶

第一次看到钩镶的时候，很多人会问：“这是个什么？”形状像一张弓，两头各有一个向外的弯钩，中间是一个长方形的迷你盾牌，前面有一个突出的尖刺，后面还镶嵌着握把，它能算是武器吗？这还真是西汉特有的一种武器，它叫作钩镶，是一种既能用来防御，又能用来进攻的武器。它中间的小型盾牌叫作“镶”，可以用来抵挡敌人的武器，两头的弯钩既可以用来突刺敌人，也可以钩住敌人的武器。

根据历史学家的考证，钩镶是从盾牌演变过来的一种武器。在战斗时，士兵会一手握住钩镶，一手拿着环首刀或者铁剑。当敌人用长戟刺杀时，士兵可以用钩镶钩住敌人的长戟，再用另一只手的环首刀去杀伤敌人。如果敌人距离很近，士兵就能用钩镶两头的弯钩去攻击敌人，或者用镶前部的尖刺去刺杀敌人。怎么样，钩镶是不是一种双能的武器？

钩镶在汉朝的战场上特别流行，步兵之间的战斗会使用它，步兵对抗骑兵时会使用它，甚至水兵在水上作战时也会使用它。不过，在汉朝以后，钩镶就慢慢在战场上消失了。为什么呢？因为钩镶的“老对手”、春秋以来流行的长兵器——戟逐渐被淘汰了，长枪、马刀、长矛成了主流的武器。钩镶作为戟的克星，也就退出了历史的舞台。

西汉的“狙击步枪”——大黄弩

弩是古代的一种远射兵器，它和弓最大的区别，是它有一个叫弓臂的结构。另外，弩的发射速度比弓要慢，但是它的射程更远，杀伤力更强，命中率更高，对使用者的要求也更低。一个合格的弓箭手可能要从小练习，而一个合格的弓弩手，也许几个月就能训练出来。中国的秦朝和汉朝都是弩最流行的时期，特别是汉朝的大黄弩，你可以把它看成汉朝的“狙击步枪”。

汉朝最有名的弩就是大黄弩，你问我这个名字是怎么来的，我猜可能是因为它上完漆之后的颜色是黄色。历史书没有介绍大黄弩是怎么制作出来的，我们参考秦朝的弩，估计大黄弩应该是以桑木为材料，用弹力强的皮革作为弓弦，弩臂上还会有放置箭只的箭道。一张完整的大黄弩还会有负责瞄准的望山和起到扳机作用的悬刀。

在汉朝，弩的强度按照石来计算，分为一石到十石。汉朝的一石大约相当于 30 千克的力量。大黄弩作为弩中的王牌，一般都是十石的强度，不是身强力壮的勇士，可没有资格使用它。前面讲李广的时候，我们提到过李广用大黄弩射杀匈奴将军的事情，历史学家推测大黄弩的射程可能超过 400 米，这已经很接近现代狙击步枪的射程了。

戟的历史有多久

戟是一种能直刺也能切割的兵器，它有点像长矛和戈的组合体。在商朝，戟就已经出现了，不过它不是实战中使用的武器，而是作为仪仗队的仪式装备。到了春秋时代，贵族们乘坐战车进行战斗，能刺、能割的戟特别适合战车使用，所以成了“网红兵器”。到了汉朝，戟仍然是重要的武器,人们会用“持戟”这个词作为士兵的代名词,《史记》里就用“持戟百万”来形容军事力量的强大。

司马相如
卓文君

大文豪的多面人生
司马相如的故事

我们来做一个有趣的选择题：一个汉朝人学过击剑，说话有点口吃；他能写出很漂亮的散文，还能弹奏出美妙的琴曲；他能让美丽的姑娘爱上自己，还能说服异国的君主臣服汉朝……你猜他的身份是文学家、音乐家，还是外交家？答案你一定想不到，这个汉朝人既是大名鼎鼎的文学家，又是用音乐成就爱情的音乐家，还是出使四方、为国争光的外交家，他的名字叫司马相如，我们现在来说说他的故事。

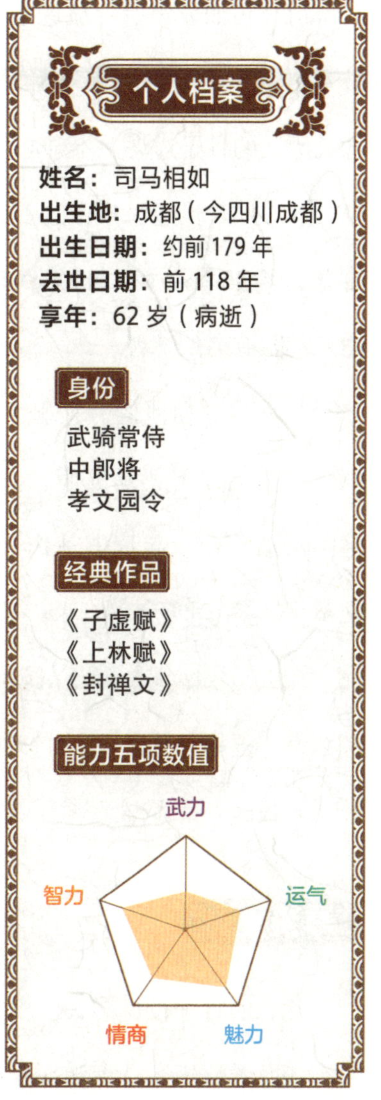

"长漂"青年

司马相如字长卿，家乡在蜀郡成都，也就是今天的四川成都。司马相如小时候很喜欢读书，还刻苦地练习剑术，是一个文武双全的"学霸"。

小时候，司马相如的父母给他起了一个小

名叫“犬子”，称呼很亲切却不文雅。等到司马相如读书后，他很崇拜战国时期赵国的外交家蔺相如，就给自己改名为司马相如，表示自己要像蔺相如那样做大事，成大器。

司马相如成年后，被选为郎官，到长安城去侍奉汉景帝，开始了一段漂泊长安的生活。因为汉景帝不喜好文学，善于舞文弄墨的司马相如找不到知音的感觉，“长漂”的日子过得并不开心。

这时候，恰逢汉景帝的弟弟、梁王刘武来到长安觐见。刘武是个狂热的文艺青年，特别喜欢文采出众的写手。他身边的齐鲁人邹阳、淮阴人枚乘、吴县人庄忌都是有名的学者。

司马相如和他们一接触，就有了一种志同道合的幸福感。很快，司马相如以生病为借口向朝廷辞职，然后跳槽到梁国做官。刘武让司马相如和学者们一起生活居住，一起读书写作，就是在这段时间，司马相如写下了汉赋中有名的文章《子虚赋》。

什么是汉赋呢？就是汉朝特有的一种散文，用词特别讲究，典故和生僻字特别多，一连串的优美语句，又要整齐，又要押韵，听起来荡气回肠。司马相如这篇《子虚赋》就写得又华丽又雄浑，成了汉赋里最有代表性的作品。

琴挑文君

开心的日子没过多久，梁王刘武就因病去世。门客们只好各奔东西，大家吃了一顿“散伙饭”，挥泪而别。落魄的司马相如回到了家乡成都，生计成了他眼前的大问题。

司马相如有个老朋友叫王吉，在临邛（qióng）县（今四川邛崃市）当县令，他给司马相如写了一封热情洋溢的信，邀请司马相如到临邛去散心。于是司马相如就到了临邛，住在了一个叫都亭的地方。

王吉想替司马相如扬名，每天都非常恭敬地去探望司马相如。一开始，司马相如还礼貌地和王吉见面；后来觉得**不耐烦**，就用生病的理由婉拒了王吉的拜访。可王吉并不生气，反而更加谦逊有礼地对待司马相如。

临邛是蜀郡的商业中心，不少商人靠酿酒、铸铁成了大富豪，其中卓王孙和程郑两个商人最有名。他们听说县令王吉厚待司马相如的事情，就商量举办一个盛大的宴会，替县令招待司马相如。

这天，王吉来到卓王孙家赴宴，客人们已经来了好几百人。到了中午，卓王孙派仆人去请司马相如，司马相如以生病为理由不愿前往。王吉就亲自登门邀请，司马相如没办法推辞，这才前去赴宴。

司马相如毕竟是在长安侍奉过皇帝的“长漂”，见闻很广，风采不俗，一入座就成了宴会的中心，所有人都为他的谈吐所倾倒。

酒过三巡，王吉拿出了一张古琴，笑着说道：“长卿啊，你的琴艺是一绝，现在大家这么高兴，你演奏一曲好不好？”司马相如稍微推辞了一下，就弹奏了两首曲子。

当时卓王孙的女儿卓文君正守寡在家，她也是个“音乐发烧友”。司马相如早知道卓文君有这个爱好，所以假装为众人演奏，其实是想引起卓文君的注意，表达自己的爱慕之情。

而早在司马相如刚到临邛的时候，侍从、车马成群，司马相如的举止又雍容华贵，风度翩翩，卓文君已经有所耳闻。现在司马相如来到卓家赴宴，卓文君从门缝里偷看，见相如谈吐不凡，对他的好感又增加了不少，只是担心不能和司马相如相见。

文君当垆

宴会结束后，司马相如用重金买通了卓文君身边的奴仆，让她们转达了自己对卓文君的倾慕之意。

卓文君也不想错过司马相如这样的爱人，当天晚上就偷偷从卓家跑了出来，和相如私奔到了成都司

四牛骑士储贝器 西汉

在西汉的时候，南方的滇国人把贝壳当成钱来用，藏钱的“钱罐”一般就是造型漂亮的青铜器。对于滇国人来说，储贝器这个名字太文雅了，它其实就是个“存钱罐”。

马家。进屋一看，卓文君才发现司马相如家里穷得只剩下了四面墙壁，但卓文君对此并不介意，她在乎的是司马相如这个人。

再说卓家发现了卓文君私奔的事情，卓王孙**大发雷霆**，恼怒地说："文君这孩子太不争气了，居然和别人私奔！我虽然不忍心伤害她，可我一个铜板也不会给她，就让她自生自灭好了！"

爱情虽然甜蜜，吃饭却是问题。日子一久，卓文君忍受不了穷困的生活，就和司马相如说："长卿你和我回临邛吧，我和亲戚们借点钱，咱们也能维持生计了。"

于是，司马相如夫妇就回到了临邛。他们卖掉了马车，在热闹的地段开了一家酒店。卓文君穿着平民的衣服，坐在店铺里卖酒；司马相如穿着短裤，和酒保、伙计们一起刷盘子，洗酒碗。

君幸酒云纹漆耳杯 西汉

耳杯，是古代人用来喝酒的酒杯。它的体形是椭圆形，两侧各有一个弧形的"耳朵"，所以叫作耳杯。可不要小瞧它，在汉朝，一个漆耳杯比十个铜杯的价格还要贵。

两口子这么做，广告效应很大。一传十，十传百，临邛县城都知道了他们的故事。卓王孙觉得没脸见人，就躲在家里不出门。有些亲戚、长辈就劝卓王孙说："你膝下就一子两女，家里并不缺钱。现在文君已经和司马相如结婚，司马相如虽然穷困，但他才华出众，是个可以依靠的人。而且县令王吉还是他的朋友，你不该这么看不起司马相如啊！"

卓王孙很无奈，只好自认倒霉，承认了司马相如和卓文君的婚姻，将家里的一百名仆人、一百万钱和一些衣服、被褥、金银细软作为陪嫁，送给了女儿女婿。

司马相如和卓文君带着这些陪嫁，返回了成都，置田产，换房子，过上了富裕的生活。

官运亨通

找到了爱情，官运也在向司马相如招手。

相如在成都过小日子的时候，长安城的主人已经从汉景帝换成了汉武帝。汉武帝很喜欢文学，他读到司马相如的《子虚赋》，觉得文章琅琅上口，以为是前朝人的作品，就感叹说：“可惜啊，不能和这个作者生活在一个时代！”

汉武帝身边有个管理猎犬的官员叫杨得意，他是蜀郡人，对司马相如比较了解，就和汉武帝说：“陛下，您别懊恼，这篇文章的作者叫司马相如，是我的蜀郡老乡，您随时可以把他召来长安！”

汉武帝大吃一惊，急忙派人从成都把司马相如召入了长安城。君臣一见面，就聊起了《子虚赋》，司马相如对汉武帝说：“《子虚赋》是臣以前的旧作，是写给梁王这样的诸侯王的，不算什么好文章。臣现在要给您写一篇《上林赋》，好好夸一夸皇家园林上林苑的瑰丽神奇！”汉武帝一听当然高兴，就让尚书给司马相如送去了笔墨和简牍。

司马相如开始构思文章，他用虚构的子虚先生代表楚国，用虚构的乌有先生代表齐国，再用虚构的无是公代表大汉，让三个人通过对话竞相夸耀各自国家的山川之美。最后无是公压倒了齐楚，表明诸侯国那点场面微不足道，天子的上林苑才是人间至美，结尾处还婉转地规劝汉武帝要力行节俭。整篇文章里，司马

◇宫女的右臂和灯连成一体，它其实是一个烟道。灯火点燃后，烟会顺着宫女的袖管进入体内。

◇宫女的身体是中空的，里面可以注水，来过滤灯火燃烧时产生的污染物。

◇灯罩由两块弧形的铜板组成，可以左右开合，来调节灯光的照射方向和亮度。

◇灯盘可以自如旋转，提供最好的照射角度。

◇宫灯底座上有残留的动物油脂，说明当时用的燃料应该是动物油脂，而不是木炭。

◇宫女的双膝着地，臀部紧贴脚后跟，足尖抵地支撑全身，这就是古代人的跪坐，也叫跽坐。

长信宫灯

长信宫灯是西汉皇太后居住的长信宫中的灯具，所以叫作“长信宫灯”。宫灯的外形是一个跪坐着、双手捧着灯盘的宫女形象，现在你到河北博物院参观，就能看到这件神奇的宫灯。

相如用了大量的连词、对偶和排比句，华丽的辞藻像大海上的波浪，一浪高过一浪。

汉武帝看完这篇《上林赋》，高兴得不得了，当即任命司马相如为郎官。

出使西南

司马相如当了几年郎官，赶上大臣唐蒙奉命攻打**夜郎国**。唐蒙动员了巴郡和蜀郡的数千名官吏和士兵，征用了上万名劳力负责后方的运输。为了镇压反对者，唐蒙还用军法处死了不少部落的首领，这引起了巴、蜀两郡百姓的不满和**恐慌**。

汉武帝得知巴蜀动乱的消息，就派司马相如为使者，到前线去斥责唐蒙，顺便安抚百姓。

等到司马相如完成使命，回到长安的时候，唐蒙已经攻下了整个夜郎，开始修建通向西南夷的道路，也就是今天的云南、贵州一带。唐蒙动用了巴郡、蜀郡和广汉郡数万名士卒参加筑路工程，前后历时两年还没有修好，累死病死的士卒多得无法计数，国家花费的金钱更是以亿万来计算。因此，蜀地的百姓和丞相公孙弘都认为应该放弃修路了。

这时，邛、筰（zuó）一带的部落首领听说和汉朝交往能得到赏赐，都想向汉朝称臣。汉武帝向司马相如询问意见，司马相如回答说："邛、筰、冉、駹（máng）这些部落离蜀郡不远，道路也容易开通。秦朝的时候，这些地方都是中央下属的郡县，大汉建国初期它们才各自为政。现在如果能和它们进行联系，设置郡县，价值比征服夜郎还要大！"

汉武帝觉得司马相如的话很有道理，就任命他为中郎将，作为大汉的使节出使西南。司马相如带着副使王然于、壶充国等人，一路乘坐着四马传车，先来到了蜀郡。

司马相如**衣锦还乡**，成都为之轰动。蜀郡的太守亲自到城外迎接，县令背负着弓矢为司马相如开道，成都的百姓也为出了司马相如这样的人才而自豪。

临邛的卓王孙听说女婿回来了，也和临邛的父老一起献上牛酒，为司马相如祝贺。这时的卓王孙才感叹说，早就该把女儿文君嫁给司马相如。回到家里，卓王孙又把一批仆人和金钱分给卓文君，让女儿得到的财产和卓家的儿子一样多，以此来表示自己对卓文君和司马相如的愧疚之情。

文豪离世

之后，司马相如成功地完成了出使西南的使命，邛、筰、冉、駹、斯榆（sī yú）的部落首领都向汉朝称臣，国家的疆域得到了扩大，司马相如也得到了汉武帝的称赞。

早在司马相如刚出使西南夷的时候，蜀郡的很多长者发表议论，说沟通西南夷没有价值。因此司马相如到蜀郡后，就写了一篇文章——《难蜀父老》，先引用蜀地老百姓的牢骚，自己再来反驳，以此完整地阐述了汉武帝“通西南夷”的战略思想，也安抚了蜀郡的父老乡亲。这篇文章后来也成了司马相如的代表作。

司马相如回到长安后，有人举报他出使西南时曾经收受贿赂，他因此被免去了官职。又过了一年多，才再次被汉武帝任命为郎官。

司马相如本来有口吃的毛病，身体也不太好，加上有卓王孙馈赠的钱物，家里不为生计发愁，就不太想参与政治生活，常常用生病为借口远离官场。不过司马相如没有放下手中的笔，他又接连写出了《大人赋》等几篇著名的汉赋，因此也被称为西汉的“赋圣”和“辞宗”。

汉武帝元狩五年（前118），汉武帝听说司马相如病重，就派人去司马相如家中探望。使者来到司马相如家里，司马相如已经去世，家里一篇文章也没有保存下来。使者追问，司马相如的妻子回答说：“长卿虽然经常写文章，可一旦写好就会被人取走收藏，因此家中并没有文章保存下来。”最后，使者只找到了一篇《封禅文》献给汉武帝。这篇文章不长，内容是建议汉武帝封禅泰山的。

现代的文学家评论汉朝的文化人，最常说的一句话就是“西汉文章两司马”，意思是西汉算得上大文豪的人有两个，一个是太史公司马迁，另一个就是我们的主人公司马相如。现在你应该了解了，司马相如不但文章写得好，人生还很精彩。

汉代婚礼共分哪几步

在汉朝，结婚也是一件烦琐的事情。首先，男方要请媒人到女方家提亲，这叫作“纳彩”。纳彩之后，要询问女方的姓名，这叫作“问名”，男方再通过占卜确认婚姻是否吉利，这叫作“纳吉”。接着，男方要向女方家里下聘礼，这又叫作“纳征”，女方也要为女儿置办丰厚的嫁妆。再然后，是确定吉日迎娶新娘，这叫作“请期”。接着就和我们现代人很相似了，要办酒宴、闹洞房等。私奔的司马相如和卓文君，估计可没经过这么完整的婚礼。

史记成语典故大搜索

家徒四壁

词意：指一个人家里除了四面墙壁，什么都没有。形容人非常贫穷，家庭条件不好。

造句：海瑞是明朝有名的清官，虽然官居二品，去世的时候却家徒四壁。

子虚乌有

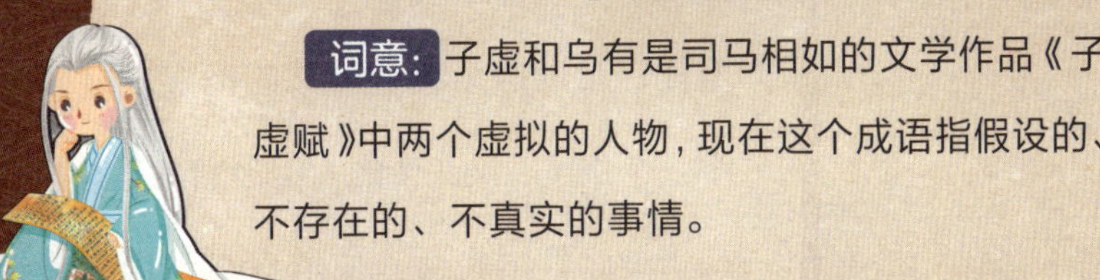

词意：子虚和乌有是司马相如的文学作品《子虚赋》中两个虚拟的人物，现在这个成语指假设的、不存在的、不真实的事情。

造句：《哈利·波特》中的魔法学院是子虚乌有的，只是小说作者头脑中的幻想世界罢了。

寡廉鲜耻

词意：指一个人不廉洁，不知羞耻。现在形容人没有操守，厚颜无耻。

造句：那些分裂祖国，投靠外国势力的人真是寡廉鲜耻。

社稷之臣

汲黯的故事

个人档案

姓名： 汲黯

出生地： 濮阳（今河南濮阳西南）

出生日期： 不详

去世日期： 前112年

享年： 不详（病逝）

身份

谒者

东海太守

主爵都尉

淮阳太守

能力五项数值

社稷，是一个充满"中国风"的词语，我们的祖先把土地之神和谷物之神合称为"社稷"。在古代，天子或者诸侯要定期祭祀土神和谷神，所以社稷慢慢变成了国家的代名词。那社稷之臣是什么意思呢？就是那种在危难时刻，能够承担重任，帮助国家渡过难关的栋梁之材。如果需要举一个例子，汉武帝的大臣汲黯就是这样的大臣。

汲黯，字长孺，他出身一个贵族家庭，靠着父亲举荐，他青年时代就担任了太子洗马的职务。这个官职可不是给马洗澡，应该读作太子洗（xiǎn）马，是太子刘彻出行时的先导官，也是太子的亲信。等到汉武帝刘彻即位后，汲黯靠着能力和资历，逐渐步入汉朝的权力舞台。

然而，汲黯在仕途上并没有官运亨通，这是因为汲黯信仰的黄老学说，和汉武帝崇尚儒学，重用酷吏，好大喜功的政治主张有很大的冲突。

陛下，您的欲望就不能克制一下吗？

汲黯

而且，汲黯的性格也不讨汉武帝的喜欢，他太过刚直，眼里不揉沙子，看不惯的事情，就一定会说话。《史记》中写他四次当面批评汉武帝，三次责骂丞相公孙弘和御史大夫张汤，汉武帝甚至对他起过杀心，但又不得不承认他是**“社稷之臣”**，而宽容了他。

当然，汲黯也是人，他也有缺点。他为人傲慢，喜欢当面批评人，缺乏容人的度量。比如，别人见到丞相田蚡，都是俯首下拜，而他只拱手作揖；见到大将军卫青，他也只行平等的礼节。

汲黯是司马迁笔下最得意的人物，寄托了太史公深刻的情感，有时间就要好好了解下汲黯的故事。

彩绘陶执兵俑

有没有觉得这四个陶俑姿势很怪？他们为什么双手半握拳放在胸前？其实，他们手里原本握着木头制成的兵器，可因为在地下埋藏时间太久，木头兵器已经损坏了。现在你要是来到徐州博物馆，就能看到这组陶俑，它们的原型可能是西汉王公贵族的卫士。

漫画开讲啦！

汲黯，字长孺，刘彻还是太子的时候，他就是太子的下属。

汉武帝即位后，让汲黯担任使者，巡视河内郡。

汲黯走到河南郡，发现当地洪水成灾。

汲黯下令开仓放粮，挽救了很多灾民的生命。

汲黯抓大事，放小事，东海郡被他治理得很好。

过了几年，汲黯被派往东海郡担任太守。

当了几年东海太守，汲黯被召回朝廷做官。

汲黯看见别人犯错误就会批评，被他骂得最多的就是汉武帝和大臣张汤、公孙弘。

早年间，张汤和公孙弘官位比汲黯低很多。

可张汤、公孙弘善于讨好皇帝，很快超过了汲黯。

汲黯当了几年右内史，不但没累死，还深受百姓的称赞。

有一次，汉武帝正在朝会上演讲。

汉武帝对待大臣很随便，上厕所的时候接见过大将军卫青。

有时和丞相公孙弘议事，汉武帝也是衣衫不整。

可如果汲黯来了……

汲黯身体不好，经常生病，有一次还病得很重。

史记成语典故大搜索

侧目而视

词意：指斜着眼睛看人，形容拘谨畏惧或者愤怒鄙视的样子。

造句：在话剧《茶馆》中，每当宋恩子和吴祥子这两个坏人出场，茶馆中的茶客们都对他们侧目而视。

补过拾遗

词意：过去指纠正君主的错误，现在也用来形容改掉自己的过失、缺点。

造句：通过考试前的补过拾遗，我顺利地通过了这次期中考试。

一贵一贱，交情乃见

词意：比喻朋友之间，彼此身份地位悬殊，交情的深浅、真假就可以显现出来。

造句：真正的朋友，即便发生变故，两人社会地位悬殊，也不改情谊，也就是古人说的“一贵一贱，交情乃见”。

清廉的酷吏

张汤的故事

个人档案

姓名： 张汤

出生地： 杜县（今陕西西安东南）

出生日期： 不详

去世日期： 前115年

享年： 不详（自杀）

身份

侍御史
廷尉
御史大夫

能力五项数值

如果你给汉朝各地的老百姓做个问卷调查，评选他们讨厌的人，答案可能是五花八门。右北平郡人可能会选匈奴人，长安人可能会选高利贷商人，河内郡人也许会选爱惹事儿的游侠。最大的可能，是大部分汉朝人都选一群被称为“酷吏”的人。因为在他们眼里，酷吏就像故事里的“反派大魔王”，他们滥用刑法、虐待老百姓，一个比一个凶狠，一个比一个冷血。我们下面要讲的张汤就是汉朝酷吏中最有名的一个。

少年法官，潜力无限

长安灞桥，急行的人流中，一个身穿青色官服，腰佩短刀的中年男子正**行色匆匆**地向安阳里的家中走去。

这个中年男子姓张，是长安县的县丞，一个三百石俸禄的小官。张县丞早上出门太急，把一份公文忘在了家里，所以要回家来取。

很快，张县丞来到自己家的大门口。他刚推开院门，就听到八岁的儿子张汤好像在和谁说话，抑扬顿挫的小嗓音让他心里一酸。

就在前天，张县丞用半个月的俸禄买了十斤羊肉，想给儿子做顿羊肉羹吃。可张汤光顾着看书，好好的羊肉被老鼠偷吃了大半。一向节俭的张县丞又心疼羊肉，又生气儿子不懂事，就抽了儿子几鞭子。现在想想，心里有点后悔。

张县丞走到正屋门口，想看看儿子在和谁说话，结果眼前的一幕吓了他一跳。只见正屋的地上，几只吱哇乱叫的老鼠被草绳捆得结结实实，老鼠旁边是几块明显被啃过的羊肉，张汤正跪坐在案几的后面，一会儿抬头问句：“鼠大，你可是偷窃的主犯？”接着低头在竹简上抄录几行小字。过了一会儿，他抬头指着羊肉再说句：“鼠二，羊肉可是你吃了大半？”……老张有点恍惚，仿佛眼前的人不是自己的儿子张汤，而是县衙里威风八面的县令。

这时张汤开始做结案陈词，小家伙捧着竹简，一本正经地宣告说：“张宅群鼠盗窃案证据确凿，犯人均已认罪，本官判处尔等

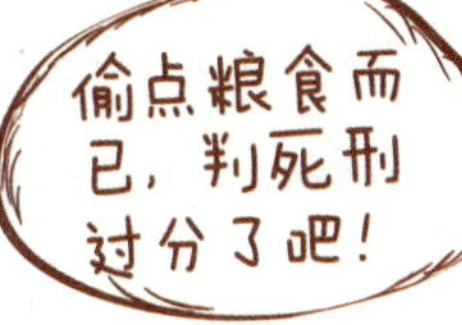

分尸之刑，立刻执行！”

听到这儿，张县丞也被**逗乐**了。他走进屋里，拿过儿子手中的竹简看了起来。没想到张汤的“判决书”写得言辞通顺，引用的汉律也准确无误，一点都不比老练的法官逊色。张县丞暗暗发誓，今后要把张汤向司法方向培养，绝不能辜负了孩子的天赋……

上面故事的情景是我想象出来的，可张汤七八岁就能写“判决书”，能和老鼠玩一场法官审犯人的角色扮演游戏，这可是司马迁笔下的真实故事。你有没有觉得他天生就是做法官的材料？

结交权贵，连升三级

张汤是长安杜县人，也就是今天的陕西西安人，他的父亲也确实是长安的县丞。在父亲去世后，张汤子承父业，担任了一段时间的**小官吏**。

一次，汉武帝的舅舅田胜被关进了长安的监狱。张汤感觉这是个机会，就又是巴结，又是照顾，给田胜留下了很好的印象。不久，田胜出狱，还被封为了周阳侯。为了报答张汤，他把张汤带进了长安的贵族圈子，让张汤结识了不少朋友。

有权贵帮着扬名，自己又精明能干，张汤很快就完成了官场三级跳。他先担任内史掾，得到了另一个酷吏宁成的**大力推荐**；又被丞相田蚡赏识，主持审理了陈皇后巫蛊大案。接着又被汉武帝肯定，担任了九卿之一的廷尉，也就是全国最高大法官。当时要有个官场热搜榜，上头条的一定是张汤。

张汤能得到快速升迁，主要是因为他做人很狡猾，特别善于伪装自己，迷惑别人。他当小官时，就喜欢以权谋私，曾经和长安的富商田甲、鱼翁叔等人勾结。当了廷尉之后，他开始结交天下名士，就算内心不认同这些人的主张，在表面上也装出仰慕他们的样子。

官场如戏，全靠演技

这时候汉武帝推崇儒家学说，为了讨好皇帝，张汤特意请了很多儒家博士做助手，判决案件的时候，都用儒家的观点作为解释。

有时候案件的判决结果让汉武帝不满意，张汤就立刻认错谢罪，表示会按汉武帝的想法进行改正。他还会用特别悔恨的语气说，下属某某已经有过提议，就和皇帝责备的一样，自己却没有采纳，实在是愚蠢。汉武帝一看张汤态度这么诚恳，不但不追究，反而更加信任张汤。

有时候张汤的上奏被汉武帝夸奖，张汤就回答说，这个奏章不是我写的，是我的下属某某有这个好想法。武帝一听，张汤有功劳也不争，这是难得的君子啊，对张汤的好感度更是暴涨。

就这样，张汤所处理的案件，如果汉武帝想加重处罚的，他就交给执法严酷的官吏；如果汉武帝想要减轻处罚的，他就交给执法宽松的官吏，完全以皇帝的喜好作为执法的标准。他是个老练的官僚，却不是个执法如山的法官。

担任廷尉后，张汤已经是两千石的大官了，他更加注重自己的公众形象。对于以前的老朋友和家族中贫困的兄弟，他一视同仁，照顾得无微不至；对于丞相、

御史大夫这样的上级官员，他不论寒暑天气都会殷勤地拜访。所以，张汤虽然被称为酷吏，执法并不公正，他的声名却很好，丞相公孙弘就曾多次**称赞**他是汉朝的好廷尉。

汉武帝元朔五年（前124），淮南王刘安等人谋反案被破获，张汤以酷吏的本能穷追到底，宁可错杀，也不放过。比如，官员严助、伍被都和刘安有过交往，但汉武帝觉得他们涉及不深，略做惩罚就好。张汤却坚决要求处死严、伍两人，汉武帝最终还是同意了。张汤也因为处理案件有功，升任**御史大夫**，成为汉朝最高级别的官员。

权倾天下，按摩惹祸

汉武帝元狩二年（前121），匈奴的浑邪王等人投降了汉朝，汉武帝趁机发动了对匈奴新一轮的进攻，战争让国家花钱如同流水一样。雪上加霜的是，函谷关以东地区又发生了大旱灾，很多百姓流离失所，需要国家进行救济，可钱从哪里来呢？

为了填补国家财政的**大窟窿**，张汤按照汉武帝的旨意，

错银星云纹车饰

这是一块竹筒形状的工艺品，它一般安装在西汉贵族乘坐的马车上。在短短4节26.5厘米的长度上，工匠刻画出了123个人物、飞鸟、猛兽的形象，你说汉朝的工匠是不是很厉害？

鎏金铜钫

前面的书里我们看到过漆陶钫，这件铜钫外形和漆陶钫类似，质地却不一样。它是青铜制成的，外表还有鎏金的处理，应该是贵族家庭才能使用的。

提出了三个解决办法。第一，发行新的货币，比如，白鹿皮币。第二，对天下的食盐和铁器征收税金。第三，发布告缗令，天下的商人、百姓按照各自财产的多少给国家交税，隐瞒不交或者虚报少交的，家产充公。告发别人隐匿财产的人，赏给被告发者财产的一半。这三个办法就是从老百姓手里抢钱啊。一时间，天下人都怨声载道，打心里仇恨张汤。

对于天下人的看法，张汤并不在乎，他是酷吏啊！只要皇帝信任他，重用他就够了，其他人在他眼里都是路人甲。当时，汉武帝每天接见张汤的时间比接见丞相的时间还长，有时宁可不吃晚饭也要和张汤讨论国家大事。有一次，张汤生病在家休息，汉武帝还亲自去看望他，这种宠信是前所未见的。

这时的张汤已经被成功冲昏了头脑，并不知道一场大祸正在向他袭来。

事情的经过是这样的：张汤和他的副手、御史中丞李文关系很差。李文暗中收集张汤的“黑材料”，想把张汤整倒。张汤有个心腹手下叫鲁谒居，发现了李文的小动作，就抢先一步，向汉武帝告发李文违法乱纪。汉武帝把李文交给张汤审问，张汤利用职权，判处了李文**死刑**。

后来，鲁谒居得了重病，张汤去看望这个立下大功的心腹手下。在病床前，张汤一边嘘寒问暖，一边替鲁谒居按摩双脚，场面特别感人。很快，这件事被汉武帝的弟弟、赵王刘彭祖知道了。刘彭祖以前被鲁谒居检举过，对张汤、鲁谒居两个人恨得牙根痒痒。这次听说张汤居然为鲁谒居揉脚，立刻向汉武帝告发，说张汤以御史大夫的尊贵，居然给下吏揉脚，必然有不可告人的阴谋。

汉武帝让廷尉去调查这件事，这时鲁谒居已经病死，廷尉就把鲁谒居的弟弟关押到看守所**审问**。正好张汤到看守所办事，看到了鲁谒居的弟弟，张汤假装不认识鲁谒居的弟弟，打算回去后再想办法。鲁谒居的弟弟不知道张汤的内心活动啊，以为张汤见死不救，一生气就当了“**污点证人**”，向汉武帝举报自己的哥哥和张汤密谋陷害了御史中丞李文。

这下汉武帝生气了，心想：张汤你这个浓眉大眼的家伙居然敢拉帮结派，欺骗皇帝？什么都别说了，让新任的御史中丞减宣好好审问吧。

这个减宣也是个酷吏，而且也和张汤有仇，这下张汤的案子闹大了。

墙倒人推，死后报仇

这时张汤还没有察觉到自己面临的危险，他还在得罪人。

当时有盗墓贼偷窃了汉文帝墓地中陪葬的钱币。按照汉朝惯例，发生这么大的案件，丞相和御史大夫要向皇帝谢罪，丞相庄青翟就拉着张汤来到未央宫请罪。

可等庄青翟做完深刻的“自我批评”，张汤却一言不发，压根不提自己的责任，把庄青翟气了个半死。这还不算，汉武帝让人调查墓地失窃案的时候，张汤还找出了法律规定，说丞相有巡视墓地的责任，言外之意是庄青翟办事不力，皇上该撤就撤，该杀就杀。这一波操作，算是把庄青翟逼到了死胡同。

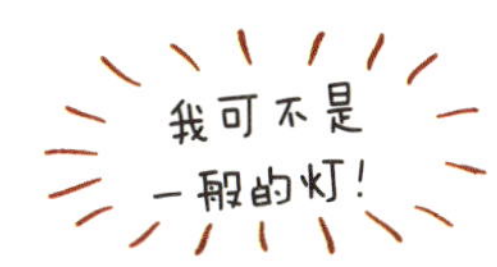

就在庄青翟惶恐不安的时候，丞相府的三位长史——朱买臣、王朝、边通开始给他出主意：“丞相，您不能坐以待毙啊，张汤既然不守信义，那咱们也不客气，也向皇帝检举他，看看谁先死！”

庄青翟不知道，三个长史这么积极对付张汤，也是因为张汤“拉仇恨”的能力太强了。这三个人资历都比张汤老，做官时间也比张汤长，可张汤官越做越大之后，就经常给他们脸色看，有时还故意羞辱他们。现在三个长史得到了机会，能不报复张汤吗？

青铜鼎式灯 西汉

这件青铜灯有点像“低配版”的长信宫灯，它分成上下两层，灯火点燃后，烟气会从灯罩中吸走，通过两根铜管导入灯体中，又环保，又美观。

不管庄青翟知不知道长史们的动机，他也必须对张汤动手了。于是，庄青翟下令抓捕了和张汤来往密切的商人田信，然后向汉武帝奏报说：“张汤每次和您讨论国家大事后，都把消息泄露给不法商人，让他们囤积居奇，牟取暴利，然后再从中分钱。”

这时减宣也把张汤和鲁谒居一起陷害李文的事情上报给汉武帝，汉武帝认定了张汤心怀奸诈，欺骗君王，就先后八次派出使者审问张汤。

张汤不服，拒不认罪，汉武帝就派张汤的老上级、知名的酷吏赵禹去审问张汤。赵禹见到张汤后，就开诚布公地说：“小张啊，你作为御史大夫，不知道制造了多少案件，害死了多少人，那些案件都铁证如山吗？现在别人告发你，陛下让人反复审问你，这是让你自我辩解吗？这是给你机会自杀来保全家族和朝廷的体面啊，你怎么还不明白呢？”

张汤一听，知道自己**在劫难逃**，就给汉武帝写了一封谢罪书，说：“我从一个刀笔小吏做到了三公的位置，都是陛下您的信任。我不敢推卸责任，但请陛下相信，确实是三个长史在陷害我。”写完信，张汤就在狱中自杀了。

张汤死后，官府清点了他的家产，发现财产不过**五百金**，全部来自他的俸禄和皇帝的赏赐，可见他勾结商人、囤积居奇的罪名是不成立的。

张汤的兄弟和儿子想厚葬张汤，可张汤的母亲却说张汤身为天子大臣，蒙冤而死，实在没必要厚葬。于是，张家人就用牛车拉着棺材草草埋葬了张汤。

汉武帝得知这个情况后，非常后悔，感叹说：“没有这样的母亲，生不出这样的儿子啊！”随后，汉武帝让人重新审理张汤一案，将朱买臣、王朝、边通全部处死，丞相庄青翟也被迫自杀。

汉武帝怜惜张汤的遭遇，开始培养他的儿子张安世。几十年后，张安世在汉宣帝时期做到了大司马、车骑将军的职务。

史记成语典故大搜索

救火扬沸

词意： 指烧水的时候发生火灾，不去救火却只把开水倒掉完事，形容没有从根本上解决问题。

造句： 对于网瘾少年，仅仅没收他们的手机、电脑，就是一种救火扬沸的行为。

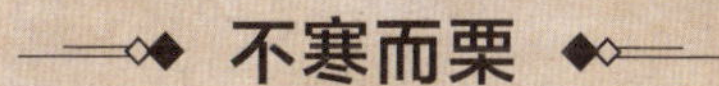

不寒而栗

词意： 指不是因为寒冷而发抖，形容人非常恐惧的样子。

造句： 电影《智取威虎山》中，土匪座山雕的形象凶恶狰狞，眼神阴冷，让观众不寒而栗。

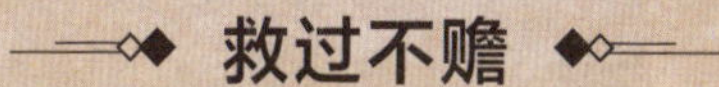

救过不赡

词意： 指弥补、改正自己犯下的错误还怕来不及，也形容人犯错后惴惴不安，害怕承担责任的心情。

造句： 汉武帝晚年对大臣杀戮太重，导致官员们用救过不赡的心态做官，能为国家做出贡献的人很少。

张骞

世界那么大，跟我去探险

张骞通西域的故事

西域访问团成立了

如果你和我一样喜欢看探索频道的节目，你对贝尔·格里尔斯和埃德·斯塔福德这两位探险家就不会陌生，他们确实**挺酷**的。

不过探险家也是有段位的，像贝尔和埃德只能算青铜。《史记》里记载了一位汉朝的勇士，他用十九年的时间，进行了两次行程万里的探险，不但帮助汉朝和很多国家有了往来，还让很多新奇的植物、动物和精彩的艺术传入了中国，他就是张骞，一位“王者”级别的探险家。

在汉武帝的时候，汉朝和北方的匈奴爆发了大规模的战争。为了找到“盟友”，开辟“第二战场”，汉武帝就想派使者前往西域，寻找一个叫**大月氏**的国家。

西域就是玉门关（今甘肃西北部）以西，经过天山南北，越过葱岭，到达的中亚、西亚、南

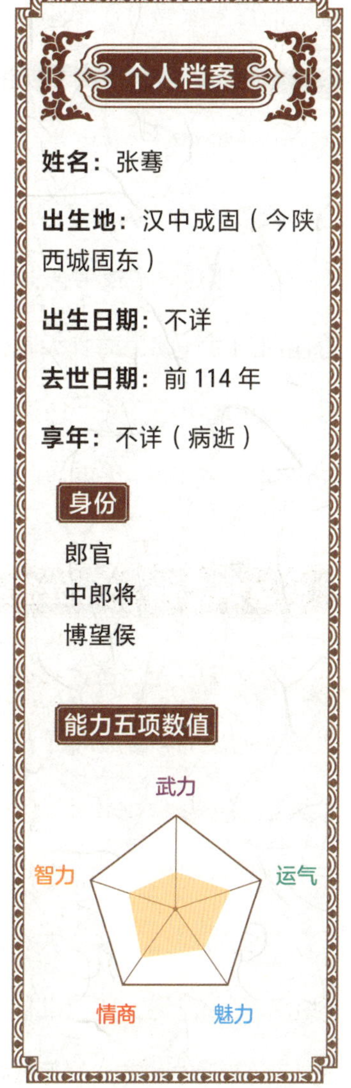

亚的广大地区。大月氏是西域一个中等国家，它和匈奴有着深仇大恨，是汉武帝心中最好的“合作伙伴”。

派谁出使西域呢？汉武帝很快就找到了人选——汉中人张骞。这位年轻的探险家当时还是小小的郎官，但他有着“世界那么大，我想去看看”的强烈愿望，所以他毛遂自荐，担任了“西域访问团”的第一任团长，带着汉武帝的期盼开始了万里远行。

张骞的第一次探险从公元前138年开始，到公元前126年结束，前后历经十三年。张骞吃了很多苦，跟随他出行的一百多名随从，只有副团长甘父跟着他回到了汉朝，而且大月氏也没有答应和汉朝结盟。尽管没有完成外交使命，可张骞用聪明的头脑“记录”了西域的国家分布、风俗习惯、军事力量和地理形势，让汉朝人看到了一个更加广阔的世界。

“丝绸之路”的价值

完成第一次“西域旅行”回国后，张骞给汉武帝提出了一个新的探险路线。张骞在西域的大夏发现了汉朝蜀郡出产的布匹和竹杖，大夏商人告诉张骞，这些东西是从身毒（shēn dú）王国买来的。大夏在汉朝的西南，身毒又在大夏的东南，张骞觉得应能找到一条路，从蜀郡出发，直接到达西域。

汉武帝同意了这个方案，先后派出了四批使者，从蜀郡出发，探寻前往身毒的道路。很遗憾，这四批使者运气很差，最后都没有找到通向身毒之路。不过汉朝也不是没有收获，在西南地区设置了很多郡县，开拓了国家的疆域。

公元前 119 年，张骞第二次出发探险，前往西域的乌孙国寻求友谊。四年后，张骞带着乌孙的使者返回了汉朝。紧跟着，大宛(yuān)、大夏、身毒、康居、安息等国家的使者也来到了汉朝，和汉朝人建立了“外交关系”。

因为张骞的功劳实在太大了，所以汉武帝封他为“**博望侯**”。张骞去世后，前往西域的汉朝使者们，都会说自己是博望侯的后辈，这话一出口就能得到西域各国的信任。

我们假设一下，没有张骞通西域，历史会有什么改变？

葡萄、石榴、黄瓜这些水果和蔬菜，中国人可能会晚上几百年才能吃到……

狮子、鸵鸟、大象和汗血宝马，汉朝人可就看不见了……

汉朝的乐师们使用不了琵琶、胡琴、胡笳这些异域的乐器啦……

中国的丝绸也许不会沿着西域一路出口到欧洲，“**丝绸之路**”也要晚上很多年才会叫响……

可能要再过几百年，中国人才知道黄河的源头在哪里……

一个超级探险家，就这样影响了中国和世界的历史。

漫画开讲啦！

在汉武帝初年，汉朝对西域的了解很少很少。

靠着投降的匈奴人介绍，汉朝才知道了月氏这个国家。

郎官张骞和逃亡汉朝的匈奴人甘父毛遂自荐，成了汉朝外交代表团的正副团长。

公元前 138 年，张骞和甘父带着一百多名勇士从长安出发，去寻找月氏国。

半路上，张骞的使团被匈奴人包围，张骞成了俘虏。

张骞被扣留了十多年，他在匈奴娶妻生子，却没有丢掉手中的节杖和心中的梦想。

一次，张骞趁着看守松懈，带着妻子儿女和副手甘父逃出了匈奴，继续向月氏前进。

在大宛和康居两个国家的帮助下，历经磨难的张骞找到了月氏人的王庭。

张骞没能说服月氏王，在返回汉朝的路上又被匈奴人抓住，扣押了一年多。最后，他们趁着匈奴内乱才跑回了汉朝。

大宛在我们汉朝
西方一万里，
那里出产宝马和葡萄。
乌孙在大宛东北两千里，
他们的骑兵很强大。

月氏在大宛西边三千里，
老百姓靠放牧为生。
月氏的西边还有安息，
安息的西边还有条枝，
都是富裕的大国！

张骞，
今后再攻打匈奴，
就让你做向导！

公元前 123 年，张骞作为校尉跟随大将军卫青出征匈奴。

熟悉地理的张骞为大军找到了水源，因此被封为博望侯。

这时候的乌孙分为三股势力：乌孙王的儿子大禄、乌孙王昆莫的本部和乌孙王的太子岑娶。

太客气，
太客气啦，
需要乌孙
做什么？
皇帝陛下让我
给您带来了
数不尽的珍宝，
希望能得到
您的友谊。

您只需要向东迁移国
家，和我们汉朝结盟
对付匈奴，我们会把
公主嫁到乌孙。
这个，这个，
我需要和孩子们
商量一下。

我们才不和软弱的
汉朝人结盟。
也许我们应该先派
使者去汉朝看看。

前面就是
长安城啦。
居然有这么大的
城市？

使者们吃好喝好，
尝尝我大汉的美食！
汉朝的
菜肴太好吃啦。

回到乌孙后，使者们报告了汉朝的强大，乌孙对汉朝越来越友好。

葡萄、石榴、黄瓜和喂养战马的苜蓿都是在汉朝从西域传入中国的。

汉朝的丝绸和瓷器也输出到西域，西域人没有不喜欢的。

这条张骞打通的交流之路，也被称为“丝绸之路”。

史记成语典故大搜索

不可胜言

词意： 已经无法用语言表达，形容数量非常多或者状态已经达到极限。

造句： 赤壁之战中，孙刘联军大获全胜，曹操损失的士兵和武器已经不可胜言。

不得要领

词意： 要领指衣服的腰部和领子，形容抓不住事物的关键和重点。

造句： 小王以前主要从事技术工作，现在负责销售管理，在新的岗位上他有些不得要领。

酒池肉林

词意： 用酒水灌满池子，把肉悬挂得像树林一样，形容穷奢极欲。

造句： 前线的军队还在抵抗侵略者，后方的官员却过着酒池肉林的生活，这样的政府自然被人民唾弃。

郭解

被“粉丝”害死的大侠
郭解的故事

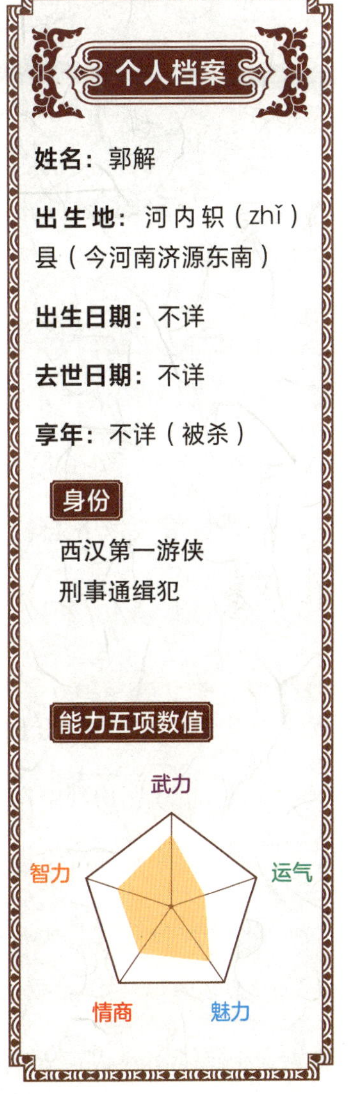

这个故事的标题很有意思，有一个从外国传来的名词——“粉丝”，也就是英文单词“fans”，还有一个中国特有的名词——“大侠”。“粉丝”很好理解，就是崇拜某个明星的一群人；大侠也简单，就是有能力，有勇气，又愿意帮助别人的人。现在我把两个词连在一起，你可能就糊涂了，大侠的“粉丝”怎么会害死大侠呢？别着急，听我给你讲讲郭解的故事，你就明白了。

讲道理的大侠

汉武帝在位的某年某月某天，大侠郭解正在家里喝着闷酒。

就在刚才，郭解的姐姐告诉了他一个坏消息——郭解的外甥和人喝酒时发生了口角，对方发起酒疯，把郭解的外甥打死了。

郭解不太相信姐姐的话，他知道自己外甥的

青铜鐎斗 西汉

鐎（jiāo）斗，是汉朝用来温煮食物的一种炊具，就像我们家的多功能锅。不过它用来加热什么东西还挺有争议，有人说它是用来热酒的，也有人说它是用来加热饭或者粥的。鐎斗的外形很好辨认，它有三条腿，圆形的底盘，还有长长的手柄。

性格，这孩子平时就爱喊着“我舅舅是郭解”，在县城里横行霸道；他要是老实，轵县城里的几百游侠都算是良家子弟了。可这孩子毕竟是自己血脉相连的亲人，杀人者敢下毒手，实在是没把自己放在眼里！

想到这儿，郭解给自己的门客下达了命令，要他们搜遍整个县城，也要把凶手找出来。

一晃几天过去了，凶手没有找到。郭解的姐姐越等越生气，觉得郭解没把找凶手当回事儿，就把儿子的尸体扔到路边，以此来刺激郭解。

不久，凶手听说郭解发动了全县的游侠在寻找自己，害怕连累自己的家人，就主动来到郭解家投案。

当凶手哆哆嗦嗦、结结巴巴地讲完事情的经过，郭解得到了一个完全不同的故事版本。原来凶手和郭解的外甥在一起喝酒，凶手酒量不大，很快要醉倒了，就婉言拒绝了劝酒。郭解的外甥苦苦相逼，硬是捏着他的鼻子把酒给灌了下去。

在汉朝，这是非常侮辱人的行为，就和无赖逼着韩信从胯下爬过去的性质一样。这个凶手没有韩信的忍耐力，刺了郭解的外甥一刀，然后就逃走了。

郭解很聪明，知道这个版本的故事才是事情的真相。他虽然心痛自己的外甥，但觉得自己作为一代大侠不能不讲道理，就把凶手扶了起来，安慰说："你做得对，是我们家的孩子有错在先。"说完，郭解放凶手离开了，自己将外甥的尸体收敛下葬。这件事情很快就传遍了游侠的圈子，大家都觉得郭解这个人讲道理，不徇私，越来越多的"粉丝"来投奔他。

大侠的成长史

听了前面的故事，你可能觉得郭解挺有大侠风度的，那他从小就这样吗？还真不是。郭解，字翁伯，河内郡轵县人，也就是今天的河南济源市一带，他的外祖母是当时著名的算命师许负。这个许负可不简单，《史记》记录了她两次神奇的预言：一次是她说刘邦的妃子薄姬会生下一个皇帝；另一次是她说绛侯周勃的儿子周亚夫将来会饿死，这两个预言后来都实现了。有这样一个神奇的外祖母，郭解的一生注定也不会平凡。

郭解的父亲因为触犯法律，在汉文帝的时候被

朝廷处死了。郭解长得短小精悍，从不饮酒，很有自制力。少年时代的郭解好勇斗狠，稍有不满，就拔刀杀人，死在他手里的人很多。

郭解对江湖上的朋友非常**讲义气**，可以冒着生命危险帮朋友报仇，还多次在家中藏匿亡命徒，甚至连私自铸造钱币，偷坟掘墓、盗取陪葬品这样的坏事也没少干。不过郭解的运气不错，每当官府打击游侠、形势危急的时候，他要么能侥幸逃脱追捕，要么正好遇到朝廷大赦天下，这才保全了性命。

等到郭解长大成人后，可能觉得继续这种生活没前途，就转变了做人做事的风格，开始**以德报怨**，经常给予别人很大的帮助，却很少要求别人回报。随着名气越来越大，郭解也为自己行侠仗义而感到骄傲，有时候救了别人的性命，也不大肆宣传，夸耀自己的功劳。不过郭解凶残狠辣的本性却没有变，有时别人因为小事得罪了他，还是会像以前一样突然发作，动手杀人。

年轻的游侠们非常崇拜郭解，成了他的**“脑残粉”**。有时甚至会打着“为郭解出气”的幌子，干出违法的勾当，而郭解很多时候并不知情。

高情商，养名望

因为郭解名声大，手下多，所以他进出家门的时候邻居都躲着他。只有一次，一个陌生人箕坐在郭解家门口，不屑地看着郭解。什么叫箕坐呢，就是屁股着地，两腿叉开着，像打开的簸箕一样，这种坐姿在古代是非常失礼的行为。

郭解很奇怪对方的这种态度，就让手下人去打听他的姓名。郭解的手下都很生气，吵着要给他一个教训。郭解却回答说：“我在自己的家乡得不到乡亲们的尊重，这是我德行有亏啊，哪能怪别人呢？”

郭解暗中和轵县的县尉打了招呼，说：“这个人是我看重的，轮到他服劳役的时候，请看在我的面子上替他免掉。”按照汉朝法律，每个成年男丁一年中要给国家白干一个月的体力活儿，这在当时是很重的负担。因为郭解打了招呼，所以县里几次征召劳役都没有安排这个人。渐渐地，这个人感觉到奇怪，主动去询问县尉，这才知道郭解一直在暗中照顾自己。这让他非常感动，就赤裸着上身到郭解家赔罪。乡里的少年们听说了这件事，都更加钦佩郭解，更愿意给他办事。

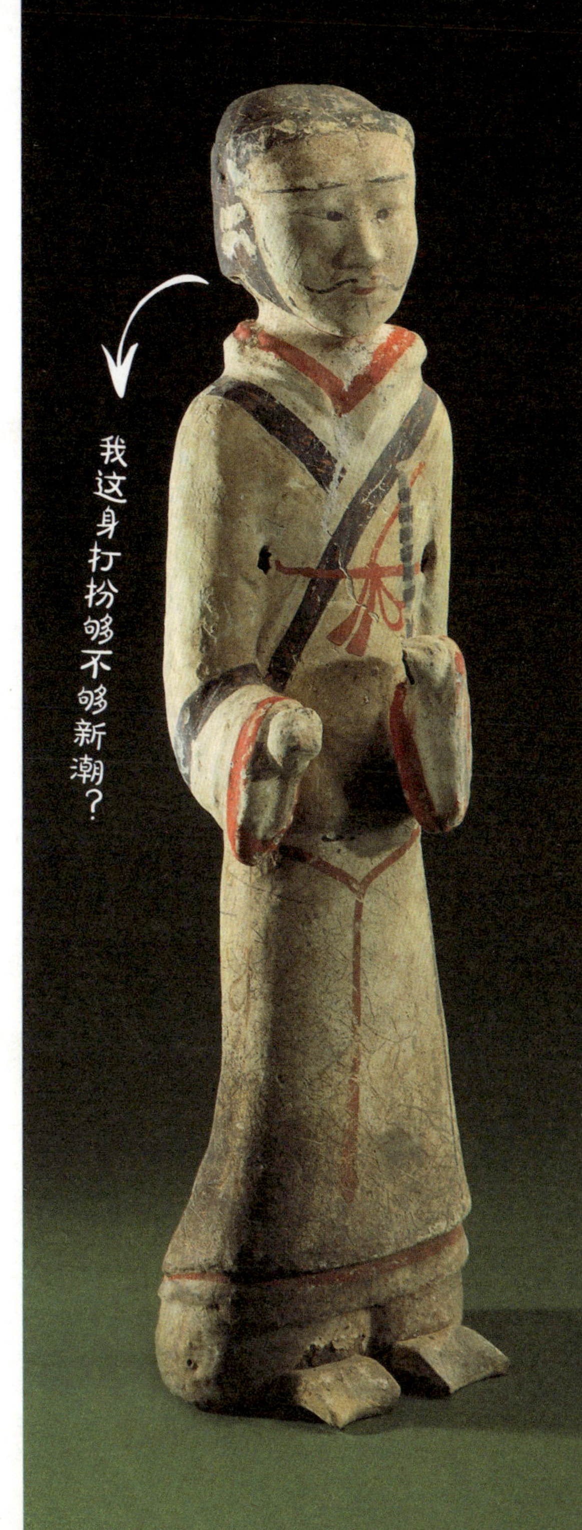

彩绘陶仪卫俑

请注意这件西汉的陶俑，它体现了汉服的最大特点——右衽（rèn）。右衽，就是衣服的左衣襟向右侧的腋下系住，把右侧的衣襟盖住。同一时期，少数民族服饰多是左衽。

这时洛阳有两个游侠势力发生了争斗，当地十几位豪杰、大侠先后进行了调解，都没能让局面缓和下来。有人想起了郭解，就把他请到了洛阳，主持调解工作。郭解威望高，口才好，终于让两伙人勉强听从了劝告。

临走前，郭解对双方说："我听说洛阳很多的朋友劝过你们，你们都没听。现在你们给我郭某人面子，同意不再**争斗**，可这不就伤了本地朋友的面子吗？咱们这样办，你们假装没听我的话。等我走后，本地的朋友们再来劝说的时候，你们宣布和解，把面子给他们。"说完，郭解连夜离开了洛阳。这次调解的过程后来被传开了，郭解因为会办事，懂人情，也得到了洛阳豪杰们的交口称赞。

郭解平时对人态度**恭敬和蔼**，去官府办事也很低调，从来不乘坐豪华的马车。每次到外地去调解纠纷，能解决的，就尽快解决；解决不了的，也都能让双方满意，然后才坐下来享用酒菜。郭解这种做事风格让大家都很尊重他，都愿意为他效劳。家乡轵县的少年和邻县的豪杰，常常半夜坐着马车到他家拜访，有时候见不到郭解本人，就把郭解的手下请到自己家里做客。你看，这是不是和今天的粉丝追星很像？

不能不去的茂陵

汉武帝元朔二年（前127），汉武帝下旨把各地的大地主、大商人迁移到关中的茂陵附近，茂陵就是汉武帝的陵墓。西汉有一个特别的制度叫陵邑制度，每个新皇帝登基后，都要立刻要给自己修建陵墓，然后把各地家庭财产在三百万钱以上的人家都搬到陵墓附近居住。

实行这个制度，一方面为了保证皇帝死后还能享受生前**众星捧月**的待遇；另一方面为了打击各地的豪强，防止他们在地方上成为刺头儿，威胁国家统治。

郭解家里并不富有，其实不符合搬家的标准。可郭解在轵县势力太大，朝廷就把他也放进了迁移的名单，地方上的官员也不敢不执行。

这时候大将军卫青替郭解说了好话，卫青向汉武帝进谏说："轵县的郭解家里挺穷的，要不就别让他搬到茂陵了？"汉武帝没给卫青面子，冷冷地回答说："郭解一个布衣平民，居然能让你这个大将军替他求情，他能穷到哪儿去？"

一言九鼎的皇帝发了话，郭解不搬家也不行了。轵县和邻县的朋友给郭解举办了一场欢送大会，前前后后给郭解送了一千多万钱的礼金。轵县人杨季主的儿子是县里的小官，就是他向朝廷举报了郭解，所以郭解的侄子**暗杀**了他，这下杨家和郭家彻底成了仇人。

很快，郭解带着家人、手下来到了茂陵，关中的豪杰、大侠不论认识不认识的，听到郭解的声名，都争先恐后地和郭解交往，把郭解捧成了关中江湖的大明星。

郭解的手下看主人这么风光，就有点忘乎所以，他们跑回轵县又把杨季主杀害了。杨家派人去长安告御状，结果又被郭解的手下在皇宫外杀死了。

汉武帝知道了这件事情，**非常生气**，心想：在大汉朝还有这么猖狂的罪犯？汉武帝命令司法官员介入，开始全国通缉郭解。

大侠的下场

郭解即使是大侠，也没办法和国家对抗啊，只好四处逃亡。他把母亲安置在夏阳（今陕西韩城市）的朋友家，自己逃到了临晋（今山西运城市）。

临晋有个叫籍少公的人，在当地很有势力。他不认识郭解，郭解却冒着风险求见籍少公，请他帮自己东出函谷关，逃往太原。这时的郭解还讲究行不更名，坐不改姓，逃亡途中每到一个地方，都和主人家说明自己的身份。很快，地方官员得到了消息，顺藤摸瓜地查到了籍少公曾经帮郭解出逃。籍少公为了不出卖朋友，自杀身亡，这下关于郭解的线索就中断了。

又过了很久，官府终于抓到了郭解，开始追究他以前的所有罪行。可这时汉武帝刚刚大赦天下，郭解的违法行为都发生在大赦之前，按理说他可以躲过惩罚，保住性命。

可这时郭解的“粉丝”又开始帮倒忙了。轵县有一个儒生举办了一场宴会招待朝廷派来的使者。宴会上，有客人给郭解说好话，说他是轵县的人才。儒生不以为然，反驳说：“郭解专门和国家法律作对，怎么能算人才呢？”郭解的手下听说了这件事，就杀了这个儒生，还把人家的舌头割走了，以此来威胁对郭解不满的人。

御史大夫公孙弘是儒家学派在朝廷中的代表人物，自然要为被害的儒生说话。公孙弘和汉武帝说：“郭解以平民的身份操纵权势，一点小事儿就报复杀人。虽然凶手不是他主使的，可不用他主使都有人为他杀人，这比他自己杀人还可怕，应该用大逆不道的罪名重判他！”

汉武帝听从了公孙弘的建议，将郭解和整个郭氏家族**全部诛杀**，一代大侠就落得了这样一个悲惨的下场。

史记成语典故大搜索

名不虚立

词意： 指人或事物享有很高的声望，应该不是虚假的，而是符合实际情况才建立起来的。

造句： 围棋选手柯洁连续夺得过七个世界冠军，“围棋第一人”的称号真是名不虚立。

食不重味

词意： 指吃饭的时候一次不吃两道菜肴，比喻人的生活非常节俭。

造句： 这位老红军生活非常节俭，可以说是食不重味，吃剩的饭菜还要留到下餐再吃，绝不浪费一粒米、一片菜叶。

短小精悍

词意： 既可以指人身材不高，但精明能干；也可以指文章简短，但文笔精练。

造句： 法国小说家莫泊桑的很多小说都是短小精悍、发人深省的。

你好，祖师爷

东方朔的故事

姓名： 东方朔

出生地： 平原厌次（今山东德州市陵城区东北）

出生日期： 前 154 年

去世日期： 前 93 年

享年： 62 岁（病逝）

身份

太中大夫
郎官
文学家

能力五项数值

祖师爷，一听就是个很有中国范儿的词语。什么是祖师爷呢，就是一个行业或者一门手艺的开创者，或者是这个行业中最著名、最受人们尊敬的大师。比如，鲁班是工匠们的祖师爷，唐朝皇帝李隆基是戏曲行业的祖师爷，等等。可你知道吗，在《史记·滑稽列传》中记录了这么一个人物，他在历史上是两个行业的祖师爷，你说他的人生会不会很有趣？这个人就是东方朔。

狂妄，是我自保的外衣

汉武帝当皇帝的时候，东方的齐地出现了一位名叫东方朔的人才。他喜欢搜集先秦时代流传下来的古籍图书，还喜欢研究诸子百家的学问，是一个知识渊博、理想远大的读书人。

古时候的中国人讲究“学得文武艺，货卖帝王家”，认为这样才能让自己的抱负得以实现。

人到中年的东方朔也觉得世界那么大，自己应该出去看看，就像那些寻求功名的年轻人一样，来到长安寻求发展的机会。

刚一到长安，东方朔就做了一件轰动天下的事情——他来到公车署向皇帝上书，一次性地呈上了三千片木简，木简上是他历年来写下的文章。公车署的官员们派了两个壮汉，才把这上百斤的木简搬运到了皇宫中。

根据现代史学家的推算，汉朝的一片木简能写上三十多个字，东方朔这三千片木简就是十万字的著作啊！在汉武帝那个时候，很多人一辈子都认不了一千个字，能写下一万字的文章，就是难得的学者了，东方朔的做法自然会引起轰动。

汉武帝也很好奇东方朔都写了些什么，就每天都读一点木简上的文字。当天的阅读结束时，汉武帝会在读过的地方做个记号，第二天接着读。就这样，汉武帝读了整整两个月才看完了全部文章。我猜东方朔一定写得很有趣，有很多故事和寓言，不然忙碌的皇帝不会一读就是两个月，居然没有中途放弃。

不过可能是东方朔治理国家的想法和汉武帝不一致，汉武帝并没有给他很高的官职，只是让他做了低级的郎官，跟随在汉武帝身边侍奉。有时候汉武帝有了空闲，就把东方朔叫到身边聊天，东方朔说话风趣，谈吐幽默，经常把汉武帝逗得哈哈大笑，君臣两个人相处得愉快又放松。

为了奖励东方朔，汉武帝有时会赏赐酒肉给这位喜剧人才。东方朔也不见外，每次都是连吃带拿，有时候还把肉揣在怀里带回家去，因此把官服都弄得油腻腻的。汉武帝又好气又好笑，又赐给东方朔很多的丝绸和绢布，想让东方朔注意下个人形象，哪怕多做几身官服替换呢！

东方朔呢，把皇帝的赏赐当成了聘礼，拿到长安市集中讨了年轻漂亮的姑娘当妻子。等过了一年半载，他又把以前的妻子休掉，重新迎娶一个新的妻子。就这样，东方朔得到的赏赐都被他花在了娶老婆上，我猜他是用这种荒唐的行为来抗议命运的不公平吧。

因为东方朔的行为不拘礼法，所以其他的郎官都认为东方朔狂妄无礼，背后都称呼他为“狂人”。这话传到了汉武帝耳朵里，汉武帝就训斥这些人说：“你们什么都不懂啊，如果东方朔肯放下内心的坚持，愿意在规则下做官做事，他早就把你们甩到身后了！”你看，最了解东方朔的还是汉武帝，他认可东方朔的才华，也明白东方朔的心思。

一个和东方朔关系还不错的郎官问他：“东方先生，您知道大家背后都叫您狂人吗？”东方朔哈哈大笑，回答说：“古时候，理想得不到实现的人，会选择到山林中隐居，今天的我只是把隐居的地点从山林换成了朝堂而已啊！”

还有一次，东方朔在宫廷的酒宴上喝醉了，再也压抑不住情感的他蹲在地上唱起了歌，歌词大意是：“沦落在红尘，暂栖金马门。朝堂可安身，何必入山林。”

错金银云纹铜犀尊 西汉

酒尊，就是古代人盛放酒水的器具。这件犀牛酒尊的外形做成了可爱的犀牛形状，犀牛的后背上有椭圆形的开口，可以注入酒水；犀牛的嘴里有孔道。倒酒的时候只要握住犀牛的尾巴轻轻抬起，犀牛肚子里储藏的酒水就会从犀牛嘴巴的孔道里流出。

这个金马门是宦者们办公场所的大门，因为门旁边有黄铜打造的马匹塑像，所以叫作金马门。东方朔一个才华出众的学者，却只能在宦者办公的地方安身，你能理解他内心的苦闷了吗？

辩论，各位都是渣渣

才华出众的人，很容易受到别人的**妒忌**；如果这个才华出众的人还表现得与众不同，自然会受到别人的攻击和排挤。

有一回，汉武帝在长乐宫举行学术交流大会，很多的博士、学者都参与其中。大会刚一开始，一群妒忌东方朔的人就**火力全开**，嘲讽他说："东方先生，您知道战国的苏秦和张仪吧？他们两个人遇到英明的君主，很快就功成名就，事迹也流传后世。您研究过历代先王的治国之术，熟读《诗》《书》和诸子百家的著作，号称才智海内无双，无人能及。可您侍奉陛下几十年，职位不过是个小小的郎官，干的也是普通卫士的工作，这是什么原因造成的呢？"

这些博士的问题很阴险，给东方朔挖了很深的坑。东方朔要是回答，"我确实有苏秦、张仪的能力，但是没有英明的君主赏识我、重用我"，就会得罪汉武

搞笑，我是认真的

东方朔在《史记》中被列入了《滑稽列传》，但《史记》记载他滑稽的事迹并不多，倒是另一部史书《汉书》中记录了他很多搞笑的片段。有一次，汉武帝下诏赐给大臣们肉食，负责分肉的官员迟迟未到，东方朔就自己切了一块肉带回家。第二天，有人向汉武帝举报了东方朔的行为。汉武帝就把东方朔叫来，让他做自我批评。东方朔一本正经地说道："东方朔啊，东方朔，你拔剑割肉的动作，是多么威武雄壮啊！你割肉就割了一小块，把大块留给同僚，这是多么廉洁啊！"汉武帝被东方朔逗得哈哈大笑，特别赏赐给他一石酒、百斤肉，让他回家和妻子共享。

帝，很有可能性命不保；东方朔要是自谦说自己能力不够，德行不足，博士们会说：“那你平时狂什么狂，居然对我们爱搭不理？”总之，这个问题很难回答。

不过，东方朔是谁啊，怎么会被一群心怀叵测的人难倒？他只是微微一笑，捋着自己漂亮的长胡须，就开始了一场经典的辩论反击：“我有一言，请诸君静听。这里有一个你们不太明白的道理，叫作‘此一时也，彼一时也’。苏秦、张仪的时代，天子衰微，国家动乱，十二诸侯**争霸不休**。那时候谁得到人才，谁的国家就会强盛；谁失去人才，谁的国家就会衰弱。所以君主们对苏秦、张仪这样的人才言听计从，不惜用高官厚禄来拉拢他们，这是那个时代的形势所迫啊！

“现在汉朝是什么形势呢？圣明天子在位，恩德布满天下，诸侯顺从，百姓安定，这是少有的太平盛世啊！这样的环境下，有才能的人和没有才能的人，表现出来的能力有多大区别呢？况且天下这么大，有才华的

玉角形杯 西汉

这是用一整块白玉雕刻而成的酒杯，是西汉的王公贵族才能使用的奢侈品。

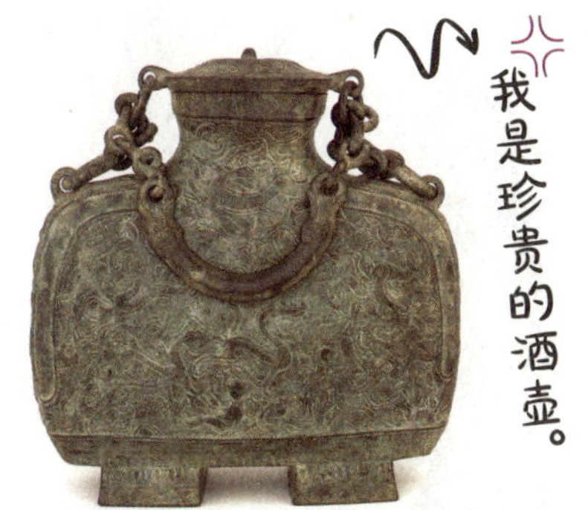

青铜龙纹扁壶 西汉

这件扁壶也是盛放酒水的酒具，壶口是椭圆形，壶身是长方形，一定可以盛放很多的酒水。

士子这么多，想为汉朝效力做官的数不胜数。就是让苏秦和张仪生活在这个时代，他们两人竞争得过我汉朝的人才吗？我看他们连郎官都当不上吧！”

说到这儿，东方朔**喝了口**新丰酒，润了润喉咙，接着做总结发言：“一个真正的士人如果抱负得不到施展，他会怎样做呢？像你们一样红眼病发作吗？不，他会超然地对待，冷静地思考，向范蠡学习谋略，向伍子胥学习忠诚。在太平盛世里坚持原则与道义，本来就不是谁都能做到的事情，我也从没指望你们能追随在我左右。各位，我解释得清楚、明白吗？”

木雕奏乐俑 西汉

这五位木雕的乐俑就是一个古代的“乐队”，他们两个人吹竽，三个人鼓瑟，有的人跪坐，有的人站立，真想听听他们演奏的乐曲是什么。

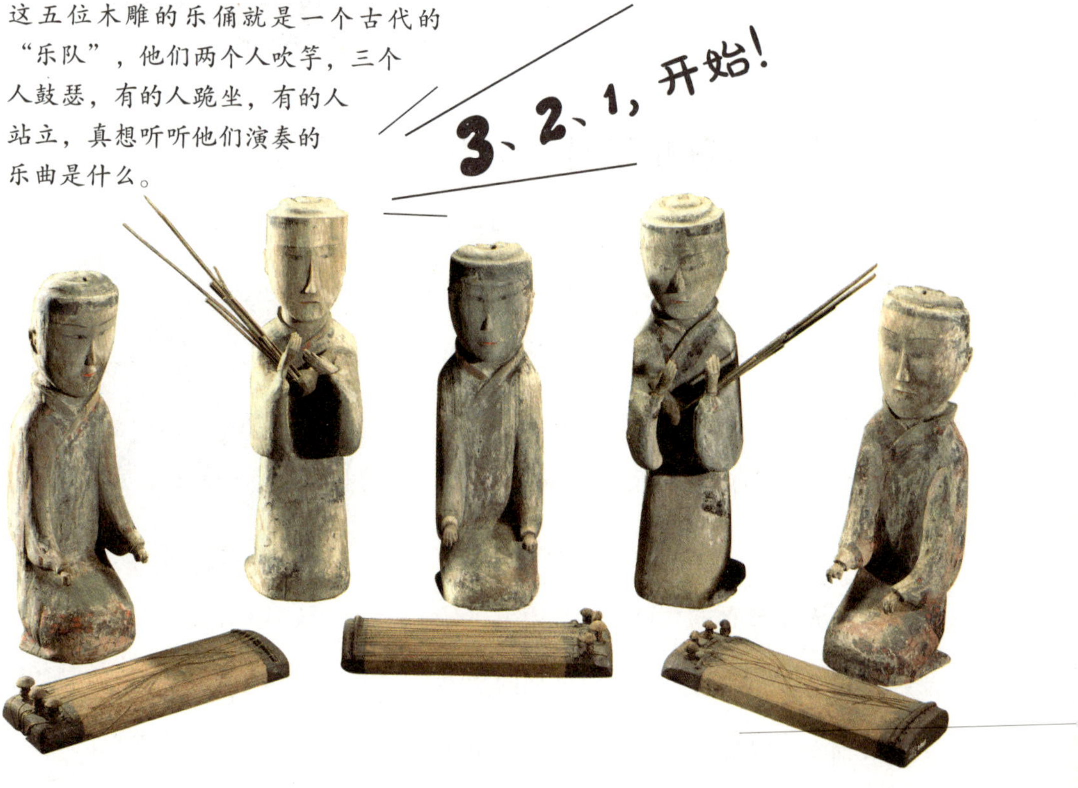

3、2、1，开始！

东方朔的还击真是太有力了。他既拍了皇帝的马屁——哪个皇帝不喜欢别人说自己的时代是太平盛世呢，又回答了博士们的攻击——我东方朔有才能，也有高洁的品行，只是坚持原则和道义，才没有得到高位。最后，他还**嘲讽**了博士们——你这帮渣渣，无德无才，就会搞人身攻击，我真看不起你们。

东方朔一番话说完，满座的博士鸦雀无声，每个人都面红耳赤。用今天的网络语言说，他们被啪啪打脸，脸都被抽肿了。

预言，我真的很在行

东方朔除了是文学家、辩论家，还是个博物学家和预言家。

长安城外的建章宫里闯入了一只很像麋鹿的动物。汉武帝听说后，就跑去观看，顺便询问周围的臣子，这个不知名的动物是什么，可众人都回答不了这个问题。

没办法，汉武帝只好让人找来东方朔，让博学的东方朔帮自己解惑。东方朔过来一看，心里有了底，就回答说："这动物臣认识，陛下您先赐给我酒肉，等我吃饱喝足了，臣就告诉陛下。"

汉武帝答应了，让左右送上了一桌酒肉。东方朔美美地享受完这顿皇家宴席，一抹嘴又笑嘻嘻地说："某某地有几顷良田、鱼塘和蒲苇塘，陛下要是能把这几顷地赏赐给臣，臣马上就说。"

汉武帝被东方朔的赖皮样气乐了，踢了他一脚，又答应了。

这时，东方朔才开口说："这种动物叫驺牙。当远方有敌人要来投降时，这种动物就会出现。驺牙的前后牙齿都一样大，没有臼齿，所以叫作驺牙。"

汉武帝对东方朔的话半信半疑。又过了一年多，匈奴的浑邪王率领着十万人的部众向汉朝投降。汉武帝非常高兴，赏赐给东方朔很多财物。

陛下，请听听我的忠言

又过了十几年，东方朔已经是六十多岁的老人了。一天，他给汉武帝上了最后一封谏议书，希望汉武帝远离奸诈谄媚的小人，不要听信祸乱国家的谗言。

东方朔之前的建议，都是诙谐的、委婉的，很少这么直接地表达自己的意见，现在这么朴实的发言，让汉武帝很奇怪，冥冥中觉得要有什么事情发生。不久，东方朔果然生病去世了，汉武帝再也没有一个像他这样的智者陪伴在身边。古人说过："鸟之将死，其鸣也哀；人之将死，其言也善。"用这句话来形容东方朔最后一次的上书，还真是贴切。

对了，差点忘记揭晓答案了，东方朔是哪两个行业的祖师爷呢？一个是相声行业，一个是过去的算命行业。可能是因为东方朔幽默的谈吐、滑稽的行为，还有神奇的预言能力吧，才让他成了双料的祖师爷，你猜对了吗？

坠马髻木女俑 西汉

我们现代人都讲究新颖的发型，汉朝人也一样。这件木俑的发型是汉朝最流行的坠马髻（jì），因为它的式样如同人骑马坠落一样，所以叫作"坠马髻"。

史记成语典故大搜索

不可胜数

词意：指无法计算出准确的数字，形容数量极多。

造句：被称为“梦之队”的中国乒乓球队，在各类赛事中取得的奖牌已经不可胜数。

旷日持久

词意：指事情耗费很多时间，长期拖延得不到解决。

造句：对于美国政府来说，阿富汗战争是一场旷日持久的消耗战。

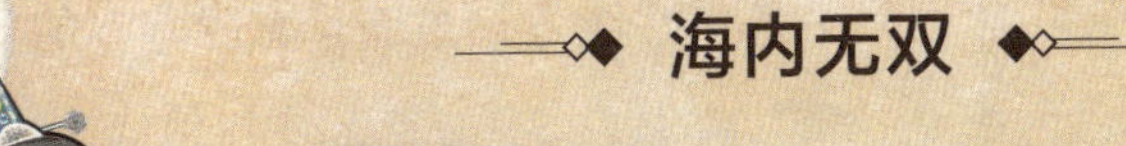

海内无双

词意：旧指四海之内，现在也指世界范围内独一无二，无人能及。

造句：中国的量子卫星通信技术算得上海内无双。

我是历史的记录者
司马迁的故事

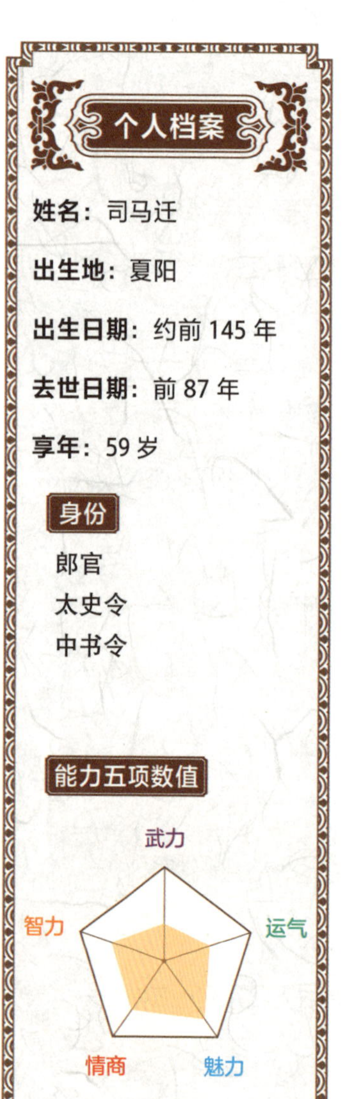

我看到，我记录

汉景帝中元五年（前 145），司马迁出生在左冯翊（yì）郡的夏阳县（今陕西韩城市）。夏阳是个好地方，东面是奔腾咆哮的黄河，北面是**高大巍峨**的龙门山，司马迁的童年，就是在这里度过的。

汉武帝建元元年（前 140），司马迁的父亲司马谈被任命为**太史令**，六岁的司马迁跟随着家人来到了长安。大汉都城的教育条件不错，司马迁拜了好几位大学者为师，开始学习历史和古文，《尚书》《春秋》成了他的启蒙书。

二十岁的时候，心怀天下的司马迁辞别了父亲，开始用脚“丈量”汉朝的大好河山，用耳朵去聆听先贤们的故事与事迹。他到过会稽山，探寻过大禹的陵墓；他泛舟汨罗江，祭拜过三闾大夫屈原；他探访过淮阴城，记录了韩信将军的言行；他还在刘邦、萧何、曹参的老家沛县逗留，收集到了很多珍贵的史料……

越接触历史，司马迁越被历史的魅力所折服，他在内心发下誓言，要做历史的记录者。

结束了第一次游历后，司马迁回到长安，担任了汉武帝的近卫郎中。他曾奉命出使巴蜀以南的地区，也曾跟随汉武帝的车驾封禅泰山。这两次难得的出行，让他开阔了眼界，促进了他政治理念和历史视角的形成。

公元前 110 年，司马谈在洛阳病危。在病榻前，司马谈握着儿子的手，叮嘱司马迁一定要完成著史的工作，别让遗憾再延续一代。司马迁含着眼泪，接受了父亲的遗命。

菱纹铜镜 西汉

在西汉，镜子是比较常见的生活用具。匠人们用青铜制成的光滑铜镜，可以清楚地映照出人们的容颜打扮。

彩绘陶香炉 西汉

香炉是古代家庭常备的用具，人们在香炉内盛放香草，通过熏燃香草，达到去除异味、清新空气的作用。香炉上的孔洞就是香气飘溢的出口。

我可是一直都香香的。

两年后，司马迁接替父亲的职务，担任了太史令。这个官职让司马迁可以便利地阅读国家的档案和官方藏书，为他写作《史记》提供了有利的条件。

两次痛苦的选择

就在司马迁专心致志地写书的时候，一场飞来的横祸打断了他的工作。公元前 99 年，远征匈奴的汉朝将军李陵兵败投降，大臣们都说李陵可杀，只有司马迁为李陵辩护，认为李陵兵败事出有因，投降也不过是潜伏匈奴，等待时机。

司马迁的辩解让汉武帝**暴跳如雷**，他下令将司马迁送进监狱，严刑拷问。不久，司马迁被判处了死刑。按照汉朝的律法，死刑有两种免除方法：一是缴纳五十万钱赎罪，二是接受“腐刑”。司马迁拿不出五十万钱，要想活命只能选择受刑。

所谓的腐刑，是割掉人的生殖器。对汉朝人来说，受到这样的刑罚，既无言面对祖先，也无法面对亲友，比死亡更让人痛苦。

在监狱里，司马迁几次想要自杀，可想到父亲的遗愿和自己曾经的誓言，他忍辱负重地活了下来，去完成自己未竟的心愿。

公元前96年，司马迁被释放出狱，担任了中书令的职务，负责替皇帝处理文件，起草诏书。这时司马迁已经不在意官位的高低，他把全部的精力都投入《史记》的创作中，这是支撑他活下去的最后动力。

公元前91年，司马迁又面临着一次痛苦的选择。他的好友任安在“巫蛊之祸”中触怒了汉武帝，被下狱论死。任安在狱中给司马迁写了一封声泪俱下的信，希望司马迁能在皇帝面前美言几句，帮自己免除死罪。

司马迁知道，皇帝只是把他当作一个能写出漂亮文字的工具，并不会尊重他的意见。为好友求情，可能再次让皇帝愤怒，降下死罪，呕心沥血的《史记》也就无法完成；不为好友求情，任安就必死无疑，又违背了司马迁心中的道义。

权衡再三，司马迁颤颤巍巍地提起笔，给任安写了一封信，这就是一封流传后世的书信——《报任安书》。在信中，司马迁回顾了自己和任安过去的交往，以及自己遭受腐刑后忍辱含垢的痛苦心情，他委婉地告知任安，自己正在完成一部“究天人之际，通古今之变，成一家之言”的伟大著作，这部著作比什么都重要，过去的友情或许只能来世再予回报了。

博戏使用的木骰

西汉

博戏使用的博局

博是古代一种争胜负、赌输赢的游戏，有点像我们现代的下棋或者桌游。博戏在商朝就出现了，汉朝特别流行。上面的博局就是博戏里的棋盘，木骰（tóu）就是博戏里的骰子。有意思的是这个木骰有十八个面，其中十六面是数字，另外两面刻着字。

伟大的人，伟大的史书

大约是在写完《报任安书》后不久，《史记》的编写工作完成，全书共一百三十篇，五十二万多字，记录了从传说中的黄帝，到汉武帝时期，一共三千多年的历史。

《史记》之前的史书，一般有两种体例，一种是《春秋》的体例，按照时间顺序来历史，叫作“编年体”；另一种是《国语》的体例，划分不同的国家来讲历史，叫作“国别体”。

司马迁没有照搬这两种体例，而是创造性地用人物传记为中心，以“人物”作为编写的主体，所以这种体例也被称为“纪传体”。以人物传记为中心来反应历史内容这个写作方法，是司马迁的首创。

另外，《史记》最大的特点就是“其文直，其事核，不虚美，不隐恶”，实实在在记录真实的历史，从最高的皇帝，到王侯贵族，再到将相大臣，司马迁不抹杀他们光彩的一面，也揭露他们丑恶、愚昧的一面。对于下层的人民，无论是游侠、医生，还是倡优、商人，只要有可取之处，司马迁也会加以记载。

《史记》是中国第一部由个人撰写完成的正史，被列为“二十四史”之首。唐代文学家柳宗元评价《史记》“浑然天成，滴水不漏”。南宋史学家郑樵评论《史记》“六经之后，唯有此书”。清朝文学评论家金圣叹把《史记》作为“六才子书”之一。鲁迅先生也称《史记》是“史家之绝唱，无韵之《离骚》。”

不知道司马迁听到后人的评价，是否会感到欣慰。我相信，他用自己的血泪谱写的这本史书，会一直在历史长河中闪烁着光芒。

任安，你这个骑墙派

任安，字少卿，西汉荥阳（今属河南）人。任安年轻的时候，做过大将军卫青的门客。因为卫青举荐，再加上他本人做事认真，先后担任过郎官、益州刺史和北军监军。汉武帝征和二年（前91），太子刘据发动兵变，想要杀死诬陷自己的大臣江充。混乱中，任安接受了刘据发兵的命令，却按兵不动。等到刘据兵变失败，有人向汉武帝揭发了任安的所作所为。汉武帝认为，任安是个圆滑世故的骑墙派，他打算看谁胜利就支持谁，这是对朝廷怀有二心，所以判处任安腰斩之刑。

漫画开讲啦！

汉武帝建元年间，夏阳人司马谈被任命为太史令，司马家也迁入了长安的茂陵。

父亲，太史令是个什么官啊？
太史令官不大，权力也不大，就是负责记录天文历法、祭祀礼仪、搜集图书典籍啊。
司马迁
司马谈

父亲好棒啊，太史令好厉害！
没有什么啦，咱们司马家的祖先在周朝可就是史官！

那后来呢，祖先们一直在当史官吗？
后来周朝动乱，司马家族才离开了周的都城，分散到各个诸侯国。

司马家的先祖有在中山国担任相国的，有在赵国成为大剑客的，有在秦国当上郡守将军的，可威风啦！
中山
赵
秦

父亲，到了长安我要好好读书，将来也当太史令，不给祖先们丢人。

好孩子，我一定给你找最好的老师，实现你这个小愿望。

我是教黄老学的老师黄生。
我是教《易经》的老师杨河。
我是教《春秋公羊传》的老师董仲舒。
我是教天文学的老师唐都。
我是教古文《尚书》的老师孔安国。
迁啊，五位大学者给你一个人上课，你想不当学霸都难啊！
作业减负能不能从我们汉朝开始啊？真心写不完啊！
父亲救救我！

公元前 126 年，二十岁的司马迁已经是青年学霸，他正准备外出游历。

司马迁从北向南开始了乘风破浪的探险，第一站是汨罗江。

第二站是大禹治水战斗过的会稽山。

第三站是长江北岸，淮阴侯韩信的故乡淮阴城。

第四站是孔子的故乡曲阜。

第五站是项羽和刘邦大战过的彭城古战场。

司马迁还到过汉高祖刘邦的家乡沛县。

从沛县离开后，司马迁又去过睢阳和大梁，最后才回到了阔别两年的长安。

过了几年，司马迁担任了郎官。皇帝不出巡时他就是卫士，皇帝出巡时他就是随从。

公元前 111 年，司马迁作为使者访问了巴蜀以南的少数民族地区。

在从西南回到长安的路上，司马迁听到了父亲病危的消息。

三年后，司马迁继承了太史令的职务，成为汉朝新的史官。

公元前 104 年，司马迁开始创作让他名垂青史的《史记》。

就在司马迁醉心于史书创作的时候，一场灾祸向他袭来。

公元前 99 年，司马迁的好友、将军李陵在浚稽山被匈奴大军包围，被迫投降了敌人。

大约在公元前 93 年，司马迁完成了一百三十篇、共计五十多万字的《史记》。

史记成语典故大搜索

重于泰山

词意： 指比泰山还要沉重，比喻意义重大。

造句： 截至 2020 年 6 月，全国有 433 条河流超过警戒水位，防洪工作重于泰山。

轻于鸿毛

词意： 指和大雁的羽毛一样轻，形容非常轻微，不受重视。

造句： 和祖国统一大业相比，个人一时的荣辱得失，实在是轻于鸿毛。

一家之言

词意： 指自称体系的独特见解。

造句： 王阳明是明朝著名的思想家，他通过几十年的书本研究和官场实践，才成就了儒家心学的一家之言。

选题策划：李国斌
项目统筹：李国斌 韩飞
文图编辑：李国斌 樊文龙 韩飞
卢雅凝 白海波 宋正乔
装帧设计：周正
美术编辑：刘晓东 张大伟 苟雪梅
文稿撰写：王鑫
封面绘制：大晟
插画绘制：朱悦 方超杰 孟琰 杨梅
图片提供：
中国国家博物馆 台北故宫博物院
南京博物院 河北博物院 湖北省博物馆
陕西历史博物馆 大英博物馆
美国纽约大都会艺术博物馆
视觉中国